ŒUVRES
COMPLÈTES
DE BOSSUET

PUBLIÉES

D'APRÈS LES IMPRIMÉS ET LES MANUSCRITS ORIGINAUX

PURGÉES DES INTERPOLATIONS ET RENDUES A LEUR INTÉGRITÉ

PAR F. LACHAT

ÉDITION

RENFERMANT TOUS LES OUVRAGES ÉDITÉS ET PLUSIEURS INÉDITS

VOLUME XXVII

PARIS
LOUIS VIVÈS, LIBRAIRE-ÉDITEUR
13, RUE DELAMBRE, 13

1879

ŒUVRES

COMPLÈTES

DE BOSSUET

PARIS. — IMPRIMERIE V° P. LAROUSSE ET Cⁱᵉ,
19, RUE DU MONTPARNASSE, 19.

ŒUVRES

COMPLÈTES

DE BOSSUET

PUBLIÉES

D'APRÈS LES IMPRIMÉS ET LES MANUSCRITS ORIGINAUX

PURGÉES DES INTERPOLATIONS ET RENDUES A LEUR INTÉGRITÉ

PAR F. LACHAT

ÉDITION

RENFERMANT TOUS LES OUVRAGES ÉDITÉS ET PLUSIEURS INÉDITS

VOLUME XXVII

PARIS

LOUIS VIVÈS, LIBRAIRE-ÉDITEUR

13, RUE DELAMBRE, 13

1879

LETTRES DIVERSES

ET

DE DIRECTION

LETTRES DIVERSES

LETTRE PREMIERE.

BOSSUET AU P. CAFFARO, THÉATIN (a).

A Germigni, ce 9 mai 1694.

C'est à vous-même, mon révérend Père, que j'adresserai d'abord en secret entre vous et moi, selon le précepte de l'Evan-

(a) Dans le commencement de 1694, une lettre sous forme de dissertation parut, qui justifioit les représentations théâtrales; elle parut à la tête des comédies de Boursault, dénonçant comme son auteur un religieux d'origine italienne, le P. Caffaro, qui professoit à Paris dans la maison des Théatins la philosophie et la théologie. Le scandale fut au comble : les ames pieuses désapprouvèrent hautement le défenseur des jeux scéniques; plusieurs théologiens, entre autres le P. le Brun, le réfutèrent dans de savans écrits; et l'archevêque de Paris, Mgr. de Harlay, le somma de se rétracter publiquement.

Nous connoissons déjà le sentiment de Bossuet sur les comédies. Dans la *Lettre à Innocent XI sur l'éducation du Dauphin*, parlant des beautés qu'il trouvoit dans Térence avec son royal élève : « Nous ne pardonnions cependant rien, continue-t-il, à ce poëte divertissant, et nous reprenions les endroits où il a écrit trop licencieusement. Mais en même temps nous nous étonnions que plusieurs de nos auteurs eussent écrit pour le théâtre avec beaucoup moins de retenue, et condamnions une façon d'écrire si déshonnête comme pernicieuse aux bonnes mœurs. » Pénétré de ces sentimens, Bossuet, gardien si vigilant de la saine morale comme de la saine doctrine, ne pouvoit garder le silence devant l'éloge des compositions théâtrales; dans une lettre adressée particulièrement au P. Caffaro, il réfuta le téméraire apologiste avec autant de ménagement que de force, et lui donna toutes les instructions qui pouvoient le tirer de son erreur.

Le P. Caffaro ne resta pas sourd à la voix de la science et de la charité, dans une prompte réponse, il souscrivit sans réserve à sa propre condamnation. On verra comment il explique la publication de sa lettre.

Tout cela ne satisfit point le zèle du saint évêque. Craignant les progrès d'une

gile, mes plaintes, contre une lettre en forme de dissertation sur la comédie, que tout le monde vous attribue constamment, et que depuis peu on m'a assuré que vous aviez avouée. Quoi qu'il en soit, si ce n'est pas vous qui en soyez l'auteur, ce que je souhaite, un désaveu ne vous fera aucune peine ; et dès là ce n'est plus à vous que je parle. Que si c'est vous, je vous en fais mes plaintes à vous-même, comme un chrétien à un chrétien, et comme un frère à un frère.

Je ne perdrai point le temps à répondre aux autorités de saint Thomas, et des autres Saints qui en général semblent approuver ou tolérer les comédies. Puisque vous demeurez d'accord, et qu'en effet on ne peut nier que celles qu'ils ont permises ne doivent exclure toutes celles qui sont opposées à l'honnêteté des mœurs, c'est à ce point qu'il faut s'attacher, et c'est par là que j'attaque votre lettre, si elle est de vous.

La première chose que j'y reprends, c'est que vous ayez pu dire et répéter que la comédie, telle qu'elle est aujourd'hui, n'a rien de contraire aux bonnes mœurs, et qu'elle est même si épurée à l'heure qu'il est, sur le théâtre françois, qu'il n'y a rien que l'oreille la plus chaste ne pût entendre. Il faudra donc que nous passions pour honnêtes les impiétés et les infamies dont sont pleines les comédies de Molière, ou que vous ne rangiez pas parmi les pièces d'aujourd'hui celles d'un auteur qui vient à peine d'expirer, et qui remplit encore à présent tous les théâtres des équivoques les plus grossières, dont on ait jamais infecté les oreilles des chrétiens.

Ne m'obligez pas à les répéter : songez seulement si vous oserez soutenir à la face du ciel, des pièces où la vertu et la piété sont toujours ridicules, la corruption toujours défendue et tou-

---

erreur dangereuse, pour prémunir les foibles contre la séduction, il écrivit un petit ouvrage intitulé : *Maximes et Reflexions sur la Comédie.* Dans cet ouvrage, il combat jusqu'à certain point saint Thomas sur la vertu d'*eutrapélie*, comme l'appellent les docteurs du moyen âge; c'est là peut-être sa plus grande hardiesse théologique. Quoi qu'il en soit, le théologien françois est plus sévère, sur la vertu ou la qualité dont il s'agit, que ne l'ont jamais été les théologiens romains.

Les Maximes sur la Comédie parurent dans les derniers mois de 1694, chez **Anpisson**, en un petit volume in-12. Delusseux réimprima cet ouvrage en 1726.

jours plaisante, et la pudeur toujours offensée ou toujours en crainte d'être violée par les derniers attentats; je veux dire par les expressions les plus impudentes, à qui l'on ne donne que les enveloppes les plus minces.

Songez encore si vous jugez digne de votre habit et du nom de chrétien et de prêtre, de trouver honnêtes toutes les fausses tendresses, toutes les maximes d'amour, et toutes ces douces invitations à jouir du beau temps de la jeunesse, qui retentissent partout dans les opéras de Quinault, à qui j'ai vu cent fois déplorer ces égaremens. Mais aujourd'hui vous autorisez ce qui a fait la matière de sa pénitence et de ses justes regrets, quand il a songé sérieusement à son salut; et vous êtes contraint selon vos maximes d'approuver que ces sentimens, dont la nature corrompue est si dangereusement flattée, soient encore animés d'un chant qui ne respire que la mollesse.

Si Lulli a excellé dans son art, il a dû proportionner, comme il a fait, les accens de ses chanteurs et de ses chanteuses à leurs récits et à leurs vers : et ses airs tant répétés dans le monde, ne servent qu'à insinuer les passions les plus décevantes, en les rendant les plus agréables et les plus vives qu'on peut.

Il ne sert de rien de répondre qu'on n'est occupé que du chant et du spectacle, sans songer au sens des paroles, ni aux sentimens qu'elles expriment : car c'est là précisément le danger, que pendant qu'on est enchanté par la douceur de la mélodie, ou étourdi par le merveilleux du spectacle, ces sentimens s'insinuent sans qu'on y pense, et gagnent le cœur sans être aperçus. Et sans donner ces secours à des inclinations trop puissantes par elles-mêmes, si vous dites que la seule représentation des passions agréables, dans les tragédies d'un Corneille et d'un Racine, n'est pas pernicieuse à la pudeur, vous démentez ce dernier, qui a renoncé publiquement aux tendresses de sa Bérénice, que je nomme parce qu'elle vient la première à mon esprit : et vous, un prêtre, un Théatin, vous le ramenez à ses premières erreurs.

Vous dites que ces représentations des passions agréables ne les excitent qu'indirectement, par hasard et par accident, comme vous parlez. Mais au contraire il n'y a rien de plus direct ni de plus essentiel dans ces pièces, que ce qui fait le dessein formel de ceux qui les composent, de ceux qui les récitent et de ceux qui les écoutent. Dites-moi, que veut un Corneille dans son Cid, sinon qu'on aime Chimène, qu'on l'adore avec Rodrigue, qu'on tremble avec lui lorsqu'il est dans la crainte de la perdre, et qu'avec lui on s'estime heureux lorsqu'il espère de la posséder? Si l'auteur d'une tragédie ne sait pas intéresser le spectateur, l'émouvoir, le transporter de la passion qu'il a voulu exprimer, où tombe-t-il, si ce n'est dans le froid, dans l'ennuyeux, dans l'insupportable, si on peut parler de cette sorte? Toute la fin de son art et de son travail, c'est qu'on soit comme son héros, épris des belles personnes, qu'on les serve comme des divinités; en un mot, qu'on leur sacrifie tout, si ce n'est peut-être la gloire, dont l'amour est plus dangereux que celui de la beauté même. Si le but des théâtres n'est pas de flatter ces passions, qu'on veut appeler délicates, mais dont le fond est si grossier, d'où vient que l'âge où elles sont les plus violentes est aussi celui où l'on est touché le plus vivement de leur expression? Pourquoi, dit saint Augustin, si ce n'est qu'on y voit, qu'on y sent l'image, l'attrait, la pâture de ses passions [1]? Et cela, dit le même Saint, qu'est-ce autre chose qu'une déplorable maladie de notre cœur? On se voit soi-même dans ceux qui nous paroissent comme transportés par de semblables objets. On devient bientôt un acteur secret dans la tragédie : on y joue sa propre passion; et la fiction au dehors est froide et sans agrément, si elle ne trouve au dedans une vérité qui lui réponde. C'est pourquoi ces plaisirs languissent dans un âge plus avancé, dans une vie plus sérieuse, si ce n'est qu'on se transporte par un souvenir agréable dans ses jeunes ans, les plus beaux selon les sens de la vie humaine, et qu'on en réveille l'ardeur qui n'est jamais tout à fait éteinte.

Si les nudités, si les peintures immodestes causent naturellement ce qu'elles expriment et que pour cette raison on en condamne l'usage, parce qu'on ne les goûte jamais autant qu'une main habile l'a voulu, qu'on n'entre dans l'esprit de l'ouvrier et qu'on ne se mette en quelque façon dans l'état qu'il a voulu pein-

[1] *Conf.*, lib. III, cap. II; *De Catechis. rudib.*, cap. XVI, n. 25.

dre : combien plus sera-t-on touché des expressions du théâtre, où tout paroît effectif, où ce ne sont point des traits morts et des couleurs sèches qui agissent; mais des personnages vivans, de vrais yeux, ou ardens, ou tendres, et plongés dans la passion ; de vraies larmes dans les acteurs, qui en attirent d'autres dans ceux qui regardent ; enfin de vrais mouvemens qui mettent en feu tout le parterre et toutes les loges : et tout cela, dites-vous, n'émeut qu'indirectement, et n'excite que par accident les passions ?

Dites encore que les discours, qui tendent directement à allumer de telles flammes, qui excitent la jeunesse à aimer, comme si elle n'étoit pas assez insensée; qui lui font envier le sort des oiseaux et des bêtes, que rien ne trouble dans leurs passions, et se plaindre de la raison et de la pudeur si importunes et si contraignantes : dites que toutes ces choses et cent autres de cette nature, dont tous les théâtres retentissent, n'excitent les passions que par accident, pendant que tout crie qu'elles sont faites pour les exciter, et que si elles manquent leur coup, les règles de l'art sont frustrées et les auteurs et les acteurs travaillent en vain.

Je vous prie, que fait un acteur, lorsqu'il veut jouer naturellement une passion, que de rappeler autant qu'il peut celles qu'il a ressenties, et que s'il étoit chrétien, il auroit tellement noyées dans les larmes de la pénitence, qu'elles ne reviendroient jamais à son esprit, ou n'y reviendroient qu'avec horreur : au lieu que pour les exprimer, il faut qu'elles lui reviennent avec tous leurs agrémens empoisonnés, et toutes leurs grâces trompeuses ?

Mais tout cela, dites-vous, paroît sur les théâtres comme une foiblesse : je le veux ; mais comme une belle, comme une noble foiblesse, comme la foiblesse des héros et des héroïnes ; enfin comme foiblesse si artificieusement changée en vertu, qu'on l'admire, qu'on lui applaudit sur tous les théâtres, et qu'elle doit faire une partie si essentielle des plaisirs publics, qu'on ne peut souffrir de spectacle où non-seulement elle ne soit, mais encore où elle ne règne et n'anime toute l'action.

Dites, mon Père, que tout cet appareil n'entretient pas directement et par soi le feu de la convoitise, ou que la convoitise n'est pas mauvaise, et qu'il n'y a rien qui répugne à l'honnêteté et aux bonnes mœurs dans le soin de l'entretenir ; ou que ce feu n'échauffe qu'indirectement, et que ce n'est que par accident que l'ardeur des mauvais désirs sort du milieu de ces flammes : dites que la pudeur d'une jeune fille n'est offensée que par accident par tous les discours où une personne de son sexe parle de ses combats, où elle avoue sa défaite, et l'avoue à son vainqueur même. Ce qu'on ne voit point dans le monde, ce que celles qui succombent à cette foiblesse y cachent avec tant de soin, une jeune fille le viendra apprendre à la comédie : elle le verra, non plus dans les hommes, à qui le monde permet tout, mais dans une fille qu'on représente modeste, pudique, vertueuse, en un mot dans une héroïne ; et cet aveu, dont on rougit dans le secret, est jugé digne d'être révélé au public, et d'emporter comme une nouvelle merveille l'applaudissement de tout le théâtre.

Je crois avoir assez démontré que la représentation des passions agréables porte naturellement au péché, puisqu'elle flatte et nourrit de dessein prémédité la concupiscence qui en est le principe. Vous direz selon vos maximes qu'on purifie l'amour, et que la scène toujours honnête dans l'état où elle paroît aujourd'hui, ôte à cette passion ce qu'elle a de grossier et d'illicite : c'est un chaste amour de la beauté, qui se termine au nœud conjugal. A la bonne heure : du moins donc, s'il plaît à Dieu, à la fin vous bannirez du milieu des chrétiens les prostitutions et les adultères, dont les comédies italiennes ont été remplies, même de nos jours où le théâtre vous paroît si épuré, et qu'on voit encore toutes crues dans les pièces de Molière. Vous réprouverez les discours où ce rigoureux censeur des grands canons (a), et des mines et des expressions de nos précieuses, étale cependant dans le plus grand jour les avantages d'une infâme tolérance dans les maris, et sollicite les femmes à de honteuses vengeances contre leurs jaloux. Du moins vous confesserez qu'il faudroit réformer le théâtre par ces endroits-là, et qu'il ne falloit pas tant louer

(a) Les *canons*, dont Molière se moque, étoient un ornement de drap, de soie, ou de toile, froncé, et quelquefois orné de rubans ou de dentelles. On l'attachoit au-dessus du genou. (*Les édit.*)

l'honnêteté de nos jours. Mais si vous faites ce pas; si une fois vous ouvrez les yeux aux désordres que peut exciter l'expression des sentimens vicieux, vous serez bientôt poussé plus loin. Car, mon Père, quoique vous ôtiez en apparence à l'amour profane ce grossier et cet illicite, il en est inséparable. De quelque manière que vous vouliez qu'on le tourne et qu'on le dore, dans le fond ce sera toujours, quoi qu'on puisse dire, la concupiscence de la chair, que saint Jean défend de rendre aimable, puisqu'il défend de l'aimer [1]. Le grossier que vous en ôtez feroit horreur si on le montroit; et l'adresse de le cacher ne fait qu'y attirer les volontés d'une manière plus délicate, et qui n'en est que plus périlleuse lorsqu'elle paroît plus épurée.

Croyez-vous, en vérité, que la subtile contagion d'un mal dangereux demande toujours un objet grossier, ou que la flamme secrète d'un cœur trop disposé à aimer en quelque manière que ce puisse être, soit corrigée ou ralentie par l'idée du mariage, que vous lui mettez devant les yeux dans vos héros et vos héroïnes amoureuses? Vous vous trompez. Il ne faudroit point nous réduire à la nécessité d'expliquer ces choses, auxquelles il seroit bon de ne penser pas. Mais puisqu'on croit tout sauver par l'honnêteté nuptiale, il faut dire qu'elle est inutile en cette occasion. La passion ne saisit que son propre objet : la sensualité est seule excitée; et s'il ne falloit que le saint nom du mariage pour mettre à couvert les démonstrations de l'amour conjugal, Isaac et Rebecca n'auroient pas caché leurs jeux innocens et les témoignages mutuels de leurs pudiques tendresses [2]. C'est pour vous dire que le licite, loin d'empêcher l'illicite de se soulever, le provoque : en un mot, ce qui vient par réflexion n'éteint pas ce que l'instinct produit; et vous pouvez dire à coup sûr de tout ce qui excite le sensible dans les comédies les plus honnêtes, qu'il attaque secrètement la pudeur. Que ce soit ou de plus loin ou de plus près, il n'importe : c'est toujours là que l'on tend, par la pente du cœur humain à la corruption. On commence par se livrer aux impressions de l'amour : le remède des réflexions ou du mariage vient trop tard : déjà le foible du cœur est attaqué,

---

[1] I *Joan.*, II, 15, 16. — [2] *Gen.*, XXVI, 8.

s'il n'est vaincu ; et l'union conjugale trop grave et trop sérieuse pour passionner un spectateur qui ne cherche que le plaisir, n'est que par façon et pour la forme dans la comédie.

Je dirai plus, quand il s'agit de remuer le sensible, le licite tourne à dégoût, l'illicite devient un attrait. Si l'eunuque de Térence avoit commencé par une demande régulière de son Erotium, ou quel que soit le nom de son idole, le spectateur seroit-il transporté, comme l'auteur de la comédie le vouloit? Ainsi toute comédie veut inspirer le plaisir d'aimer : on en regarde les personnages non pas comme épouseurs, mais comme amans; et c'est amant qu'on veut être, sans songer à ce qu'on pourra devenir après.

Mais il y a encore une autre raison plus grave et plus chrétienne, qui ne permet pas d'étaler la passion de l'amour, même par rapport au licite. C'est, comme l'a remarqué en traitant la question de la comédie un habile homme de nos jours; c'est, dis-je, que le mariage présuppose la concupiscence, qui selon les règles de la foi est un mal dont le mariage use bien. Qui étale dans le mariage cette impression de beauté qui force à aimer, et qui tâche à la rendre aimable et plaisante, veut rendre aimable et plaisante la concupiscence et la révolte des sens. C'est néanmoins à cet ascendant de la beauté qu'on fait servir, dans les comédies, les ames qu'on appelle grandes : ces doux et invincibles penchans de l'inclination, c'est ce qu'on veut rendre aimable; c'est-à-dire qu'on veut rendre aimable une servitude qui est l'effet du péché, qui porte au péché, et qu'on ne peut mettre sous le joug que par des combats qui font gémir les fidèles mêmes au milieu des remèdes.

N'en disons pas davantage; les suites de cette doctrine font frayeur : disons seulement que ces mariages qui se rompent ou qui se concluent dans les comédies, sont bien éloignés de celui du jeune Tobie et de la jeune Sara. « Nous sommes, disent-ils, enfans des saints, et il ne nous est pas permis de nous unir comme les gentils [1]. » Qu'un mariage de cette sorte, où les sens ne dominent pas, seroit froid sur nos théâtres! Mais aussi que

---

[1] *Tob.*, VIII, 5.

les mariages des théâtres sont sensuels et scandaleux aux vrais chrétiens! Ce qu'on y veut, c'en est le mal; ce qu'on y appelle les belles passions, sont la honte de la nature raisonnable : l'empire de la beauté, et cette tyrannie qu'on y étale sous les plus belles couleurs, flatte la vanité d'un sexe, dégrade la dignité de l'autre, et asservit l'un et l'autre au règne des sens.

Vous dites, mon Père, que vous n'avez jamais pu entrevoir par le moyen des confessions cette prétendue malignité de la comédie, ni les crimes dont on veut qu'elle soit la source. Apparemment vous ne songez pas à ceux des comédiennes, à ceux des chanteuses, ni aux scandales de leurs amans. N'est-ce rien que d'immoler des chrétiennes à l'incontinence publique, d'une manière plus dangereuse qu'on ne feroit dans les lieux qu'on n'ose nommer? Quelle mère, je ne dis pas chrétienne, mais tant soit peu honnête, n'aimeroit pas mieux voir sa fille dans le tombeau que sur le théâtre? L'ai-je élevée si tendrement et avec tant de précaution pour cet opprobre? l'ai-je tenue nuit et jour, pour ainsi parler, sous mes ailes avec tant de soin, pour la livrer au public? Qui ne regarde pas ces malheureuses chrétiennes, si elles le sont encore dans une profession si contraire aux vœux de leur baptême; qui, dis-je, ne les regarde pas comme des esclaves exposées, en qui la pudeur est éteinte, quand ce ne seroit que par tant de regards qu'elles attirent et par tous ceux qu'elles jettent; elles que leur sexe avoit consacrées à la modestie, dont l'infirmité naturelle demandoit la sûre retraite d'une maison bien réglée? Et voilà qu'elles s'étalent elles-mêmes en plein théâtre avec tout l'attirail de la vanité, comme ces sirènes dont parle Isaïe [1], qui font leur demeure dans les temples de la volupté, dont les regards sont mortels, et qui reçoivent de tous côtés par cet applaudissement qu'on leur renvoie le poison qu'elles répandent par leur chant. Mais n'est-ce rien aux spectateurs de payer leur luxe, de nourrir leur corruption, de leur exposer leur cœur en proie, et d'aller apprendre d'elles tout ce qu'il ne faudroit jamais savoir? S'il n'y a rien là que d'honnête, rien qu'il faille porter à la confession. hélas! mon Père, quel aveu-

[1] *Isa.*, XIII, 22.

glement faut-il qu'il y ait parmi les chrétiens! Et un homme de votre robe et de votre nom étoit-il fait pour achever d'ôter aux fidèles le peu de componction qui reste encore dans le monde pour tant de désordres?

Vous ne trouvez pas, dites-vous, par les confessions, que les riches qui vont à la comédie soient plus sujets aux grands crimes que les pauvres qui n'y vont pas. Vous n'avez encore qu'à dire que le luxe, que les excès de la table et les mets exquis ne font aucun mal aux riches, parce que les pauvres, qui en sont privés, ont les mêmes vices. Ne sentez-vous pas qu'il y a des choses qui, sans avoir des effets marqués, mettent dans les ames de secrètes dispositions au mal, qui ne laissent pas d'être très-mauvaises, quoique leur malignité ne se déclare pas toujours d'abord? Tout ce qui nourrit les passions est de ce genre. On n'y trouveroit que trop de matière à la confession, si on cherchoit en soi-même les causes du mal. On a le mal dans le sang et dans les entrailles, avant qu'il éclate par la fièvre : en s'affoiblissant peu à peu on se met dans un grand danger de tomber, avant qu'on tombe; et cet affoiblissement est un commencement de la chute.

Vous comparez les dangers où l'on se met dans les comédies par les vives représentations des passions, à ceux qu'on ne peut éviter qu'en fuyant, dites-vous, dans les déserts. On ne peut, continuez-vous, faire un pas, lire un livre, entrer dans une église, enfin vivre dans le monde, sans rencontrer mille choses capables d'exciter les passions. Sans doute, la conséquence est fort bonne : tout est plein d'inévitables dangers; donc il en faut augmenter le nombre. Toutes les créatures sont un piége et une tentation à l'homme : donc il est permis d'inventer de nouvelles tentations et de nouveaux piéges pour prendre les ames. Il y a de mauvaises conversations qu'on ne peut, comme dit saint Paul, éviter sans sortir du monde [1]; il n'y a donc point de péché de chercher volontairement de mauvaises conversations, et cet Apôtre se sera trompé, en disant que « les mauvais entretiens corrompent les bonnes mœurs [2]. » Voilà, mon cher Père, votre

---

[1] I *Cor.*, v, 10. — [2] *Ibid.*, xv, 33.

conséquence. Tous les objets qui se présentent à nos yeux peuvent exciter nos passions : donc on peut se préparer des objets exquis et recherchés avec soin, pour les exciter et les rendre plus agréables en les déguisant : on peut conseiller de tels périls; et les comédies, qui en sont d'autant plus remplies qu'elles sont mieux composées et mieux jouées, ne doivent pas être mises parmi ces mauvais entretiens par lesquels les bonnes mœurs sont corrompues. Dites plutôt, mon cher Père : Il y a tant dans le monde d'inévitables périls; donc il ne les faut pas multiplier. Dieu nous aide dans les tentations qui nous arrivent par nécessité; mais il abandonne aisément ceux qui les recherchent par choix : et celui qui aime le péril, il ne dit pas : Celui qui y est par nécessité; mais : Celui qui l'aime et qui le cherche, y périra [1].

Vous appelez les lois à votre secours; et vous dites que si la comédie étoit si mauvaise, on ne la toléreroit pas, on ne la fréquenteroit pas : sans songer que saint Thomas, dont vous abusez, a décidé « que les lois humaines ne sont pas tenues à réprimer tous les maux, mais seulement ceux qui attaquent directement la société (a). » « L'Eglise même, dit saint Augustin, n'exerce la sévérité de ses censures que sur les pécheurs dont le nombre n'est pas grand [2]. » C'est pourquoi elle condamne les comédiens; et croit défendre assez la comédie, quand elle prive des sacremens et de la sépulture ecclésiastique ceux qui la jouent. Quant à ceux qui la fréquentent, comme il y en a de plus innocens les uns que les autres, et peut-être quelques-uns qu'il faut plutôt instruire que blâmer, ils ne sont pas répréhensibles en

---

[1] *Eccli.*, III, 27. — [2] *Epist.* XXII.

(a) I-II, quæst. XCVI, art. 2. Examinant la question « Si les lois humaines doivent défendre tous les vices, » saint Thomas dit que les lois générales faites pour la multitude, ne doivent pas être au-dessus des forces ordinaires de la nature; puis il répond : « Les lois humaines ne doivent pas défendre tous les vices que fuit l'homme vertueux, mais seulement les crimes que le grand nombre peut éviter, surtout ceux qui nuisent aux autres et dont la défense est nécessaire à la conservation de la société. C'est ainsi que les lois humaines défendent le vol, l'homicide et les crimes pareils. » *Lege humanâ non prohibentur omnia vitia, à quibus virtuosi abstinent, sed solùm graviora à quibus possibile est majorem partem multitudinis abstinere, et præcipuè quæ sunt in nocumentum aliorum, sine quorum prohibitione societas humana conservari non posset : sicut prohibentur lege humanâ homicidia et furta, et hujusmodi.*

même degré, et il ne faut pas fulminer également contre tous. Mais de là il ne s'ensuit pas qu'il faille autoriser les périls publics. Si les hommes ne les aperçoivent pas, c'est aux prêtres à les instruire, et non pas à les flatter. Où trouvera-t-on la science, si les lèvres du prêtre préposées à la garder, sont corrompues? et de qui recherchera-t-on la loi de Dieu, si ceux qui en sont les prédicateurs donnent de l'autorité aux vices, comme parle saint Cyprien [1].

Je ne veux pas me jeter sur les passages des Pères, ni faire ici une longue dissertation sur un si ample sujet. Je vous dirai seulement que c'est les lire trop négligemment que d'assurer, comme vous faites, qu'ils ne blâment dans les spectacles de leur temps que l'idolâtrie, et les scandaleuses et manifestes impudicités. C'est être trop sourd à la vérité que de ne sentir pas que leurs raisons portent plus loin. Ils blâment dans les jeux et dans les théâtres l'inutilité, la prodigieuse dissipation, le trouble, la commotion de l'esprit peu convenable à un chrétien, dont le cœur est le sanctuaire d'une paix divine : ils y blâment les passions excitées, la vanité, la parure, les grands ornemens qu'ils mettent au rang des pompes que nous avons abjurées par le baptême, le désir de voir et d'être vu, la malheureuse rencontre des yeux qui se cherchent les uns les autres, la trop grande occupation à des choses vaines, les éclats de rire qui font oublier et la présence de Dieu et le compte qu'il lui en faut rendre, et le sérieux de la vie chrétienne. Dites que les Pères ne blâment pas toutes ces choses, et tout cet amas de périls que les théâtres réunissent : dites qu'ils n'y blâment pas même les choses honnêtes, qui enveloppent le mal et lui servent d'introducteur. Dites que saint Augustin n'a pas déploré dans les comédies ce jeu des passions, et l'expression contagieuse de nos maladies, et ces larmes que nous arrache l'image de nos passions si vivement réveillées, et toute cette illusion qu'il appelle une misérable folie [2]. Parmi ces commotions, qui peut élever son cœur à Dieu? qui ose lui dire qu'il est là pour l'amour de lui et pour lui plaire? Qui ne craint pas dans ces folles joies et dans ces folles douceurs, d'étouffer en soi l'esprit

[1] *Lib. de Spect.*, p. 339. — [2] *Conf.*, lib. III, cap. II.

de prière, et d'interrompre cet exercice, qui, selon la parole de Jésus-Christ [1], doit être perpétuel dans un chrétien, du moins en désir et dans la préparation du cœur? On trouvera dans les Pères toutes ces raisons et beaucoup d'autres.

Que si on veut pénétrer les principes de leur morale, quelle sévère condamnation n'y lira-t-on pas de l'esprit qui mène aux spectacles, où pour laisser tous les autres maux qui les accompagnent, l'on ne cherche qu'à s'étourdir et qu'à s'oublier soi-même, pour calmer la persécution de cet inexorable ennui, qui fait le fond de la vie humaine depuis que l'homme a perdu le goût de Dieu! Il faudroit dans le besoin savoir trouver à l'esprit humain des relâchemens plus modestes, des divertissemens moins emportés. Pour ceux-ci, pour les bien connoître, sans parler des Pères, il ne faut que consulter les philosophes. Un Platon nous dira que les arts qui n'ont pour but que le plaisir, sont pernicieux [2], parce qu'ils vont le recueillant indifféremment des sources bonnes ou mauvaises, aux dépens de tout et même de la vertu, si le plaisir le demande. C'est pourquoi il bannit de sa république les poëtes comiques, tragiques, épiques, sans épargner ce divin Homère, comme ils l'appeloient, dont les sentences paroissoient alors inspirées. Cependant Platon les chassoit, à cause que ne songeant qu'à plaire, ils étalent également les bonnes et les mauvaises sentences; et sans se soucier de la vérité, qui est toujours uniforme, ils ne songent qu'à flatter le goût, dont la nature est variable. Il introduit donc les lois, qui les renvoient avec honneur à la vérité, et une couronne sur la tête; mais cependant avec une inflexible rigueur, en leur disant : Nous ne pouvons point souffrir ce que vous criez sur vos théâtres, ni dans nos villes écouter personne qui parle plus haut que nous.

Que si telle est la sévérité des lois politiques, les lois chrétiennes souffriront-elles qu'on parle plus haut que l'Evangile, qu'on applaudisse de toute sa force, et qu'on arrache l'applaudissement de tout le public pour l'ambition, pour la gloire, pour la vengeance, pour le point d'honneur, que Jésus-Christ a proscrit avec le monde; ni qu'on intéresse les hommes dans des passions qu'il

[1] *Luc.*, XXI, 36. — [2] *De Repub.*, lib. III.

veut éteindre? Saint Jean crie à tous les fidèles et à tous les âges : « N'aimez point le monde, ni tout ce qui est dans le monde; car tout y est ou concupiscence de la chair, ou concupiscence des yeux, ou orgueil de la vie [1]. » Dans ces paroles, et le monde, et le théâtre qui en est l'image, sont également réprouvés. C'est le monde, avec tous ses charmes et toutes ses pompes, qu'on représente dans les comédies. Ainsi, comme dans le monde, tout y est sensualité, curiosité, ostentation, orgueil; et on y fait aimer toutes ces choses, puisqu'on ne songe qu'à y faire trouver du plaisir.

On demande, et cette remarque a trouvé place dans votre Dissertation : Si la comédie est si dangereuse, pourquoi Jésus-Christ et les apôtres n'ont rien dit d'un si grand péril et d'un si grand mal? Ceux qui voudroient tirer avantage de ce silence n'auroient qu'à autoriser les gladiateurs et toutes les autres horreurs des anciens spectacles, dont l'Ecriture ne parle non plus que des comédies. Les saints Pères, qui ont essuyé de pareilles difficultés de la bouche des défenseurs des spectacles, nous ont ouvert le chemin pour leur répondre : que les délectables représentations qui intéressent les hommes dans des inclinations vicieuses, sont proscrites avec elles dans l'Ecriture. Les immodesties des tableaux sont condamnées par tous les passages où sont proscrites en général les choses déshonnêtes : il en est de même des représentations du théâtre. Saint Jean n'a rien oublié, lorsqu'il a dit : « N'aimez point le monde, ni ce qui est dans le monde : celui qui aime le monde, l'amour du Père n'est point en lui; car tout ce qui est dans le monde est concupiscence de la chair, ou concupiscence des yeux, ou orgueil de la vie ; laquelle concupiscence n'est point de Dieu, mais du monde [2]. » Si la concupiscence n'est pas de Dieu, la délectable représentation qui en étale tout les attraits n'est non plus de lui, mais du monde : et les chrétiens n'y ont point de part.

Saint Paul aussi a tout compris dans ces paroles : « Au reste, mes Frères, tout ce qui est véritable, tout ce qui est juste, tout ce qui est saint; selon le grec, tout ce qui est chaste, tout ce qui

[1] I *Joan*, II, 15, 16. — [2] *Ibid.*

est pur, tout ce qui est aimable, tout ce qui est édifiant : s'il y a quelque vertu parmi les hommes, et quelque chose digne de louange dans la discipline, c'est ce que vous devez penser [1]. » Tout ce qui vous empêche d'y penser, et qui vous inspire des pensées contraires, ne doit point vous plaire, et doit vous être suspect. Dans ce bel amas des pensées que saint Paul propose à un chrétien, cherchez, mon Père, la place de la comédie de nos jours, que vous vantez tant.

Au reste ce grand silence de Jésus-Christ sur les comédies me fait souvenir qu'il n'avoit pas besoin d'en parler à la maison d'Israël, pour laquelle il étoit venu, où ces plaisirs de tout temps n'avoient point de lieu. Les Juifs n'avoient de spectacles pour se réjouir que leurs fêtes, leurs sacrifices, leurs saintes cérémonies : gens simples et naturels par leur institution primitive, ils n'avoient jamais connu ces inventions de la Grèce ; et après ces louanges de Balaam : « Il n'y a point d'idole dans Jacob, il n'y a point d'augure, il n'y a point de divination [2], » on pouvoit encore ajouter : Il n'y a point de ces dangereuses représentations : ce peuple innocent et simple trouve un assez agréable divertissement dans sa famille, parmi ses enfans ; et il n'a pas besoin de tant de dépenses, ni de si grands appareils pour se relâcher.

C'étoit peut-être une des raisons du silence des apôtres, qui accoutumés à la simplicité de leurs pères et de leur pays, ne songeoient pas à reprendre en termes exprès dans leurs écrits ce qu'ils ne connoissoient pas dans leur nation : c'étoit assez d'établir les principes qui en donnoient du dégoût. Quoi qu'il en soit, c'est un grand exemple pour l'Eglise chrétienne que celui qu'on voit dans les Juifs ; et c'est une honte au peuple spirituel, d'avoir des plaisirs que le peuple charnel ne connoissoit pas.

Il n'y avoit parmi les Juifs qu'un seul poëme qui tînt du dramatique ; et c'est le *Cantique des cantiques*. Ce cantique ne respire qu'un amour céleste : et cependant, parce qu'il y est représenté sous la figure d'un amour humain, on en défendoit la lecture à la jeunesse. Aujourd'hui on ne craint point de l'inviter à voir soupirer des amans, pour le plaisir seulement de les voir

[1] *Philip.*, IV, 8. — [2] *Numer.*, XXIII, 21, 23.

aimer, et pour goûter les douceurs d'une folle passion. Saint Augustin met en doute s'il faut laisser dans les églises un chant harmonieux [1], ou s'il vaut mieux s'attacher à la sévère discipline de saint Athanase et de l'Eglise d'Alexandrie, dont la gravité souffroit à peine dans le chant, ou plutôt dans la récitation des Psaumes, de foibles inflexions : tant on craignoit dans l'Eglise de laisser affoiblir la vigueur de l'ame par la douceur du chant. Maintenant on a oublié ces saintes délicatesses des Pères ; et on pousse si loin les délices de la musique, que loin de les craindre dans les cantiques de Sion, on cherche à se délecter de celles dont Babylone anime les siens. Le même saint Augustin reprenoit un homme qui étaloit beaucoup d'esprit à tourner agréablement des inutilités dans ses écrits : « Eh ! lui disoit-il, je vous prie, ne rendez point agréable ce qui est inutile [2] : » et vous, mon Père, vous voulez qu'on rende agréable ce qui est nuisible.

Quittez, quittez ces illusions : ou révoquez, ou désavouez une lettre qui déshonore votre caractère, votre habit et votre saint ordre, où l'on vous donne le nom de théologien, sans avoir pu vous donner des théologiens, mais de seuls poëtes comiques pour approbateurs ; enfin qui n'ose paroître qu'à la têté des pièces de théâtre, et n'a pu obtenir de privilége qu'à la faveur des comédies. Dans un scandale public, que je pourrois combattre avec moins d'égards, pour garder envers un prêtre et un religieux d'un ordre que je révère, et qui honore la cléricature, toutes les mesures de la douceur chrétienne, je commence par vous reprendre entre vous et moi. Si vous ne m'écoutez pas, j'appellerai des témoins, et j'avertirai vos supérieurs : à la fin, après avoir épuisé toutes les voies de la charité, je le dirai à l'Eglise, et je parlerai en évêque contre votre perverse doctrine. Je suis cependant, etc.

[1] *Confess.*, lib. X, cap. XXXIII, n. 50. — [2] *De Animâ et ejus orig*, lib. I, cap. III.

J. BÉNIGNE, év. de Meaux.

LETTRE II.

RÉPONSE DU P. CAFFARO A BOSSUET.

Paris, ce 11 mai 1694.

Si tout le monde, et même ceux qui prêchent l'Evangile savoient les règles de l'Evangile autant que votre Grandeur les sait, je ne serois pas dans la peine où je suis pour cette malheureuse lettre qu'on m'attribue faussement. Car si avant que de publier partout, et pour ainsi dire hautement dans les chaires, que j'en suis l'auteur, ils avoient eu la même charité que votre Grandeur a, de me le demander en particulier, j'aurois détrompé le monde d'une fausse préoccupation qui me fait tant de tort; et ce qui me fâche davantage, c'est qu'elle fait du scandale. Je dis donc et proteste à votre Grandeur, comme je l'ai protesté à tout le monde que je ne suis pas l'auteur de la lettre qui favorise les comédiens et dont il est question, et que je n'ai su qu'on l'imprimoit qu'après qu'elle a été imprimée. Je ne suis pas si bon François dans la plume et dans la langue, comme je le suis dans le cœur, pour avoir pu tourner une lettre de la manière dont celle-là est tournée; et je crois que votre Grandeur s'en aperçoit assez par la présente que j'ai l'honneur de lui écrire. Ce qui a donné lieu au public de m'en croire l'auteur (puisqu'il ne faut rien cacher à une personne comme votre Grandeur), c'est parce qu'il y a onze ou douze ans, qu'à mon particulier j'ai fait un écrit en latin sur la matière de la comédie, d'où véritablement semble être tirée toute la doctrine qui se trouve dans cette lettre. Malheureusement cet écrit est tombé entre les mains de quelqu'un, qui ne considéroit point qu'il n'avoit pas été fait en aucune manière pour voir le jour, et par conséquent qu'il n'avoit pas été examiné à fond dans tous ses raisonnemens, citations, etc.; ils en ont tiré cette lettre, et ils l'ont fait imprimer : et ne voulant pas me dérober ce qui est de moi, ils ont cru me faire plaisir en me le rendant par le titre qu'ils lui ont mis; ce qui a fait croire que c'étoit moi qui avois fait la lettre : et dans ce pays ici, il suffit qu'une personne le dise, afin que le bruit s'en répande partout. Cependant ils y ont altéré plusieurs choses, et mis plusieurs autres qui ne sont pas de moi ; et ce que j'ai mis conditionnellement, c'est-à-dire, si les choses sont de cette manière, il n'y a point de mal, etc. : ils l'y ont dit absolument, disant : Les choses sont en cette manière ; donc il n'y a point de mal, etc. : ce qui est bien différent, comme votre Grandeur le comprend fort bien. Voilà, Monseigneur, toute la faute que j'ai commise en tout cela, dont j'en ai eu et j'en ai encore un chagrin mortel : et je voudrois, pour toute chose au monde, ou que la lettre n'eût jamais été imprimée, ou que je n'eusse jamais écrit sur cette matière, qui contre ma volonté cause le scandale qu'elle cause.

Il y a dix-sept ou dix-huit ans que je régente la philosophie et la théologie ; et de cette dernière, trois cours tout entiers. On a soutenu ici des thèses publiques, auxquelles j'ai présidé ; et par la grace de Dieu, on n'a jamais trouvé à redire à un *iota* de ma doctrine ; et voilà malheureusement une affaire à laquelle je ne m'attendois pas. Il y a vingt ans presque que je suis dans ce pays ici, et Dieu merci je n'y ai donné aucun scandale ; et présentement, contre ma pensée, je vois que j'ai scandalisé le public. Votre Grandeur avouera que c'est un grand malheur pour moi. Or il faut qu'elle sache que pour réparer mon honneur, pour l'édification du public et pour l'amour de la vérité même, je suis convenu, et même je me suis offert à Monseigneur l'archevêque, qui n'a pas moins de zèle pour la maison de Dieu que tous les autres prélats du royaume, de lui faire une lettre dans laquelle j'explique mes sentimens sur cela (*a*). Je l'ai déjà faite en latin, ne voulant pas hasarder au public une lettre en méchant françois. On la fera traduire en françois, et on la donnera au public : d'abord qu'elle sera imprimée, je me donnerai l'honneur de l'envoyer à votre Grandeur ; et j'espère qu'elle en sera contente.

Au reste, Monseigneur, je reconnois avec soumission que tout ce que votre Grandeur me mande dans sa lettre touchant les co-

---

(*a*) Cette lettre fut en effet adressée à M. l'archevêque de Paris, et imprimée dans le temps, en latin et en françois. On la trouve dans les *Lettres sur les Spectacles*, par Desprez de Boissy, tom. I, p. 385, édit. de 1780. (*Les édit.*)

médies, est très-solide et très-véritable. J'ai été toujours de cette opinion, et j'ai toujours blâmé les comédies qui sont capables d'exciter les passions, et qui ne sont pas faites dans les règles. J'assure aussi votre Grandeur devant Dieu, que je n'ai jamais lu aucune comédie, ni de Molière, ni de Racine, ni de Corneille ; ou au moins je n'en ai jamais lu une toute entière. J'en ai lu quelques-unes de Boursault, de celles qui sont plaisantes, dans lesquelles à la vérité je n'ai pas trouvé beaucoup à redire ; et sur celles-là j'ai cru que toutes les autres étoient de même. Je m'étois fait une idée métaphysique d'une bonne comédie, et je raisonnois là-dessus, sans faire réflexion que dans la théorie bien souvent les choses sont d'une manière, lesquelles dans la pratique sont d'une autre. D'ailleurs ne pouvant aller à la comédie, et quand je le pourrois ne voulant jamais y aller, je m'étois trop fié aux gens qui m'avoient assuré qu'on les faisoit en France avec toutes sortes de modération, et je m'abandonnois trop aux conjectures que je trouve présentement être fausses ; sans pourtant jamais croire que depuis si longtemps que j'ai écrit cela et que j'avois presque oublié, il dût être su, lu et publié, au contraire altéré et corrompu.

Voilà, Monseigneur, tout ce que je puis répondre à la lettre que votre Grandeur m'a fait l'honneur de m'envoyer. Je lui suis infiniment obligé de l'instruction qu'elle m'a donnée, et je l'assure que j'en profiterai : en même temps je la supplie très-humblement de me croire avec bien du respect, etc.

A Paris, ce 11 mai 1694.

P. Fr. CAFFARO, C. R.

MAXIMES

ET

RÉFLEXIONS SUR LA COMÉDIE.

I

Occasion et dessein de ce traité : nouvelle Dissertation en faveur de la comédie.

Le religieux à qui on avoit attribué la Lettre ou Dissertation pour la défense de la comédie, a satisfait au public par un désaveu aussi humble que solennel [1]. L'autorité ecclésiastique s'est fait reconnoître : par ses soins la vérité a été vengée ; la saine doctrine est en sûreté, et le public n'a besoin que d'instruction sur une matière qu'on avoit tâché d'embrouiller par des raisons frivoles, à la vérité, et qui ne seroient dignes que de mépris, s'il étoit permis de mépriser le péril des ames infirmes : mais qui enfin éblouissent les gens du monde toujours aisés à tromper sur ce qui les flatte. On a tâché d'éluder l'autorité des saints Pères, à qui on a opposé les scholastiques, et on a cherché entre les uns et les autres je ne sais quelles conciliations, comme si la comédie étoit enfin devenue ou meilleure ou plus favorable avec le temps. Les grands noms de saint Thomas et des autres Saints ont été employés en sa faveur : on s'est servi de la confession pour attester son innocence. C'est un prêtre, c'est un confesseur qu'on introduit pour nous assurer qu'il ne connoît pas les péchés que des docteurs trop rigoureux attribuent à la comédie : on affoiblit les censures et l'autorité des rituels ; et enfin on n'oublie rien dans un petit livre, dont la lecture est facile, pour donner quelque couleur à une mauvaise cause. Il n'en faut pas davantage pour tromper les

---

[1] Voyez la lettre du P. Caffaro, et la note ci-dessus, p. 17 et 18.

simples et pour flatter la foiblesse humaine, trop penchée par elle-même au relâchement. Des personnes de piété et de savoir qui sont en charge dans l'Eglise, et qui connoissent les dispositions des gens du monde, ont jugé qu'il seroit bon d'opposer à une dissertation qui se faisoit lire par sa brièveté des réflexions courtes, mais pleines des grands principes de la religion : par leur conseil, je laisse partir cet écrit pour s'aller joindre aux autres discours qui ont déjà paru sur ce sujet.

II.
A quoi il faut réduire cette question.

Il semble que, pour ôter la prévention que le nom de saint Thomas pourroit jeter dans les esprits, il faudroit commencer ces réflexions par la discussion des passages tirés de ce grand auteur en faveur de la comédie; mais avant que d'engager les lecteurs dans cet examen, je trouve plus à propos de les mener d'abord à la vérité par un tour plus court, c'est-à-dire par des principes qui ne demandent ni discussion, ni lecture. Puisqu'on demeure d'accord, et qu'en effet on ne peut nier que l'intention de saint Thomas et des autres Saints qui ont toléré ou permis les comédies s'ils l'ont fait, n'ait été de restreindre leur approbation ou leur tolérance à celles qui ne sont point opposées aux bonnes mœurs; c'est à ce point qu'il faut s'attacher, et je n'en veux pas davantage pour faire tomber de ce seul coup la Dissertation.

III.
Si la comédie d'aujourd'hui est aussi honnête que le prétend l'auteur de la Dissertation.

La première chose que j'y reprends, c'est qu'un homme qui se dit prêtre ait pu avancer que la comédie, telle qu'*elle est aujourd'hui*, n'a rien de contraire aux bonnes mœurs, et qu'elle est même si *épurée à l'heure qu'il est sur le théâtre françois, qu'il n'y a rien que l'oreille la plus chaste ne pût entendre*. Il faudra donc que nous passions pour honnêtes les impiétés et les infamies dont sont pleines les comédies de Molière, ou qu'on ne veuille pas ranger parmi les pièces d'aujourd'hui celles d'un auteur qui a expiré pour ainsi dire à nos yeux, et qui remplit encore à présent tous les théâtres des équivoques les plus grossières, dont on ait jamais infecté les oreilles des chrétiens.

Qui que vous soyez, prêtre ou religieux, quoi qu'il en soit, chrétien qui avez appris de saint Paul que ces infamies ne doivent pas seulement être nommées parmi les fidèles, ne m'obligez pas à répéter ces discours honteux : songez seulement si vous oserez soutenir à la face du ciel des pièces où la vertu et la piété sont toujours ridicules, la corruption toujours excusée et toujours plaisante et la pudeur toujours offensée, ou toujours en crainte d'être violée par les derniers attentats, je veux dire par les expressions les plus impudentes, à qui l'on ne donne que les enveloppes les plus minces. Songez encore, si vous jugez digne du nom de chrétien et de prêtre, de trouver honnête la corruption réduite en maximes dans les *opéras* de Quinault, avec toutes les fausses tendresses et toutes ces trompeuses invitations à jouir du beau temps de la jeunesse, qui retentissent partout dans ses poésies. Pour moi, je l'ai vu cent fois déplorer ces égaremens : mais aujourd'hui on autorise ce qui a fait la matière de sa pénitence et de ses justes regrets, quand il a songé sérieusement à son salut ; et si le théâtre françois est aussi honnête que le prétend la *Dissertation*, il faudra encore approuver que ces sentimens, dont la nature corrompue est si dangereusement flattée, soient animés d'un chant qui ne respire que la mollesse.

Si Lulli a excellé dans son art, il a dû proportionner, comme il a fait, les accens de ses chanteurs et de ses chanteuses à leurs récits et à leurs vers : et ses airs, tant répétés dans le monde, ne servent qu'à insinuer les passions les plus décevantes, en les rendant les plus agréables et les plus vives qu'on peut par le charme d'une musique qui ne demeure si facilement imprimée dans la mémoire, qu'à cause qu'elle prend d'abord l'oreille et le cœur.

Il ne sert de rien de répondre qu'on n'est occupé que du chant et du spectacle, sans songer au sens des paroles, ni aux sentimens qu'elles expriment : car c'est là précisément le danger, que pendant qu'on est enchanté par la douceur de la mélodie ou étourdi par le merveilleux du spectacle, ces sentimens s'insinuent sans qu'on y pense et plaisent sans être aperçus. Mais il n'est pas nécessaire de donner le secours du chant et de la musique à des inclinations déjà trop puissantes par elles-mêmes; et si vous dites que la seule représentation des passions agréables, dans les *tragédies* d'un Corneille et d'un Racine, n'est pas dangereuse à la pudeur, vous démentez ce dernier qui, occupé de sujets plus dignes de lui, renonce à sa *Bérénice*, que je nomme parce qu'elle vient la première à mon esprit; et vous, qui vous dites prêtre, vous le ramenez à ses premières erreurs.

IV.

S'il est vrai que la représentation des passions agréables ne les excite que par accident.

Vous dites que ces représentations des passions agréables, « et les paroles des passions, dont on se sert dans la comédie, » ne les excitent qu'indirectement, « par hasard et par accident, » comme vous parlez; « et que ce n'est pas leur nature de les exciter : » mais au contraire il n'y a rien de plus direct, de plus naturel à ces pièces, que ce qui fait le dessein formel de ceux qui les composent, de ceux qui les récitent et de ceux qui les écoutent. Dites-moi, que veut un Corneille dans son *Cid*, sinon qu'on aime Chimène, qu'on l'adore avec Rodrigue, qu'on tremble avec lui lorsqu'il est dans la crainte de la perdre, et qu'avec lui on s'estime heureux lorsqu'il espère de la posséder? Le premier principe sur lequel agissent les poëtes tragiques et comiques, c'est qu'il faut intéresser le spectacle; et si l'auteur ou l'acteur d'une tragédie ne le sait pas émouvoir et le transporter de la passion qu'il veut exprimer, où tombe-t-il, si ce n'est dans le froid, dans l'ennuyeux, dans le ridicule, selon les règles des maîtres de l'art? *Aut dormitabo, aut ridebo*[1], et le reste. Ainsi tout le dessein d'un poëte, toute la fin de son travail, c'est qu'on soit, comme son héros, épris des belles personnes, qu'on les serve comme des divinités; en un mot, qu'on leur sacrifie tout, si ce n'est peut-être la gloire, dont l'amour est plus dangereux que celui de la beauté même. C'est donc combattre les règles et les

[1] Hor., *de Arte poet.*, vers. 103.

principes des maîtres, que de dire, avec la *Dissertation*, que le théâtre n'excite que *par hasard et par accident* les passions qu'il entreprend de traiter.

On dit, et c'est encore une objection de notre auteur, « que l'histoire, » qui est si grave et si sérieuse, « se sert de paroles qui excitent les passions, » et qu'aussi vive à sa manière que la comédie, elle veut intéresser son lecteur dans les actions bonnes et mauvaises qu'elle représente. Quelle erreur de ne savoir pas distinguer entre l'art de représenter les mauvaises actions pour en inspirer de l'horreur, et celui de peindre les passions agréables d'une manière qui en fasse goûter le plaisir? Que s'il y a des histoires qui dégénérant de la dignité d'un si beau nom, entrent à l'exemple de la comédie dans le dessein d'émouvoir les passions flatteuses, qui ne voit qu'il les faut ranger avec les romans et les autres livres corrupteurs de la vie humaine?

Si le but de la comédie n'est pas de flatter ces passions, qu'on veut appeler délicates, mais dont le fond est si grossier, d'où vient que l'âge où elles sont le plus violentes, est aussi celui où l'on est touché le plus vivement de leur expression? Mais pourquoi en est-on si touché, si ce n'est, dit saint Augustin [1], qu'on y voit, qu'on y sent l'image, l'attrait, la pâture de ses passions? Et cela, dit le même Saint [2], qu'est-ce autre chose, qu'une déplorable maladie de notre cœur? On se voit soi-même dans ceux qui nous paroissent comme transportés par de semblables objets : on devient bientôt un acteur secret dans la tragédie ; on y joue sa propre passion ; et la fiction au dehors est froide et sans agrément, si elle ne trouve au dedans une vérité qui lui réponde. C'est pourquoi ces plaisirs languissent dans un âge plus avancé, dans une vie plus sérieuse, si ce n'est qu'on se transporte par un souvenir agréable dans ses jeunes ans, les plus beaux de la vie humaine à ne consulter que les sens, et qu'on en réveille l'ardeur qui n'est jamais tout à fait éteinte.

Si les peintures immodestes ramènent naturellement à l'esprit ce qu'elles expriment, et que pour cette raison on en condamne l'usage, parce qu'on ne les goûte jamais autant qu'une main ha-

[1] *Confess.*, lib. III, cap. II. — [2] *De Catechiz. rud.*, n 25.

b'le l'a voulu, sans entrer dans l'esprit de l'ouvrier et sans se mettre en quelque façon dans l'état qu'il a voulu peindre : combien plus sera-t-on touché des expressions du théâtre, où tout paroît effectif; où ce ne sont point des traits morts et des couleurs sèches qui agissent, mais des personnages vivans, de vrais yeux, ou ardens, ou tendres et plongés dans la passion ; de vraies larmes dans les acteurs, qui en attirent d'aussi véritables dans ceux qui regardent ; enfin de vrais mouvemens, qui mettent en feu tout le parterre et toutes les loges : et tout cela, dites-vous, n'émeut qu'indirectement et n'excite que par accident les passions!

Dites encore que les discours qui tendent directement à allumer de telles flammes, qui excitent la jeunesse à aimer comme si elle n'étoit pas assez insensée, qui lui font envier le sort des oiseaux et des bêtes que rien ne trouble dans leurs passions, et se plaindre de la raison et de la pudeur si importunes et si contraignantes : dites que toutes ces choses et cent autres de cette nature, dont tous les théâtres retentissent, n'excitent les passions que par accident, pendant que tout crie qu'elles sont faites pour les exciter ; et que si elles manquent leur coup, les règles de l'art sont frustrées, et les auteurs et les acteurs travaillent en vain.

Je vous prie, que fait un acteur, lorsqu'il veut jouer naturellement une passion, que de rappeler autant qu'il peut celles qu'il a ressenties et que s'il étoit chrétien, il auroit tellement noyées dans les larmes de la pénitence, qu'elles ne reviendroient jamais à son esprit ou n'y reviendroient qu'avec horreur : au lieu que, pour les exprimer, il faut qu'elles lui reviennent avec tous leurs agrémens empoisonnés et toutes leurs graces trompeuses ?

Mais tout cela, dira-t-on, paroît sur les théâtres comme une foiblesse. Je le veux : mais il y paroît comme une belle, comme une noble foiblesse, comme la foiblesse des héros et des héroïnes; enfin comme une foiblesse si artificieusement changée en vertu, qu'on l'admire, qu'on lui applaudit sur tous les théâtres, et qu'elle doit faire une partie si essentielle des plaisirs publics, qu'on ne peut souffrir de spectacle où non-seulement elle ne soit, mais encore où elle ne règne et n'anime toute l'action.

Dites que tout cet appareil n'entretient pas directement et par soi le feu de la convoitise ; ou que la convoitise n'est pas mauvaise, et qu'il n'y a rien qui répugne à l'honnêteté et aux bonnes mœurs dans le soin de l'entretenir, ou que le feu n'échauffe qu'indirectement, et que pendant qu'on choisit les plus tendres expressions pour représenter la passion dont brûle un amant insensé, ce n'est que *par accident* que l'ardeur des mauvais désirs sort du milieu de ces flammes : dites que la pudeur d'une jeune fille n'est offensée que *par accident* par tous les discours où une personne de son sexe parle de ses combats, où elle avoue sa défaite, et l'avoue à son vainqueur même, comme elle l'appelle. Ce qu'on ne voit point dans le monde : ce que celles qui succombent à cette foiblesse y cachent avec tant de soin, une jeune fille le viendra apprendre à la comédie. Elle le verra, non plus dans les hommes, à qui le monde permet tout, mais dans une fille qu'on montre comme modeste, comme pudique, comme vertueuse ; en un mot dans une héroïne : et cet aveu, dont on rougit dans le secret, est jugé digne d'être révélé au public, et d'emporter comme une nouvelle merveille l'applaudissement de tout le théâtre.

V.

Si la comédie d'aujourd'hui purifie l'amour sensuel, en le faisant aboutir au mariage.

Je crois qu'il est assez démontré que la représentation des passions agréables porte naturellement au péché, quand ce ne seroit qu'en flattant et en nourrissant de dessein prémédité la concupiscence qui en est le principe. On répond que, pour prévenir le péché, le théâtre purifie l'amour ; la scène, toujours honnête dans l'état où elle paroît aujourd'hui, ôte à cette passion ce qu'elle a de grossier et d'illicite : et ce n'est après tout qu'une innocente inclination pour la beauté, qui se termine au nœud conjugal. Du moins donc, selon ces principes, il faudra bannir du milieu des chrétiens les prostitutions dont les comédies italiennes ont été remplies, même de nos jours, et qu'on voit encore toutes crues dans les pièces de Molière : on réprouvera les discours où ce rigoureux censeur des grands canons, ce grave réformateur des mines et des expressions de nos précieuses, étale cependant au plus grand jour les avantages d'une infâme tolérance dans les maris, et sollicite les femmes à de honteuses vengeances contre leurs jaloux. Il a fait voir à notre siècle le fruit qu'on peut espérer de la morale du théâtre qui n'attaque que le ridicule du monde, en lui laissant cependant toute sa corruption. La postérité saura peut-être la fin de ce poëte comédien, qui en jouant son *Malade imaginaire* ou son *Médecin par force*, reçut la dernière atteinte de la maladie dont il mourut peu d'heures après, et passa des plaisanteries du théâtre, parmi lesquelles il rendit presque le dernier soupir, au tribunal de celui qui dit : « Malheur à vous qui riez, car vous pleurerez [1]. » Ceux qui ont laissé sur la terre de plus riches monumens n'en sont pas plus à couvert de la justice de Dieu : ni les beaux vers, ni les beaux chants ne servent de rien devant lui ; et il n'épargnera pas ceux qui, en quelque manière que ce soit, auront entretenu la convoitise. Ainsi vous n'éviterez pas son jugement, qui que vous soyez, vous qui plaidez la cause de la comédie sous prétexte qu'elle se termine ordinairement par le mariage. Car encore que vous ôtiez en apparence à l'amour profane ce grossier et cet illicite dont on auroit honte, il en est inséparable sur le théâtre. De quelque manière que vous vouliez qu'on le tourne et qu'on le dore, dans le fond ce sera toujours, quoi qu'on puisse dire, la concupiscence de la chair, que saint Jean défend de rendre aimable, puisqu'il défend de l'aimer. Le grossier que vous en ôtez feroit horreur, si on le montroit : et l'adresse de le cacher ne fait qu'y attirer les volontés d'une manière plus délicate, et qui n'en est que plus périlleuse lorsqu'elle paroît plus épurée. Croyez-vous, en vérité, que la subtile contagion d'un mal dangereux demande toujours un objet grossier, ou que la flamme secrète d'un cœur trop disposé à aimer, en quelque manière que ce puisse être, soit corrigée ou ralentie par l'idée du mariage que vous lui mettez devant les yeux dans vos héros et vos héroïnes amoureuses ? Vous vous trompez. Il ne faudroit point nous réduire à la nécessité d'expliquer des choses auxquelles il seroit bon de ne pas penser. Mais

[1] *Luc.*, VI, 25.

puisqu'on croit tout sauver par l'honnêteté nuptiale, il faut dire qu'elle est inutile en cette occasion. La passion ne saisit que son propre objet : la sensualité est seule excitée ; et s'il ne falloit que le saint nom du mariage pour mettre à couvert les démonstrations de l'amour conjugal, Isaac et Rébecca n'auroient pas caché leurs jeux innocens et les témoignages mutuels de leurs pudiques tendresses [1]. C'est pour vous dire que le licite, loin d'empêcher son contraire, le provoque : en un mot, ce qui vient par réflexion n'éteint pas ce que l'instinct produit; et vous pouvez dire à coup sûr de tout ce qui excite le sensible dans les comédies les plus honnêtes, qu'il attaque secrètement la pudeur. Que ce soit ou de plus loin ou de plus près, il n'importe ; c'est toujours là que l'on tend par la pente du cœur humain à la corruption : on commence par se livrer aux impressions de l'amour sensuel : le remède des réflexions ou du mariage vient trop tard : déjà le foible du cœur est attaqué, s'il n'est vaincu ; et l'union conjugale, trop grave et trop sérieuse pour passionner un spectateur qui ne cherche que le plaisir, n'est que par façon et pour la forme dans la comédie.

Je dirai plus, quand il s'agit de remuer le sensible, le licite tourne à dégoût : l'illicite devient un attrait : si l'eunuque de Térence avoit commencé par une demande régulière de sa Pamphile, ou quel que soit le nom de son idole, le spectateur seroit-il transporté, comme l'auteur de la comédie le vouloit ? On prendroit moins de part à la joie de ce hardi jeune homme, si elle n'étoit imprévue, inespérée, défendue et emportée par la force. Si l'on ne propose pas dans nos comédies des violences semblables à celles-là, on en fait imaginer d'autres, qui ne sont pas moins dangereuses; et ce sont celles qu'on fait sur le cœur, qu'on tâche à s'arracher mutuellement, sans songer si l'on a droit d'en disposer, ni si on n'en pousse pas les désirs trop loin. Il faut toujours que les règles de la véritable vertu soient méprisées par quelque endroit pour donner au spectateur le plaisir qu'il cherche. Le licite et le régulier le feroit languir s'il étoit pur : en un mot, toute comédie, selon l'idée de nos jours, veut inspirer le plaisir d'aimer : on en regarde les personnages, non pas comme gens qui

[1] *Genes.*, XXVI, 8.

épousent, mais comme amans, et c'est amant qu'on veut être sans songer à ce qu'on pourra devenir après.

VI.
Ce que c'est que les mariages du théâtre.

Mais il y a encore une autre raison plus grave et plus chrétienne, qui ne permet pas d'étaler la passion de l'amour, même par rapport au licite; c'est, comme l'a remarqué, en traitant la question de la comédie, un habile homme de nos jours; c'est, dis-je, que le mariage présuppose la concupiscence, qui selon les règles de la foi, est un mal auquel il faut résister, contre lequel par conséquent il faut armer le chrétien. C'est un mal, dit saint Augustin [1], dont l'impureté use mal, dont le mariage use bien, et dont la virginité et la continence font mieux de n'user point du tout. Qui étale, bien que ce soit pour le mariage, cette impression de beauté sensible qui force à aimer et qui tâche à la rendre agréable, veut rendre agréable la concupiscence et la révolte des sens. Car c'en est une manifeste que de ne pouvoir ni ne vouloir résister à cet ascendant auquel on assujettit dans les comédies les ames qu'on appelle grandes. Ces doux et invincibles penchans de l'inclination, ainsi qu'on les représente, c'est ce qu'on veut faire sentir et ce qu'on veut rendre aimable; c'est-à-dire qu'on veut rendre aimable une servitude qui est l'effet du péché, qui porte au péché; et on flatte une passion qu'on ne peut mettre sous le joug que par des combats qui font gémir les fidèles, même au milieu des remèdes. N'en disons pas davantage, les suites de cette doctrine font frayeur : disons seulement que ces mariages, qui se rompent ou qui se concluent dans les comédies, sont bien éloignés de celui du jeune Tobie et de la jeune Sara : « Nous sommes, disent-ils, enfans des saints, et il ne nous est pas permis de nous unir comme les Gentils [2]. » Qu'un mariage de cette sorte, où les sens ne dominent pas, seroit froid sur nos théâtres! Mais aussi que les mariages des théâtres sont sensuels, et qu'ils paroissent scandaleux aux vrais chrétiens! Ce qu'on y veut, c'en est

---

[1] *De Nupt. et concup.*, lib. I, cap. VII, n. 8; lib. II, cap. XXI, n. 36; *Cont.. Jul.* lib. III, cap. XXI, n. 42. — [2] *Tob.*, VIII, 5.

le mal : ce qu'on y appelle les belles passions sont la honte de la nature raisonnable : l'empire d'une fragile et fausse beau'é, et cette tyrannie qu'on y étale sous les plus belles couleurs flatte la vanité d'un sexe, dégrade la dignité de l'autre, et asservit l'un et l'autre au règne des sens.

VII.

Paroles de l'auteur, et l'avantage qu'il tire des confessions.

L'endroit le plus dangereux de la *Dissertation* est celui où l'auteur tâche de prouver l'innocence du théâtre par l'expérience. « Il y a, dit-il, trois moyens aisés de savoir ce qui se passe dans la comédie, et je vous avoue que je me suis servi de tous les trois. Le premier est de s'en informer des personnes de poids et de probité, lesquelles avec l'horreur qu'elles ont du péché, ne laissent pas d'assister à ces sortes de spectacles. Le second moyen est encore plus sûr ; c'est de juger par les confessions des fidèles du mauvais effet que produisent les comédies dans leur cœur : car il n'est point de plus grande accusation que celle qui vient de la bouche même du coupable. Le troisième enfin est la lecture des comédies, qui ne nous est pas défendue comme en pourroit être la représentation : et je proteste que par aucun de ces chefs, je n'ai pu trouver dans la comédie la moindre apparence des excès que les saints Pères y condamnent avec tant de raison. » Voici un homme qui nous appelle à l'expérience, et non-seulement à la sienne, mais à celle des plus gens de bien et de presque tout le public. « Mille gens, dit-il, d'une éminente vertu et d'une conscience fort délicate, pour ne pas dire scrupuleuse, ont été obligés de m'avouer qu'à l'heure qu'il est, la comédie est si épurée sur le théâtre françois, qu'il n'y a rien que l'oreille la plus chaste ne pût entendre. »

VIII.

Crimes publics et cachés dans la comédie. Dispositions dangereuses et imperceptibles : la concupiscence répandue dans tous les sens.

De cette sorte, si nous l'en croyons, la confession même, où tous les péchés se découvrent, n'en découvre point dans les théâtres; et il assure avec une confiance qui fait trembler, « qu'il n'a jamais pu entrevoir cette prétendue malignité de la comédie, ni les crimes dont on veut qu'elle soit la source. » Apparemment il ne songe pas à ceux des chanteuses, des comédiennes et de leurs amans, ni au précepte du Sage, où il est prescrit d'éviter « les femmes dont la parure porte à la licence : *ornatu meretricio;* qui sont préparées à perdre les ames, (ou, comme traduisent les Septante, qui enlèvent les cœurs des jeunes gens), qui les engagent par les douceurs de leurs lèvres, » par leurs entretiens, par leurs chants, par leurs récits : ils se jettent d'eux-mêmes dans leurs lacets, « comme un oiseau dans les filets qu'on lui tend [1]. » N'est-ce rien que d'armer des chrétiennes contre les ames foibles, de leur donner de ces *flèches qui percent les cœurs* [2]; de les immoler à l'incontinence publique d'une manière plus dangereuse qu'on ne feroit dans les lieux qu'on n'ose nommer? Quelle mère, je ne dis pas chrétienne, mais tant soit peu honnête, n'aimeroit pas mieux voir sa fille dans le tombeau que sur le théâtre? Quoi! l'a-t-elle élevée si tendrement et avec tant de précaution pour cet opprobre? L'a-t-elle tenue nuit et jour pour ainsi parler sous ses ailes, avec tant de soin, pour la livrer au public et en faire un écueil de la jeunesse? Qui ne regarde pas ces malheureuses chrétiennes, si elles le sont encore, dans une profession si contraire aux vœux de leur baptême : qui, dis-je, ne les regarde pas comme des esclaves exposées, en qui la pudeur est éteinte, quand ce ne seroit que par tant de regards qu'elles attirent; elles que leur sexe avoit consacrées à la modestie, dont l'infirmité naturelle demandoit la sûre retraite d'une maison bien réglée? Et voilà qu'elles s'étalent elles-mêmes en plein théâtre avec tout l'attirail de la vanité, comme *ces sirènes,* dont parle Isaïe, qui font leur demeure *dans les temples de la volupté* [3], dont les regards sont mortels, et qui reçoivent de tous côtés par les applaudissemens qu'on leur renvoie le poison qu'elles répandent par leur chant. Mais n'est-ce rien aux spectateurs de payer leur luxe, d'entretenir leur corruption, de leur exposer leur cœur en proie, et d'aller apprendre d'elles tout ce qu'il ne faudroit jamais savoir? S'il n'y a rien là que d'honnête, rien qu'il faille porter à la

[1] *Prov.*, VII, 10, 21, 22, 23. — [2] *Ibid.*, 26. — [3] *Isa.*, XIII, 22.

confession, hélas! quel aveuglement faut-il qu'il y ait parmi les chrétiens! et falloit-il prendre le nom de prêtre pour achever d'ôter aux fidèles le peu de componction qui reste encore dans le monde pour tant de désordres? Vous ne trouvez pas, dites-vous, par les confessions, que les riches qui vont à la comédie soient plus sujets aux grands crimes que les pauvres qui n'y vont pas : vous n'avez encore qu'à dire, que le luxe, que la mollesse, que l'oisiveté, que les excessives délicatesses de la table et la curieuse recherche du plaisir en toutes choses, ne font aucun mal aux riches, parce que les pauvres, dont l'état est éloigné de tous ces attraits, ne sont pas moins corrompus par l'amour des voluptés. Ne sentez-vous pas qu'il y a des choses qui sans avoir des effets marqués, mettent dans les ames de secrètes dispositions très-mauvaises, quoique leur malignité ne se déclare pas toujours d'abord? Tout ce qui nourrit les passions est de ce genre : on n'y trouveroit que trop de matière à la confession, si on cherchoit en soi-même les causes du mal. Qui sauroit connoître ce que c'est en l'homme qu'un certain fond de joie sensuelle, et je ne sais quelle disposition inquiète et vague au plaisir des sens qui ne tend à rien et qui tend à tout, connoîtroit la source secrète des plus grands péchés. C'est ce que sentoit saint Augustin au commencement de sa jeunesse emportée, lorsqu'il disoit : « Je n'aimois pas encore; mais j'aimois à aimer [1] : » il cherchoit, continue-t-il, quelque piége où il prît et où il fût pris : et il trouvoit ennuyeuse et insupportable une vie où il n'y eût point de ces lacets : *Viam sine muscipulis*. Tout en est semé dans le monde : il fut pris selon son souhait; et c'est alors qu'il fut enivré du plaisir de la comédie, où il trouvoit « l'image de ses misères, l'amorce et la nourriture de son feu [2]. » Son exemple et sa doctrine nous apprennent à quoi est propre la comédie : combien elle sert à entretenir ces secrètes dispositions du cœur humain, soit qu'il ait déjà enfanté l'amour sensuel, soit que ce mauvais fruit ne soit pas encore éclos.

Saint Jacques nous a expliqué ces deux états de notre cœur par ces paroles : « Chacun de nous est tenté par sa concupiscence qui

---

[1] *Conf.*, lib. III, cap. I. — [2] *Ibid.*, cap. II.

l'emporte et qui l'attire : ensuite, quand la concupiscence a conçu, elle enfante le péché ; et quand le péché est consommé, il produit la mort ¹. » Cet Apôtre distingue ici la conception d'avec l'enfantement du péché; il distingue la disposition au péché d'avec le péché entièrement formé par un plein consentement de la volonté : c'est dans ce dernier état qu'*il engendre la mort*, selon saint Jacques, et qu'il devient tout à fait mortel. Mais de là il ne s'ensuit pas que les commencemens soient innocens : pour peu qu'on adhère à ces premières complaisances des sens émus, on commence à ouvrir son cœur à la créature : pour peu qu'on les flatte par d'agréables représentations, on aide le mal à éclore ; et un sage confesseur, qui sauroit alors faire sentir à un chrétien la première plaie de son cœur et les suites d'un péril qu'il aime, préviendroit de grands malheurs.

Selon la doctrine de saint Augustin, cette malignité de la concupiscence se répand dans l'homme tout entier ². Elle court, pour ainsi parler, dans toutes les veines et pénètre jusqu'à la moelle des os. C'est une racine envenimée qui étend ses branches par tous les sens : l'ouïe, les yeux et tout ce qui est capable de plaisir en ressent l'effet : les sens se prêtent la main mutuellement : le plaisir de l'un attire et fomente celui de l'autre ; et il se fait de leur union un enchaînement qui nous entraîne dans l'abîme du mal. Il faut, dit saint Augustin, distinguer dans l'opération de nos sens la nécessité, l'utilité, la vivacité du sentiment, et enfin l'attachement au plaisir sensible : *Libido sentiendi*. De ces quatre qualités des sens, les trois premières sont l'ouvrage du Créateur : la nécessité du sentiment se fait remarquer dans les objets qui frappent nos sens à chaque moment . on en éprouve l'utilité, dit saint Augustin, particulièrement dans le goût, qui facilite le choix des alimens et en prépare la digestion : la vivacité des sens est la même chose que la promptitude de leur action et la subtilité de leurs organes. Ces trois qualités ont Dieu pour auteur : mais c'est au milieu de cet ouvrage de Dieu que l'attache forcée au plaisir sensible et son attrait indomptable, c'est-à-dire la con-

---

¹ *Jacob.*, I, 14, 15. — ² *Cont. Jul.*, lib. IV, cap. XIV, n 6 et seq.; *Confess.*, b. X, cap. XXXI et seq.

cupiscence introduite par le péché, établit son siége. C'est celle-là, dit saint Augustin, qui est l'ennemie de la sagesse, la source de la corruption, la mort des vertus : les cinq sens sont cinq ouvertures par où elle prend son cours sur ses objets et par où elle en reçoit les impressions : mais ce Père a démontré qu'elle est la même partout, parce que c'est partout le même attrait du plaisir, la même indocilité des sens, la même captivité et la même attache du cœur aux objets sensibles. Par quelque endroit que vous la frappiez, tout s'en ressent. Le spectacle saisit les yeux; les tendres discours, les chants passionnés, pénètrent le cœur par les oreilles. Quelquefois la corruption vient à grands flots : quelquefois elle s'insinue comme goutte à goutte : à la fin on n'en est pas moins submergé. On a le mal dans le sang et dans les entrailles avant qu'il éclate par la fièvre. En s'affoiblissant peu à peu, on se met en un danger évident de tomber avant qu'on tombe; et ce grand affoiblissement est déjà un commencement de chute.

Si l'on ne connoît de maux aux hommes que ceux qu'ils sentent et qu'ils confessent, on est trop mauvais médecin de leurs maladies. Dans les ames comme dans les corps, il y en a qu'on ne sent pas encore, parce qu'elles ne sont pas déclarées; et d'autres qu'on ne sent plus, parce qu'elles ont tourné en habitude, ou bien qu'elles sont extrêmes et tiennent déjà quelque chose de la mort où l'on ne sent rien. Lorsqu'on blâme les comédies comme dangereuses, les gens du monde disent tous les jours avec l'auteur de la *Dissertation*, qu'ils ne sentent point ce danger. Poussez-les un peu plus avant, ils vous en diront autant des nudités, et non-seulement de celles des tableaux, mais encore de celles des personnes. Ils insultent aux prédicateurs qui en reprennent les femmes, jusqu'à dire que les dévots se confessent eux-mêmes par là et trop foibles et trop sensibles : pour eux, disent-ils, ils ne sentent rien, et je les en crois sur leur parole. Ils n'ont garde, tout gâtés qu'ils sont, d'apercevoir qu'ils se gâtent, ni de sentir le poids de l'eau quand ils en ont par-dessus la tête : et pour parler aussi à ceux qui commencent, on ne sent le cours d'une rivière que lorsqu'on s'y oppose : si on s'y laisse

entraîner on ne sent rien, si ce n'est peut-être un mouvement
assez doux d'abord, où vous êtes porté sans peine; et vous ne
sentez bien le mal qu'il vous fait que tôt après quand vous vous
noyez. N'en croyons donc pas les hommes sur leurs maux ni sur
leurs dangers, que leur corruption, que l'erreur de leur imagination blessée, que leur amour-propre leur cachent.

IX.

Qu'il faut craindre en assistant aux comédies, non-seulement le mal qu'on y fait,
mais encore le scandale qu'on y donne.

Pour ce qui est de ces *gens de poids et de probité*, qui selon l'auteur de la *Dissertation*, fréquentent les comédies *sans scrupule*; que je crains que leur probité ne soit de celles des sages du monde, qui ne savent s'ils sont chrétiens ou non, et qui s'imaginent avoir rempli tous les devoirs de la vertu lorsqu'ils vivent en gens d'honneur, sans tromper personne, pendant qu'ils se trompent eux-mêmes en donnant tout à leurs passions et à leurs plaisirs. Ce sont de tels sages et de tels prudens à qui Jésus-Christ déclare que « les secrets de son royaume sont cachés, et qu'ils sont seulement révélés aux humbles et aux petits [1], » qui tremblent aux moindres discours qui viennent flatter leurs cupidités. Mais ce sont gens, dit l'auteur, *d'une éminente vertu*, et il les compte par milliers. Qu'il est heureux d'en trouver tant sous sa main, et que la voie étroite soit si fréquentée ! « Mille gens, dit-il, d'une éminente vertu et d'une conscience fort délicate, pour ne pas dire scrupuleuse, approuvent la comédie et la fréquentent sans peine. » Ce sont des ames invulnérables, qui peuvent passer des jours entiers à entendre des chants et des vers passionnés et tendres, sans en être émus : et des gens d'une *si éminente vertu* n'écoutent pas ce que dit saint Paul : « Que celui qui croit être ferme, craigne de tomber [2] : » ils ignorent que quand ils seroient si forts, et tellement à toute épreuve qu'ils n'auroient rien à craindre pour eux-mêmes, ils auroient encore à craindre le scandale qu'ils donnent aux autres, selon ce que dit ce même Apôtre : « Pourquoi scandalisez-vous votre frère

[1] *Matth.*, XI, 25. — [2] *I Cor.*, X, 12.

infirme? Ne perdez point par votre exemple celui pour qui Jésus-Christ est mort[1]. » Ils ne savent même pas ce que prononce le même saint Paul : « Que ceux qui consentent à un mal, y participent[2]. » Des ames *si délicates et si scrupuleuses* ne sont point touchées de ces règles de la conscience. Que je crains, encore une fois, qu'ils ne soient de ces scrupuleux « qui coulent le moucheron, et qui avalent le chameau[3]; » ou que l'auteur ne nous fasse des vertueux à sa mode, qui croient pouvoir être ensemble au monde et à Jésus-Christ !

X.

Différence des périls qu'on cherche et de ceux qu'on ne peut éviter.

Il compare les dangers où l'on se met dans les comédies à ceux qu'on ne peut éviter « qu'en fuyant, dit-il, dans les déserts. On ne peut, continue-t-il, faire un pas, lire un livre, entrer dans une église, enfin vivre dans le monde, sans rencontrer mille choses capables d'exciter les passions. » Sans doute la conséquence est fort bonne : tout est plein d'inévitables dangers; donc il en faut augmenter le nombre. Toutes les créatures sont un piége et une tentation à l'homme[4]; donc il est permis d'inventer de nouvelles tentations et de nouveaux piéges pour prendre les ames. Il y a de mauvaises conversations, qu'on ne peut, comme dit saint Paul, *éviter sans sortir du monde*[5] : il n'y a donc point de péché de chercher volontairement de mauvaises conversations, et cet Apôtre se sera trompé en nous faisant craindre *que les mauvais entretiens ne corrompent les bonnes mœurs*[6] ? Voilà votre conséquence. Tous les objets qui se présentent à nos yeux peuvent exciter nos passions : donc on peut se préparer des objets exquis et recherchés avec soin, pour les exciter et les rendre plus agréables en les déguisant : on peut conseiller de tels périls; et les comédies, qui en sont d'autant plus remplies qu'elles sont mieux composées et mieux jouées, ne doivent pas être mises *parmi ces mauvais entretiens, par lesquels les bonnes mœurs sont corrompues*. Dites plutôt, qui que

---

[1] *Rom.*, XIV, 15. — [2] *Ibid.*, I, 32. — [3] *Matth.*, XXIII, 24. — [4] *Sapient.*, XIV, 11. — [5] *I Cor.*, V, 10. — [6] *Ibid.*, XV, 33.

vous soyez : Il y a tant dans le monde d'inévitables périls ; donc il ne les faut pas multiplier. Dieu nous aide dans les tentations qui nous arrivent par nécessité ; mais il abandonne aisément ceux qui les recherchent par choix : et « *celui qui aime le péril, il ne dit pas, Celui qui y est par nécessité, mais Celui qui l'aime et qui le cherche, y périra* [1]. »

XI.

Si on a raison d'alléguer les lois en faveur de la comédie.

L'auteur, pour ne rien omettre, appelle enfin les lois à son secours ; et, dit-il, si la comédie étoit si mauvaise, on ne la toléreroit pas, on ne la fréquenteroit pas : sans songer que saint Thomas, dont il abuse, a décidé que les lois humaines ne sont pas tenues à réprimer tous les maux, mais seulement ceux qui attaquent directement la société [2]. L'Eglise même, dit saint Augustin, « n'exerce la sévérité de ses censures que sur les pécheurs dont le nombre n'est pas grand : *severitas exercenda est in peccata paucorum* [3] ; » c'est pourquoi elle condamne les comédiens, et croit par là défendre assez la comédie : la décision en est précise dans les Rituels [4], la pratique en est constante : on prive des sacremens, et à la vie et à la mort, ceux qui jouent la comédie, s'ils ne renoncent à leur art ; on les passe à la sainte table comme des pécheurs publics : on les exclut des ordres sacrés comme des personnes infâmes : par une suite infaillible, la sépulture ecclésiastique leur est déniée. Quant à ceux qui fréquentent les comédies, comme il y en a de plus innocens les uns que les autres, et peut-être quelques-uns qu'il faut plutôt instruire que blâmer, ils ne sont pas répréhensibles en même degré, et il ne faut pas fulminer également contre tous. Mais de là il ne s'ensuit pas qu'il faille autoriser les périls publics : si les hommes ne les aperçoivent pas, c'est aux prêtres à les instruire, et non pas à les flatter : dès le temps de saint Chrysostome, les défenseurs des spectacles « crioient que les renverser c'étoit dé-

---

[1] *Eccli.*, III, 27. — [2] I II q. XXXIX, 3 ad 3 : q. XCVI, 2. c. — [3] *Epist. ad Aur.*, XXII, n. 5 ; ol. LXIV. — [4] *Rit. Paris., de Euchar. et de Viat.*

truire les lois[1] : » mais ce Père, sans s'en émouvoir, disoit au contraire que l'esprit des lois étoit contraire aux théâtres : nous avons maintenant à leur opposer quelque chose de plus fort, puisqu'il y a tant de décrets publics contre la comédie que d'autres que moi ont rapportés : si la coutume l'emporte, si l'abus prévaut, ce qu'on en pourra conclure, c'est tout au plus que la comédie doit être rangée parmi les maux dont un célèbre historien a dit qu'on les défend toujours et qu'on les a toujours. Mais après tout, quand les lois civiles autoriseroient la comédie; quand au lieu de flétrir, comme elles ont toujours fait, les comédiens, elles leur auroient été favorables; tout ce que nous sommes de prêtres nous devrions imiter l'exemple des Chrysostome et des Augustin : pendant que les lois du siècle, qui ne peuvent pas déraciner tous les maux, permettoient l'usure et le divorce, ces grands hommes disoient hautement que si le monde permettoit ces crimes, ils n'en étoient pas moins réprouvés par la loi de l'Evangile : que l'usure qu'on appeloit légitime, parce qu'elle étoit autorisée par les lois romaines, ne l'étoit pas selon celles de Jésus-Christ, et que les lois de la cité sainte et celles du monde étoient différentes[2].

XII.

De l'autorité des Pères.

Je ne veux pas me jeter sur les passages des Pères, ni faire ici une longue dissertation sur un si ample sujet. Je dirai seulement que c'est les lire trop négligemment que d'assurer, comme fait l'auteur, qu'ils ne blâment dans les spectacles de leur temps que l'idolâtrie et les scandaleuses et manifestes impudicités. C'est être trop sourd à la vérité de ne sentir pas que leurs raisons portent plus loin. Ils blâment dans les jeux et dans les théâtres l'inutilité, la prodigieuse dissipation, le trouble, la commotion de l'esprit peu convenable à un chrétien, dont le cœur est le sanctuaire de la paix; ils y blâment les passions excitées, la vanité, la parure, les grands ornemens, qu'ils mettent au rang des pompes

---

[1] Hom. XXXVII, al. XXXVIII, in Matth., n. 6. — [2] Chrysost., hom LVI, al. LVII, in Matth., etc.; August., epist. CLIII, al. LIV, ad Maced., etc.

que nous avons abjurées par le baptême, le désir de voir et d'être vu, la malheureuse rencontre des yeux qui se cherchent les uns les autres, la trop grande occupation à des choses vaines, les éclats de rire qui font oublier et la présence de Dieu et le compte qu'il lui faut rendre de ses moindres actions et de ses moindres paroles; et enfin tout le sérieux de la vie chrétienne. Dites que les Pères ne blâment pas toutes ces choses, et tout cet amas de périls que les théâtres réunissent : dites qu'ils n'y blâment pas même les choses honnêtes, qui enveloppent le mal et lui servent d'introducteur : dites que saint Augustin n'a pas déploré dans les comédies ce jeu des passions et l'expression contagieuse de nos maladies, et ces larmes que nous arrache l'image de nos passions si vivement réveillées, et toute cette illusion qu'il appelle une misérable folie[1]. Parmi ces commotions où consiste tout le plaisir de la comédie, qui peut élever son cœur à Dieu ? Qui ose lui dire qu'il est là pour l'amour de lui et pour lui plaire ? Qui ne craint pas, dans ces folles joies et dans ces folles douleurs, d'étouffer en soi l'esprit de prière, et d'interrompre cet exercice qui, selon la parole de Jésus-Christ[2], doit être perpétuel dans un chrétien, du moins en désir et dans la préparation du cœur ? On trouvera dans les Pères toutes ces raisons et beaucoup d'autres. Que si on veut pénétrer les principes de leur morale, quelle sévère condamnation n'y lira-t-on pas de l'esprit qui mène aux spectacles où, pour ne pas raconter ici tous les autres maux qui les accompagnent, l'on ne cherche qu'à s'étourdir et à s'oublier soi-même, pour calmer la persécution de cet inexorable ennui qui fait le fond de la vie humaine, depuis que l'homme a perdu le goût de Dieu ?

XIII.

Si l'on peut excuser les laïques qui assistent à la comédie, sous le prétexte des canons qui la défendent spécialement aux ecclésiastiques. Canon mémorable du Conc. III de Tours.

Il est souvent défendu aux clercs d'assister aux spectacles, aux pompes, aux chants, aux réjouissances publiques : et il seroit inutile d'en ramasser les règlemens, qui sont infinis. Mais pour

[1] *Conf.*, lib. III, cap. II. — [2] *Luc.*, XVIII, 1.

voir si le mal qu'on y remarque est seulement pour les ecclésiastiques ou en général pour tout le peuple, il faut peser les raisons qu'on y emploie. Par exemple, nous lisons ce beau canon dans le III® concile de Tours, d'où il a été transféré dans les *Capitulaires* de nos rois : *Ab omnibus quæcumque ad aurium et oculorum pertinent illecebras, vndè vigor animi emolliri posse credatur, quod de aliquibus generibus musicorum aliisque nonnullis rebus sentiri potest, Dei sacerdotes abstinere debent : quia per aurium oculorumque illecebras turba vitiorum ad animum ingredi solet.* C'est-à-dire : « Toutes les choses où se trouvent les attraits des yeux et des oreilles, par où l'on croit que la vigueur de l'ame puisse être amollie, comme on le peut ressentir dans certaines sortes de musique et autres choses semblables, doivent être évitées par les ministres de Dieu, parce que par tous ces attraits des oreilles et des yeux, une multitude de vices, *turba vitiorum*, a coutume d'entrer dans l'ame [1]. » Ce canon ne suppose pas dans les spectacles qu'il blâme des discours ou des actions licencieuses, ni aucune incontinence marquée : il s'attache seulement à ce qui accompagne naturellement *ces attraits, ces plaisirs des yeux et des oreilles, oculorum et aurium illecebras;* qui est une mollesse dans les chants, et je ne sais quoi pour les yeux, qui affoiblit insensiblement la vigueur de l'ame. Il ne pouvoit mieux exprimer l'effet de ces réjouissances, qu'en disant qu'elles donnent entrée *à une troupe de vices :* ce n'est rien pour ainsi dire en particulier ; et s'il y falloit remarquer précisément ce qui est mauvais, souvent on auroit peine à le faire : c'est le tout qui est dangereux ; c'est qu'on y trouve d'imperceptibles insinuations, des sentimens foibles et vicieux ; qu'on y donne un secret appât à cette intime disposition qui ramollit l'ame et ouvre le cœur à tout le sensible : on ne sait pas bien ce qu'on veut, mais enfin on veut vivre de la vie des sens ; et dans un spectacle où l'on n'est assemblé que pour le plaisir, on est disposé du côté des acteurs à employer tout ce qui en donne, et du côté des spectateurs à le recevoir. Que dira-t-on donc des spectacles où de propos délibéré tout est mêlé de vers et de chants passionnés, et enfin de tout ce

[1] *Conc. Tur.*, III, can. 5; *Capitul. Bal.*, tom. I, add. 3, c. 71.

qui peut amollir un cœur? Cette disposition est mauvaise dans tous les hommes; l'attention qu'on doit avoir à s'en préserver ne regarde pas seulement les ecclésiastiques; et l'Eglise instruit tous les chrétiens en leurs personnes.

On dira que c'est pousser les choses trop avant, et que selon ces principes il faudroit trop supprimer de ces plaisirs et publics et particuliers qu'on nomme innocens. N'entrons point dans ces discussions, qui dépendent des circonstances particulières. Il suffit d'avoir observé ce qu'il y a de malignité spéciale dans les assemblées où, comme on veut contenter la multitude dont la plus grande partie est livrée aux sens, on se propose toujours d'en flatter les inclinations par quelques endroits : tout le théâtre applaudit quand on les trouve; on se fait comme un point d'honneur de sentir ce qui doit toucher, et on croiroit troubler la fête, si on n'étoit enchanté avec toute la compagnie. Ainsi outre les autres inconvéniens des assemblées de plaisir, on s'excite et on s'autorise pour ainsi dire les uns les autres par le concours des acclamations et des applaudissemens, et l'air même qu'on y respire est plus malin.

Je n'ai pas besoin après cela de réfuter les conséquences qu'on tire en faveur du peuple, des défenses particulières qu'on fait aux clercs de certaines choses. C'est une illusion semblable à celle de certains docteurs qui rapportent les canons par où l'usure est défendue aux ecclésiastiques, comme s'ils portoient une permission au reste des chrétiens de l'exercer. Pour réfuter cette erreur, il n'y a qu'à considérer où portent les preuves dont on s'appuie dans les défenses particulières que l'on fait aux clercs. On trouvera, par exemple, dans les canons de Nicée [1], dans la décrétale de saint Léon [2], dans les autres décrets de l'Eglise, que les passages de l'Ecriture sur laquelle on fonde la prohibition de l'usure pour les ecclésiastiques, regardent également tous les chrétiens : il faudra donc conclure dès là, que l'on a voulu faire une obligation spéciale aux clercs de ce qui étoit d'ailleurs établi par les règles communes de l'Evangile : vous ne vous tromperez pas en

---

[1] Can. 17, tom. II *Concil.*, col. 38. — [2] Ep. III, *univ. Ep. per Camp.*, etc., cap. III.

tirant dans le même cas une conséquence semblable des canons où les spectacles sont défendus à tout l'ordre ecclésiastique ; et le canon du concile de Tours, que nous avons rapporté, vous en sera un grand exemple.

XIV.

Réponse à l'objection qu'il faut trouver du relâchement à l'esprit humain : que celui qu'on lui veut donner par la représentation des passions est réprouvé même par les philosophes : beaux principes de Platon.

On dit qu'il faut bien trouver un relâchement à l'esprit humain, et peut-être un amusement aux Cours et au peuple. Saint Chrysostome répond [1] que sans courir au théâtre, nous trouverons la nature si riche en spectacles divertissans, et que d'ailleurs la religion et même notre domestique sont capables de nous fournir tant d'occupations où l'esprit se peut relâcher, qu'il ne faut pas se tourmenter pour en chercher davantage : enfin que le chrétien n'a pas tant besoin de plaisir, qu'il lui en faille procurer de si fréquens et avec un si grand appareil. Mais si notre goût corrompu ne peut plus s'accommoder des choses simples, et qu'il faille réveiller les hommes gâtés par quelques objets d'un mouvement plus extraordinaire, en laissant à d'autres la discussion du particulier qui n'est point de ce sujet, je ne craindrai point de prononcer qu'en tout cas il faudroit trouver des relâchemens plus modestes, des divertissemens moins emportés. Pour ceux-ci, sans parler des Pères, il ne faut pour les bien connoître, consulter que les philosophes. « Nous ne recevons, dit Platon, ni la tragédie ni la comédie dans notre ville [2]. » L'art même qui formoit un comédien à faire tant de différens personnages lui paroissoit introduire dans la vie humaine un caractère de légèreté indigne d'un homme, et directement opposé à la simplicité des mœurs. Quand il venoit à considérer que ces personnages qu'on représentoit sur les théâtres étoient la plupart ou bas ou même vicieux, il y trouvoit encore plus de mal et plus de péril pour les comédiens, et il craignoit que « l'imitation ne les amenât insensiblement à la chose même [3]. » C'étoit saper le théâtre par le fon-

[1] Homil. XXVII, al. XXXVIII in *Matth.*, n. 6. — [2] *De Repub.*, lib. II, III. — [3] *Ibid.*

dement, et lui ôter jusqu'aux acteurs, loin de lui laisser des spectateurs oisifs. La raison de ce philosophe étoit qu'en contrefaisant ou en imitant quelque chose, on en prenoit l'esprit et le naturel : on devenoit esclave avec un esclave ; vicieux avec un homme vicieux ; et surtout, en représentant les passions, il falloit former au dedans celles dont on vouloit porter au dehors l'expression et le caractère. Le spectateur entroit aussi dans le même esprit : il louoit et admiroit un comédien qui lui causoit ces émotions ; ce qui, continue-t-il, n'est autre chose que « d'arroser de mauvaises herbes qu'il falloit laisser entièrement dessécher. » Ainsi tout l'appareil du théâtre ne tend qu'à faire des hommes passionnés, et à fortifier « cette partie brute et déraisonnable, » qui est la source de toutes nos foiblesses. Il concluoit donc à rejeter tout ce genre « de poésie voluptueuse qui, disoit-il, est capable seule de corrompre les plus gens de bien. »

XV.

La tragédie ancienne, quoique plus grave que la nôtre, condamnée par les principes de ce philosophe.

Par ce moyen il poussoit la démonstration jusqu'au premier principe, et ôtoit à la comédie tout ce qui en fait le plaisir, c'est-à-dire le jeu des passions. On rejette en partie sur les libertés et les indécences de l'ancien théâtre les invectives des Pères contre les représentations et les jeux scéniques. On se trompe si on veut parler de la tragédie : car ce qui nous reste des anciens païens en ce genre-là (j'en rougis pour les chrétiens), est si fort au-dessus de nous en gravité et en sagesse, que notre théâtre n'en a pu souffrir la simplicité. J'apprends même que les Anglois se sont élevés contre quelques-uns de nos poëtes, qui à propos et hors de propos ont voulu faire les héros galans, et leur font pousser à toute outrance les sentimens tendres. Les anciens du moins étoient bien éloignés de cette erreur, et ils renvoyoient à la comédie une passion qui ne pouvoit soutenir la sublimité et la grandeur du tragique, et toutefois ce tragique si sérieux parmi eux étoit rejeté par leurs philosophes. Platon ne pouvoit souffrir les lamentations des théâtres qui « excitoient, dit-il, et flattoient en nous cette partie foible et plaintive, qui s'épanche en gémissemens et en pleurs [1]. » Et la raison qu'il en rend, c'est qu'il n'y a rien sur la terre ni dans les choses humaines, dont la perte mérite d'être déplorée avec tant de larmes. Il ne trouve pas moins mauvais qu'on flatte cette autre partie plus emportée de notre ame, où règnent l'indignation et la colère : car on la fait trop émue pour de légers sujets. La tragédie a donc tort, et donne au genre humain de mauvais exemples lorsqu'elle introduit les hommes et même les héros ou affligés ou en colère, pour des biens ou des maux aussi vains que sont ceux de cette vie : n'y ayant rien, poursuit-il, qui doive véritablement toucher les ames, dont la nature est immortelle, que ce qui les regarde dans tous leurs états, c'est-à-dire dans tous les siècles qu'elles ont à parcourir. Voilà ce que dit celui qui n'avoit pas ouï les saintes promesses de la vie future, et ne connoissoit les biens éternels que par des soupçons ou par des idées confuses : et néanmoins il ne souffre pas que la tragédie fasse paroître les hommes *ou heureux ou malheureux* par des biens ou des maux sensibles : « Tout cela, dit-il, n'est que corruption [2] : » et les chrétiens ne comprendront pas combien ces émotions sont contraires à la vertu !

XVI.

Les pièces comiques et risibles rejetées par les principes du même Platon.

La comédie n'est pas mieux traitée par Platon que la tragédie. Si ce philosophe trouve si foible cet esprit de lamentation et de plainte que la tragédie vient émouvoir, il n'approuve pas davantage « cette pente aveugle et impétueuse à se laisser emporter par l'envie de rire [3], » que la comédie remue. Ainsi la comédie et la tragédie, le plaisant de l'un et le sérieux de l'autre, sont également proscrits de sa république, comme capables *d'entretenir et d'augmenter* ce qu'il y a en nous de déraisonnable. D'ailleurs les pièces comiques étant occupées des folies et des passions de la jeunesse, il y avoit une raison particulière de les rejeter ; « de peur, disoit-il, qu'on ne tombât dans l'amour vulgaire [4] : » c'est-

---

[1] *De Rep.*, lib. III, x. — [2] *Ibid.*, lib. X. — [3] *Ibid., de Legib.*, lib. VII. — [4] *Ibid.*, lib. X.

à-dire, comme il l'expliquoit, dans celui des corps qu'il oppose perpétuellement à l'amour de la vérité et de la vertu. Enfin aucune représentation ne plaisoit à ce philosophe, parce qu'il n'y en avoit point « qui n'excitât ou la colère, ou l'amour, ou quelque autre passion. »

XVII.
Que les femmes ne montoient pas sur l'ancien théâtre.

Au reste les pièces dramatiques des anciens, qu'on veut faire plus licencieuses que les nôtres et qui l'étoient en effet jusqu'aux derniers excès dans le comique, étoient exemptes du moins de cette indécence qu'on voit parmi nous, d'introduire des femmes sur le théâtre. Les paiens mêmes croyoient qu'un sexe consacré à la pudeur, ne devoit pas ainsi se livrer au public et que c'étoit là une espèce de prostitution. Ce fut aussi à Platon une des raisons de condamner le théâtre en général [1], parce que la coutume régulièrement ne permettant pas d'y produire les femmes, leurs personnages étoient représentés par des hommes, qui devoient par conséquent, non-seulement prendre l'habit et la figure, mais encore exprimer les cris, les emportemens et les foiblesses de ce sexe : ce que ce philosophe trouvoit si indigne, qu'il ne lui eût fallu que cette raison pour condamner la comédie.

XVIII.
Sentiment d'Aristote.

Quoique Aristote son disciple aimât à le contredire, et qu'une philosophie plus accommodante lui ait fait attribuer à la tragédie une manière qu'il n'explique pas [2], de purifier les passions en les excitant (du moins la pitié et la crainte), il ne laisse pas de trouver dans le théâtre quelque chose de si dangereux, qu'il n'y admet point la jeunesse pour y voir ni les comédies ni même les tragédies [3], quoiqu'elles fussent aussi sérieuses qu'on le vient de voir, parce qu'il faut craindre, dit-il, les premières impressions d'un âge tendre que les sujets tragiques auroient trop ému. Ce n'est pas qu'on y jouât alors, comme parmi nous, les passions

De Rep., lib. III. — [2] De Poet., cap. VI, VII. — [3] Polit., lib. VII, cap. XVII.

des jeunes gens : nous avons vu à quel rang on les reléguoit ; mais c'est en général que des pièces d'un si grand mouvement remuoient trop les passions et qu'elles représentoient des meurtres, des vengeances, des trahisons et d'autres grands crimes dont ce philosophe ne vouloit pas que la jeunesse entendît seulement parler, bien loin de les voir si vivement représentés et comme réalisés sur le théâtre.

Je ne sais pourquoi il ne vouloit pas étendre plus loin cette précaution. La jeunesse et même l'enfance durent longtemps parmi les hommes : ou plutôt on ne s'en défait jamais entièrement : quel fruit après tout peut-on se promettre de la piété ou de la crainte qu'on inspire pour les malheurs des héros, si ce n'est de rendre à la fin le cœur humain plus sensible aux objets de ces passions ? Mais laissons, si l'on veut, à Aristote cette manière mystérieuse de les purifier, dont ni lui ni ses interprètes n'ont su encore donner de bonnes raisons : il nous apprendra du moins qu'il est dangereux d'exciter les passions qui plaisent ; auxquelles on peut étendre ce principe du même philosophe, que « l'action suit de près le discours, et qu'on se laisse aisément gagner aux choses dont on aime l'expression [1] : » maxime importante dans la vie, et qui donne l'exclusion aux sentimens agréables qui font maintenant le fond et le sujet favori de nos pièces de théâtre.

XIX.

Autre principe de Platon sur cette matière.

Par un principe encore plus universel, Platon trouvoit tous les arts qui n'ont pour objet que le plaisir dangereux à la vie humaine, parce qu'ils vont le recueillant indifféremment des sources bonnes et mauvaises, aux dépens de tout et même de la vertu, si le plaisir le demande [2]. C'est encore un nouveau motif à ce philosophe pour bannir de sa république les poëtes comiques, tragiques, épiques, sans épargner ce divin Homère, comme ils l'appeloient, dont les sentences paroissoient alors inspirées : cependant Platon les chassoit tous, à cause que ne songeant qu'à

[1] *Polit.* lib. VIII, c. IV. — [2] *De Rep.*, lib. II, III, X. *de Leg.*, lib. II, VII.

plaire, ils étalent également les bonnes et les mauvaises maximes; et que sans se soucier de la vérité, qui est simple et une, ils ne travaillent qu'à flatter le goût et la passion dont la nature est compliquée et variable. C'est pourquoi « il y a, dit-il, une ancienne antipathie entre les philosophes et les poëtes [1] : » les premiers n'étant occupés que de la raison, pendant que les autres ne le sont que du plaisir. Il introduit donc les lois qui, à la vérité, renvoient ces derniers avec un honneur apparent, et je ne sais quelle couronne sur la tête, mais cependant avec une inflexible rigueur, en leur disant : Nous ne pouvons endurer ce que vous criez sur vos théâtres, ni dans nos villes écouter personne qui parle plus haut que nous [2]. Que si telle est la sévérité des lois politiques, les lois chrétiennes souffriront-elles qu'on parle plus haut que l'Evangile; qu'on applaudisse de toute sa force et qu'on attire l'applaudissement de tout le public à l'ambition, à la gloire, à la vengeance, au point d'honneur, que Jésus-Christ a proscrit avec le monde; ou qu'on intéresse les hommes dans des passions qu'il veut éteindre? Saint Jean crie à tous les fidèles et à tous les âges : « Je vous écris, pères, et à vous, vieillards; je vous écris, jeunes gens; je vous écris, enfans; chrétiens, tant que vous êtes, n'aimez point le monde ; car tout y est ou concupiscence de la chair, ou concupiscence des yeux, ou orgueil de la vie [3]. » Dans ces paroles, et le monde, et le théâtre qui en est l'image, sont également réprouvés : c'est le monde avec tous ses charmes et toutes ses pompes qu'on représente dans les comédies. Ainsi, comme dans le monde, tout y est sensualité, curiosité, ostentation, orgueil; et on y fait aimer toutes ces choses, puisqu'on ne songe qu'à y faire trouver du plaisir.

XX.

Silence de l'Ecriture sur les spectacles : il n'y en avoit point parmi les Juifs. comment ils sont condamnés dans les saintes Ecritures : passages de saint Jean et de saint Paul

On demande, et cette remarque a trouvé place dans la *Dissertation*, si la comédie est si dangereuse, pourquoi Jésus-Christ et

[1] *De Rep.*, lib X, fin.— [2] *Ibid.*, lib. III; *De Leg.*, lib. VII.— [3] *I Joan.*, II, 15, 16.

les apôtres n'ont rien dit d'un si grand mal ? Ceux qui voudroient tirer avantage de ce silence, n'auroient encore qu'à autoriser les gladiateurs et toutes les autres horreurs des anciens spectacles, dont l'Ecriture ne parle non plus que des comédies. Les saints Pères, qui ont essuyé de pareilles difficultés de bouche des défenseurs des spectacles, nous ont ouvert le chemin pour leur répondre : que les délectables représentations qui intéressent les hommes dans des inclinations vicieuses, sont proscrites avec elles dans l'Ecriture. Les immodesties des tableaux sont condamnées par tous les passages où sont rejetées en général les choses déshonnêtes : il en est de même des représentations du théâtre. Saint Jean n'a rien oublié, lorsqu'il a dit : « N'aimez point le monde, ni ce qui est dans le monde : celui qui aime le monde, l'amour du Père n'est point en lui ; car tout ce qui est dans le monde est concupiscence de la chair, ou concupiscence des yeux, ou orgueil de la vie ; laquelle *concupiscence* n'est point de Dieu, mais du monde [1]. » Si la concupiscence n'est pas de Dieu, la délectable représentation qui en étale tous les attraits n'est non plus de lui, mais du monde, et les chrétiens n'y ont point de part.

Saint Paul aussi a tout compris dans ces paroles : « Au reste, mes Frères, tout ce qui est véritable, tout ce qui est juste, tout ce qui est saint (selon le grec, tout ce qui est chaste, tout ce qui est pur), tout ce qui est aimable, tout ce qui est édifiant : s'il y a quelque vertu parmi les hommes, et quelque chose digne de louange dans la discipline ; c'est ce que vous devez penser [2] : » tout ce qui vous empêche d'y penser et qui vous inspire des pensées contraires, ne doit point vous plaire et doit vous être suspect. Dans ce bel amas de pensées que saint Paul propose à un chrétien, qu'on trouve la place de la comédie de nos jours, quelque vantée qu'elle soit par les gens du monde !

Au reste ce grand silence de Jésus-Christ sur les comédies, me fait souvenir qu'il n'avoit pas besoin d'en parler à la maison d'Israël pour laquelle il étoit venu, où ces plaisirs de tout temps n'avoient point de lieu. Les Juifs n'avoient de spectacles pour se

---

[1] I Joan., II, 15. — [2] Philip., IV, 8.

réjouir que leurs fêtes, leurs sacrifices, leurs saintes cérémonies : gens simples et naturels par leur institution primitive, ils n'avoient jamais connu ces inventions de la Grèce : et après ces louanges de Balaam, « Il n'y a point d'idole dans Jacob, il n'y a point d'augure, il n'y a point de divination [1], » on pouvoit encore ajouter : Il n'y a point de théâtres, il n'y a point de dangereuses représentations : ce peuple innocent et simple trouve un assez agréable divertissement dans sa famille parmi ses enfans : c'est où il se vient délasser à l'exemple de ses patriarches, après avoir cultivé ses terres ou ramené ses troupeaux, et après les autres soins domestiques qui ont succédé à ces travaux ; et il n'a pas besoin de tant de dépenses ni de si grands efforts pour se relâcher.

C'étoit peut-être une des raisons du silence des apôtres, qui, accoutumés à la simplicité de leurs pères et de leur pays, n'étoient point sollicités à reprendre en termes exprès dans leurs écrits des pratiques qu'ils ne connoissoient pas dans leur nation : il leur suffisoit d'établir les principes qui en donnoient du dégoût : les chrétiens savoient assez que leur religion étoit fondée sur la judaïque, et qu'on ne souffroit point dans l'Eglise les plaisirs qui étoient bannis de la Synagogue : quoi qu'il en soit, c'est un grand exemple pour les chrétiens que celui qu'on voit dans les Juifs ; et c'est une honte au peuple spirituel, de flatter les sens par des joies que le peuple charnel ne connoissoit pas.

XXI.
Réflexion sur le Cantique des Cantiques et sur le chant de l'Eglise.

Il n'y avoit parmi les Juifs qu'un seul poëme dramatique, et c'est le *Cantique des cantiques*. Ce cantique ne respire qu'un amour céleste : et cependant, parce qu'il y est représenté sous la figure d'un amour humain, on défendoit la lecture de ce divin poëme à la jeunesse : aujourd'hui on ne craint point de l'inviter à voir soupirer des amans pour le plaisir seulement de les voir s'aimer, et pour goûter les douceurs d'une folle passion. Saint Augustin met en doute s'il faut laisser dans les églises un chant

[1] *Numer.*, XXIII, 21, 23.

harmonieux, ou s'il vaut mieux s'attacher à la sévère discipline de saint Athanase et de l'église d'Alexandrie, dont la gravité souffroit à peine dans le chant ou plutôt dans la récitation des *Psaumes*, de foibles inflexions [1] : tant on craignoit, dans l'Eglise, de laisser affoiblir la vigueur de l'ame par la douceur du chant. Je ne rapporte pas cet exemple pour blâmer le parti qu'on a pris depuis, quoique bien tard, d'introduire les grandes musiques dans les églises pour ranimer les fidèles tombés en langueur, ou relever à leurs yeux la magnificence du culte de Dieu, quand leur froideur a eu besoin de ce secours. Je ne veux donc point condamner cette pratique nouvelle par la simplicité de l'ancien chant, ni même par la gravité de celui qui fait encore le fond du service divin : je me plains qu'on ait si fort oublié ces saintes délicatesses des Pères, et que l'on pousse si loin les délices de la musique, que loin de les craindre dans les cantiques de Sion, on cherche à se délecter de celles dont Babylone anime les siens. Le même saint Augustin reprenoit des gens qui étaloient beaucoup d'esprit à tourner agréablement des inutilités dans leurs écrits : Et, leur disoit-il, je vous prie « qu'on ne rende point agréable ce qui est inutile : *Ne faciant delectabilia quæ sunt inutilia* [2] : » maintenant on voudroit permettre de rendre agréable ce qui est nuisible; et un si mauvais dessein dans la *Dissertation* n'a pas laissé de lui concilier quelque faveur dans le monde.

XXII.

On vient à saint Thomas : exposition de la doctrine de ce Saint.

Il est temps de la dépouiller de l'autorité qu'elle a prétendu se donner par le grand nom de saint Thomas et des autres saints. Pour saint Thomas, on oppose deux articles de la question *de la modestie extérieure* [3] ; et on dit qu'il n'y a rien de si exprès que ce qu'il enseigne en faveur de la comédie. Mais d'abord il est bien certain que ce n'est pas ce qu'il a dessein de traiter. La question qu'il propose dans l'article second est à savoir s'il y a des choses « plaisantes, joyeuses, » *ludicra, jocosa*, qu'on puisse ad-

---

[1] *Confess.*, lib. X, cap. XXXIII. — [2] *De Anim. et ejus orig.*, lib. I, n. 3. — [3] II-II, q. CLXVIII, art. 2 et 3.

mettre dans la vie humaine, « tant en actions qu'en paroles, » *dictis seu factis :* en d'autres termes, s'il y a des jeux, des divertissemens, des récréations innocentes : et il assure qu'il y en a, et même quelque vertu à bien user de ces jeux, ce qui n'est point révoqué en doute : et dans cet article il n'y a pas un seul mot de la comédie : mais il y parle en général des jeux nécessaires à la récréation de l'esprit, qu'il rapporte à une vertu qu'Aristote a nommée *eutrapelia*[1], par un terme qu'il nous faudra bientôt expliquer.

Au troisième article, la question qu'il examine est à savoir s'il peut y avoir de l'excès dans les divertissemens et dans les jeux : et il démontre qu'il peut y en avoir, sans dire encore un seul mot de la comédie au corps de l'article, en sorte qu'il n'y a là aucun embarras.

Ce qui fait la difficulté, c'est que saint Thomas, dans ce même article, se fait une objection, qui est la troisième en ordre, où pour montrer qu'il ne peut y avoir d'excès dans les jeux, il propose l'art *des baladins*, histrionum, *histrions*, comme le traduisent quelques-uns de nos auteurs, qui ne trouvent point dans notre langue de terme assez propre pour exprimer ce mot latin, n'étant pas même certain qu'il faille entendre par là les comédiens. Quoi qu'il en soit, saint Thomas s'objecte à lui-même que dans cet art, quel qu'il soit et de quelque façon qu'on le tourne, on est dans l'excès du jeu, c'est-à-dire du divertissement, puisqu'on y passe la vie, et néanmoins la profession n'en est pas blâmable. A quoi il répond qu'en effet elle n'est pas blâmable, pourvu qu'elle garde les règles qu'il lui prescrit, « qui sont de ne rien dire et ne rien faire d'illicite, ni rien qui ne convienne aux affaires et au temps : » et voilà tout ce que l'on tire de ce saint docteur en faveur de la comédie.

XXIII.

Première et seconde réflexion sur la doctrine de saint Thomas.

Mais afin que la conclusion soit légitime, il faudroit en premier lieu qu'il fût bien certain que sous le nom d'*histrions*, saint Tho-

[1] *De Moral.*, lib IV, cap. XIV.

mas eût entendu les comédiens : et cela, loin d'être certain, est très-faux, puisque sous ce mot d'*histrions* il comprend manifestement un certain *joueur, joculator*, qui fut montré en esprit à saint Paphnuce, comme un homme qui l'égaloit en vertu. Or constamment ce n'étoit pas un comédien, mais un simple « joueur de flûte qui gagnoit sa vie à cet exercice dans un village, *in vico :* » comme il paroît par l'endroit de la vie de ce saint solitaire qui est cité par saint Thomas [1]. Il n'y a donc rien, dans ce passage, qui favorise les comédiens : au contraire on peut remarquer que Dieu voulant faire voir à un grand Saint que dans les occupations les plus vulgaires il s'élevoit des ames cachées d'un rare mérite, il ne choisit pas des comédiens dont le nombre étoit alors si grand dans l'empire, mais un homme qui gagnoit sa vie à jouer d'un instrument innocent : qui encore se trouva si humble, qu'il se croyoit le dernier de tous les pécheurs, à cause, dit-il, que de la vie des voleurs il avoit passé *à cet état honteux, fœdum artificium*, comme il l'appeloit : non qu'il y eût rien de vicieux, mais parce que la flûte étoit parmi les anciens un des instrumens les plus méprisés : à quoi il faut ajouter qu'il quitta ce vil exercice aussitôt qu'il eut reçu les instructions de saint Paphnuce : et c'est à quoi se réduit cette preuve si décisive, qu'on prétend tirer de saint Thomas à l'avantage de la comédie.

Secondement, lorsqu'il parle dans cet endroit du plaisir que ces *histrions* donnoient au peuple *en paroles et en actions,* il ne sort point de l'idée des discours facétieux accompagnés de gestes plaisans : ce qui est encore bien éloigné de la comédie. On n'en voit guère en effet, et peut-être point, dans le temps de ce saint docteur. Dans son *livre sur les Sentences*, il parle lui-même des « jeux du théâtre comme de jeux qui furent autrefois : *ludi qui in theatris agebantur* [2] : » et dans cet endroit, non plus que dans tous les autres où il traite des jeux de son temps, les théâtres ne sont pas seulement nommés. Je ne les ai non plus trouvés dans saint Bonaventure son contemporain. Tant de décrets de l'Eglise et le cri universel des saints Pères les avoient décrédités, et peut-

---

[1] *Vit. Patr.* Ruf., *in Paphn*, cap. XVI; *Hist. Laus.*, cap. LXIII. — [2] In 4, dist. XVI, q. IV, art. 2 c.

être renversés entièrement. Ils se relevèrent quelque temps après sous une autre forme dont il ne s'agit pas ici : mais comme l'on ne voit pas que saint Thomas en ait fait aucune mention, l'on peut croire qu'ils n'étoient pas beaucoup en vigueur de son temps où l'on ne voit guère que des récits ridicules d'histoires pieuses, ou en tout cas certains *jongleurs, joculatores,* qui divertissoient le peuple, et qu'on prétend à la fin que saint Louis abolit, par la peine qu'il y a toujours à contenir de telles gens dans les règles de l'honnêteté.

XXIV.

Troisième réflexion sur la doctrine de saint Thomas : passage de ce saint docteur contre les bouffonneries.

Quoi qu'il en soit, en troisième lieu, il ne faut pas croire que saint Thomas ait été capable d'approuver les bouffonneries dans la bouche des chrétiens, puisque parmi les conditions sous lesquelles il permet les réjouissances, il exige entre autres choses, « que la gravité n'y soit pas entièrement relâchée : *Ne gravitas animæ totaliter resolvatur* [1]. » Il faudroit donc pour tirer de saint Thomas quelque avantage, faire voir par ce saint docteur, que cette condition convienne aux bouffonneries poussées à l'extrémité dans nos théâtres, où l'on est comme enivré : et prouver que quelque reste de gravité s'y conserve encore parmi ces excès. Mais saint Thomas est bien éloigné d'une doctrine si absurde, puisqu'au contraire dans son commentaire sur ces paroles de saint Paul : « Qu'on n'entende point parmi vous de saleté, *turpitudo* : de paroles folles, *stultiloquium* : de bouffonneries, *scurrilitas* [2] : » il explique ainsi ces trois mots : « L'Apôtre, dit-il, exclut trois vices, *tria vitia excludit* : la saleté, *turpitudinem* : qui se trouve, *in tactibus turpibus et amplexibus et osculis libidinosis* [3], » car c'est ainsi qu'il l'explique : « les folles paroles, *stultiloquium* : c'est-à-dire, continue-t-il, celles qui provoquent au mal, *verba provocantia ad malum* : et enfin les bouffonneries, *scurrilitatem* : c'est-à-dire, poursuit saint Thomas, les paroles de plaisanterie, par lesquelles on veut plaire aux autres : » et contre

---

[1] II-II q. CLXVIII, a. 2, c. — [2] *Ephes.*, v, 4. — [3] *Comm. in Epist. ad Ephes.*, cap. v, lect. 2.

lesquelles il allègue ces paroles de Jésus-Christ en saint Matthieu[1] : « On rendra compte à Dieu de toute parole oiseuse : *id est verbum joculatorium per quod volunt indè placere aliis : De omni verbo otioso*, etc. »

Il compte donc manifestement ces trois choses parmi les vices, *tria vitia*, et reconnoît un vice ou une malice particulière dans les paroles, *par lesquelles on veut plaire aux autres* et les faire rire, distincte de celle des paroles qui portent au mal ; ce qui bannit manifestement la bouffonnerie, ou pour parler plus précisément, la plaisanterie, du milieu des chrétiens, comme une action légère, indécente, en tout cas oisive, selon saint Thomas, et indigne de la gravité des mœurs chrétiennes.

XXV.

Quatrième, cinquième et sixième réflexion : passage exprès de saint Thomas, et conciliation de ses sentimens.

En quatrième lieu, quand il seroit vrai, ce qui n'est pas, que saint Thomas, à l'endroit que l'on produit de sa *Somme*[2], ait voulu parler de la comédie ; soit qu'elle ait été ou n'ait pas été en vogue de son temps, il est constant que le divertissement qu'il approuve doit être revêtu de trois qualités, dont « la première et la principale est qu'on ne recherche point cette délectation dans des actions ou des paroles malhonnêtes ou nuisibles : la seconde, que la gravité n'y soit pas entièrement relâchée : la troisième, qu'elle convienne à la personne, au temps et au lieu. » Pour donc prouver quelque chose, et pour satisfaire à la première condition, d'abord il faudroit montrer, ou qu'il ne soit pas nuisible d'exciter les passions les plus dangereuses, ce qui est absurde ; ou qu'elles ne soient pas excitées par les délectables représentations qu'on en fait dans les comédies, ce qui répugne à l'expérience et à la fin même de ces représentations, comme on a vu : ou enfin que saint Thomas ait été assez peu habile pour ne sentir pas qu'il n'y a rien de plus contagieux pour exciter les passions, particulièrement celle de l'amour, que les discours passionnés : ce qui seroit la dernière des absurdités, et la plus

[1] *Matth.*, XII, 36. — [2] II-II, q. CLXVIII, art. 2, c.

aisée à convaincre par les paroles de ce Saint, si la chose pouvoit recevoir le moindre doute. Voilà pour ce qui regarde la première condition. Nous avons parlé de la seconde, qui regarde les bouffonneries, et la troisième paroîtra quand nous traiterons des circonstances du temps par rapport aux fêtes et au carême.

Cela posé, nous ferons encore une cinquième réflexion sur ces paroles de saint Thomas dans la troisième objection de l'article troisième. « Si les histrions poussoient le jeu et le divertissement jusqu'à l'excès, ils seroient tous en état de péché : tous ceux aussi qui se serviroient de leur ministère ou leur donneroient quelque chose, seroient dans le péché. » Saint Thomas laisse passer ces propositions qui en effet sont incontestables, et il n'excuse ces *histrions* quels qu'ils soient, qu'en supposant que leur action, *de soi*, n'a rien de mauvais ni d'excessif, *secundùm se*. Si donc il se trouve dans le fait, quel que soit cet exercice *en soi-même*, que parmi nous il est revêtu de circonstances nuisibles il faudra demeurer d'accord, selon la règle de saint Thomas, que ceux qui y assistent, quoiqu'ils se vantent de n'en être point émus, et que peut-être ils ne le soient point sensiblement, ne laissent pas de participer au mal qui s'y fait, puisque bien certainement ils y contribuent.

Enfin en sixième lieu, encore que saint Thomas, et spéculativement et en général, ait mis ici l'art des baladins ou des comédiens, ou en quelque sorte qu'on veuille traduire ce mot *histrio*, au rang des arts innocens, ailleurs, où il en regarde l'usage ordinaire, il le compte parmi les arts infâmes, et le gain qui en revient parmi les gains illicites et honteux; « tels que sont, dit-il, le gain qui provient de la prostitution et du métier d'histrion : *quædam dicuntur malè acquisita, quia acquiruntur ex turpi causâ, sicut de meretricio et histrionatu, et aliis hujusmodi* [1]. » Il n'apporte ni limitation ni tempérament à ses expressions, ni à l'horreur qu'il attire à cet infâme exercice. On voit à quoi il compare ce métier qu'il excuse ailleurs. Comment concilier ces deux passages, si ce n'est en disant que lorsqu'il l'excuse, ou si l'on veut, qu'il l'approuve, il le regarde selon une idée

[1] II-II q. LXXXVII, art. 2, ad. 2.

générale abstraite et métaphysique; mais que lorsqu'il le considère naturellement de la manière dont on le pratique, il n'y a point d'oppobre dont il ne l'accable.

Voilà donc comment saint Thomas favorise la comédie : les deux passages de sa *Somme*, dont les défenseurs de cet infâme métier se font un rempart, sont renversés sur leur tête, puisqu'il paroît clairement, en premier lieu, qu'il n'est pas certain qu'il y ait parlé de la comédie : en second lieu, que plutôt il est certain qu'il n'en a pas voulu parler : en troisième lieu, sans difficulté et démonstrativement, que quand il auroit voulu donner quelque approbation à la comédie, *en elle-même*, spéculativement et en général, la nôtre en particulier et dans la pratique est exclue ici selon ses principes, comme elle est ailleurs absolument détestée par ses paroles expresses. Que des ignorans viennent maintenant nous opposer saint Thomas, et faire d'un si grand docteur un partisan de nos comédies.

XXVI.

Sentiment de saint Antonin.

Après saint Thomas, le docteur qu'on nous oppose le plus c'est saint Antonin : mais d'abord on le falsifie en lui faisant dire ces paroles dans sa seconde partie : « La comédie est un mélange de paroles et d'actions agréables pour son divertissement ou pour celui d'autrui [1], » etc. On ajoute ici dans le texte le terme de *comédie* qui n'y est pas : saint Antonin parle en général *des paroles* ou *des actions divertissantes et récréatives :* ce sont les mots de ce Saint, qui n'emportent nullement l'idée de la comédie, mais seulement celle ou d'une agréable conversation, ou en tout cas des jeux innocens : « tels que sont, ajoute-t-il, |la toupie pour les enfans, le jeu de paume, le jeu de palet, la course pour les jeunes gens, les échecs pour les hommes faits, » et ainsi du reste, sans encore dire un seul mot de la comédie.

Il est vrai qu'en cet endroit de sa seconde partie, après un fort long discours où il condamne amplement le jeu de dés, il vient à d'autres matières, par exemple à plusieurs métiers, et enfin à

[1] S. Anton., II part., tit. I, cap. XXIII, § 1.

celui des *histrions* ¹, qu'il approuve au même sens et aux mêmes conditions que saint Thomas, qu'il allègue sans s'expliquer davantage; de sorte qu'il n'y a rien ici autre chose à lui répondre que ce qu'on a dit sur saint Thomas.

Dans sa troisième partie ², il parle expressément des représentations qui étoient en vogue *de son temps,* cent cinquante ans environ après saint Thomas : *repræsentationes quæ fiunt hodie :* pour indiquer qu'elles étoient nouvelles et introduites depuis peu ; et il déclare qu'elles sont défendues en certains cas et en certaines circonstances qu'il remarque ; dont l'une est, *si on y représente des choses malhonnêtes, turpia.* Nous pouvons tenir pour malhonnête tout ce qui flatte la concupiscence de la chair; et si saint Antonin n'a pas prévu le cas de nos comédies, ni les sentimens de l'amour profane dont on fait le fond de ces spectacles, c'est qu'en ce temps on songeoit à de toutes autres représentations, comme il paroît par les pièces qui nous en restent. Mais on peut voir l'esprit de Saint Antonin sur ces dangereuses tendresses de nos théâtres, lorsqu'il réduit la musique « à chanter ou les louanges de Dieu, ou les histoires des paladins ³, ou d'autres choses honnêtes, en temps et lieu convenable ⁴. » Un si saint homme n'appelleroit jamais honnêtes les chants passionnés, puisque même sa délicatesse va si loin qu'il ne permet pas d'entendre *le chant des femmes,* parce qu'il est *périlleux,* et comme il parle, *incitativum ad lasciviam.*

On peut entendre par là ce qu'il auroit jugé de nos opéras, et s'il auroit cru moins dangereux de voir des comédiennes jouer si passionnément le personnage d'amantes avec tous les malheureux avantages de leur sexe. Que si on ajoute à ces sentimens de saint Antonin, les conditions qu'il exige dans les réjouissances, qui sont d'être « excluses du temps de la pénitence et du carême, de ne faire pas négliger l'office divin ⁵, » et encore avec tout cela d'être si rares et *en si petite quantité* ⁶, qu'elles tiennent dans la vie humaine le même rang que le sel dans nos nourritures ordi-

---

¹ S. Anton., II part., tit. I, cap. XXIII. § 4. — ² III part., tit. VIII, cap. IV, § 12. — ³ Chevaliers errans. — ⁴ S. Anton., III part., tit. VIII, cap. IV, § 12. — ⁵ *Ibid.* et II part., tit. I, cap. XXIII, § 14. — ⁶ *Ibid.*, § 1 et 14.

naires, non-seulement la *Dissertation* n'y sera pas appuyée, mais encore elle y sera condamnée en tous ses chefs.

XXVII.

Profanation de la sainteté des fêtes et du jeûne introduite par l'auteur ; ses paroles sur le jeûne.

En voici deux principaux, où elle attaque manifestement les plus saintes pratiques de l'Eglise. L'un est celui où l'auteur approuve que la comédie partage avec Dieu et avec l'office divin les jours de dimanche : et l'autre où il abandonne à ce divertissement même *le temps de carême :* « encore, continue-t-il, que ce soit un temps consacré à la pénitence, un temps de larmes et de douleurs pour les chrétiens : un temps où, pour me servir des termes de l'Ecriture, la musique doit être importune, et auquel le spectacle et la comédie paroissent peu propres, et devroient ce semble être défendus. » Malgré toutes ces raisons, qu'il semble n'avoir proposées que pour passer par-dessus, malgré le texte de l'Ecriture dont il les soutient, il autorise l'abus de jouer les comédies durant ce saint temps.

XXVIII.

Doctrine de l'Ecriture et de l'Eglise sur le jeûne.

C'est confondre toutes les idées que l'Ecriture et la tradition nous donnent du jeûne. Le jour du jeûne est si bien un jour d'affliction, que l'Ecriture n'explique pas autrement le jeûne que par ce terme : *Vous affligerez vos ames* [1], c'est-à-dire vous jeûnerez. C'est pour entrer dans cet esprit d'affliction qu'on introduit cette pénible soustraction de la nourriture : pendant qu'on prenoit sur le nécessaire de la vie, on n'avoit garde de songer à donner dans le superflu : au contraire on joignoit au jeûne tout ce qu'il y a d'affligeant et de mortifiant, le sac, la cendre, les pleurs, parce que c'étoit *un temps d'expiation et de propitiation pour ses péchés*, où il falloit être affligé et non pas se réjouir.

Le jeûne a encore un caractère particulier dans le Nouveau-Testament, puisqu'il est une expression de la douleur de l'Eglise

---

[1] *Levit.*, XVI, 29 et seq.; XXIII, 29; *Numer.*, XXIX, 7; XXX, 14.

dans le temps qu'elle aura perdu son Epoux, conformément à cette parole de Jésus-Christ même : « Les amis de l'Epoux ne peuvent pas s'affliger pendant que l'Epoux est avec eux : il viendra un temps que l'Epoux leur sera ôté, et alors ils jeûneront [1]. » Il met ensemble l'affliction et le jeûne, et l'un et l'autre selon lui sont le caractère des jours où l'Eglise pleure la mort et l'absence de Jésus-Christ. Les saints Pères expliquent aussi que c'est pour cette raison qu'approchant le temps de sa passion, et dans le dessein de s'y préparer, on célébroit le jeûne le plus solennel, qui est celui du carême. Pendant ce temps consacré à la pénitence et à la mémoire de la passion de Jésus-Christ, toutes les réjouissances sont interdites : de tout temps on s'est abstenu d'y célébrer des mariages [2]; et pour peu qu'on soit versé dans la discipline, on en sait toutes les raisons. Il ne faut pas s'étonner que durant ce temps on défende spécialement les spectacles : quand ils seroient innocens, on voit bien que cette marque de la joie publique ne conviendroit pas avec le deuil solennel de toute l'Eglise : loin de permettre les plaisirs et les réjouissances profanes, elle s'abstenoit des saintes réjouissances, et il étoit défendu d'y célébrer les nativités des Saints [3], parce qu'on ne pouvoit les célébrer qu'avec une démonstration de la joie publique. Cet esprit se conserve encore dans l'Eglise, comme le savent et l'expliquent ceux qui en entendent les rits. C'est encore dans le même esprit qu'on ne jeûne point le dimanche, ni durant le temps d'entre Pâque et la Pentecôte, parce que ce sont des jours destinés à une sainte réjouissance, où l'on chante l'*Alleluia*, qui est la figure du cantique et de la joie du siècle futur. Si le jeûne ne convient pas au temps d'une sainte joie, doit-on l'allier avec les réjouissances profanes, quand d'ailleurs elles seroient permises? convient-il d'entendre alors, ou des bouffons dont les discours éteignent l'esprit de componction, ou des comédies qui vous remplissent la tête de plaisirs vains et mondains, quand ils seroient innocens?

[1] *Matth.*, IX, 15. — [2] *Conc. Laod.*, can. 52. — [3] *Ibid.*, can. 51.

XXIX.
Nouvel abus de la doctrine de saint Thomas.

Malgré ces saintes traditions, et malgré encore le passage exprès que l'auteur produit *pour exclure la musique des jours de deuil* [1], il permet les comédies *dans tout le carême*. Il ne mériteroit pas d'être seulement écouté, s'il ne nous donnoit encore une fois saint Thomas pour garant de ses erreurs. Après donc avoir proposé toutes les raisons qu'il a sues pour bannir la comédie du carême : « Je réponds à cela, dit-il, avec les propres paroles de saint Thomas, » et il cite un article de ce saint docteur sur les *Sentences* [2], qui est le même que nous avons allégué pour un autre sujet [3].

Mais d'abord, il est certain qu'il ne s'y agit point du carême, dont il n'y a pas un mot dans tout cet endroit : mais quand on voudroit, comme il est juste, étendre au carême jusqu'à un certain degré, ce que propose ce saint docteur en général sur l'état des pénitens, il n'y auroit rien qui ne fût contraire à la prétention de notre auteur.

Saint Thomas traite ici trois questions, dont les deux premières appartiennent au sujet des jeux : dans l'une il parle des jeux en général : dans l'autre il vient aux spectacles. En parlant des jeux en général, et sans encore entrer dans ce qui regarde les spectacles, il défend aux pénitens de s'abandonner dans leur particulier aux jeux réjouissans, parce que « la pénitence demande des pleurs et non pas des réjouissances [4] : » et tout ce qu'il leur permet, « est d'user modérément de quelques jeux, en tant qu'ils relâchent l'esprit et entretiennent la société entre ceux avec qui ils ont à vivre; » ce qui ne dit rien encore, et se réduit, comme on voit, à bien peu de choses. Mais dans la seconde question où il s'agit en particulier des spectacles, il décide nettement que les pénitens les doivent éviter : *spectacula vitanda pœnitenti* [5] : et non-seulement ceux qui sont mauvais de leur nature, *dont ils doivent s'abstenir plus que les autres,* mais encore ceux *qui sont*

---

[1] *Eccli.*, XXII, 6. — [2] In 4, dist. XVI, q. IX, art. 2, in corp. — [3] Ci-dessus, n. 23. — [4] In 4, dist. XVI, ad q. 1, c. — [5] Ad 2, q. eâd.

utiles et nécessaires à la vie, parmi lesquels il range la chasse.

On sait sur ce sujet la sévérité de l'ancienne discipline, dont il est bon en tout temps de se souvenir. Elle interdisoit aux pénitens tous les exercices qui dissipent l'esprit; et cette règle étoit si bien établie, qu'encore au treizième siècle, saint Thomas, comme on voit, n'en relâche rien. Parmi les sermons de saint Ambroise on en trouve un de saint Césaire, archevêque d'Arles, où il répète trois et quatre fois que celui « qui chasse pendant le carême : *horum quadraginta dierum curriculo*, ne jeûne pas : encore, poursuit-il, qu'il pousse son jeûne jusqu'au soir, » selon la coutume constante de ce temps-là : « il pouvoit bien avoir mangé plus tard; mais cependant il n'aura point jeûné au Seigneur : *Potes videri tardiùs te refecisse, non tamen Domino jejunasse* [1] : » ce Saint écrivoit à la fin du sixième siècle. Dans le neuvième le grand pape Nicolas I impose encore aux Bulgares, qui le consultoient, la même observance [2], selon la tradition des siècles précédens. Cette sévérité venoit de l'ancienne discipline des pénitens, qu'on étendoit, comme on voit, jusqu'au carême, où toute l'Eglise se mettoit en pénitence; et de peur qu'on ne s'imagine que cette discipline des pénitens fût excessive ou déraisonnable, saint Thomas l'appuie de cette raison, que ces spectacles et ces exercices « empêchent la récollection des pénitens, et que leur état étant un état de peine l'Eglise a droit de leur retrancher par la pénitence, même des choses utiles, mais qui ne leur sont pas propres [3]; » sans y apporter d'autre exception que *le cas de nécessité : ubi necessitas exposcit;* comme seroit dans la chasse s'il en falloit vivre : tout cela conformément aux canons, à la doctrine des saints, et au Maître des *Sentences* [4]. Par toutes ces autorités, après avoir *modéré* les divertissemens qu'un pénitent peut se permettre en particulier pour le relâchement de l'esprit et la société, il lui défend tous les spectacles publics et tous les exercices qui dissipent : cependant le dissertateur trouve en cet endroit qu'on peut entendre la comédie *tout le carême* (ce

---

[1] Ambr., in ant., édit. serm. XXXIII; *nunc in Append. Op. S. Aug.*, serm. CXLVI. — [2] *Resp. ad consult. Bulg.*, cap. XLIV. — [3] Ubi sup., ad 2. — [4] Mag., Sent. IV, dist. XVI.

sont ses mots), sans que cela répugne à l'esprit de gémissement et de pénitence dont l'Eglise y fait profession publique : et voilà ce qu'il appelle répondre *avec les propres paroles de saint Thomas.*

Le même Saint parle encore de cette matière dans la question de la *Somme* que nous avons déjà tant citée, article quatrième [1], où il demande s'il peut y avoir quelque péché dans le défaut du jeu : c'est-à-dire en rejetant tout ce qui relâche ou divertit l'esprit; car c'est là ce qu'il appelle *jeu,* et il se fait d'abord cette objection, qu'il semble qu'en cette matière « on ne puisse pécher par défaut, puisqu'on ne prescrit point de péché au pénitent à qui pourtant on interdit tout jeu [2] : » conformément à un passage d'un livre qu'on attribuoit alors à saint Augustin [3], où il est porté « que le pénitent se doit abstenir des jeux et des spectacles du siècle, s'il veut obtenir la grace d'une entière rémission de ses péchés. » Ce passage étoit dans le texte du Maître des *Sentences* [4], et la doctrine en passoit pour indubitable, parce qu'elle étoit conforme à tous les canons. Saint Thomas répond aussi «que les pleurs sont ordonnés au pénitent; et c'est pourquoi le jeu lui est interdit, parce que la raison demande qu'il lui soit diminué. » C'est toute la restriction qu'il apporte ici, laquelle ne regarde point les jeux publics, puisqu'il ne retranche rien de la défense des spectacles, qu'il laisse par conséquent en son entier, comme portée expressément par tous les canons où il est parlé de la pénitence, ainsi qu'il l'a reconnu dans le passage qu'on vient de voir sur les *Sentences.*

Qu'on ne fasse donc point ce tort à saint Thomas, de le faire auteur d'un si visible relâchement de la discipline : c'est assez de l'avoir fait, sans qu'il y pensât, le défenseur de la comédie ; sans encore lui faire dire qu'on la peut jouer dans le carême, quoiqu'il n'y ait pas un seul mot dans tous ses ouvrages qui tende à cela de près ou de loin, et qu'au contraire il ait enseigné si expressément que les spectacles publics répugnent à l'esprit de pénitence que l'Eglise veut renouveler dans le carême.

---

[1] II II q. CLXVIII, art. 4. — [2] Object. 1. — [3] *Lib. de ver. et fal. pœnit.,* cap. XV, n. 31; *Op. S. Aug. in App.* — [4] Lib. IV, dist. XVI.

XXX.

Profanation du dimanche : étrange explication du précepte de la sanctification des fêtes.

Pour ce qui regarde les dimanches, notre auteur commence par cette remarque : « Que les saints jours nous sont donnés non-seulement pour les sanctifier, et pour vaquer plus qu'aux autres au service de Dieu, mais encore pour prendre du repos à l'exemple de Dieu même : » d'où il conclut « que le plaisir étant le repos de l'homme, » selon saint Thomas, il peut prendre au jour de dimanche celui de la comédie, pourvu que ce soit après l'office achevé : à quoi il tâche encore de tirer saint Thomas, qui premièrement ne dit rien de ce qu'il lui fait dire; et secondement, quand il le diroit, on n'en pourroit rien conclure pour la comédie, qui est le sujet dont il s'agit.

J'aurois tort de m'arrêter davantage à réfuter un auteur qui n'entend pas ce qu'il lit : mais il faut d'autant moins souffrir ses profanations sur l'Ecriture et sur le repos de Dieu, qu'elles tendent à renverser le précepte de la sanctification du sabbat. Il est donc vrai que nous lisons ces paroles dans l'*Exode* : « Vous travaillerez durant six jours : le septième vous cesserez votre travail, afin que votre bœuf et votre âne, » et en leur figure, tous ceux dont le travail est continuel, « se reposent, et que le fils de votre esclave et l'étranger se relâchent [1]. » Nous pouvons dire ici avec saint Paul : « Est-ce que Dieu a soin des bœufs ? *Numquid de bobus cura est Deo* [2] ? » Non sans doute, il n'en a pas soin pour faire un précepte exprès de leur repos : mais sa bonté paternelle, qui *sauve les hommes et les animaux,* comme dit David [3], pourvoit au soulagement même des bêtes, afin que les hommes apprennent par cet exemple à ne point accabler leurs semblables de travaux : ou bien c'est que cette bonté s'étend jusqu'à prendre soin de nos corps, et jusqu'à les soulager dans un travail qui nous est commun avec les animaux ; en sorte que ce repos du genre humain est un second motif moins principal de l'institution du sabbat. Conclure de là que les jeux, et encore les jeux publics aient

[1] *Exod.*, XXIII, 12. — [2] I *Cor.*, IX, 9. — [3] *Psal.* XXXV, 7.

été permis à l'ancien peuple ; c'est tellement en ignorer la constitution et les coutumes, qu'on ne doit répondre que par le mépris à de si pitoyables conséquences. Le repos de l'ancien peuple consistoit à se relâcher de son travail pour méditer la loi de Dieu, et s'occuper de son service. Rechercher son plaisir, et encore un plaisir d'une aussi grande dissipation que celui de la comédie, quand on auroit songé alors à de semblables divertissemens, eût été une profanation manifeste du saint jour. Isaïe y est exprès, puisque Dieu y reproche aux Juifs trois à quatre fois, *d'avoir fait leur volonté,* d'avoir cherché leur plaisir *en son saint jour;* d'avoir regardé *le Sabbat comme un jour de délices,* ou comme un jour *d'ostentation et de gloire* humaine [1] : il leur montre la délectation qu'il falloit chercher en ce jour : « Vous vous délecterez, dit-il, dans le Seigneur [2]. » D'autres le tournent d'une autre manière, mais qui va toujours à même fin, puisqu'il demeure pour assuré que les délices et la gloire du sabbat sont de mettre son plaisir en Dieu : et maintenant on nous vient donner le plaisir de la comédie, où les sens sont si émus, comme une imitation du repos de Dieu et une partie du repos qu'il a établi. Mais laissons les raisonnemens aussi foibles que profanes de cet auteur : quiconque voudra défendre les comédies du dimanche par ses raisonnemens ou par d'autres, quels qu'ils soient, qu'il nous dise quel privilége a le métier de la comédie par-dessus les autres, pour avoir droit d'occuper le jour du Seigneur, ou de s'en approprier une partie? Est-ce un art plus libéral ou plus favorable que la peinture et que la sculpture, pour ne point parler des autres ouvrages plus nécessaires à la vie ? Les comédiens ne vivent-ils pas de ce travail odieux. et comment peut-on excuser ceux qui les font travailler en leur donnant le salaire de leur ouvrage? En vérité on pousse trop loin la licence : les commandemens de Dieu, et en particulier celui qui regarde la sanctification des fêtes, sont trop oubliés, et bientôt le jour du Seigneur sera moins à lui que tous les autres ; tant on cherche d'explication pour l'abandonner à l'inutilité et au plaisir.

Après cela je ne daignerois répondre à la vaine excuse qu'on

[1] *Isa.,* LVIII, 13. — [2] *Ibid.,* 14.

fournit à la comédie dans les jours de fête, sous prétexte qu'elle ne commence qu'après l'office, et comme dit notre auteur, *lorsque les églises sont fermées*. Qui empêchera que par la même raison l'on ne permette les autres ouvrages, sans doute plus favorables et plus nécessaires? Qui a introduit ce retranchement du saint jour, et pourquoi n'aura-t-il pas ses vingt-quatre heures comme les autres? J'avoue qu'il y a des jeux que l'Eglise même ne défend absolument que durant l'office; mais la comédie ne fut jamais de ce nombre. La discipline est constante sur ce sujet jusqu'aux derniers temps, et le concile de Reims sur la fin du siècle passé, au titre *des Fêtes*, après avoir nommé au chapitre III, certains jeux qu'on ne doit permettre tout au plus qu'après l'office, met ensuite au chapitre VI, dans un rang entièrement séparé, « celui du théâtre qui souille l'honnêteté et la sainteté de l'Eglise, » comme absolument défendu dans les saints jours. Saint Charles avoit prononcé de même : tous les canons anciens et modernes parlent ainsi sans restriction. Saint Thomas, qu'on ne cesse de nous alléguer pour autoriser la licence, exige, comme on a vu[1], pour une des conditions des divertissemens innocens, *que le temps en soit convenable*[2] *:* pourquoi, si ce n'est pour nous faire entendre qu'il y en a qu'il faut exclure des saints jours, quand ils seroient permis d'ailleurs? Au reste on ne doit pas demander des passages exprès de ce saint docteur, ou des autres, contre cet indigne partage qu'on fait des jours saints : ils n'avoient garde de reprendre dans leur temps ce qui étoit inoui, ni de prévoir une profanation du dimanche qui est si nouvelle que nos pères l'ont vue commencer. Que sert donc de nous alléguer un mauvais usage contre lequel tous les canons réclament? Il ne faut pas croire que tout ce qu'on tolère à cause de la dureté des cœurs, devienne permis; ou que tout ce que la police humaine est obligée d'épargner, passe de même au jugement de Dieu. Après tout que sert aux comédiens et à ceux qui les écoutent, qu'on leur laisse libre le temps de l'office? y assistent-ils davantage? ceux qui fréquentent les théâtres songent-ils seulement qu'il y a des vêpres? en connoît-on beaucoup, qui affectionnés

[1] Ci-dessus, n. 25. — [2] II II, q. CLXVIII, art. 2.

au sermon et à l'office de la paroisse, après les avoir ouïs, aillent perdre à la comédie, dans une si grande effusion d'une joie mondaine, l'esprit de recueillement et de componction, que la parole de Dieu et ses louanges auront excité? Disons donc que les comédies ne sont pas faites pour ceux qui savent sanctifier les fêtes dans le vrai esprit du christianisme, et assister sérieusement à l'office de l'Église.

XXXI.

Réflexions sur la vertu qu'Aristote et saint Thomas après lui ont appelée *Eutrapelia* : Aristote est combattu par saint Chrysostome sur un passage de saint Paul.

Après avoir purgé la doctrine de saint Thomas des excès dont on la chargeoit, à la fin il faut avouer, avec le respect qui est dû à un si grand homme, qu'il semble s'être un peu éloigné, je ne dirai pas des sentimens dans le fond, mais plutôt des expressions des anciens Pères sur le sujet des divertissemens. Cette discussion ne nous sera pas inutile, puisqu'elle nous fournira des principes pour juger des pièces comiques, et en général de tous les discours qui font rire. Je dirai donc avant toutes choses, que je ne sais aucun des anciens qui, bien éloigné de ranger les plaisanteries sous quelque acte de vertu, ne les ait regardées comme vicieuses, quoique non toujours criminelles, ni capables de damner les hommes. Le moindre mal qu'ils y trouvent, c'est leur inutilité, qui les met au rang *des paroles oiseuses*, dont Jésus-Christ nous enseigne *qu'il faudra rendre compte au jour du jugement* [1]. Quelle que soit la sévérité qu'on verra dans les saints docteurs, elle sera toujours au dessous de celle de Jésus-Christ, qui soumet à un jugement si rigoureux, non pas les paroles mauvaises, mais les paroles inutiles. Il ne faudra donc pas s'étonner d'entendre blâmer aux Pères la plaisanterie. Pour la vertu d'*eutrapélie*, que saint Thomas a prise d'Aristote, il faut avouer qu'ils ne l'ont guère connue. Les traducteurs ont tourné ce mot grec *eutrapélie*, urbanité, politesse ; *urbanitas :* selon l'esprit d'Aristote, on le peut traduire *plaisanterie, raillerie ;* et pour tout comprendre, *agrément* ou *vivacité de conversation*, accompagné de

[1] *Matth.*, XII. 36.

discours plaisans, pour mieux dire de mots qui font rire. Car c'est ainsi qu'il s'en explique en termes formels, quand il parle de cette vertu dans ses *Morales* [1]. Elle est si mince que le même nom que lui donne ce philosophe, saint Paul le donne à un vice qui est celui que notre Vulgate a traduit *scurrilitas*, qu'on peut tourner, selon les Pères, par un terme plus général, *plaisanterie*, art de faire rire; ou, si l'on veut, *bouffonnerie* : saint Paul l'appelle εὐτραπελία, *eutrapelia* [2], et le joint aux paroles sales ou déshonnêtes, et aux paroles folles : *turpitudo, stultiloquium*. Ainsi donc, selon cet Apôtre, les trois mauvais caractères du discours, c'est d'être déshonnête, ou d'être fou, léger, inconsidéré, ou d'être plaisant et bouffon, si on le veut ainsi traduire : car tous ces mots ont des sens qu'il est malaisé d'expliquer par des paroles précises. Et remarquez que saint Paul nomme un tel discours de son plus beau nom : car il pouvoit l'appeler βωμολογία (*bomolochia*), qui est le mot propre que donnent les Grecs, et qu'Aristote a donné lui-même à la *bouffonnerie, scurrilitas* [3]. Mais saint Paul après avoir pris la plaisanterie sous la plus belle apparence, et l'avoir nommée de son plus beau nom, la range parmi les vices : non qu'il soit peut-être entièrement défendu d'être quelquefois plaisant; mais c'est qu'il est malhonnête de l'être toujours, et comme de profession. Saint Thomas, qui n'étoit pas attentif au grec, n'a pu faire cette réflexion sur l'expression de saint Paul; mais elle n'a pas échappé à saint Chrysostome, qui a bien su décider que le terme d'*eutrapelos* signifie un homme qui se tourne aisément de tous côtés [4] : qui est aussi l'étymologie qu'Aristote donne à ce mot : mais ce philosophe le prend en bonne part, au lieu que saint Chrysostome regarde la mobilité de cet homme qui se revêtit de toutes sortes de formes pour divertir le monde ou le faire rire, comme un caractère de légèreté qui n'est pas digne d'un chrétien [5].

C'est ce qu'il répète cent fois, et il le prouve par saint Paul, qui dit *que ces choses ne conviennent pas;* car où la Vulgate a traduit : *scurrilitas quæ ad rem non pertinet*, en rapportant ces der-

---

[1] *Moral.*, lib. IV, cap. XIV. — [2] *Ephes.*, v, 4. — [3] *Moral.* loc. cit. — [4] Hom. VI *in Matth.*, n. 7; Hom. XVII *in Epist. ad Ephes.*, n. 3. — [5] Chrysost., ubi sup.

niers mots à la seule plaisanterie : le grec porte que *toutes ces choses,* dont l'Apôtre vient de parler, *ne conviennent pas,* et c'étoit ainsi que portoit anc'ennement la *Vulgate,* comme il paroît par saint Jérôme, qui y lit : *Non pertinent.* Quoi qu'il en soit, saint Chrysostome explique que ces trois sortes de discours, le déshonnête, celui qui est fou, et celui qui est plaisant ou qui fait rire, *ne conviennent pas* à un chrétien : et il explique *qu'ils ne nous regardent point :* qu'ils ne sont point de notre état, ni de la vocation du christianisme. Il comprend sous ces discours qui ne conviennent pas à un chrétien, même ceux qu'on appeloit parmi les Grecs et les Latins ἀστεῖα, *urbana :* par où ils expliquoient les plaisanteries les plus polies. « Que vous servent, dit-il, ces politesses, *asteia,* si ce n'est que vous faites rire? » Et un peu après : « Toutes ces choses qui ne nous sont d'aucun usage et dont nous n'avons que faire, ne sont point de notre état. Qu'il n'y ait donc point parmi nous de parole oiseuse : » où il fait une allusion manifeste à la sentence de Jésus-Christ qui défend *la parole oiseuse ou inutile* [1]. Ce Père fait voir les suites fâcheuses de ces inutilités, et ne cesse de répéter que les discours *qui font rire,* quelque polis qu'ils semblent d'ailleurs, *asteia,* sont indignes des chrétiens, s'étonnant même et déplorant *qu'on ait pu les attribuer à une vertu* [2]. Il est clair qu'il en veut à Aristote, qui est le seul, où l'on trouve cette vertu que saint Chrysostome ne vouloit pas reconnoître. On a déjà vu que c'est d'Aristote que ce Père a pris l'étymologie de l'*eutrapélie :* ainsi en toutes manières il le regardoit dans cette homélie; et ceux qui connoissent le génie de saint Chrysostome, dont tous les discours sont remplis d'une érudition cachée sur les anciens philosophes, qu'il a coutume de reprendre sans les nommer, n'en douteront pas. Voilà donc ce qu'il a pensé de la vertu d'*eutrapélie,* peu connue des chrétiens de ces premiers temps. Théophylacte et OEcuménius [3] ne font que l'abréger selon leur coutume, et n'adoucissent par aucun endroit la doctrine de leur maître.

[1] *Matth.,* XII, 36. — [2] *Ibid.* — [3] *In Epist. ad Ephes.,* cap. v.

XXXII.

Passages de saint Ambroise et de saint Jérôme sur les discours qui font rire.

Les Latins ne sont pas moins sévères. Saint Thomas cite un passage de saint Ambroise, qu'il a peine à concilier avec Aristote. Il est tiré de son livre des *Offices*[1], où ce Père traite à peu près les mêmes matières que Cicéron a traitées dans le livre de même titre, où ayant trouvé les préceptes que donne cet orateur, et les autres philosophes *du siècle*, *sæculares viri*, sur ce qu'on appelle *joca*, railleries et plaisanteries, mots qui font rire, commence par observer qu'il « n'a rien à dire sur cette partie des préceptes et de la doctrine des gens du siècle, *de jocandi disciplinâ* : C'est un lieu, dit-il, à passer pour nous, *nobis prætereunda*; » et qui ne regarde pas les chrétiens : parce qu'encore, continue-t-il, qu'il y « ait quelquefois des plaisanteries honnêtes et agréables, *licèt interdùm joca honesta ac suavia sint*; ils sont contraires à la règle de l'Eglise, *ab ecclesiasticâ abhorrent regulâ* : » à cause, dit-il, « que nous ne pouvons pratiquer ce que nous ne trouvons point dans les Ecritures : *Quæ in Scripturis sanctis non reperimus, ea quemadmodùm usurpare possumus?* » En effet il est bien certain qu'on ne voit dans les saints Livres aucune approbation ni aucun exemple autorisé de ces discours qui font rire : en sorte que saint Ambroise après avoir rapporté ces paroles de Notre-Seigneur : *Malheur à vous qui riez*, s'étonne que les chrétiens puissent « chercher des sujets de rire : *Et nos ridendi materiam requirimus, ut hîc ridentes illìc fleamus?* » où l'on pourroit remarquer qu'il défend plutôt de les chercher avec soin, que de s'en laisser récréer quand on les trouve : mais cependant il conclut « qu'il faut éviter non-seulement les plaisanteries excessives, mais encore toute sorte de plaisanteries : *Non solùm profusos, sed omnes etiam jocos declinandos arbitror* : » ce qui montre que l'honnêteté qu'il leur attribue est une honnêteté selon le monde, qui n'a aucune approbation dans les Ecritures, et qui dans le fond, comme il dit, est opposée à la règle.

Saint Thomas, pour adoucir ce passage si contraire à l'*eutra-*

[1] *De Off. Minist.*, lib. I, cap. XXIII, n. 102.

pélie d'Aristote, dit que ce Père a voulu exclure la plaisanterie, non point de la conversation, mais seulement *de la doctrine sacrée, à doctrinâ sacrâ* [1] : par où il entend toujours ou l'Ecriture, ou la prédication, ou la théologie ; comme si ce n'étoit qu'en de tels sujets que la plaisanterie fût défendue : mais on a pu voir que ce n'est pas cette question que saint Ambroise propose ; et on sait d'ailleurs que par des raisons qui ne blessent pas le profond savoir de saint Thomas, il ne faut pas toujours attendre de lui une si exacte interprétation des passages des saints Pères, surtout quand il entreprend de les accorder avec Aristote, dont il est sans doute qu'ils ne prenoient pas les idées.

On pourroit conjecturer avec un peu plus de vraisemblance que saint Ambroise ne regardoit en ce lieu que les ecclésiastiques, conformément au titre du livre rétabli dans l'édition des Bénédictins en cette forme : *De Officiis Ministrorum.* Mais les paroles de ce Père sont générales : ses preuves portent également contre tous les chrétiens, dont il explique par tout son livre les devoirs communs. Il est vrai que de temps en temps, et deux ou trois fois, il fait remarquer aux ministres de l'autel que ce qu'il propose à tous les fidèles les oblige plus que tous les autres : mais cela loin de décharger le reste des chrétiens, les charge plutôt ; et il est clair, tant par les paroles de saint Ambroise qu'en général par l'analogie de la doctrine des saints, qu'ils rejettent sans restriction les plaisanteries.

Si on trouve ces discours des saints Pères excessifs et trop rigoureux, saint Jérôme y apporte un tempérament sur l'*Epître aux Ephésiens*, où expliquant ces deux vices marqués par saint Paul : *stultiloquium, scurrilitas*, il dit que le premier, c'est-à-dire le discours insensé « est un discours qui n'a aucun sens, ni rien qui soit digne d'un cœur humain ; mais que la plaisanterie, *scurrilitas*, se fait de dessein prémédité, lorsqu'on cherche, pour faire rire, des discours polis, ou rustiques, ou malhonnêtes, ou plaisans : *vel urbana, vel rustica, vel turpia, vel faceta* : qui est, dit-il, ce que nous appelons plaisanterie, *jocularitas* : mais celle-ci, poursuit-il, doit être bannie entièrement des discours des

[1] II-II, q. CLXVIII, art. 2, ad. 1.

saints, » c'est-à-dire, comme il l'explique, des chrétiens, « à qui, dit-il, il convient plutôt de pleurer que de rire ¹. »

Il se fait pourtant ensuite cette objection, que « c'est une doctrine qui paroît cruelle, de n'avoir aucun égard à la fragilité humaine, et de damner les hommes pour des choses qu'on dira pour rire : *Cùm etiam per jocum nos dicta damnarent :* » à quoi il répond que si l'on n'est pas damné pour cela, « on n'aura point dans le ciel le degré de gloire où l'on seroit parvenu si l'on n'avoit point de tels vices. » Ce sont donc des vices, des péchés du moins véniels; ce qui est toujours bien éloigné d'Aristote, qui en a fait des actions de vertu; qui range parmi *les vices*, et qui appelle « dureté et rusticité de ne savoir pas faire rire, et encore de blâmer ceux qui le peuvent faire ². » Platon supposoit au contraire « qu'un homme sage avoit honte de faire rire ³. » Aristote vouloit toujours raffiner sur lui, et accommoder les vertus aux opinions communes et à la coutume.

Encore que les saints Pères n'approuvassent point qu'on fît rire ⁴, ils recevoient pourtant dans le discours *la douceur*, *les agrémens, les graces,* et un certain sel de sagesse dont parle saint Paul ⁵, qui fait que l'on plaît à ceux qui écoutent : que si saint Thomas par l'autorité d'Aristote, dont on avoit peine à se départir en son temps, semble peut-être pousser un peu plus avant dans sa *Somme* la liberté des plaisanteries; il y réduit néanmoins ces « sortes de délectations à être rares dans la vie; où, dit-il, selon Aristote, il faut peu de délectation, comme peu de sel dans les viandes par manière d'assaisonnement ⁶ : » et il exclut tout « ce qui relâche entièrement la gravité, » comme on a vu dans sa *Somme* même; et dans son *Commentaire sur saint Paul*, où il paroît revenir plus précisément aux expressions des saints Pères, il met avec eux la plaisanterie au nombre des vices repris par cet Apôtre.

¹ Lib. III, *in Epist. ad Ephes.*, c. v. — ² *Moral.*, lib. IV, cap. XIV. — ³ *De Rep.*, lib. X. — ⁴ Ambr., *ibid.*; Hier., *ibid.*; Basil., *Constitut. mon.*, cap. XII. — ⁵ *Coloss.*, IV, 6. — ⁶ II·II q. CLXVIII, art. 4, corp.

XXXIII.

Passages de saint Basile sur le sérieux de la vie chrétienne.

Il étoit ordinaire aux Pères de prendre à la lettre la parole de Notre-Seigneur : *Malheur à vous qui riez, car vous pleurerez.* Saint Basile, qui en a conclu qu'il n'est permis de rire « en aucune sorte : οὐδέποτα καθόλου : quand ce ne seroit qu'à cause de la multitude de ceux qui outragent Dieu en méprisant sa loi [1], » tempère cette sentence [2] par celle-ci de l'*Ecclésiastique* [3] : « Le fou éclate en riant, mais le sage rit à peine à petit bruit, » et d'une bouche timide. Conformément à cette sentence, il permet avec Salomon « d'égayer un peu le visage par un modeste souris ; » mais pour ce qui est de ces grands éclats et de ces secousses du corps, » qui tiennent de la convulsion, selon lui elles ne sont pas d'un homme « vertueux et qui se possède lui-même. » Ce qu'il inculque souvent [4] comme une des obligations du christianisme.

S'il faut pousser ces maximes à toute rigueur et dans tous les cas, ou s'il est permis quelquefois d'en adoucir la sévérité, nul homme ne doit entreprendre de le décider par son propre esprit. Dieu, qui sait la valeur des biens qu'il nous promet, et les secours qu'il nous donne pour y parvenir, sait aussi à quel prix il les doit mettre. Il ne faut pas du moins que nos foiblesses nous empêchent de reconnoître la sainte rigueur de sa loi, ni d'envisager le maintien austère de la vertu chrétienne ; au contraire il faut toujours voir la vérité toute entière, afin de reconnoître de quoi nous avons à nous humilier, et où nous sommes obligés de tendre. On ne peut pousser plus loin l'obligation d'un chrétien que fait saint Basile sur cette parole de Notre-Seigneur : « On rendra compte au jugement d'une parole inutile [5] : » lorsque demandant ce que c'est que cette parole appelée par le Fils de Dieu à un si sévère jugement, il répond que « toute parole qui ne se rapporte pas à l'utilité que nous devons rechercher en Notre-Seigneur, est de ce genre : et, continue-t-il, le péril de proférer de telles paroles est si grand, qu'un discours qui seroit bon de

---

[1] *Reg. brev.*, int. XXXI. — [2] *Reg. fus.*, interr. XVII. — [3] *Eccli.*, XXI, 23. — [4] *Constit. mon.*, cap. XXII; sup. epist. XII, ol. 411, n. 1. — [5] *Matth.*, XII, 36.

soi, mais qu'on ne rapporteroit pas à l'édification de la foi, n'est pas exempt de péril, sous prétexte du bien qu'il contient ; mais que dès là qu'il ne tend pas à édifier le prochain, il afflige le Saint-Esprit : » ce qu'il prouve par un passage de l'*Epître aux Ephésiens*. « Or, conclut-il, quel besoin de dire quel mal c'est d'affliger le Saint-Esprit [1] ? »

Partout ailleurs il confirme la même doctrine [2] : et il ne faut pas s'imaginer qu'il ne parle que pour les moines, puisqu'au contraire et ses paroles et ses preuves et tout l'esprit de ses discours, démontrent qu'il veut proposer les obligations communes du christianisme, comme étant d'autant plus celles des moines, qu'un moine n'est autre chose qu'un chrétien qui s'est retiré du monde pour accomplir tous les devoirs de la religion chrétienne.

Que si l'on dit qu'en tout cas les défauts que reprend ici saint Basile sont des péchés véniels, et que pour cela on les appelle petits péchés : ce Père ne souffrira pas ce discours à un chrétien. « Il n'y a point, dit-il, de petit péché ; le grand péché est toujours celui que nous commettons, parce que c'est celui-là qui nous surmonte, et le petit est celui que nous surmontons [3]. » Et encore qu'il soit véritable en un sens de comparaison, qu'il y a de petits péchés, le fidèle ne sait jamais avec certitude jusqu'à quel point ils sont aggravés par le violent attachement d'un cœur qui s'y livre, et il doit toujours trembler à cette sentence du Sage : « Qui méprise les petites choses, tombe peu à peu [4]. »

XXXIV.
Conséquence de la doctrine précédente.

Par tous ces principes des saints Pères, sans examiner le degré de mal qu'il y a dans la comédie, ce qui dépend des circonstances particulières, on voit qu'il la faut ranger parmi les choses les plus dangereuses ; et en particulier on peut juger si les Pères, ou les saints docteurs qui les ont suivis, et saint Thomas comme les autres, avec les règles sévères qu'on vient d'entendre de leur bouche, auroient pu souffrir les bouffonneries de nos théâtres,

---

[1] *Reg. brev.*, int. XXIII. — [2] Epist. XXII, *Constit. mon.*, cap. XII. — [3] *Reg. brev.*, int. CCXCIII. — [4] *Eccli.*, XIX, 2.

ni qu'un chrétien y fît le ridicule personnage de plaisant. Aussi on ne peut pas croire qu'il se trouve jamais un homme sage qui n'accorde facilement, du moins qu'être bouffon de profession ne convient pas à un homme grave, tel qu'est sans doute un disciple de Jésus-Christ. Mais dès que vous aurez fait ce pas, saint Chrysostome retombera sur vous avec une étrange force, en vous disant : C'est pour vous qu'un chrétien se fait bouffon : c'est pour vous qu'il renonce à la dignité du nom qu'il porte : « ôtez les auditeurs, vous ôterez les acteurs : » s'il est si beau d'être plaisant sur un théâtre, que n'ouvrez-vous cette porte aux gens libres [1] ? » Nous dirions maintenant aux honnêtes gens : « Quelle beauté dans un art où l'on ne peut exceller sans honte ? » et le reste.

Saint Thomas, comme on a vu, marche sur ses pas; et s'il a un peu plus suivi les idées, ou si vous voulez les locutions d'Aristote, dans le fond il ne s'est éloigné en rien de la régularité des saints Pères.

XXXV.
Conclusion de tout ce discours.

Cela posé, il est inutile d'examiner les sentimens des autres docteurs. Après tout j'avouerai sans peine qu'après s'être longtemps élevé contre les spectacles, et en particulier contre le théâtre, il vint un temps dans l'Eglise qu'on espéra de le pouvoir réduire à quelque chose d'honnête ou de supportable, et par là d'apporter quelque remède à la manie du peuple envers ces dangereux amusemens. Mais on connut bientôt que le plaisant et le facétieux touche de trop près au licencieux, pour en être entièrement séparé. Ce n'est pas qu'en métaphysique cette séparation soit absolument impossible, ou, comme parle l'Ecole, qu'elle implique contradiction : disons plus, on voit en effet des représentations innocentes; qui sera assez rigoureux pour condamner dans les colléges celles d'une jeunesse réglée à qui ses maîtres proposent de tels exercices pour leur aider à former ou leur style ou leur action, et en tout cas leur donner surtout à la fin de leur

[1] Hom. IV *in Matth.;* Hom. XVII *in Epist. ad Ephes.*, n. 3.

année quelque honnête relâchement? Et néanmoins voici ce que dit sur ce sujet une savante compagnie qui s'est dévouée avec tant de zèle et de succès à l'instruction de la jeunesse : « Que les tragédies et les comédies, qui ne doivent être faites qu'en latin et dont l'usage doit être très-rare, aient un sujet saint et pieux : que les intermèdes des actes soient tous en latin, et n'aient rien qui s'éloigne de la bienséance, et qu'on n'y introduise aucun personnage de femme ni jamais l'habit de ce sexe [1]. » En passant, on trouve cent traits de cette sagesse dans les règlemens de ce vénérable institut (a) : et on voit en particulier, sur le sujet des pièces de théâtre, qu'avec toutes les précautions qu'on y apporte pour éloigner tous les abus de semblables représentations, le meilleur est après tout qu'elles soient très-rares. Que si, sous les yeux et la discipline de maîtres pieux, on a tant de peine à régler le théâtre, que sera-ce dans la licence d'une troupe de comédiens, qui n'ont point de règle que celles de leur profit et du plaisir des spectateurs? Les personnages de femme, qu'on exclut absolument de la comédie pour plusieurs raisons, et entre autres pour éviter les déguisemens que nous avons vus condamnés même par les philosophes, la réduisent à si peu de sujets, qui encore se trouveroient infiniment éloignés de l'esprit des comédies d'aujourd'hui, qu'elles tomberoient d'elles-mêmes si on les renfermoit dans de telles règles. Qui ne voit donc que la comédie ne se pourroit soutenir, si elle ne mêloit le bien et le mal, plus portée encore au dernier, qui est plus du goût de la multitude? C'est aussi pour cette raison que parmi tant de graves invectives des saints Pères contre le théâtre, on ne trouve pas que jamais ils soient entrés dans l'expédient de le réformer. Ils savoient trop que qui veut plaire, le veut à quelque prix que ce soit : de deux sortes de pièces de théâtre, dont les unes sont graves mais passionnées, et les autres simplement plaisantes ou même bouffonnes, il n'y en a point qu'on ait trouvées dignes des chrétiens, et on a cru qu'il seroit plus court de les rejeter tout à fait, que de se travailler vainement à les réduire contre leur

[1] *Rat. Stud.*, tit. *Reg. Ret.*, c. 31.
(a) Des jésuites.

nature aux règles sévères de la vertu. Le génie des pièces comiques est de chercher la bouffonnerie : César même ne trouvoit pas que Térence fût assez plaisant : on veut plus d'emportement dans le risible ; et le goût qu'on avoit pour Aristophane et pour Plaute, montre assez à quelle licence dégénère naturellement la plaisanterie. Térence, qui à l'exemple de Ménandre s'est modéré sur le ridicule, n'en est pas plus chaste pour cela ; et on aura toujours une peine extrême à séparer le plaisant d'avec l'illicite et le licencieux. C'est pourquoi on trouve ordinairement dans les canons ces quatre mots unis ensemble : *Ludicra, jocularia, turpia, obscœna : les discours plaisans, les discours bouffons, les discours malhonnêtes, les discours sales :* non que ces choses soient toujours mêlées ; mais à cause qu'elles se suivent si naturellement et qu'elles ont tant d'affinité, que c'est une vaine entreprise de les vouloir séparer. C'est pourquoi il ne faut pas espérer de rien faire de régulier de la comédie, parce que celles qui entreprennent de traiter les grandes passions, veulent remuer les plus dangereuses, à cause qu'elles sont aussi les plus agréables : et que celles dont le dessein est de faire rire, qui pourroient être, ce semble, les moins vicieuses, outre l'indécence de ce caractère dans un chrétien, attirent trop facilement le licencieux, que les gens du monde, quelque modérés qu'ils paroissent, aiment mieux ordinairement qu'on leur enveloppe, que de le supprimer entièrement.

On voit en effet par expérience, à quoi s'est enfin terminée toute la réforme de la comédie qu'on a voulu introduire dans nos jours. Le licencieux grossier et manifeste est demeuré dans les farces, dont les pièces comiques tiennent beaucoup : on ne peut goûter sans amour les pièces sérieuses ; et tout le fruit des précautions d'un grand ministre qui a daigné employer ses soins à purger le théâtre, c'est qu'on y présente aux ames infirmes des appâts plus cachés et plus dangereux.

C'est pourquoi il ne faut pas s'étonner que l'Eglise ait improuvé en général tout ce genre de plaisirs : car encore qu'elle restreigne ordinairement les punitions canoniques qu'elle emploie pour les réprimer, à certaines personnes, comme aux clercs; à certains lieux, comme aux églises; à certains jours comme aux fêtes; à cause que communément, ainsi que nous l'avons remarqué, par sa bonté et par sa prudence elle épargne la multitude dans les censures publiques : néanmoins parmi ces défenses, elle jette toujours des traits piquans contre ces sortes de spectacles, pour en détourner tous les fidèles. Saint Charles, qu'on allègue comme un de ceux dont la charitable condescendance entra pour un peu de temps dans le dessein de corriger la comédie, en perdit bientôt l'espérance; et dans les soins qu'il prit de mettre à couvert des corruptions du théâtre, au moins le carême et les saints jours, il ne cesse d'en inspirer un dégoût universel, en appelant la comédie *un reste de gentilité*[1] : non qu'il y eût à la lettre dans les spectacles de son temps des restes du paganisme, mais parce que les passions qui ont formé les dieux des Gentils y règnent encore, et se font encore adorer par les chrétiens. Quelquefois à l'exemple des anciens canons, dont il a pris tout l'esprit, il se contente de les appeler *des spectacles inutiles, ludicra et inania spectacula*[2] : ne jugeant pas que les chrétiens, dont les affaires sont si graves, et doivent être jugées dans un tribunal si redoutable, puissent trouver de la place dans leur vie pour de si longs amusemens; quand d'ailleurs ils ne seroient pas si remplis de tentations, soit grossières, soit délicates et par là plus périlleuses; ni se passionner si violemment pour des choses vaines. Au reste il range toujours ces malheureux divertissemens *parmi les attraits et les pépinières du vice, illecebras et seminaria vitiorum;* et s'il ne frappe pas ceux qui s'y attachent, des censures de l'Eglise, il les abandonne au zèle et à la censure des prédicateurs, à qui il ordonne de ne rien omettre pour inspirer de l'horreur de ces jeux pernicieux, en ne « cessant de les détester comme les sources des calamités publiques et des vengeances divines. Il admoneste les princes et les magistrats de chasser les comédiens, les baladins, les joueurs de farces et autres pestes publiques, comme gens perdus et corrupteurs des bonnes mœurs, et de punir ceux qui les logent dans les hôtelleries[3]. »

[1] *Act. Eccl. Mediol.*, part. IV; *Inst. Prædic.*— [2] *Act. Eccl. Mediol.*, part. VI, etc. — [3] *Ibid.*, p. 40; *Conc., prov.* I, p. 86; *Conc.* III, p. 316; *Conc.* VI, etc.

Je ne finirois jamais si je voulois rapporter tous les titres dont il les note. Voilà les saintes maximes de la religion chrétienne sur la comédie. Ceux qui avoient espéré de lui trouver des approbations ont pu voir par la clameur qui s'est élevée contre la *Dissertation*, et par la censure qu'elle a attirée à ceux qui ont avoué qu'ils en avoient suivi quelques sentimens, combien l'Eglise est éloignée de les supporter : et c'est encore une preuve contre cette scandaleuse *Dissertation*, qu'encore qu'on l'attribue à un théologien, on ne lui ait pu donner des théologiens, mais de seuls poëtes comiques pour approbateurs, ni la faire paroître autrement qu'à la tête et à la faveur des comédies.

Mais c'en est assez sur ce sujet, quoiqu'il y ait encore à montrer une voie plus excellente. Pour déraciner tout à fait le goût de la comédie, il faudroit inspirer celui de la lecture de l'Evangile et celui de la prière. Attachons-nous comme saint Paul *à considérer Jésus l'auteur et le consommateur de notre foi*[1] : ce Jésus, qui ayant voulu prendre toutes nos foiblesses *à cause de la ressemblance, à la réserve du péché*[2], a bien pris nos larmes, nos tristesses, nos douleurs et jusqu'à nos frayeurs, mais n'a pris ni nos joies ni nos ris, et n'a pas voulu que ses lèvres, *où la grace étoit répandue*[3], fussent dilatées une seule fois par un mouvement qui lui paroissoit accompagné d'une indécence indigne d'un Dieu fait homme. Je ne m'en étonne pas : car nos douleurs et nos tristesses sont très-véritables, puisqu'elles sont de justes peines de notre péché : mais nous n'avons point sur la terre depuis le péché de vrai sujet de nous réjouir : ce qui a fait dire au Sage : « J'ai estimé le ris une erreur, et j'ai dit à la joie : Pourquoi me trompes-tu ? » ou comme porte l'original : « J'ai dit au ris : Tu es un fol, et à la joie : Pourquoi fais-tu ainsi[4] ? » pourquoi me transportes-tu comme un insensé, et pourquoi me viens-tu persuader que j'ai sujet de me réjouir, quand je suis accablé de maux de tous côtés ? Ainsi le Verbe fait chair, la Vérité éternelle manifestée dans notre nature, en a pu prendre les peines qui sont réelles ; mais n'en a pas voulu prendre le ris et la joie qui ont trop d'affinité avec la déception et avec l'erreur.

[1] *Hebr.*, XII, 2. — [2] *Ibid.*, IV, 15. — [3] *Psal.* XLIV, 3. — [4] *Eccles*, II, 2.

Jésus-Christ n'est pas pour cela demeuré sans agrément : « tout le monde étoit en admiration des paroles de grace qui sortoient de sa bouche [1] : » et non-seulement ses apôtres lui disoient : « Maître, à qui irons-nous? vous avez des paroles de vie éternelle [2] ; » mais encore ceux qui étoient venus pour se saisir de sa personne, répondoient aux pharisiens, qui leur en avoient donné l'ordre : « Jamais homme n'a parlé comme cet homme [3]. » Il parle néanmoins encore avec une toute autre douceur, lorsqu'il se fait entendre dans le cœur, et qu'il y fait sentir ce feu céleste dont David étoit transporté en prononçant ces paroles : « Le feu s'allumera dans ma méditation [4]. » C'est de là que naît dans les ames pieuses, par la consolation du Saint-Esprit, l'effusion d'une joie divine; un plaisir sublime que le monde ne peut entendre, par le mépris de celui qui flatte les sens; un inaltérable repos dans la paix de la conscience, et dans la douce espérance de posséder Dieu : nul récit, nulle musique, nul chant ne tient devant ce plaisir : s'il faut pour nous émouvoir des spectacles, du sang répandu, de l'amour, que peut-on voir de plus beau ni de plus touchant que la mort sanglante de Jésus-Christ et de ses martyrs; que ses conquêtes par toute la terre et le règne de sa vérité dans les cœurs; que les flèches dont il les perce ; et que les chastes soupirs de son Eglise, et des ames qu'il a gagnées, et qui courent après ses parfums? Il ne faudroit donc que goûter ces douceurs célestes, et cette manne cachée, pour fermer à jamais le théâtre, et faire dire à toute ame vraiment chrétienne : *Les pécheurs*, ceux qui aiment le monde, *me racontent des fables,* des mensonges et des inventions de leur esprit : ou comme lisent les Septante : « Ils me racontent, ils me proposent des plaisirs; mais il n'y a rien là qui ressemble à votre loi [5] : » elle seule remplit les cœurs d'une joie qui, fondée sur la vérité, dure toujours.

Pour ceux qui voudroient de bonne foi qu'on réformât à fond la comédie, pour à l'exemple des sages païens y ménager à la faveur du plaisir des exemples et des instructions sérieuses pour

---

[1] *Luc.*, IV, 22. — [2] *Joan.*, VI, 69. — [3] *Ibid.*, VII, 46. — [4] *Psal.* XXXVIII, 4. — [5] *Psal.* CXVIII, 84.

les rois et pour les peuples, je ne puis blâmer leur intention, mais qu'ils songent qu'après tout le charme des sens est un mauvais introducteur des sentimens vertueux. Les païens, dont la vertu étoit imparfaite, grossière, mondaine, superficielle, pouvoient l'insinuer par le théâtre : mais il n'a ni l'autorité, ni la dignité, ni l'efficace qu'il faut pour inspirer les vertus convenables à des chrétiens : Dieu renvoie les rois à sa loi, pour y apprendre leurs devoirs : « Qu'ils la lisent tous les jours de leur vie [1] : » qu'ils la méditent nuit et jour, comme un David [2] : « Qu'ils s'endorment entre ses bras, et qu'ils s'entretiennent avec elle en s'éveillant, » comme un Salomon [3] : pour les instructions du théâtre, la touche en est trop légère, et il n'y a rien de moins sérieux, puisque l'homme y a fait à la fois un jeu de ses vices et un amusement de la vertu.

[1] *Deuter.*, XVII, 19. — [2] *Psal.* CXVIII, 55, 93, 96. — [3] *Prov.*, VI, 22.

FIN DES MAXIMES SUR LA COMÉDIE.

LETTRE III (a).

BOSSUET A M. DE LA BROUE, ÉVÊQUE DE MIREPOIX.

A Paris, ce 15 juin 1698.

Je suis fâché de me trouver d'un avis si différent du vôtre et de celui de M. de Basville, sur la contrainte des mal-convertis pour la messe. Quand les empereurs ont imposé une pareille obligation aux donatistes, etc., c'est en supposant qu'ils étoient convertis ou se convertiroient : mais les hérétiques d'à présent, qui se déclarent en ne faisant point leurs pâques, doivent plutôt être empêchés que contraints à assister aux mystères, d'autant plus qu'il paroît que c'est une suite de les contraindre aussi pour faire leurs pâques ; ce qui est expressément donner lieu à des sacriléges affreux. Si néanmoins vous avez des raisons à opposer à celles-ci, qui jusqu'ici m'ont paru décisives, je tâcherai d'y entrer.

Quant au bruit qu'on a répandu, qu'il y avoit quelques articles secrets en leur faveur avec l'Angleterre, il n'y aura que le temps qui les en désabusera à fond. Je ne vois qu'un cas de les pousser par des contraintes et amendes pécuniaires ; c'est celui où l'on sauroit que les foibles, qui ayant envie de revenir en sont empêchés par la violence des faux-réunis, seront déterminés par l'autorité. Mais comme le nombre de ceux-là en ce pays-ci est petit, et que le grand nombre sans comparaison est celui des vrais opiniâtres, le remède que l'on propose aura en soi peu d'efficace. On pourroit les contraindre aux instructions : mais selon les connoissances que j'ai, cela n'avancera guère ; et je crois qu'il faut se réduire à trois choses : l'une, de les obliger d'envoyer leurs enfans aux écoles, faute de quoi chercher le moyen de les leur ôter ; l'autre, de demeurer fermes sur les mariages ; la dernière, de prendre un grand soin de connoître en particulier ceux de qui on peut bien espérer, et de leur procurer des instructions

(a) La plupart des lettres qui vont suivre ont été imprimées d'après les éditions, car on n'en retrouve pas les manuscrits. Nous marquons celles que nous avons pu collationner sur les autographes.

solides et de véritables éclaircissemens : le reste doit être l'effet du temps et de la grace de Dieu ; je n'y sais rien davantage. Le premier article peut avoir avec le temps un bon effet, surtout si on prend garde à procurer de bons curés et de bons maîtres d'école aux paroisses, qui puissent faire impression sur ces ames tendres : ce sera semer le bon grain, qui fructifiera en son temps. Je finis en vous assurant de mes respects, et vous suppliant de les présenter à M. de Basville.

LETTRE IV.

M. L'ÉVÊQUE DE MIREPOIX A M. DE BASVILLE.

Toulouse, ce 30 juin 1698.

J'ai reçu, Monsieur, la réponse de M. l'évêque de Meaux, bien différente de celle que j'attendois ; la voici dans les mêmes termes, afin que vous jugiez mieux des fondemens de son sentiment, qui me paroissent aisés à détruire (*a*).

Vous voyez bien, Monsieur, qu'il n'est pas malaisé de répondre à toutes ces raisons. Premièrement, les obliger à la messe, n'est nullement un engagement à les obliger à faire leurs pâques ; à quoi on ne sauroit penser sans horreur. Secondement, quand il dit que les nouveaux convertis doivent plutôt être empêchés que contraints d'assister aux mystères, il regarde l'assistance de même que la participation aux mystères, selon l'ancienne discipline de l'Eglise, qui n'y mettoit pas en effet une grande différence. Mais il est certain que la discipline est changée à cet égard ; et l'Eglise n'excommunie pas aujourd'hui tous les pécheurs, à qui ses pasteurs refusent l'absolution : elle les oblige au contraire, aussi bien que les fidèles qui sont en état de grace, à assister aux exercices : on peut même, et on le doit quelquefois, imposer à un de ces pécheurs à qui on refuse l'absolution, l'obligation d'assister souvent ou tous les jours à la messe. Or il n'en faut pas davantage

(*a*) Suit la lettre précédente.

pour faire voir que si les pécheurs sont exclus d'offrir le sacrifice de l'autel avec le prêtre et avec Jésus-Christ, qui est le principal prêtre, à cause de l'état de péché qui les empêche d'être un même corps avec lui, ils y peuvent assister utilement en une autre manière, non comme prêtres qui offrent le sacrifice avec le prêtre, mais comme fidèles pour qui le sacrifice est offert. Je me souviens d'avoir expliqué à fond cette différence dans un sermon sur le sacrifice, que vous avez entendu à Montpellier, et que M. de Meaux a entendu à Paris. Mais M. de Meaux suppose lui-même cette différence, puisqu'il dit que dans les lieux où les foibles, « qui ayant envie, » etc. Car en quelque grand nombre que se trouvassent ces foibles, il ne voudroit pas qu'on les contraignît tous à faire leurs pâques : or cette différence posée, tout ce qu'on objecte n'a aucune difficulté. Troisièmement, quand M. de Meaux dit que les empereurs, qui ont obligé les donatistes à assister aux mystères, ont supposé qu'ils étoient convertis, il se trompe manifestement : il n'y a sur cela qu'à lire la lettre de saint Augustin à Vincent Rogatiste[1]. Ce qu'il ajoute, « ou qu'ils se convertiroient, » est très-véritable ; et c'est aussi ce que nous espérons, au moins de la plus grande partie de ceux que l'on contraindra à assister aux mystères.

Ainsi, Monsieur, je ne crois pas que nous devions changer de sentiment : je le manderai à M. de Meaux (a). Le quiétisme l'occupe si fort, qu'il ne lui a pas laissé le temps d'approfondir notre question : il a été frappé des sacriléges qu'on fit faire dès les commencemens ; et cette idée l'a empêché de distinguer l'assistance d'avec la participation aux mystères.

Ce qu'il dit sur les mariages est fort bon : mais si le Roi et les magistrats royaux ne punissent pas ceux qui vivent ensemble comme mariés, sous prétexte que les curés ne les ont pas mariés à la première réquisition, et sans qu'ils aient donné des preuves suffisantes de catholicité, la fermeté que nous aurons sur cela ne servira qu'à remplir le royaume de concubinages.

[1] *Ep.* XCIII.

(a) On n'a point sa lettre.

J'ajoute à ce que M. de Meaux dit des mariages, que si le Roi vouloit qu'il en fût de tous les emplois, de toutes les professions, commissions, etc., comme il est de droit divin des mariages; c'est-à-dire, qu'il fallût être catholique pour y parvenir; et avoir donné auparavant des marques certaines de catholicité, il auroit bientôt converti tous les réunis de son royaume; et il ne tient qu'à lui d'en faire une déclaration, ou de l'ordonner en quelque autre manière qu'il le jugera à propos.

Je prends part au reste, Monsieur, à la joie que vous avez de voir toute votre illustre famille réunie pour quelques jours à Montpellier. Si l'honnête homme que vous connoissez ne me tenoit ici par deux appels comme d'abus et par deux autres procès par-dessus, j'irois faire ma cour à M. le président de Lamoignon, à qui je vous supplie d'offrir mes respects. Je suis toujours très-respectueusement, etc.

LETTRE V.

M. MOREL, VICAIRE-GÉNÉRAL DE TOULOUSE, A BOSSUET (a).

A Toulouse, ce 2 août 1698.

Nous avons tous une si grande vénération pour vous, Monseigneur, dans nos provinces, qu'un chacun désire avoir l'honneur d'être connu de vous. Pour moi je ne doute pas, Monseigneur, que ceux qui viendront après nous dans les siècles à venir, ne vous révèrent et tous vos ouvrages, comme nous révérons les anciens Pères de l'Eglise et leurs ouvrages.

L'Eglise vous est obligée, et à Monseigneur l'archevêque de Paris, de la destruction du quiétisme en France : car sa réponse à M. de Cambray et votre relation obligent tout le monde dans nos provinces à prévenir la condamnation de Rome.

J'espère aussi, Monseigneur, que vous entrerez dans le senti-

---

(a) Nous donnons ici cette lettre à Bossuet, quoique nous n'en ayons point de ce prélat à M. Morel, parce que sa lettre a rapport à beaucoup d'autres de différens personnages, qui suivront bientôt. (*Les édit.*)

ment de Messeigneurs les évêques du Languedoc, touchant la conduite qu'ils jugent à propos que l'on tienne à l'égard des nouveaux catholiques de ce royaume, et que par ce moyen le grand ouvrage de la destruction du calvinisme se consommera en France. L'expérience que j'ai depuis plus de vingt années que je suis chargé de leur conduite et de leur instruction en qualité de vicaire général, me persuade que si on ne les oblige aux exercices extérieurs de la religion, l'athéisme succédera en France au calvinisme. Je n'ai jamais été d'avis qu'on les obligeât à recevoir les sacremens, mais seulement aux exercices extérieurs. J'ai l'honneur d'être avec respect, etc.

LETTRE VI.

BOSSUET A M. DE NOAILLES, ARCHEVÊQUE DE PARIS.

A Germigny, ce 12 juin 1699.

Dans la tranquillité où je suis ici, mon cher Seigneur, je me suis souvenu d'un endroit de saint Augustin, qui est cité dans l'ouvrage que vous savez, mais non pas avec l'exactitude qui est à désirer dans cet ouvrage (*a*). C'est celui du chapitre XIV *de Correptione et Gratiâ*, après le passage d'Esther et de Mardochée, pour montrer que les volontés humaines ne peuvent pas résister à la volonté de celui qui fait tout ce qui lui plaît dans le ciel et dans la terre ; c'est là qu'il faut insérer ces mots : « Ce qui n'est pas vrai seulement, à cause qu'il fait ce qu'il veut de ceux qui n'ont pas fait ce qu'il a voulu : » *De his quæ faciunt quæ non vult, ipse facit quod vult;* « mais encore à cause qu'il tourne où il lui plaît, et comme il lui plaît, les volontés les plus rebelles. Ainsi, » etc. Voilà tout le plan de saint Augustin sur cette matière.

Au reste, Monseigneur, je goûte avec joie dans ma solitude le plaisir de vous voir appelé de Dieu à soutenir la doctrine de

---

(*a*) Cet ouvrage n'a été imprimé qu'après la mort de Bossuet. On s'est conformé dans toutes les éditions, même dans la première de 1710, à la correction marquée dans cette lettre. (*Les édit.*)

saint Augustin sur la grace et sur la nécessité d'aimer Dieu d'un amour du moins commencé, pour être véritablement converti et capable d'être justifié. On fait les derniers efforts pour étouffer cette doctrine, sans laquelle il n'y a point de christianisme, sous prétexte de piété et de l'efficace des sacremens. Si la doctrine contraire s'établit jusque dans l'épiscopat, comme je vois qu'on y travaille, tout est perdu. C'est à vous qu'il est réservé de détruire cette doctrine : j'y emploierai sous vos ordres tout ce qui sera jamais en mon pouvoir, et je consacre à cet ouvrage important tout le reste de ma vie. Tout à vous, avec le respect sincère que vous savez.

LETTRE VII.

A MILORD PERTH.

A Germigny, ce 29 juin 1699.

Il a fallu à Sa Majesté une bonté extrême pour vouloir bien se donner la peine d'écrire la lettre que j'ai osé prendre la liberté de lui demander en faveur de mon neveu. Il n'a pas voulu paroître à la Cour de Modène, sans s'y montrer sous les marques de la protection de la Reine. Je vous supplie, Milord, d'en faire à Sa Majesté, avec une profonde soumission, mes très-humbles remercîmens, et de me croire toujours avec un respect sincère, etc.

LETTRE VIII.

RÉPONSE AU CAS PROPOSÉ PAR SA MAJESTÉ,

Sur l'opposition de M. l'ancien évêque de Fréjus (a), au sacre de l'abbé de Fleury, nommé à cet évêché.

Le cas exposé dans le Mémoire envoyé par l'ordre de Sa Majesté, savoir quel égard on doit avoir à l'opposition de l'ancien

---

(a) Luc d'Aquin, qui en 1697 donna sa démission, contre laquelle il prétendit réclamer ensuite ; ce qui occasionna une grande contestation, sur laquelle Bossuet fut consulté par ordre du Roi, et fit la présente réponse. Nous n'avons pas trouvé le Mémoire qui fut envoyé à l'évêque de Meaux, et qui auroit pu nous fournir quelque détail sur cette affaire. (*Les prem. édit.*)

évêque de Fréjus au sacre de son neveu et à celui de M. l'évêque de Fréjus d'aujourd'hui, quoique l'espèce en soit nouvelle et ne se trouve ni dans le droit ni, que je sache, dans les auteurs, peut être aisément résolu par les principes généraux.

Il faut donc présupposer premièrement qu'il y a des appellations, même en définitive, auxquelles on ne doit avoir aucun égard, telles que sont, par exemple, celles que le droit appelle frustratoires, celles qui se font au préjudice d'une évidente notoriété, et enfin celles qui se font par fraude ou par malice, comme il est porté par le même droit : Extrav. *Pervenit, Consuluit, Suggestum. De appell.* etc., eod.

Secondement, on peut dire, à plus forte raison, la même chose des oppositions vagues et en l'air, et qui ne saisissent aucun juge, telles que sont celles dont il s'agit.

Troisièmement, que les évêques pourvus par le saint Siége, selon la discipline présente, sont obligés de se faire sacrer dans le temps porté par le droit; c'est-à-dire aux termes du concile de Trente, trois mois après l'expédition de leurs bulles, sous les peines décernées au même concile, sess. VII, cap. IX; sess. XXIII, cap. II.

Quatrièmement, que selon la même discipline, le consacrant et les assistans ne sont juges de rien, mais simples exécuteurs des bulles apostoliques, où la commission de faire le sacre leur est adressée.

Cela supposé, il est clair que les oppositions dont il s'agit sont de nul effet; et que les consacrans ni M. l'évêque de Fréjus n'y doivent avoir aucun égard.

Il n'en seroit pas de même si l'opposant avoit formé son opposition à Rome à l'expédition des bulles; car alors le Pape y auroit fait droit, selon qu'il eût avisé par sa prudence. Mais depuis que les bulles sont expédiées, la consécration n'est plus qu'une exécution du décret apostolique : le Pape même n'y peut plus rien; et s'il y pouvoit survenir quelque difficulté particulière, il seroit tenu par les concordats de nommer des juges *in partibus*. Mais en l'état où sont les choses, l'évêque qu'on doit sacrer est obligé par le droit à se faire sacrer dans le temps : les consacrans qui ont reçu la commission du Pape, ne peuvent que prêter leur ministère à cette sainte action, et on ne les peut accuser de rien, puisque selon la règle de droit ce qu'on fait par ordre du juge ne peut être accusé d'aucune fraude : *De regulis Juris*, xxiv.

Le Pape fait aujourd'hui la fonction de seul et souverain juge en cette matière, lorsqu'il expédie les bulles après les informations authentiques et en connoissance de cause. Pendant qu'on y procédoit, la voie d'opposition étoit ouverte à tous ceux qui pouvoient y prétendre intérêt : on a laissé passer ce temps; et en se taisant on a consenti, selon la règle de droit. C'est donc en vain qu'on veut revenir à contester quand il ne s'agit plus que d'exécution.

Il en est à peu près de même que dans les charges et offices royaux. Lorsqu'on a laissé passer le temps fatal de l'opposition au sceau, c'est en vain qu'on s'oppose à l'installation et réception de l'officier légitimement pourvu.

Si on a eu raison de n'avoir aucun égard à la première opposition, la seconde est encore plus vaine; puisque premièrement, l'opposant n'a fait aucune diligence pour faire juger son opposition ni relever son appel, depuis les 15 et 19 juin 1697 jusqu'à présent : secondement, que M. le Nonce ayant instruit Sa Sainteté de cette affaire, elle lui fit écrire le 4 mars 1698, que le recours de l'ancien évêque étoit injuste et calomnieux : troisièmement, que depuis ce temps le Pape, sans avoir égard à cette vaine opposition, a reconnu le neveu de l'ancien évêque pour vrai évêque de Fréjus sur la démission de son oncle, et l'a transféré à Séez en cette qualité, comme il paroît par ses bulles et par le bref du 12 août 1698 : quatrièmement, qu'il a pourvu de l'évêché de Fréjus M. l'abbé de Fleury, nommé à cet évêché par Sa Majesté, sans que l'ancien évêque y ait fait aucune opposition.

Il ne lui sert de rien d'en avoir tenté une entre les mains de M. le Nonce, qui n'avoit point de pouvoir pour la recevoir, étant sans juridiction en France, comme il l'a lui-même reconnu ; et qui de plus ayant informé le Pape de ce qui s'étoit passé, a reçu ordre de passer outre à l'information du nouveau nommé ; et pour réponse à l'ancien évêque, que s'il avoit quelque chose à alléguer, il pouvoit se pourvoir à Rome : ce que n'ayant pas même tenté, il paroît manifestement qu'il n'a voulu faire qu'un bruit inutile, se taisant où il falloit parler, et parlant où et quand le droit ne lui donnoit aucun recours.

De là on conclut que ces oppositions et appellations sont évidemment de la nature de celles dont on a parlé, et qui sont nommées dans le droit frauduleuses ou malicieuses, puisqu'elles ne peuvent avoir aucun effet que pour troubler l'église de Fréjus, en tenir l'état en incertitude, et la priver de la consolation d'avoir un pasteur.

Le prétexte de l'ancien évêque, tiré du défaut de liberté, montre encore le même dessein. La crainte qu'il allègue comme le motif de sa démission, quand elle seroit véritable, ce qui ne peut pas même être présumé d'un Roi si juste et si sage, ne seroit pas de celles qui tombent, aux termes du droit, dans l'esprit d'un homme constant. Il a pu faire à Rome tous les actes qu'il eût voulu, avec la même liberté qu'il a eue de porter ses plaintes au Pape par sa lettre du 5 juillet 1697, où il énonce tout ce qu'il lui plaît. En France même, on voit par les actes qu'il a faits, ou tenté de faire, qu'il n'y avoit rien qui ne lui fût également permis. Ainsi il auroit tout dit et tout fait, s'il n'avoit senti en sa conscience qu'il n'avoit rien à dire et à faire de légitime, et qu'il succomberoit partout. Sa relégation, qui a d'autres causes, ne l'empêche point d'agir juridiquement ; et c'est ici un prétexte pour faire durer éternellement l'affaire du monde qui demande le plus de célérité, puisqu'il s'agit de l'état et de la paix d'une église.

Par là se voit la résolution des difficultés proposées dans le Mémoire de M. l'évêque de Fréjus. On peut s'opposer à un mariage, jusqu'à ce qu'il soit célébré, sans doute parce que cette opposition saisit un juge certain. Par la même raison, on peut s'opposer à l'ordination d'un sous-diacre, d'un diacre, ou d'un prêtre : l'évêque est présent, et il est le juge naturel. Ici l'opposition non-seulement ne saisit personne, mais encore demeure en suspens, et n'est autre chose, pour ainsi parler, qu'un coup tiré en l'air.

On objecte le canon XL du troisième concile de Carthage ; mais l'espèce en est bien différente. En ces temps le consécrateur, qui étoit le métropolitain, étoit avec sa province le juge naturel des oppositions qui se pouvoient faire à la consécration d'un évêque : ici c'est tout le contraire, comme on a vu ; et il ne s'agit que d'une simple et nécessaire exécution des ordres supérieurs.

Mais, dit-on, si au sacre d'un évêque un opposant met en fait qu'il est hérétique, par exemple, ou quelque autre accusation également relevante, passera-t-on outre sans examiner ? Je réponds : Si l'autorité de la personne qui avance ces faits précis et décisifs est assez grande pour mériter qu'on y ait égard, on peut suspendre la cérémonie, non point en vertu d'une opposition qui alors ne peut rien avoir de juridique, mais par prudence seulement.

Je conclus qu'on ne doit avoir aucun égard à toutes les oppositions ou appellations que l'ancien évêque de Fréjus a faites ou pourroit faire, puisqu'elles ne peuvent tendre qu'à troubler la paix de l'Eglise.

J'ajoute, ce qui est ici très-essentiel, que toutes ces oppositions se font au préjudice d'un tiers. Ce n'est pas tant M. de Fréjus qui a droit par ses bulles d'être sacré ; c'est l'église de Fréjus que l'on tâche de priver, par des longueurs visiblement affectées et sans aucune fin, du droit d'avoir un évêque qui lui représente Jésus-Christ.

Il paroît néanmoins deux choses à faire, s'il plaît à S. M. : l'une, par le soin qu'elle prend des églises affligées, et par la protection qu'elle accorde à la discipline ecclésiastique, de donner un arrêt pareil à celui du 28 avril 1698, pour contenir ceux qui pourroient brouiller à Fréjus ; l'autre, si elle l'a agréable, d'interposer son autorité pour faire régler la récompense que M. de Séez devra à son oncle ; en sorte qu'il ne puisse la refuser raisonnablement : ce qui paroît, à vrai dire, être l'intention cachée de toutes ces oppositions.

Tout le reste qu'on feroit ne pourroit que nuire, et donner du poids à ce qui n'en peut avoir aucun.

Délibéré à Meaux, ce 1ᵉʳ août 1699.

LETTRE IX.

BOSSUET A DOM MARTÈNE, RELIGIEUX BÉNÉDICTIN.

A Versailles, le 26 janvier 1700.

J'ai reçu, mon révérend Père, en arrivant de Meaux à Paris, il y a deux ou trois jours, le docte et curieux ouvrage que vous m'avez envoyé, avec la lettre qui l'accompagnoit, et je n'ai pas tardé à commencer cette lecture. Le dessein me plaît tout à fait; et je juge, par le peu que j'en ai lu, que l'exécution n'en est pas moins heureuse : ainsi je vous rends graces de votre souvenir. Notre commune patrie, outre votre habit et votre congrégation que j'honore, me fait prendre un intérêt particulier au succès de cet ouvrage; et c'est, mon révérend Père, ce qui m'oblige à vous dire ce qui m'est venu de divers endroits : qu'étant très-exact dans les rits anciens, vous en avez rapporté un petit nombre, comme actuellement pratiqués, qui ne le sont plus depuis assez longtemps. On m'a allégué pour exemple, la coutume de ne se point agenouiller devant le Saint-Sacrement dans l'église de Lyon. C'est ce que je vous laisse à examiner; et je me contente que vous sachiez ce qui se dit, afin que rien ne manque à l'exactitude que l'on attend d'une main aussi savante que la vôtre. Soyez cependant persuadé de l'estime singulière avec laquelle je suis, etc.

LETTRE X.

BOSSUET A M. DE LA BROUE, ÉVÊQUE DE MIREPOIX (a).

A Versailles, ce 21 février 1700.

Je crois, Monseigneur, vous devoir envoyer la lettre de notre confrère Monseigneur l'évêque d'Alais [1], et la réponse que j'y ai

---

[1] Il y avoit entre M. l'évêque de Mirepoix et M. d'Alais, François Chevalier de Saulx, premier évêque de cette ville, un différend sur la députation des États; et Bossuet, qui connoissoit le mérite du premier, et qui désiroit profiter de ses lumières et de ses bons conseils, s'intéressoit pour lui faire donner la préférence. (*Les édit.*)

(a) Corrigée et augmentée d'après le manuscrit original, qui se trouve à la bibliothèque du séminaire de Meaux.

faite. Je n'ai pas besoin de vous dire que je persiste toujours dans mes premiers engagemens, et dans le même désir de vous voir ici : on vous aura même rendu compte de la démarche que j'ai faite auprès de M. du Maine. Je ne vous dis rien davantage ; et j'espère que vous demeurerez aussi parfaitement assuré de moi, que je suis engagé à poursuivre de mon côté tout ce qui vous touche.

Vous serez bien aise, mon cher Seigneur, de savoir de moi que je fais demain, s'il plaît à Dieu, le mariage de mon neveu Bossuet avec mademoiselle de la Briffe, fille de M. le Procureur-générale et que, par la grace de Dieu, je trouve dans cette alliance tout ce que je pouvois désirer.

J'ai eu une petite indisposition par un épanchement de bile, qui m'a causé un vomissement, et m'a obligé à quelques remèdes que Dieu a bénis, en sorte qu'il y aura sujet de croire que ce mal n'aura aucune suite, n'y ayant eu par sa grace ni fièvre, ni altération, ni aucun autre accident fâcheux.

Je suis, Monseigneur, avec le respect que vous savez, etc.

LETTRE XI.

RÉPONSE E M. L'ÉVÊQUE DE MIREPOIX

A Mazerettes, ce 10 mars 1700.

Je vous rends mille graces, Monseigneur, de toutes vos bontés; et je commence par me réjouir avec vous du mariage de M. votre neveu. Je ne connois pas la demoiselle ; mais on me mande que le mérite de la personne répond à tout le reste : ainsi il y a mille sujets de vous en féliciter.

J'ai vu la lettre de M. l'évêque d'Alais : elle ne m'a pas surpris; car je connois ses manières : mais j'aurois cru qu'il vous auroit fait plus d'honnêtetés qu'il ne vous en fait. Vous aurez vu, Monseigneur, dans la lettre que j'ai cru devoir écrire à M. l'évêque de Chartres, combien tout ce que M. l'évêque d'Alais dit des prétendus engagemens qu'il prétend que j'avois pris avec lui, est faux et sans fondement. Il est étonnant que le lui ayant nié bien formellement, il ose encore l'avancer, et citer des témoins qui ne le disent pas assurément. Mais ce n'est pas de quoi il s'agit : il s'agit si c'est lui faire une injustice, comme il le prétend ; il s'agit s'il s'est cru déshonoré de ce que M. l'évêque de Montpellier a été député avant lui, et pourquoi il prétend l'être de ce que je songe à être député après M. l'évêque de Montpellier, à qui c'est moi, et non M. l'évêque d'Alais, qui a cédé. Vous pouvez le demander à M. l'évêque de Montpellier, que vous aurez bientôt à Paris. Il ne fut pas seulement parlé de M. l'évêque d'Alais, qui ne fut que fort peu de jours aux derniers Etats de Narbonne, où la chose se décida il y a environ quinze mois. Avec tout cela, Monseigneur, je vous avoue que cette concurrence avec un homme dont les manières sont si rudes, ne laisse pas de me faire une extrême peine ; et je souhaiterois fort qu'avant d'en venir à une espèce de combat, qui ne me paroît point convenir à deux évêques, on trouvât quelque moyen d'apaiser M. l'évêque d'Alais. Je ne sais si M. de Basville le pourroit faire : mais je crois qu'il faut auparavant laisser user à M. l'évêque d'Alais toute sa poudre. Il sera plus traitable quand il verra qu'il ne lui reste plus guère d'espérance de réussir : car s'il n'arrive point de changement, je crois que j'aurai les trois quarts des voix. Mais, encore une fois, il me semble que c'est un scandale dans l'Eglise qu'on voie deux évêques disputer à qui s'éloignera de son évêché ; et je voudrois bien qu'avant le terme des Etats prochains, les choses fussent réglées entre nous deux. Vous aurez à Paris, et dans l'assemblée même du clergé, deux ou trois de nos prélats qui vous diront ce qu'ils pensent de la prétention de M. l'évêque d'Alais : ils savent nos usages, et je ne crois pas qu'ils soient suspects à M. l'évêque d'Alais. Le P. le Valois, à qui M. d'Alais avoit écrit comme pour lui demander conseil, me mande ce qu'il lui a répondu, qui me paroît fort sage : je ne sais si M. l'évêque d'Alais s'en laissera toucher. Ce que je puis vous assurer, Monseigneur, c'est que le seul plaisir de vous voir, et de passer quelques mois auprès de vous, m'a fait désirer la députation, et que sans cela je l'aurois déjà cédée sans peine à M. l'évêque d'Alais.

Nos nouveaux convertis font un peu mieux : M. le Gendre,

intendant de Montauban, a donné ordre à un subdélégué qu'il a dans le pays de Foix, d'ordonner de sa part à tous les nouveaux convertis d'assister à la messe, et qu'il ne leur donnoit de terme que jusqu'au premier dimanche de carême, auquel il entendoit que tout le monde y assistât. Cet ordre a eu un très-grand succès, et il y a eu très-peu de personnes dans une paroisse très-nombreuse qui n'y soient venues. Ils sont encore venus en plus grande foule aux sermons que je leur fais tous les dimanches sur la matière de l'Eucharistie, que je traite avec beaucoup d'étendue, et d'une manière familière avec les livres à la main. Je ne sais si Dieu bénira nos soins; mais ces commencemens sont heureux. Je suis toujours avec un respect et une reconnoissance infinie, etc.

LETTRE XII.

BOSSUET A M. DE LA BROUE, EVÊQUE DE MIREPOIX (a).

Paris, ce 19 mars 1700.

J'ai appris, Monseigneur, et c'est de Sa Majesté elle-même, que dans la ville de Montauban tous les réunis alloient à la messe, à la réserve de trois ou quatre. Je présume qu'il en est à peu près de même dans la plupart des autres villes de vos quartiers. Je vous supplie de me mander en secret dans quelles dispositions ils sont pour les sacremens, et si cet acte les dispose à les recevoir. Pour moi, j'éprouve le contraire : et ceux qui vont à la messe, à quoi plusieurs sont disposés, et à qui on ne demande autre chose quant à la disposition du cœur, croient s'être acquittés de tout par ce moyen, et ne songent plus à rien du tout; en sorte qu'on ne trouve pas leur conversion plus avancée. Je crois, au reste, que ceux qui paroissent si contens de cette assistance à la messe, y voient autre chose; et sans entrer là-dedans, je vous demande pour mon instruction et par rapport à mon expérience, comment vous croyez qu'on peut profiter des exemples que l'on vous donne en vos pays.

(a) Revue sur le manuscrit original, qui se trouve à la bibliothèque du séminaire de Meaux.

J'attends avec impatience votre réponse sur la lettre que je vous ai envoyée, pour en parler encore une fois et encore plus à fond à M. du Maine. Au reste je suis à vous avec le respect, Monseigneur, que vous savez, etc.

LETTRE XIII.

RÉPONSE DE M. L'ÉVÊQUE DE MIREPOIX.

A Mazerettes, le 1er avril 1700

Ce que le Roi vous a dit des nouveaux convertis de Montauban est très-vrai, Monseigneur : mais il n'en est pas de même partout ailleurs, surtout en Languedoc, où M. de Basville n'a pas cru pouvoir se donner les mouvemens que M. le Gendre s'est donnés à Montauban : quoiqu'il soit vrai généralement que depuis que la paix est confirmée, et que les délais dont on les amusoit ont été passés, plusieurs se sont déterminés à venir à l'Eglise, et à assister à tous les exercices. Il est même arrivé à Mazères, où sont la plupart de mes nouveaux convertis, quelque chose de semblable à ce qui est arrivé à Montauban. Je m'y trouvai au commencement du carême, pour leur prêcher sur la matière de l'Eucharistie que j'avois réservée pour moi ; et ce fut en ce temps-là que M. le Gendre y envoya son subdélégué, avec ordre de déclarer de sa part aux nouveaux convertis qu'ils eussent à aller à la messe, et à commencer dès le premier dimanche de carême. On fit même mettre, par ordre du maire et des consuls, des gens à la porte de l'église, pour marquer ceux qui y viendroient. Cet ordre eut tout l'effet qu'on attendoit ; et il n'y eut que quelques obstinés de l'un et de l'autre sexe qui manquèrent à la messe. Ils vinrent avec encore plus d'affluence au sermon, et ils ont continué depuis à peu près de même à venir au sermon et à la messe. Plusieurs semblent se disposer à s'approcher des sacremens ; mais de ceux-là le plus grand nombre a des raisons particulières : les uns, parce qu'ils demandent qu'on les marie ; les autres, parce qu'ils sont entrés dans le conseil de ville sous cette condition, et après avoir promis et signé devant un commissaire du parlement, qui vint pour la réformation du conseil de ville, de vivre et de mourir en bons catholiques. Nous verrons plus particulièrement les mouvemens qu'ils feront pour s'approcher des sacremens dans le temps où nous allons entrer : mais je ne crois pas que nous devions les presser sur cela.

Il est important, ce me semble, de travailler à les bien instruire sur la matière de l'Eucharistie, qui est presque la seule qui les empêche d'être sincèrement catholiques. J'espère pour moi que l'assistance à la messe les disposera insensiblement à tout le reste. Elle fait d'ailleurs un bien infini à l'égard des enfans qui sortent des écoles, et qui ne venoient plus à la messe ni aux autres exercices, aussitôt qu'ils avoient atteint l'âge où ils sont dispensés d'aller aux écoles : pour ceux-là je crois qu'il n'y a nul inconvénient de les presser de s'approcher des sacremens. Ce que j'ai principalement remarqué, Monseigneur, c'est qu'on gagne beaucoup à demeurer ferme sur les mariages, et à ne les point marier qu'ils n'aient fait une déclaration signée et publique, qu'ils viennent de leur propre mouvement, sans aucune contrainte, déclarer, etc., et se soumettre aux peines que l'Eglise impose à ceux qui manquent à un semblable engagement. Plusieurs ont eu de la peine à faire cette déclaration; mais ceux qui l'ont faite ont tenu parole jusqu'ici. Il seroit bien à souhaiter que le roi voulût punir de quelque peine ceux qui vivent ensemble comme mariés, sous prétexte que nous avons refusé de les marier : ce que nous n'avons refusé de faire, que parce qu'ils ont refusé eux-mêmes de se mettre en état de recevoir ce sacrement. Je ne sais pourquoi on tarde tant à donner une déclaration sur cette matière : mais quoi qu'il en soit, on gagne, ce me semble, beaucoup à demeurer ferme jusqu'au bout sur cette manière d'agir envers eux. Ils se lassent de vivre dans cet état : ils craignent pour l'état de leurs enfans; et à la fin ils prennent une bonne résolution et la suivent : c'est le moyen qui jusqu'ici m'a le mieux réussi.

Il est difficile au reste, Monseigneur, de décider la question que vous proposez, à cause du peu de temps qu'il y a que la plupart des nouveaux convertis viennent à la messe : mais je ne saurois croire que cette assistance, qui a toujours, au moins dans mon diocèse, été accompagnée de respect, ne leur soit à la fin très-utile. Ils perdent peu à peu l'aversion qu'ils avoient pour la messe : ils forment leurs dispositions extérieures et intérieures sur celles des anciens catholiques : on trouve une occasion favorable de les instruire sur le sacrifice de nos autels, le grand acte de la religion chrétienne, et celui qui, ce me semble, lui concilie plus de vénération. Cette matière leur est entièrement inconnue ; et elle a quelque chose de si grand et de si auguste, que j'ai commencé de reconnoître que rien n'étoit si capable de les rendre bons catholiques que de les bien instruire sur ce sujet, et surtout de leur proposer la pratique de l'ancienne Église, si claire et si constante sur cet article de notre croyance. Voilà, Monseigneur, ce que j'ai remarqué depuis deux ou trois ans à l'égard de nos nouveaux convertis. J'ai résolu de continuer à les instruire à fond sur l'Eucharistie, dont je compte faire une douzaine de sermons, et peut-être davantage. Il m'a paru que ceux que j'avois faits n'étoient pas sans fruit : je les fais familièrement, et les livres souvent à la main. Je vous supplie, Monseigneur, de me mander si vous croyez que je fasse bien, et en quoi je pourrois mieux faire.

Au reste, ce que le roi vous a dit de Montauban, est dû principalement à la vivacité et à l'application de M. Le Gendre. Mais cela fait voir combien il seroit facile, même sans aucune punition, au moins par de très-légères à l'égard des plus opiniâtres, de faire assister tout le royaume aux exercices de la religion catholique : et cette uniformité, quand même on attendroit encore quelques années à voir les nouveaux convertis approcher des sacremens, ne doit-elle être comptée pour rien ? Combien y a-t-il de catholiques qui passent plusieurs années sans se confesser ni communier ? On gagneroit au moins certainement le plus grand nombre des enfans, que l'on perd presque toujours au sortir des écoles. Mais en voilà trop, Monseigneur : vous voyez en cela plus que personne : instruisez-nous ; nous ne demandons qu'à travailler, et à travailler utilement. J'ai eu l'honneur de vous écrire au sujet de la députation. Je suis toujours avec un respect infini, etc.

LETTRE XIV.

M. L'ÉVÊQUE DE MIREPOIX A BOSSUET.

A Toulouse, ce 21 mars 1700.

Nous venons, Monseigneur, de députer M. l'abbé de Catellan à l'assemblée du clergé; et je suis assuré que vous ne serez pas fâché de l'avoir auprès de vous.

Il me mande que M. l'évêque d'Alais a écrit de nouveau à M. le duc du Maine, et qu'il lui fait entendre que quoique vous ayez trouvé mon procédé fort étrange à son égard, vous n'avez pas voulu pourtant m'obliger à lui céder. Ce n'est pas tout : il publie que M. le duc du Maine lui a promis la députation. Vous saurez pourtant facilement le contraire par la réponse de M. le duc du Maine, dont le secrétaire de ce prince a fait part à M. l'abbé de Catellan. Il est aisé de juger de là combien M. l'évêque d'Alais est avantageux dans ses discours. Je suis bien assuré que M. le duc du Maine prétend aussi peu lui avoir promis la députation, que j'ai peu prétendu m'en désister en sa faveur, par la manière honnête dont je lui répondis quand il m'en parla la première fois. Cependant, Monseigneur, comme il est déclaré à présent que ce sera M. le duc du Maine qui prendra connoissance de toutes les affaires de nos Etats, et qu'il mande à M. l'évêque d'Alais qu'il décidera la contestation qui est entre lui et moi, après avoir examiné les raisons de l'un et de l'autre, je ne sais s'il ne seroit pas à propos que vous fissiez auprès de lui les mêmes démarches que vous eûtes la bonté de faire auprès de M. le cardinal de Bonzy. Car la meilleure raison que je puis avoir, c'est que M. le cardinal de Bonzy vous l'avoit promis, et qu'il lui étoit libre de le promettre à qui il lui plaisoit, sans que M. l'évêque d'Alais eût sujet de se plaindre. M. l'évêque de Béziers au reste, qui doit être de l'assemblée du clergé, et qui vous honore très-particulièrement, expliquera à merveille toutes mes raisons, nos usages, nos maximes, etc., et défendra fort bien ma cause, soit auprès de vous, soit auprès de M. le duc du Maine. Je mande à

M. l'abbé de Catellan le règlement que M. l'archevêque de Toulouse faisoit avant-hier à table pour nos députations, qui me paroît plein de justice et propre à calmer tous les différends : il aura l'honneur de vous en rendre compte.

Nous avons ici M. l'évêque de Sénez (*a*), qui enchante toute la ville de Toulouse par ses sermons. Il a fallu faire des échafauds dans l'Eglise où il prêche, pour satisfaire à la passion qu'on avoit de l'entendre. Je suis toujours très-respectueusement et avec une extrême reconnoissance, etc.

MÉMOIRE

DE M. L'ÉVÊQUE DE MEAUX, A M. LE COMTE DE PONTCHARTRAIN,

Pour les réunis de son diocèse.

Le nombre des réunis est environ de deux mille quatre cents, répandus en cinquante ou soixante paroisses du diocèse de Meaux.

Mon dessein est de pourvoir principalement et d'abord aux plus grands lieux, dont l'exemple fera plus d'effet dans le voisinage.

Ces lieux sont Meaux ; et autour de Meaux, Nanteuil, où étoit le prêche, Mareuil et Quincy ; la Ferté-sous-Jouarre, où il y avoit autrefois un prêche, et Saacy dans le voisinage ; Lisy, où étoit aussi un prêche, et à Claye pareillement ; Saint-Denis-de-Rebais avec Chalendos près de là, où il y avoit aussi un prêche.

Je pourvoirai à Meaux par moi-même et par le clergé de la ville : on aura soin aussi de Mareuil et de Quincy, qui sont plus proches et dont les curés, capables d'ailleurs, ont aussi des vicaires.

A Nanteuil-lès-Meaux, où étoit le temple et où il y a encore six cents personnes des réunis, outre les ecclésiastiques que je pourrai envoyer de la ville de temps en temps, on y a besoin d'un vicaire chargé uniquement du soin journalier des réunis, et d'un maître et d'une maîtresse d'école.

(*a*) Jean Soanen né à Riom en 1647, prêtre de l'Oratoire, prédicateur célèbre, puis évêque de Sénez, devint un des chefs du jansénisme, fut déposé par le concile provincial d'Embrun et exilé à la Chaise-Dieu. Il mourut en 1740, à l'âge de 94 ans.

A la Ferté-sous-Jouarre, qui est un grand lieu, on aura besoin d'un prêtre résident : l'école y est bien remplie, tant pour les garçons que pour les filles. Le prêtre de la Ferté sera chargé de Saacy, qui est à une lieue, où il faudra seulement un maître d'école. Le roi a eu la bonté ci-devant d'accorder un prêtre à cette ville, Sa Majesté étant sur les lieux et en voyant la nécessité, dont la pension a été payée durant cinq ou six ans sur les confiscations des fugitifs, et qui ne se paie plus depuis six ans; et il le faudroit rétablir.

Mon intention seroit, dans un si grand lieu, de commencer par une mission durant tout l'Avent, où trois ecclésiastiques habiles trouveroient une grande moisson, et au secours desquels j'irois le plus souvent que je pourrois.

Pour Lisy, qui est un grand bourg, j'y ai pourvu en toute manière, excepté à une maîtresse d'école, qui y seroit très-nécessaire : moyennant cela, j'espère que les réunis de cette paroisse donneront l'exemple à tout le diocèse.

Il faudroit un ecclésiastique pour Claye et pour les environs, outre le curé du lieu : un autre ecclésiastique pour Saint-Denis-de-Rebais, avec un maître d'école.

C'est en tout pour le diocèse de Meaux quatre prêtres, trois maîtres d'école et deux maîtresses.

On peut mettre les maîtres d'école à cent vingt livres, et les maîtresses à cent francs. Le roi a la bonté pour les prêtres d'accorder quatre cents francs, et c'est le moins.

Outre cela, il y a déjà plus d'un an que j'ai fait travailler le sieur abbé Chabert dans toutes les paroisses de ce diocèse où il y a des réunis, à les visiter tous en particulier, et les mettre en mouvement : la continuation de son travail m'est absolument nécessaire. Il y a quatorze ans qu'il sert à de pareils emplois en Languedoc, dans le Bas-Poitou et ailleurs. Sa Majesté l'a honoré de plusieurs gratifications, et de huit cents livres de pension par chacun an. Il mériteroit qu'il plût à sa Majesté de lui fixer cette pension, et même de l'établir sur un bénéfice, si elle l'avoit agréable: afin qu'après avoir consacré toute sa vie dans ce travail, il pût avoir quelque établissement dans ses vieux jours.

Il n'y a rien de plus nécessaire que des livres françois pour le bon succès de l'ouvrage : j'en ai composé exprès pour cela ; et j'ai répandu plus de deux mille exemplaires de mon catéchisme, de prières et d'autres pareils ouvrages. J'ai pris des mesures pour en faire des impressions au moindre prix qui se pourra, et s'il plaisoit à Sa Majesté de nous aider dans ce dessein si nécessaire, une somme de mille écus nous mettroit au large, afin que personne ne manquât d'instruction.

Il y auroit quelques demoiselles de condition à mettre aux Nouvelles-Catholiques de Paris, comme Sa Majesté a eu la bonté de me le faire espérer. On pourroit à présent commencer par les demoiselles de Chalendos, demeurantes au château de Chalendos près de Rebais, chez M. de Chalendos leur frère, bien converti : de quatre sœurs, les deux cadettes sont celles qu'il est le plus nécessaire de renfermer.

Il y a aussi les trois demoiselles de Neuville, sans père et sans mère, dont le frère est en Angleterre, au service du roi Guillaume. Elles n'ont rien, non plus que les demoiselles de Chalendos ; et il faudroit enfermer les deux cadettes : leur demeure est à Cuissy, paroisse d'Ussy, près de la Ferté-sous-Jouarre.

Sur la même paroisse d'Ussy il y a les deux jeunes demoiselles de Maulien, qu'il faudra aussi renfermer avec le temps, mais qui ne sont pas présentement sur les lieux.

LETTRE XV.

M. DE PONTCHARTRAIN A BOSSUET.

A Versailles, ce 29 mars 1700.

J'ai rendu compte au Roi aujourd'hui du mémoire que vous aviez donné, concernant les maîtres et maîtresses d'école, et les ecclésiastiques à établir dans plusieurs lieux de votre diocèse. Sa Majesté a agréé l'établissement des maîtres et maîtresses d'école, et l'imposition des sommes demandées pour cela. A l'égard des ecclésiastiques, il faut remettre cette dépense à un autre temps.

J'écris au père de la Chaise de faire souvenir Sa Majesté d'une pension pour le sieur Chabert, que vous marquez dans votre mémoire comme un homme qui la mérite, à cause du travail qu'il fait dans votre diocèse. Je suis, etc.

LETTRE XVI.

BOSSUET A M. DE NOAILLES, ARCHEVÊQUE DE PARIS.

A Meaux, ce 6 avril 1700.

Après avoir, mon cher Seigneur, bien considéré ce matin la déclaration, et la lettre de M. Pirot à laquelle vous me renvoyez, je vois que la chose est faite, qu'on vous satisfait sur les deux difficultés de la thèse des endurcis (a), et que vous avez pu en être content.

Je prie Dieu qu'on vous satisfasse sur la thèse de l'attrition; en sorte que la saine doctrine et votre ordonnance demeurent dans toute leur force : c'est là l'endroit important pour la vérité, et pour votre autorité.

Permettez-moi de vous dire qu'en cette occasion il faut beaucoup prendre garde, par rapport à la volonté d'accomplir le commandement, à la distinction d'*implicitement* et d'*explicitement* : car c'est par là qu'on se sauve de l'obligation d'accomplir le précepte de la charité absolument; et cependant c'est un endroit où la condamnation d'Alexandre VII, d'Innocent XI et d'Alexandre VIII, est formelle.

Je ne sais si dans la thèse du 3 février 1700, on ne doit pas demander quelque explication sur l'ignorance invincible du droit naturel, qu'il semble qu'on ne peut admettre au plus qu'à l'égard des conséquences éloignées, *quoad consecutiones remotas*.

Je soumets tout, à mon ordinaire, à votre prudence, avec un respect sincère, mon très-cher Seigneur, etc.

(a) Cette thèse et les suivantes avoient été soutenues dans les écoles des jésuites.

LETTRE XVII.

M. LE GENDRE, INTENDANT DE MONTAUBAN (a), A BOSSUET.

A Montauban, ce 21 avril 1700.

Rien n'est plus obligeant, Monsieur, que la lettre dont vous m'avez honoré : je suis charmé de voir que l'éloignement ne diminue point les bontés que vous avez toujours eues pour moi et pour toute ma famille.

Si vous approuvez, Monsieur, la conduite que nous tenons ici pour ramener les nouveaux convertis à l'Eglise, nous sommes trop heureux. Vous êtes le modèle et l'oracle qu'on doit consulter sur les affaires de la religion les plus épineuses : c'est vous qui avez la gloire de leur avoir rendu simple et naturel, dans vos savans écrits, ce qu'ils croyoient si difficile auparavant. La pureté de la doctrine que vous leur avez enseignée dans votre livre de l'*Exposition de la Foi*, a plus attiré d'ames à Dieu que les plus beaux sermons, et ces foibles secours que nous pourrions employer si nous ne marchions sous votre étendard.

Pour vous rendre compte exactement, Monsieur, comme vous le souhaitez, de la conduite que nous avons tenue pour déterminer les nouveaux convertis à venir à l'Eglise, et de l'effet que cette première démarche a produit sur leur cœur, j'aurai l'honneur de vous dire qu'en arrivant dans la province, j'ai envoyé quérir dans mon cabinet tous les nouveaux convertis de Montauban, l'un après l'autre, pour leur expliquer l'envie que le Roi avoit de détruire entièrement l'hérésie dans son royaume, et de réunir tous ses sujets à l'Eglise; et pour cela qu'il falloit qu'ils se fissent instruire par ceux en qui ils avoient le plus de confiance.

Je trouvai d'abord beaucoup d'opiniâtres, qui ne vouloient entendre parler ni de messe ni d'instruction. Je leur représentai

---

(a) Nous plaçons ici cette lettre de M. le Gendre à Bossuet, comme très-propre à instruire le lecteur sur les faits dont il est parlé dans les précédentes, et dont il sera encore question dans celles qui suivront. (*Les Edit.*)

qu'après avoir épuisé les voies de douceur, le Roi seroit obligé de faire sur eux des exemples de sévérité, s'ils ne se mettoient à la raison. Dieu a touché leurs cœurs ; ils se sont tous déterminés par la douceur à venir à la messe. Cette première démarche deviendroit inutile, si nous ne joignions l'instruction à la pratique : c'est à quoi M. l'évêque de Montauban, tous les pères Jésuites, M. d'Arbussy avocat-général de la cour des aides, et les plus habiles gens de la ville ont travaillé avec un soin et une application continuelle.

Quand quelqu'un manque à aller à la messe ou à l'instruction, aussitôt je l'envoie quérir, pour lui représenter de quelle conséquence il est de ne se point relâcher dans une affaire aussi importante que celle de la religion. Cela a produit un si bon effet, que presque tous nos nouveaux convertis les plus opiniâtres, qui regardoient avec horreur la porte de l'église, vont assidûment à la messe. Ils l'entendent avec assez de dévotion : ils s'accoutument à nos cérémonies ; et enfin ils commencent à convenir que si on en avoit usé de même après la révocation de l'édit de Nantes, ou immédiatement après la guerre, ils seroient tous, à l'heure qu'il est, bons catholiques. Ils deviennent tous les jours plus dociles, et ne demandent que d'être instruits. Cela en a disposé plus de cent à se confesser et à communier à Pâques avec édification. Toutes les filles nouvelles converties, qui sont dans les couvens, qui ne vouloient entendre parler ni de messe ni d'instruction, vont depuis deux mois à la messe, se sont fait instruire, et ont toutes été à confesse à Pâques. Voilà, Monsieur, l'effet que cette première démarche a produit sur leur cœur.

Tous ces heureux commencemens ne doivent point nous éblouir : je demeure d'accord que toutes ces dispositions favorables sont aisées à détruire, si l'on n'en profite avec vivacité. Mais aussi je prendrai la liberté de vous dire, quoique avec peu d'expérience, qu'il me paroît que si l'on n'avoit pas engagé les nouveaux convertis par la douceur mêlée d'autorité à aller à la messe, non-seulement ils n'auroient jamais été catholiques dans le cœur ni à l'extérieur, mais leurs enfans auroient été aussi huguenots qu'eux, une seule parole des pères et mères étant capable de détruire en un moment le fruit de dix années de couvent ou d'instruction.

Le Roi ne pouvoit donner une plus grande marque de sa bonté à la ville de Montauban, que de lui envoyer le P. de la Rue dans ce mouvement heureux. Il a enlevé les cœurs avec une rapidité étonnante, et a trouvé le secret de gagner la confiance de tous les nouveaux convertis. Je lui ai communiqué la lettre que vous m'avez fait l'honneur de m'écrire : je crois qu'il vous explique son sentiment par celle que je prends la liberté de vous envoyer de sa part.

Dieu n'a pas renfermé ses graces dans la seule ville de Montauban ; il les a répandues dans toute la généralité, où les nouveaux convertis commencent à ouvrir les yeux, et à prendre le bon parti. Il y en a plus de quinze mille dans les principales villes, qui ont commencé à aller à la messe, et beaucoup qui ont approché des sacremens à Pâques. Il n'y a rien, Monsieur, de si nécessaire pour terminer heureusement une affaire aussi importante, que d'établir l'uniformité dans les provinces voisines et dans tout le royaume, afin que nos jeunes plantes ne puissent pas se plaindre que l'on cultive leur terre, pendant que l'on néglige celle de leurs voisins. Ce n'est pas une petite affaire, ni l'ouvrage d'un jour : mais n'est-on pas bien récompensé, quand on travaille pour la gloire de Dieu, et pour le succès d'une affaire que le Roi a si fort à cœur ?

Je vous supplie très-humblement, Monsieur, de corriger dans ma conduite tout ce que vous y désapprouverez : vous pouvez compter sur une soumission entière à vos avis et à vos conseils, personne au monde ne vous honorant plus que moi, et n'étant avec plus de respect, etc.

Le Gendre.

LETTRE XVIII.

M. DE RANCÉ, ABBÉ DE LA TRAPPE, A BOSSUET.

Ce 20 juin 1700.

Il ne m'est pas possible, Monseigneur, de passer toute ma vie sans vous faire ressouvenir de moi et sans recevoir de vos nouvelles : car quoique votre personne me soit très-présente devant Dieu, et que je ne passe point de jour sans lui demander qu'il continue de la favoriser de sa protection, dans les affaires différentes où elle se trouve engagée pour sa gloire et pour son service, il manque encore quelque chose que je ne saurois m'empêcher de désirer, qui est de recevoir quelquefois des marques de cette bonté dont vous m'honorez depuis si longtemps.

J'ai loué Dieu bien des fois, Monseigneur, de ce qu'il a favorisé votre cœur, votre esprit et votre plume contre ceux qui s'étoient si visiblement élevés contre lui (*a*); et il se peut dire que l'Eglise a trouvé dans votre personne tout ce qu'elle pouvoit désirer pour la défense des vérités qui étoient si fortement attaquées. C'est un devoir duquel la Providence vous avoit chargé, et dont vous vous êtes acquitté avec tout le succès et la bénédiction que l'on pouvoit s'en promettre. La mémoire s'en conservera jusqu'à la fin des siècles; et votre nom sera en vénération, jusqu'à ce qu'il plaise à Dieu de couronner votre œuvre, et d'y mettre la dernière main.

Vous voulez bien, Monseigneur, que je me jette à vos pieds pour vous demander et pour recevoir votre sainte bénédiction, et pour vous prier de vous employer auprès de Notre-Seigneur, afin de m'obtenir toute la soumission et la résignation dont j'ai besoin, pour soutenir les maux et les infirmités différentes dont il lui plaît que je sois attaqué, d'une manière digne de ma profession. Je n'ai point de parole pour vous exprimer, Monseigneur, avec combien d'attachement, de reconnoissance et de respect je suis, etc.

Fr. Armand-Jean, anc. abbé de la Trappe.

Nous avons vu ici depuis deux jours, Monseigneur, un gentilhomme de Danemark qui vous a bien de l'obligation. Non-seulement vous lui avez fait connoître la vérité de la religion qu'il ignoroit; mais vous lui avez donné des principes et des sentimens de piété qui produiront leur fruit dans leur temps, et qui le tireront d'une vie commune pour lui en faire embrasser une toute chrétienne : cela m'a paru par ses discours; et je l'ai trouvé bien digne de la protection que vous lui avez promise.

(*a*) Les quiétistes.

LETTRE XIX.

DOM MABILLON, RELIGIEUX BÉNÉDICTIN, A BOSSUET.

Ce 5 juin 1700.

J'ai reçu l'*Instruction pastorale* (a) de Votre Grandeur, que M. Ledieu m'a fait l'honneur de me donner de votre part. Je l'ai lue avec le même plaisir que je lis tout ce qui vient de votre main. Je ne doute pas que Dieu n'y donne sa bénédiction, et qu'elle ne soit très-utile non-seulement pour nos frères errans, mais même pour les catholiques. Il y a des passages admirables pour la perpétuité de l'Eglise. Un docteur de Sorbonne me dit ces jours passés qu'il l'a trouvée si belle, cette *Instruction,* qu'il l'avoit lue deux fois. Dieu veuille vous conserver pour le bien de l'Eglise, et pour la consolation de ceux qui vous honorent, comme nous faisons dom Thierri et moi. Il joint ses très-humbles remercîmens aux miens, pour le même présent qu'on lui a fait de votre part.

On nous mande de Rome que les livres faits contre l'édition de saint Augustin (b) ont été censurés au Saint-Office le 12 du mois passé, le cardinal Carpegna y présidant à la place de M. le cardinal de Bouillon. Je ne doute pas que Votre Grandeur ne sache le reste par Monseigneur l'archevêque de Reims. Je suis avec un profond respect, etc.

LETTRE XX.

BOSSUET A M. DE NOAILLES, ARCHEVÊQUE DE PARIS.

A Saint-Germain, ce 7 juin 1700.

J'ai, mon cher Seigneur, communiqué à M. l'archevêque de Reims la thèse que j'ai reçue ce matin seulement, avec votre

---

(a) La première Instruction sur les promesses faites à l'Eglise. — (b) *Voyez* l'Histoire de l'édition de saint Augustin, composée par dom Vincent Thuillier, et publiée par l'abbé Goujet, où l'on trouve le détail de toutes les attaques livrées à cette édition, et les condamnations que Rome a portées contre tous les libelles qui tendoient à la décrier. (*Les Edit.*)

billet du 4. Je lui ai fait remarquer que votre lettre portoit, que c'étoit tout ce que vous aviez pu emporter. Il souhaiteroit qu'on pût ajouter après : *Qui affirmant, et requirunt in pœnitentibus ut Deum diligere incipiant tanquàm omnis justitiæ auctorem.* Il croit que ces Pères n'en feront point de difficulté, puisqu'ils le lui accordent à lui-même dans une thèse qu'il dit vous avoir donnée autrefois. S'ils étoient d'humeur à le faire, il faudroit les faire consentir à dire : *Et requirunt in pœnitentibus post fidei ac spei actus, ut Deum diligere incipiant tanquàm*, etc. Que si l'on ne peut les mener à ce point, la thèse peut passer comme elle est, à condition qu'on prendra d'autres occasions d'expliquer la vérité toute entière. Dieu par sa bonté les fera naître ; et si le Roi vous a écouté, elle sera toute née. A vous, mon cher Seigneur, comme vous savez, avec un respect sincère.

LETTRE XXI.

BOSSUET A M. DE LA BROUE, ÉVÊQUE DE MIREPOIX (a).

A Versailles, ce 11 juin 1700.

Je parlai hier à fond à M. le duc du Maine sur la députation, en posant pour fondement que c'étoit moi qui avois besoin d'un théologien et d'un évêque comme vous, Monseigneur, et non pas vous qui cherchiez une occasion de venir en ce pays. Je ne pus tirer de ce prince de paroles positives, mais seulement un témoignage de ses bonnes dispositions. M. l'évêque d'Usez s'est mêlé dans cette affaire : il appuie sur le rang, non pas d'obligation, mais de bienséance ; et déclare qu'il veut bien céder à M. d'Alais, qui n'a jamais eu la députation, mais non pas à vous qui l'avez eue. Je lui parlerai, et je serai très-fâché si l'affaire manque.

Quant à vos projets pour les réunis, j'approuve beaucoup votre dessein de traiter spécialement le Sacrifice (b). C'est ce que je me suis aussi proposé, après avoir expliqué les promesses de l'Eglise par une *Instruction pastorale*, qu'on vous enverra peut-être par

---

(a) Revue sur le manuscrit, qui se trouve à la bibliothèque du séminaire de Meaux. — (b) M. de la Broue a publié des instructions sur ce sujet.

cet ordinaire. Je ne vous parlerai point de notre assemblée : les intentions de M. de Reims sont très-bonnes ; vous savez les miennes. Je suis avec le respect qui vous est connu, etc.

M. l'abbé de Catellan s'est chargé de l'*Instruction pastorale* il y a déjà plus de quinze jours.

LETTRE XXII.
BOSSUET A M. LE CARDINAL DE NOAILLES.
Juin 1700.

C'est avec une joie inexplicable, mon très-cher Seigneur, que je viens avec un respect sincère saluer Votre Eminence. Votre promotion fera la joie de toute l'Eglise, comme elle en fera un soutien. La vérité, Monseigneur, devient de plus en plus forte sous un si puissant appui : je me trouve par-là plus courageux, et plus que jamais plein d'espérance. Dieu veut faire pour son Eglise quelque chose de grand, puisqu'il vous élève. Je suis heureux d'avoir à travailler spécialement sous vos ordres ; et rien n'égalera jamais le respect et l'attachement que j'ai pour votre Eminence.

LETTRE XXIII.
M. DE LAMOIGNON DE BASVILLE, INTENDANT DU LANGUEDOC, A BOSSUET.
Juin 1700.

J'ai bien des remercîmens, Monsieur, à vous faire de la lettre pastorale que vous avez eu la bonté de m'envoyer. Je l'ai lue avec la même admiration dont j'ai été rempli en lisant vos autres ouvrages. Je l'ai trouvée si belle, que j'ai mandé au sieur Anisson à Lyon de m'en envoyer cent exemplaires, pour les distribuer aux nouveaux convertis de cette province. Il est plus temps que jamais de leur donner une pareille nourriture. Ils viennent presque tous à l'Eglise, plusieurs demandent et reçoivent les sacremens sans aucun mouvement de contrainte : enfin la moisson se prépare, et c'est à présent que les bons ouvriers et les ouvrages excellens comme les vôtres, nous sont très-nécessaires.

Je n'ai rien tant souhaité que d'avoir une conférence d'une heure avec vous, sur la manière de conduire ces affaires importantes. J'ai toujours cru que si on s'entendoit bien, il ne pourroit y avoir deux avis. Il est très-certain que les voies douces sont les meilleures : qui peut dire le contraire en matière de religion? Mais la question est que ces voies soient en même temps douces et efficaces, et qu'on ne laisse pas retomber les nouveaux convertis dans un relâchement où les préjugés de leur naissance les attirent toujours : ce qu'ils font avec d'autant plus de facilité, que les pratiques de notre religion leur paroissent plus difficiles que celles de la prétendue réformée. Il faut les mettre sur le pied de s'instruire et d'écouter la parole de Dieu ; sans quoi ils ne seront jamais bons catholiques. Il y a dans tout cela une première glace à rompre, qui arrête et qui empêche tous les progrès, si la puissance temporelle ne vient un peu au secours de la spirituelle. La première doit se contenir dans les bornes qui lui sont prescrites ; et il me semble qu'il est facile de pratiquer cette conduite d'une manière très-utile, et qui peut être très-sage et très-modérée. On met souvent le fait, en parlant sur ce sujet, autrement qu'il ne devroit être : on ne parle que de moyens violens ou de voies douces, comme s'il n'y avoit pas un milieu entre deux. Toute violence est blâmable : mais il y a une certaine fermeté qui doit accompagner l'instruction, et qui fait que l'on en profite. C'est ce que l'expérience fait connoître, et c'est en quoi le concours des deux puissances est si utile.

J'aurois bien souhaité pouvoir réformer mes foibles idées sur les vôtres, et apprendre d'un aussi grand maître ce que je devois faire pour remplir ma vocation, en pratiquant cette règle si sage en toutes choses : *Ne quid nimis*. Mais il falloit, pour jouir de ce plaisir, avoir un congé de trois mois, et je n'ai pu l'obtenir depuis dix-huit ans. Je vous demande au moins qu'une si longue absence ne me fasse pas perdre l'honneur de votre souvenir, et de me croire toujours avec beaucoup de respect et un attachement très-sincère, etc.

DE LAMOIGNON DE BASVILLE.

LETTRE XXIV.

RÉPONSE DE BOSSUET A M. DE BASVILLE.

A Saint-Germain, ce 11 juillet 1700.

Je suis très-aise, Monsieur, que mon *Instruction pastorale* sur la perpétuelle stabilité et sur les promesses de l'Eglise vous ait satisfait, et que vous la jugiez utile à vos réunis. Quant à la manière d'agir avec eux, je crois en effet que j'en conviendrai aisément avec vous : car je conviens sans peine du droit des souverains à forcer leurs sujets errans au vrai culte, sous certaines peines. Cela étant, toutes les fois que nous pourrons croire que corrigés par ces peines, qui les auront rendus attentifs à la vérité, ils iront de bonne foi à la messe, je ne trouve aucune difficulté, je ne dis pas à les y recevoir, mais je dis à les y contraindre d'une certaine façon. Toute ma difficulté est d'y recevoir ceux qui font profession publique de n'y pas croire, et qui sur ce fondement refusent opiniâtrément de communier, sans même témoigner pour cela la non-répugnance par où il faut commencer. Tant qu'ils sont en cet état, je les crois incapables de profiter de la messe : cela même les rend dignes de châtiment avec la modération convenable, par pitié pour leur maladie. Mais au reste, de les y admettre, bien loin de les y contraindre de quelque manière que ce soit, c'est leur donner une foible idée de la sainteté du mystère, et leur inspirer de l'indifférence pour les bonnes dispositions qu'il faudroit avoir, et même pour y aller ou n'y aller pas : c'est la disposition que je trouve ici dans ceux qui vont à la messe si facilement, plus prêts encore à n'y pas aller. Je serai très-aise d'apprendre à votre loisir ce que vous pensez sur cela, et de profiter de vos expériences. Je suis, Monsieur, etc.

LETTRE XXV.

BOSSUET A DOM MABILLON

A Saint-Germain, ce 11 juillet 1700.

Je suis très-aise, mon révérend Père, que vous soyez content des résolutions de l'assemblée à s'opposer aux nouveautés de toutes les sortes qui s'élèvent contre la science de Dieu. L'approbation des personnes aussi saintes, aussi habiles et aussi bien intentionnées pour la vérité que vous l'êtes, nous doit donner du courage. Pourriez-vous croire qu'il se trouve des opposans, et qu'il y en a qui répondent que les opinions relâchées ne sont plus soutenues, et qu'ainsi il faut les laisser là comme mortes, sans combattre ce qui n'est plus qu'un fantôme?

Pour votre préface, je l'ai admirée, et votre modération après la victoire, qui nous oblige indépendamment et au-dessus de tout sentiment humain, à contenter les bonnes ames, et à fermer la bouche aux contredisans. Priez Dieu pour nous, afin qu'il nous donne un aussi heureux succès, que nous avons le cœur pur de tout sentiment humain. Aimez celui qui est tout à vous.

LETTRE XXVI.

BOSSUET A DOM MABILLON

A Saint-Germain, ce 3 septembre 1700.

Je vous rends graces, mon révérend Père, et je vous prie en même temps de faire mes remercîmens au révérendissime Père général du beau présent que vous m'annoncez. J'en ai déjà vu la Préface, qui est admirable, et j'ai grande impatience de voir le reste.

Vos prières pour l'heureux succès de notre assemblée ont eu leur effet, puisque la grande affaire de la doctrine finira demain heureusement, s'il plaît à Dieu, et avec un consentement unanime. Vous savez qu'en telles matières la dernière journée n'est pas la moins importante; ainsi je vous demande la continuation de vos prières, et suis avec cordialité et vénération très-parfaitement à vous, etc.

LETTRE XXVII.

DOM MABILLON A BOSSUET.

1700.

Je crois que la pièce dont Votre Grandeur me fait l'honneur de m'écrire est celle de Guillaume, abbé de Metz, qui se trouve dans le premier tome de nos *Analectes*, page 281, avec ses lettres qui précèdent dans le même tome, où il parle fort avantageusement de la grace, surtout dans la sixième. Tous nos Bénédictins ont toujours été extrêmement attachés aux sentimens de saint Augustin. Nous avons dans la Bibliothèque des Pères l'ouvrage d'un Franco, religieux d'Affligem en Brabant, touchant la grace, qui est du douzième siècle. En même temps vivoit en Suisse un Frovuinus, abbé du Mont des Anges, dont j'ai vu un excellent ouvrage sur le même sujet, qui est manuscrit dans la bibliothèque d'Einsiedlen, et dont j'ai pris seulement la table des chapitres.

Je prends la liberté de dire à Votre Grandeur que je dois partir vendredi prochain pour Reims, où M. l'archevêque m'a ordonné de l'aller trouver. J'aurois été ravi d'avoir eu cette occasion d'aller rendre mes devoirs à Votre Grandeur; mais je crois que je serai obligé de prendre la voie du carrosse public. Je suis avec un profond respect, etc.

LETTRE XXVIII.

BOSSUET AU R. P. JACQUES DE LA COUR, ABBÉ DE LA TRAPPE.

A Germigny, ce 3 novembre 1700.

Quoique la nouvelle que vous me mandez, Monsieur, soit bien dure, par la perte que je fais d'un tel ami, je vous suis obligé de l'attention que vous avez eue à m'en donner avis. Je vous demande de tout mon cœur la même part à votre amitié, que celle dont m'honoroit le cher défunt. Je ne puis en dire autre chose, sinon que c'étoit un autre saint Bernard en doctrine, en piété, en mortification, en humilité, en zèle et en pénitence; et la postérité le comptera parmi les restaurateurs de la vie monastique. Dieu veuille multiplier ses enfans sur la terre : il sera bien reçu de ceux qu'il a envoyés dans le ciel devant lui en si grand nombre. Assurez la sainte maison de ma constante et inviolable amitié. Je me promets bien que l'on continuera à y bien recevoir mes visites ordinaires, que j'espère renouveler dans la saison qui le permettra. Je sais bon gré à M. de Séez de tout le soin qu'il prend du saint monastère. Je salue vos frères et suis avec un amour et vénération cordiale, etc.

LETTRE XXIX.
M. DE TORCY A BOSSUET.
A Fontainebleau, ce 1er novembre 1700

Le Roi ayant remarqué par ce qui lui a été écrit de l'état des nouveaux convertis de son royaume, que rien n'est plus nécessaire pour parvenir au grand ouvrage de leur conversion, que de les engager par tous les moyens que la prudence peut suggérer, d'aller aux instructions que Sa Majesté ne doute pas que vous n'ayez établies dans votre diocèse : Sa Majesté m'a ordonné de vous écrire, qu'elle espère que vous renouvellerez votre attention sur ce sujet. Et comme elle a reconnu que les voies d'exhortation et de douceur font souvent plus d'effet que tous les autres moyens, elle croit qu'ils doivent être préférablement employés. Il faut sur toutes choses éviter que personne ne soit forcé d'aller à la messe : mais s'il y a des opiniâtres dans votre diocèse, qui dar leur méchante conduite sur la religion causent du scandale et donnent de mauvais exemples aux autres nouveaux convertis, vous prendrez la peine d'en informer Sa Majesté, afin qu'elle ordonne de leur châtiment suivant la peine qu'ils auront méritée : j'écris la même chose à M. l'Intendant.

A l'égard des jeunes personnes au-dessous de quatorze ans, comme Sa Majesté a pourvu aux moyens de les faire aller aux instructions, il n'y a qu'à faire exécuter les ordres qu'elle a donnés sur ce sujet. Je suis, etc.

DE TORCY.

LETTRE XXX.

A M. DE LA BROUE, ÉVÊQUE DE MIREPOIX (a).

A Germigny, ce 6 novembre 1700.

J'aurois souhaité autant que vous, Monseigneur, que l'assemblée eût pu condamner la pernicieuse doctrine du cardinal Sfondrate : mais la conjoncture des temps n'en permettoit pas davantage que ce que nous avons fait; et nous avons cru faire beaucoup selon le temps, de marquer l'approbation de la lettre des cinq évêques, qui s'explique nettement contre, et un désir manifeste avec une attente que Rome fît son devoir : ce qu'on a dit aussi, en se déclarant pour la doctrine de saint Augustin contre le pélagianisme, en est une espèce de condamnation. Il me semble aussi que la censure des propositions *Facienti quod in se est*, frappe assez rudement les semi-pélagiens nouveaux, et les attaque dans leur fort. C'est tout ce qu'on a pu faire dans la conjoncture présente, où l'on avoit à ménager un bon Pape, très-bien disposé et très-favorable à la France.

Nous souhaitons à M. de Saint-Pons (b) une condamnation de ses rebelles, que la France puisse accepter sans restriction : celle qu'on a apportée à leur *proprio motu* devroit les en désabuser. Il est vrai que Rome s'éclaire, et ce sera un grand sujet de joie, si elle commence à voir clair sur les versions de la Bible en angue françoise, et sur les lectures des saints Livres. M. de Saint-Pons aura rendu un grand service à l'Eglise, s'il peut sur ce sujet important la rendre traitable.

J'attends pour publier notre censure, que j'aie vu celle de M. de Reims, afin d'agir en unité. Je ne tarderai pas à vous donner

---

(a) Collationnée, manuscrit à Meaux. — (b) Pierre-Jean-François de Montgaillard, mort en 1713.

part de ce que je ferai sur cela. M. le cardinal de Noailles a donné un grand exemple sur cela ; et c'est un grand pas d'avoir exterminé dans Paris la mauvaise morale. Je suis, Monseigneur, avec le respect que vous savez, etc.

LETTRE XXXI.

M. DE LAMOIGNON DE BASVILLE A BOSSUET.

Doutes sur la conduite à tenir envers les nouveaux convertis.

La question est de savoir si les nouveaux convertis doivent être contraints aux exercices de la religion et à venir à la messe.

Cette question n'est-elle pas décidée bien nettement par saint Augustin ? Il avoit été d'avis qu'il ne falloit user d'aucune contrainte ; il est revenu à une opinion contraire. Peut-on croire qu'il ait changé de sentiment sans avoir bien approfondi la matière ? Il touche la raison de douter : *Ne fictos catholicos haberemus, quos apertos hæreticos noveramus* [1] : cependant elle ne l'a point arrêté. Ce n'est pas seulement le sentiment de ce saint docteur ; c'est celui d'un grand nombre d'évêques, qui l'obligèrent de changer en lui rapportant des raisons si convaincantes, qu'il fut obligé de s'y rendre : et ces raisons les plus fortes étoient les dispositions des donatistes, qui étoient retenus par les préjugés de leur naissance, par une fausse honte, et par d'autres motifs qui sont si bien expliqués dans la lettre de ce Père à Vincent ; c'est ce qu'il appelle *demonstrantium exempla* [2]. On peut dire que cet état des donatistes est le véritable portrait de celui où se trouvent maintenant les nouveaux convertis. Ils sentent les mêmes foiblesses, ils sont retenus par les mêmes préventions, ils demandent pour la plupart les mêmes secours pour être déterminés à suivre le parti qu'ils ont pris. S'il est à craindre que leur présence soit une profanation de nos mystères, saint Augustin n'auroit-il pas employé cette raison, supposé qu'il en eût été touché ? Cependant il n'en dit pas un mot : et si les évêques de ce temps eussent eu ce scrupule, Vincent, évêque donatiste, ne l'auroit-il pas relevé ;

[1] Epist. CXIII, *ad Vincent. Rogat.* — [2] *Ibid.*

ne s'en seroit-il pas servi comme du plus fort argument pour combattre saint Augustin? Il a répondu à toutes ses objections; il n'a pas parlé de celle-là : ne faut-il pas conclure que l'on ne faisoit pas alors la même difficulté, et que le bien général de la religion l'emportoit sur ces considérations particulières? Si c'étoit une plaie, elle étoit, dit-il, utile à l'Eglise, de même que l'incision l'est à un arbre sur lequel on ente une espèce qui produira un jour de bons fruits. Je crois qu'on ne dira pas que saint Augustin n'a pas entendu parler de la messe, puisqu'il n'y a qu'à lire l'*Epître à Vincent* pour être persuadé du contraire, où il dit qu'un grand nombre ont été dissuadés de leurs erreurs par la vue de nos mystères. Il seroit inutile de confirmer l'autorité de saint Augustin par celle de saint Isidore, de saint Grégoire le Grand, de saint Thomas, et par toutes les *Décrétales* qui sont sur cette matière. M. de Meaux a tout cela *in scrinio pectoris*.

Le concile de Milève, en 416, au canon XXV, n'ordonne-t-il pas que si l'évêque néglige dans un diocèse de réduire les hérétiques à l'unité de la foi par voie d'exécution, qu'il soit excommunié? *Si episcopus intra sex menses, si in ejus provinciâ executio fuerit, et hæreticos ad unitatem catholicam convertendos non curaverit, non ei communicetur*[1]. Si l'on eût été retenu alors par la crainte de la profanation du mystère, auroit-on fait une pareille disposition? Et le concile de Tolède, en 633, auroit-il décidé que ceux qui avoient été contraints d'embrasser la religion catholique, sous le règne de Sisebut en Espagne, bien que c'eût été par force, devoient être contraints aux exercices de la religion? *Qui jam pridem ad christianitatem venire coacti sunt, sicut factum est temporibus religiosissimi principis Sisebuti; quia jam constat eos esse sacramentis divinis associatos,..... et corporis Domini et sanguinis extitisse participes, oportet ut fidem etiam, quam vi vel necessitate susceperunt, tenere cogantur*[2]. Le seizième concile de Tolède, tenu soixante ans après[3], est encore en termes plus forts. On ne rapporte que ces deux conciles, pour faire souvenir M. de Meaux de tous les autres qui contiennent de pareilles dispositions.

[1] *Conc. Milev. II.* — [2] *Conc. Tolet. IV*, cap. LVII. — [3] *Conc. Tolet. XVI*, cap. I.

Je ne m'arrêterai point à proposer ce qui a été fait pour éteindre l'hérésie des albigeois en cette province : ce n'étoit pas néanmoins un temps d'ignorance ; c'étoit le siècle d'Innocent III, d'Honorius III, de saint Bernard. On ne disconviendra pas qu'il ne paroisse évidemment, par tous les conciles qui ont été tenus sur cette matière et qui ont été imprimés par M. Baluze, que l'on n'hésitoit pas en ce temps-là à contraindre ceux qui s'étoient convertis par force, de venir à la messe. Tous les conciles sont remplis des expédiens dont il falloit se servir alors. Les curés tenoient des registres de ceux qui y manquoient : il y avoit des témoins, appelés *testes synodales*, pour observer ce qui se passoit les fêtes et dimanches : on prononçoit des amendes ; et tout le reste, qui marque assez que l'on ne pensoit qu'à contraindre les réunis à venir à l'église, et à participer à tous les saints mystères. Tant de conciles, tant de savans hommes n'eussent-ils pas été retenus par la crainte des profanations, s'ils avoient été persuadés que c'eût été l'esprit de l'Eglise de s'arrêter par cette considération ?

Je quitte toutes ces autorités pour me retrancher à ce point, qui est de ma profession. Pour donner mon avis sur la difficulté qui se présente, je commence par examiner ce que les empereurs ont fait dans l'espèce où nous nous trouvons, quelle conduite ils ont tenue. J'ouvre pour cela le Code Théodosien et le Code Justinien ; je lis les titres *de Hœreticis*, et la Novelle CIX de Justinien : ce sont là les sources, ce me semble, où l'on doit connoître quel a été le pouvoir des empereurs, et jusqu'où ils ont été. Après avoir bien examiné ces textes, je fais les réflexions suivantes.

Premièrement, la plupart de ces lois ont été demandées par des conciles aux empereurs, ou elles ont été dictées par des évêques, ou les empereurs ont été loués et par les conciles et par les évêques pour les avoir faites ; ce qui est aisé à justifier.

Secondement, neuf empereurs orthodoxes depuis Constantin ont toujours suivi les mêmes principes, et ont fait plus de soixante dix lois sur cette matière.

Troisièmement, c'est par ces lois que les hérésies ont été éteintes, et on ne peut pas dire qu'il y ait eu d'autre voie efficace.

Quatrièmement, on ne montrera point que ces lois aient été

blâmées par l'Eglise, et que l'on ait jamais représenté aux empereurs qu'ils faisoient mal, ou qu'ils excédoient leur pouvoir.

Cinquièmement, elles ont été suivies par les Goths contre les ariens, par Charlemagne contre les Saxons, par saint Louis contre les albigeois.

Que portent ces lois? Contiennent-elles des motifs qui puissent contraindre les réunis de pratiquer les exercices de la religion contre leur propre sentiment? Elles leur ôtent les honneurs et les biens, s'ils ne les suivent pas : ils ne peuvent rendre témoignage ; ils ne peuvent faire de testamens ; ils ne peuvent recevoir aucun legs, donation ni succession; vendre ni acheter: ils ne sont plus réputés citoyens romains ; leurs biens sont confisqués ; les femmes sont privées du privilége de leur dot. La loi d'Honorius[1] entre dans un plus grand détail, condamne les réunis à une amende différente, suivant les qualités des personnes, s'ils ne veulent pas se réduire à pratiquer les exercices de la religion : *Nisi ad observantiam catholicam mentem propositumque converterint, ducentas argenti libras cogentur exsolvere, si sint senatorii ordinis.* Ensuite est un tarif pour les autres conditions. Ils ont été à la fin condamnés à l'exil et à la mort en certains cas.

Mais à quoi connoîtra-t-on si après l'abjuration ces réunis sont effectivement catholiques? Deux règles ; l'une générale : *Si vel levi argumento à judicio catholicæ religionis et tramite detecti fuerint deviare*[2]. Cette première ne suffisant pas, il a fallu en venir à la seconde, qui est contenue dans la Novelle cix : *Sacram communionem in catholicâ Ecclesiâ non percipientes à Deo amabilibus sacerdotibus hæreticos justè vocamus.*

Après avoir pris ces notions, je fais ces deux réflexions. Si les hérésies ont été éteintes par ces lois rigoureuses, la déclaration que je propose n'est-elle pas infiniment plus douce et plus modérée? Le Roi fera-t-il difficulté de dire simplement qu'il veut que les nouveaux convertis pratiquent comme ses autres sujets les exercices de l'Eglise, les fêtes et dimanches voyant ,tant de dispositions sacrées en pareil cas, des meilleurs empereurs, et des rois ses prédécesseurs? Henri II l'ordonne expressément, dans

[1] L IV, *Cod. Theod., de Hæreticis.* — [2] ll *Omnes, c. de Hær.*

l'édit de Château-Briant, aux nouveaux convertis ; et tout le titre des Ordonnances de l'observation des fêtes et dimanches, marque que ce soin a toujours été digne de la piété de nos rois.

Si c'est l'esprit de l'Eglise de ne point obliger les nouveaux réunis de venir à la messe et à pratiquer les exercices de la religion, sous prétexte que ne croyant pas, ils profanent nos mystères, quelle opinion doit-on avoir de tous les conciles, de tous les évèques qui ont sollicité ces lois ? Car il est bien certain qu'une infinité de ces nouveaux réunis n'ont fréquenté les églises, que par la crainte de perdre leurs biens ou leurs dignités : il est indubitable que dans les premiers temps, lorsqu'ils y sont entrés, ils ne croyoient pas et qu'ils ont été longtemps dans cette disposition. Les mystères étoient-ils alors profanés ? L'Eglise a-t-elle souffert impunément cette profanation pendant tant d'années ? Car le nombre des lois des empereurs, dont la sévérité augmentoit à proportion de l'opiniâtreté de ces gens-là, fait bien voir que ce n'a pas été l'ouvrage d'un jour.

Au lieu de dire que les mystères sont profanés, ne seroit-il pas plus à propos de conclure que l'Eglise s'est toujours contentée, sans faire cette espèce d'inquisition, d'instruire ceux qui sont présens, quand les réunis ont été reçus par une abjuration solennelle ; de les tolérer par l'espérance d'une conversion sincère, principalement lorsque l'Eglise catholique a été la dominante ; lorsque les irrévérences n'ont pas été à craindre, par l'obéissance et par la soumission des peuples aux ordres des magistrats ; lorsqu'on a vu des dispositions favorables dans ces réunis, et qu'un grand nombre d'entre eux ne demandoient qu'à être déterminés par quelque espèce de contrainte, qui pût rompre tous les liens qui les arrêtoient ? Que s'il y a eu quelques usages contraires, ç'a été dans les temps où l'Eglise catholique n'étoit pas la plus forte, où le scandale étoit à craindre, où il n'y avoit point d'espérance bien fondée d'une conversion véritable, où enfin les mystères de notre foi n'étoient pas manifestés, et en aussi grande vénération qu'ils le sont aujourd'hui.

Ma dernière réflexion est que l'on doit certainement compter que tous les nouveaux convertis, qui sont dans cette province au nombre de plus de deux cent mille, se réduisent à trois espèces : la première, de ceux qui sont sincèrement catholiques, dont le nombre n'est pas grand ; la seconde, de ceux qui sont fort ébranlés, qui voudroient avoir pris le bon parti, et qui ont quelque peine encore à se déclarer; c'est la plus grande portion : enfin la troisième, de ceux qui sont tout à fait attachés à la religion prétendue réformée; c'est la moindre partie, et ceux-là doivent être divisés en deux sortes : les uns sont de bonne foi dans cette religion, qu'ils croient la meilleure; les autres sont les chefs de parti, les piliers pour ainsi dire des consistoires, qui ne peuvent se résoudre à perdre la considération qu'ils ont eue dans leur première religion. Il ne faut pas croire qu'il y en ait beaucoup de cette espèce : je n'en puis compter plus de quarante de ce caractère, qui aient quelque considération dans ce parti, dont ils entretiennent la cabale, autant qu'ils le peuvent, par toutes sortes de voies. Laissera-t-on périr ce grand nombre de personnes qui ont de bonnes intentions, et qui pourroient être sauvées, à cause de l'incrédulité des autres? Et n'est-ce pas ici où l'on peut appliquer la maxime de saint Augustin, qu'il établit à l'occasion des donatistes dans un cas tout semblable, qu'il est d'une nécessité inévitable de tolérer dans l'Eglise le mélange des bons et des méchans.

LETTRE XXXII.

M. LE PRÉSIDENT DE LAMOIGNON A BOSSUET.

A Paris, le lundi matin.

Je vous envoie, Monsieur, le Mémoire que vous m'avez demandé. Je vous supplie qu'il ne soit que pour vous : car je ne veux pas, comme j'ai eu l'honneur de vous le dire, qu'on me donne ici et à mon frère le caractère d'un homme qui veut être le persécuteur des huguenots (a). Il s'est répandu des bruits partout qu'on leur faisoit en Languedoc des violences extrêmes. Cependant je puis vous assurer qu'il n'y a point de province dans

---

(a) M. de Lamoignon de Basville, intendant du Languedoc, étoit le frère du président de Lamoignon, ami de Boileau.

le royaume, où ils aient été traités plus doucement. Quand vous aurez examiné le Mémoire que je vous envoie, vous jugerez vous-même si on peut agir avec plus de douceur, puisqu'on ne demande autre chose que de pouvoir dire : Il faut aller à la messe sans qu'on use d'aucune violence contre ceux qui n'iront pas. Il n'est plus question de savoir si on entreprendra d'éteindre entièrement la religion protestante en France : l'entreprise est faite; on y est engagé : mais il s'agit de savoir si on abandonnera l'entreprise entièrement. Car si on condamne ce qu'on a fait, et si on n'avance pas l'ouvrage, il est plus court de tout abandonner. Je vas même plus loin ; il faut relever les temples : il ne convient point que dans le royaume, il y ait un peuple entier qui soit répandu dans toutes les provinces sans aucun culte de religion ; et il faudra que le Roi entretienne une armée dans le cœur de son royaume, pour se pouvoir défendre contre ses propres sujets.

Le neveu de mon ancien précepteur me prie de vous parler d'une affaire dont je vous envoie le mémoire. Je vous demande pour lui tout ce qu'on peut demander à un prélat comme vous. Je suis, etc.

DE LAMOIGNON.

LETTRE XXXIII.

RÉPONSE DE BOSSUET A M. DE LAMOIGNON.

J'ai reçu, Monsieur, avec votre lettre de lundi matin, la copie du Mémoire de M. votre frère. Par mes lumières présentes je suis tout à fait d'accord du projet de déclaration qu'il propose : j'y aurois, Monsieur, quelques réflexions à faire sur la manière de l'exécuter. Je crois voir avec certitude que les évêques s'entendront aisément avec lui et entre eux, pourvu qu'ils se parlent, c'est à quoi il faut travailler.

LETTRE XXXIV.

M. DE LAMOIGNON DE BASVILLE A BOSSUET.

Mémoire sur les nouveaux catholiques.

Pour bien connoître ce qu'il y a à faire à l'égard des nouveaux convertis, je crois qu'il faut commencer par avoir une idée exacte des dispositions où ils se trouvent maintenant : c'est ce que j'ai tâché de pénétrer, le plus qu'il m'a été possible, depuis six mois. Il est certain que les uns sont encore éloignés par leur propre inclination de suivre notre religion : les autres, qui sont en plus grand nombre, demandent d'y être déterminés par quelque espèce de contrainte, qui les mette à couvert contre une fausse honte qui les retient. Ils voudroient être bons catholiques ; mais ils croient qu'il y va de leur honneur de commencer à donner l'exemple : presque tous sont dociles, et prennent l'impression qu'on leur donne. Cette disposition a paru pour les enfans. Suivant les ordres que j'ai reçus, j'ai déclaré qu'il falloit les faire aller aux écoles, aux instructions, à la messe : j'ai donné une ordonnance sur ce sujet : j'ai nommé dans chaque lieu un commissaire pour la faire exécuter. Tout le monde a obéi sans beaucoup de répugnance ; et il n'y a plus qu'à maintenir ce qui est établi sur ce point important. J'ai été ensuite sur les lieux : j'ai dit, conformément à mes instructions, que le Roi vouloit que les nouveaux convertis vécussent comme les anciens catholiques, ayant fait abjuration. Ce discours, qui ne contient aucun détail ni menace, en a déterminé une très-grande quantité d'aller à l'église, et auroit encore produit beaucoup plus de fruit, s'ils ne s'étoient aperçus que l'on ne prétendoit pas les contraindre en aucune manière pour la messe. Ce mouvement a été si grand et si heureux, que les ministres qui sont à Genève ont cru devoir faire les derniers efforts pour l'arrêter, soit en faisant distribuer une infinité de libelles par toutes sortes de moyens, dont j'ai envoyé des copies, soit en venant eux-mêmes déguisés pour tâcher de retenir tous ceux qui étoient disposés à se faire bons catholiques. Je n'oublie rien de tout ce que je puis faire pour faire arrêter ces ministres et prédicans ; et j'espère y réussir s'ils demeurent dans le pays. Cependant j'ai parlé moi-même à tous les gentilshommes, et il n'y en a eu que deux ou trois qui ne m'aient pas promis de remplir tous leurs devoirs. La ville de Nîmes, qui est le centre de l'hérésie, est très-bien disposée. M. l'évêque de Nîmes m'écrivit encore hier qu'il n'en a jamais été si content. On trouve à la vérité des endroits où il y a encore plus d'opiniâtreté que dans d'autres ; mais on sent bien qu'elle sera facile à surmonter quand on le voudra tout de bon.

Cela présupposé, il faut savoir quelle conduite on doit tenir à l'avenir pour achever ce grand ouvrage. La question, selon mon sens, se réduit uniquement à savoir si on pressera les nouveaux convertis d'aller à l'église et à la messe. Je crois que tout le monde convient qu'il ne faut en aucune manière les presser pour recevoir les sacremens : je crois même que l'on ne doit employer aucun moyen violent pour les faire aller à la messe : mais en même temps je suis persuadé qu'il faut les solliciter incessamment d'y aller, leur dire que le Roi le veut ainsi, et s'expliquer sur ce point clairement et nettement. Je ne puis être d'avis de les laisser sans aucun exercice extérieur de religion ; ni suivre le sentiment de ceux qui sont persuadés, comme vous me l'avez mandé, qu'il suffit de punir les scandales, les assemblées, le refus des sacremens étant malades, et autres contraventions aux édits ; et que l'on devoit en user à leur égard, comme on fait pour les anciens catholiques que l'on abandonne à leur propre conduite, sans s'embarrasser s'ils remplissent les devoirs de la religion. Il faut, selon mon sens, obliger les nouveaux convertis de venir à l'église et à la messe, sans leur en demander davantage que lorsqu'ils seront bien confirmés dans la religion ; et voici mes raisons.

Premièrement, s'il n'y avoit en cette province qu'un petit nombre de nouveaux convertis, on pourroit dissimuler et attendre avec patience que l'on pût les persuader l'un après l'autre : mais il y en a plus de deux cent mille, et des diocèses entiers, comme celui d'Alais, des cantons dans les autres diocèses, où il n'y a que de ces gens-là. Si on ne les presse pas d'aller à l'église, il n'y aura personne les fêtes et dimanches, et il ne paroîtra pas que l'on y ait fait abjuration. Les anciens catholiques qui ne font pas leur devoir, ne se connoissent pas dans la foule. Mais dans ces lieux, l'éloignement des nouveaux convertis de l'église sera une cessation entière des exercices de notre religion.

Secondement, si ces nouveaux convertis ne viennent pas à l'église et à la messe, ils ne seront jamais instruits, et ne s'accoutumeront point aux exercices de notre religion. Le nombre en est trop grand pour les instruire en détail : il faut qu'ils s'assemblent pour entendre les instructions, et ils ne les peuvent entendre qu'à l'église. Il n'y a pas d'apparence de dire qu'on pourroit les prêcher hors du temps de la messe; car ils concluroient de là qu'ils seroient exempts d'y aller : on verroit une secte de gens qui seroient en possession d'aller au sermon, et jamais à la messe; cela ne convient pas.

Troisièmement, si l'on n'oblige pas les nouveaux convertis de venir à l'église, et qu'on ne leur dise rien sur ce sujet, tous ceux qui y vont seront détournés par les autres; et tout le fruit que l'on a fait jusqu'à cette heure, sera perdu : l'ouvrage de la religion ne sera pas plus avancé que le premier jour, après la conversion générale. Les plus opiniâtres feront connoître aux autres qu'ils n'avoient qu'à persévérer comme eux, et il n'y aura plus moyen dans la suite de faire aucun progrès.

Quatrièmement, il ne faut pas croire qu'il soit facile de rendre les enfans catholiques, quand les pères ne le sont pas. S'ils envoient par force leurs enfans aux écoles pendant le jour, ils détruisent le soir tout le bien que les maîtres ont pu faire; et plus ils voient que l'on a d'attention à élever malgré eux leurs enfans dans la religion catholique, plus ils prennent de peine à leur donner des impressions contraires. Ils attendent au moins que leurs enfans soient sortis de l'école, à l'âge de douze ans pour les filles et de quatorze pour les garçons ; et alors ils leur persuadent tout ce qu'ils veulent, et leur font suivre leurs mauvais exemples : ce qui s'est fait auparavant ne sert plus de rien. Si les pères sont obligés d'aller à l'église avec leurs enfans, cette habitude les empêchera de détruire tout ce que l'on aura fait pour leur éducation.

Cinquièmement, s'il est facile de faire aller les nouveaux convertis à la messe, pourquoi ne le pas faire? pourquoi les laisser sans religion, se perdre eux et leurs familles, que l'on pourroit rendre catholiques et mettre dans la voie du salut? N'auroit-on pas à se reprocher d'omettre un très-grand bien, quand on le peut faire? Or il est très-facile de les y obliger; et je ne fais pas difficulté d'assurer que si je puis dire d'un ton ferme : Le Roi veut que les nouveaux convertis aillent à l'église et à la messe, qu'ils iront, un très-grand nombre n'attend que cet ordre; en voici des exemples certains.

MM. les évêques de Lavaur et de Lodève ont déterminé tous les nouveaux convertis de leur diocèse, en leur parlant d'une manière forte et chrétienne, et les avertissant comme de bons pasteurs des malheurs qui pourroient leur arriver, s'ils n'obéissoient pas. M. le comte de Calvisson a fait assembler tous les paysans de ses terres, pour leur dire que le moment était venu, et qu'il falloit aller à la messe sans aucune contrainte. Ils ont tous obéi, et personne n'y manque. La ville de Castres sembloit d'abord plus éloignée que toutes les autres : presque tous les nouveaux convertis disoient hautement qu'ils vouloient vivre et mourir dans leur première religion. Deux ordres du Roi ont paru, pour éloigner ceux qui parloient le plus insolemment : les autres ont aussitôt obéi, et promis de faire tout ce que l'on voudroit. Il est vrai que s'étant aperçus, depuis quinze jours, qu'on ne leur demandoit rien pour la messe, étant encore détournés par quelques ministres ou prédicans, qui ont été dans cette ville, ils ont cessé d'aller à l'église : et ils ont dit à M. le comte de Broglie, qui est allé visiter cette ville, qu'ils recommenceroient à faire les exercices de notre religion quand le Roi voudroit, et que cette volonté expresse de Sa Majesté leur paroîtroit de manière qu'ils n'en puissent pas douter. Le sieur de Ginestoux, gentilhomme de cette province, que l'on croyoit le plus huguenot, a demandé à se faire instruire, dès qu'il a vu l'ordre du Roi d'aller au château de Saumur. Il dit à tout le monde qu'il est bon catholique, et mène à l'église sa femme, ses enfans, sa famille et tous ses vassaux. Le discours que j'ai fait, quoique en termes généraux, dans mon voyage des Cévennes, y a déterminé une infinité de gens : les villes principales obéissent, et il n'y a presque personne qui y résiste. Ce sont autant d'expériences, pour ainsi dire, qui prouvent que quand on voudra avec fermeté que les nouveaux convertis aillent à la messe, il sera très-aisé de les y obliger avec un peu d'application.

On dira peut-être que si des discours généraux ont eu tant d'efficace, que l'on devroit se contenter de les tenir, sans parler d'aller à l'église et à la messe. La réponse à cette objection est que ces gens-là s'apercevant, comme en effet ils s'en aperçoivent très-bien, que l'on ne veut pas les contraindre d'aller à l'église, ils concluent aisément, par le penchant qu'ils ont, qu'il ne faut pas y aller, qu'il n'y a qu'à résister, et qu'il n'en sera pas davantage; et tout ce que l'on peut faire devient ensuite inutile.

Sixièmement, si dans un temps de paix on ne prend la résolution de déterminer ces nouveaux convertis à venir dans nos églises, leur prévention, leur paresse, la difficulté qu'ils trouvent dans les exercices de notre religion plus pénible que la leur, les tiendront dans une situation toujours fâcheuse : ils s'en éloigneront de plus en plus; et il ne faut pas espérer qu'ils en prennent jamais l'habitude par eux-mêmes. Ils formeront donc toujours une espèce de corps dans l'Etat, séparé des autres sujets du Roi, qui demandera dans tous les temps de grandes précautions, rien ne conservant tant l'esprit de cabale, qui règne encore parmi eux, que de vivre unis par la même aversion qu'ils auront de notre religion : et il ne faut pas douter qu'ils ne fassent les derniers efforts, quand ils le pourront, pour rétablir les exercices de celle qu'ils conserveront dans leur cœur, et qu'ils ne fassent ces exercices en secret entre eux, autant qu'ils le pourront; au lieu que s'ils sont une fois accoutumés à venir dans nos églises, ce sera de tous les moyens le meilleur pour leur faire oublier leur ancienne religion. L'habitude fait beaucoup et presque tout sur l'esprit du peuple et des paysans pour la religion, et ces gens-là sont la meilleure partie des nouveaux convertis.

Je sais les deux objections que l'on peut faire contre cet avis. La première, que si l'on presse les nouveaux convertis trop vivement de venir à l'église, plusieurs pourront sortir du royaume, qui y demeureroient si on ne leur demandoit rien. La seconde, qu'il y a de l'inconvénient dans les règles de l'Eglise de contraindre des personnes qui ne croient pas à nos mystères d'y assister, et que ce n'a pas été la coutume de l'Eglise.

A l'égard de la première objection, il pourra arriver que quelques familles sortiront hors du royaume : je crois que ce sera un fort petit nombre, les nouveaux convertis ayant préféré leurs biens à leur religion, quand ils ont pris le parti de faire abjuration. Il semble de plus que cette raison prouve trop : car elle prouveroit qu'il ne faudroit pas élever les enfans malgré les pères dans notre religion, rien ne leur devant être plus sensible que de les voir professer une religion différente de la leur : et s'il y en a d'assez entêtés parmi eux pour quitter le royaume, ce motif les déterminera autant que le reste. Enfin je suis persuadé que cette perte, qui sera petite, n'est pas comparable au bien qui résultera de voir tous les sujets du Roi pratiquer les mêmes exercices, et le parti des calvinistes entièrement éteint. D'ailleurs je ne propose pas une contrainte violente, qui les désespère et qui les oblige à tout quitter.

A l'égard de la seconde objection, il seroit bon de prendre principalement l'avis des évêques qui sont accoutumés aux nouveaux convertis, qui ont vécu parmi eux, qui connoissent leurs dispositions, et qui savent par quels moyens on les peut déterminer à être bons catholiques, qui est le seul but que l'on se doit proposer. Il faut bien prendre garde encore, quand on les consulte, de réduire la question dans l'espèce présente de l'assistance à l'église et à la messe : car tous ceux qui font ces difficultés raisonnent souvent comme si on vouloit faire communier par force les nouveaux convertis, dont on est très-éloigné.

Il est bon encore, pour ne pas s'écarter de la difficulté, de convenir que cette espèce de contrainte ne doit jamais venir des ecclésiastiques, qui doivent toujours parler avec une extrême douceur, et ne pas sortir des termes que la charité leur prescrit.

Il ne s'agit que de savoir si la puissance temporelle peut tenir ce discours : « Il faut aller à l'église, il faut aller à la messe. » Je dirai seulement sur ce point que tous MM. les évêques en Languedoc sont persuadés que ceux qui ont l'honneur d'exécuter les ordres du Roi dans les provinces, doivent parler ainsi. Je sais même que les plus habiles d'entre eux écrivent actuellement, pour fortifier cette opinion. Ils sont persuadés que c'est une vision toute pure, de croire que l'on puisse jamais instruire à fond les nouveaux convertis sans les rassembler dans l'église, et que c'est les perdre entièrement que de souffrir qu'ils s'en éloignent; qu'étant enfans de l'Eglise par leur baptême et réunis par leur abjuration, ils sont bien différens des catéchumènes, et des pénitens que l'on éloignoit autrefois de la vue de nos mystères; les uns, comme n'étant pas encore initiés par le baptême, ni au nombre des fidèles; les autres souffrant cet éloignement comme une peine et une pénitence de leurs péchés, que l'Eglise trouvoit alors à propos de leur imposer : qu'il n'en est pas ainsi des nouveaux convertis qui ont fait abjuration, que le Roi leur commande une chose très-juste, quand il veut qu'ils observent les lois de l'Eglise : que s'ils en abusent, ils en porteront la peine devant Dieu; mais que Sa Majesté n'ordonne rien qui ne soit dans les règles : que l'on peut faire une loi pour une bonne fin, quand même on prévoit qu'il pourra en arriver quelque abus dans l'observation : qu'il y a bien de la différence entre assister à la messe avec une foi encore chancelante, ou de participer au sacrement de l'Eucharistie : que Sa Majesté s'arrête à examiner les dispositions pour recevoir les sacremens; qu'elle suit l'exemple de ses prédécesseurs, qui ont fait des ordonnances expresses pour l'observation des fêtes et dimanches : que c'est enfin tout ce que l'on doit attendre de la piété du Roi, de faire entrer ses sujets dans l'Eglise; et que c'est ensuite aux ministres des autels de les y accoutumer, de les y retenir, de les y instruire, en gagnant les cœurs, et en achevant ce que la puissance temporelle peut toute seule commencer : que si Sa Majesté a employé avec tant de justice son autorité, pour obliger ses sujets à faire abjuration de l'hérésie par un serment solennel, il y a bien moins de difficulté de s'en servir, pour les contraindre à suivre les exercices de la religion qu'ils ont embrassée : qu'on ne trouvera pas que quand les hérésies ont fini dans le monde par les décisions des conciles, et ensuite par les lois des empereurs, on ait jamais prétendu éloigner ces nouveaux catholiques de l'entrée des églises ; qu'au contraire, on les y a toujours portés : que nous avons plusieurs lois des empereurs et de nos rois sur ce sujet, qui sont formelles ; et que l'on ne verra pas, par exemple, que l'Eglise ait attendu que tous les ariens eussent une véritable foi, avant qu'ils fussent admis à la messe ; que c'est une espèce d'inquisition où l'Eglise n'a jamais voulu entrer, principalement lorsqu'elle a vu une espérance bien fondée, et une apparence presque certaine de pouvoir réussir, devant se contenter d'instruire ceux qui sont présens, sans douter de leur foi que lorsqu'ils viennent pour participer aux sacremens. Il seroit aisé d'envoyer une dissertation particulière sur cette matière, si cela étoit nécessaire, qui marqueroit à fond toutes les raisons de ces prélats.

Étant donc d'avis d'obliger les nouveaux convertis d'aller à l'église et à la messe, il ne reste plus qu'à marquer les moyens que je crois pouvoir être employés pour les y contraindre. Ce ne sont pas des moyens violens, comme logement de gens de guerre, ni amendes pécuniaires, bien qu'autrefois les empereurs se soient servis de ce dernier moyen très-efficacement : mais je croirois qu'il seroit très à propos que la volonté du Roi parût, en faisant une déclaration suivant le projet ci-joint, ou quelque autre mieux tourné, par lequel Sa Majesté ne feroit que renouveler les lois de ses prédécesseurs touchant l'observation des fêtes et dimanches, pour tous ses sujets, en y insérant seulement un mot pour les nouveaux convertis, afin qu'ils ne pussent douter qu'ils y sont compris, comme les anciens catholiques. Cela seroit d'autant plus nécessaire qu'un des principaux obstacles pour les progrès de la religion, est que les gens mal intentionnés mettent dans l'esprit des nouveaux convertis que ce n'est pas l'intention du Roi qu'on les presse, et que tout ce que l'on fait ne vient que d'un zèle inconsidéré de ceux qui servent Sa Majesté dans ses provinces. Cette simple déclaration de la volonté du Roi, sans aucune peine qui la rendît odieuse, détermineroit très-certainement une très-grande partie de ces nouveaux convertis, qui ne tient presque plus à rien, à faire leur devoir : plusieurs diroient : « Le Roi le veut tout de bon, il faut finir; le temps est venu. » On leur entend dire tous les jours qu'ils prendront ce parti, quand ils ne pourront plus douter de la volonté du Roi, dont à la vérité ils devroient être assez persuadés : mais ils croient que parce qu'on les a laissés en liberté pendant dix ans, sans leur rien demander, on veut bien les laisser toujours vivre de la même manière. Cette déclaration doit faire d'autant moins de peine, qu'elle ne paroîtroit pas avoir pour objet principal les nouveaux convertis; et il est assez naturel qu'après une longue guerre, le Roi fasse une loi, à l'exemple de ses prédécesseurs, pour renouveler les choses principales qui regardent le culte divin : ainsi sans qu'il parût vouloir trop s'attacher aux nouveaux convertis, ils ne laisseroient pas d'y trouver ce qui est necessaire pour les déterminer, c'est-à-dire la volonté du Roi bien marquée sur ce qui les regarde.

En envoyant cette déclaration, je croirois qu'il faudroit en même temps envoyer une instruction uniforme à tous les intendans, rien n'étant plus important que de leur prescrire précisément ce qu'ils doivent faire ; que l'un n'en fasse pas plus que l'autre, et que la conduite soit égale dans toutes les provinces, et qu'ils pussent agir en même temps. Cette instruction porteroit :

Premièrement, que les enfans des nouveaux convertis fussent élevés avec un grand soin dans notre religion ; que l'on mît des commissaires dans chaque lieu pour y veiller ; qu'ils pussent, pour ce cas seulement, condamner à l'amende les pères et les mères qui manqueroient à envoyer leurs enfans aux écoles, aux instructions et à l'église : on ne peut prendre trop de précautions sur ce point.

Secondement, que les intendans eussent partout un pouvoir d'envoyer les enfans de ceux qui seroient assez riches dans des colléges et dans des couvens, s'ils ne vouloient les élever à la religion catholique, ou chez des parens anciens catholiques ; qu'ils eussent soin, de concert avec MM. les évêques, de former plusieurs pensions où les enfans pussent être mis à bon marché chez des maîtres ou des maîtresses, quand ils ne sont pas assez âgés pour être mis dans des colléges ou dans des couvens, ou qu'ils n'ont pas assez de bien pour payer de fortes pensions. C'est ce qui a été pratiqué avec succès dans le Languedoc en plusieurs diocèses.

Troisièmement, qu'ils eussent ordre de presser continuellement les nouveaux convertis d'aller à l'église et à la messe, leur déclarant que le Roi veut qu'ils vivent comme les anciens catholiques : mais il ne suffit pas de leur dire ce dernier mot, de vivre en bons catholiques ; il faut nommément les presser d'aller à l'église : car c'est le fait dont il s'agit aujourd'hui, et le pas qu'ils doivent faire pour avancer. Et si les intendans trouvent des gens mutins, désobéissans, et parlant mal de la religion, il faudroit qu'ils pussent quelquefois, et sans se servir trop souvent de ce pouvoir, en faire mettre quelques-uns en prison, s'ils sont du menu peuple ; et que pour les autres, qu'ils en rendissent compte pour avoir des ordres de les reléguer hors de la province ; en attendant que ces ordres fussent arrivés, qu'ils pussent les envoyer dans les lieux tout catholiques de leur département. Il seroit bon aussi qu'ils chargeassent les principaux des paroisses des événemens, leur déclarant que l'on sait bien que l'exemple qu'ils donneront sera suivi en bien ou en mal.

Quatrièmement, que les intendans eussent, comme celui de Languedoc, un pouvoir de faire le procès à la mémoire de ceux qui voudroient mourir dans la religion prétendue réformée · quelques exemples de cette nature faits à propos produisent un grand effet.

Cinquièmement, qu'ils pussent aussi interdire tous les officiers royaux, maires, notaires, procureurs, juges des seigneurs, consuls, même les médecins, chirurgiens, apothicaires, qui ne professeront pas ouvertement la religion catholique après avoir été avertis : il est juste que les premiers ne se trouvant dans leurs charges ou offices que parce qu'ils ont fait abjuration, ils donnent aux autres un bon exemple ; sans cela leur abjuration ne serviroit qu'à les autoriser pour faire du mal : et à l'égard des médecins, chirurgiens et apothicaires, la plupart de MM. les évêques prétendent qu'ils sont très-dangereux, quand ils ne sont pas bien convertis, exhortant les mourans sous prétexte de leur art à mourir dans leur première religion.

Si tous les intendans agissoient en même temps, en exécution de cette instruction et de ce pouvoir, il seroit difficile que l'on ne vît pas dans peu un grand succès, surtout en s'attachant aux chefs du parti, et à certaines personnes qui sont en petit nombre, que l'on sait certainement tenir tous les autres et les empêcher de se déterminer.

Si ces expédiens ne réussissent pas autant qu'on l'espère, il sera facile d'en proposer d'autres dans la suite encore plus efficaces, mais moins doux; et je crois qu'il faudroit commencer par les choses proposées dans ce Mémoire, qui ne produiront, si je ne me trompe, aucun inconvénient.

J'ajouterai seulement que le plus assuré et le plus solide de tous les expédiens pour faire de véritables catholiques, c'est de trouver le moyen de mettre de bons prêtres dans les paroisses. Si le curé est bon et d'un mérite distingué, tous les paroissiens ne résisteront pas à ses soins assidus: l'expérience l'a fait connoître en plusieurs endroits. C'est où consiste la principale difficulté: car il est certain que le plus grand nombre des ecclésiastiques qui servent maintenant, ne sont pas propres pour les nouveaux convertis. Rien ne les attire à l'église que la parole de Dieu; et ces prêtres ne sont pas capables pour la plupart de prêcher: ils sont même souvent de mauvais exemple par leurs mœurs. Pour remédier à un si grand besoin, le seul moyen est d'établir de bons séminaires dans les diocèses remplis de nouveaux convertis, et de fournir tous les secours nécessaires aux évêques pour ces établissemens, et presque dans les endroits où ils peuvent former des ecclésiastiques tels qu'il les faut pour instruire, gagner entièrement les cœurs. Les missionnaires que le Roi a la bonté d'entretenir font du bien: mais il n'est pas comparable à celui qu'un curé, qu'ils regarderont comme leur véritable pasteur, pourra faire, s'il sait se faire aimer et estimer.

S'il étoit possible encore d'avoir quelques petits fonds d'aumône pour assister de pauvres familles dans leurs besoins, sans que l'on sût qu'il y eût pour cela des fonds destinés, ce seroit un bon moyen pour les attirer doucement à l'église, et les empêcher de regretter le consistoire dont ils tiroient de grands secours.

PROJET DE DÉCLARATION

Après l'heureuse conclusion de la paix qu'il a plu à Dieu de donner à nos peuples, nous avons cru que nous ne pouvions faire un meilleur usage de notre autorité royale, ni employer plus utilement nos soins, qu'à établir solidement le culte divin dans notre royaume, suivant les saints canons et les règles de l'Église, dont nous devons être le protecteur; et en renouvelant les ordonnances des rois nos prédécesseurs, concernant l'observation des fêtes et dimanches [1], l'assistance aux exercices de la religion catholique et la réformation de plusieurs abus qui se sont introduits pendant la guerre.

Nous nous y sommes porté d'autant plus volontiers, que nous

Preuves pour autoriser la déclaration *Ex capitularibus Regum Francorum*, Edit. Baluzii.

Capitulare tertium Caroli Magni, anni 789, tom. I, pag. 242. *Ut in diebus Festis vel diebus Dominicis omnes ad Ecclesiam veniant.* Lib. I, cap. LXXV, tom. I, pag. 716. *Statuimus*, etc. *ut opera servilia diebus Dominicis non agantur*, etc. *sed et ad Missarum solemnia, ad Ecclesiam undique conveniant, et laudent Deum pro omnibus bonis quæ nobis in illâ die fecit.*

Le titre entier de la *Conférence des Ordonnances de l'observation des fêtes et dimanches*, marque que nos rois ont souvent ordonné sur cette matière, pour obliger les nouveaux convertis d'assister nommément au service divin : l'article XL de l'édit de Henri II, fait à Château-Briant, y est exprès en ces termes :

« Et afin que ceux qui auroient été ou seroient dévoyés du chemin de leur salut, puissent faire connoître par leurs actions quelque bon commencement de réduction à l'observation de l'honneur et crainte de Dieu, et de l'obéissance de son Église; nous exhortons tous nos sujets indifféremment, de quelque état, qualité, autorité ou condition qu'ils soient, et en tant que besoin seroit, leur commandons très-expressément que dorénavant ils aient à fréquenter le plus qu'ils pourront le service divin, et par spécial ès jours solennels, avec due révérence et démonstration, telle qu'un bon dévot et fidèle chrétien doit faire, à genoux et dévotement, adorant le saint Sacrement de l'autel à l'élévation et exhibition d'icelui, même les gentilshommes, ceux de la Justice, et ceux qui ont autorité en la chose publique ; à ce qu'en faisant leur devoir, ils soient exemples aux peuples, et montrent à leurs inférieurs de faire le semblable qu'eux, selon et ainsi qu'un chacun est tenu de faire envers Dieu : et est défendu à toutes personnes indifféremment, de quelque qualité ou condition qu'ils soient, de se promener ès églises durant le service divin ; mais se tenir prosternés et

avons le bonheur de voir sous notre règne tous nos sujets réunis sous une même religion, et que nous n'avons plus rien à désirer que de leur en voir pratiquer exactement tous les exercices.

Par ce moyen nous avons sujet d'espérer que les nouveaux convertis se détermineront à observer les règles de l'Eglise, et que les anciens catholiques contribueront à les y fortifier par leurs bons exemples.

A ces causes, nous avons déclaré et déclarons, voulons et nous plaît que, conformément aux anciennes ordonnances, tous nos sujets, de quelque qualité et condition qu'ils soient, observent régulièrement les fêtes et dimanches, et qu'ils soient tenus d'assister aux divins offices avec le respect convenable à la célébration de nos saints mystères, sans que les nouveaux convertis s'en puissent dispenser, sous quelque prétexte que ce soit.

Voulons qu'èsdits jours de dimanches et fêtes, tous nos sujets s'abstiennent de toutes sortes de travaux et œuvres serviles.

Défendons en tout temps les assemblées qui peuvent produire aucun scandale, même les jeux et danses publiques, pendant le service divin.

Faisons pareillement défenses à tous cabaretiers et taverniers de recevoir dans leurs cabarets et tavernes aucune personne, de quelque qualité et condition qu'ils soient, et à tous nos sujets de les fréquenter; le tout sous les peines portées par les ordonnances [1].

Enjoignons à tous nos juges et officiers de tenir la main à l'exécution de la présente déclaration, à peine d'interdiction de leurs charges, même de privation en cas de dissimulation.

Si donnons en mandement, etc.

en dévotion, selon et ainsi que dessus est dit, pour être l'église la maison de Dieu et d'oraison. »

Les lois romaines ont été encore plus sévères sur ce sujet que les ordonnances de nos rois, et ont ajouté une peine. *L. Honorii* LIV, *Cod. Theod. de Hæreticis*, condamne les hérétiques à une amende différente, suivant les qualités des personnes, s'ils ne veulent pas se réduire à pratiquer les exercices de la religion : *Nisi ad observantiam catholicam, mentem propositumque converterint ducentas argenti libras cogentur exsolvere*, etc. pour ceux qui sont de la première condition ; et cette loi porte un tarif d'amendes pour les autres, même pour les femmes

[1] On met ces trois articles, principalement afin que l'objet de cette Déclaration

LETTRE XXXV.

M. DE LAMOIGNON DE BASVILLE A BOSSUET.

A Montpellier, ce 21 septembre 1700.

Vous avez été si occupé, Monsieur, depuis quelque temps, et à des affaires si importantes, que je n'ai osé vous interrompre, quoique je dusse pour satisfaire à la dernière lettre que vous m'avez fait l'honneur de m'écrire, vous mander mes pensées sur les réflexions que vous avez bien voulu faire, touchant la question de savoir si l'on peut contraindre par des voies modérées les nouveaux convertis d'aller à la messe. J'ai employé ce temps à conférer sur cette importante matière avec MM. les évêques de Rieux, de Mirepoix et de Nîmes. Je leur ai même communiqué votre lettre; et après y avoir bien réfléchi, ils ont écrit eux-mêmes les réflexions que je vous envoie, qui valent bien mieux que tout ce que je pourrois penser : j'y ajouterai seulement ce que l'expérience m'a appris depuis dix-huit ans que je travaille aux affaires de la religion. Je vois, Monsieur, que votre principale difficulté est que l'on donne une foible idée de la sainteté du mystère aux nouveaux convertis, qui y vont avec indifférence et même avec répugnance.

Il est certain que s'il n'y en avoit qu'un petit nombre, on devroit ne les y admettre qu'après une épreuve; et ce devroit être comme le dernier sceau de leur foi. Il faudroit leur faire désirer un aussi grand bien, et qu'ils ne pussent le recevoir qu'après en

---

ne paroisse pas être ce qui regarde les nouveaux convertis, mais seulement l'observation ou la défense des choses qui concernent le culte divin. *Voyez* les conciles, Tol., 1229; Biter., 1233; Narbon., 1235; Biter., 1246; Albi., 1254; *Statuta Ludov. Reg.* 1228.

Enjoignent aux nouveaux convertis d'aller les fêtes et dimanches à l'église, d'y entendre la messe entière, la prédication, l'office divin.

De visiter les églises les samedis, à l'honneur de la Vierge.

Que les prêtres fassent un catalogue de ceux qui n'obéissent pas, sous peine de privation de leurs bénéfices.

Qu'ils avertissent les évêques d'y tenir la main; car le Seigneur recherchera les évêques du sang des nouveaux catholiques, qui périront pour l'inexécution des canons.

avoir connu parfaitement l'excellence. Mais lorsqu'il y a dans une seule province plus de deux cent mille nouveaux convertis, il semble que le grand nombre doit faire changer de conduite. Vous savez mieux que moi combien cette raison du grand nombre a été forte dans tous les temps; que saint Paul et saint Augustin, et même le Sauveur du monde, y ont eu beaucoup d'égard : c'est ce que M. de Mirepoix a très-bien démontré dans un petit traité qu'il a fait sur cette matière.

Il semble en effet que ç'a été de tout temps l'esprit de l'Eglise. Nous avons plus de soixante-dix lois faites par neuf empereurs orthodoxes depuis Constantin, pratiquées par les rois goths contre les ariens, par Charlemagne contre les Saxons, par saint Louis contre les albigeois, qui contiennent des peines rigoureuses contre les hérétiques réunis, pour les porter à suivre les exercices de notre religion. Elles ont été faites souvent à la prière des évêques, et quelquefois des conciles : elles ont été louées et approuvées par les Pères de l'Eglise. Craignoit-on en ce temps-là de profaner le mystère, ou de n'en pas donner une assez grande idée? Les ariens réunis par la crainte des lois, et entrant à l'Eglise parce qu'ils y étoient contraints, avoient-ils dans les commencemens une foi bien vive de la divinité de Jésus-Christ? Cependant non-seulement ils y étoient soufferts, mais on les obligeoit d'y aller, parce qu'ils étoient en grand nombre; que plusieurs d'entre eux se déterminoient à croire par l'instruction. Ils entroient à l'Eglise encore hérétiques dans le cœur : le temps, le soin des pasteurs, la vue de nos mystères, la grace qui y est attachée les détrompoit peu à peu. La foi venoit insensiblement : foible dans les premiers temps, elle se fortifioit dans la suite; et la bonne nourriture prenant pour ainsi dire la place de la mauvaise, les conversions devenoient parfaites et sincères.

C'est, Monsieur, ce qui arrive encore aujourd'hui dans ce que nous appelons nouveaux convertis. Si on ne leur demande rien, ils demeurent abandonnés à eux-mêmes, dans une espèce de langueur, sans culte, sans religion; et l'ouvrage du Roi ne consisteroit à leur égard, qu'en ce qu'il leur auroit ôté celle qu'ils professoient.

Quand on les presse d'une manière modérée, bien moins sévère que celle qui est portée par les lois des empereurs, et qui se termine après tout au précepte de saint Paul : *Insta, increpa, obsecra,* nous voyons qu'ils se réveillent de ce sommeil léthargique ; que venant à l'Eglise, ils se détrompent des fausses idées qu'ils ont prises dès leur naissance. Ils comprennent ce que c'est que la messe, en la voyant dire : en lisant eux-mêmes ce qui s'y dit, ils sont surpris de n'y trouver que des prières admirables, dont ils sont très-édifiés ; et j'en ai vu plusieurs bien convertis, qui m'ont avoué qu'ils n'auroient jamais été détrompés, s'ils n'avoient pas pris sur eux d'y aller dans les commencemens, même avec répugnance.

Il y auroit d'ailleurs une espèce d'impossibilité de les instruire, s'ils ne se rassembloient. Comment un seul curé pourroit-il en détail instruire deux ou trois mille nouveaux convertis, qui sont dans sa paroisse ? Si on les rassemble hors le temps de la messe, rien ne fait un plus méchant effet : ils se fortifient par cet éloignement, dans les fausses idées qu'ils ont du mystère ; et ils se croient en droit de demeurer toujours dans leurs erreurs, quand ils n'ont pas fait ce premier pas pour en sortir.

Il me semble que tout doit céder à l'expérience. On voit que sans force, sans violence, et par la seule application qu'on se donne à presser, à exhorter, à faire voir la nécessité qu'il y a de suivre les engagemens qui ont été pris par l'abjuration, en exilant seulement dix ou douze personnes dans tout le Languedoc, qui y donnoient un très-mauvais exemple et qui faisoient gloire de le donner, presque toutes les églises sont maintenant remplies. N'est-il pas plus avantageux d'y voir le troupeau rassemblé, que d'avoir à courir après toutes les brebis égarées ? Il est certain qu'un grand nombre revient de bonne foi, et que l'on voit un fruit très-évident de la parole de Dieu.

Plusieurs à la vérité sont encore à l'église sans foi ; mais plusieurs y acquièrent de la foi tous les jours : ceux qui l'ont foible sentent qu'elle se fortifie, et marchent insensiblement au point de perfection : elle vient aux uns plus tôt, et aux autres plus tard ; mais enfin nous en voyons les progrès. On compte toujours, dans les lieux où l'on travaille avec application, quelque conquête nouvelle et assurée ; et nous n'entendons dire autre chose à des gens bien revenus, si ce n'est qu'ils bénissent la main qui les a fait entrer à l'Eglise avec quelque espèce de contrainte, parce que sans cela ils n'auroient jamais pris la résolution d'y venir. Plusieurs attendent le moment qu'on leur parle avec fermeté, et ils se déterminent dès qu'on leur a parlé ; ils le disent ainsi eux-mêmes.

Je dois ajouter, Monsieur, qu'il y a un nombre très-grand de nouveaux convertis, qui sont fatigués de vivre sans religion. Le peu de résistance qu'on trouve en eux d'aller à l'église et à la messe vient de ce principe : mais ils sont encore arrêtés par une fausse honte, par le mauvais exemple de quelque esprit malin. Quand on rompt ces liens, ils en sont ravis ; et rien ne leur fait plus de plaisir, que de voir imprimer un mouvement général qui les entraîne, et qui les porte où ils iroient d'eux-mêmes, s'ils n'étoient retenus par les préjugés, qui ont fait de tout temps tant de peine aux hérétiques.

Si je ne m'arrêtois en cet endroit, je répéterois ou plutôt j'affoiblirois ce que ces savans prélats, dont je vous envoie les écrits, vous représentent. Je me contenterai de vous dire que, s'il y a quelque inconvénient de ne pas donner une grande idée du mystère à ceux qui n'en sont pas persuadés, cela est bien récompensé par le nombre des conversions sincères qui se font tous les jours, et qui ont commencé par un mouvement de contrainte. Le respect et la vénération pour le mystère ne manquera pas de venir, lorsqu'ils seront assez heureux pour goûter l'instruction, et qu'ils commenceront à vouloir connoître de bonne foi notre religion telle qu'elle est : cependant l'habitude se forme, et l'habitude aide beaucoup les hommes pour suivre les exercices de la religion.

Mais comme je n'ai rien plus à cœur que de ne point excéder les bornes du véritable zèle que je dois avoir pour remplir mes fonctions, et que je ne puis mieux trouver cette juste mesure que dans vos lumières, je serai ravi d'en pouvoir profiter, et qu'elles règlent ma conduite. Mais permettez-moi de vous supplier encore une fois de considérer un peu l'état de cette province, la situation présente des affaires de la religion, que je viens de vous expliquer. Jugez par toutes ces circonstances, plutôt que par des principes séparés du fait dont il s'agit, si l'on doit avoir de la peine à se résoudre de faire venir les nouveaux convertis à la messe, quand on sait par une expérience certaine qu'il n'y a qu'à parler pour être obéi ; et si le scrupule d'y déterminer quelques personnes sans foi, doit l'emporter sur le fruit certain de voir naître cette même foi dans les cœurs de plusieurs.

Au surplus nous ne voyons personne qui nous dise : Je vais à la messe, je n'y crois point. C'est un langage qui nous est inconnu ; et si j'entendois parler ainsi, j'empêcherois celui qui tiendroit ce discours d'aller à l'église. Il faut donc pénétrer dans leurs cœurs, et interpréter à mal les exercices extérieurs qu'ils pratiquent. N'est-ce pas pousser la chose trop loin ? L'Eglise étant une aussi bonne Mère, doit-elle faire cette espèce d'inquisition ? Ils ne se présentent pas, dit-on, à la communion : il est essentiel de faire ses Pâques tous les ans. Mais plusieurs les font ; les autres s'y préparent : il y en a eu cette année beaucoup plus qui s'y sont présentés, que les années précédentes. Quand ils y viendront tous, l'ouvrage sera dans sa perfection. Il faut travailler pour l'y mettre, et croire qu'il n'y sera qu'avec du temps et beaucoup de peine : mais l'objet du travail mérite bien qu'on en prenne, et qu'on ne se rebute pas aisément. Il me semble qu'il n'est rien si important par rapport à la religion que de finir, s'il est possible, cette grande entreprise ; et je puis dire encore, par rapport à l'Etat et à la politique.

Il n'est question dans tout ceci que de savoir si l'on peut obliger les nouveaux convertis d'aller à la messe : car pour la participation des sacremens, il ne peut y avoir deux avis ; et l'on ne peut pas douter que ce ne soit très-mal fait de les y admettre, quand ils n'ont pas les dispositions nécessaires ; ce qui dépend uniquement de la connoissance que les supérieurs ecclésiastiques en doivent prendre, en examinant en détail la foi de ceux qui sont commis à leurs soins. Je suis avec respect, etc.

LETTRE XXXVI.

BOSSUET A M. DE BASVILLE

A Germigny, ce 21 novembre 1700.

Pendant, Monsieur, que je suis ici solitaire et libre, j'ai profité du repos que je m'y suis donné pour lire et étudier à fond vos savantes réflexions, avec celles des savans prélats, sur une de mes lettres, et en même temps un docte écrit que M. de Montauban m'a donné en nous séparant, sur la contrainte dont on doit user contre les hérétiques. J'ai tâché sur ces beaux écrits de personnes dont j'estime tant les sentimens, de former dans mon esprit une résolution sur cette importante affaire; et comme j'ai cru avoir pris tout le temps dont j'avois besoin pour y réfléchir, et que je prenois la plume pour vous expliquer ma pensée, il est venu un ordre de la Cour qui mande de se donner garde de forcer personne à la messe; ce qui sembloit vouloir décider notre question. Mais comme la Cour a ses raisons et ses vues, qui peuvent changer selon les temps, je me suis déterminé à faire deux choses : l'une, d'examiner la matière en elle-même, indépendamment de cet ordre; l'autre, d'examiner ce qui est à faire, et ce qu'on doit remontrer à la Cour sur cet ordre même.

Je commence donc à traiter en soi la question, si et jusqu'où l'on peut contraindre les hérétiques : et je déclare d'abord, ce que je crois aussi avoir fait paroître dans ma lettre qui a donné sujet aux Réflexions qu'il vous a plu m'envoyer; je déclare, dis-je, que je suis et que j'ai toujours été du sentiment, premièrement, que les princes peuvent contraindre, par des lois pénales, tous les hérétiques à se conformer à la profession et aux pratiques de l'Eglise catholique : deuxièmement, que cette doctrine doit passer pour constante dans l'Eglise, qui non-seulement a suivi, mais encore demandé de semblables ordonnances des princes.

En établissant ces maximes comme constantes et incontestables parmi les catholiques, voici où je mets la difficulté : c'est à savoir si on a raison de faire une distinction particulière pour la messe, et d'employer des contraintes particulières pour y forcer les hérétiques.

C'est ce qu'il me semble qu'il falloit prouver, si l'on vouloit s'opposer à mon sentiment : il falloit, dis-je, prouver que les lois dont on s'est servi pour contraindre les hérétiques, ou par des supplices plus modérés, comme il a été pratiqué contre les donatistes, ou par les derniers supplices, comme l'ont fait les siècles suivans contre les albigeois et les vaudois, ont fait une distinction particulière de la messe d'avec les autres exercices.

Or c'est constamment ce qui n'a jamais été. On a condamné à des amendes tous les donatistes ; on les a déclarés intestables et incapables de succéder, à moins que de pratiquer la religion catholique : mais qu'on les en tînt quittes pour seulement venir à la messe, pendant qu'ils montreroient une répugnance invincible aux autres pratiques de l'Eglise autant ou plus nécessaires ; c'est assurément ce qui n'a jamais été pensé.

Ce n'est pas dans la messe seule que consiste l'exercice de la catholicité ; le réduire là, ce seroit une manifeste erreur : aussi n'y a-t-il aucune loi des princes, aucune règle de l'Eglise, aucun passage des Pères qui contraigne en particulier à la messe. La contrainte n'a jamais regardé que l'exercice de la religion catholique en général : de sorte que, ou l'on ne prouve rien, ou l'on prouve plus qu'on ne veut, en alléguant ces anciens décrets.

Qu'ainsi ne soit : je demande pourquoi l'on n'emploie pas la même contrainte pour obliger les hérétiques à se confesser, que pour les obliger d'aller à la messe. C'est sans doute qu'on ne les y croit pas disposés, et qu'on craint de les engager à un sacrilége, en les engageant à la confession contre leur conscience. C'est donc qu'on les met au rang des mécréans ; et si on les met en ce rang, comment les force-t-on d'aller à la messe, où ils ne peuvent assister avec édification sans commettre ce qu'ils jugent être une idolâtrie ?

Voici donc ce que je crois être la règle certaine de l'Eglise.

Premièrement, que l'on peut user de lois pénales plus ou moins rigoureuses, selon la prudence, contre les hérétiques.

Deuxièmement, que ces peines étant décernées par l'autorité

des princes, l'Eglise reçoit à sa communion tous ceux qui y viennent du dehors, quand elle peut présumer qu'ils y viennent de bonne foi, et que la vexation qui les a rendus plus attentifs les a aussi éclairés.

Troisièmement, qu'on ne peut présumer de la bonne foi, que quand ils se soumettent également à tout l'exercice de la religion catholique.

Ce qui me fait donc penser qu'on ne doit point contraindre à la messe ceux qu'on n'ose contraindre au reste des exercices, c'est que la répugnance opiniâtre qu'ils montrent à les pratiquer, fait voir qu'ils sont indignes de la messe comme du reste.

Je n'entre point par là dans la question des dispositions nécessaires pour assister utilement à la messe ; c'est ce qu'il ne sert à rien d'examiner : il me suffit qu'on est d'accord que les mécréans manifestes ne doivent pas y être contraints, et qu'on doit prendre pour marque certaine de mécréance une répugnance invincible à se confesser premièrement, et ensuite à communier.

Je distingue pourtant ici entre exclure les hérétiques de la messe, ou les y contraindre. Je ne les en exclurai pas, quand je pourrai présumer qu'ils viennent de bonne foi, et du moins avec quelque bon commencement des dispositions nécessaires.

Mais quand je les vois déterminés à ne passer pas outre, c'est-à-dire à refuser la confession et ses suites, je prends cela pour marque évidente d'incrédulité ; et les contraindre à la messe en cet état, c'est les induire à erreur et ravilir la messe dans leur esprit ; c'est en même temps déroger aux choses plus nécessaires, comme par exemple à la confession, et leur faire croire que l'exercice de la religion catholique consiste en un culte extérieur, auquel même on fait voir d'ailleurs qu'on ne croit pas. C'est ce que je crois avoir expérimenté en ces pays-ci ; et sans parler des expériences, qui peuvent être différentes en différens endroits, la règle me paroit indubitable.

Il resteroit à réfléchir sur le dernier ordre de la Cour ; et aussitôt qu'elle sera de retour, je me propose de représenter qu'il est un peu trop général. Car si l'on n'excepte de cette douceur ceux qui ont tout promis pour se marier, ou pour réhabiliter leurs mariages, sans après rien exécuter de ce qu'ils ont promis et déclaré, et que l'on n'use envers eux d'aucune contrainte : je crois pouvoir démontrer que c'est tout perdre, et que c'est autoriser une espèce de relaps qui se moquent publiquement et impunément de la religion. Je fais un mémoire pour cela, dont je prendrai la liberté de vous envoyer copie, et que je voudrois pouvoir concerter avec vous-même. Car on avance bien plus dans de telles discussions par la vive voix que par des écrits, où l'on ne trouve point de répartie. Cependant, Monsieur, ne nous lassons point de traiter une matière si difficile, et en même temps si essentielle. Il me semble que les écrits que vous m'avez fait l'honneur de m'envoyer, et tous les autres que j'ai pu voir sur ce sujet, n'envisagent point la matière du côté que je la regarde ici. M. l'évêque de Montauban, avec qui j'ai eu occasion de m'expliquer, vous dira ce que nous avons dit ensemble, et qu'assurément je pousse au plus loin la doctrine des contraintes, sauf à se régler dans l'exécution par des tempéramens de prudence.

Si Dieu vous donne quelque chose sur cette lettre, ne me le refusez pas. Car je cherche : je vois la difficulté de tous ses côtés; et je vous assure, Monsieur, que je suis disposé à profiter non-seulement des lumières de ces saints et savans prélats, mais encore et plus particulièrement des vôtres, par la connoissance que j'ai qu'ayant joint tant d'expérience au bon esprit, à la bonne intention et au savoir, vous êtes l'homme du monde le plus à écouter en cette occasion. Je finis en vous assurant de mon sincère respect que vous connoissez.

Je crains, en faisant décrire, de perdre le temps de faire partir cette lettre, et je vous demande pardon d'épargner si peu vos yeux.

LETTRE XXXVII.

RÉPONSE DE M. DE LAMOIGNON DE BASVILLE A BOSSUET.

Montpellier, ce 16 janvier 1700.

Les affaires que j'ai toujours pendant les Etats, Monsieur, m'ont empêché de répondre plus tôt à la dernière lettre que vous m'avez fait l'honneur de m'écrire. J'obéis maintenant, et je prends la liberté de vous mander ce que je pense sur ce que vous avez eu la bonté de me communiquer. Je le fais avec sincérité, et autant que je le puis sans prévention. Je n'ai qu'un intérêt dans tout ceci, c'est de remplir mes devoirs et l'ordre de ma vocation. Puisque je suis occupé sans relâche depuis dix-neuf ans aux affaires de la religion, et que la Providence m'a mis depuis seize ans dans une province où il y a au moins le tiers des nouveaux réunis qui sont dans le royaume; je dois croire qu'elle veut que j'y aie une attention particulière. C'est uniquement pour m'acquitter d'une si grande obligation, que je souhaite profiter de vos décisions et de vos lumières. Je reconnois que les miennes sont trop foibles pour une matière aussi délicate et aussi importante. Ainsi après vous avoir expliqué mes pensées et mes doutes, et tout ce que l'expérience a pu m'apprendre, je suivrai avec plaisir tous les partis que vous jugerez les plus raisonnables et conformes aux véritables règles de l'Eglise.

MM. les évêques de Rieux et de Mirepoix, à qui j'ai fait part de votre lettre, m'ont envoyé les mémoires ci-joints. M. de Montauban m'a mandé qu'il vous enverroit les siens. M. de Nimes m'a dit qu'il n'avoit rien à ajouter à ce que je vous ai envoyé de sa part. Je serai toute ma vie avec respect et un attachement très-sincère, etc.

LETTRE XXXVIII.

M. DE LAMOIGNON DE BASVILLE A BOSSUET.

Réflexions sur la lettre de ce dernier.

Il est inutile de s'étendre plus au long sur le pouvoir des princes, ni sur les lois pénales qu'ils ont droit de faire contre les hérétiques : ce point est incontestable. Mais si ce pouvoir est certain, pourquoi faut-il qu'il soit inutile ? Et si ces lois sont justes, faut-il qu'elles demeurent sans effet ?

On ne demande point ici de distinction : il n'est pas question d'avoir une loi qui contraigne les hérétiques d'aller à la messe. On demande seulement de pouvoir dire en général aux nouveaux convertis qu'ils doivent pratiquer les exercices de la religion, sans leur parler de la messe plutôt que de la confession et de la communion. On suit l'exemple des lois anciennes des empereurs, qui n'entrent point dans ce détail. Telle est la loi d'Honorius[1] : *Nisi ad observantiam catholicam mentem animumque converterint, ducentas argenti libras cogentur exsolvere, si sint ordinis senatorii,* etc. Cette impresssion générale suffit : les nouveaux réunis vont naturellement et sans contrainte à la messe, quand on leur dit qu'ils doivent vivre en catholiques. On n'en trouve point qui fassent une espèce de protestation sur leur créance contre la messe : pas un ne dit qu'il n'y croit pas, quand il y va ; et ce seroit un grand scandale, si l'on entendoit ce langage : « On veut que j'aille à la messe, je n'y crois pas. » Ce n'est point là l'état où se trouvent deux cent mille réunis qui sont en Languedoc.

Il est vrai que les lois anciennes ne font pas cette distinction : les premières ne parlent que d'une contrainte qui comprend tous les exercices en général. Justinien dans sa Novelle CIX a été plus loin, et n'a pas cru qu'on pût réputer un homme catholique, qui n'auroit pas reçu la communion : *Igitur sacram communionem in Ecclesiâ catholicâ non percipientes à sacerdotibus, hæreticos justè vocamus ;* et il prive les femmes de leur dot, si elles ne la

[1] LIV Cod. Theod., de Hæreticis.

reçoivent pas : *Nisi sacram et adorabilem communionem à Deo amabilibus Ecclesiæ catholicæ Sacerdotibus acceperint.* C'est peut-être ce qui a déterminé, dans les siècles suivans, tous les conciles tenus en Languedoc contre les albigeois, de les obliger de communier trois fois l'année, puisque les lois romaines y étoient établies, que l'on a voulu être aussi bien observées pour la religion que pour les contrats, substitutions et autres matières civiles. Quoi qu'il en soit, il est inutile de porter plus loin cette dissertation. On ne veut point de loi précise pour la messe : on ne demande qu'une liberté de porter les réunis aux exercices de la religion par des voies justes et modérées. Et comme le premier exercice d'un catholique est d'aller à la messe, on demande seulement qu'on ne trouve pas mauvais qu'ils y aillent, lorsqu'on n'est pas assuré que leur foi soit encore bien affermie.

On n'a garde de tenir quittes les réunis de tout autre exercice de religion, pourvu qu'ils viennent à la messe : cela n'a jamais été dit ni prétendu ; au contraire, c'est à la messe qu'on leur apprend les principes de la religion et les règles de la discipline. C'est là qu'on leur enseigne qu'un bon chrétien doit s'unir avec Jésus-Christ, en participant au sacrement de sa chair et de son sang ; c'est là qu'on leur fait voir que notre religion ne consiste pas dans un culte extérieur, et qu'on leur montre à adorer Dieu en esprit et en vérité. On souhaite qu'ils viennent à la messe pour leur enseigner ces vérités : c'est le seul temps où ils peuvent être instruits et rassemblés. En recevant l'instruction, ils s'accoutument au mystère, ils le connoissent : ils se désabusent par eux-mêmes des fausses impressions qu'on leur a données ; et l'on tire ce double fruit, quand ils y vont, qu'ils connoissent la messe, et qu'ils apprennent en même temps leurs autres devoirs.

Rien de plus vrai que ce n'est pas dans la messe seule que consiste l'exercice de la catholicité. On a peut-être appuyé sur la messe, parce que c'est une des principales fonctions de la religion que d'y assister; parce que la messe a toujours été comme un signe et un caractère de distinction entre le huguenot et le catholique ; parce que l'assistance au sacrifice approche davantage de la participation du sacrement ; parce que c'est un exercice de la religion catholique, qui se réitère plus souvent ; enfin parce que la messe est accompagnée de prônes, de sermons, d'instructions et de tout ce qui peut augmenter et nourrir la foi. Mais on n'a jamais prétendu que ce soit dans la messe seule que consiste la pratique de la catholicité : nous sommes tous d'accord sur ce point.

On pourroit citer et les lois de Justinien, et tous les conciles tenus sur l'hérésie des albigeois, pour montrer que les princes et l'Eglise ne se sont pas toujours contentés de prescrire la pratique en général de la religion, et qu'ils sont entrés dans le détail des exercices. Mais ce n'est pas le fait dont il s'agit : on convient du principe, que ce n'est pas dans la messe que consiste la catholicité.

« Je demande pourquoi l'on n'emploie pas la même contrainte pour obliger les hérétiques à se confesser, que pour les obliger d'aller à la messe ? » etc.

Premièrement, ce raisonnement semble trop prouver, et n'a jamais été fait lorsqu'il a été question d'éteindre les hérésies. On ne peut pas douter que les hérétiques n'aient été contraints à pratiquer la religion catholique, par conséquent d'aller à la messe, qui est le premier de ses exercices. On ne peut pas croire que dans les premiers temps qu'ils ont été forcés d'aller à l'église, ils aient eu une foi bien vive sur tous nos mystères, qu'ils ne croyoient pas pour la plupart. Parce qu'ils ne se confessoient pas et ne communioient pas, étoit-on agité de ce scrupule ? les mettoit-on au rang des mécréans ? disoit-on qu'étant persuadés que la messe étoit une idolâtrie, il ne falloit pas les presser d'y aller ? On voit par les lois qu'ils étoient contraints d'aller à la messe comme à tous les autres exercices : mais l'on ne voit point que l'on se soit embarrassé de ce raisonnement. Dans les premiers temps, les hérétiques ont été reçus à l'église, où la puissance temporelle les obligeoit d'aller : ils y ont été instruits ; et accoutumés peu à peu, ils sont parvenus par l'instruction à croire les mystères. On a eu de la patience à leur égard, on les a attendus : ils se sont détachés l'un après l'autre, et tous enfin ont perdu le souvenir de leurs erreurs. Il en est de même des religionnaires de ce temps. L'expérience nous apprend que rien n'avance, quand ils ne viennent pas à l'église et à la messe : ils demeurent comme dans un sommeil léthargique, qui les conduit à une mort certaine ; et quand ils sont modérément pressés d'aller à la messe, tous les jours il y a quelqu'un d'entre eux qui se détache, qui se fait sincèrement catholique, et demande de lui-même les sacremens. On ne les lui propose que quand il est bien disposé. Si on veut donc les obliger d'aller à la messe sans les obliger de recevoir les sacremens, c'est qu'on ne peut avancer pour les rendre catholiques sans faire ce premier pas. Le progrès de la religion demande du temps : il faut attendre que le Ciel ait mis dans leur cœur ces heureuses dispositions que l'Eglise demande, et que les supérieurs doivent discerner. Si l'on renvoie souvent les anciens catholiques, même pour la communion pascale, pourquoi ne la différera-t-on pas à l'égard des réunis ? pourquoi l'Eglise n'espérera-t-elle pas que le temps et l'instruction pourront effacer du cœur d'un mauvais converti les impressions fâcheuses qui y sont encore ? Il vient à la messe ; il écoute : il faut espérer sa conversion, et non pas le traiter rigoureusement comme mécréant.

Secondement, l'idée de ces mécréans manifestes ne convient ni à l'usage ni aux discours de nos réunis. On n'en trouve point qui disent publiquement qu'ils ne croient pas, et qui s'en fassent honneur : au contraire, quand après avoir assisté assez longtemps à la messe, on leur remontre qu'il est du devoir d'un bon chrétien de s'approcher des sacremens, au moins une fois l'année, ils disent : « Cela viendra, je m'instruis ; il me faut encore un peu de temps. » Voilà le langage qu'ils tiennent. Faut-il pénétrer dans le fond de leurs cœurs, pour interpréter leurs discours dans un mauvais sens ? N'est-il pas plus raisonnable de les supporter avec charité, et de les attendre avec patience ?

Voici l'endroit le plus important, et à proprement parler le nœud de la difficulté. On convient qu'on doit recevoir à la messe les réunis, quand on peut présumer qu'ils y viennent de bonne foi ; et l'on fait consister cette bonne foi à les voir se présenter à tous les autres exercices. Ce principe convient-il au progrès de la religion ? et cette maxime rigoureuse n'est-elle pas comme ces remèdes qui tuent le malade au lieu de le guérir ?

Premièrement, on demande : Que faut-il faire de ces sortes de gens qui viennent à la messe, qui y assistent modestement, et qui pourtant ne se sont pas encore présentés aux sacremens ? les chassera-t-on de l'église ? leur dira-t-on qu'ils ne seront plus reçus à la messe, qu'il leur est libre de vivre dans une autre créance que celle de la religion catholique ? L'Eglise a-t-elle jamais pris un parti semblable ? Combien d'ames perdra-t-on, qui se seroient converties avec le temps ? Que deviendra l'ouvrage du Roi, qui n'aboutira qu'à faire des mécréans ? Il ne faut pas s'y tromper; rien n'est si important que la résolution que l'on prendra sur ce point. Si la cabale des religionnaires peut découvrir qu'on tire cette conséquence : Cet homme va à la messe, il ne se confesse pas, il ne communie point; il faut le rejeter et ne le pas réputer catholique : elle fera les derniers efforts pour jeter dans cette perverse situation un grand nombre de personnes, qui feront gloire de dire qu'ils ne se confesseront ni ne communieront jamais; et qui par cette adresse s'excluront eux-mêmes des exercices de la religion, et se feront fermer la porte de l'Eglise, où l'on avoit dessein de les faire entrer. Tout le bien qu'on a fait jusqu'à cette heure sera renversé; et on leur apprendra par ce moyen à tenir des discours auxquels ils ne pensent pas maintenant, quoique les églises soient remplies presque partout en Languedoc, et que cela se soit fait sans violence et sans aucune peine. Il faut bien se garder d'exposer la foi de ces néophytes, encore foible, à de pareilles tentations, et de leur laisser entrevoir la moindre espérance de retour à leur ancienne créance. Les exercices de la religion catholique paroissent si difficiles à ceux qui ont vécu dans la liberté de la religion prétendue réformée, qu'il faut toujours craindre qu'ils ne s'en rebutent et qu'ils ne retournent à leur ancienne discipline, si on ne leur en ferme avec soin toutes les avenues.

Secondement, un principe n'est pas bon lorsqu'il tend à la destruction de l'ouvrage qu'on a dessein de perfectionner. Or exclure les réunis de la messe parce qu'ils ne pratiquent pas les sacremens, c'est détruire l'œuvre des conversions. Car il suit de là que tout homme qui dira qu'il ne veut pas les recevoir, doit être laissé dans une parfaite tranquillité : et sur la connoissance que nous avons de l'inclination et de la conduite des nouveaux convertis, il ne faut pas douter qu'un grand nombre ne prenne ce parti.

Troisièmement, un principe dont les extrémités sont trop grandes doit être évité : or il semble que les deux plus grandes de toutes les extrémités suivent de ce principe. Tout ou rien; tout, si on contraint les nouveaux réunis à tous les exercices; rien, s'ils déclarent qu'ils ne sont pas disposés à recevoir les sacremens. N'y a-t-il pas un milieu entre ces deux fâcheuses extrémités ? Ne peut-on prendre d'autre parti que de les abandonner, ou de les porter à des sacriléges? N'est-il pas plus à propos d'attendre, d'espérer, de les instruire et de ne les pas condamner comme mécréans? Ils viennent à la messe; il faut espérer qu'ils feront le reste. Ce raisonnement n'est-il pas plus doux, plus conforme à l'esprit de l'Eglise que celui-ci : Ils viennent à la messe, ils ne veulent pas se confesser et communier : il faut les retrancher de l'Eglise?

On dira peut-être qu'il ne s'agit pas de chasser de l'église ces réunis ; mais de savoir si on doit les contraindre de venir à la messe. A quoi je réponds que s'ils y viennent par une contrainte très-modérée, comme pourroit être une forte exhortation de la part de la puissance temporelle, accompagnée de quelques menaces, en excluant tous les moyens violens, on doit présumer qu'ils y viennent volontairement. Les moyens qu'on veut employer sont si doux, qu'on ne peut pas présumer que la volonté soit absolument contrainte; et s'il faut traiter de mécréans ceux qui ne se présentent pas aux sacremens, il doit s'ensuivre qu'il faut exclure de l'Eglise la plupart de ces nouveaux convertis, qui y sont entrés sans aucune violence.

« Ce qui me fait donc penser qu'on ne doit pas contraindre à la messe ceux qu'on ose contraindre au reste des exercices, c'est que la répugnance opiniâtre qu'ils montrent à les pratiquer, fait voir qu'ils sont indignes de la messe comme du reste. »

Si on suit cette règle, l'ouvrage est abandonné : car si on ne porte pas les réunis à aller à la messe, que peut-on leur demander ? Sera-ce d'aller à des instructions séparées de la messe? L'usage et l'expérience font connoître que l'on ne gagne rien par ces instructions, impraticables dans la plus grande partie des paroisses : d'ailleurs cette séparation des anciens et des nouveaux catholiques entretient entre eux une désunion dangereuse d'esprit et de parti : on ne doit penser qu'à les unir, et à les confondre les uns avec les autres. Quand on a fait de semblables instructions pour les réunis seulement, ou ils n'y ont pas assisté, ou ils les ont écoutées avec répugnance comme des exhortations vaines et ennuyeuses. L'expérience nous fait voir qu'ils profitent beaucoup plus à un sermon, qui se fait tous les dimanches à la messe ; et que la vue du mystère, la prière commune qui s'y fait, la lecture de l'Evangile, et tout cet appareil de religion qu'ils y voient, les désabuse plus que tout ce que l'on peut leur représenter. Il seroit juste qu'on s'en rapportât un peu à ceux qui ont pratiqué toutes sortes de moyens, et qui ont sur cela une longue expérience.

Un mécréant manifeste ne doit pas être contraint d'aller à la messe : cela est vrai, et l'on auroit raison d'exclure de l'église, et de priver de l'assistance au sacrifice un homme qui diroit : « Je ne crois point. » Mais encore une fois, ce n'est point là notre système ; et c'est ce que nous ne voyons pas, ou très-rarement.

On doit prendre pour marque certaine de mécréance, une répugnance invincible à se confesser et à communier ; cela est vrai : mais pourquoi croire la répugnance invincible ? La volonté de l'homme est sujette à un perpétuel changement du bien au mal, et du mal au bien. Nous voyons tous les jours revenir ceux des réunis qui paroissoient les plus éloignés. La dureté des cœurs s'amollit par les réflexions, par les instructions, par les exemples, par les inspirations : tel avoit horreur des sacremens l'année dernière, qui les demande celle-ci. Y a-t-il de répugnance qui soit invincible à la grace ? Pourquoi ne pas croire qu'elle viendra tôt ou tard sur cet endurci ? Ainsi la maxime qui peut être véritable dans la thèse générale, ne l'est pas dans l'hypothèse; et il semble qu'il n'est pas avantageux à l'Eglise qu'on en fasse l'application.

« Je distingue pourtant ici entre exclure les hérétiques de la messe, ou les y contraindre. Je ne les exclurai pas, quand je pourrai présumer qu'ils viennent de bonne foi, et du moins avec quelque bon commencement des dispositions nécessaires. »

Nous voilà d'accord par cette règle : c'est précisément l'état des réunis de Languedoc : on peut présumer qu'ils viennent de bonne foi. On voit en la plupart un commencement des dispositions nécessaires : mais c'est une foi foible, qu'il faut encourager et soutenir par des condescendances charitables, bien loin de la déranger ou de l'affoiblir par des craintes indiscrètes, ou par des soupçons d'hypocrisie ou de mauvaise conduite.

« Mais quand je les vois déterminés à ne passer pas outre, c'est-à-dire à refuser la confession et ses suites, je prends cela pour marque évidente d'incrédulité; et les contraindre à la messe en cet état, c'est les induire à erreur, etc. »

Pour cette règle-ci, elle peut causer dans son application de grands inconvéniens; si l'on s'y arrête avec exactitude. Il faut abandonner la meilleure partie de ces brebis égarées, qu'on pourroit autrement ramener dans le bercail. On prie encore M. de Meaux de marquer en quel temps de l'Eglise on a suivi cette conduite, de traiter de mécréans et de chasser de l'église ceux qui viennent à la messe en vertu des lois des empereurs, lorsqu'ils ne se présentent pas encore à la confession et à la communion. Quand est-ce qu'on a traité leur répugnance d'invincible ?

Quant à l'idée qu'ils prennent de la religion, c'est à la messe qu'on leur enseigne qu'elle ne consiste pas dans un culte extérieur, c'est là qu'on leur explique ce qu'ils voient et ce qu'ils entendent; et ce n'est que là qu'ils peuvent être bien désabusés de toutes les fausses impressions qu'ils ont reçues sur ce mystère : l'expérience le fait connoître tous les jours.

La disposition des religionnaires auprès de Paris pourroit être très-différente de celle où se trouvent ceux du Languedoc. On ne répétera point ici la facilité qu'il y a de les porter à tous les exercices de la religion, quand on veut s'y appliquer ; le peu de répugnance même qu'ils ont à se confesser et à communier pour peu qu'on voulût les presser sur ces articles : mais il vaut mieux attendre qu'ils le désirent et qu'ils le demandent. Il faut laisser croître leur foi, et prendre garde de ne pas les engager à des confessions et à des communions prématurées. Je remarque seulement cette disposition, pour faire connoître à M. de Meaux que nous ne voyons point cette répugnance invincible, qui le frappe avec raison, et qui paroît le fondement le plus solide de son opinion. Cependant il est de la prudence d'appliquer les remèdes suivant les dispositions des malades. Si deux cent mille nouveaux convertis ne sont pas disposés en Languedoc, comme l'est un petit nombre auprès de Paris, ce seroit tomber en erreur que de ne faire aucune distinction de ces deux états différens, et de vouloir réduire le plus grand nombre aux règles du plus petit.

La première réflexion qu'il y a à faire sur l'ordre de la Cour, est qu'il n'est pas général : il n'a été envoyé ni en Languedoc ni en Guyenne, qui sont du département de M. de la Vrillière. M. de Torcy l'a envoyé en Dauphiné : le grand-vicaire de M. de Valence l'a reçu en son absence; il en a distribué des copies à ses curés, qui l'ont lu publiquement et sans discrétion. Sur ce fondement, la cabale des religionnaires, qui subsiste encore et qui est toujours attentive à tous les événemens, s'est imaginé que le Roi vouloit se relâcher à l'avenir : elle a insinué que cet ordre devoit être considéré comme le premier pas, pour parvenir à une liberté entière de ne plus pratiquer aucun exercice; et cette fausse conjecture, répandue dans le parti, a retardé pour longtemps tout le bien qu'on a pu faire par les missions et par les soins assidus de plusieurs années. Je sais cette histoire du grand-vicaire même de M. de Valence, dont une partie du diocèse est en Dauphiné, et l'autre en Vivarais, qui fait partie du Languedoc. Cet ecclésiastique se crut obligé de me consulter par cette raison, pour savoir s'il rendroit cet ordre public dans cette province, comme il avoit déjà fait dans l'autre. Je connus le danger, et je le priai de n'en rien faire, ces ordres ne devant pas être ainsi exposés aux yeux du public, pour les mauvaises et fausses conséquences qu'on en peut tirer. L'ordre en effet n'a point paru dans mon département. Je n'ai pu comprendre d'où venoit cette diversité de sentimens; et j'ai toujours mieux reconnu que pour le bien de la religion, il n'y a rien tant à désirer que l'uniformité de conduite.

M. de Meaux connoît parfaitement l'abus des nouveaux convertis, qui cessent de remplir leurs devoirs quand ils sont mariés : abus insupportable qui arrive très-souvent, et qu'on ne peut trop tôt réprimer. Mais si l'on fait scrupule d'admettre et de contraindre par des voies modérées, ces sortes de gens d'aller à la messe, comment en usera-t-on à leur égard, quand ils diront qu'ils n'ont plus de foi, qu'ils ne peuvent se résoudre à se confesser et à communier? Si la répugnance paroît invincible, il faudra donc cesser à leur égard toutes sortes de contraintes pour les exercices; et si on les punit comme relaps, cette punition, ou la crainte de la recevoir, ne sera-t-elle pas pour eux une véritable contrainte, qui les portera aux sacriléges et à tous les inconvéniens que l'on craint? D'où l'on conclut que l'Église étant maîtresse de la discipline, d'avancer ou de différer les confessions et les communions suivant qu'elle le juge à propos, elle pourroit se contenter quant à présent de voir le troupeau réuni sous le même toit, en état, souvent même en volonté d'être instruit et éclairé, et donner le reste au temps, aux soins des pasteurs, à l'habitude même, qui n'est pas indifférente en matière de religion. Il faut se contenter de les pêcher avec l'hameçon, sans vouloir les prendre tous d'un coup de filet.

J'ajouterai un mot à l'égard des mariages. Ce n'est pas assez de punir ceux qui, après être mariés, abandonnent les exercices de la religion catholique : il est très-nécessaire de faire une loi pour punir ceux qui habitent ensemble sans se marier à l'église. C'est un désordre qui se répand impunément; et si l'on n'y met ordre, l'extinction de l'hérésie en France sera la source d'un concubinage public, et de ces unions illégitimes et scandaleuses. J'ai envoyé plusieurs mémoires sur ce sujet, qui se réduisent à punir les pauvres par la prison s'ils ne veulent pas se séparer, et à poursuivre les riches rigoureusement, en vertu de la déclaration du 7 septembre 1697, à la requête des promoteurs, qu'il faudroit aider de toute la puissance temporelle.

M. de Meaux dira peut-être : Que veulent donc précisément

ces gens de Languedoc? Qu'ils s'expliquent clairement. Voici ce que je voudrois en mon particulier, et dont je serois très-content.

Premièrement, que le Roi continue les secours qu'il donne pour les missions, qui sont suffisans, et qui s'emploient très-utilement.

Secondement, que l'on ne trouve pas mauvais que les intendans pressent, sollicitent sans relâche les nouveaux convertis de pratiquer la religion catholique qu'ils ont embrassée, en faisant abjuration de la protestante ; qu'ils s'en tiennent pourtant, dans leurs exhortations, aux termes d'assister aux instructions, à l'église, à la messe; qu'ils regardent la réception des sacremens comme une matière très-délicate, qui doit uniquement dépendre des pasteurs de l'Eglise ; qu'ils s'abstiennent même, autant qu'ils pourront, de parler nommément de la messe, et qu'ils se réduisent ordinairement à l'observation générale des exercices : cela suffit dans la plupart des endroits.

Troisièmement, en Languedoc on ne s'est encore servi que de ces exhortations générales pour la messe : on n'a employé ni amende, ni peines, ni logement de gens de guerre. Mais on reconnoît qu'il y a certains cantons où le peuple ignorant et grossier, n'étant presque point capable de discipline et d'instruction, ne sauroit perdre qu'avec peine la répugnance qu'il a pour les exercices de notre religion, où il trouve plus de difficulté et plus d'assujettissement que dans celle qu'il professoit. N'auroit-on pas raison de réduire par de petites amendes ces gens-là, qui ne se conduisent que par leurs intérêts : non pas précisément parce qu'ils n'assistent pas à la messe, mais parce qu'ils ne pratiquent pas les exercices de la religion catholique? Et le choix de ces lieux, où ces petites punitions sont nécessaires, ne devroit-il pas dépendre de ceux qui travaillent avec application, depuis plusieurs années, à cette grande affaire, de concert avec MM. les évêques?

Quatrièmement, il n'y a qu'à suivre ce qui est prescrit par la dernière instruction du Roi pour l'éducation des enfans. Il ne faut pas seulement trouver à redire si on met des filles au-dessus de douze ans dans des couvens, ou des garçons au-dessus de quatorze dans des pensions. L'expérience n'apprend que trop le danger qu'il y a de remettre les enfans à leurs pères et mères à cet âge-là : ils sont alors plus soumis que jamais à la puissance paternelle, et plus susceptibles de toutes sortes de mauvaises impressions. Il faut laisser à la discrétion des évêques à se régler sur les bonnes ou mauvaises dispositions qu'ils verront dans les pères ou dans les enfans.

Je finis dans ce mémoire, peut-être trop long, par ces deux réflexions.

La première, pourquoi craint-on de contraindre les nouveaux convertis d'aller à la messe, dans certains endroits, par des moyens très-doux, puisqu'on en emploie déjà de très-forts qui tendent à la même fin? N'est-ce pas contraindre que d'ôter à un père ses enfans s'il ne va pas à la messe, de le priver de ses charges, de sa profession, du moyen de gagner sa vie, des biens qu'il possède, s'ils ont appartenu à des parens fugitifs? Disons plus, n'est-ce pas contraindre un homme mourant à recevoir les sacremens, que de lui représenter la ruine entière de sa famille par la confiscation de ses biens, s'il ne meurt pas en bon catholique? Cependant par les dernières instructions et par les déclarations qui s'observent, on pratique toutes ces espèces de contraintes. Un réuni qui se détermine par ces motifs à aller à la messe, y va-t-il avec une volonté plus libre que celui qui prendra son parti par la crainte d'une amende?

La dernière réflexion est qu'on ne peut assez considérer l'importance du temps présent, pour achever ce grand ouvrage. Les vaines espérances qu'on avoit données aux religionnaires sont évanouies ; ils sont détrompés de toutes les chimères dont ils ont eu l'esprit rempli : tout a succédé au Roi heureusement; et il semble que l'on peut compter sur une paix profonde et durable. Quand trouvera-t-on une conjoncture plus heureuse et de plus belles dispositions? Si l'on suit avec un peu de vigueur et de fermeté ce qui est déjà si avancé, on en verra la fin: au contraire si l'on se relâche, si l'on tient une conduite lente, le bon temps s'écoulera; et les restes de l'hérésie, qu'on pouvoit entièrement éteindre, seront peut-être encore redoutables quand la guerre recommencera.

Je crois devoir encore ajouter ce que disoit, il y a peu de jours,

M. de la Guerre, frère de M. de Bonrepos : c'est un saint homme nouveau converti, qui fait de grands biens pour la religion, par son zèle, par sa capacité et par les bons exemples qu'il donne. Il avoit été persuadé plus que personne qu'il ne falloit pas contraindre les réunis à aller à la messe : l'expérience l'a fait changer d'avis ; et il disoit qu'il a remarqué que c'est un état trop violent à l'homme, de professer extérieurement une religion quand il n'en est pas persuadé, pour qu'il dure longtemps ; et que de là vient que ceux qui vont à la messe par politique, ou par la crainte de quelque peine, s'y accoutumant peu à peu, ils viennent à croire tout de bon, et à faire sincèrement ce qu'ils ne faisoient que par des motifs humains. Ç'a été la pensée de saint Augustin, qui ne s'est pas embarrassé de ce scrupule, lorsqu'il a dit qu'il falloit les contraindre, afin qu'ils commencent à être tout de bon ce qu'ils avoient voulu feindre : *Ut incipiant esse quod decreverant fingere.*

LETTRE XXXIX.

M. L'ÉVÊQUE DE MIREPOIX A M. DE BASVILLE.

J'ai beaucoup réfléchi, Monsieur, sur ce que M. l'évêque de Meaux vous mande au sujet des nouveaux convertis. Il me paroît que la difficulté qu'il fait d'approuver qu'on les contraigne par des peines légères à assister à la messe, vient de ce qu'il regarde la messe comme on regarde les sacremens, qui ne profitant qu'à ceux qui les reçoivent, demandent en eux des dispositions de foi, de désir et d'amour sans lesquelles ils n'y participeroient que pour leur condamnation. Il est vrai qu'il y a une manière d'assister à la messe, qui demande des dispositions presque semblables à celles qu'il faut apporter à la communion. C'est sur ce fondement que les anciens croyoient que ceux qui n'étoient pas en état de participer à l'Eucharistie, n'étoient pas dignes d'assister à la célébration des saints mystères. Mais comme la messe est un sacrifice qui n'est pas seulement offert par les fidèles, auquel cas il demande les dispositions de foi, de désir et d'amour que demandent les sacremens ; mais encore un sacrifice offert pour les fidèles et pour les fidèles pécheurs, auxquels il profite non comme les sacremens à ceux-là seulement qui les reçoivent, mais comme les prières à ceux pour qui on les offre : il faut, ce me semble, faire une grande différence de l'assistance à la messe, à la participation des sacremens.

La messe est, à l'égard des pécheurs pour lesquels on l'offre, une sorte de prière ; mais une prière incomparablement plus excellente que les autres, dans laquelle Jésus-Christ immolé mystiquement par la parole du prêtre, s'offre lui-même en cet état à son père, et intercède envers lui pour les pécheurs. Or comme on n'a jamais pensé qu'il y eût aucune irrévérence d'obliger les pécheurs d'assister aux prières que l'on fait pour eux, il semble qu'il n'y en peut pas avoir davantage à les obliger d'assister à un sacrifice que l'on offre pour eux. Il y en auroit sans doute, si on vouloit les obliger à offrir eux-mêmes avec le prêtre et avec Jésus-Christ, qui est le principal prêtre, le sacrifice de la messe ; ce qui est sans contredit la meilleure manière d'y assister ; mais manière qui ne peut convenir qu'aux fidèles, qui étant par la charité unis à Jésus-Christ comme à leur chef, sont en état de s'offrir en lui et par lui, comme ne composant avec lui qu'un même corps, ce qui fait qu'ils sont appelés prêtres par saint Pierre et par saint Jean[1].

Les pécheurs, que la discipline de l'Eglise d'aujourd'hui n'exclut point de la célébration des saints mystères, quand ils ne sont point excommuniés, n'y peuvent assister en cette manière, puisque n'étant pas unis avec Jésus-Christ par la charité, ils ne composent pas avec lui un même prêtre et une même victime. Il faut donc qu'ils y assistent en la seconde manière : et c'est en cette seconde manière que l'on peut et que l'on doit, ce me semble, contraindre les nouveaux convertis d'y assister, non comme à un sacrifice qu'ils offrent, mais qu'on offre pour eux, conformément aux paroles du canon : *Pro quibus tibi offerimus vel qui tibi offerunt.* Il est même à remarquer qu'on prétend que ces premières paroles ne se disoient pas anciennement, et peut-être par la raison que l'on ne souffroit point alors que personne assistât au sacrifice que ceux qui étoient en état de l'offrir avec le prêtre.

[1] I *Petr.*, II, 5, 9 ; *Apoc.*, I, 6 ; V, 10 ; XX, 6.

Mais quand il seroit vrai qu'en contraignant les nouveaux convertis les plus opiniâtres à assister à la messe, on feroit si l'on veut quelque plaie à la discipline présente, nous sommes dans une de ces occasions où l'utilité qui en reviendra infailliblement à l'Eglise, récompensera avantageusement ce qu'elle peut perdre par le relâchement de sa discipline. Car il ne s'agit pas ici du salut de quelques particuliers; mais d'un nombre très-grand de nouveaux convertis, et particulièrement des enfans qui vont se perdre et s'attacher à la secte de leurs pères, ou plutôt vivre dans l'irréligion où vivent leurs pères, si l'on ne contraint généralement tous les nouveaux convertis à assister à la célébration des mystères.

Ainsi jamais on n'a eu tant de raison de dire ce que disoit saint Augustin dans une cause presque semblable : « Dans les causes où, vu la violence et l'étendue des divisions, il ne s'agit pas seulement du salut de quelques particuliers, mais où l'on doit travailler à ramener des peuples entiers, il faut relâcher quelque chose de la sévérité de la discipline, afin qu'une charité sincère puisse apporter des remèdes convenables à de plus grands maux : » *In hujusmodi causis, ubi per graves dissensionum scissuras non hujus aut illius hominis est periculum, sed populorum strages jacent, detrahendum est aliquid severitati, ut majoribus malis sanandis charitas sincera subveniat* [1]. L'Eglise a toujours suivi cette maxime, quand il a été question de ramener à l'Eglise des peuples entiers de schismatiques et d'hérétiques; et vous le pouvez voir, Monsieur, assez au long dans le Mémoire que je vous donnai aux Etats derniers.

Que s'il en faut juger par l'expérience, il n'y a que trois mois ou environ qu'on a commencé de faire venir tout le monde à la messe à Mazères; et cependant il y en a des plus opiniâtres qui m'ont avoué qu'ils y venoient au commencement avec une grande répugnance, mais qu'à présent ils y venoient non-seulement sans peine, mais avec plaisir. Or que sera-ce si l'on continue de les y faire venir? que sera-ce dans un an et dans deux ans? Il n'y a point de doute qu'on n'y voie un très-grand changement. Dans

---

[1] E.ist. CLXXXV, *ad Bonif., de Corr. Donat.*, n. 45.

le fond, si ceux qui sont si opiniâtres avoient tant d'horreur pour la messe, ils n'y viendroient pas si facilement, et il faudroit des peines plus grandes pour les y obliger.

Quant à ce que M. de Meaux ajoute, que c'est leur donner une foible idée de la sainteté de nos mystères que de les y admettre, même de les y contraindre dans les dispositions où ils sont : il est aisé de remédier à cet inconvénient par les instructions qu'on leur fera sur la grandeur et la sainteté des mystères qui s'opèrent à la messe, que la seule créance de la présence réelle de Jésus-Christ sur l'autel relève si fort au-dessus de la cène des protestans ; outre que la manière dont les catholiques assistent à la messe, si différente de celle dont les protestans assistoient à la célébration de leur cène, est seule capable de leur faire sentir la différence qu'il y a de l'une à l'autre.

Je finis, Monsieur, en vous assurant que je trouve déjà des changemens très-avantageux à Mazères, depuis qu'on y contraint tout le monde aux exercices ; et voici un fait considérable qui le fait voir bien clairement.

Il y a dans cette seule ville jusqu'à quarante-cinq mauvais mariages de nouveaux convertis, qui vivoient dans une extrême indolence à l'égard de leur état. Mais depuis qu'ils ont vu qu'il falloit venir à tous les exercices, et que pour peu qu'ils ajoutassent à ce qu'on exigeoit d'eux, ils pourroient sortir de ce malheureux état, plus de la moitié sont venus me demander : « Que faut-il que nous fassions pour être mariés légitimement? » Je leur ai prescrit : premièrement, de se séparer d'habitation de leurs prétendues femmes, pendant un mois entier, pendant lequel, s'ils n'étoient pas suffisamment instruits, ils se feroient instruire ; et j'ai commis des personnes pour instruire les hommes et les femmes : secondement, que dans le même délai ils feroient leur confession, et verroient pour cela le confesseur qu'ils choisiroient, autant de fois qu'il seroit nécessaire, jusqu'à ce qu'ils eussent reçu l'absolution de leurs péchés : troisièmement, qu'ils déclareroient publiquement qu'ayant manqué aux engagemens qu'ils avoient pris dans leur abjuration, ils venoient présentement de leur mouvement, et sans aucune contrainte, faire profession de la religion catholique, et protester en présence de cette même Eglise qu'ils étoient resolus d'y vivre et d'y mourir. Ils se sont tous agréablement soumis à ces trois ou quatre choses, et j'espère qu'avant la fin de ce mois, il y en aura plus de la moitié de mariés.

Vous voyez ce qu'a produit une contrainte générale de trois ou quatre mois. Je ne doute pas qu'on n'en voie chaque jour de nouveaux fruits; les choses y paroissent plus disposées que jamais. La ligue que le Roi a faite avec l'Angleterre et la Hollande, pour le partage de la succession de l'Espagne, leur ôte toute espérance de pouvoir jamais être secourus de ce côté-là. Ainsi, Monsieur, rien n'est plus important que de les faire entrer bon gré, mal gré, dans l'Eglise; et il semble qu'on ne s'y oppose plus du côté de la Cour, qui étoit la seule chose qui pouvoit vous retenir. Il est inutile de vous répéter les raisons de notre avis, et vous les savez d'ailleurs mieux que personne. Je suis, etc.

RÉFLEXIONS DE M. L'ÉVÊQUE DE MIREPOIX

Sur la lettre de Bossuet à M. de Basville.

M. de Meaux convient que les princes peuvent contraindre à tous les exercices de la religion catholique les hérétiques qui s'en sont écartés, et que l'Eglise a autorisé ces contraintes en les demandant elle-même aux princes : mais il ne voudroit pas qu'on les employât particulièrement pour la messe, surtout dans le temps que l'on se garde bien de les employer pour les sacremens. Il croit que ceux qui soutiennent qu'on doit les contraindre d'assister à la messe, et les laisser dans une entière liberté pour les sacremens, ou ne prouvent rien ou prouvent trop; et qu'ainsi ou il faut les contraindre aux sacremens, ce que personne ne soutient, ou ne les pas contraindre à la messe.

Il ajoute à cela que par cette conduite on leur donne sujet de croire que la religion ne consiste que dans l'assistance à la messe, et encore dans une assistance forcée, et sans aucun rapport aux dispositions nécessaires pour y assister utilement. Il conclut que ceux des nouveaux convertis qui vont à la messe par contrainte, et avec protestation de n'aller pas plus avant dans la pratique des sacremens, doivent être regardés comme des mécréans, et par conséquent, qu'ils ne doivent être contraints ni à l'assistance à la messe, ni à la pratique des sacremens.

Il met pourtant une restriction à sa règle, à l'égard de ceux qui, pour se marier ou pour réhabiliter leurs mariages, auroient tout promis; et il croit pouvoir démontrer que c'est tout perdre, que de laisser en repos ces sortes de relaps. Ainsi il semble vouloir qu'on les contraigne à tout, et à la pratique des sacremens aussi bien qu'à l'assistance à la messe.

Voilà, si je ne me trompe, le précis de la lettre de M. l'évêque de Meaux, sur laquelle on peut faire les réflexions suivantes.

PREMIÈRE RÉFLEXION.

Que selon M. l'évêque de Meaux, dès qu'on a promis et qu'on s'est engagé à tout, on peut et on doit être contraint non-seulement à l'assistance à la messe, mais encore à la pratique des sacremens : car dans son sentiment ces deux choses ne doivent pas se séparer. Ainsi tous ceux qui ont promis, non-seulement pour se marier, mais pour d'autres motifs, quels qu'ils soient, auront beau dire qu'ils croient que la messe est une idolâtrie, et que si on les contraint d'y aller, ils se garderont bien d'avancer jamais davantage dans la pratique des sacremens; ils ne pourront point être regardés comme des mécréans, quelque protestation d'incrédulité qu'ils fassent; et on sera en droit de les contraindre et à la messe et aux sacremens, parce qu'ils se seront engagés à l'un et à l'autre.

Mais pourquoi les nouveaux convertis, dont la plupart ont fait leur abjuration sans contrainte, et surtout dans le diocèse de Meaux, comme M. l'évêque de Meaux l'a écrit lui-même, dont plusieurs se sont approchés volontairement des sacremens dans le commencement, pourquoi seront-ils regardés comme des mécréans, dès qu'ils diront, peut-être encore plus de la bouche que du cœur, qu'ils ne vont à la messe que par contrainte, la regardant comme une idolâtrie, et qu'ils déclareront qu'ils ne veulent point s'approcher des sacremens? Pourquoi acquerront-ils par cette protestation le droit de n'être pas contraints d'aller à la messe, que ceux qui se sont engagés à tout pour se marier ne peuvent point acquérir par une semblable protestation ? Pourquoi les uns seront-ils censés mécréans plutôt que les autres ? Mais ce nom de *mécréans* peut-il convenir à des chrétiens baptisés, qui croient en Jésus-Christ et en son Eglise, et qui feront quelquefois cette protestation dans la vue de se faire laisser dans le repos de mort, dans lequel ils cherchent à s'endormir ? Que si ce nom leur convient, et s'il leur donne le droit de ne pouvoir être contraints à l'assistance à la messe, pourquoi une semblable protestation, qui sera quelquefois plus sincère dans ceux qui ont tout promis pour se marier, ne leur acquerra-t-elle pas un semblable droit ? Ne pouvons-nous pas dire ici à M. l'évêque de Meaux que le titre de mécréans, par lequel il veut exempter les nouveaux convertis d'aller à la messe, ou prouve trop ou ne prouve rien ?

DEUXIÈME RÉFLEXION.

Il semble que M. l'évêque de Meaux change l'état de la question, pour avoir droit d'en conclure que le sentiment des évêques de Languedoc prouve trop ou ne prouve rien. Il n'est pas vrai qu'on donne à entendre aux nouveaux convertis, qu'on contraint d'abord seulement à l'assistance à la messe, qu'on ne leur demandera jamais rien à l'égard des sacremens; et ils ont si peu lieu de le croire, que plusieurs de ceux qu'on n'a songé de contraindre qu'à l'égard de la messe, se sont disposés volontairement à s'approcher de la confession. On commence par l'instruction, à quoi M. de Meaux ne trouve point d'inconvénient : on y ajoute l'assistance à la messe, parce que c'est un des exercices de la religion catholique qui recommence tous les huit jours; en sorte qu'on ne peut être catholique pendant huit jours sans assister à la messe, et qu'on peut l'être plusieurs mois sans être obligé de participer à aucun des sacremens. On espère même que quand les nouveaux convertis auront rempli tous les devoirs de catholiques pendant quelques mois, ils s'approcheront volontairement des sacremens ; et c'est en effet ce qui arrive presque toujours. Il n'est pas même absolument nécessaire, pour remplir tous les devoirs de catholique pendant quelques années, de recevoir aucun sacrement. L'Eglise ordonne à la vérité à tous ses enfans de se confesser une fois l'année, et de communier à Pâques : mais elle ajoute : A moins que le confesseur ne juge à propos de différer et la confession et la communion. Ainsi pourvu que les nouveaux convertis se présentent à un confesseur dans le temps prescrit par l'Eglise, quand le confesseur leur différera l'absolution, on pourra dire qu'ils remplissent tous les exercices de la religion catholique. Or on a lieu de croire par l'expérience que l'on en a faite dans les provinces de Languedoc et de Guyenne, que les nouveaux convertis ne passeront point deux années dans cet état qu'ils ne se portent volontairement à s'approcher des sacremens.

TROISIÈME RÉFLEXION.

Que, quoique l'Eglise, dans les lois qu'elle a établies ou qu'elle a demandées aux princes temporels pour contraindre les hérétiques aux exercices de la religion catholique, n'ait pas distingué l'assistance à la messe ni la participation aux sacremens ; et qu'ainsi il ne faille jamais faire entendre aux nouveaux convertis qu'on ne leur demande point de s'approcher des sacremens, puisque ce seroit leur donner lieu de croire qu'on peut être catholique sans y participer, ce qui seroit sans doute une grande erreur : on ne voit point qu'il y ait aucun inconvénient à appliquer différemment la contrainte aux différens exercices de la religion, et à contraindre par des peines plus sévères à l'assistance aux instructions, par de très-légères à l'assistance à la messe, et par la seule exhortation à la participation aux sacremens; et c'est là précisément le sentiment des évêques de Languedoc, que nous examinons à présent.

QUATRIÈME RÉFLEXION.

Que les dispositions nécessaires pour pratiquer utilement les exercices de la religion catholique, étant différentes selon la nature de ces exercices, il semble absolument nécessaire de tempérer différemment la contrainte que l'Eglise croit que les princes peuvent employer pour obliger les hérétiques à les pratiquer. Ainsi comme en quelque état que l'on soit on peut entendre utilement les instructions qui se font dans l'Eglise catholique, et que par cette raison l'Eglise n'en a jamais exclu ni les infidèles, ni les hérétiques, ni les catéchumènes : il paroît certain qu'on peut employer les plus grandes peines pour obliger les nouveaux convertis à assister aux instructions, et ce point-là n'est contesté de personne. A l'égard de la messe, quoique pour en retirer tout le fruit que l'Eglise se propose il faille être en état de grace, afin de pouvoir offrir le sacrifice avec le prêtre en qualité de membre vivant de Jésus-Christ, qui en est le principal Prêtre : cependant comme le sacrifice peut être utile même à ceux qui ne l'offrent pas, quand il est offert pour eux ; et que c'est par cette raison que l'Eglise souffre non-seulement que les pécheurs qui ne sont pas excommuniés y assistent, mais que même elle leur ordonne d'y assister ; il semble qu'on ne peut pas disconvenir que les princes ne puissent employer de légères peines pour y faire assister les nouveaux convertis, qui ne paroissent pas devoir être regardés d'une manière différente des autres pécheurs. Il n'en est pas de même de la participation des sacremens, et surtout de la participation de l'Eucharistie, qui étant une nourriture de vie pour ceux qui y participent saintement, devient un poison mortel pour ceux qui osent s'en approcher en état de péché. Ainsi quand la crainte d'engager les nouveaux convertis dans des sacrilèges énormes, fera changer en de simples exhortations les peines que les princes temporels ont autrefois employées pour obliger les hérétiques à y participer, loin d'en conclure qu'il ne faut pas les contraindre même par des peines légères à l'assistance à la messe, il faudra louer au contraire en cela la modération de l'Eglise d'aujourd'hui, comme plus conforme à l'esprit de l'Eglise et aux différentes dispositions qu'elle demande de ceux qui assistent à ses exercices, ou qui participent à ses sacremens.

CINQUIÈME RÉFLEXION.

Que les paroles de saint Augustin, dans sa *Lettre à Vincent*, montrent clairement qu'on contraignoit les donatistes à assister à la messe dans les églises catholiques, quoiqu'ils fussent persuadés que les évêques et les prêtres catholiques n'étoient pas de véritables évêques ni de véritables prêtres, et qu'outre cela ils crussent qu'ils mettoient sur l'autel des choses que la piété ne permettoit pas d'y mettre ; sans que l'Eglise ait fait aucune attention à la fausse persuasion dans laquelle ils étoient, ni qu'elle les ait jamais regardés comme des mécréans qu'il ne falloit pas souffrir dans l'Eglise pendant la célébration des divins mystères. Elle a cru qu'ils étoient obligés de déposer leur erreur, et de se conformer à la créance de l'Eglise catholique; et c'est aussi ce que pensent les évêques de Languedoc à l'égard des nouveaux convertis.

LETTRE XL.

M. L'ÉVÊQUE DE NIMES A M. DE BASVILLE.

Réflexions sur la lettre de Bossuet, au sujet des nouveaux convertis.

M. de Meaux convient d'abord de l'autorité des souverains à forcer leurs sujets errans d'entrer dans la véritable religion, sous certaines peines. Ils sont, en effet, selon saint Paul[1], ministres de Dieu pour procurer du bien à leurs peuples, surtout le plus grand bien, qui est le salut, et ce n'est pas sans raison qu'ils portent le glaive.

Il propose ensuite deux sortes de sujets errans, qu'il faut conduire différemment : les uns corrigés, rendus attentifs à la vérité et portés de bonne foi à nos mystères ; et ceux-là il veut non-seulement qu'on les y reçoive, mais encore qu'on les y contraigne : les autres, faisant une profession publique de n'y pas croire, et refusant opiniâtrément d'y participer ; et ceux-ci il les juge incapables d'en profiter, et dignes même de châtiment avec la modération convenable. M. l'évêque de Meaux est en cela beaucoup plus sévère que nous : il veut qu'on contraigne même ceux qu sont déjà corrigés, et qu'on punisse ceux qui paroissent incorrigibles.

Ceux qu'on a corrigés et qu'on a rendus attentifs à la vérité, ne sont plus dans le cas de la contrainte ; ils sont presque sortis des voies de l'erreur. La tribulation les a rendus sages, ils n'ont

[1] *Rom.*, XIII, 6.

besoin que d'instruction et de connoissance ; et comme ils s'appliquent à connoître la vérité, la vérité les délivrera de leurs préventions : il faut les recevoir avec charité, et les attendre avec patience.

Ceux qui font une profession publique de ne pas croire nos mystères, et qui refusent opiniâtrément d'y participer, sont proprement ceux que M. de Meaux appelle *errans*, et sur qui nous croyons que doit tomber la contrainte pour les obliger de réfléchir sur eux-mêmes, pour affoiblir par une contrainte salutaire les préventions qui les retiennent, pour les accoutumer aux exercices de la religion qu'on veut qu'ils embrassent, et pour les désabuser des fausses impressions qui leur restent de nos mystères, en les y introduisant comme témoins et comme assistans, et les disposant insensiblement par les prédications qu'ils entendent, par les bons exemples qu'ils voient, par les pratiques de piété qu'ils exercent avec les fidèles, à se rendre dignes d'y participer.

M. de Meaux est d'avis qu'on peut châtier ces gens-là, qui sont par leur obstination incapables de profiter de la messe ; et nous demandons seulement qu'on les contraigne d'y assister avec respect, pour se rendre dignes d'en profiter.

M. de Meaux ne connoît pas sans doute l'état présent des nouveaux convertis de cette province. On n'y voit presque plus de ces opiniâtres déclarés, qui soient ouvertement opposés à la foi, et qui aient conservé dans leur cœur l'horreur qu'on leur avoit donnée de nos mystères. Le temps ralentit les passions ; les impressions d'erreur s'effacent, et une religion sans exercice s'affoiblit insensiblement. La plupart de nos nouveaux convertis ont perdu le zèle et la vivacité de leurs préventions : s'ils n'ont pas d'ardeur pour la religion catholique, ils sont du moins parvenus à n'en avoir point d'aversion ; en s'approchant de nous, ils s'accoutument peu à peu à nos pratiques. Lassés de vivre sans culte et sans consolation spirituelle, et ne prévoyant plus rien qui puisse rétablir leurs temples, ils sont sur le penchant de venir chercher leur salut avec nous dans nos églises. Un peu d'autorité, un peu de contrainte est capable d'en déterminer la plus grande partie :

ils conviennent eux-mêmes qu'ils ont besoin de ce secours; et nous l'éprouvons tous les jours.

Il faut donc supposer, premièrement, que les hommes ne se défont pas aisément de leurs premiers préjugés ; et que les fortes habitudes, telles que sont celles de la naissance, ne se détruisent que par succession de temps et qu'autant que quelque nécessité les y oblige.

Secondement, que la contrainte ne peut pas tomber sur les dispositions intérieures, qu'il n'appartient qu'à Dieu qui sonde les cœurs de connoître et de pénétrer; mais sur les actes extérieurs de la religion dont les hommes peuvent juger, et qui sont les seules preuves des bonnes ou mauvaises intentions de ceux qui les pratiquent.

Troisièmement, qu'il ne s'agit pas ici de conduire au vrai culte un petit nombre de gens savans, capables de goûter la raison et de la suivre, d'être ramenés par la persuasion, et de se rendre attentifs à la vérité qu'on leur propose; mais de réduire un grand nombre de peuples ignorans et grossiers, en qui il ne reste qu'une idée confuse de sa première religion, qui n'a d'autres principes de christianisme que ses préventions, qui demeure dans l'erreur par la seule raison qu'il y est né, et qui n'ayant qu'une aversion vague qu'on lui avoit inspirée contre l'Église catholique, n'a presque besoin, pour y rentrer entièrement, que d'y être poussé par l'autorité du prince.

Quatrièmement, que s'il étoit possible de leur rendre la vérité si évidente que le souhaiteroit M. de Meaux, et de les y rendre attentifs, il ne faudroit plus alors de contrainte : la seule force de la vérité suffiroit, si Dieu vouloit la leur rendre évidente; mais il n'accorde pas ordinairement ces graces extraordinaires, et sa miséricorde sauve plus universellement les hommes par la soumission que par la connoissance claire et distincte de ses vérités.

On doit considérer ensuite sur qui doit tomber la contrainte, et quel en doit être l'effet. Ceux qui pénétrés de la vérité de la religion et pressés par leur conscience, viennent s'offrir d'eux-mêmes, et demandent dans la sincérité de leur foi à participer aux sacrés mystères, y doivent être admis avec charité et avec joie ; et bien loin de les presser, il faut aller au-devant d'eux. Ce sont donc ceux que M. de Meaux appelle *errans*, qui ne croient pas, et qui ne veulent pas s'instruire de notre créance, qu'il faut mouvoir et qu'il faut contraindre.

La fin que le Roi s'est proposée, c'est d'abolir une hérésie enracinée depuis longtemps dans son royaume, et de ramener ses sujets errans dans le sein de l'Eglise catholique. Si parce qu'ils sont obstinés ils doivent être à couvert de l'autorité et de la contrainte, ils regarderont leur obstination comme un titre de repos et de sûreté pour eux, et n'en reviendront jamais. Parce qu'ils sont errans, faut-il les abandonner à leur erreur? L'état d'incrédulité ou d'irréligion dans lequel ils vivent, doit-il être une raison pour les y laisser? Faut-il qu'ils s'endorment tranquillement dans leur fausse paix?

Les hommes ne reviennent qu'avec de grandes difficultés d'une habitude longue et invétérée. Le changement de mœurs et d'opinions coûte beaucoup : il faut tirer de grands secours de soi ou d'ailleurs pour se vaincre ; et l'esprit et le cœur ne se réduisent ordinairement que par la violence qu'on leur fait, ou par celle qu'ils se font eux-mêmes. Quelle apparence y a-t-il que des gens préoccupés se dépouillent, de leur propre gré, des préjugés qu'on a pris soin de leur inspirer dès leur enfance, dans lesquels ils ont été élevés, et qui sont pour ainsi dire presque adhérens à leur nature? Ils ont donc besoin d'être ébranlés et ramenés par quelque violence étrangère, je veux dire par la sévérité des lois et par l'autorité du prince.

Ces mouvemens du dehors servent à exciter ceux du dedans, et à jeter dans les consciences ce trouble salutaire qui fait sentir d'abord aux plus obstinés les défauts de leur religion par les incommodités qu'elle leur cause, et les rend ensuite capables d'examiner leur état, d'écouter les instructions et les conseils des gens de bien, et de s'accoutumer aux exercices de la piété chrétienne.

Il se trouve, il est vrai, des difficultés et des inconvéniens même dans les conduites différentes qu'on tient à l'égard des nouveaux convertis. La douceur ne les touche point ; la sévérité les rebute : l'une les entretient dans leurs erreurs ; l'autre peut les rendre hypocrites. Mais enfin la condescendance n'émeut point, et la contrainte fait agir, et produit des fruits de bonnes œuvres du moins extérieures, dont le principe et le motif se purifient avec le temps. En tout cas ceux qui se soumettent aux actes, sont censés se soumettre aux dispositions que ces actes demandent.

Quoi qu'il en soit, il faut considérer l'entreprise des conversions comme une affaire générale, où l'on ne doit pas raisonner par quelques considérations particulières. Les abus que les hommes devoient faire des sacremens n'ont pas empêché Jésus-Christ de les instituer, bien qu'il sût qu'ils seroient sujet de scandale et de ruine à plusieurs : il n'a regardé que le bien de ses élus, et la consommation de l'ouvrage qui lui avoit été ordonné par son Père. On doit envisager sans cesse la fin qu'on s'est proposée dans cette affaire, qui est l'extirpation entière de l'hérésie dans le royaume, et la réunion de tous ses peuples à la foi et à la religion catholique; et ne pas s'arrêter trop sur quelques inconvéniens particuliers, qu'il faut pourtant prévenir et corriger autant qu'on peut.

Mais la difficulté principale de M. de Meaux consiste à savoir, si l'on peut obliger d'assister à la messe ceux qui font une profession de n'y pas croire, qui refusent opiniâtrément de communier, sans témoigner même la non-répugnance pour cela, par où il faut commencer, soit parce que dans cet état ils sont incapables de profiter de la messe; soit parce que c'est leur donner une foible idée de la sainteté du mystère, et leur inspirer de l'indifférence pour les bonnes dispositions qu'il faudroit avoir. Il n'y a personne qui ne convienne qu'il faut exclure de la messe ceux qui sont dans l'état que suppose M. de Meaux; non-seulement la participation, mais l'assistance au saint sacrifice leur est interdite. Ils ne sont point du corps des fidèles : l'Eglise les regarde comme hérétiques; et les recevoir aux sacrés mystères, c'est intéresser son unité, et violer des règles dont elle ne s'est jamais relâchée.

Mais souffre-t-on dans le royaume ceux qui font profession publique de ne point croire? Le Roi n'y a-t-il pas interdit toute autre religion que la catholique? A quoi servent tant de déclarations et tant d'édits ? Toute la rigueur de ses lois et la vigilance de ses magistrats doit s'attacher à réprimer ces rebelles : le zèle même des ministres de l'Eglise doit s'appliquer, par toutes les voies canoniques, à les soumettre à la seule foi catholique.

Mais outre qu'il n'y a pas beaucoup de personnes de cette espèce, il me paroît qu'on ne doit pas avoir tant d'égard à certaines déclarations particulières, que quelques malintentionnés font par esprit de parti, qu'à l'état général des nouveaux convertis, auquel on doit accommoder sa conduite.

On leur a fait abjurer l'erreur; l'Eglise les a reçus dans son sein : on a démoli leurs temples, interdit leurs prêches, puni leurs assemblées : on les a assujettis à s'épouser en face de l'Eglise ; et on leur impose sous de grandes peines la nécessité de mourir dans la foi catholique et dans l'usage même des sacremens. Il semble que c'est une conséquence naturelle de les obliger à remplir tous les devoirs de la religion, et d'employer pour cela toute la persuasion et toute la contrainte convenable.

En vain on a fait entrer dans le bercail de Jésus-Christ les brebis égarées, si on leur laisse une liberté funeste d'en sortir, et de se dédire autant de fois qu'il leur plaira de réveiller leurs préventions. Pourquoi les obliger de se dire catholiques, si on leur permet de n'en point embrasser la créance et les pratiques ? N'a-t-on voulu que leur faire changer de nom, et non pas de foi ? Ce seroit peu de leur avoir fait perdre leur religion, si l'on n'avoit le soin de leur en faire prendre une autre. On a voulu les conduire dans les voies du salut ; il n'est pas juste de les abandonner au premier pas qu'on leur a fait faire.

Il faut donc les faire vivre selon les règles de la religion où on les a fait entrer, et les rendre capables d'en remplir tous les devoirs. Je ne dis pas qu'on les reçoive à la messe, à la communion, aux sacremens, tandis qu'ils font profession publique d'une foi contraire : je dis qu'on les doit obliger de recourir à Dieu, d'implorer ses miséricordes, de lui demander la foi qu'ils n'ont pas encore, de la leur supposer même lorsqu'ils témoignent l'avoir déjà, et dans cette disposition les faire assister au saint sacrifice de la messe.

Ils en tireront un grand profit; ils se trouveront enrôlés dans l'assemblée des fidèles; ils auront part à leurs prières, à leurs intercessions, à leurs exemples. Ils seront édifiés de la sainteté du mystère, et perdront l'horreur qu'on leur en avoit donnée. On prendra occasion de leur en faire connoître la grandeur et la vérité : ils se prosterneront devant Jésus-Christ, qui s'offre pour eux, et commenceront à sentir sa propitiation en reconnoissant qu'ils en sont indignes.

Ce n'est pas en les approchant de nos mystères que nous avons à craindre de leur en donner une foible idée; c'est le moyen de leur ôter la fausse idée qu'ils en ont. Les uns ne s'en approchent pas, parce qu'ils n'en conçoivent pas l'excellence; les autres se font de la dignité des mystères un prétexte pour s'en éloigner. Il faut les mettre dans la nécessité de les connoître : ils jugeront que la préparation d'esprit et de cœur qu'on leur demande n'est pas indifférente; ils verront celles qu'on exige des catholiques : on les éprouvera; ils apprendront à s'éprouver eux-mêmes, de peur de se rendre coupables du corps et du sang de Jésus-Christ, et regarderont leur communion comme le gage de leur salut et le sceau de leur conversion.

L'expérience justifie tous les jours qu'il n'y a que la voie de l'autorité qui puisse généralement les ramener. Il ne faut pas attendre qu'ils se soumettent de leur gré à toutes les règles de l'Eglise, et qu'ils se portent d'eux-mêmes à approcher des sacremens : ils demeureront dans leur assoupissement, s'ils ne sont réveillés par des mouvemens extérieurs qui les fassent rentrer en eux-mêmes. Toutes les hérésies ont fini ainsi par la sévérité des princes chrétiens, et par la vigilance des pasteurs évangéliques.

Si M. de Meaux voyoit ce nombre infini de nouveaux convertis des diocèses de cette province s'assujettir à l'Eglise, assister à ses exercices, écouter ses instructions et se soumettre à ses règles, dès qu'on leur signifie les ordres du Roi, et qu'on les accompagne de remontrances et d'instructions charitables; s'il en voyoit la plus saine partie se détacher tous les jours, les uns après les autres, par une nécessité qu'ils bénissent mille fois, et embrasser avec une sincérité manifeste et une piété exemplaire la religion dans tous ses points, et la pratiquer exactement dans tous ses devoirs, il changeroit peut-être de sentiment.

Ils sortent de leur erreur comme le Lazare sortit du tombeau, encore liés des impressions qui leur restent de leurs premiers préjugés, ne voyant la lumière du jour qu'à demi et n'étant capables de rien par eux-mêmes. C'est une charité de dissiper ces nuages qui les environnent, et de rompre ces liens qui les retiennent par une sage contrainte, qui ménageant le respect dû au sacrement, n'en hasarde jamais la profanation ; mais qui s'affectionnant au salut de l'homme, le porte à n'en pas négliger les moyens, et le force même à les prendre d'une manière utile pour lui, et respectueuse pour les mystères dont il se sent obligé de s'approcher.

Le succès que la Providence a donné à ce moyen efficace, doit convaincre invinciblement qu'il est selon l'ordre de Dieu. Nous voyons un assez grand nombre de véritables convertis chanter avec nous les louanges du Seigneur, se présenter à la sainte table, non-seulement avec révérence, mais encore avec dévotion, et remercier tendrement ceux qui les ont pressés d'entrer dans la salle du festin. Nous avons vu dans Nîmes deux de leurs plus fameux ministres bénir la main qui les avoit enlevés à leurs troupeaux, et publier sur cela jusqu'à la mort l'étendue des miséricordes divines dans le temps qu'ils participoient au corps et au sang de Jésus-Christ, et qu'ils étoient prêts de rendre compte au souverain juge de la sincérité de leur conversion.

Pourquoi donc avoir tant de ménagement au sujet de la religion, pour un peuple qu'on veut toujours regarder comme catholique? Y a-t-il une occasion essentielle dans la vie où l'on n'exige d'eux qu'ils en fassent profession ? Sans cela, les charges interdites, les ordres de succession ôtés, les enfans enlevés, les mariages défendus et les biens confisqués, s'ils ne reçoivent en mourant tous les sacremens de l'Eglise. On les contraint par tant d'endroits : pourquoi ne les obliger point à s'accoutumer de faire pendant leur vie des actes qu'on leur rend nécessaires à la mort.

M. de Meaux considérera sans doute qu'un penchant naturel a

besoin, pour être redressé, d'un contre-poids violent; qu'une conduite molle et relâchée est sans fruit et sans effet pour des esprits opiniâtres; qu'il ne faut pas laisser ces errans dormir dans le sein de leur erreur; que c'est les opiniâtrer davantage que de faire servir leur opiniâtreté même à les mettre à couvert de toute contrainte; et qu'enfin, pour bien juger des moyens qui sont les plus efficaces pour les convertir, la meilleure raison est l'expérience.

LETTRE XLI.

M. L'ÉVÊQUE DE RIEUX A M. DE BASVILLE.

Réflexions sur la lettre de Bossuet, au sujet des nouveaux convertis.

La réponse de M. l'évêque de Meaux roule sur ce principe, qu'il y a deux sortes de nouveaux convertis errans : les uns qu'il faut contraindre au vrai culte par certaines peines, qui sont ceux qu'on peut croire qu'étant rendus attentifs à la vérité, ils iront de bonne foi à la messe; et l'autre sorte, de ceux qu'il n'y faut pas admettre, bien loin de les y contraindre de quelque manière que ce soit, qui sont ceux que leur profession publique de n'y pas croire et de refuser opiniâtrement de communier, rend incapables de profiter de la messe; ce qui même les rend dignes de châtiment, avec la modération convenable par pitié pour leur maladie.

Suivant ce principe, on est d'accord avec M. de Meaux, puisqu'il convient que tous les nouveaux réunis qui ne font pas leur devoir, sans exception, doivent subir des peines : les premiers, à cause qu'on pourra croire qu'étant ainsi rendus attentifs à la vérité, ils iront de bonne foi à la messe; et les autres, parce qu'ils doivent être châtiés par pitié de leur maladie.

D'où il s'ensuit premièrement, que le prince souverain peut et par conséquent doit faire une loi générale, avec des peines contre tous les nouveaux réunis qui ne font pas leur devoir : secondement, qu'il faut que l'exécution de cette loi soit continuée, puisqu'on ne sait pas le terme de la conversion solide et sincère de ceux qui paroissent dociles : *Momenta quæ Pater posuit in suâ potestate* [1] ; et qu'il ne faut pas aussi laisser impunie l'obstination scandaleuse des derniers, que le temps rend plus criminelle.

On dira peut-être que les peines doivent être différentes à l'égard des deux sortes de nouveaux convertis dont nous avons parlé ; et que ceux de la dernière classe seront à la vérité punis, mais non pas reçus à l'Eglise.

Mais il s'agit ici de savoir s'il faut établir une uniformité de conduite, et une même loi de peines légères contre les nouveaux convertis qui paroissent dociles, et ceux qui se montrent difficiles de venir au culte catholique. Sur quoi je demande quelle est la marque qui les différencie suffisamment pour fonder des peines différentes, puisque la proposition que les premiers doivent être contraints au vrai culte, suppose qu'ils sont refusans aussi bien que difficiles : de sorte que la différence entre les dociles et les difficiles consiste en la vivacité du refus : différence bien trompeuse, puisque l'on voit très-souvent que par un miracle de la grace, semblable à celui de la conversion de saint Paul, que l'on voit, dis-je, que ceux qui se sont élevés avec le plus d'obstination, et qui ont déclamé avec le plus d'ardeur contre la foi de l'Eglise, sont des vases d'élection dans le trésor de la Providence ; et que plusieurs qui se montrent dociles à recevoir l'instruction et à venir à la messe couvrent, par ce bel extérieur, une indifférence de religion pire que l'obstination des autres : de sorte que tous ceux qu'on appelle nouveaux convertis, qui ne font pas leur devoir, devant être tous corrigés ou châtiés par des peines convenables, et les présomptions générales pour en faire le discernement étant incertaines ou équivoques, on ne voit pas sur quoi on peut fonder la diversité de conduite ; et qu'au contraire n'y ayant aucun de ces prétendus nouveaux convertis qui n'ait fait abjuration de l'hérésie, il faut que la loi du souverain soit la même pour tous, et que l'application en soit réservée aux magistrats départis dans les provinces, avec pouvoir de la modérer suivant les hypothèses ; et au surplus réserver les épreuves de la sincérité aux pasteurs, qui jugeront de la bonté de l'arbre par les fruits, avant de les admettre aux sacremens. Je dis aux sacre-

[1] *Act.*, I, 7.

mens en général, parce que, par exemple, je ne tiens pas que celui qui ne témoigne pas un désir sincère d'avoir la vie en soi, par la réception du corps et du sang de Jésus-Christ, soit capable de la résurrection spirituelle par l'absolution sacramentale, et de recevoir les sacremens que nous appelons des vivans. Ainsi je blâme de toute ma force, qu'on expose à des refus sacriléges l'offre de la sainte communion.

Enfin comme les peines des deux sortes de nouveaux convertis, qui ne font pas leur devoir de catholiques, doivent être médicinales, et qu'il est nécessaire de le leur faire entendre, afin qu'ils ne conçoivent pas d'aversion contre l'Eglise et le Roi : comment séparer dans l'esprit la vue que les uns et les autres concevront que le moyen de les faire cesser, c'est d'aller aux instructions et à la messe? et comment, et pourquoi ne les y pas recevoir lorsqu'ils s'y présenteront, quand on se doutera bien qu'ils ne sont pas convertis sincèrement? *Ut incipiant esse quod decreverant fingere.*

LETTRE XLII.

M. L'ÉVÊQUE DE RIEUX A M. DE BASVILLE.

Autres réflexions sur la lettre de Bossuet, au sujet des nouveaux convertis.

M. l'évêque de Meaux demeurant d'accord que les princes peuvent contraindre, par des lois pénales, les hérétiques à se conformer à la profession et aux pratiques de l'Eglise catholique, la difficulté ne roule que sur la conséquence de ce principe, puisqu'on convient avec M. de Meaux que ce n'est pas dans la messe seule que consiste l'exercice de la catholicité, et qu'il faut aussi qu'il convienne que l'assistance à la messe les dimanches et fêtes chômables, est un des principaux exercices de la catholicité, et que c'est pour cela que l'Eglise en a fait un commandement.

Il s'ensuit de cette dernière supposition, que l'obligation d'assister à la messe étant comprise dans les pratiques de la catholicité, l'est aussi dans les lois pénales, hors que le Roi par une déclaration de sa volonté ne l'en excepte; et qu'aux termes de cette

conséquence du principe dont nous convenons, la question n'est pas si on obligera les hérétiques, qu'on appelle nouveaux catholiques, d'aller à la messe ; mais bien si on les en dispensera : et ainsi ce n'est pas à ceux qui ne sont pas du sentiment de M. de Meaux, mais bien à ce grand prélat de prouver qu'on a fait une distinction particulière de la messe d'avec les autres exercices, dans les lois pénales contre les hérétiques.

M. l'évêque de Meaux suppose qu'on est d'accord que les mécréans manifestes ne doivent pas y être contraints, et qu'on doit prendre pour marque certaine de mécréance une répugnance invincible à se confesser premièrement, et ensuite à communier. Cette supposition mérite qu'on s'explique. Premièrement, on n'entend pas par mécréans manifestes tous les gens qui avouent qu'ils ne croient pas, mais ceux qu'une longue expérience fait connoître semblables à l'aspic sourd, qui se bouche les oreilles : et à l'égard même de ces particuliers, on entend seulement que par un concert secret de MM. les intendans avec les évêques diocésains, on peut suspendre, sans qu'il paroisse d'exception de la part du prince de ses lois pénales, l'usage qu'on en fait, qui ne va d'ordinaire qu'à ordonner de temps en temps une amende de quelques dix sols qu'on n'exige pas souvent, et qui ne mérite pas le nom de contrainte à l'égard des mécréans manifestes, dont le terme de *répugnance invincible* forme une idée qui n'est pas ordinaire. Secondement, on ne trouve de répugnance à se confesser et communier, qu'on puisse appeler certainement invincible, qu'en ceux qui meurent refusant les sacremens : l'expérience nous faisant voir que ceux qui se sont défendus le plus long-temps reviennent lorsqu'on y pense le moins, et que ce n'est pas à nous à juger des temps et des momens que Dieu a réservés à son souverain pouvoir. Troisièmement, que ce qu'on appelle *répugnance invincible* à se convertir, n'est d'ordinaire, pour la foi aussi bien que pour les mœurs, qu'un délai et une négligence qu'il faut rompre par quelque aiguillon, et qui tient le plus souvent à si peu, que dès qu'il s'agit de faire un mariage avantageux et d'être reçu dans quelque charge, pour laquelle il faut faire preuve de sa foi et de ses bonnes mœurs, il n'y en a aucun qui ne fasse ce qu'on désire pour recevoir les sacremens ; ce qu'ils continuent même à pratiquer pendant quelque temps, et jusqu'à ce que le mauvais exemple et les discours de leurs amis les font retomber peu à peu dans leur ancienne habitude, de vivre sans culte de Dieu et sans exercice de religion.

Si après cette explication, qui réduit à un fort petit nombre les mécréans manifestes qui ne doivent pas être contraints, on excepte de cette prétendue douceur les relaps, c'est-à-dire ceux qui ont renouvelé leur abjuration de parole ou par effet, comme il est très-juste, et qu'on y ajoute les jeunes gens, qui n'ayant pas atteint l'âge de douze et quatorze ans en l'année 1685 que se fit l'abjuration générale, n'ont fait aucun exercice de l'huguenotisme : il faut avouer que la difficulté s'a plus de spéculative que de pratique ; et on aperçoit qu'en une heure de conversation, on seroit d'accord avec M. l'évêque de Meaux.

On ne sauroit continuer ces réflexions sur la lettre de M. de Meaux, sans le prier de considérer deux choses : la première, la fâcheuse conséquence qu'il y a de ne pas traiter de relaps tous ceux qui ont fait la première abjuration générale, puisque c'est leur donner lieu de croire qu'elle n'a pas été un acte de religion, et de se persuader que tous les renouvellemens ne le sont pas davantage : la seconde, que séparer l'obligation d'assister à la messe des autres pratiques de la catholicité, contient une dispense générale de mettre le pied à l'église pour tous les nouveaux convertis de la campagne, où est le plus grand nombre, parce que dans la plupart des villages pendant l'hiver, et toute l'année dans les paroisses étendues, où les maisons étant écartées on ne peut assembler le peuple qu'une fois le jour, un curé est contraint de consommer l'instruction et le service divin pendant la messe : trop heureux lorsqu'il peut rassembler quelques enfans l'après-midi, si le temps est beau, pour leur enseigner les premiers élémens du christianisme. Et à parler de bonne foi, croit-on qu'il faille attendre dans les villes de fort grands progrès, de ce que les nouveaux convertis iront entendre vêpres le dimanche, et quelqu'un des sermons de l'après-midi, qui sont le plus souvent des panégyriques des saints et des pièces d'éloquence? Et si, pour remédier à ces inconvéniens, on revient à l'expédient de laisser à ces prétendus mécréans la liberté de sortir de l'église après la messe des catéchumènes, ce triage est-il bien faisable? Et si on veut que la liberté soit générale à tous les nouveaux catholiques d'un certain âge, on agréera qu'on rapporte ici ce qu'on remarqua dans les Mémoires envoyés le 6 août 1698.

RÉFLEXIONS
Sur l'expédient d'obliger les nouveaux réunis d'assister seulement à la partie de la messe appelée anciennement *des catéchumènes*.

Je ne doute pas que les nouveaux réunis ne soient fort satisfaits, si l'on se contente de les obliger de mener leurs enfans à la messe, pourvu qu'ils soient en liberté de les y laisser, et de sortir après l'explication de l'Evangile. Ils n'en attendoient pas tant à la conclusion de la paix; et leurs docteurs ne condamnent pas absolument l'assistance aux sermons des catholiques, lorsqu'ils ne peuvent pas entendre le prêche des ministres.

Mais si on examine cet expédient, on trouvera qu'il ne pourvoit pas à éviter les irrévérences contre nos divins mystères, suivant l'intention de ceux qui le proposent; et qu'il renverse le dessein de former de bons catholiques des enfans des faux réunis. Il ne faut, pour en juger, que comparer les dispositions où sont les nouveaux réunis avec celles où étoient les catéchumènes et les pénitens : car au lieu qu'après le commandement que le diacre leur faisoit à haute voix de sortir de l'église, on voyoit peintes sur le visage des catéchumènes, singulièrement de ceux qu'on appeloit *competentes*, qui étoient les plus près d'être baptisés, l'impatience d'être admis aux divins mystères; et sur le visage des pénitens, la douleur d'être privés d'y participer. Eh! que ce spectacle édifioit les fidèles! Que sera-ce lorsque de six portions, par exemple, de ceux qui auront entendu l'explication de l'Evangile, l'on verra les cinq se retirer tumultuairement de l'Eglise, sans révérence ni respect, et avec un air dédaigneux, laissant les ministres de Jésus-Christ avec une petite troupe de catholiques, d'ordinaire les plus pauvres de la paroisse? Quelle impression ne fera pas dans les esprits des enfans cette retraite scandaleuse de leurs parens, fortifiée des discours qu'ils leur tiendront dans leur domestique, dont on a parlé dans la deuxième raison du grand *Mémoire?* Et il me semble voir les filles de six à sept ans courant après leurs mères, qu'elles verront s'en retourner à leur maison; et d'autres, retenues par les maîtresses d'école, pleurant à hauts cris, et cent autres incidens que la foiblesse de l'âge ou l'artifice des parens fera naître chaque jour; et les intendans des provinces occupés à décider si ce seront des cas où les parens doivent être condamnés à l'amende, suivant la déclaration que le Roi aura donnée.

Je conviens que depuis l'abjuration générale, on a vu souvent des faux catholiques se placer au fond de l'église pour s'en aller, sans être aperçus, après la prédication. Mais il faut qu'on convienne aussi que cette manière de se dérober n'est pas injurieuse aux mystères de notre religion, comme le sera la sortie tumultuaire et insolente, parce qu'elle sera autorisée de la loi du prince, de tous les nouveaux réunis d'une paroisse.

Au reste pour répondre à ce qu'on allègue, que cette assistance forcée à une partie de la messe incitera plusieurs d'y rester, l'on peut compter que les principaux du consistoire secret de chaque lieu, dont on a parlé dans le grand *Mémoire*, sortiront les derniers de l'église, observant et faisant signe d'en sortir avec eux à ceux qui auroient envie d'y rester; et ils feront tout cela sans crainte d'être punis: de même qu'on ne peut pas trouver mauvais que de deux amis qui sont venus ensemble à l'église, celui qui a plus tôt achevé sa prière fasse signe à son ami de sortir; et les chefs de la cabale huguenote ne manqueront pas de prétexter quelque affaire, pour justifier ce qu'ils auront fait.

Enfin il faut, ce me semble, faire attention dans toute cette affaire, qu'il s'agit ici d'établir une conduite à l'égard de gens qui ont tous fait abjuration de l'hérésie: et s'ils s'excusent sur ce qu'ils l'ont faite forcés par la crainte des troupes: que peuvent dire la plupart qui l'ont renouvelée, et la renouvellent tous les jours dans toutes les rencontres où il faut se dire catholique, pour avoir des emplois, exercer des charges, obtenir des degrés dans les universités, singulièrement pour contracter des mariages avantageux, où l'on leur fait renouveler expressément leur abjuration? ce qui ne doit pas paroître étrange, puisque suivant la discipline ecclésiastique des huguenots [1], ils ne recevoient aucun catholique à se marier qu'il n'eût fait profession ouverte de renoncer à la messe : de sorte que l'Eglise catholique n'exige, pour le sacrement de mariage, que ce qu'ils exigent pour le mariage contrat civil.

M. L'ÉVÊQUE DE MONTAUBAN.

Mémoire sur les moyens de ramener les nouveaux convertis (a).

Avant que d'entrer dans la discussion de la difficulté qui est proposée, il est nécessaire de connoître le caractère, l'état et les dispositions des nouveaux convertis, puisque cette connoissance doit être le principal motif d'une décision juste et solide.

La plupart d'entre eux sont dans un état absolu d'indifférence et de tiédeur : ils demeureront éloignés de l'Eglise catholique, si on les laisse libres; ils se réuniront, si on les presse. C'est le caractère des tièdes et des indolens : ils prennent toujours le parti le plus commode, et les inspirations étrangères les déterminent d'ordinaire. Plusieurs nouveaux convertis sont de cette espèce. Comme ils vivent depuis longtemps sans instruction, sans culte, sans prédication et sans aucun exercice de religion, ils ont presque oublié la religion même. Tous sont dans une ignorance grossière des premiers élémens de la foi : ce n'est point une exagération, c'est une vérité; et ils sont venus au point de ne rien savoir et de ne rien croire.

La foi de ces nouveaux convertis dépendra des événemens : ils se réuniront à l'Eglise et ils en rempliront les devoirs, si on leur dit que le Roi le veut. C'est toujours beaucoup que de les unir avec nous par les liens extérieurs de la religion : ils seront au

[1] Du synode de Paris de 1559, rapporté aux observations sur l'art. IV du chap. XIII des Mariages, et encore au texte de l'art. XX, et aux observations suivantes, où il paroît que plusieurs provinces vouloient attendre que les prosélytes eussent fait la cène avant de bénir leur mariage. (*Les édit.*)

(a) Collationné sur le manuscrit, qui se trouve à la bibliothèque du séminaire de Meaux.

moins instruits et catéchisés ; et, comme disoit saint Augustin pour les donatistes, peut-être que la grace de l'unité sera pour eux une source de bénédictions, et produira dans leurs cœurs le désir d'une conversion solide et sincère.

Il y a une autre classe de nouveaux convertis, qui sont bons catholiques dans le cœur, et qui n'osent en faire une profession publique par la crainte des reproches de leurs parens. Le nombre de ces catholiques secrets est plus grand que l'on ne pense. Plusieurs m'ont avoué qu'ils sentent le besoin de leurs consciences : ils connoissent qu'il est presque impossible de faire son salut sans un culte, et ils seroient ravis que l'on les y contraignît. On a beau les exhorter, ils ne sont point assez forts pour se mettre au-dessus du respect humain. Quelques-uns d'entre eux vont à la messe en secret : c'est une moisson toute prête pour l'Eglise, s'il plait au Roi de donner un ordre général qui oblige tous les nouveaux convertis à aller à la messe.

Enfin il y a une dernière classe d'obstinés et d'opiniâtres, qui se feront un mérite de leur résistance et une vertu de leur faux zèle. C'est à la piété du Roi et à la prudence de ceux qui exécutent ses ordres dans les provinces, à prendre les moyens les plus propres à les réduire. On doit même être persuadé qu'entre ces obstinés, il y en a peu qui résistent ou aux seules menaces ou aux bienfaits.

Il est à propos de remarquer qu'il y a une très-grande opposition entre les anciens catholiques et les nouveaux. On l'éprouve dans les villes mi-parties, comme Montauban : ce sont comme deux peuples différens, qui ne sont liés ni de mœurs, ni de négoce, ni de mariages, ni même de société civile. Cette différence, qui est nuisible à la religion et à l'Etat, et qui produit presque toujours la haine entre les partis, tomberoit insensiblement d'elle-même, si on les unissoit dans les pratiques et dans l'exercice d'un même culte.

Il ne s'agit point de délibérer si on doit obliger les nouveaux convertis à communier. L'Evangile, saint Paul et les lois de l'Eglise ordonnent de ne donner les sacremens qu'à ceux qui tâchent de s'en rendre dignes. Plus leur foi ou leurs mœurs sont suspectes, plus les pasteurs doivent observer de précautions prudentes ou de délais salutaires, avant que de les y admettre. Il faut que les nouveaux convertis les désirent et les demandent longtemps, et on ne peut trop s'assurer de leurs dispositions pour les recevoir à la participation de nos mystères.

Il ne peut y avoir aucun inconvénient à les obliger d'aller aux instructions, sous quelque peine contre les contrevenans. Si on n'envoie les enfans aux écoles, et les adultes à nos catéchismes, par quelque loi pénale, on ne pourra jamais avancer l'œuvre de la religion. Ils ne croiront point, et ne seront point instruits s'ils n'écoutent; et ils n'écouteront pas s'ils n'y sont contraints : on ne doit point espérer qu'ils y aillent d'eux-mêmes. L'instruction ne gêne point leur liberté; et l'on sait qu'à Rome on oblige les Juifs d'entendre les catéchistes, que l'on leur donne pour les convertir.

Toute la difficulté se réduit donc à savoir si l'on obligera les nouveaux convertis d'aller à la messe. Il semble que l'on ne peut sur cela prendre un meilleur parti, que de suivre les maximes et la conduite dont l'Eglise d'Afrique s'est servie à l'égard des donatistes. On sait que c'étoit une Eglise très-savante, remplie de l'esprit de Dieu, surtout du temps de saint Augustin, et très-exacte pour la discipline ecclésiastique. Personne n'ignore quel a été le schisme des donatistes et dans sa naissance et dans son progrès : on en peut voir les circonstances dans saint Augustin et dans Optat; et Henri Valois en a fait une relation très-curieuse, à la fin de ses notes sur l'Histoire d'Eusèbe de Césarée.

Il suffit de remarquer que les donatistes furent très-puissans dans l'Afrique; qu'ils y avoient des villes, des provinces, des églises et des évêques; qu'ils y érigèrent autel contre autel, et que le schisme devint si considérable, qu'il n'étoit pas encore tout à fait éteint dans le sixième siècle, comme on le voit dans les *Lettres* du pape saint Grégoire. Les évêques catholiques ne négligèrent ni exhortations, ni prières, ni conférences amiables et pacifiques, pour ramener les donatistes. Plusieurs qu'on avoit mis à la place des prélats schismatiques chassés de leurs siéges, offrirent de les leur rendre, s'ils vouloient renoncer à leurs erreurs et revenir à l'unité. Mais toutes les voies de paix furent inutiles ; et l'Eglise d'Afrique fut enfin contrainte d'avoir recours aux puissances séculières et à l'autorité des empereurs.

Plusieurs conciles furent assemblés pour ce sujet : celui qui fut convoqué à Carthage, l'an 404, envoya à l'empereur Honorius deux députés appelés Evode et Théosius, avec une Instruction qui portoit qu'il seroit très-humblement supplié de renouveler les lois pénales, que son père Théodose avoit établies dans l'empire pour obliger les donatistes à se réunir à l'Eglise catholique, afin qu'ils fussent convertis par la crainte, puisqu'ils ne le pouvoient être par le motif de leur salut. Ce sont les termes de l'Instruction ; et c'est ainsi que l'Eglise s'est toujours adressée aux empereurs par voie de recours, quand elle a vu que la parole et l'instruction, qui sont les moyens les plus doux et les plus naturels quand ils peuvent suffire, devenoient inutiles par l'opiniâtreté des hérétiques.

Il est nécessaire de remarquer que les donatistes refusoient d'entrer dans l'unité de l'Eglise, par les mêmes maximes dont se servent aujourd'hui les nouveaux convertis pour se défendre d'aller à la messe. Il y a de la différence dans les dogmes et dans les erreurs de ces deux partis ; mais ce n'est qu'une même chose dans les principes et dans les conséquences. Les donatistes disoient qu'en conscience ils ne pouvoient vivre dans la société et dans la communion de l'Eglise catholique ; qu'elle n'étoit plus l'Epouse de Jésus-Christ, puisqu'elle ne rebaptisoit point ceux qui revenoient de l'hérésie : que le Saint-Esprit étoit dans le seul parti de Donat, et qu'ils ne pouvoient point aussi en conscience assister aux mystères de l'Eglise, parce que les prêtres qui les offroient n'étoient point de légitimes ministres. Leur haine contre les catholiques fut extrême, et on sait quelle étoit la rage des circumcellions.

Il ne faut pas douter que les donatistes, qui étoient forcés à se réunir, ne fissent dans leurs cœurs des désaveux tacites de leur profession publique, et qu'ils ne commissent d'abord beaucoup d'infidélités secrètes. Cependant cette raison n'empêcha pas les évêques d'Afrique d'implorer la puissance séculière. Ils crurent que pour quelques donatistes que la contrainte rendroit ou obstinés ou hypocrites, la plus grande partie se réuniroit enfin de bonne foi ; et la crainte de quelques inconvéniens particuliers céda au motif d'une réunion universelle et du bien public de l'Eglise.

L'effet des déclarations des empereurs, et des rigueurs salutaires dont la charité étoit le principe, fut si grand, que presque toute l'Afrique fut convertie : quelques restes malheureux de donatistes obstinés échappèrent seulement au zèle des princes et des prélats ; et un concile s'assembla à Carthage, l'an 405, sous le consulat de Stilicon et d'Anthème, sans autre affaire que celle de rendre à l'empereur Honorius de très-humbles actions de graces d'un événement si heureux et si utile à toute l'Eglise.

Ce fut cette foule de conversions subites qui firent changer de sentiment à saint Augustin. Il avoit cru d'abord, contre l'avis des anciens évêques d'Afrique, qu'il ne falloit point contraindre les donatistes ; que l'on devoit regarder l'instruction comme l'unique moyen dont il étoit permis de se servir, et que le support et la patience à leur égard étoient les règles de la charité chrétienne. Ces raisons, qui sont en effet spécieuses, le frappèrent longtemps : mais quand il eut vu la ville de Tagaste où il étoit né, et une grande partie de l'Afrique, réunie par la crainte des châtimens à l'Eglise catholique, il se rendit au sentiment commun de ses collègues. L'expérience détermina si fortement son esprit, qu'il composa sur ce sujet les deux *Lettres à Vincent* et *au comte Boniface,* que M. Ferrand traduisit en françois il y a dix ans, et que la question présente a rendues célèbres.

Il semble qu'il suffit de lire ces deux *Lettres* pour décider la difficulté dont il s'agit. Ce Père y rapporte un nombre infini de preuves tirées des Ecritures, de la raison et des conciles, pour établir que l'on doit contraindre les hérétiques ; et il répond, avec autant de solidité que d'éloquence, à toutes les objections que l'on peut faire sur cette matière. Il représente les donatistes dans la même situation où sont à présent nos nouveaux convertis, et il propose les mêmes moyens de les réunir. Il dit qu'il ne faut pas regarder si l'on force, mais à quoi l'on force; que laisser un hérétique dans sa liberté, c'est comme si on laissoit un léthargique dans son assoupissement, ou si l'on abandonnoit un frénétique à sa fureur; que si ceux que la charité attire sont meilleurs, ceux que la crainte corrige sont en plus grand nombre; que la nécessité qui contraint à faire le bien et à fuir le mal, est toujours utile et avantageuse; que si dans la multitude de ces conversions il y en a quelques-unes qui soient feintes et hypocrites, elles peuvent devenir sincères dans les suites; et que les hérétiques ou les schismatiques obligés par la force à s'appliquer à la considération de la vérité, se désabusent enfin de leurs erreurs dans un examen qu'ils n'auroient jamais fait, s'ils n'avoient été contraints par l'autorité.

Toutes ces raisons et plusieurs autres, qu'il seroit trop long de rapporter ici, et que l'on peut lire dans la source, ont toujours déterminé les plus savans théologiens qui ont agité cette question, et surtout saint Thomas dans la Seconde Seconde de sa *Somme,* et le cardinal Bellarmin dans son traité *de Laicis,* à suivre le sentiment de saint Augustin; et la décision de ce Père ne doit pas être moins respectable dans cette matière, que dans les autres qu'il a traitées pour l'utilité et pour la défense de l'Eglise.

On peut objecter contre la doctrine que je viens d'établir, qu'il n'y avoit nul péril de forcer les donatistes d'assister aux saints mystères des catholiques, parce qu'ils croyoient faussement que l'on offroit sur l'autel autre chose que ce que Jésus-Christ avoit ordonné, et qu'abusés dans le fait, il falloit les contraindre, afin que, convaincus par leurs propres yeux, ils fussent détrompés de leur prévention et de leur erreur.

Je réponds à cette objection, qu'à la vérité quelques donatistes erroient dans ce fait-là, comme le rapporte saint Augustin : mais le plus grand nombre se trompoit dans le dogme, et ne vouloit point assister au saint sacrifice de l'autel, parce qu'ils croyoient que les prêtres catholiques n'avoient pas un pouvoir légitime pour l'offrir, puisqu'ils n'étoient pas dans l'Eglise. Cependant saint Augustin veut que l'on les contraigne tous, malgré les mouvemens de leur conscience erronée; et tous les principes dont il se sert doivent s'appliquer à tous les hérétiques en général, quoique ce Père n'ait pour objet que la conversion des donatistes en particulier.

J'ajoute que l'Eglise aujourd'hui a plus de droit sur les nouveaux convertis qu'elle n'en avoit autrefois sur les donatistes. Nos néophytes ont fait abjuration de leurs erreurs, ils l'ont signée : plusieurs ont assisté longtemps de bonne foi à nos mystères, et y ont même participé : leur conduite présente est plutôt un refroidissement qu'une apostasie. Un grand nombre n'a jamais fait d'exercice de la religion protestante, comme ceux qui étoient trop jeunes quand l'édit de Nantes fut supprimé, et ceux qui étant nés depuis, ne vont point à la messe parce qu'ils en sont empêchés par leurs parens. Tous enfin en général appartiennent à l'Eglise par leur abjuration ou par leur baptême : elle ne les regarde pas comme des ennemis déclarés, mais comme des enfans indisciplinés, qu'elle est en droit de revendiquer et de ramener à leurs devoirs, soit par les armes spirituelles, soit par imploration du bras séculier, à peu près comme un père appelle à son secours la justice et les lois pour la punition de ses enfans, lorsque sa bonté et ses exhortations sont impuissantes pour les corriger.

Cette circonstance de l'abjuration et du droit que l'Eglise conserve sur ceux qui l'ont faite est d'un si grand poids, qu'elle fut le motif d'un canon célèbre du quatrième concile de Tolède, tenu l'an 633; et ce canon est rapporté dans le *Décret* de Gratien; et voici en peu de mots quelle en fut l'occasion. Le roi Sisebut fit en Espagne, dans le sixième siècle, une loi qui est insérée parmi les lois des Visigoths, par laquelle il étoit ordonné aux Juifs sous des peines très-grièves d'abjurer le judaïsme, et d'embrasser la religion chrétienne. Quatre-vingt-dix mille obéirent, et le reste s'enfuit dans les royaumes voisins. On en peut voir la relation et l'histoire dans la *Chronique* d'Isidore de Séville.

Il faut observer que l'Eglise a toujours fait une grande différence dans la conduite qu'elle tient pour convertir les Juifs, les infidèles et les païens, et celle qu'elle croit devoir garder pour convertir les hérétiques. Elle n'a aucune autorité sur les premiers, qui ne sont pas nés sous ses lois et sous sa discipline, et elle ne se sert à leur égard que de la voie de la persuasion. Mais quelque éloignés que soient d'elle les hérétiques, ils portent le nom de chrétiens : ils ont été régénérés par le baptême qu'elle donne; ils croient plusieurs de ses dogmes; et quoiqu'ils soient rebelles et désobéissans, elle est leur Mère, et par conséquent en droit de les punir, et surtout quand ils ont abjuré leurs erreurs.

Sur ce fondement, le quatrième concile de Tolède désapprouve d'abord, dans le canon LVII, la conduite que l'on avoit tenue à l'égard des Juifs, par la raison que je viens d'expliquer : mais pour ceux qui s'étoient convertis et qui étoient chrétiens, soit par force, soit par leur choix, comme ils ont reçu le baptême, ajoute le canon, et qu'ils ont été initiés dans les mystères de l'Eglise : il faut les contraindre d'y persévérer, de peur que le nom de Dieu ne soit blasphémé, et que la foi ne soit regardée comme vile et méprisable.

Les albigeois, dans les douzième et treizième siècles, furent traités avec plus de rigueur que ne l'avoient été les donatistes. Comme le présent Mémoire n'est point une dissertation historique, et que ce n'est qu'une simple exposition des faits qui peuvent servir de fondement à mon opinion, il est inutile de rapporter les circonstances de l'hérésie des albigeois, dont on peut voir le détail dans les auteurs contemporains. Mais pour l'éclaircissement de la question dont il s'agit, il est nécessaire de lire le canon XXVII du concile troisième de Latran, tenu sous le pontificat d'Alexandre III; le canon III du concile quatrième de Latran, sous Innocent III; les conciles de Paris, de Toulouse et de Béziers, tenus vers le milieu du treizième siècle.

Une vigilance exacte pour découvrir les hérétiques qui se cachoient, la confiscation des biens, l'exil, les punitions corporelles étoient les voies dont on se servoit pour réduire les indociles et les opiniâtres. Les protecteurs des albigeois étoient aussi très-sévèrement punis, et l'on sait ce qu'il en coûta au comte de Toulouse. Je ne prétends pas établir sur ces précédens exemples de sévérité, des préjugés pour la conduite que l'on doit tenir à l'égard des nouveaux convertis. Quoique je sois persuadé qu'il faut les contraindre d'aller à la messe, je crois néanmoins que les moyens les plus modérés seront les plus efficaces ; et qu'il convient à l'avancement de l'œuvre de joindre à un zèle attentif et qui ne se désiste point de son objet, beaucoup de douceur, de patience et de charité.

Quelques docteurs croient que le canon XVII du concile de Toulouse, que je viens de citer, et qui fut tenu l'an 1229, ordonnoit que les albigeois nouveaux réunis communiassent à Noël, à Pâques et à la Pentecôte : mais il ne faut que lire ce canon pour être désabusé de cette fausse prévention. C'est un précepte que le concile donne à tous les anciens fidèles ; et il ajoute seulement que ceux qui ne l'accompliront pas seront suspects d'hérésie. Et si dans tous les siècles l'esprit de l'Eglise a été que l'on forçât les hérétiques à se convertir, néanmoins elle n'a jamais voulu admettre les nouveaux réunis à la participation des sacremens, lorsqu'ils étoient encore chancelans dans la foi qu'ils avoient embrassée.

Les Pères de l'Eglise ont dit sur cette matière tout ce que les conciles avoient expliqué dans leurs décisions. Saint Léon, dans sa *Lettre* LXXV à l'empereur Léon [1], lui adresse ces belles paroles : Grand prince, je vous parle sans adulation ; elle ne convient pas à la liberté évangélique. Vous êtes digne d'être associé au ministère apostolique par votre piété, et d'être mis au nombre des ministres de Jésus-Christ ; vous en avez le zèle si vous n'en avez pas le caractère : vous êtes le protecteur de la foi de Nicée, d'Ephèse et de Chalcédoine. Dieu vous a non-seulement appelé au gouvernement de l'empire, mais encore à la défense de la religion : vous devez punir les sectateurs de Nestorius, de Dioscore et d'Eutychès, et ne pas permettre qu'ils divisent l'unité de l'Eglise par leurs erreurs. Saint Léon dit la même chose en d'autres termes dans ses *Lettres* à l'empereur Marcien et à la princesse Pulchérie.

Or il est certain que toutes ces exhortations ferventes avoient pour objet quelque chose de plus qu'une simple abjuration. La notion naturelle du mot de *convertir* veut dire la pratique d'un nouveau culte. Il y a eu dans tous les siècles des nouveaux réu-

---
[1] Epist. nunc CXXV.

nis : mais on ne verra point dans aucun endroit de l'histoire ecclésiastique, que l'on les ait laissés vivre dans une indifférence entière pour leurs devoirs : et si le sentiment des Pères a été que les princes devoient contraindre les hérétiques à renoncer à leur fausse religion, il est évident aussi qu'ils ont cru qu'il falloit les forcer au moins aux fonctions extérieures de la véritable.

Saint Grégoire pape dans sa Lettre à Patrice exarque d'Afrique [1], l'exhorte à employer le pouvoir que Dieu lui avoit confié à la destruction de l'hérésie : et dans celle qu'il écrit à Audibert, roi d'Angleterre [2], il le loue d'avoir procuré le progrès de la religion par les instructions, par la terreur, par ses bienfaits et par ses exemples.

Saint Bernard, qui a été le plus doux et le moins sévère de tous les Pères de l'Eglise, dans le soixante-sixième sermon qu'il a composé sur le *Cantique des Cantiques* [3], en parlant de certains novateurs de son temps qui nioient la nécessité du baptême des enfans, le purgatoire et les prières pour les morts, cite les paroles de l'Apôtre [4], que les princes sont les ministres de Dieu pour exécuter ses vengeances en punissant celui qui fait mal : et conclut qu'il vaut mieux punir les hérétiques par le glaive de la puissance temporelle que de souffrir qu'ils persistent dans leurs erreurs, ou qu'ils pervertissent les fidèles par leurs persuasions et par leurs discours.

C'est sur ces principes établis par une tradition constante de l'Eglise, que les empereurs chrétiens ont toujours donné des lois très-sévères contre les hérétiques, pour les obliger à se réunir à l'Eglise catholique, et à plus forte raison à en faire profession publique après l'abjuration de leurs erreurs. A la vérité, l'empereur Constantin, peu de temps après qu'il fut parvenu à l'empire, fit conjointement avec Licinius son beau-frère, une loi qui permettoit à chacun de ses sujets de suivre la religion que sa conscience lui inspireroit. Mais il est aisé de voir par l'examen de cette Constitution, qui est rapportée par Eusèbe dans le chapitre v du dixième livre de son *Histoire,* que cette tolérance universelle

---

[1] Epist., lib. I, epist. vi. — [2] Lib. XI, epist. lxvi. — [3] N. 12, tom. I. — [4] *Rom.*, xiii, 4.

de toutes les opinions n'étoit qu'un prétexte, dans un règne naissant et mal affermi, pour procurer un libre exercice à la religion chrétienne, qui avoit été toujours persécutée par les empereurs païens, et contrainte de demeurer jusqu'au temps de Constantin dans l'obscurité et dans le silence.

Mais lorsque le Prince fut paisible possesseur de l'empire, et qu'il n'eut plus ni de concurrens ni de collègues, et qu'il eut donné la paix à l'univers et à l'Eglise, il voulut non-seulement renverser les idoles, mais détruire encore le schisme et l'hérésie. Saint Augustin dans le neuvième chapitre de sa *Lettre aux donatistes,* qui est la cent cinquième dans la nouvelle édition, explique les lois qui furent données par les empereurs contre les donatistes, depuis Constantin jusqu'à Arcade et à Honorius.

Le code Théodosien, au titre *de Hæreticis,* rapporte en détail les Constitutions de ces princes contre tous les hérétiques, qui troublèrent l'Eglise pendant leur règne; et pour en être pleinement convaincu, il faut lire ces lois dans la source. Non-seulement les empereurs privoient les hérétiques de toutes les charges et de tous les emplois, mais encore ils leur défendoient de passer aucune forme de contrat : tout pouvoir de vendre, d'acheter, de faire testament et d'hériter leur étoit ôté : les enfans ne pouvoient recueillir les successions de leurs parens, ni les maris celles de leurs femmes, s'ils n'embrassoient la religion catholique; et toutes ces peines étoient portées avec note d'une perpétuelle infamie. C'est ainsi que s'en explique la seconde loi de Théodose contre les manichéens.

Dans la Constitution XIII, nous voyons que les hérétiques étoient chassés des villes et de la société des autres hommes. Outre les impositions ordinaires, ils étoient condamnés, de quelque sexe et condition qu'ils fussent, à des amendes considérables, selon leurs moyens; et lorsqu'ils les avoient payées jusqu'à cinq fois sans renoncer à leurs erreurs, ils étoient condamnés à l'exil : et le motif de cette sévérité, selon la loi LXIII, étoit de ramener par la terreur ceux que l'on ne pouvoit persuader par la raison.

Et il est évident que l'instruction toute seule, sans le secours des puissances temporelles, n'auroit pas détruit ce grand nombre d'hérésies, qui se sont élevées depuis la naissance du christianisme ; et plusieurs subsisteroient encore sur la terre, si l'autorité ne les eût éteintes. L'Eglise instruisoit, et les empereurs punissoient selon les besoins : elle remplissoit son ministère par la parole, et ils accomplissoient le leur par le pouvoir que Dieu leur a confié. Et c'est par ce concert mutuel du sacerdoce et de l'empire, que la religion catholique a conservé le dépôt précieux de la foi, et que les portes de l'enfer n'ont pu jamais prévaloir contre elle, selon la promesse de Jésus-Christ [1].

Le Code Justinien répète les mêmes lois ; et cet empereur en fit une à Constantinople, qui déclare que, lorsque les hérétiques mourroient dans leurs erreurs, leurs enfans orthodoxes, s'il y en avoit, recueilleroient seuls la succession, et que ceux qui ne seroient pas catholiques en seroient exclus; que si tous les enfans étoient dans l'hérésie, le plus proche parent seroit appelé à l'hérédité ; et que si aucun ne faisoit profession de la religion catholique, les biens seroient réunis au fisc impérial. Et il y a une autre loi, dans les Novelles, qui ôte aux femmes qui ne font point profession de la foi catholique, tous leurs droits et leurs hypothèques sur les biens de leurs maris, et que le droit romain leur attribue.

On ne voit point que l'Eglise se soit jamais plainte de la sévérité de ces lois : au contraire nous avons prouvé qu'elles avoient été pour la plupart approuvées, demandées et sollicitées par les conciles ; et il faut remarquer que toutes ces Constitutions obligent les hérétiques à faire profession de la foi catholique. Or faire cette profession, c'est être en société de vœux, de devoirs, de sacrifice, de prières avec le reste des fidèles. En effet un catholique qui ne remplit point les devoirs de la religion, diffère peu de l'hérétique ; sa foi est toujours avec raison suspecte, quand il n'en fait pas les œuvres : et il y a apparence que les lois pénales des empereurs auroient eu leur effet contre ces réunis, qui contens d'une simple et froide abjuration, ne seroient entrés dans l'Eglise que pour avoir plus d'éloignement pour la doctrine qu'elle professe et pour le culte qu'elle pratique.

[1] *Matth.*, XVI, 18.

J'avoue qu'il y a des inconvéniens à forcer nos nouveaux convertis d'aller à la messe, et il est impossible que dans une affaire aussi importante il ne s'y rencontre des difficultés et des obstacles. On peut craindre des irrévérences extérieures, des infidélités secrètes, des embarras dans les détails de l'exécution, et la désertion des fugitifs, qui aimeront mieux sortir du royaume que de se soumettre : quoiqu'à l'égard des irrévérences il soit aisé de les empêcher, et pour la désertion on peut la prévenir par une vigilance exacte sur les côtes maritimes et sur les passages des rontières.

Mais laisser imparfait l'ouvrage de la conversion générale; souffrir au milieu de l'Etat un parti nombreux mal intentionné, et toujours attentif aux événemens; ne pas tendre la main à beaucoup de gens qui voudroient revenir de bonne foi, et qui ne l'osent pas par respect humain; sacrifier au scrupule des mauvais partis que pourroient prendre des opiniâtres, le salut d'un nombre infini d'ames, qu'une crainte salutaire sauveroit, et qui se perdront si on ne les force; exposer les enfans, malgré nos écoles et nos catéchismes, à la séduction infaillible de leurs parens, sont des inconvéniens beaucoup plus considérables que ceux qui pourroient déterminer à l'avis contraire : et si on ne contraint nos néophytes d'assister à nos mystères, on ne doit plus compter sur l'espoir d'avancer l'œuvre de la religion.

Le soin de l'éducation de la jeunesse semble en apparence suffire pour éteindre un jour l'hérésie, et cette raison paroît spécieuse. Elle seroit en effet très-bonne, si on pouvoit ôter tous les enfans à leurs parens : mais comme cet enlèvement général est impossible, il faut quelque chose de plus pour abolir le calvinisme dans le royaume. Ces jeunes gens n'auront jamais beaucoup de foi au saint sacrifice de la messe, quand ils verront que leurs pères et mères n'y assistent point. Au retour des écoles et de l'église, le premier soin des parens est d'effacer du cœur et de la mémoire de leurs enfans toutes les impressions qu'ils pourroient avoir de la foi catholique, et de leur en inspirer la haine et l'éloignement. Ils les séduisent avec beaucoup de facilité; et les exemples domestiques ont plus de pouvoir sur ces jeunes esprits, que toutes les instructions de leurs pasteurs et de leurs maîtres.

Nos nouveaux convertis doivent d'autant moins se plaindre de cette nécessité d'aller à la messe, que les docteurs protestans enseignent que les puissances temporelles doivent contraindre les hérétiques. Je ne fais pas cette remarque pour nous prévaloir de l'exemple des calvinistes. L'ancienne et véritable Sion, dit saint Augustin, ne se règle point sur la conduite de la fausse et nouvelle Sion : mais il est raisonnable de convaincre ces protestans par leurs propres raisons, de l'injustice des plaintes qu'ils font contre nous sur ce sujet.

Personne n'ignore que Calvin fit faire par le sénat de Genève le procès à Servet, qui étoit anabaptiste, et qui avoit renouvelé les erreurs de Sabellius et d'Eutychès. La condamnation de cet hérétique fut approuvée par les docteurs de Zurich, et par tous les théologiens du parti. Calvin, pour justifier sa conduite, composa un traité qui a pour titre : *S'il est permis aux magistrats chrétiens de punir les hérétiques;* et il prouve par un nombre infini de raisons, qu'ils le peuvent et qu'ils le doivent. De plus, dans le livre qu'il appelle *Harmonie des Evangiles de saint Matthieu, de saint Marc et de saint Luc;* expliquant ces paroles : *Forcez-les d'entrer*[1], il dit qu'elles ne peuvent s'entendre que de l'autorité qu'ont les princes de la terre d'obliger leurs sujets à obéir aux décisions de l'Eglise. Voici ses propres termes : « J'approuve que saint Augustin ait souvent usé de ce témoignage contre les donatistes, pour montrer qu'il est permis aux princes fidèles de contraindre les rebelles et les obstinés, et faire des édits pour les faire revenir à l'unité de l'Eglise : car bien que la foi soit volontaire, nous voyons néanmoins que les moyens profitent, pour dompter l'obstination de ceux qui n'obéiroient jamais s'ils n'avoient été forcés. »

Ce fut sur ces principes que Jeanne, reine de Navarre, fit publier l'an 1571 une ordonnance intitulée : *Règlement pour la discipline des églises de Béarn;* et il est porté par cette Déclaration, que toutes personnes assisteront aux prêches à peine de cinq sous d'amende pour les pauvres, et dix pour les riches ; et pour la seconde

[1] *Luc.*, XIV, 23.

fois, si l'on y manque, de cent sous pour les pauvres, et dix livres pour les riches ; pour la troisième fois, de prison et de plus grande peine si la rébellion étoit obstinée. Il y a beaucoup d'autres exemples tirés de leurs auteurs : mais ceux que l'on vient de rapporter suffisent pour faire connoître en cela la doctrine et la conduite de la prétendue réformation.

Malgré tous ces préjugés, je suis persuadé que, pour obliger les nouveaux convertis d'aller à la messe, on doit employer les voies les plus douces que la prudence et la charité pourront suggérer. Le logement effectif des gens de guerre et les punitions corporelles seroient des moyens odieux, quoique justes dans le fond ; et les obstinés, par vanité ou par faux zèle, s'attribueroient une vaine idée de martyre : quelques relégations et des amendes pécuniaires bien décernées et bien exécutées pourront suffire, surtout dans un pays comme celui-ci, où il n'y a point de passion plus vive et plus universelle que la cupidité et l'intérêt.

Il est à propos de répondre à l'objection que l'on fait sur les désaveux tacites que feront plusieurs nouveaux convertis, quand on les forcera d'aller à la messe. Si cette raison avoit lieu, on n'établiroit jamais des lois pénales dans la religion. Quoiqu'elles fassent souvent des hypocrites ou des obstinés, elles sont pourtant nécessaires pour conserver le bon ordre : d'ailleurs dans le cas des mariages des réunis, nous nous exposons tous les jours à une plus grande et plus terrible profanation. On les diffère, on les éprouve ; mais enfin il en faut venir à les marier. Ils se soumettent sans peine aux délais, aux épreuves : quand on les interroge sur leur foi, ils répondent comme on le souhaite : ils se confessent ; et cependant nous sommes presque sûrs que ces démonstrations extérieures sont simulées, parce qu'après leur mariage ils ne reviennent jamais à l'église. Mille expériences nous donnent cette juste persuasion : nous leur administrons néanmoins les sacremens de pénitence et de mariage, et nous laissons à la miséricorde de Dieu ou à sa justice, à convertir ou à punir ceux qui nous trompent.

L'expérience des lieux et des esprits m'a persuadé que, pour avancer l'œuvre de la religion, il seroit important qu'il plût au

Roi ôter dans les corps de mairie, dans les hôtels de ville, dans les facultés de médecine, et surtout dans les parlemens et dans les cours subalternes, toutes fonctions aux nouveaux convertis qui ne rapporteroient pas tous les ans des certificats de catholicité, signés par leurs évêques ou par leurs curés. Ceux qui sont dans les charges sont d'ordinaire fort jaloux de les conserver : comme ils sont même distingués par leurs emplois, leur exemple est plus utile et dans leurs familles et parmi le peuple, qui règle presque toujours sa religion sur celle de ses supérieurs. D'ailleurs les constitutions impériales y sont expresses; et le Roi est le maître de confier les charges à ceux qu'il en juge dignes, et de commettre les fonctions de la judicature aux conditions qu'il lui plaît, et selon les vues de sa prudence et de sa piété.

S'il est nécessaire de punir les indociles, il ne l'est pas moins de récompenser ceux d'entre les nouveaux réunis qui se distinguent par leur ferveur et par leur zèle. Les bienfaits seront d'un secours infini dans ce grand ouvrage. Il n'y a dans chaque ville ou dans chaque province que deux ou trois chefs de parti qui mènent tout le reste, et peu résisteront à l'espoir ou à la certitude de la récompense : une grace bien employée, et quoique donnée à un seul, excite l'espérance de plusieurs autres.

Rien n'est plus triste pour les pasteurs, que de voir que les nouveaux convertis meurent tous les jours sans sacremens, et qu'ils les refusent même avec opiniâtreté et avec scandale. Cela vient des sentimens peu catholiques des mourans, et plus souvent encore des mauvaises dispositions de leurs parens. Dans ces derniers momens où l'esprit est abattu, et le raisonnement affoibli, ils les déterminent aisément à mourir dans leurs erreurs, et les curés ne sont jamais avertis ni appelés. Peut-être seroit-il à propos que le Roi renouvelât ses anciennes Déclarations contre ceux qui ne veulent pas à la mort recevoir les sacremens. Cette précaution est d'autant plus nécessaire, que l'on sait que plusieurs nouveaux convertis mourroient catholiques, s'ils n'en étoient empêchés par les exhortations de leur famille. Mais si les héritiers craignoient une confiscation, attentifs à la succession, ils les détermineroient à remplir leurs devoirs et à demander les sacremens de l'Eglise, ou du moins à ne les pas refuser. Il ne convient pas néanmoins d'exécuter à la rigueur les édits qui regardent les cadavres des relaps : ce spectacle est plus nuisible qu'utile à la religion.

La Déclaration du Roi qui donnoit le bien de ceux qui sortoient du royaume au plus proche parent, a eu de très-mauvaises suites ; et l'on sait par mille expériences qu'une famille fugitive laissoit toujours quelqu'un qui recueilloit la succession, qui faisoit souvent très-mal son devoir de catholicité, et qui envoyoit tous les revenus à ses parens : en sorte que par ce moyen ils jouissoient de leurs biens, comme s'ils eussent encore été dans leurs terres et dans leurs maisons.

Enfin, pour faire une briève récapitulation de tout ce Mémoire, j'établis en peu de mots que le sentiment de l'Eglise a toujours été que l'on contraignît les hérétiques, et que la conduite des princes a été conforme à cette doctrine. De plus, on peut sans contredit forcer d'assister à la messe les enfans qui sont nés depuis la suppression de l'édit de Nantes, et ceux qui étant trop jeunes n'avoient fait auparavant aucun exercice du culte contraire, puisque les uns et les autres appartiennent à l'Eglise. Les nouveaux convertis tièdes et indifférens seront fort aisément déterminés : ceux qui sont catholiques dans le cœur, ne demandent pas mieux qu'un ordre qui les délivre de la crainte du respect humain et des reproches de leur famille. Il ne reste donc qu'un petit nombre d'obstinés, dont la considération ne doit pas empêcher le bien général de l'Eglise, et qu'il faudra réduire en détail par les peines ou par les bienfaits, selon les vues que le caractère de leur esprit ou la situation de leur fortune pourront suggérer.

LETTRE XLIII.

BOSSUET A M. DE SAINT-ANDRÉ, CURÉ DE VAREDDES.

A Meaux, ce 26 novembre 1700.

Il est impossible, Monsieur, que je me charge moi-même de composer l'histoire du saint abbé de la Trappe : mais je ne fais nulle difficulté d'en charger quelqu'un, et de recevoir les mémoires. Mais qui charger? Il y faut penser. J'approuve fort de faire tout ce qu'il faudra pour empêcher certaine sorte de gens de travailler à la chose de crainte qu'ils ne la tournent trop à leur avantage. Dieu bénisse votre voyage et votre retour.

LETTRE XLIV.

BOSSUET A M. DE SAINT-ANDRÉ.

A Versailles, 26 novembre 1700 (a).

Vous m'avez fait grand plaisir, Monsieur, d'avoir procuré la conservation en main sûre des papiers dont je vous avois autrefois entretenu, et dont l'importance m'étoit bien connue. Bien des gens s'empresseront de faire passer le saint homme pour tout autre qu'il n'étoit; et il n'est rien de plus nécessaire que de conserver des témoignages de ses sentimens, dont on puisse se servir en temps et lieu, selon que la prudence le fera connoître. Ce papier est sans doute un de ceux de la plus grande conséquence. Je ne sais où cette lettre vous pourra trouver : mais en quelque endroit que ce soit, faites connoître mes sentimens à M. l'abbé de la Trappe, en l'assurant de la continuation de mon amitié pour lui et pour sa sainte maison. Tout à vous, comme vous savez.

EPISTOLA XLV.

AD CLEMENTEM XI.

De ejus exaltatione ad summum Pontificatum.

BEATISSIME PATER,

Te nostris potissimùm temporibus, manifestâ supremi Numinis voluntate, ad fastigium apostolicæ potestatis evectum, vimque factam modestiæ tuæ, et multùm reluctanti, ac tantùm non in-

---

(a) Cette date, donnée par tous les éditeurs, paroît inexacte; pourquoi Bossuet auroit-il écrit deux lettres le même jour, à la même personne, sur une affaire qui n'exigeoit aucune diligence?

vito, onus impositum consensione mirabili; id quidem, non Sanctitati Tuæ, sed Ecclesiæ Dei ac rebus humanis gratulari nos decet. Quis enim non videat omninò futurum, ut quò magis reformidaveris non modò oblatam, verùm etiam infartam ac velut inculcatam supremam dignitatem, eò confidentiùs ac promptiùs tam præsentis Numinis auctoritate susceptam exerceas et geras; atque Ecclesiæ catholicæ Pontificem exhibeas eum, qui cùm innatâ solertiâ, tùm labore, industriâ et rerum experientiâ clarus, magnificè sapientiam tractet, arcana legis pandat, solvat dubia, exscindat errores, bonitatem, et disciplinam, et scientiam doceat, pacem orbi christiano, melioribus quàm unquàm auspiciis affulgentem, firmet ac foveat; omnia deniquè apostolatùs munera, Deo adjuvante, naviter exequatur?

Ac de pace quidem, beatissime Pater, quis non eam perpetuam speret? quippe quam jam non fœdera, sed ipsa etiam natura conciliet, et Magni Ludovici augustique Delphini paternus æquè jam in Hispanias atque in Gallias animus; sublatis inter inclytas gentes, quas tota maximè Europa suspiciat, inimicitiarum causis, ac velut mediâ solutâ maceriâ, quò firmiùs coalescant? Mihi verò assiduè cogitanti in hanc temporum necessitudinem incidisse auspicatissimum Pontificatum tuum, et cum hâc magnanimi Regis gloriâ, et Gallicani nominis majestate esse conjunctum, exclamare libet : *A Domino factum est istud, et est mirabile in oculis nostris* [1]; magnaque spes subit per sapientiam tuam eventurum ut, quod olim Simoni Judaicæ gentis summo Pontifici contigisse sacræ Litteræ commemorant : *Det nobis Dominus jucunditatem cordis, et firmari pacem in diebus nostris in Israel per dies sempiternos* [2].

Te verò, clementissime atque optime Pontifex, in tantâ celsitudine, tantâque exultatione applaudentis Ecclesiæ, ne pigeat paternos conjicere oculos, et in me, quem non semel singulari tuæ benevolentiæ testificatione beaveris; et in nepotem meum, cui, peculiari divinæ Providentiæ gratiâ, sapientiam illam tuam et corâm intueri, et exindè infixam animo suspicere, venerari, et quâ potuit voce, pro suâ tenuitate, celebrare licuit. Nos ergò

[1] *Psal.* CXVII, 23. — [2] *Eccli.*, L, 25.

simul affusi sacratissimis pedibus, Sanctitati Tuæ diuturnum Pontificatum auguramur, quem ipsa natura polliceri videatur; et benedictionem apostolicam humiles ac supplices expectamus,

BEATISSIME PATER,

SANCTITATIS VESTRÆ,

Addictissimus ac devotissimus famulus ac filius,

† J. BENIGNUS, Ep. Meldensis.

Datum in palatio Versaliano, pridie idus decemb. 1700.

LETTRE XLV.

A CLÉMENT XI.

Sur son exaltation au Pontificat (a)

TRÈS-SAINT PÈRE

Ce n'est pas seulement Votre Sainteté que nous devons féliciter de son exaltation ; mais l'Eglise de Dieu et toute la terre doivent encore se réjouir de ce qu'il a été donné principalement à nos jours, de vous voir élevé au comble de la puissance apostolique par la volonté de Dieu, clairement manifestée dans ce consentement unanime qui a fait violence à votre modestie, et qui vous a chargé comme malgré vous de la sollicitude pastorale. Car qui ne voit ce qui doit arriver, que plus vous avez craint cette suprême dignité, qui non-seulement vous a été offerte, mais encore imposée avec une espèce de force, plus aussi vous l'exercerez et la remplirez avec confiance et avec facilité, après l'avoir reçue d'en haut d'une manière où la présence du Saint-Esprit s'est si visiblement déclarée ? Ainsi on doit espérer que l'Eglise catholique verra en votre personne un pontife qui, déjà connu par ses talens naturels et acquis, par sa capacité et par son expérience dans les affaires, donnera de mémorables exemples de sagesse, expliquera les secrets de la loi divine, résoudra les doutes, exterminera l'erreur, enseignera la bonté, la discipline et la science ;

(a) Bossuet revit cette traduction faite par son ordre, et la mit sous les yeux du roi.

affermira et entretiendra dans le monde chrétien la paix, qui se présente avec de meilleures espérances que jamais d'une éternelle durée; un Pontife enfin qui, avec le secours du Ciel, accomplira dignement tous les devoirs de l'apostolat.

En effet pour ce qui regarde la paix, qui ne doit espérer, très-saint Père, qu'elle sera éternelle, puisqu'on la voit établie non-seulement sur la foi des traités, mais encore par les liaisons les plus étroites du sang, et par la bonté paternelle de Louis le Grand et de Monseigneur le Dauphin, laquelle se fait aujourd'hui sentir à l'Espagne autant qu'à la France même? C'est ainsi que seront ôtées les causes des inimitiés entre ces deux grandes nations (*a*), qui sembloient décider du sort de toute l'Europe; et la muraille, pour ainsi parler, qui les tenoit séparées étant abattue, on voit que leur union sera immortelle et inébranlable. Pour moi, quand je considère avec attention que votre pontificat, dont nous espérons toutes sortes de biens, se rencontre dans ces heureuses conjonctures, où la gloire d'un Roi magnanime et la majesté du nom françois éclatent davantage, je ne puis m'empêcher de m'écrier : « Ceci est l'ouvrage du Seigneur, et nos yeux en sont frappés d'étonnement. » Ce qui aussi me fait concevoir cette ferme espérance, que comme la sainte Ecriture raconte qu'il arriva autrefois à Simon, souverain pontife des Juifs, ainsi par votre sagesse, « le Seigneur nous accordera la joie de notre cœur, et dans nos jours il affermira à jamais la paix en Israël. »

Cependant, très-saint Père, dans cette suprême élévation et au milieu des applaudissemens de l'Eglise qui est toute en joie, qu'il me soit permis de supplier Votre Sainteté, après toutes les marques de bienveillance dont elle a daigné m'honorer, qu'elle veuille bien encore jeter ses regards paternels sur moi et sur mon neveu, qui par une grace particulière a eu le bonheur de voir de ses yeux cette sagesse, et qui s'en étant rempli l'esprit, n'a cessé de l'admirer, de la respecter, et de la célébrer autant

---

(*a*) Charles II, roi d'Espagne, étoit mort sans enfans au mois de novembre de cette année, et par son testament avoit appelé à la couronne d'Espagne Philippe de France, duc d'Anjou, second fils du Dauphin, qui fut proclamé roi à Madrid, le 24 novembre de la même année, sous le nom de Philippe V. (*Les éditeurs.*)

qu'il en a été capable. Nous donc, prosternés ensemble à vos pieds, nous souhaitons à Votre Sainteté un long pontificat, tel que la nature même semble le lui promettre; et nous vous demandons, en toute humilité et respect, votre bénédiction apostolique.

A Versailles, ce 12 décembre 1700.

LETTRE XLVI.

CLEMENTIS PAPÆ XI.

Responsa ad epistolam præcedentem.

CLEMENS PAPA XI.

Venerabilis Frater, salutem et apostolicam benedictionem. Etsi injuncti nobis muneris amplitudini, et præclaræ fraternitatis tuæ de nostrâ humilitate opinioni, longè impares sint vires nostræ, quarum infirmitatem dùm expendimus, anticipaverunt vigilias oculi nostri; alacritatem tamen quamdam ex tuarum litterarum officio, et ex disertâ gaudii à te ob commissum nobis Ecclesiæ regimen percepti significatione desumimus; quia validam à tuâ pietate nobis pollicemur opem, quâ exoratus misericordiarum Pater, virtute multâ confirmet quod inscrutabili suo judicio est operatus in nobis. Gratum præterea pontificiæ nostri charitati supra modum accidit auspicium publicæ tranquillitatis, eisdem tuis litteris ad nos delatum : quod ut Deus in bonum christianæ reipublicæ ratum habere velit, enixis precibus ab eodem, qui verus pacis est auctor, indesinenter exposcimus.

Cæterùm propensionem nostræ voluntatis, quam nedùm veteri tuo in nos studio, sed eximiis virtutibus quibus te præditum esse novimus, tibi omninò conciliasti; singularibus documentis, ubi emerget occasio, tibi explicabimus. Fraternitati interim tuæ necnon dilecto filio abbati nepoti tuo, præstantibus suis dotibus admodùm nobis probato, apostolicam benedictionem peramanter impertimur.

Datum Romæ apud sanctum Petrum, sub annulo Piscatoris, die II januari 1701, Pontificatùs nostri anno primo.

ULYSSES Jos. Archiepiscopus Theodosiensis.

LETTRE XLVII.

BOSSUET A M. DE SAINT-ANDRÉ, CURÉ DE VAREDDES.

Paris, ce 21 janvier 1701.

La dévote (a) qui est allée à la Trappe pour guérir le Père abbé, y a fait son miracle sur M. du Mayne. On dit qu'après l'Extrême-Onction, ayant pris par son ordre de l'huile qu'elle avoit bénite, il a si bien guéri et si promptement, qu'il a été dès le jour même chez cette dévote qui le demandoit. On fait grand bruit de ce miracle; et cette dévote en fait beaucoup dans Paris. Je vous prie de me mander ce que vous savez de ce fait, et d'apprendre ce qui s'en peut savoir : tout demeurera entre vous et moi. Je suis à vous de bien bon cœur et à jamais.

LETTRE XLVIII.

BOSSUET A M. DE SAINT-ANDRÉ, CURÉ DE VAREDDES.

A Paris, ce 28 janvier 1701.

Je dirai mon sentiment sur la Trappe avec beaucoup de franchise, comme un homme qui n'ai d'autre vue que celle que Dieu soit glorifié dans la plus sainte maison qui soit dans l'Eglise, et dans la vie du plus parfait directeur des ames dans la vie monastique qu'on ait connu depuis saint Bernard. Si l'histoire du saint personnage n'est écrite de main habile, et par une tête qui soit au-dessus de toutes vues humaines autant que le ciel est au-dessus de la terre, tout ira mal. En des endroits on voudra faire un peu de cour aux Bénédictins, en d'autres aux Jésuites, en d'autres aux religieux en général. Si celui qui entreprendra un si grand ouvrage ne se sent pas assez fort pour ne point avoir besoin de conseil, le mélange sera à craindre, et par ce mélange une espèce de dégradation dans l'ouvrage.

(a) Mademoiselle d'Almayrac, connue sous le nom de sœur Rose, née à Rhodes, morte à Tessi près d'Anneci, en 1728.

La simplicité en doit être le seul ornement. J'aimerois mieux un simple narré, tel que le pouvoit faire dom le Nain, que l'éloquence affectée. M. de Séez m'a parlé avec la meilleure intention du monde. Elle a commencé à paroître dans la relation : mais je ne sais pourquoi elle n'a pas réussi autant qu'il seroit à souhaiter, et cela est bien remarqué dans votre lettre. Pour moi, qui suis simple, j'en avois été fort content. Mais il est vrai que le monde y a trouvé bien des petitesses et dans le style et dans les choses.

Ce qu'il y a principalement à considérer, c'est qu'assurément on ne s'en tiendra pas à ce qu'un seul homme écrira. Tous les partis voudront tirer à soi le saint abbé : c'est pourquoi il est capital de garder de quoi prouver l'éloignement de tout parti, et de ne se dessaisir jamais des originaux, pour ne les montrer que dans une absolue nécessité.

Voilà pour ce qui regarde la vie. L'affaire paroît embarquée bien avant : je dis pourtant, à toute fin, ce qui me vient ; on en fera l'usage que Dieu inspirera au Père abbé.

On dit qu'on imprime les lettres : c'est par là que devoit commencer le discernement. M. de Séez m'a dit qu'il y en avoit d'admirables aux supérieurs de l'ordre, et qui étoient vraiment prophétiques et apostoliques pour l'expression et les sentimens; mais qu'il faudroit les ôter, pour ne point soulever tout l'ordre. Cela peut être; mais il se faut bien garder de les perdre, puisqu'elles pourront avoir leur temps.

Faites bien mes amitiés à votre parent. Puisqu'il veut savoir mon sentiment, le voilà sans façon, quoiqu'il soit bien tard pour le demander : mais, ni tôt ni tard, je ne puis donner dans les affaires de Dieu en aucuns foibles ménagemens.

LETTRE XLIX.

BOSSUET A M. DE SAINT-ANDRÉ, CURÉ DE VAREDDES.

A Paris, ce 29 janvier 1701.

On m'a dit que la dévote a été deux fois à la Trappe, coup sur coup : on ne parle en manière quelconque du dessein et de l'offre de guérir le père abbé, ni de rien par rapport à lui. Elle alloit, dit-on, pour affermir dans sa vocation un abbé qu'elle avoit converti : autre matière d'informer. Sachez tout, je vous en prie ; c'est chose très-importante. Je ne veux être mêlé ni de près ni de loin dans cette affaire ; mais il faut être informé de tout.

Je parlerai pour les séminaires d'épargne. Il est assez à propos, Monsieur, que vous fassiez un tour ici dans la semaine prochaine.

LETTRE L.

A M. L'ÉVÊQUE DE BAYEUX (a).

Paris, ce 9 février 1701.

J'ai reçu lundi, Monseigneur, la dernière lettre dont vous m'avez honoré, et en même temps, par ordre de M. le curé de Saint-Sulpice, le livre en question. Je commençai en même temps de le lire, et je viens enfin de l'achever. J'ai déploré l'égarement de M. Cailly, qui étant d'ailleurs si habile et si homme de bien, a proposé un système si plein d'ignorance, de témérité et d'erreur. Puisque vous m'ordonnez de vous en dire mon sentiment, vous le trouverez dans une feuille à part jointe à cette lettre.

J'ai parlé de cette affaire à M. le cardinal de Noailles, et c'est de concert avec lui que j'ai l'honneur de vous en écrire.

Je ne vous dis rien, Monseigneur, sur l'indulgence que peut mériter ce bon curé, qui se soumet absolument à votre censure, et me fait assurer par quelques-uns de ses amis, qu'il fera sur cette nouvelle doctrine telle déclaration et rétractation que vous ordonnerez.

Il y a certaines choses dans ce livre, sur les espèces ou apparences sacramentales, lesquelles, quoique ce livre ne les explique pas comme il faut, M. le cardinal de Noailles ne croit pas, non plus que moi, qu'il faille y donner atteinte, à cause du soulèvement qu'elles causeroient parmi les savans, et à cause aussi du bon sens qui y est renfermé. Je veux dire, Monseigneur, qu'il ne

---

(a) François de Nesmond, né le 1ᵉʳ septembre 1629, nommé évêque de Bayeux en 1661, mort le 16 mai 1715.

faut pas prendre pour loi ni pour article de foi en cette matière, non plus que dans les autres, toutes les explications des scholastiques : autrement il en arrive des inconvéniens, dont je pourrois alléguer beaucoup d'exemples.

Il ne me reste qu'à vous supplier de traiter avec bénignité la personne de M. Cailly, qui est d'ailleurs un digne curé, à ce que j'apprends, supposé qu'il se range à la doctrine que vous lui enseignerez, et qu'il contente l'Eglise par sa soumission. Voici donc le jugement que j'en porterois ; après quoi il ne me restera qu'à vous assurer de mes très-humbles respects.

JUGEMENT sur le livre intitulé : *Durand commenté, ou l'accord de la philosophie avec la théologie, touchant la transsubstantiation de l'Eucharistie*; à Cologne, chez Pierre Marteau, aux trois Colombes, 1700.

Il y a lieu de déclarer que le livre intitulé : *Durand commenté*, etc., contient sur la transsubstantiation une doctrine fausse, téméraire, erronée et induisante à hérésie. Sous prétexte de commenter Durand, il renouvelle témérairement et scandaleusement sur la transsubstantiation une doctrine de ce théologien trop hardi, qui est erronée, et qui a été réprouvée depuis par le concile de Trente et le commun consentement de toute l'Eglise.

Il ajoute aussi à cet auteur, sous prétexte de le commenter, des choses qu'il n'a jamais dites, et auxquelles il ne paroît pas qu'il ait pensé, lesquelles sont erronées, destructives de la présence réelle du précieux corps et sang de Notre-Seigneur Jésus-Christ dans l'Eucharistie, induisantes à hérésie sur la transsubstantiation, sur la concomitance, et autres points de doctrine décidés dans le même concile de Trente, et autres conciles généraux et décisions de l'Eglise, et tendantes à affoiblir par de vaines et dangereuses subtilités l'ancienne tradition de l'Eglise catholique, dès l'origine du christianisme, sur ce sacré mystère : au moyen de quoi le livre mérite d'être mis ès mains de la justice séculière, pour être supprimé comme il conviendra ; et Sa Majesté sera très-humblement suppliée de le faire pareillement supprimer dans tout son royaume, comme pernicieux et perturbatif de la tranquillité de l'Eglise et du royaume, sous toutes les peines qu'elle avisera bon être.

Et pour l'auteur, attendu sa soumission à la présente censure et jugement, il lui sera ordonné, et le reste, que Monseigneur modérera selon sa prudence.

LETTRE LI

L'ÉVÊQUE DE LUÇON (a) A BOSSUET.

20 février 1701.

Je vous ai toujours regardé comme l'oracle des évêques : je vous supplie très-humblement de ne pas désapprouver la liberté que je prends de vous consulter, dans une affaire qui me paroît assez délicate. C'est un de mes chanoines qui a avancé en chaire ces propositions :

« Les graces suffisantes ne font rien. »

« La coopération même de la volonté vient de la seule grace. »

« La grace efficace par elle-même peut seule enfanter les bonnes œuvres. »

« Ce n'est pas le libre arbitre qui agit avec la grace c'est la grace qui agit dans le libre arbitre. »

Comme on ne peut pas douter que ces propositions ne tendent à renouveler des erreurs déjà condamnées, je l'ai averti de ne point continuer à prêcher une semblable doctrine. Mais il y en a qui prétendent que je dois obliger ce chanoine à condamner ces propositions comme fausses, téméraires, scandaleuses, et renouvelant une doctrine condamnée par l'Eglise. Je vous supplie très-instamment de m'honorer de votre avis, que je suivrai avec autant de soumission que je suis avec respect, etc.

† J. FRANÇOIS, Ev. de Luçon.

* Jean-François de Valderie de l'Escure, nommé en 1699, mort vers 1723.

LETTRE LII.

RÉPONSE DE BOSSUET A L'ÉVÊQUE DE LUÇON.

A Paris, ce 27 février 1701.

Pour obéir en simplicité au désir de votre lettre du 20, j'aurai l'honneur de vous dire, sans hésiter, que votre qualification sur les quatre propositions contenues dans la même lettre, est très-juste. On ne peut dire sans erreur que *les graces suffisantes ne font rien,* puisqu'elles opèrent toujours des illustrations et des délectations, qui en rabattant jusqu'à un certain point la concupiscence, pourroient s'étendre plus loin, si nous voulions agir *adhibitis totis viribus voluntatis,* comme parle souvent saint Augustin.

C'est une autre erreur de dire que *la seule grace efficace par elle-même peut enfanter les bonnes œuvres,* puisque cette proposition, comme elle est conçue, ôte aux justes qui tombent le pouvoir absolu qu'ils ont par la grace, d'accomplir les commandemens, *si fideliter laborare voluerint,* aux termes du concile d'Orange, auxquels il faut joindre le *Facere quod possis, et petere quod non possis,* etc., du concile de Trente.

Dire aussi que *le libre arbitre n'agit point avec la grace, et que c'est la grace qui agit dans le libre arbitre,* en prenant le *dans* exclusivement de l'*avec,* c'est directement combattre saint Paul, selon qu'il est traduit dans la Vulgate et conformément à la tradition, qui est universelle sur ce point.

La condamnation de cette quatrième proposition induit celle de la seconde, où il est porté que *la coopération de la volonté vient de la seule grace,* puisqu'elle exclut la grace qui est avec nous, et avec laquelle personne n'a jamais nié que le libre arbitre ne coopérât.

Tous ceux qui avancent de telles propositions errent contre la doctrine de la grace, en ce qu'ils ne veulent pas expliquer que tous les justes qui tombent lui résistent, pèchent contre elle, lui manquent, lui sont infidèles et se perdent par leur faute.

Ils abusent de cette expression : *Efficace par elle-même;* d'où l'on veut induire l'exclusion de la coopération du libre arbitre, sans laquelle la grace n'opéreroit point. Saint Augustin dit bien, et dit partout, que la grace est efficace, invincible, peut ce qu'elle veut, fléchit les cœurs les plus endurcis, opère le vouloir et le faire, selon l'expression de saint Paul : mais je n'ai point encore trouvé qu'il se soit servi de ce mot : *Efficace par elle-même,* dont on peut très-aisément abuser, encore qu'il ait un bon sens, qui ne permet pas de le condamner indistinctement.

Voilà, Monseigneur, ce qui me fait dire que votre qualification est juste : je la crois aussi suffisante ; et en votre place, je n'hésiterois pas à la faire telle qu'elle est. Au surplus, puisque vous voulez que je vous parle en évêque, on doit prendre garde que dans une matière si délicate, souvent la censure d'une erreur induit à une autre, si on ne sait tenir la balance droite ; et il se faut bien garder de laisser passer la doctrine qui, contre la décision du concile de Trente, ne mettroit du côté de Dieu dans ceux qui font bien et qui persévèrent à bien faire, aucun secours spécial, ni par conséquent aucune préférence gratuite. Vous êtes maître en Israël, et il suffit de marquer les choses pour se faire entendre. Je suis, Monseigneur, etc.

LETTRE LIII.

M. DU PUY, ARCHIDIACRE ET THÉOLOGAL DE LUÇON

Du Puy, ce 16 mars 1701.

Depuis la lettre que j'ai pris la liberté de vous écrire, je n'ai pu attendre tranquillement la réponse que j'espère de Votre Grandeur. Deux jours après, je reçus non-seulement la censure faite uniquement contre moi, quoique en termes vagues : mais j'appris encore qu'on m'attaquoit nommément à l'officialité, où l'on me faisoit citer comme ayant avancé les propositions censurées, pour m'y déclarer suspens *ipso facto;* que de plus on me dénonçoit que l'on pourvoiroit à mes dépens à la théologale. Toutes ces choses, Monseigneur, me déconcertèrent dans les mesures de tranquillité que je m'étois prescrites, jusqu'à ce que je reçusse les ordres que vous auriez la bonté de me donner. La veille de la réception de la censure, j'eus l'honneur de faire la révérence à Monseigneur de Poitiers, et de souper avec lui. Il me porta avec sa charité et sa prudence ordinaire, à donner satisfaction à Monseigneur de Luçon, en condamnant les quatre propositions en question, et me dit qu'il étoit sûr que mondit Seigneur de Luçon ne demandoit que cela. Je protestai à Monseigneur de Poitiers que je ne me ferois nulle peine de les condamner, mais que je ne pouvois les rétracter, qui étoit ce qu'on me demandoit ; parce que la vérité et la conscience s'y opposoient. Ce digne prélat partit dès le lendemain matin pour ses visites : ainsi je ne pus plus avoir l'honneur de le voir, et de le consulter après avoir reçu la censure. Je consultai en son absence d'habiles gens ; et par leur conseil je fis au greffe de la métropole, établi à Poitiers, l'Acte ci-joint[1], que j'ai fait imprimer depuis pour rendre partout

[1] L'an mil sept cent un et le cinquième jour d'avril, s'est présenté en personne, au greffe de la Cour métropolitaine à Poitiers, messire Germain Du Puy, prêtre, archidiacre d'Aizenay, et théologal de Luçon ; lequel a dit et déclaré à tous ceux qu'il appartiendra, ce qui s'ensuit : Premièrement qu'il n'a jamais avancé, ni soutenu les quatre propositions censurées par son Seigneur l'Evêque de Luçon, le dix-huitième de mars dernier, ainsi qu'il lui a déclaré dans sa chambre de vive voix, avec serment, le cinquième jour du mois de février dernier ; après laquelle conversation, le prélat l'engagea à prêcher trois jours après, aux prières des quarante heures, un sermon à sa nomination ; ce qui fait voir qu'il devoit être satisfait de sa doctrine : dans lequel sermon qu'il fit du jeûne, personne ne l'accuse d'aucune erreur : secondement, qu'il a même protesté conjointement avec quatre de ses confrères, dignitaires et chanoines, qui l'ont entendu parler le deuxième février, qu'il a prêché huit propositions sur la grace toutes contraires à ces quatre propositions censurées : troisièmement, qu'il a encore protesté dans une lettre de vingt pages, toutes écrites de sa main, audit Seigneur prélat, le vingt-unième février, qu'il n'a nullement avancé ces quatre propositions : quatrièmement, comme étant théologal, et par conséquent dépositaire de la doctrine après l'évêque, il condamne de rechef lesdites quatre propositions.

Cinquièmement, qu'étant à Poitiers pour ses affaires particulières, et surtout pour une qui regarde le temporel de son archidiaconé, touchant une rente de froment, que doit une terre que l'on va vendre ; il y a reçu ledit jour cinquième avril, ladite censure, qu'un ami lui a envoyée de Luçon ; à laquelle il ne se fait nulle peine de souscrire, puisque ce sont des propositions auxquelles il n'a point de part, et qui ont été forgées à plaisir par des personnes qui veulent décrier la doctrine du diocèse, et celle de feu Monseigneur de Barillon évêque de Luçon. Ce qui ne l'empêche pas de soutenir la grace efficace par elle-même et la prédestination gratuite, selon les très-illustres docteurs saint Augustin et saint Thomas, comme parle le saint Siége. Ainsi il proteste de nullité de toutes

témoignage de la pureté de ma foi. Comme toutes ces protestations verbales et par écrit que j'avois faites avoient été inutiles, et qu'on m'attaquoit en justice, je me vis forcé avec douleur, et par une dure nécessité, de faire signifier ledit Acte à mon prélat, afin d'arrêter par là ceux qui causent et entretiennent la division dans le diocèse. De plus, comme j'ai de fortes raisons de tenir pour suspecte l'officialité d'ici, j'appelai de tout à la Cour métropolitaine.

Après cet Acte signifié, je m'en vins à Luçon hier, pour monter aujourd'hui en chaire; ce que je croyois indubitable. J'arrivai à huit heures du soir; et j'appris qu'une heure auparavant, on m'avoit fait une seconde déclaration de la part du prélat avec défenses expresses de prêcher. Cela me parut fort extraordinaire; premièrement, parce que aussitôt la censure reçue, j'avois condamné purement et simplement les quatre propositions, qui est tout ce qu'on demande des plus hérétiques, reconnus tels et même convaincus; les anciens conciles et les derniers n'ayant jamais exigé des hérétiques les plus obstinés, que de dire anathème à la mauvaise doctrine : mais on en veut ici à la personne, et à tous ceux qui ont eu liaison avec feu Monseigneur de Barillon : secon-

les procédures qu'on pourroit faire contre lui en son absence, directement ou indirectement, comme ayant déjà suffisamment déclaré qu'il condamnoit lesdites quatre propositions, qu'il n'a point avancées ; et ayant un certificat écrit de la main de M. Gaitte, docteur de Sorbonne, supérieur du séminaire et vicaire-général de son Seigneur l'évêque de Luçon, qui témoigne même après son sermon du deuxième février, que sa doctrine est très-saine.

Sixièmement, comme dans la lettre circulaire dudit Seigneur prélat à tous ses curés, il dit « qu'il y a eu des gens assez téméraires pour oser dire, qu'il y avoit deux cents curés dans le diocèse, qui soutiendroient ces propositions, » il déclare qu'il n'a jamais rien entendu dire de semblable ; et il répond pour le diocèse, comme le connoissant bien, qu'il ne se trouvera pas un seul curé qui soutienne ces propositions, puisque la doctrine du diocèse, qu'ils ont apprise de feu Monseigneur de Barillon leur saint évêque, est celle de saint Thomas. Mais il se souvient bien que dans une députation que le chapitre fit à sondit Seigneur de l'Escure, plusieurs chanoines lui dirent « que plus de deux cents curés soutiendroient et signeroient que la doctrine du feu Seigneur de Barillon avoit toujours été très-saine; qu'ainsi on avoit tort de l'accuser d'avoir une doctrine suspecte : » qu'il certifie que ces paroles ; « plus de deux cents curés le témoigneront », furent dites à cette occasion.

De tout ce que dessus, il a requis et demandé acte à moi, greffier de ladite Cour, soussigné ; et que ladite déclaration, protestation et condamnation de quatre propositions reste en minute, dont copies lui soient délivrées, pour lui servir comme de raison, attendu que toutes ses autres protestations verbales et par écrit n'ont pas été reçues : ce que je lui ai octroyé pour valoir et servir en temps et lieu, le jour et an que dessus ; et s'est soussigné.

dement, parce qu'il n'y avoit point de sentence contre moi, ni ne pouvoit y en avoir, n'ayant été cité qu'une fois dans une absence de trois semaines; absence permise à tout chanoine pour ses affaires, et qui n'a été ni affectée, ni de libertinage : troisièmement, que quand il y auroit eu sentence, l'appel interjeté auroit tout suspendu, d'autant que la sentence auroit été conditionnelle : Si vous ne condamnez telles propositions ; encore auroit-on dû, suivant le droit, limiter un temps : et c'est ce qui est formellement exprimé dans les Décrétales, livre II, titre XXVIII, *de Appellationibus*, canon XL, *Prætereà*, où le pape Célestin III écrit à un doyen de Rouen : *Videtur autem nobis, quòd in hujusmodi sententiam appellationis obstaculum debeat impedire.*

Nonobstant ces raisons, mes amis m'ont conseillé de ne point me présenter pour prêcher, sans avoir fait la révérence à mon prélat; et l'amour de la paix m'y a porté. J'ai été le prendre avec d'autres chanoines, après Tierce, pour aller à la grand'messe; c'est une marque de respect assez ordinaire. J'ai commencé par la plus respectueuse de toutes les révérences, en entrant dans sa chambre, et je lui ai dit : « Je viens ici, Monseigneur, vous assurer de mes profonds respects, et de la douleur que j'ai qu'on me mette mal dans l'esprit de Votre Grandeur. Vous m'avez ordonné de condamner les propositions : je l'ai fait. Vous me sommez de venir remplir ma théologale : j'y viens suivant vos ordres. — N'avez-vous pas reçu, interrompit le prélat, la défense que je vous en fis signifier hier? — Oui, Monseigneur, répondis-je, et c'est ce qui m'amène ici, pour éviter un éclat et un scandale public dans l'Eglise, si je m'y étois présenté d'abord pour prêcher, sans avoir eu l'honneur de vous faire la révérence. Je ménage la foiblesse des catholiques, les caquets des hérétiques, et par-dessus tout le respect qui vous est dû, Monseigneur. — Je vous défends absolument de prêcher, repartit le prélat ; sinon j'userai de toute mon autorité contre vous. Je me serois contenté d'une condamnation des propositions; je veux à présent une rétractation en forme, et que vous les reconnoissiez comme de vous. — J'ai fait serment, repris-je, et je le proteste encore devant Dieu, que je ne les ai point avancées, et je le déclare prêt à aller offrir le saint sacrifice. — Quoi! vous allez dire la messe étant suspens! me dit le prélat. — Comment cela, Monseigneur, répondis-je, fort sûr du contraire et fort étonné? » Le prélat continua, et m'assura que la censure renfermoit la suspension *ipso facto*; qu'il ne voudroit pas entendre ma messe, que j'étois dans le crime; et que la sentence du supérieur, soit juste, soit injuste, est toujours à craindre, comme dit saint Grégoire. Sur quoi je lui répliquai qu'il n'y avoit nulle sentence contre moi, et que de plus il savoit ce que M. Talon avait cité d'Ives de Chartres, dans sa protestation au pape Innocent II : *Si venerit excommunicaturus injustè, ipse excommunicatus recedet*[1] : « S'il vient pour excommunier injustement, il s'en retournera lui-même excommunié. » A ces paroles, un des assistans peu éclairé s'écria : « Quelle effronterie! vous excommuniez Monseigneur! » — « Entendez-vous le latin, lui dis-je? » Le prélat finit par une grande colère et par des paroles outrageantes, et on s'en alla à l'église.

Je n'ai pas voulu prêcher; et j'ai mieux aimé souffrir en patience un si sanglant affront, que de faire de l'église le théâtre de la division et de la chicane. J'attends incessamment vos ordres là-dessus, Monseigneur. Vous voyez bien que toutes les juridictions me sont ouvertes, et la Cour métropolitaine et le Parlement, contre des procédures si pleines de nullités. Par amour de la paix, je différerai volontiers, à moins que je ne sois forcé de me défendre. Plaignez mon malheur, Monseigneur; plaignez un pauvre diocèse où tout est en combustion, et où les hérétiques se prévalent de ces éclats; et honorez d'une réponse favorable celui qui est avec le plus profond respect, etc.

Du Puy, archidiacre et théologal de Luçon.

---

[1] Ce furent les évêques attachés à Louis le Débonnaire qui sur le bruit qui s'étoit répandu, que le pape Grégoire IV emmené en France par Lothaire, pour rendre sa cause plus favorable, menaçoit de les excommunier, firent la réponse qui est ici rapportée. (*Les éditeurs.*)

LETTRE LIV.

BOSSUET A M. DU PUY, ARCHIDIACRE ET THÉOLOGAL DE LUÇON.

A Paris, ce 19 avril 1701.

J'ai reçu les deux paquets que vous m'avez envoyés, et en particulier celui où étoit la censure de Monseigneur votre évêque avec votre protestation. Vous voulez que je vous en dise mon sentiment, et je le fais volontiers par l'estime que j'ai eue de tout temps pour vous.

I. La censure est très-juste, très-précise, très-modérée ; et dans votre protestation vous promettez d'y souscrire.

II. Dans cet esprit vous condamnez les quatre propositions censurées, en désavouant seulement de les avoir avancées.

III. Sur ce pied et en révoquant tout le reste, qui pourroit tendre à faire penser qu'on en veut à la mémoire et à la doctrine de feu Monseigneur de Luçon, vous rendrez une pleine soumission au jugement de votre évêque.

IV. Je vois que vous avez déféré à l'interdit de votre prélat ; en quoi je vous loue : et je dois seulement vous dire que personne n'approuve ici la réponse que vous lui fîtes sur l'excommunication injuste, dont vous lui devez demander pardon.

V. A ces conditions, je suis prêt à supplier Monseigneur de vous rétablir dans vos fonctions, et de vous recevoir dans l'honneur de ses bonnes graces, et je commence à le faire dès aujourd'hui par une lettre que j'ai l'honneur de lui écrire.

VI. Par ce moyen il demeurera inutile d'examiner vos sermons ; et Monseigneur de Luçon sera supplié de ne plus entrer dans cet examen, content de ce qu'il avoit exigé d'abord, qui est que vous souscrivissiez à la censure, et condamnassiez les propositions purement et simplement comme vous faites.

VII. Si vous avez appelé, ce que je ne vois point dans les Actes que vous m'avez envoyés, mais seulement dans votre lettre du 10 mars, il faudra vous désister de tout appel, et vous soumettre à votre prélat, qui semblable à celui qui l'a envoyé, ne veut point la mort du pécheur ni sa condamnation, mais sa soumission.

VIII. Vous devez aussi renoncer à défendre le diocèse qu'on n'attaque pas, et la mémoire de feu Monseigneur de Luçon à laquelle vous faites tort en supposant qu'on l'attaque, et vous offensez sa parenté.

J'envoie copie de cette lettre à Monseigneur de Luçon, et j'espère que vous recevrez des marques de ses bontés. Je suis avec estime et de bien bon cœur, etc.

LETTRE LV.

BOSSUET A M. L'ÉVÊQUE DE LUÇON

A Paris, ce 19 avril 1701.

La confiance qu'il vous a plu de me témoigner, me donne celle de vous dire que j'ai reçu une lettre de M. Du Puy, que je connois et que j'estime il y a longtemps, à laquelle j'ai répondu ce que vous trouverez dans ce paquet.

J'espère, Monseigneur, que vous trouverez qu'en suivant mes conseils, comme il me le promet, il suivra en même temps vos ordres, et satisfera à son devoir envers vous.

Je n'y vois qu'une seule difficulté, et c'est la rétractation expresse que vous semblez à présent vouloir exiger, avec l'aveu d'avoir enseigné les propositions. Mais j'ose vous représenter avec respect, premièrement, que cela ne paroît pas nécessaire, la vérité ayant sans cela victoire entière et votre censure son plein effet : secondement, il paroît que vous ne devez rien ajouter à une si juste censure; et ainsi que vous y contentant de la condamnation de l'erreur, le reste seroit d'une rigueur inutile : troisièmement, c'est là le moyen d'éviter toute dispute qui pourroit s'élever sur ce sujet, tant dans votre diocèse que partout ailleurs, et vous ôterez tout prétexte aux plaintes que l'on pourroit faire : quatrièmement, c'est aussi le moyen de fermer la bouche à ceux qui répandent votre opposition aux habiles gens que votre saint et savant prédécesseur avoit appelés, et dont il est mort content : cinquièmement, je ne puis vous dissimuler qu'on a publié que vous aviez même souffert que l'on attaquât sa mémoire en votre présence, encore que nous eussions tous ce prélat en vénération.

J'espère donc, encore un coup, Monseigneur, que vous voudrez bien continuer à vous contenter du désaveu de M. Du Puy, qui demeurera assez puni de ce qu'il a fait contre un prélat tel que vous, d'une manière inconsidérée et irrespectueuse, avec une bonne et soumise disposition dans le fond, en le révoquant publiquement.

Je n'entre point dans la discussion de ce que vous jugerez nécessaire pour les bienséances et le respect de l'épiscopat, vous suppliant seulement, Monseigneur, de vouloir bien par bonté ne pas exiger un aveu qui ne feroit que causer de la peine et du scrupule à celui qui ne cherche qu'à regagner l'honneur de vos bonnes graces, et à vous être soumis et obéissant.

Pardonnez la liberté que je prends : j'ai cru devoir cet office à un prêtre que j'estime, et qui me choisit pour intercesseur auprès de vous. Je suis, au reste, avec un sincère et véritable respect et attachement, etc.

LETTRE LVI.

BOSSUET A M. PASTEL, DOCTEUR DE SORBONNE.

A Meaux, ce 24 mars 1701.

Vous entendîtes, Monsieur, ces jours passés M. Pourchot, qui me disoit qu'il avoit une lettre de M. Descartes sur la transsubstantiation. Je vous prie de la lui demander, et de prendre le soin de m'en envoyer une copie. Il n'est pas nécessaire qu'on sache ma curiosité; c'est à bonne fin. Je vois de grands inconvéniens à la publier; et si elle est telle que je l'imagine sur le récit qu'on m'en a fait, elle n'évitera pas la censure. M. Descartes a toujours craint d'être noté par l'Eglise, et on lui voit prendre sur cela des précautions dont quelques-unes alloient jusqu'à l'excès. Quoique ses amis pussent désavouer pour lui une pièce qu'il n'auroit pas donnée lui-même, ses ennemis en tireroient des avantages qu'il ne faut pas leur donner. Je vous en dirai davantage quand j'aurai vu la lettre, et je ne ferai point difficulté d'en dire mon sentiment à M. Pourchot. Je vous prie de lui faire mes complimens, et de bien croire, Monsieur, que je suis sincèrement à vous.

LETTRE LVII.

BOSSUET A M. PASTEL, DOCTEUR DE SORBONNE.

A Meaux, ce 30 mars 1701.

J'ai reçu, Monsieur, avec votre lettre la copie que vous avez faite des deux de M. Descartes (a). Vous pouvez dans l'occasion bien assurer notre ami qui m'en parla, qu'elles ne passeront jamais, et qu'elles se trouveront directement opposées à la doctrine catholique. M. Descartes, qui ne vouloit point être censuré, a bien senti qu'il les falloit supprimer, et ne les a pas publiées. Si ses disciples les imprimoient, ils seroient une occasion de donner atteinte à la réputation de leur maître, et il y a charité à les en empêcher. Pour moi, je tiens pour suspect tout ce qu'il n'a pas donné lui-même; et dans ce qu'il a imprimé, je voudrois qu'il eût retranché quelques points pour être entièrement irrépréhensible par rapport à la foi; car pour le pur philosophique, j'en fais bon marché. Par le titre qu'ont les deux lettres, il semble qu'elles soient déjà imprimées; et qu'elles aient servi de véhicule à des écrits déjà publics. Je suis avec estime et affection, etc.

LETTRE LVIII.

BOSSUET A M. LE CARDINAL DE NOAILLES.

A Germigny, ce 23 mai 1701.

J'ai lu, Monseigneur, le nouveau livre françois (b) sur l'Histoire de la Congréation *de Auxiliis;* et sans entrer dans la question de

---

(a) Ces deux lettres de Descartes sur l'Eucharistie ont été imprimées pour la première fois en 1811, dans l'ouvrage intitulé : *Pensées de Descartes sur la Religion et la Morale,* pag. 250 et suiv. — (b) Composé par le P. Serri, dominicain, ce livre parut sous le titre de *Questions importantes*, à l'occasion de la nouvelle histoire des congrégations *de Auxiliis.*

la science moyenne, voici la remarque que j'ai faite, et que Votre Eminence aura faite aussi bien que moi. C'est qu'encore que l'auteur déclare que la société n'a pas adopté la doctrine de Molina sur les forces naturelles, auxquelles il attache la grace, il ne laisse pas de déclarer en même temps que la même société tient cette doctrine à couvert de toute censure, à cause du nombre des auteurs qui l'ont soutenue.

C'est là, Monseigneur, attaquer directement la censure du clergé, résolue sous votre présidence et rendue exécutoire par votre décret : c'est dire que cette doctrine, qui est purement et manifestement semi-pélagienne, est reconnue pour probable, à cause qu'elle n'a pas été condamnée par le saint Siége. C'est faire dépendre les dons de la grace des dispositions naturelles, les y ramener comme à leur racine, et répondre au *Quis te discernit* de saint Paul [1]; ce qui ne renferme rien moins que le renversement entier de la piété et de la doctrine de la grace.

J'avoue que ce sentiment a été soutenu par plusieurs scholastiques avant le concile de Trente, et que depuis ce concile quelques-uns n'ont pas eu assez d'attention à ses décrets. Mais après les grands éclaircissemens qu'on a donnés sur cette matière et après le décret du clergé, appuyé du vôtre, on n'a pas dû à vos yeux soutenir une doctrine si pernicieuse.

C'est faire injure à l'Eglise romaine de la faire approbatrice de cette doctrine, et d'étendre jusque-là la défense de se condamner les uns les autres, qu'il faut restreindre à la principale matière de l'examen, qui est celle de la congruité par la science moyenne.

Je supplie très-humblement Votre Eminence de considérer devant Dieu, et de faire considérer dans son conseil le remède qu'on peut apporter à un si grand mal. Pour moi j'attendrai vos ordres, et demeurerai en repos.

M. de Reims, dans son ordonnance sur la grace, a bien distingué la doctrine de la grace congrue d'avec celle-ci, puisqu'il a toléré l'une et condamné l'autre. Si nous la souffrons, il faut laisser enseigner impunément que tous les dons de la grace, même la première efficace et celle de la persévérance, marche-

---

[1] I *Cor.*, IV, 7.

ront ensuite des dispositions naturelles, qui par là feront la racine du discernement. Le décret du clergé, qui a marqué cette erreur, ira en fumée, aussi bien qu'une approbation aussi authentique que la vôtre; et le semi-pélagianisme sera remis en honneur sous d'autres termes.

Le cardinal Baronius en a déploré la renaissance, sous prétexte de s'opposer à Luther. Le cardinal Bellarmin ne s'éloigne pas de ce sentiment, quoique d'ailleurs défenseur de la doctrine de Molina sur l'autre point. Je sais que Votre Eminence n'abandonnera non plus qu'eux la cause de Dieu, pour laquelle elle est si déclarée. Je marcherai humblement sur les pas de Votre Eminence, de qui je suis à jamais avec un respect sincère, etc.

LETTRE LIX.

BOSSUET A M. LE CARDINAL DE NOAILLES (a).

A Meaux, ce 25 mai 1701.

Je prends encore la liberté, Monseigneur, de rendre compte à Votre Excellence d'un rapport qui m'a été fait par gens qui semblent instruits; c'est que, dans la dernière assemblée des Pères de Saint-Maur, il a été résolu de changer la préface du dernier tome. Si cela est, Votre Excellence sera sans doute avertie, et aura vu mieux que moi que ce changement causeroit de grands et inévitables scandales : en sorte que si l'on ne pouvoit autrement rompre ce coup, je crois que Votre Eminence ne trouveroit pas hors de propos d'y employer l'autorité du Roi, qui ne peut avoir de plus saint et de plus nécessaire usage que celui de préserver l'Eglise de tels troubles. Cette préface a été présentée au clergé de France, et le moindre changement qu'on y apporteroit souleveroit tout le monde. Votre Excellence, Monseigneur, me pardonnera la liberté que je prends. Car à qui peut-on mieux s'adresser qu'à celui que Dieu a placé si hautement dans son Eglise, et qu'il a rempli d'un si grand zèle pour faire tête à droite et à gauche contre ceux qui brouillent.

Je suis avec un respect sincère, etc...

(a) Inédite. Manuscrit à la bibliothèque du séminaire de Meaux.

LETTRE LX.

BOSSUET A M. BRISACIER,
SUPÉRIEUR DU SÉMINAIRE DES MISSIONS ÉTRANGÈRES.

A Meaux, ce 30 août 1701.

J'ai lu en effet, Monsieur, avec une extrême diligence, le livre intitulé : *Judicum unius* (a)..., comme M. le cardinal de Noailles l'avoit prévu. Je vous ai promis de vous en dire mon sentiment : je le fais à condition, s'il vous plaît, que vous communiquerez cette lettre à M. le Cardinal. Mon dessein est par là que vous preniez le temps le plus commode à Son Eminence, pour lui en faire la lecture : et en même temps de lui sauver la peine de lire mon écriture, qui devient tous les jours plus pénible pour moi, et plus difficile aux autres ; ce qui m'oblige souvent de me servir d'une main étrangère.

Je dis donc en général que ce livre est fait pour appuyer l'indifférence des religions, qui est la folie du siècle où nous vivons. Cet esprit règne en Angleterre et en Hollande trop visiblement : mais par malheur pour les ames, il ne s'introduit que trop parmi les catholiques. Ce livre autorise ce sentiment, en faisant tous les hommes, de quelque religion qu'ils soient, capables du salut. L'auteur fait servir à cette doctrine la volonté générale de sauver tous les hommes; d'où il conclut que la religion véritable a pu être dans tous les peuples : et comme cette volonté subsiste toujours, il doit tirer la même conséquence du temps présent, comme il a fait de celui qui a précédé l'Evangile.

Il est vrai qu'il reconnoît que les sept nations dont les Juifs étoient environnés, la Chaldée, la Grèce et tout l'empire romain, ont été vraiment idolâtres. Mais si on le pousse, en lui demandant si Dieu ne vouloit pas sauver ces peuples comme les autres, il sera contraint d'abandonner son système ou de trouver des excuses à

(a) Ce livre, composé par M. Coulau, docteur de Sorbonne, défendoit les ouvrages que les PP. le Comte et Gobien, Jésuites, avoient publiés sur la religion des Chinois, et que la faculté de théologie de Paris avoit censurés.

ces idolâtres, en disant comme il l'insinue en quelques endroits, qu'on a pu adorer le vrai Dieu sous le nom de Jupiter, ainsi du reste, puisque même il approuve les auteurs qui disent que les anciens Germains ont adoré le Père, le Fils et le Saint-Esprit, sous le nom du soleil, de la lune et du feu; c'est-à-dire de Jupiter, de Junon et de Vulcain.

Mais il s'attache particulièrement à justifier les anciens Perses, comme ayant connu le vrai Dieu, et même le Messie : et il entreprend de prouver la première partie, même par l'autorité de l'Ecriture; à cause, dit-il, qu'il n'est pas probable que les Perses aient été choisis pour détruire l'idolâtrie de Babylone et rétablir le temple de Dieu, s'ils ne l'eussent connu et servi de tout temps : ce qu'il confirme par Cyrus, que Dieu appelle son *Christ* dans Isaïe [1], et qui déclare lui-même que le Dieu du ciel lui a donné le royaume.

Ce discours est d'une prodigieuse témérité, puisque dans le même prophète Isaïe, Dieu dit deux fois à Cyrus : *Vous ne m'avez point connu* [2]; où saint Jérôme interprète qu'il avoit servi de faux dieux : *Idola coluisti*.

Ce que répond l'auteur à ces passages précis est incroyable. C'est qu'encore que Cyrus connût le vrai Dieu, il ne savoit pas que les Hébreux en fussent les adorateurs; et qu'aussitôt qu'il l'a su, il a reconnu que le Dieu des Juifs étoit le vrai Dieu du ciel, que lui-même il l'avoit toujours servi : que si l'on pouvoit soupçonner que Dieu eût fait l'injustice à Cyrus de lui dire qu'il ne le connoissoit pas, sous prétexte qu'il ne savoit pas qu'il fût le Dieu d'Abraham et des Juifs, quoique d'ailleurs lui et les Perses le connussent de tout temps, par la tradition perpétuelle venue de Noé.

L'auteur passe jusqu'à assurer que non-seulement Cyrus, mais encore les autres rois de Perse n'ont changé leur ancien culte véritable, que depuis qu'ils ont été subjugués par les Grecs : où il paroît qu'il a oublié le livre d'Esther, où les Perses et leurs rois sont appelés avec horreur des incirconcis. « Vous savez, Seigneur, disoit Esther, que je hais la gloire des impies, et que je

---
[1] *Isa.*, XLV, 1. — [2] *Ibid.*, 4, 5.

déteste le lit des incirconcis et de tout étranger. Vous savez la nécessité qui m'oblige de porter sur ma tête le signe d'orgueil es de gloire que j'ai en abomination, que je le déteste comme ce qu'il y a de plus immonde, et que je ne le porte pas dans les jourt de mon silence, mais seulement dans les jours d'ostentation et de cérémonie. Vous savez enfin que je n'ai jamais mangé à la table d'Aman ; et que s'il m'a fallu manger à celle du Roi mon mari, je ne me suis pas plu dans ce banquet, et je n'ai pas bu le vin des effusions [1]. »

Qu'Esther ait parlé ainsi d'un roi et d'un peuple qui auroit servi le vrai Dieu et lui auroit offert de pieux et véritables sacrifices, c'est ce qui n'entrera dans l'esprit de personne.

On lit encore dans le même livre ces paroles de Mardochée : « Vous savez, Seigneur, que ce n'est pas par orgueil que j'ai refusé d'adorer le superbe Aman ; car j'aurois volontiers baisé ses pas pour le salut d'Israël : mais j'ai craint de transférer l'honneur de mon Dieu à un homme[2]. »

Ce qui fait voir que la vraie raison du refus de Mardochée, c'est que le culte divin, que les Perses, comme l'on sait, rendoient à leurs rois, s'appliquoit par proportion à leurs favoris, dans lesquels reluisoit leur puissance.

De là venoit cette ordonnance publiée par Darius roi de Perse, à la commune sollicitation de tous les satrapes : « Que si quelqu'un osoit présenter quelque prière à quelque Dieu ou à quelque homme que ce fût, excepté au roi, durant trente jours, il seroit jeté dans la fosse des lions[3]. Voilà ces adorateurs du vrai Dieu qui se font des dieux eux-mêmes de leurs rois, et que les saints regardent avec horreur, comme on a vu que fit Esther. C'est aussi ce qui obligea Mardochée à avertir la même Esther de ne point déclarer son peuple[4], parce qu'il savoit que c'étoit un peuple odieux aux Perses, et qu'Aman aussi décrioit au Roi comme un peuple dont les singularités devoient être en horreur au roi et à tout l'empire des Perses.

C'est encore ce qui fait dire à la même reine, dans sa prière, « que les Perses vouloient fermer la bouche à ceux qui louoient

[1] *Esth.*, XIV, 15-17. — [2] *Ibid*, XIII, 12-14. — [3] *Dan.*, VI, 6, 7, etc. — [4] *Esth.*, III, 8.

Dieu, pour ouvrir celle des gentils et leur faire louer leurs idoles [1]. »

Après cela il est étonnant qu'on veuille, par de petites conjectures, faire passer les Perses pour un peuple vraiment religieux, sous prétexte que Cyrus auroit connu le Dieu du ciel, « et que Darius auroit ordonné qu'on payât les frais des sacrifices, de ses propres revenus, dans le temple de Jérusalem, à la charge qu'on y prieroit pour la vie du roi et de ses enfans [2], » sans songer qu'il est écrit dans les *Machabées* [3] que Séleucus roi d'Asie avoit donné un ordre semblable, sans que pour cela on puisse conclure que les Syriens, qui n'avoient point d'autre religion que celle des Grecs, eussent servi le vrai Dieu.

C'est ignorer les premiers principes de la théologie, que de ne pas vouloir entendre que l'idolâtrie adoroit tout, et le vrai Dieu comme les autres. Cyrus peut avoir été dans la même pratique; et Dieu se sera servi de lui pour faire, en faveur de son peuple, ce que les prophètes en avoient prédit. Il se peut aussi qu'il ait connu Dieu, comme avoit fait Nabuchodonosor [4], sans que cette connoissance ait eu de suite. Mais il est beaucoup plus croyable qu'il n'a jamais eu le vrai culte, puisqu'on lui voit dans Xénophon toujours invoquer le soleil avec le Jupiter de son pays, quel qu'il soit, lui offrir des sacrifices, et pratiquer la divination par les entrailles des animaux immolés.

On voit aussi dans le dernier discours qu'il tient à ses enfans, qu'il se sert de la doctrine de l'immortalité de l'ame pour leur persuader de suivre ses derniers ordres, et leur faire croire qu'il seroit toujours vivant pour les y obliger. Voilà comme sont faits ces princes qu'on nous veut donner pour si religieux, et les Chinois peuvent l'avoir été à même prix.

Au reste on assure trop positivement que les Perses n'avoient point d'idoles. Car encore que cela soit vrai des idoles à figure humaine, on doit croire qu'ils en avoient d'autres, puisque Esther le remarque ainsi au lieu que nous avons allégué [5]. Et en effet Zoroastre donne expressément chez Eusèbe la tête d'un épervier

---

[1] *Esth.*, XIV, 9, 10. — [2] I *Esdr.*, VI, 9, 10. — [3] II *Mach.*, III, 3. — [4] *Dan.*, III, 96, 99, 100, etc. — [5] *Esth.*, XIV, 10.

à son Dieu, comme l'auteur l'a remarqué lui-même. Il croit se sauver en disant que c'étoit une image hiéroglyphique, comme si ces sortes d'images n'avoient pas pu devenir des idoles chez les Perses, à la manière des autres. Je n'empêcherai pourtant pas qu'on ne réponde au passage d'Esther, que le terme d'*idole* y est employé pour signifier toute fausse divinité : mais toujours il demeurera véritable que la Perse adoroit de faux dieux, et que par un faux culte elle se rendoit exécrable aux adorateurs du vrai Dieu.

Que sert de nous opposer après cela l'autorité de Zoroastre chez Sanchoniathon et chez Eusèbe? On ne nie point que les philosophes n'aient eu des restes de la véritable idée de la Divinité; et ils ne sont devenus idolâtres qu'en les appliquant mal. Par exemple, l'auteur admire que Zoroastre ait pu dire que Dieu est immortel, sans commencement, sans parties, très-dissemblable, auteur de tout bien, et qui seul s'enseigne lui-même; toutes choses qui peuvent convenir en un certain sens au soleil, qui étoit réputé voir tout du haut du ciel, diriger tout, n'avoir point de parties distinctes à la manière des hommes et des animaux, être différent de lui-même, ainsi que chantoit Horace : *Aliusque et idem nasceris;* ce qui sous des paroles emphatiques ne signifieroit que le soleil ou le monde, si l'on veut, et quelque chose de fort éloigné du vrai Dieu.

On sait d'ailleurs que les Perses adoroient deux dieux, l'un bon et l'autre mauvais, comme le dit expressément saint Augustin [1], qui le rapporte de leurs propres auteurs; ce que Plutarque avoit fait avant lui. L'auteur tire avantage de ces deux dieux, pour prouver que les anciens Perses ont connu Dieu et le diable : excuse impie et pernicieuse, puisqu'aux termes de saint Augustin, c'est faire adorer le diable à ceux qu'on nous veut donner pour si religieux

Je ne finirois point, si j'entreprenois de rapporter tout ce qui pourroit convaincre les anciens Perses d'une parfaite idolâtrie, fort différente de celle des Grecs. Il est certain par le livre de la *Sagesse* [2], qu'on a adoré le soleil, la lune, les étoiles, les vents,

---

[1] *De Civit. Dei*, lib. V, cap. XXI. — [2] *Sapient.*, XIII, 2.

les élémens et les autres parties du monde. Chercher des excuses à ce culte impie, ou vouloir que les Perses en aient été incapables plutôt que les autres peuples, c'est vouloir chercher des justifications à ceux qui bien constamment et par des témoignages exprès de l'Ecriture, ont été en exécration au peuple de Dieu.

On peut juger de là ce qu'il faut croire des autres nations qu'on entreprend d'excuser d'idolâtrie. Géraldin n'est pas plus heureux à défendre l'Ethiopie, que Hyde à excuser les Perses; et l'auteur, qui relève leurs fades et impertinentes conjectures contre les témoignages exprès de la parole de Dieu, ouvre la porte à ceux qui voudront excuser tout le reste des païens, et soutenir que sans cela on ne peut entendre cet oracle de l'Apôtre : *Dieu veut que tous les hommes soient sauvés*[1].

Je crois donc qu'il est nécessaire de résister à ces nouveautés, et non-seulement par des discours, mais encore par des censures expresses, si l'on ne veut donner cours à l'indifférence des religions. Il ne faut pas se flatter sur l'impertinence de l'auteur, qui fera tomber son livre comme de lui-même. Car tout ignorant qu'il est, il se donne un air de savoir, qui éblouira tous les esprits médiocres, dont le nombre est le plus grand parmi les hommes, et qui flatte la pente du siècle.

Je voudrois donc prier ou M. Dupin, ou le Père Alexandre, de relever les faux raisonnemens et les fausses citations qui sont particulières à cet auteur; et en attendant supplier M. le cardinal de Noailles, ou d'en faire ou d'en procurer la censure par la Faculté. Mais comme le dernier seroit long et peut-être trop difficile, le droit du jeu est que M. le cardinal commence d'abord, et qu'il arrête par son autorité le cours d'une impiété si manifeste; et c'est de quoi je le supplie.

J'avois dessein d'extraire et de qualifier quelques propositions: mais c'est assez pour cette fois; et j'avoue que je me lasse de dicter : je pourrai continuer au premier loisir. Cependant je suis, Monsieur, ce que vous savez.

[1] 1 *Timoth.*, II, 4.

LETTRE LXI.

BOSSUET A M BRISACIER,
SUPÉRIEUR DU SÉMINAIRE DES MISSIONS ÉTRANGÈRES.

A Meaux, ce 8 septembre 1701.

Je continuerai mes remarques, Monsieur, par forme de Mémoire, comme vous me témoignez le désirer dans votre réponse du premier septembre. Il faut beaucoup insister sur les Perses, parce que l'auteur en fait son principal fondement par les trois propositions de la page 25, dont la première est « que les Perses ont toujours reconnu un seul Dieu : » *Persas unicum semper Deum agnovisse;* la seconde, « qu'ils ont toujours été fort opposés aux idoles : » *Idolis et simulacris nunquàm non fuisse infensissimos;* et la troisième, « qu'on peut tirer des Livres sacrés de fortes conjectures qui autorisent ce sentiment : » *Non leves è sacris codicibus in eam sententiam conjecturas duci posse.* Sur les deux dieux, bon et mauvais, c'est en vain que l'auteur allègue Agathias, livre II de l'histoire de Justinien. Cet auteur ne dit point du tout, comme on le lui fait dire, « qu'il est constant que les Perses n'ont adoré qu'un seul Dieu. » Car cet auteur dit expressément que de toute antiquité les Perses adoroient Jupiter, Saturne, Vénus, et les autres dieux de la Grèce sous d'autres noms. Et quant aux deux dieux, bon et mauvais, il se trompe manifestement en disant que ce culte vient des Grecs, puisque Plutarque le fait venir de Zoroastre, comme de l'ancien et premier législateur des Perses; ce qui est hors de contestation, quoi qu'en puisse dire Agathias : et le même Plutarque remarque expressément qu'on offroit le sacrifice à ces deux dieux : à l'un, les votifs et d'action de graces; à l'autre, ce qu'on appeloit ἀποτρόπαιον, tels que ceux que les Latins appeloient *Averruncarii,* qui tendoient à les apaiser comme des puissances nuisibles; ce qui aussi est conforme à ce qu'on a rapporté de saint Augustin. Au reste le même Plutarque remarque que le bon Dieu venoit d'une très-pure lumière, et le mauvais de l'obscurité et des ténèbres; ce qui s'ac corde parfaitement à l'adoration du soleil. Manès ou Manichæus, qui étoit Perse de nation, avoit pris sa doctrine dans son pays; ce qui est aussi observé par Agathias : et l'on sait par saint Augustin, que les Manichéens adoroient le soleil. Cependant l'auteur a toujours recours à Agathias, comme s'il étoit favorable à sa prétention. Quoi qu'il en soit, on ne trouve parmi les Grecs aucun culte semblable à celui des deux dieux, et il étoit naturel à la Perse.

L'auteur fait dire aussi à Plutarque que Darius Codomanus, étendant les mains au ciel, ne dit pas : « O soleil, ô Apollon; » mais : « O Dieu de mes ancêtres et Jupiter de mon pays ! » Ce sont des gloses que cet auteur a mêlées aux paroles de Plutarque, qui fait invoquer à Darius le Jupiter de son pays et les autres dieux des rois [1]; et tout le reste est ajouté.

Ce qu'il dit, qu'on ne trouve point dans Xénophon que Cyrus ait jamais invoqué le soleil, n'est pas moins faux, puisque avec le Jupiter de son pays il joignoit ordinairement le soleil, comme il paroît en plusieurs endroits, et notamment au dernier livre de la *Cyropédie*.

Quant à ce que l'auteur assure, que les Perses n'ont changé leur ancien culte du vrai Dieu que depuis l'empire des Grecs et des Macédoniens, il est démenti par l'Ecriture, puisque premièrement, ni Cyrus ni les autres rois, en reconnoissant le Dieu du ciel, n'ont jamais dit qu'ils l'ont toujours adoré. Secondement, ce pourroit donc être en tout cas un sentiment particulier de Cyrus, à qui l'on montra son nom dans la prophétie d'Isaïe : ce qui étoit si visiblement miraculeux, qu'il pouvoit en particulier en être touché, comme Nabuchodonosor le fut des miracles qu'il avoit vus[2], et comme le roi de Babylone dont il est parlé dans Daniel[3]. Troisièmement, aucun de ces rois n'établit le culte dans tout son empire, mais précisément dans le temple de Jérusalem. Quatrièmement, il est dit expressément dans ce dernier passage, que le Dieu dont il rebâtissoit la maison est le Dieu qui est dans Jérusalem[4], faisant voir par là clairement qu'il n'étoit adoré que là.

---

[1] Plut., lib. II, *de Fort Alex.*— [2] *Dan.*, III, 95. — [3] *Ibid.*, XIV, 42. — [4] II *Paral.*, XXXVI, 23; et I *Esdr.*, I, 2, 3.

Cinquièmement, dans le décret de Darius[1], non plus que dans celui de Cyrus, on ne lit autre chose, sinon qu'on offroit au Dieu du ciel à Jérusalem, sans marquer que ce fût le Dieu qui étoit connu dans tout l'empire. Sixièmement, la même chose paroît dans le décret de Darius, où l'ordonnance en faveur du Dieu de Daniel est marquée comme nouvelle, et donnée sur un fait particulier[2] : de sorte que l'on voit toujours et partout, que ce n'étoit point le culte public du royaume : ce qui aussi n'a eu dans l'empire aucune suite, comme il a déjà été dit et prouvé démonstrativement par *Esther* et par *Daniel.* L'expression : *Ut qui petierit à quocumque deo aut homine*[3] : « Que celui qui demandera quoi que ce soit à quelque dieu, ou à quelque homme que ce puisse être, » marque clairement la pluralité des dieux. Et de tout cela il résulte que les propositions ci-dessus marquées, doivent être qualifiées fausses, téméraires, contraires à la parole de Dieu, et induisantes à erreur et à hérésie. On pourroit dire hérétiques, si ce n'étoit qu'il s'agit d'un fait particulier, et non pas d'un dogme.

Ce que l'auteur dit, qu'il ne veut pas nier que les Perses aient admiré et honoré le soleil, comme celui à qui le Créateur avoit donné la première place parmi les astres, à la manière des Américains, montre qu'il ne fait autre chose que pallier l'idolâtrie, étant si certain d'ailleurs que ceux du Pérou ne connoissoient point d'autre dieu que le soleil.

Le passage qu'il allègue, tiré d'*Esther*[4], est une reconnoissance que le royaume avoit été donné par le Dieu des Juifs à Cyrus et à ses successeurs : mais il ne dit point du tout que ce Dieu ait toujours été servi en Perse, ni aussi qu'il soit le seul qu'il faille servir.

L'auteur dit que Cambyse, fils de Cyrus, a détruit entièremen l'idolâtrie en Egypte, comme elle l'avoit été en Assyrie ; et c'es ce qui lui donne la hardiesse d'appliquer à ce prince impie la prophétie d'Isaïe : « Israël se joindra pour troisième aux Egyptiens et aux Assyriens : » *Erit Israel tertius Ægyptio et Assyrio*[5], etc. Le sens, dit-il, de la prophétie est bien plus clair :

---

[1] I *Esdr.,* VI, 10. — [2] *Dan.,* VI, 25, 26. — [3] *Ibid.,* 7. — [4] *Esth.,* XVI, 16. — [5] *Isa.,* XIX, 24.

Longè tamen planior dilucidiorque sensus erit, etc.; où il enseigne expressément que l'Egypte et l'Assyrie ont été ramenées par les rois de Perse au culte du vrai Dieu : proposition impie, et qu'on peut qualifier en cette sorte. Cette proposition, qui assure que l'Egypte et l'Assyrie sont devenues le peuple de Dieu avec les Juifs, par le moyen de Cambyse qui leur a fait connoître le Dieu véritable, est téméraire, scandaleuse, impie; et applique à un prince impie ce qui ne peut regarder que la gloire de Jésus-Christ et la conversion des gentils, notamment des Assyriens et des Egyptiens, par la prédication évangélique.

Il corrompt la prophétie de Malachie[1], et l'explique contre la tradition universelle des Pères.

Il nie que les deux peuples soient distingués à raison de la piété. Il attribue ce sentiment à l'orgueil judaïque, et il égale les deux peuples, en ce qui regarde la connoissance de Dieu. Il enseigne expressément que les païens ont eu la même religion que les chrétiens; que les Juifs n'excellent en rien par-dessus les autres peuples, etc.; que l'opposition des deux peuples faite par saint Paul, ne consiste en aucune sorte dans la connoissance de Dieu et dans la piété; qu'il faut donc prendre les gentils en général pour le seul empire romain : toutes propositions qui sont hérétiques, directement contraires à l'intention de saint Paul, aux paroles de l'Ecriture, qui établit la constitution du peuple juif précisément dans le culte d'un seul Dieu, comme il paroît à la tête du Décalogue[2] et dans d'autres passages[3], qui tous sont formels pour montrer que l'alliance qui constitue le peuple de Dieu, a pour fondement la reconnoissance, volontaire et par choix, de sa seule divinité et de son culte.

Il parle ainsi : « Le choix que Dieu donne au peuple juif ne regarde pas la foi ni le culte nécessaire de la Divinité : car qui dira que Dieu a laissé à délibérer aux hommes s'ils le serviroient? » D'où il conclut « que l'alliance ne regarde pas le culte de Dieu, puisqu'elle est remise au choix du peuple, » selon ces paroles : « Vous êtes maîtres de prendre tel parti que vous vou-

---

[1] *Malach.*, II. — [2] *Exod.*, XX, 2. — [3] *Deuter.*, V, 6; VI, 4-6; XXIX, 9, 10, etc.; *Jos.*, XXIV, 14, 15, 18, 22, 24.

drez : choisissez aujourd'hui ce qu'il vous plaira, et voyez qui vous devez plutôt adorer, ou les dieux qu'ont servis vos pères dans la Mésopotamie, » etc. : *Optio vobis datur : eligite cui servire debeatis, utrùm diis quibus servierunt patres vestri in Mesopotamiâ*[1], etc.

Il suppose que cette option déférée aux Juifs ne regarde pas le libre arbitre dont on doit user en choisissant Dieu, mais l'indifférence de la chose en elle-même; ce qui est formellement hérétique et impie. Le choix qui est ici marqué regarde celui dont il est écrit ailleurs : « J'ai mis devant vos yeux la vie et la mort[2] », et non pas un choix semblable à celui dont parle saint Paul[3] : » « Si vous mariez votre fille, vous faites bien, etc., faites ce que vous voudrez; » puisqu'au contraire celui qui ne choisit pas Dieu est maudit[4].

Il se fait l'objection qu'il faudroit selon ces principes mettre un troisième peuple, outre les Juifs et les gentils idolâtres, qui seroit celui qui auroit adoré le vrai Dieu sans le secours de la loi; et il l'élude en disant que ces derniers sont rangés avec le peuple des gentils, quoique plusieurs parmi eux fussent idolâtres : ce qui est impie et erroné, puisque l'intention de saint Paul ne fut jamais de faire un même peuple de ceux qui adoroient les idoles et de ceux qui adoroient le vrai Dieu : *Gentium itaque nomine, Paulus et Scripturæ omnes intelligunt quicumque extra Israeliticam legem extitere uspiam, ullâve religione, seu antiquâ et Noemicâ, seu recenter confictâ et idololatricâ, quosvis populos.* Cette doctrine est contraire à la décision de saint Paul, qui dit qu'il a prouvé « que les Juifs et les Grecs sont sous le péché, et que Dieu a tout renfermé sous le péché, afin d'avoir pitié de tous[5]. » L'auteur élude en disant qu'il faut prendre *tous* pour *plusieurs*, selon la coutume de l'Ecriture : *Ex utrisque igitur populis plurimos tantùm, juxta consuetam Scripturæ locutionem, Apostolus designat; neque prorsùs omnes tùm Judæos, tùm Gentes alternatim in impietate involvit :* ce qui est hérétique, et directement contraire à l'intention de saint Paul.

---

[1] *Jos.*, XXIV, 15. — [2] *Deuter.*, XXX, 19. — [3] I *Cor.*, VII, 36-38. — [4] *Deuter.*, XXVII, 15 et seq. — [5] *Rom.*, III, 9; XI, 32; et *Galat.*, III, 22.

La force de l'argument de cet Apôtre consiste en ce qu'il a fait voir d'un côté que les gentils étoient criminels en ne servant pas le Dieu qu'ils connoissoient [1], ce qui leur a attiré tous les autres crimes dont le même Apôtre fait le dénombrement [2]; et de l'autre, que les Juifs n'étoient pas moins coupables pour avoir été prévaricateurs de la loi [3] : ce qui montre que tout ce qui n'est pas Juif est idolâtre, malgré le témoignage de sa conscience, puisque Dieu s'est fait connoître également à toutes les nations par les ouvrages de sa sagesse. L'auteur élude tout cela, en disant que la prérogative du peuple juif ne regarde pas le culte de Dieu, puisque les autres nations l'ont conservé dès le temps de Noé.

L'auteur fait consister la doctrine de saint Paul et la différence des deux peuples, juif et grec, en ce que vers l'avénement du Messie, toute la terre presque a été couverte des ténèbres de l'idolâtrie et de l'infidélité : comme si la distinction des deux peuples n'avoit lieu qu'en ce temps précis, et non pas dans tous les siècles précédens; ce qui est hérétique, et renverse toute l'économie de la religion.

Pour éluder les passages des Pères, il dit qu'il ne les faut pas prendre au pied de la lettre, afin que tant de passages, qui renferment tous les peuples, excepté les Juifs, dans une pareille infidélité, demeurent sans effet : ce qui tend à rendre inutile toute la tradition, qui s'exprime en termes généraux et sans exception.

Le passage de saint Augustin, tiré du livre de la *Cité de Dieu* [4], où il dit que le culte de Dieu étoit renfermé dans la seule famille de Tharé et d'Abraham, prouve trop selon lui, à cause qu'il est constant que Sem et peut-être Noé vivoient encore alors, et que la famille de Melchisédech a été fidèle. Mais il n'a pas voulu prendre garde que l'intention de saint Augustin est de dire que la famille d'Abraham a été la seule marquée où le culte de Dieu se soit conservé : ce qui est incontestable, puisque l'Ecriture ne dit rien de la famille de Sem, ni de celle de Melchisédech : et la conséquence que l'auteur tire de saint Augustin en disant qu'il prouve trop, est fausse, téméraire et scandaleuse. Il en est de

---

[1] *Rom.*, I, 20, 21. — [2] *Ibid.*, 26. — [3] *Ibid.*, II, 1, etc. — [4] *De Civit. Dei*, lib. XVI, cap. XII.

même des autres passages des saints Pères, qu'il a éludés dans les pages suivantes.

Il élude aussi dans les mêmes endroits ces mêmes passages, en disant que lorsqu'on y dit que toutes les nations, excepté la juive, étoient infidèles, cela se doit entendre seulement de plusieurs, et encore comparativement avec les Juifs. Il objecte les brachmanes parmi les Indiens, comme gens attachés au culte d'un seul Dieu, aussi bien que les Perses et les Sères ; où il cite Eusèbe, et Bardesanes produit par Eusèbe, en témoignage que les brachmanes au nombre de plusieurs milliers étoient recommandables par leur piété envers Dieu. Il a oublié que chez Eusèbe même les brachmanes observoient les abstinences superstitieuses, qui durent encore aujourd'hui parmi les Indiens ; que ces peuples croient aussi la métempsycose ; qu'ils se tuent eux-mêmes, etc., comme fit Calanus, qui étoit du nombre des brachmanes, ainsi que Strabon le remarque [1].

Le même Strabon au même livre rapporte l'épitaphe de Zarmanochagas, Indien, qui se fit aussi mourir lui-même selon la coutume de son pays. Voilà quels étoient ceux dont on veut rendre la piété si recommandable. La croyance de l'immortalité des ames les portoit à l'abus qu'on vient de voir, et les y porte encore. On n'a pas sujet de croire qu'ils servissent le vrai Dieu au milieu de tant de pratiques détestables. Ainsi quand Bardesanes dit chez Eusèbe qu'ils étoient attachés à Dieu, sans dire quel Dieu, on peut entendre sous ce nom le Dieu qu'ils croyoient, quel qu'il fût ; cette locution étant ordinaire parmi les Grecs : et quand ce seroit le Dieu véritable dont ils auroient conservé quelque idée, comme tous les autres gentils, on ne peut pas conclure de là qu'ils lui rendissent un culte agréable au milieu de tant de superstitions criminelles, ni même qu'ils l'adorassent seul, puisqu'on voit tant d'autres nations joindre le culte du vrai Dieu créateur avec les autres fausses divinités. Au reste le même Strabon marque expressément au même livre que les Indiens adoroient Jupiter, auteur de la pluie, le Gange et les esprits qui y habitoient : de sorte qu'il faut dire de deux choses l'une, ou que ce n'étoit pas le Dieu

[1] Strab., lib. XV.

véritable qui étoit adoré par les brachmanes, ou que les brachmanes n'en étoient pas crus par le peuple.

L'auteur allègue à ce propos saint Isidore de Damiette, où est rapporté le serment que faisoient les Perses, qu'il traduit ainsi : *Colendo Deo incumbam* [1], où le grec porte τὸ θεῖον; ce qui signifie indéfiniment tout ce qui est réputé divin, et ne conclut rien du tout pour le vrai Dieu.

Il assure que le sentiment des Pères sur l'idolâtrie des Gentils ne peut pas être connu par leurs apologies contre les païens, parce qu'ils parloient selon les principes des païens mêmes, qui tenoient pour assuré que les Juifs étoient les seuls qui n'eussent pas plusieurs dieux. Il avoue donc que les apologistes de la religion chrétienne sont contre lui, et il en élude l'autorité qui est si grande, surtout en cette matière. Ses paroles sont remarquables : « Les ennemis de la chrétienté donnoient pour certain qu'excepté les Juifs, tous les autres peuples avoient plusieurs dieux. » Voici ses propres paroles en latin : *Sanctorum Patrum de gentium idololatriâ sententiam, ex suis adversùs ethnicos disputationibus, certò dignosci non posse. Cùm enim sæpè argumento, ut vocant, ad hominem, adversarios refellerent, multa ad illorum potiùs quàm ad propriam mentem, pro concessis relinquebant. Statuebant autem christianitatis hostes tanquàm rem apud se compertam, præter Judaïcam nationem, prorsùs reliquos homines suis multiplicibus diis deditos fuisse* : comme si c'étoit là un sentiment particulier des ennemis de la religion, et non pas la commune supposition tant des païens que des chrétiens.

Il allègue en plusieurs endroits le passage de saint Paul : *Naturaliter quæ legis sunt faciunt* [2] : ce qu'il ne feroit pas avec tant de confiance s'il avoit voulu apprendre de saint Augustin que ce passage s'entend des gentils convertis à l'Evangile, dans lesquels la nature étoit réparée par la grace ; ce qui donne lieu à l'expression *naturaliter* : quoique en quelque sens que se prenne ce passage, il ne conclut rien pour l'auteur; mais seulement que la nature n'étoit pas tout à fait anéantie, et que jusqu'à un certain point les gentils pratiquoient la loi naturelle.

[1] Lib. IV, ep. cxcviii. — [2] *Rom.*, II, 14.

En général il abuse par tout son livre de deux doctrines très-orthodoxes, dont l'une est qu'il y a eu des fidèles dispersés par-ci par-là hors de l'enceinte du peuple juif ; et la seconde, que Dieu veut que tous les hommes soient sauvés.

Il est vrai que depuis la loi de Moïse les païens avoient acquis une certaine facilité plus grande de connoître Dieu par la dispersion des Juifs, et par les prodiges que Dieu avoit faits en leur faveur, en sorte que le nombre des particuliers qui l'adoroient parmi les gentils est peut-être plus grand qu'on ne pense ; mais que des peuples entiers aient ouvert les yeux à la vraie religion, c'est de quoi l'on ne voit aucun exemple.

On doit aussi avouer qu'il y a eu parmi les païens des idées générales et confuses de la corruption de la nature, et de la venue future d'un libérateur : mais cela ne conclut pas que ces lumières aient produit leur effet pour le faire reconnoître.

Je ne crois pas que l'auteur, qui allègue l'*Eglogue* IV de Virgile comme contenant une idée du mystère de Jésus-Christ veuille conclure de là que Virgile et les Romains de son temps l'aient reconnu. Sans entrer dans la discussion des Sibylles, il suffit de savoir que leurs vers prophétiques, vrais ou faux, n'ont eu aucun effet parmi les païens, qui ne paroissent pas avoir connu les vers qui regardent Jésus-Christ, et que nous trouvons dans plusieurs Pères, et dont aussi il est certain que plusieurs Pères ont douté.

L'auteur allègue un passage de Cicéron, où il est parlé d'un roi qu'il faudroit reconnoître pour être sauvé ; ce qu'on appliquoit à Jules-César. Cicéron même fait voir que cette prétendue prophétie n'avoit rien que de vague et d'ambigu [1]. Quoi qu'il en soit et quelque usage qu'on en veuille faire, aussi bien que des bruits qui se répandoient par lesquels la venue prochaine de Jésus-Christ sembloit être pronostiquée : tout cela pouvoit bien être, si l'on veut, des préparations éloignées pour disposer les païens à la foi du Sauveur qui devoit venir, mais n'a jamais eu l'effet de la faire naître dans les cœurs.

Quant à l'argument tiré de ce que Dieu veut que tous les hommes soient sauvés, il est bien aisé d'entendre que les témoi-

---

[1] Cicer., *de Divinat.*, lib. II.

gnages généraux que Dieu donne de lui-même et de sa sagesse, pouvoient induire les hommes à connoître Dieu et à rejeter les idoles, avec les graces communes et générales qui ne manquent à personne. Il n'y a pas non plus sujet de douter qu'il n'y ait eu à l'égard de quelques-uns des motions spéciales et efficaces pour profiter de ces lumières générales; et que ceux qui en auront profité auront pu être amenés plus loin par les moyens qui sont connus à Dieu. Mais c'est là aussi tout ce qu'on peut conclure de cette volonté générale, et de ces graces données ou offertes aux païens, et ce qu'y ajoute l'auteur est inouï dans toute la théologie. Il passe même jusqu'à dire qu'en soutenant que nul peuple n'a connu Dieu que les Juifs on établit l'incrédulité, comme l'effet d'une espèce de violence. Voici ses paroles : *Hæccine sunt arcana novi systematis mysteria, quibus Dei voluntas omnes homines salvandi, atque adeò potissimùm caput religionis funditùs subvertitur. Si enim dimoveri ab electione Judæorum non potuit gentium omnium obedientia, fuit omninò necessaria illarum à Dei cultu secessio, et quæ perfidiæ debita pœna est, necessarius æternus interitus. Vocamus siquidem omnes illud necessarium, quod aliter ac fit esse non potest.* Excès vraiment insupportable, puisque chaque particulier pouvoit profiter des graces générales, et qu'il ne faut point douter qu'il n'y ait eu grand nombre de ces croyans dispersés parmi les gentils dont nous venons de parler; mais que Dieu, qui connoît seul la dispensation de ses graces, avoit su et révélé que celles qui devoient entraîner efficacement les peuples gentils à sa connoissance et à son culte, étoient réservées au temps de la nouvelle Alliance.

Dieu a révélé qu'il n'y auroit pas d'homme si juste, qu'il ne tombât dans quelque péché. Est-ce à dire qu'il force les hommes au péché? A Dieu ne plaise. Ainsi il aura prédit que les peuples hors de la Judée ne viendroient à sa connoissance et à son culte que par Jésus-Christ. A Dieu ne plaise qu'on croie pour cela qu'il les ait forcés à l'incrédulité : il n'a fait que prédire l'effet de la distribution qu'il avoit prédestinée de ses graces.

J'ajouterai en un mot, que cet auteur ajuste les passages à sa mode. On a déjà vu ce qu'il avoit fait dire à Agathias sur l'adoration d'un seul Dieu; ce qui est directement contraire au texte, quoique l'auteur y revienne souvent. Ce qu'il fait dire à Cicéron dans le second livre *des Lois,* sur le culte du soleil, ne se trouve pas dans le texte, ni rien d'approchant. Il ajoute deux lignes entières à un passage de saint Augustin [1], et il en retranche aussi des paroles essentielles, quoique ce passage, même comme il le rapporte, ne fasse rien pour lui. On ne sait ce qu'il veut dire des nations incirconcises, et il y a beaucoup de galimatias dans ce discours. Il rapporte ailleurs un passage de saint Augustin qui ne dit autre chose, sinon qu'il n'y a point d'acception de personnes devant Dieu; ce qui ne conclut rien du tout. Il marque un passage de saint Augustin, où ce Père dit seulement que Dieu a voulu que la vertu de ses promesses ait paru plus manifestement dans le peuple juif [2] : d'où il conclut que la promesse de la foi et de la grace du Messie, est en quelque sorte communiquée à tous les peuples. Il voudroit donc dire qu'il leur a été promis : mais où est cette promesse divine? Il ne peut parler ainsi que par une erreur manifeste, puisqu'il demeure lui-même d'accord que les promesses, le testament et la parole de Dieu, n'ont été communiqués à d'autres qu'aux Hébreux. C'est donc une hérésie manifeste que d'attribuer des promesses aux gentils.

Il est vrai qu'en la page 85, il rapporte de saint Irénée qu'il y a trois Testamens [3] (sans parler de celui d'Adam qui est le premier); ce qui est en effet très-véritable. Il y a le Testament du déluge, celui de Moïse et celui de Jésus-Christ. Mais que fait ce Testament du déluge à la question, puisqu'il ne contient point d'autres promesses, sinon de ne plus noyer la terre [4]? Ce qui montre qu'en voulant profiter de tout sans raison, l'auteur ne fait que tout embrouiller.

Il se sert d'un passage de saint Augustin, où se trouvent ces paroles : *Populus enim reverà, qui propriè Dei populus diceretur, nullus alius fuit* [5] : « Il n'y a point eu en effet d'autre peuple que le juif qui fût appelé proprement le peuple de Dieu; » ce qu'il ex-

[1] *De Gratiâ Christi,* lib. II, c. xxiv. — [2] *De Cons. Evangel.,* lib. II, c. xxv, n. 39. — [3] Iren., lib. III *cont. Hær.,* c. xi, n. 8. — [4] *Gen.,* viii, 21. — [5] *De Civit. Dei,* lib. XVIII, c. xlvii.

plique en cette sorte : « Saint Augustin ne dit pas qu'il n'y eut point d'autre peuple qui fût vraiment le peuple de Dieu; mais qu'il n'y en avoit point qu'on appelât tel. » *Attendite ad verba. Non ait : Nullus alius qui* VERÈ *Dei populus, sed qui* PROPRIÈ ; *non qui Dei populus* ESSET, *sed qui* DICERETUR. *Quæ profectò nequaquàm significant alios omnes populos à Deo alienos fuisse ; sed inter eos solum electum Hebraicum, quem Deus tanquàm Rex ac Pontifex eximiâ sui cognitione, institutisque à se ritibus propriè ac singulariter gubernaret.* Cette explication, qui suppose que d'autres peuples pouvoient être le peuple de Dieu par rapport au culte, est erronée; et il est clair par toute la suite que saint Augustin n'a voulu dire autre chose, sinon que tous les peuples sont à Dieu par son souverain domaine, quoique par rapport à la patrie céleste ceux qui pouvoient y appartenir, hors les Juifs, étoient seulement quelques particuliers qui avoient la foi du Médiateur. Ce n'étoit donc point un peuple, mais quelques particuliers qui avoient alors cette foi, excepté les Juifs. Enfin il dit ces paroles : *Verùm hanc nostram sententiam in Epistolâ* CII *Augustinus non innuit, sed statuit; non insinuat, sed exponit ac elucidat.......* *In hoc testimonio et sensus et verba ipsa Augustini aperta sunt. Nullus tritæ interpretationi, de privatis tantùm Dei cultoribus, hîc ampliùs locus relinquitur :* par où il prétend que saint Augustin n'insinue pas seulement, mais qu'il établit et expose parfaitement dans son *Épître* CII le sentiment de l'auteur touchant les peuples gentils, quoique ce Père ne dise autre chose, sinon que le même mystère de Jésus-Christ peut avoir été signifié par divers sacremens : ce qui est certain et ne fait rien à la question, puisque dans ce même endroit de l'*Épître* CII[1], il ne marque que des particuliers par-ci par-là, qui connussent le mystère de Jésus-Christ, hors la race d'Abraham.

Concluons que ce livre est pernicieux en toute manière. J'ai vu la déclaration qu'on a imprimée de l'auteur ; et je trouve entre nous qu'elle est bien foible, puisqu'au lieu de lui faire au moins désavouer sa doctrine, on se contente qu'il désavoue l'impression du livre. Il falloit, à mon avis, le censurer expressément ; et puis-

[1] Quæst II, n. 14 et 15.

qu'on n'a point pris ce parti, il faudroit du moins faire un écrit qui en marquât et en réfutât les erreurs et les faux principes.

Cette réfutation aura trois utilités : la première et la principale, que le peuple sera instruit de vérités capitales, et prévenu contre des erreurs où l'on a beaucoup de penchant; la seconde, que Rome verra les mauvaises suites de la doctrine chinoise; la troisième, qu'elle sera réveillée sur cette matière, et connoîtra le besoin de remédier à un si grand mal.

Je crois, Monsieur, voir dans votre lettre que vous avez la pensée d'écrire vous-même sur ce sujet avec M. Tiberge. J'en serois ravi, et personne ne le peut mieux faire. Vous voyez que, sans rien dire de ce que contient le livre de M. Dupin (*a*), il y a de quoi faire un discours très solide et très-instructif, où en mêlant l'onction et la piété avec la doctrine, on donnera beaucoup d'édification.

Si je n'étois présentement très-occupé à des choses fort nécessaires, je mettrois volontiers la main à la plume dans un si grand besoin de l'Eglise. Mais si vous entreprenez l'ouvrage, comme je le souhaite et vous en prie, je vois outre ceci beaucoup d'autres choses qui pourront y servir.

Par exemple en relisant cet écrit, il me revient qu'il faudroit examiner dans Eusèbe, *Histoire ecclésiastique,* livre v, chapitre x; Socrate, livre i, chapitre xv; dans Théodoret, livre i, chapitre xxiii; et dans Sozomène, livre ii, chapitre xxiii, la mission dans les Indes de Pantenus et Frumentius : par où il demeureroit pour constant qu'ils n'ont trouvé dans le pays aucun culte de Dieu que celui qui y avoit été porté par les apôtres saint Matthieu et saint Barthélemy. Il faudroit aussi remarquer dans Eusèbe, livre i, chapitre i, que la connoissance de Dieu et de Jésus-Christ fut portée en Ethiopie par l'eunuque de la reine de Candace, sans qu'il paroisse qu'il y en eût auparavant aucun vestige.

On pourroit examiner en même temps les passages de l'Ecriture où il paroît que Zara, Ethiopien, faisant la guerre à Aza avec un million d'hommes, Aza invoqua l'aide de Dieu contre

---

(*a*) La *Défense de la Censure*, que la Faculté avoit faite des livres des deux Jésuites sur la religion et le culte des Chinois. (*Les édit.*)

lui[1], comme on fait contre un infidèle. Isaïe compte les Ethiopiens comme parmi les infidèles[2], où le peuple de Dieu étoit dispersé, et contre lesquels il a protégé ce même peuple : ce qui paroît aussi chapitre xviii, 30, 31. Ce prophète, chapitre xliii, 3, range l'Ethiopie avec l'Egypte et Saba, peuples infidèles, qu'il sacrifioit au salut de son peuple; et chapitre xlv, 14, 15, après avoir parlé des trois mêmes nations, il vient à dire que Dieu n'est qu'en Israël. En Jérémie, Dieu parle manifestement des Ethiopiens comme de ses ennemis, dont il se veut venger[3]. Le chapitre xxx d'Ezéchiel prouve la même chose. Amos est encore plus exprès, puisque Dieu y reprochant à son peuple qu'il a mérité d'être abandonné, il le menace de le traiter comme les enfans des Ethiopiens[4], dont Jérémie a écrit qu'ils ne changent point de peau[5]; ce qui est le symbole d'un pécheur incorrigible. Enfin il est souvent parlé de l'Ethiopie dans l'Ecriture; et ses peuples sont souvent venus au secours du peuple de Dieu, comme Taraca, roi de l'Ethiopie, pour Ezéchias[6], aussi bien que les Egyptiens et les autres infidèles. Le peuple de Dieu a été dispersé en ce pays; et quoiqu'il soit si souvent parlé de ce peuple dans l'Ecriture[7], loin qu'il y ait un seul mot qui marque qu'on y connût Dieu, on y voit tout le contraire.

Il faudroit sur cela reprendre la pente qu'on a de sauver les hommes contre toute raison; ce qui va à obscurcir les jugemens de Dieu, et fait voir qu'on peut être au rang de ses adorateurs à un très-bas prix.

Strabon marque les dieux qu'on adoroit en Ethiopie[8].

On voit chez Homère que les dieux alloient en Ethiopie, pour les festins qui leur y étoient préparés.

Les Ethiopiens ont souvent conquis l'Egypte, et pris les mœurs du peuple conquis avec leur religion, sans y rien changer.

Sozomène raconte[9] comment, dans la persécution de Sapor roi des Perses, du temps de Constantin, on vouloit faire adorer le soleil aux chrétiens.

[1] II *Paral.*, xiv, 9-12; xvi, 16, 8, 9. — [2] *Isa.*, xi, 11. — [3] *Jerem*, xlvi, 9-12. — [4] *Amos*, ix, 7. — [5] *Jerem.*, xiii, 23. — [6] *Isa.*, xxxvii, 9. — [7] *Soph.*, iii, 10. — [8] Strab., lib. XVII. — [9] Sozom., lib. II, c. ix, x et seq.

Il y a quelques réflexions à faire sur l'Adiabène en Assyrie, convertie au judaïsme du temps d'Hérode chez Josèphe, et toute chrétienne chez Sozomène [1].

Chez Ammian Marcellin, la religion des Perses envers les astres et le feu est amplement décrite.

Les augures des mages, et l'obligation qu'avoient les rois de Perse de s'instruire de leur discipline, sont marqués dans Cicéron [2].

Je voudrois voir Hyde, Géraldin et Tollius, pour ne pas attaquer seul un homme qui se soumet. Il faudroit aussi parler d'un auteur qui justifie Socrate et le culte d'Esculape. On sait aussi ce qu'a écrit Zwingle dans un livret dédié à François Ier, sur le salut d'Orphée, d'Hercule, etc.

Vous ne sauriez trop tôt vous déterminer à commencer ce travail utile et pieux, et même nécessaire.

A vous, sans réserve.

P. S. Au moment que j'écris, il se forme un plan dans mon esprit, qui me paroît grand, simple et court; où sans parler de qualifications, on feroit voir l'impiété de tant de faux systèmes, d'une manière très-grave : mais il faut finir.

LETTRE LXII.

BOSSUET A M. BRISACIER,

SUPÉRIEUR DU SÉMINAIRE DES MISSIONS ÉTRANGÈRES.

De Meaux, ce 13 septembre 1701.

Une fausse miséricorde et une fausse sagesse inspirent à certains savans l'inclination d'étendre la vraie religion sur plusieurs peuples, autres que celui que Dieu lui-même a choisi. Ils s'imaginent qu'ils dégraderoient la Divinité, s'ils la réduisoient à ce seul peuple; et au lieu d'adorer en tremblant les secrets et impénétrables jugemens de Dieu, qui livre toutes les nations à l'idolâtrie, à la réserve de celle qu'il a séparée des autres par tant de

---

[1] Sozom., lib. II, c. xii. — [2] Lib. I, *de Divin.*

prodiges, ils cherchent à obscurcir la sainte rigueur qui veut convaincre l'homme par expérience de son aveuglement, afin qu'il soit plus capable de comprendre d'où lui venoit la lumière. C'est ce que ces savans curieux et vains ne veulent pas entendre. A quelque prix que ce soit, ils entreprennent de sauver les Perses, les Ethiopiens, les Indiens et plusieurs autres nations. Les Chinois, qu'on a voulu épargner, ont animé les esprits à cette dispute. La censure de la Faculté contre leurs défenseurs, a donné occasion de publier un vœu qui a été prononcé par un docteur de Sorbonne, dans les délibérations où elle a été résolue. L'auteur s'attache principalement à justifier par l'Ecriture la religion des anciens Perses; et quoiqu'il ait désavoué l'impression de son vœu et se soit soumis d'ailleurs à la censure qui en rejette la doctrine, il est bon de joindre la raison à l'autorité d'une Faculté si célèbre, pour ne pas laisser subsister des preuves qui pourroient induire les gens mal instruits à des erreurs où toute l'économie de la religion est renversée. Mais avant que d'entrer à fond dans cette réfutation, et dans la discussion des autres matières qui regardent la religion de quelques anciens peuples, je proposerai en abrégé la doctrine de saint Athanase sur les causes et l'étendue de l'idolâtrie, ainsi qu'elle est contenue dans les deux discours de même dessein et de même suite, qui sont à la tête de ses ouvrages, dont l'un a pour titre : *Contre les Gentils ;* et l'autre : *De l'Incarnation du Verbe.*

Il enseigne donc que la cause de l'idolâtrie, c'est que l'homme ayant quitté par le péché la contemplation de la nature divine invisible et intellectuelle, s'est plongé entièrement dans les sens; en sorte qu'il est incapable d'être frappé d'autres objets que des objets sensibles : d'où il est venu à l'oubli de Dieu, à adorer le soleil, les astres, les élémens, les animaux, les images même, les passions et les vices, et enfin toute autre chose que Dieu [1].

Cette erreur s'est répandue par toute la terre, mais en telle sorte qu'encore que tous les peuples aient été plongés dans l'idolâtrie, ils ne sont pas pour cela convenus des mêmes dieux, chaque nation s'étant fait le sien comme elle a voulu [2]. Ainsi au-

---

[1] *Oratio contra gentes,* n. 9, 11-13, etc. — [2] *Ibid.,* n. 23.

tant qu'il y a eu de peuples divers, autant on a imaginé de dieux. Les pays et les villes se sont partagés. Les Phéniciens ignorent les dieux que l'Egypte adore : les Scythes ne connoissent pas les divinités des Perses, ni les Perses celles des Syriens, ni les Indiens celles des Arabes, ni les Arabes celles des Ethiopiens, ni les Grecs celles des Thraces, ni ceux-ci celles des Arméniens ; et ainsi des autres, dont saint Athanase fait un grand dénombrement, pour nous faire voir que tous les peuples conviennent dans l'idolâtrie, sans pour cela convenir des mêmes dieux. Au contraire ceux qui sont en exécration aux uns, sont en honneur chez les autres : les uns immolent comme victimes ce que les autres honorent comme dieux : on en est même venu jusqu'à immoler son semblable par une inhumanité dont ce Père allègue beaucoup d'exemples [1] ; et il seroit aisé de montrer cet usage barbare parmi presque tous les peuples de l'univers.

Voilà donc parmi les idolâtres tous les peuples du monde, sans exception aucune. Les Perses, les Ethiopiens, les Indiens y sont compris comme les autres, et les Grecs avec les Barbares [2].

Il ne réserve que le peuple qui a reçu la loi de Dieu [3]. Il fait voir que l'ame s'oublie elle-même, et qu'elle ne conçoit plus que Dieu l'a faite à son image, par où elle eût dû être amenée à la connoissance du Verbe; et il ne connoît pour vrais adorateurs que ceux qui en sont ornés [4].

Il donne pour principe assuré qu'avoir plusieurs dieux, c'est n'en avoir point; et qu'ainsi l'idolâtrie étant partout, conséquemment il y a partout une espèce d'athéisme [5].

Dans cette inondation de l'idolâtrie, il observe toujours avec soin l'exception qu'il faut faire en faveur des Juifs, comme de ceux à qui les idoles sont expressément défendues, et à qui la connoissance de Dieu et de son Verbe Jésus-Christ Notre-Seigneur a été donnée, tenant pour des insensés ceux qui ne connoissent ni l'un ni l'autre [6].

Je passe au second discours, *de l'Incarnation du Verbe*, où

---

[1] *Oratio contra gentes*, n. 24, 25, p. 23 et seq. — [2] N. 9, 24; *ibid.*, n. 9 24. — [3] *Ibid.* n. 27, 30; *ibid.*, p. 26 et 29. — [4] N. 33, 34. — [5] N. 38, *ibid.* p. 36 e seq — [6] N. 30, 45-47; *ibid.*, p. 44 et seq.

saint Athanase pose pour fondement que ce n'est pas connoître Dieu que de ne pas connoître la création, et d'assujettir la Divinité à ne rien faire que d'une manière[1] (c'étoit l'erreur universelle, on croyoit que les astres et les corps célestes donnoient l'être à tout). Il continue à prouver qu'il n'y a point de véritable religion sans la connoissance de Dieu et de son Verbe : « Tout, dit-il, étoit dans l'impiété, tout étoit plein de malice ; et le seul Dieu et son Verbe étoient ignorés[2]. »

Les hommes n'ayant pas profité de la beauté des ouvrages de Dieu, il leur a envoyé la loi et les prophètes[3]. Car ni la loi ni les prophètes n'avoient point été donnés aux Juifs pour eux seuls, mais encore pour éclairer tout l'univers de la connoissance de Dieu et des bonnes mœurs. Mais au lieu de profiter de cette instruction céleste, ils s'enfonçoient tous les jours de plus en plus dans l'erreur; en sorte qu'ils sembloient avoir entièrement perdu la raison, et n'être plus que des bêtes brutes.

On pourroit étendre ici ce que saint Athanase ne dit qu'en un mot, qui est que la loi et les prophètes étoient envoyés à tout le monde. Les enseignemens admirables que Dieu donnoit à son peuple, et les prodiges éclatans qu'il faisoit pour le maintenir et l'instruire, rayonnoient bien loin aux environs, et auroient pu de proche en proche se répandre par toute la terre. Mais loin que les peuples voisins et les autres successivement en aient profité, les Juifs eux-mêmes ont persécuté les prophètes : « Ils étoient, dit-il, envoyés aux Juifs, et en même temps persécutés par les Juifs[4]; » ce qui achève de démontrer que la corruption étoit universelle, et la pente à l'erreur si prodigieuse, que ceux-là même à qui les prophètes étoient adressés se déclaroient leurs ennemis.

Il n'y avoit point d'autre remède à un si grand mal que la venue du Verbe, qui, ayant tout fait, devoit aussi tout refaire et tout réparer[5].

L'idolâtrie et l'impiété avoient rempli tout le monde : les ouvrages de Dieu n'avoient servi de rien pour le faire connoître : tous les hommes avoient les yeux attachés en bas sans les pou-

---

[1] *De Incarn. Verbi*, n. 2 et 3. — [2] N. 11, 12, *ibid.*, p. 56 et seq. — [3] N. 12, *ibid.*, p. 57. — [4] *Ibid.*, n. 12. — [5] N. 12, 13, *ibid.*, p. 57, etc.

voir élever au ciel, et il n'y avoit que le Verbe qui les pût redresser en prenant un corps[1].

Il montre ici que le Verbe s'est répandu par toute la terre et, comme disoit saint Paul, s'est dilaté en longueur et en largeur, en hauteur et en profondeur, tant par la prédication de l'Evangile que par le nombre infini de ses martyrs. Il étend beaucoup cette preuve ; et c'est ici que se trouve ce passage si net et si précis, qui a été traduit ainsi par M. Dupin, à qui rien n'a échappé : « Autrefois il y avoit des idoles par toute la terre ; l'idolâtrie tenoit les hommes captifs, et ils ne connoissoient point d'autres dieux que les idoles[2]. »

Saint Athanase distingue partout soigneusement les deux peuples, l'ancien qui étoit les Juifs, et les gentils[3]. Il remarque que les gentils n'ont jamais commencé à connoître Dieu et le Verbe, que quand Jésus-Christ a paru. Quoiqu'il y eût une infinité de religions, nul peuple n'a attiré son voisin à reconnoître son Dieu. Les sages des gentils avec leurs discours magnifiques et la sublimité de leur éloquence, n'ont pu par tant de volumes attirer personne dans leur voisinage à la doctrine des bonnes mœurs et de l'immortalité des ames[4]. Il n'a été donné qu'à Jésus-Christ de se faire connoître seul par toutes les nations, dont les sentimens étoient si contraires. Il y a eu parmi les gentils, Chaldéens, Egyptiens, Indiens, des rois et des sages : les philosophes de la Grèce ont écrit plusieurs livres avec beaucoup d'art : mais ni vivans ni morts, ils n'ont rien avancé[5] : Jésus-Christ seul a pu persuader sa doctrine aux enfans mêmes. « Quel autre, dit-il, a étendu son empire sur les Scythes, les Ethiopiens, les Perses, les Arméniens, les Goths, et ainsi des autres ; et leur a pu persuader par une illumination cachée et intérieure, de ne plus adorer les dieux de leurs pères et de leur pays, et d'adorer le Père par son Verbe[6]? » Enfin tout le discours de ce saint docteur tend à faire voir que tous les peuples du monde, sans en excepter ceux qu'on veut croire les plus privilégiés, comme les Perses, les Ethiopiens,

---

[1] *De Incarn.*, n. 15, 16; *ibid.*, p. 60. — [2] N. 46, p. 88. — [3] N. 25, 36, 38, 40, 41, 43, 46, 50, 51. — [4] N. 47, p. 88. — [5] N. 50, *ibid.*, p. 91. — [6] N. 51, *ibid.*, p. 92.

les Indiens, étoient livrés à l'idolâtrie ; que les Juifs étoient éclairés par Moïse et par les prophètes ; que les autres n'ont commencé à ouvrir les yeux que quand Jésus-Christ est venu [1] ; que ç'a été l'effet du sacrifice qu'il a offert à la croix pour tous les hommes ; et qu'auparavant ils étoient tous dans les ténèbres, et que toute la nature humaine étoit aveugle [2].

 Voilà les principes sur lesquels a raisonné ce grand homme. Tout ce qui étoit gentil, c'est-à-dire tout ce qui n'étoit pas juif, étoit idolâtre. Tous les autres Pères ont enseigné la même doctrine. M. Dupin l'a démontré d'une manière à ne laisser aucun doute ni aucune réplique [3]. Il n'a eu garde d'oublier saint Athanase ; et outre le passage que nous venons de remarquer, il a encore cité celui où ce grand défenseur de la divinité du Verbe a dit, conformément au Psalmiste, que « Dieu n'étoit connu que dans la seule *Judée* [4]. » Tout est déjà démontré dans le fond, et j'ai voulu seulement donner ici le principe général sur lequel saint Athanase s'est fondé. C'est, en un mot, que par le péché l'homme entièrement asservi aux sens oublioit Dieu, et ne faisoit que s'enfoncer de plus en plus dans l'idolâtrie. Le principe est évident, la conséquence est certaine, la démonstration est parfaite : elle convainc également tous les peuples de l'univers ; et il ne faut pas s'étonner si tous les Pères sans exception ont tenu le même langage.

 Il ne reste plus qu'à répondre à certains exemples particuliers que l'auteur du *Vœu* a proposés, dont le premier est celui de Cyrus et des anciens Perses.

LETTRE LXIII.

A MILORD PERTH.

A Meaux, ce 20 septembre 1701.

 Mon cœur me presse de vous témoigner la part que je prends à votre juste douleur (*a*), et en même temps de vous supplier

---

[1] *Cont. gent.*, n. 30, 45, 46, etc ; *De Incarn.*, n. 12, 34, 35, 39, 40, etc. — [2] N. 20, 37, 43. — [3] *Déf. de la Censure*, etc. — [4] *Oratio I contra Arian.*, n. 59.

(*a*) Sur la mort de Jacques II, décédé le 6 septembre 1701.

humblement de prendre quelque temps propre à présenter au jeune roi et à la reine mes très-profonds et très-fidèles respects ; me confiant que par la bonté de Leurs Majestés et par votre entremise, elles les auront pour agréables.

Dieu est le Seigneur ; il sait les momens : il a des couronnes à donner, dont rien ne peut approcher sur la terre. Tout ce qui passe n'est rien : tout ce qui finit, comme dit saint Paul, doit presque être compté comme n'étant pas. On fait des vœux, on offre des sacrifices, on espère, on attend les temps que Dieu a réservés à sa puissance. Dieu seul sait ce qui est bon ; et c'est là, Milord, ce que vous ferez sentir au roi. Je suis avec un sincère respect, etc.

LETTRE LXIV.

BOSSUET A MILORD PERTH.

A Versailles, ce 29 janvier 1702.

Je prends la liberté de vous envoyer le petit ouvrage sur les promesses de Jésus-Christ à l'Eglise.

Sans quelque incommodité, qui ne me permet pas d'aller à Saint-Germain, j'aurois été avec un profond respect le présenter à Leurs Majestés. Je vous conjure, Milord, de prendre le temps de m'acquitter de ce devoir, et de vouloir bien les assurer du désir extrême que j'aurois d'y satisfaire en personne. Je suis, avec un respect sincère, etc.

EPISTOLA LXV.

RECTOR ET UNIVERSITAS LOVANIENSIS AD BOSSUETUM.

Tam notus est orbi catholico tuus in Ecclesiam et sacras Litteras amor, ut quoties earum causa agitur, opem patrociniumque tuum magnâ cum fiduciâ omnes implorent. Tuis pro Ecclesiâ triumphis ex animo gratulamur, Præsul sapientissime, et hoc unum oramus ut eorum particeps esse, et in eamdem tecum pro Ecclesiâ arenam descendere queat Facultas nostra theologica Lovaniensis, illa utique, teste Leone X, *agri Dominici piissima reli-*

giosissimaque cultrix, ac non ita pridem in hâc inferiori Germaniâ fidei columen.

At nota sunt dissidiorum zizania, quæ in illâ seminavit inimicus homo, quæ nisi quantociùs evellantur, verendum est ne celeberrima illa Facultas ipsa se consumat, nec tantùm Academiæ nostræ, sed toti etiam Belgio gravem perniciem afferat. Dùm horum malorum originem studiosè indagamus, hanc unam esse comperimus, quòd optimi quique hujus Academiæ theologi vagis accusationibus obruantur, ac eo prætextu à Facultatis suæ muniis excludantur : dùm autem innocentiam suam tueri volunt, per interdicta à ministris regiis extorta, omnis eis justitiæ via occludatur. Nostras eâ de re querelas, scriptis ad Regem christianissimum litteris, deferre hodiè ausi fuimus : apud quem ut suo nos patrocinio dignetur illustrissima Gratia Vestra humillimè supplicamus. Hoc unum votum nostrum est, ut infortunatis hisce dissidiis finis tandem imponatur, *regibusque nostris sanguine animoque junctis,* jungamur et nos, unum dicamus omnes, Ecclesiæque fidem unanimiter tueamur. Deus vota nostra secundet, patrocinante nobis pietate vestrâ, cui causam hanc summo affectu ac veneratione commendamus, illustrissime, etc.

RECTOR ET UNIVERSITAS LOVANIENSIS.

Lovanii, die 22 feb. 1702.

EPISTOLA LXVI.

BOSSUETUS AD REVERENDUM RECTOREM,

ET CLARISSIMOS VIROS ACADEMIÆ LOVANIENSIS.

Pergratum et perhonestum quod vester amplissimus Cœtus de me tam præclarè senserit, ut res quoque suas commendatas vellet : cui equidem officio, datâ opportunitate quâvis, spondeo me nunquàm defuturum, etiam non rogatum. Quis enim aut catholicus episcopus non suspiciat Universitatem Lovaniensem doctissimam, facundissimam ac de re catholicâ optimè meritam ; aut theologus Parisiensis non impensè diligat eamdem Academiam,

Parisiensis nostræ fœtum egregium, suæ originis memorem institutisque dignam ? Rogo autem et obsecro ut ea de quibus agitis vestræ theologicæ Facultatis dissidia, quantùm fieri poterit, componatis, ne suis manibus se ipsa conficiat, rem dolendam omnibus sæculis, et tantum Ecclesiæ lumen extinguat. Quod malum avertat Deus auctor pacis, Deoque aspirante summa ac beata illa Sedes, quæ sapientiâ, æquitate, paternâ auctoritate res Ecclesiæ temperat, ac dissociata membra recolligit. Ita voveo, Reverende Domine Rector, Viri Academici, etc.

Datum Meldis, die 28 martii, anno Domini 1702.

LETTRE LXVII.

BOSSUET A MILORD PERTH.

A Meaux, ce 12 avril 1702.

Tout ce qui dépend de moi est absolument dans la dépendance de la reine. Je vous supplie seulement de faire considérer à Sa Majesté que l'affaire dont vous me faites l'honneur de m'écrire de sa part (a), est de la nature de celles qui ne sont en aucune sorte de ma connoissance, et dont aussi je me fais une loi inviolable de laisser la disposition à Messieurs du collége de Navarre. C'est, Milord, ce que je vous dirai être pour moi une règle dont je ne me suis jamais départi. Je vous ai toujours présent au saint autel et, si j'ose le dire, j'y offre toujours à Dieu Leurs Majestés britanniques et leurs royaumes. Je suis avec un respect sincère et cordial, etc.

(a) Nous ignorons absolument de quelle affaire il pouvoit être question. (*Les édit.*)

LETTRE LXVIII.

A DOM MABILLON.

A Meaux, ce 26 avril 1702.

Vous avez bien fait, mon cher et révérend Père, de donner la *Mort chrétienne* : je l'ai reçu et je le lis avec agrément. J'ai aussi reçu le livre de mon compatriote, à qui je vous prie de faire mes remercîmens. Je suis bien aise que vous alliez commencer à imprimer les *Annales*; trois volumes, c'est déjà une grande avance. Je suis bien obligé à dom Thierry de son cher souvenir; je vous embrasse tous deux de tout mon cœur.

LETTRE LXIX.

M. PIROT A BOSSUET.

En Sorbonne, 29 avril 1702.

J'eus l'honneur de vous répondre il y a deux jours sur le *C'est là mon corps* de M. Simon, dont vous me donniez ordre de vous mander ce que je pensois. J'oubliai de vous toucher dans ma réponse un autre endroit de cette version, où je crois que l'auteur doit s'expliquer dans sa note autrement qu'il ne fait; c'est sur le verset 7 du chapitre v de la *Première Épître* de saint Jean. Vous savez qu'il avoit fort mal écrit sur ce verset dans son *Histoire critique du texte du Nouveau Testament* et dans celle des Versions, qui ne sont l'une et l'autre imprimées que de contrebande, et que je n'ai jamais voulu approuver, quoique monseigneur l'archevêque de Paris en eût fort envie. M. Arnauld a écrit sur cela contre lui dans ses *Steyaertes* (a). Il ne s'étend pas ici comme il avoit fait dans cette histoire critique du texte et des versions :

(a) Cet ouvrage est principalement dirigé contre M. Steyaert, docteur de la Faculté de Louvain; et à la tête de la neuvième partie de ses *Difficultés à ce Docteur*, M. Arnauld a mis une longue Dissertation contre Richard Simon, touchant les exemplaires sur lesquels cet écrivain prétendoit que l'ancienne Vulgate avoit été faite. (*Les Édit.*)

mais la note qu'il y fait, après s'être rendu si suspect auparavant, ne peut satisfaire : il auroit été mieux de n'en point faire. Il semble qu'il n'en ait voulu faire que pour donner atteinte à ce verset autorisé par saint Cyprien, comme l'évêque d'Oxford l'a remarqué dans l'édition de ce Père, au livre de *l'Unité de l'Eglise*. Je ne sais si ce qu'il dit des censeurs de Rome sous Urbain VIII, que tous leurs manuscrits grecs étoient sans ce septième verset, est bien vrai : mais il semble ne le remarquer que pour faire entendre qu'ils ont eu tort de l'avoir voulu retenir dans le plan d'une nouvelle édition grecque qu'ils ont dressée. Je ne dis rien du prologue de saint Jérôme sur les sept épîtres canoniques, parce que l'auteur n'en parle pas ici, comme il en avoit parlé dans sa critique contre ce qu'en dit l'évêque d'Oxford. Je suis avec un très-profond respect, etc.

PIROT.

LETTRE LXX.

BOSSUET A M. LE CARDINAL DE NOAILLES,

ARCHEVÊQUE DE PARIS (a).

Ce 19 mai 1702.

J'envoie enfin mes remarques à Votre Eminence : je la supplie de les vouloir bien communiquer à M. Pirot ; et quand il lui en aura rendu compte, et que Votre Eminence elle-même en aura pris la connoissance que ses grandes et continuelles occupations lui pourront permettre, qu'elle veuille bien me prescrire l'usage que j'en dois faire. Nous devons tout à la vérité et à l'Evangile ; et dès que l'affaire est devant vous, Monseigneur, je tiens pour certain que, non-seulement vous y ferez par vous-même ce qu'il faudra, mais encore que vous ferez voir à moi et aux autres ce

(a) Cette lettre et les suivantes furent écrites par Bossuet, en envoyant à ceux à qui elles sont adressées ses remarques sur la version du Nouveau Testament de M. Simon. M. de Meaux fondit depuis toutes ces remarques dans ses deux *Instructions pastorales sur la version de Trévoux*. Au reste, les trois lettres qui suivent sont sans date dans les originaux ; mais on voit par le *Journal de M. Ledieu*, secrétaire de Bossuet, qu'elles furent envoyées de Meaux le 19 mai 1702. (*Les édit.*)

qu'il convient à chacun. J'ose seulement vous dire qu'il y faut regarder de près, et qu'un verset échappé peut causer un embrasement universel. Je trouve presque partout des erreurs, des vérités affoiblies, des commentaires, et encore des commentaires mauvais mis à la place du texte, et enfin les pensées des hommes au lieu de celles de Dieu, un mépris étonnant des locutions consacrées par l'usage de l'Eglise ; et enfin de tels obscurcissemens, qu'on ne peut les dissimuler sans prévarication. Aucune des fautes de cette nature ne peut passer pour peu importante, puisqu'il s'agit de l'Evangile, qui ne doit perdre ni un iota ni un de ses traits.

Je supplie Votre Eminence de croire qu'en appuyant mes remarques avec un peu plus de loisir, je puis, par la grace de Dieu, les tourner en démonstrations. On peut bien remédier au mal à force de cartons : mais il faudra que le public en ait connoissance, puisque sans cela le débit qui se fait du livre porteroit l'erreur par tout l'univers, et qu'il ne faut pour cela qu'un seul exemplaire. Je m'expliquerai davantage, Monseigneur, sur les desseins que l'amour de la vérité me met dans le cœur, quand j'aurai appris sur ceci les sentimens de Votre Eminence.

Post-scriptum de la main de M. de Meaux. Le prier pendant les occupations de l'assemblée, de faire examiner mes remarques non-seulement par M. Pirot, mais encore par MM. de Beaufort et Boileau, et de me donner communication de ces remarques, qui donneront lieu à de nouvelles réflexions.

LETTRE LXXI.

BOSSUET A M. DE MALEZIEU, CHANCELIER DE DOMBES.

Ce 19 mai 1702.

Permettez-moi, Monsieur, dans la longueur et dans l'importance du discours que j'ai à vous faire, d'épargner ma main et vos yeux. J'ai achevé mes remarques sur le *Nouveau Testament* en question. Leur nombre et leur conséquence se trouvent beaucoup plus grands que je ne l'avois pu imaginer : erreurs, affoiblissement des vérités chrétiennes, ou dans leur substance, ou dans leurs preuves, ou dans leurs expressions, en substituant ses manières propres de parler à celles qui sont connues et consacrées par l'usage de l'Eglise, ce qui emporte une sorte d'obscurcissement; avec cela singularités affectées, commentaires, ou pensées humaines et de l'auteur à la place du texte sacré, et autres fautes de cette nature se trouvent de tous côtés.

Il m'arrive ici à peu près ce qui m'arriva avec feu M. le Chancelier le Tellier, au sujet de la *Critique de l'Ancien Testament* du même auteur. Ce livre alloit paroître dans quatre jours, avec toutes les marques de l'approbation et de l'autorité publique. J'en fus averti très-à propos par un homme bien instruit, et qui savoit pour le moins aussi bien les langues que notre auteur. Il m'envoya un index et ensuite une préface, qui me firent connoître que ce livre étoit un amas d'impiétés et un rempart du libertinage. Je portai le tout à M. le Chancelier, le propre jour du jeudi saint. Ce ministre en même temps envoya ordre à M. de la Reynie de saisir tous les exemplaires. Les docteurs avoient passé tout ce qu'on avoit voulu, et ils disoient pour excuse que l'auteur n'avoit pas suivi leurs corrections. Quoi qu'il en soit, tout y étoit plein de principes et de conclusions pernicieuses à la foi. On examina si l'on pouvoit remédier à un si grand mal par des cartons; car il faut toujours tenter les voies les plus douces : mais il n'y eut pas moyen de sauver le livre, dont les mauvaises maximes se trouvèrent répandues partout : et après un très-exact examen que je fis avec les censeurs, M. de la Reynie eut ordre de brûler tous les exemplaires, au nombre de douze ou quinze cents, nonobstant le privilége donné par surprise, et sur le témoignage des docteurs.

Le fait est à peu près semblable dans cette occasion. Un savant prélat me donna avis de cette nouvelle version comme s'imprimant dans Paris, et m'en fit connoître les inconvéniens. Dans la pensée où j'étois, j'allai droit, comme je le devois, à M. le cardinal de Noailles. J'appris de lui que l'impression se faisoit à Trévoux. Il ajouta qu'il me prioit de voir le livre, et me fit promettre de lui en dire mon avis, ce que je ne devois pas refuser : mais je crus qu'il falloit aller à la source du privilége. Je vous ai porté une plainte à peu près de même nature que celle que j'avois faite contre la *Critique du Vieux Testament*. Vous y avez eu le même égard, et tout est à peu près semblable, excepté que je ne crois pas qu'il soit nécessaire d'en venir ici à la même extrémité. Car j'espère qu'à force de cartons on pourra purger l'ouvrage de toutes erreurs et autres choses mauvaises, pourvu que l'auteur persiste dans la docilité qu'il a témoignée jusqu'ici, et que l'on revoie les cartons avec le même soin qu'on a fait l'ouvrage. Mais voici un autre inconvénient, c'est que le livre cependant s'est débité. On aura beau le corriger par rapport à Paris, le reste du monde n'en saura rien ; et l'erreur aura son cours et demeurera autorisée.

Vous voyez bien, Monsieur, que pour parer ce coup on ne peut se dispenser de relever les corrections ; et si j'avois à le faire, je vous puis bien assurer sans présumer de moi-même, qu'en me donnant le loisir d'appuyer un peu mes remarques, je ne laisserois aucune réplique. Mais l'esprit de douceur et de charité m'inspire une autre pensée : c'est qu'il faudroit que l'auteur s'exécutât lui-même ; ce qui lui feroit dans l'Eglise beaucoup d'honneur, et rendroit son ouvrage plus recommandable, quand on verroit par quel examen il auroit passé. Il n'y va rien de l'autorité du prince ni du privilége : on sait assez que tout roule ici sur la foi des docteurs, à qui, s'il paroît un peu rude de faire paroître leurs inadvertances, il seroit beaucoup plus fâcheux de se voir chargés des reproches de tout le public. Ainsi il vaut mieux qu'on se corrige soi-même volontairement.

C'est l'auteur lui-même qui m'a donné cette vue. Il se souviendra sans doute que, lorsqu'on supprima sa *Critique du Vieux Testament*, il reconnut si bien le danger qu'il y avoit à la laisser subsister, qu'il m'offrit, parlant à moi-même, de réfuter son ouvrage. Je trouvai la chose digne d'un honnête homme ; j'acceptai l'offre avec joie, autant que la chose pouvoit dépendre de moi ; et sans m'expliquer davantage, l'auteur sait bien qu'il ne tint pas à mes soins que la chose ne fût exécutée. Il faudroit rentrer à peu près dans les mêmes erremens, la chose seroit facile à l'auteur ; et pour n'en pas faire à deux fois, il faudroit en même temps qu'il remarquât volontairement tout ce qu'il pourroit y avoir de suspect dans ses critiques. Par ce moyen, il demeureroit pur de tout soupçon et seroit digne alors qu'on lui confiât la traduction de l'Ancien comme du Nouveau Testament.

Je puis vous dire avec assurance que ses *Critiques* sont farcies d'erreurs palpables. La démonstration en est faite dans un ouvrage qui auroit paru il y a longtemps (*a*), si les erreurs du quiétisme n'avoient détourné ailleurs mon attention. Je suis assuré de convenir de tout en substance avec l'auteur. L'amour et l'intérêt de la vérité, auxquels toute autre raison doit céder, ne permet pas qu'on le laisse s'autoriser par des ouvrages approuvés, et encore par des ouvrages de cette importance. Il faut noter en même temps les autres qu'il a composés, qui sont dignes de répréhension : autrement le silence passeroit pour approbation. Un homme de la main de qui l'on reçoit le Nouveau Testament doit être net de tout reproche. Cependant on ne travaille qu'à donner de l'autorité à un homme qui n'en peut avoir qu'au préjudice de la saine théologie : on le déclare déjà le plus capable de travailler sur le Nouveau Testament, jusqu'à le donner pour un homme inspiré par les Evangélistes eux-mêmes dans la traduction de leurs ouvrages. C'est l'éloge que reçoit l'auteur dans l'épître dédicatoire : ce qu'on prouve par le jugement des docteurs nommés par Son Altesse Sérénissime.

Un tel éloge donné sous le nom et presque sous l'aveu d'un si grand et si savant prince, si pieux d'ailleurs et si religieux, donneroit à cet écrivain une autorité qui sans doute ne lui convient pas, jusqu'à ce qu'il se soit purgé de toute erreur. Les journaux le louent comme un homme connu dans le monde par ses savantes critiques. Ces petits mots jetés comme en passant, serviront à faire avaler doucement toutes ses erreurs ; à quoi il est nécessaire de remédier ou à présent ou jamais.

Pour lui insinuer sur cela ses obligations, conformes au premier projet dont vous venez de voir, Monsieur, qu'il m'avoit fait

(*a*) Cet ouvrage est la *Défense de la Tradition et des saints Pères*.

l'ouverture, on peut se servir du ministère de M. Bertin, qui espère insinuer ses sentimens à M. Bourret, et par là à M. Simon lui-même. Quoi qu'il en soit, on ne se peut taire en cette occasion, sans laisser dans l'oppression la saine doctrine. Vous savez bien que, Dieu merci, je n'ai par moi-même aucune envie d'écrire. Mes écrits n'ont d'autre but que la manifestation de la vérité : je crois la devoir au monde plus que jamais, à l'âge où je suis et du caractère dont je me trouve revêtu. Du reste les voies les plus douces et les moins éclatantes seront toujours les miennes, pourvu qu'elles ne perdent rien de leur efficace. J'attends, Monsieur, vos sentimens sur cette affaire, la plus importante qui soit à présent dans l'Eglise, et sur laquelle je ne puis aussi avoir de meilleurs conseils que les vôtres. Tenez du moins pour certain que je ne me trompe pas sur la doctrine des livres, ni sur la nécessité et la facilité d'en découvrir les erreurs.

LETTRE LXXII.

M. DE MALEZIEU A BOSSUET.

A Versailles, ce 25 mai 1702.

J'ai reçu, Monseigneur, la lettre que vous m'avez fait l'honneur de m'écrire, et je l'ai lue avec toute l'attention que mérite la matière et la personne. Je vois clairement qu'il eût été à souhaiter que vous eussiez fait votre examen avant notre édition : mais après tout, Monseigneur, que pouvoit faire de mieux le souverain de Dombes et son chancelier, que de prendre des examinateurs de votre main et de celle de M. le cardinal de Noailles? Et quels examinateurs encore! des professeurs de théologie, que vous nous avez indiqués par distinction, qui après avoir lu cet ouvrage pendant une année entière, nous ont dit et fait dire vingt fois, avant qu'on l'imprimât, que c'étoit un livre excellent, et qu'ils le soutiendroient comme leur propre ouvrage. Après cela, Monseigneur, si l'édition s'est faite, et si elle est sortie de la souveraineté par la permission du souverain ; s'il a permis qu'elle lui fût dédiée, il me paroît qu'il n'a fait que ce qu'il devoit. Enfin,

Monseigneur, elle est à présent hors de notre juridiction ; et tout ce qu'on peut faire, c'est de veiller à une seconde édition, et de la réformer sur vos remarques au cas qu'il s'en fasse une. Car, comme vous l'observez fort bien vous-même, le livre étant distribué chez les étrangers, il est malaisé, pour ne pas dire impossible, de remédier absolument au passé. M. l'Archevêque peut le défendre dans son diocèse, s'il croit qu'il soit assez mauvais pour cela : mais encore un coup, nous n'y pouvons plus rien : il est sorti de notre district ; et si le hasard avoit fait qu'il fût encore entre nos mains, je ne sais, Monseigneur, si vous eussiez voulu prendre sur vous de déterminer absolument le prince à se servir de son autorité, pour étouffer une édition que l'imprimeur a faite sur la bonne foi des approbations authentiques, que M. l'archevêque et vous êtes censés avoir données, puisque vous avez donné les approbateurs.

Cependant, Monseigneur, pour faire tout le bien qui dépend de nous, et nous conformer à votre esprit, j'ai mis en œuvre M. Bertin. Il lit vos observations avec M. Bourret, et ils me firent dire hier qu'ils espéroient que tout le monde seroit pleinement satisfait. L'auteur est en Normandie ; ainsi on n'a pu encore conférer là-dessus avec lui. Ces messieurs paroissent bien persuadés que rien n'est plus aisé que de mettre cet ouvrage en état de passer partout. Cependant l'examinateur persiste à dire que la traduction lui paroît très-orthodoxe, et qu'il est impossible d'y donner une application plus sérieuse que celle qu'il y avoit donnée avant que de lâcher son approbation : mais comme deux yeux voient mieux qu'un, j'espère aussi, Monseigneur, qu'ils déféreront tous à votre autorité, et qu'ils chercheront les expédiens convenables. Voyez, Monseigneur, si je puis faire quelque chose de plus, et me faites l'honneur de me donner vos ordres, que je recevrai toujours avec tout le respect que doit avoir pour vous, etc.

LETTRE LXXIII.

BOSSUET A M. L'ABBÉ BERTIN.

Ce 19 mai 1702.

Je vous envoie mes remarques, Monsieur : vous voyez bien qu'il y falloit donner du temps. Il n'en faudra guère moins pour revoir les corrections de l'auteur, quand il en sera convenu. Je n'ai pas peur, Monsieur, que vous les trouviez peu importantes : au contraire, je suis assuré que plus vous les regarderez de près, plus elles vous paroîtront nécessaires; et que vous ne serez pas plus d'humeur que moi à laisser passer tant de singularités affectées, tant de commentaires et de pensées particulières de 'auteur, mises à la place du texte sacré et, qui pis est, des erreurs, un si grand nombre d'affoiblissemens des vérités chrétiennes, ou dans leur substance, ou dans leurs preuves, ou dans leurs expressions, en substituant celles de l'auteur à celles qui sont connues et consacrées par l'usage de l'Eglise, et autres semblables obscurcissemens. Il faut avoir pour l'auteur et pour les censeurs toute la complaisance possible, mais sans que rien puisse entrer en comparaison avec la vérité. Ce n'est pas assez de la sauver par des corrections : le livre s'est débité; il ne sert de rien de remédier aux fautes par rapport à Paris, pendant qu'elles courront par toute la terre, sans qu'on sache rien de ces corrections (a). Il n'en faut qu'un exemplaire en Hollande, où l'auteur a de si grandes correspondances, pour en remplir tout l'univers, et donner lieu aux libertins de se prévaloir du nom glorieux de Monseigneur le duc du Maine, et de celui des docteurs choisis par un si savant et si pieux prince, pour examiner les ouvrages de sa célèbre imprimerie. Ce seroit se déclarer ennemi de la vérité, que d'en exposer la cause à un si grand hasard.

Puisqu'il faudra se déclarer sincèrement, et se faire honneur

---

(*a*) Bossuet a ajouté de sa main dans l'original la remarque suivante : « *Nota*, qu'en relevant les corrections, il faudra en indiquer brièvement les raisons principales en substance. » (*Les edit.*)

de l'aveu des fautes de cette traduction; il n'en faut pas faire à deux fois, et il est temps de proposer à M. Bourret et à l'auteur le dessein que je vous ai confié. Je vous répète qu'il m'a offert à moi-même de réfuter sa *Critique du Vieux Testament;* et il ne tint pas à moi que la chose ne fût acceptée et exécutée au grand avantage de la vérité, et au grand honneur de la bonne foi de l'auteur. Il faudroit pousser ce dessein plus loin, et qu'il relevât pareillement les autres fautes de ses critiques suivantes. Il me sera aisé de les indiquer; car je les ai toutes recueillies : et si je n'avois été empêché de les publier par d'autres besoins de l'Eglise, qui paroissoient plus pressans, je puis assurer avec confiance sans présumer de moi-même, qu'il y auroit longtemps que l'auteur seroit sans réplique. Je n'en veux pas dire ici davantage. Tout ce qui le fait paroître si savant, ne paroîtroit que nouveauté, hardiesse, ignorance de la tradition et des Pères; et s'il n'étoit pas nécessaire de parler à fond à un homme comme vous, je supprimerois volontiers tout ceci : mais enfin le temps est venu qu'il faut contenter la vérité et l'Eglise.

Je vous laisse à ménager l'esprit de l'auteur avec toute votre discrétion : je ferai même valoir sa bonne foi, tout autant qu'il le pourra souhaiter. Quant au fond, je suis assuré d'en convenir avec lui; et quant aux manières, les plus claires et les plus douces seront les meilleures. Je ne veux que du bien à cet auteur, et rendre utiles à l'Eglise ses beaux talens, qu'il a lui-même rendus suspects par la hardiesse et les nouveautés de ses critiques. Toute l'Eglise sera ravie de lui voir tourner son esprit à quelque chose de meilleur, et se montrer vraiment savant, non par des singularités, mais par des recherches utiles. Pour ne rien oublier, il faut dire encore que la chose se peut exécuter en deux manières très-douces : l'une, que j'écrive à l'auteur une lettre honnête, où je l'avertisse de ce que l'édification de l'Eglise demande que l'on corrige, ou que l'on explique dans ses livres de critique, à commencer par la *Critique du Vieux Testament* et consécutivement dans les autres, y compris sa version et ses scholies, et qu'il y réponde par une lettre d'acquiescement : l'autre, que s'excitant de lui-même à une révision de ses ouvrages de critique, etc.;

comme ci-dessus, et examinant les propositions qu'on lui indiquera secrètement, il y fasse les changemens, corrections et explications que demande l'édification de l'Eglise. Il n'y aura rien de plus doux, ni de plus honnête, ni qui soit de meilleur exemple.

Ce sera alors qu'on pourra le regarder comme le digne interprète de l'Ecriture, non-seulement du Nouveau Testament, mais encore de l'Ancien, dont la traduction a beaucoup plus de difficultés. Pour m'expliquer encore davantage, il ne s'agit pas de rejeter toute la *Critique du Vieux Testament,* mais seulement les endroits qui tendent à affoiblir l'authenticité des saints Livres : ce qui ne sera pas fort difficile à l'auteur, puisqu'il a déjà passé condamnation pour Moïse dans sa préface sur saint Matthieu. Au reste on relèvera ce qui sera bon et utile dans la *Critique du Vieux Testament,* comme par exemple, si je m'en souviens bien, sur l'étendue qu'il donne à la langue sainte, au-dessus des dictionnaires rabbiniques, par les anciens interprètes et commentateurs. S'il y a quelque autre beau principe qu'il ait développé dans ses critiques, je ne le veux pas priver de la louange qu'il mérite ; et vous voyez au contraire que personne n'est mieux disposé que moi à lui faire justice, dès qu'il la fera à l'Eglise.

LETTRE LXXIV.

M. L'ABBÉ BERTIN A BOSSUET.

A Paris, ce 3 mai 1702.

J'ai reçu, Monseigneur, vos remarques que j'ai mises entre les mains de M. Bourret, qui m'a parlé avec toutes les marques d'estime et de respect qui vous sont dues. Il les lira aussitôt après la fête de l'Ascension, parce qu'il est encore occupé de ses stations du jubilé.

Quant au Mémoire qui contient ce que vous souhaitez de la part de l'auteur, il faut que je lui écrive, pour savoir comment il veut qu'on agisse en son absence en cas qu'elle dure : car il est présentement à la ville d'Eu ou aux environs, pour des affaires qu'il avoit à y poursuivre. Ce que je sais en général de ses intentions, est qu'il ne demande pas mieux que de revoir ses *Critiques*, pour y faire les changemens et corrections raisonnables; et je ne saurois penser autre chose, sinon qu'il veut cela de bonne foi. J'ai même de la peine à croire qu'il se soit jamais formé aucun système suspect, et qu'il l'ait voulu établir dans ses écrits. Je croirois plutôt qu'il n'a pensé qu'à faire des recherches et des remarques dont il laissoit le jugement au lecteur. Dès que j'aurai sa réponse, je vous en ferai part, Monseigneur; et si elle est telle que je l'espère, j'aurai aussi l'honneur de vous communiquer les corrections avant qu'on fasse des cartons. Pour ce qui est du débit du livre, on m'assure qu'il ne s'est pas distribué plus d'une douzaine d'exemplaires, et que cela ne s'est fait que par la même nécessité et pour les mêmes raisons qui en ont fait passer un entre vos mains.

En jetant les yeux, Monseigneur, sur ce que vous avez remarqué dans la préface, j'ai été bien content de l'estime que vous faites de la règle du concile de Trente, qui oblige d'interpréter l'Ecriture sainte, non selon des sens particuliers, mais *juxta unanimem consensum*, etc. Cette règle me paroît l'unique fondement de la bonne théologie : en sorte que pour ce qui regarde les dogmes, elle ne doit être établie que sur ces deux principes, l'Ecriture et la Tradition; ou, pour le dire en un mot, sur le sens unanime dans lequel les Pères ont entendu les passages de l'Ecriture.

Mais cette règle étant si constante, comment est-il arrivé dans l'Eglise qu'on n'ait point fait difficulté de quitter sur le péché originel une tradition unanime de treize siècles, pour embrasser la nouvelle opinion de l'immaculée conception? Les Pères qui ont fini le concile de Trente ne devoient-ils point craindre de déroger à une si importante règle, en insérant dans les définitions du concile la déclaration qu'on y lit sur ce sujet. Les Pères de la première assemblée n'avoient pas voulu la publier, quoiqu'elle eût été proposée alors, et elle étoit demeurée sans effet à cause de la diversité des suffrages. Est-ce que les Pères de la dernière assemblée, dont la plupart n'avoient pas assisté à l'examen de la matière du péché originel, qui s'étoit fait dans la quatrième session présentement appelée la cinquième, avoient plus de lumières que ceux de la première assemblée, qui avoient traité expressément le point dont il s'agit?

Permettez-moi de demander encore pourquoi on ne peut être reçu dans la Faculté de théologie de Paris, si l'on ne jure dans le cours des exercices théologiques qu'on tiendra les décrets de la faculté, et nommément celui qui oblige à soutenir et défendre cette doctrine de l'immaculée conception, sous peine d'être retranché de la Faculté, et d'en être rejeté comme un païen et un publicain. Voici les termes du serment : *Jurabitis quòd tenebitis determinationem Facultatis de conceptione immaculatâ Virginis Mariæ, videlicet, quòd in suâ conceptione præservata fuit ab originali labe* : ℟. Juro.

Et quant au décret, en voici aussi les termes. Après avoir dit que c'est par l'inspiration du Saint-Esprit que le concile général de Bâle et l'Eglise, qui ne peut errer, a reçu cette doctrine, le décret ajoute : *In ejus piissimæ doctrinæ defensionem ac propugnationem speciali sacramento conjuravimus, nosque devovimus, statuentes ut nemo deinceps sacro huic nostro collegio adscribatur, nisi se hujus religiosæ doctrinæ assertorem strenuumque propugnatorem pro viribus futurum, simili juramento profiteatur. Quòd si quis, quod absit, ad hostes Virginis transfuga, contrariæ assertionis, quam falsam, impiam, erroneam, judicamus... patrocinium quâcumque ratione suscipere ausus fuerit: hinc honoribus nostris omnibus privatum, atque exauctoratum, à nobis et consortio nostro, velut ethnicum et publicanum, procul abjiciendum decernimus.*

Ce serment si précis paroît de telle importance à Josse Clictou, qu'il l'appelle *fidei sacramentum* [1]; et Major dit de la Faculté de théologie de Paris, qu'en faisant ce décret, *concludit post determinationem factam in Basileensi concilio, esse hæreticum tenere beatam Virginem conceptam in peccato originali.*

Voilà, ce me semble, une étrange atteinte à la règle susdite du concile, touchant le consentement unanime, etc... Mais ce n'est

[1] In lib. III *Sent.*, dist. III, quæst. I.

pas principalement pour cela que j'ai pris la liberté, Monseigneur, d'en faire ici la remarque : c'est que je vois que plusieurs jeunes théologiens, qui ne sont pas des moindres écoliers qui étudient ici sous les professeurs, n'osent prendre des degrés en Sorbonne à cause du serment que je viens de rapporter : et depuis huit jours, il y en a un qui m'est venu demander confidemment ce que je pensois sur ce sujet. Il me presse de lui dire si un serment fait sur cette matière en conséquence d'une telle détermination, et sans lequel on ne le recevroit point au rang que donne dans le monde et dans l'Eglise la qualité de docteur, n'est qu'une cérémonie extérieure qui n'engage point la conscience. Je n'ai su que lui répondre; et si j'osois, Monseigneur, je vous supplierois de m'aider à déterminer ce jeune écolier, qui au jugement de ses maîtres n'est pas un des moindres sujets qui pourroient entrer dans la Faculté. Je vous demande pardon de la longueur de cette lettre, et je vous supplie, Monseigneur, d'agréer mes très-humbles respects, etc.

LETTRE LXXV.

BOSSUET A M. L'ABBÉ BERTIN.

A Meaux, ce 27 mai 1702.

Quand vous dites, Monsieur, que notre auteur n'a point de système dans ses ouvrages critiques, si vous entendez qu'il n'y établit directement aucun dogme particulier, cela est vrai : mais à cela il faut ajouter que toutes ses remarques tendent à l'indifférence des dogmes, et à affoiblir toutes les traditions et décisions dogmatiques; et c'est là son véritable système qui emporte, comme vous voyez, l'entière subversion de la religion.

Vous dites que son dessein est de faire des remarques dont il laisse le jugement au lecteur. C'est cela même qui établit cette indifférence, que de proposer des remarques affoiblissantes, et laisser juger un chacun comme il l'entend.

Je passe outre, et je vous assure que son véritable système dans sa *Critique du Vieux Testament,* est de détruire l'authenticité des Ecritures canoniques : dans celle du Nouveau, sur la fin, d'attaquer directement l'inspiration, et de retrancher ou rendre douteux plusieurs endroits de l'Ecriture, contre le décret exprès du concile de Trente : dans celle des commentateurs, d'affoiblir toute la doctrine des Pères, et par un dessein particulier celle de saint Augustin sur la grace ; sous prétexte de louer les Pères grecs, de donner gain de cause aux pélagiens, et d'adjuger la préséance aux sociniens parmi les commentateurs. C'est ce que je puis prouver avec tant d'évidence, que cet auteur n'osera lever les yeux. Cela soit dit entre nous, et pour l'usage de vous seul. Car au reste, je suis bien d'avis qu'on l'engage à son devoir plutôt par douceur et honnêteté que par menace, pourvu seulement que la vérité n'en souffre pas.

Les fautes de sa version sont une suite des faux principes qu'il a posés dans ses *Critiques*. Il n'y eut jamais d'exemple d'une témérité pareille à la sienne, ni d'une telle licence dans la version et dans l'interprétation de l'Evangile. S'il ne satisfait le public sur cet endroit-là, il ne faut plus parler de fidélité dans les traductions et explications ; et si en satisfaisant sur ces endroits, on lui passe ses autres ouvrages, c'est trop ouvertement les autoriser, comme je crois l'avoir démontré par mes précédentes.

Du reste, je ne contesterai pas la bonne foi que vous lui croyez, pourvu qu'on y prenne garde de bien près, et qu'on ne soit pas la dupe de ses artificieuses échappatoires, comme l'ont été jusqu'ici, je l'oserai dire sans pourtant vouloir fâcher personne, presque tous ceux qui ont examiné ses ouvrages, et en particulier son Nouveau Testament. Ceci, encore un coup, n'est que pour vous. Car je veux, autant qu'il sera possible, ménager tout le monde en esprit de charité, pourvu qu'on en vienne à la fin qu'on se propose : mais il est de la dernière conséquence que vous bâtissiez sur ce fondement, et que vous connoissiez bien votre homme.

Quant à la difficulté que vous me proposez sur le doctorat, le concile de Trente n'a pas cru que ce fût déroger à une règle universelle, que de laisser à Dieu le pouvoir d'en excepter pour l'honneur du Fils de Dieu, une personne unique et aussi distinguée que sa sainte Mère. C'est ce qui a donné lieu à la fin de son décret sur le péché originel. Sixte IV avoit fait la même exception. Saint Augustin lui-même a donné lieu à une autre exception semblable. Il est dit aussi généralement que tous les hommes pèchent actuellement, qu'il est dit qu'ils contractent tous le péché d'Adam dès leur conception. Cependant vous savez l'exception de saint Augustin à l'égard de la sainte Vierge, *propter honorem Domini*. Le concile de Trente l'a suivi, en disant sur le péché actuel « que personne ne peut éviter les péchés véniels que par un privilége spécial de Dieu, tel que celui que l'Eglise croit avoir été accordé à la bienheureuse vierge Marie : » *Nisi ex speciali Dei privilegio, quemadmodum de beatâ Virgine Mariâ tenet Ecclesia* [1]. Il se garde bien d'en dire autant du péché originel : mais il est vrai que saint Augustin a mis ces deux sortes de péchés comme en égalité, lorsqu'il a dit en parlant de Jésus-Christ : *Profectò enim peccatum major fecisset, si parvulus habuisset* [2] : « Il eût sans doute commis quelque péché dans l'âge adulte, s'il en avoit eu étant enfant. » Quoique cette règle soit véritable et énoncée en termes généraux, elle ne laisse pas de souffrir une exception en faveur de la sainte Vierge.

On peut donc tenir pour probable même l'exemption du péché originel à son égard : le concile de Trente en a donné l'exemple après Sixte IV. Notre Faculté n'en demande pas davantage; et tous nos docteurs conviennent qu'elle réduit l'ancienne définition de Bâle aux termes du concile de Trente : ainsi il n'y a plus là de difficulté. Il faudroit s'expliquer davantage avec un homme moins instruit : et j'ajouterai seulement que l'intention de la Faculté n'est pas d'obliger personne à prêcher et enseigner positivement la conception immaculée; à quoi jusqu'ici je n'ai pas vu qu'on ait jamais pris garde. Mais quoi qu'il en soit, on n'est obligé par le serment doctoral qu'à tenir l'opinion dont il s'agit comme plus probable, ou en tout cas, si l'on veut, comme théologiquement certaine, selon les décrets de la Faculté : ce qui n'empêche pas que la règle du péché originel ne demeure pour certaine, et qu'on ne croie que la sainte Vierge y seroit comprise,

[1] Sess. VI, can. XXIII. — [2] *Cont. Jul.*, lib. V, n. 57.

sans une exception particulière provenue de la toute-puissance. Je suis, Monsieur, etc.

LETTRE LXXVI.

M. PIROT A BOSSUET.

En Sorbonne, ce 17 mai 1702.

J'ai depuis mercredi, veille de l'Ascension, vos observations entre mes mains, où j'ai trouvé toute la solidité que j'attendois de vous à ce sujet. Monseigneur le cardinal de Noailles me les envoya en Sorbonne à son retour de Conflans, où il les avoit reçues la veille. Et comme vous lui marquiez de les faire voir aussi à M. de Beaufort et à M. Boileau, il me dit de les lire le plus vite que je pourrois, pour les leur communiquer. Je viens d'en achever la lecture avec l'exactitude dont je suis capable. J'avois lu auparavant celles qui ont été déjà faites de la première partie, qui comprend l'*Evangile* et les *Actes*, et j'avois en mon particulier parcouru toutes les deux parties. Jeudi et hier je dis quelques endroits des vôtres à Monseigneur le cardinal, qui les trouva importans. Ils ne sont pas tous d'une même conséquence : mais il y en a un si grand nombre d'essentiels, que je doute qu'on y puisse apporter remède. Je lui ai marqué que vous vous attendiez à voir les remarques qu'a faites celui à qui il a fait lire la première partie; et il m'a répondu qu'il vous les enverroit. Il aura demain à son retour de Versailles mon paquet, qui renferme les unes et les autres. Je ne doute pas qu'il ne vous envoie les siennes sur l'heure, et qu'il ne communique les vôtres à ces deux Messieurs. Pour moi je n'ai fait nulles remarques que sur mes tablettes : mais je les aurai toutes présentes quand il en faudra parler, et j'y serai toujours tout prêt. La plupart de celles qui sont considérables reviendront aux vôtres. La religion a un très-grand intérêt d'empêcher que le livre ne paroisse dans l'état où il est. Je ne sais s'il pourra jamais être assez réformé pour paroître.

M. Bourret me dit hier qu'il n'avoit pas encore vu ce que vous aviez fait; et cela m'étonna après ce que j'avois lu dans une lettre, que vous lui faisiez tenir vos réflexions. Votre politesse vous l'y fait ménager autant que le bien de l'Eglise l'a pu permettre. Il est digne de votre estime, Monseigneur : il est capable, appliqué, bien intentionné; mais il a été trop facile, et n'a pas assez pensé à son approbation avant de la donner. Vous le marquez assez sur le jugement qu'il a porté de la préface, où vous trouvez avec raison tant de défauts. Vous traitez l'auteur avec toute la douceur possible : vous soutenez toujours avec tout cela la bonne doctrine, et vous y avez toute la vigilance et toute la force qu'il convient. Mais le moyen de ne pas faire voir le danger qu'il y a à user d'expressions toutes sociniennes, toutes pélagiennes, et qui induisent au moins à une théologie nouvelle par un changement de notions et de langage ecclésiastique? Quand j'aurai eu l'honneur de parler à Monseigneur le cardinal, je vous rendrai compte de tout, Monseigneur. Le Père Bouhours (a) est mort après dîner : il auroit demandé grace pour les *pour que*, et ce n'est pas ce qu'il y a de plus à condamner : mais rien n'est à négliger dans la parole de Dieu. Je suis avec un très-profond respect, etc.

Pirot.

LETTRE LXXVII.

BOSSUET A M. PIROT.

A Meaux, ce 28 mai 1702.

Je suis bien aise, Monsieur, de voir par votre lettre que mes remarques sont entre vos mains, et que vous les ayez lues. Je ne prétends pas qu'elles soient toutes d'une égale conséquence; mais je crois qu'il n'y en a guère qui ne demandent des cartons. Pour moi je n'ai jamais vu d'exemple d'une pareille témérité. Je crois pourtant qu'à force de cartons on pourroit rendre l'ouvrage passable; mais on n'en fera jamais une version parfaite. Je crois de plus qu'en même temps qu'on corrigera cet ouvrage, il ne sera pas permis de se taire sur les autres erreurs de ses *Critiques*,

---

(a) Dominique Bouhours, Jésuite, auteur de plusieurs ouvrages estimés, mort à l'âge de soixante-quinze ans.

pour deux raisons : la première, qu'on ne doit recevoir un Nouveau Testament que d'une main irréprochable; autrement ce seroit donner de l'autorité à un homme qui n'en peut avoir qu'au préjudice de la vérité : la seconde et la principale, c'est que relever les erreurs d'un dernier ouvrage, c'est autoriser les précédentes, à moins qu'on ne les note expressément : ce qui est d'autant plus vrai, que les dernières erreurs, je veux dire celles de la traduction, ne sont que le mauvais fruit des principes et maximes posés dans les *Critiques* qui ont précédé. Ainsi ce seroit trahir la vérité que de laisser sans note les *Critiques* de l'auteur, à commencer par celles du Vieux Testament.

Je suis assuré qu'il y a de quoi le confondre, jusqu'à l'empêcher de lever les yeux. Il y a trop longtemps que ce faux critique se joue de l'Eglise; et il paroît que Dieu a permis les prodigieuses erreurs de sa version, pour faire naître une occasion de noter ses fautes passées. C'est un ouvrage déjà presque fait, et je puis en très-peu de temps le mettre en état de voir le jour. Je vous prie que ceci demeure entre vous et moi durant quelque temps, et de l'expliquer seulement à Son Eminence, en lui demandant un pareil secret : la raison qui m'y oblige, c'est que je fais secrètement une tentative pour obliger l'auteur à se rétracter lui-même; et il semble qu'il n'en paroisse pas éloigné : cela seroit plus doux et plus fort d'une certaine manière, parce qu'on auroit son consentement. Je saurai bientôt ce qu'il y a à espérer de ce côté-là, et j'en rendrai compte à Son Eminence.

Quoi qu'il en soit, il y va de tout pour la religion de faire connoître cet auteur, qui s'en moque tout visiblement, et d'abattre avec lui une cabale de faux critiques dont il est le chef, et qui ne travaillent qu'à ôter toute autorité aux saints Pères et aux décisions de l'Eglise. Je vois cela si clair, que je ne crois pas pouvoir me taire en conscience; et je suis persuadé que Son Eminence demeurera convaincue de la vérité de mon sentiment, par les raisons que j'aurai à lui exposer. Mais il est bon d'aller doucement, et de tâcher de tirer le consentement de l'auteur, qu'il m'a lui-même offert autrefois; et il ne tint pas à moi que la chose ne fût exécutée.

Au reste, la version est si gâtée, que je ne saurois ouvrir le livre sans y trouver quelque tache. Aujourd'hui, sans aller plus loin, je trouve au chapitre x, verset 4 de la *première Epître aux Corinthiens*, que le traducteur fait suivre les eaux, quoique saint Paul dise expressément : *Bibebant de spirituali consequente eos petrâ :* ce qui montre que c'est la pierre qui suit, et non pas les eaux. La note brouille aussi tout cet endroit : et quoique cette remarque puisse paroître peu importante à cause qu'elle ne touche pas la foi, elle montre une hardiesse à substituer ses pensées à celles de saint Paul, qui ne doit pas être soufferte.

Au même chapitre, note sur le verset 22, l'auteur traite d'indifférent de manger des choses immolées, pourvu qu'on évite le scandale; ce qui est faux, de toute fausseté. Car il est bien vrai que saint Paul défend de s'enquérir scrupuleusement si une viande a été immolée ou non; mais lorsqu'il est certain et notoire qu'elle l'a été, il est mauvais de soi d'en manger; et c'est saint Paul qui le décide lui-même dans les versets précédens. On ne finiroit point sur cette matière; et je ne vois rien à présent de plus important dans l'Eglise, que de réprimer ces dangereuses critiques : je n'en dirai pas davantage quant à présent.

Je suis fâché de la mort du père Bouhours qui étoit de mes amis; mais je ne lui aurois pas cédé sur le *pour que*. Ses expressions affectées et de mode me semblent indignes, je ne dis pas d'une version de l'Evangile, mais encore de tout ouvrage sérieux.

Je n'ai pas besoin de vous prier de choisir les momens de Monseigneur le Cardinal parmi les affaires qui l'accablent, et surtout durant l'assemblée. Quand j'aurai quelque réponse ou de l'auteur ou de M. Bourret, à qui les remarques doivent être à présent communiquées, je vous en dirai davantage.

LETTRE LXXVIII.

M. PIROT A BOSSUET.

En Sorbonne, ce 4 juin 1702.

J'ai de grands complimens à vous faire de la part de Monseigneur le Cardinal de Noailles, en vous envoyant ses harangues : il m'a chargé de vous marquer qu'il vous auroit écrit lui-même pour vous les offrir, s'il en donnoit ; mais il n'en donne point, et ce n'est pas lui qui a pensé à les faire imprimer : on l'y a engagé, et je crois qu'on a eu raison : elles sont trop belles pour n'être pas publiques ; chacune a ce qui lui convient. Vous aurez d'ailleurs appris le succès qu'elles ont eu l'une et l'autre ; et quand vous les lirez toutes deux, vous le croirez aisément.

Je croyois qu'il vous auroit envoyé ses remarques sur le premier tome, comme je l'en avois prié : mais quand je lui en ai parlé ce matin, il m'a dit qu'il ne les avoit pas encore fait copier, et qu'il y alloit donner ordre, pour vous les envoyer au moment qu'elles le seroient. Il a lu la dernière lettre que vous m'avez fait l'honneur de m'écrire sur la version ; et il y a encore ce matin repassé en ma présence, condamnant comme vous, Monseigneur, ce que vous marquez des eaux qui suivoient les Israélites, et des viandes immolées. Vous le trouverez, quand vous viendrez ici, qui sera apparemment au temps qu'il aura plus de liberté, comptant que l'assemblée finira avec l'octave de la Fête-Dieu, dans de très-bonnes dispositions à cet égard.

Permettez-moi, Monseigneur, de vous dire que je doute que vous puissiez faire assez de cartons, pour parvenir à rendre le livre correct. Il faudroit sûrement ôter plus du tiers du livre, et le changer. Je ne l'ai pas lu de suite, n'étant chargé par personne d'en répondre ; mais j'y ai trouvé beaucoup à désirer en ce que j'en ai lu. Il n'y a que deux jours qu'en l'ouvrant à l'endroit de la *Seconde Epître aux Corinthiens,* je trouvai trois endroits dans les trois premiers chapitres, qu'il me semble qu'on ne pourroit tolérer. Chapitre i, verset 9, le texte porte tout le contraire de ce qu'il faut : *Assurance de ne pas mourir,* au lieu de *réponse de mort.* Chapitre ii, verset 10 : *Représentant Jésus-Christ :* cela est dans le texte ; mais la note l'affoiblit, et cite faussement Théodoret. Chapitre iii, verset 6 : *La lettre tue,* c'est-à-dire punit de mort, dit la note ; et c'est une très-mauvaise interprétation, comme le remarque Estius. En bien des endroits, l'auteur se met à la place de saint Paul, et il se contente de mettre l'Auteur sacré dans la note, se mettant lui-même dans le texte. Chapitre vi de cette même

Epître, verset 1, il met dans le texte : *De vivre selon la grace que vous avez reçue de lui;* et en note : *Ne pas recevoir sa grace en vain :* cela est très-fréquent. Il paroît affecter de marquer que les apôtres et Jésus-Christ même ont réglé la discipline de l'Eglise sur celle de la Synagogue. Je serois bien aise qu'on pût sauver ce livre par une correction limitée, mais je doute que cela se puisse.

Monseigneur le Cardinal est très-bien intentionné, mais il ne décidera qu'avec vous, et vous ne serez pas de différens avis. Il compte que vous voudrez bien faire part des exemplaires qu'il sait que je vous envoie de ses harangues, à M. l'abbé. Je suis avec un très-profond respect, etc.

PIROT.

LETTRE LXXIX

BOSSUET A M. DE MALEZIEU.

A Meaux, ce 6 juin 1702.

Sans entrer, Monsieur, pour aujourd'hui dans tout le détail de la lettre dont vous m'honorez, du 29 mai, je m'en tiens à l'assurance qu'on vous donne de contenter tout le monde. C'est vous sans doute qui inspirez ces bons sentimens, et c'est aussi ce qu'on peut attendre de vous, si on l'exécute. On auroit grand tort de rien imputer ni au prince ni à son ministre : tout roule ici sur les docteurs, comme j'ai eu l'honneur de vous l'écrire. On ne peut pas se plaindre qu'ils soient mal choisis; et quoique je ne connusse point du tout M. Bourret, j'ai moi-même approuvé ce choix sur sa réputation et sur sa qualité de professeur de Sorbonne. Mais il en faut revenir au fond; et puisqu'il est vrai que la version est insupportable, et digne sans exagérer des plus rigoureuses censures, il faut que la vérité l'emporte et soit satisfaite préférablement à toute autre considération.

Il n'y a point d'exemple d'une pareille témérité à celle de cet auteur, qui en tant d'endroits interprète à sa fantaisie sans aucun égard à la tradition. On ne sauroit ouvrir le livre sans y trouver de nouvelles fautes importantes; et je n'en suis pas étonné, le connoissant, comme je fais, il y a vingt ans. Quoi qu'il en soit, s'il veut satisfaire, il n'aura point d'obstacle de ma part : s'il refusoit, ce que je ne crois pas après les assurances qu'on vous donne, nulle bonne foi ne pourroit ici servir d'excuse, ni permettre qu'on donnât cours à l'erreur, et encore sous le nom d'un aussi grand prince. Revenons donc à la satisfaction qu'on promet. Je suis, etc.

LETTRE LXXX.

M. BERTIN A BOSSUET.

A Paris, ce 8 juin 1702.

J'ai reçu, Monseigneur, la réponse de M. Simon : il me mande qu'aussitôt qu'il aura mis à couvert quelques petits effets qu'il a dans Dieppe, pour lequel on craint un nouveau bombardement, il partira pour revenir. Il ajoute que quoique vous lui ayez été contraire en plusieurs choses, il n'a jamais perdu l'estime et le respect qu'il doit avoir pour votre mérite, qu'il en a même donné des preuves dans quelques-uns de ses ouvrages : qu'il est vrai qu'il n'a pas tenu à vous que ses *Histoires critiques* ne fussent réimprimées dans Paris avec privilége, après qu'il les auroit retouchées. Il croit même avoir encore l'exemplaire, à la marge duquel vous avez fait quelques remarques. Mais M. Pirot, dit-il, après avoir gardé le livre plus de deux ans, le lui rendit, en disant que ses confrères se moqueroient de lui, s'il approuvoit un ouvrage qui avoit été supprimé par M. le chancelier, sur le rapport qu'il en avoit fait. Il dit que depuis ce temps-là il n'a plus pensé à cette nouvelle édition; mais qu'il a refondu son livre, et qu'il l'a augmenté de plus des deux tiers, lui donnant le titre de *Biblio thèque sacrée;* qu'il le soumettra de tout son cœur à votre jugement. Il ne m'a pas répondu précisément touchant la version entière de la Bible, avec des remarques littérales et critiques, sur laquelle je lui avois demandé ses dispositions. Il témoigne seulement qu'il y travailleroit volontiers s'il avoit assez de santé; que c'est un ouvrage pénible, et sujet à de grandes contradictions; que s'il avoit eu un protecteur qui fût en même temps connoisseur, il auroit volontiers donné tous ses soins à ne pas laisser croire aux protestans que nous manquons de gens capables de faire voir que les catholiques ne sont pas surpassés par eux en ces sortes d'entreprises. Sa lettre est du 30 de mai.

M. Bourret m'a dit qu'il lisoit avec assiduité ce que je lui ai remis entre les mains, et qu'il seroit bientôt en état de vous rendre compte, Monseigneur, de sa lecture. Si vous ne revenez pas si tôt à Paris, je crois qu'il faudra qu'il le fasse par écrit. Je vous supplie, Monseigneur, d'agréer toujours mes très-humbles respects.

Bertin.

LETTRE LXXXI.

M. BOURRET A M. BERTIN (a).

En Sorbonne, ce 30 juillet 1702.

Quoique vous m'ayez dit, Monsieur, que vous ne voulez plus vous mêler de ce qui regarde le nouveau livre, ne pouvant m'adresser mieux qu'à vous pour faire savoir à Monseigneur de Meaux la disposition dans laquelle je suis à son égard, je crois que notre ancienne amitié me doit faire espérer que vous voudrez bien vous employer pour cela. Vous savez que j'ai ordonné douze cartons pour satisfaire à ce qui m'a paru le plus digne de considération dans ces remarques, et que j'étois aussi tout disposé à lui communiquer mes observations sur ces mêmes remarques, dans ce qui regarde les autres endroits, ayant déjà commencé de les mettre au net. Mais comme j'apprends que le livre se débite, ce qui rend mes observations inutiles pour l'examen de cette édition ; et que d'ailleurs c'est un bruit public que Monseigneur l'évêque de Meaux écrira contre cette traduction, cette seconde raison m'arrête encore, et me fait croire que je ne dois plus

---

(a) Comme M. Bourret figure d'une manière si particulière dans l'affaire de Richard Simon, et qu'il est beaucoup question de lui dans les lettres que l'on vient de lire ; nous avons pensé qu'il convenoit de rapporter aussi celle de ce docteur, qui est très-propre à faire connoître ses sentimens, et qui regarde directement Bossuet. (*Les édit.*)

communiquer mes observations, parce que l'auteur m'en a fourni une bonne partie dans les éclaircissemens que j'ai eus avec lui depuis qu'il est à Paris : ainsi j'appréhenderois d'agir contre la fidélité que je lui dois. Je serois aussi très-fâché de paroître dans la scène qui se donneroit au public, et de passer pour l'adversaire de Monseigneur de Meaux, avec qui je me suis toujours trouvé conforme pour les sentimens, et que je regarde comme le plus fort théologien de notre siècle, pour qui enfin j'ai toujours eu un très-grand fond d'estime et de respect. Vous me ferez donc un très-grand plaisir de lui faire savoir l'impossibilité où je me trouve de lui donner mes observations, et de lui dire que je le supplie de ne l'avoir pas désagréable; qu'au reste, comme on parle d'une seconde édition qui ne se donnera point au public sans avoir été examinée par quelque docteur agréable à mondit Seigneur, alors se produira tout ce que nous avons de défense; d'où résultera le bien de l'Eglise, comme je l'espère. Croyez que vous me ferez en cela une vraie amitié, et un plaisir d'autant plus grand, que je suis persuadé que le prélat recevra très-bien mon excuse, lorsque ce sera vous qui la lui présenterez, et qui l'assurerez de ma droiture naturelle, dont je ne me suis point départi dans tout le cours de cette affaire. Je suis plus que jamais et pour toujours, etc.

G. BOURRET.

LETTRE LXXXII.

BOSSUET A M. DE LA BROUE, ÉVÊQUE DE MIREPOIX (a).

A Versailles, ce 18 juin 1702.

J'ai remis ce matin, Monseigneur, aux mains de M. l'abbé de Catelan, mes remarques sur votre ouvrage, comme vous l'avez ordonné. D'autres occupations très-pressantes, dont je vous ai écrit quelque chose dans une lettre précédente, m'ont empêché de vous obéir plus tôt : je vous en dirai davantage quand l'affaire sera plus avancée. A l'égard de votre ouvrage, je compte qu'il n'y

(a) Collationnée. Manuscrit à Meaux.

a encore que la matière, matière excellente à la vérité et traitée avec la netteté qui vous est naturelle; mais pour y donner la forme que demandent des réunis, il y faut un nouveau travail qui ne sera pas fort difficile, puisque tout est prêt. S'il me vient quelque chose dans l'esprit sur la disposition de cet ouvrage, je prendrai la liberté de vous le dire, en soumettant tout à votre jugement, et à la connoissance que vous avez du besoin de ceux que Dieu vous a donnés à instruire. Je suis, Monseigneur, avec le respect que vous connoissez, etc.

EPISTOLA LXXXIII.

BOSSUETUS AD CLEMENTEM XI.

De virtutibus venerabilis Vincentii à Paulo.

BEATISSIME PATER,

Oportet episcopos ad apostolicam Sedem sincerum atque integrum deferre testimonium veritatis in quâcumque causâ, quæ ad ejus judicium devenire possit ac debeat. Cùm itaque de venerabilis presbyteri Vincentii à Paulo, Congregationis Missionis institutoris ac primi præpositi generalis, vitâ et sanctitate quæstio habeatur, testamur eumdem virum ab ipsâ adolescentiâ nobis fuisse notum, ejusque piis sermonibus atque consiliis veros et ingenuos christianæ pietatis et ecclesiasticæ disciplinæ sensus nobis esse instillatos, quorum recordatione in hâc quoque ætate mirificè delectamur.

Processu temporis et jam in presbyterio constituti, in eam sodalitatem cooptati sumus, quæ pios presbyteros, ipso duce et auctore in unum colligebat, de divinis rebus per singulas hebdomadas tractaturos. Pium cœtum animabat ipse Vincentius, quem cùm disserentem avidi audiremus, tunc impleri sentiebamus apostolicum illud : *Si quis loquitur, tanquàm sermones Dei; si quis ministrat, tanquàm ex virtute quam administrat Deus* [1].

Aderant plerumquè magni nominis episcopi, viri famâ et pie-

[1] I Petr., IV, 11.

tate perducti, ab eâque sodalitate mirum in modum, auctore Vincentio, in apostolicis curis ac laboribus juvabantur. Præstò erant operarii inconfusibiles, qui per eorum ecclesias rectè tractabant verbum veritatis, nec minùs exemplis quàm verbis Evangelium prædicabant.

Fuit etiam illud nobis desideratissimum tempus, quo eorum laboribus sociati, Metensem Ecclesiam, in quâ tunc ecclesiasticis officiis fungebamur, in vitæ pascua deducere conabamur : cujus Missionis fructus venerabilis Vincentii non modò piis instigationibus atque consiliis, verùm etiam precibus tribuendos nemo non sensit.

Ille nos ad sacerdotium promovendos suâ suorumque operâ juvit. Ille secessus pios clericorum, qui ordinandi veniebant, sedulò instituit : nosque etiam non semel invitati, ut consuetos per illa tempora de rebus ecclesiasticis sermones haberemus, pium laborem, optimi viri orationibus et monitis freti, libenter suscepimus. Licuitque nobis affatim eo frui in Domino, ejusque virtutes coràm intueri, præsertim genuinam illam et apostolicam charitatem, gravitatem atque prudentiam cum admirabili simplicitate conjunctam, ecclesiasticæ rei studium, zelum animarum, et adversùs omnigenas corruptelas invictissimum robur atque constantiam.

Quàm puram fidem coleret, quam Sedi apostolicæ ejusque decretis reverentiam exhiberet, quantâ animi demissione et humilitate, in amplissimis licet regiorum etiam consiliorum functionibus constitutus, Domino deserviret; recordantur omnes, et ego suavissimè recolo.

Crescit in dies pii viri memoria, qui in omni loco Christi bonus odor factus, dignus ab omnibus habetur, qui à sancto Pontifice ritè et canonicè Sanctorum numero inseratur, si Vestræ Beatitudini placuerit.

Nostris verò sensibus, Beatissime Pater, eò gratior ac firmior venerandi Vincentii hæret recordatio, quòd in suâ Congregatione, et in nostrâ quoque diœcesi spirantem intuemur. Cum ejus discipulis compresbyteris nostris vivimus; cum iis laboramus; eorumque doctrinâ et exemplis commissum nobis gregem, indefesso studio neque unquàm intermisso opere, pasci gaudemus in Domino.

Neque licet conticescere de piarum fœminarum cœtu, quæ ab ipso sanctissimis regulis informatæ, pauperibus et ægrotis sublevandis tantâ castitate, humilitate, charitate serviunt; ut sui institutoris, ab eoque insiti spiritûs oblivisci non sinant.

Nos ergò pii viri memores, hoc nostrum testimonium, Beatissime Pater, in Vestræ Sanctitatis paternum sinum effundimus, gnari scilicet Sanctorum mentione delectari Sanctos. Sed plura proferre tanta majestas, et pontificiis humeris ingruens negotiorum moles non sinunt : quanquàm maximarum rerum gubernacula tenenti, et magnitudo mentis, et rerum providentia, et de cœlo solatia atque consilia abundè suppetunt viresque integrant. Quo bono ut Ecclesia Christi diutissimè potiatur, summa votorum est. Hæc coràm Deo in Christo loquor, in conscientiâ bonâ et fide non fictâ, ego,

BEATISSIME PATER,

SANCTITATIS VESTRÆ,

Devotissimus atque obedientissimus servus ac filius,

† J. BENIGNUS, Episcopus Meldensis.

Datum in civitate nostrâ Meldensi, 2 augusti 1702.

LETTRE LXXXIV.

BOSSUET A M. LE CARDINAL DE NOAILLES

A Meaux, ce 6 septembre 1702.

J'ai lu, Monseigneur, l'Ordonnance qu'il vous a plu de m'envoyer avec toute l'attention que Votre Eminence me prescrivoit et que la matière mérite : je l'ai admirée dans toutes ses parties.

Il étoit de la dernière conséquence de bien établir le droit des Ordinaires : ce que vous avez fait excellemment, en expliquant même la qualité de prêtre, qui obligeoit l'auteur à une plus grande obéissance. Ce qui est dit si précisément des approbateurs n'étoit pas moins nécessaire, et ne pouvoit être placé plus à propos qu'avec le décret de la Faculté de théologie. Tous les passages particuliers sont bien remarqués et bien repris en peu de mots, mais tranchans, comme il convenoit. Votre Eminence m'a fait grand plaisir de bien marquer les bassesses, et cet endroit important est parfaitement bien traité. Il ne me reste qu'à vous supplier de considérer trois choses, que je vous représente avec soumission.

La première sur le mot *haï*, Luc, xiv, 26, et Rom., ix, 13. On voit bien dans ce dernier lieu que l'intention de l'auteur est d'affoiblir l'explication de saint Augustin : on voit bien aussi que Votre Eminence n'a pas voulu autoriser le sens de l'auteur, puisqu'elle dit seulement : « Qu'on pourroit ne pas *relever*. » Cependant comme il est certain que réduire *haïr* à *moins aimer*, ce n'est pas seulement altérer le texte, mais encore restreindre et affoiblir celui de l'Apôtre, et que le sens est insuffisant et mauvais en soi, *ut jacet* : il semble que c'est trop peu dire, que de dire : *On pourroit ne pas relever;* et que c'est laisser croire que le sens au fond seroit bon, ou du moins supportable. Pour empêcher une conséquence si fâcheuse, on pourroit insérer ces mots : « S'il s'étoit contenté de mettre dans ses notes son explication avec les précautions nécessaires : » par ce moyen tout sera sauvé; et Votre Eminence n'est pas obligée de s'expliquer davantage.

La seconde chose regarde l'endroit où vous marquez beaucoup d'articles de foi qui sont affoiblis par les notes. Il me semble qu'il ne falloit pas oublier la divinité de Jésus-Christ : car encore que bien éloigné de la nier, l'auteur l'ait expressément reconnue dans quelques-unes de ses notes, il n'est pas moins vrai ni moins certain que d'autres notes en affoiblissent les preuves, et y fournissent des solutions. Cependant vous le mettez à couvert de ce côté-là par votre silence : car on dira qu'ayant fait un si long dénombrement des dogmes affoiblis, vous n'en auriez pas omis un si essentiel. Pour moi je démontrerai plus clair que le jour, que l'auteur affoiblit ce grand mystère dans plusieurs passages, et je dois craindre qu'il ne prescrive contre moi par votre censure; ce qui seroit trop contraire à vos intentions. S'il vous plaisoit d'ajouter après tous les dogmes et à la fin : « Et même en quelques endroits sur la divinité de Jésus-Christ, » vous sauveriez tout. Ce qu'on pourroit conclure, seroit qu'il ne parle pas conséquemment, ce qui est constant; et vous me laisseriez toute liberté de dire la vérité sans réserve.

La troisième chose regarde les qualifications, et je ne vois pas que vous puissiez éviter celle d'*induisante à hérésie*. Car encore que vous ayez mis l'équivalent, vous savez ce qu'opèrent les qualifications précises : celle-ci est inévitable après toutes les autres remarques. Vous paroîtriez, Monseigneur, affoiblir votre censure, et ne la pas conformer assez à l'exposé qui précède.

J'ose faire, Monseigneur, avec soumission ces humbles représentations à Votre Eminence, et je la supplie seulement de me mander ce qu'elle aura résolu sur mes doutes, afin que j'y aie l'attention que je dois. J'espère, Monseigneur, être bientôt en état d'envoyer à Votre Eminence mon projet, auquel je n'ai pu donner la dernière forme qu'après avoir vu votre dessein : je vous rends graces de me l'avoir communiqué. Vous savez, Monseigneur, mon obéissance.

LETTRE LXXXV.

BOSSUET A M. LE CARDINAL DE NOAILLES.

A Germigny, ce 4 octobre 1702.

Il est, Monseigneur, tombé entre mes mains copie d'une lettre que je sais avoir été adressée à quelques évêques : j'ai cru qu'il étoit bon que Votre Eminence en fût avertie; peut-être l'est-elle déjà. Il me semble qu'il est important que Rome sache cela, et soit prémunie contre ces lettres mendiées. Je crois aussi, Monseigneur, qu'il sera bon que messieurs des Missions soient avertis. Je me réjouis d'apprendre le grand effet de votre censure. Vous savez, Monseigneur, mon obéissance.

LETTRE LXXXVI.

LE PÈRE DE LA CHAISE A UN ÉVÊQUE (a).

A Paris, septembre 1702.

Il me revient de Rome par plusieurs endroits, que quelques personnes qui se mettent moins en peine d'édifier l'Eglise que de décrier notre Compagnie, ont osé y écrire à Sa Sainteté même, que toute l'Eglise gallicane se soulevoit contre le saint-Siége sur sa lenteur à condamner les opinions des missionnaires de la Chine; et que si elle ne cassoit promptement le décret par lequel le pape Alexandre VIII, pour faciliter les progrès de la vraie foi, avoit réglé les cérémonies qu'on pouvoit ou qu'on devoit y conserver, cela causeroit toujours le plus grand obstacle qu'on trouve aujourd'hui à la conversion des hérétiques de France.

Je ne crois pas que vous soyez de ce sentiment, ni que vous ayez autorisé ceux qui se sont voulu faire caution de tous les évêques du royaume auprès de Sa Sainteté, sur un point si faussement et si malignement inventé. Vous savez le contraire, Monseigneur, puisqu'il est certain et manifeste qu'on ne pourroit faire de plus grand plaisir aux protestans, ni rien de plus propre à les entretenir dans le schisme, que de leur faire voir dans les décrets et les décisions des papes, cette contradiction que les novateurs y cherchent avec tant de soin, et de laisser croire à tout le monde que l'Eglise a souffert durant plus de cent ans des idolâtries à la Chine, quoiqu'elle en fût bien informée.

Vous voyez, Monseigneur, combien ces exagérations sont de mauvaises voies de solliciter le saint Siége, pour lui ôter, s'il se pouvoit, la liberté de rendre encore un jugement avantageux à la religion, auquel les Jésuites seront assurément toujours les plus soumis, puisque de cette soumission dépend tout le fruit du zèle avec lequel notre Compagnie sacrifie un si grand nombre de ses meilleurs sujets au ministère de l'Evangile dans les pays infi-

---

(a) C'est la lettre dont il est parlé dans la précédente, et peut-être écrite à Bossuet lui même.

dèles. Le sentiment d'un prélat de votre mérite et de votre capacité seroit d'un grand poids dans cette occasion; et je vous supplie très-humblement de vouloir bien me le marquer dans la réponse dont vous daignerez m'honorer. Vous le devez au bien de l'Eglise, et j'ose attendre cette marque de votre zèle et de votre bonté. Je suis très-respectueusement, etc.

F. DE LA CHAISE.

LETTRE LXXXVII.

BOSSUET A MILORD PERTH.

A Versailles, ce 6 janvier 1703.

Je prends la liberté de vous envoyer le livre que j'ai été obligé de composer contre le Nouveau Testament de Trévoux. Je ne vous en dirai point les raisons, que le livre vous fera connoître. Mais, Milord, j'ai une grace à vous demander; c'est de vouloir bien me faire l'honneur de présenter en mon nom à Leurs Majestés ce présent indigne d'eux, mais que j'ose leur offrir avec un dévouement parfait. J'espérois en vérité pouvoir leur aller faire ma cour, et je différois dans cette espérance; mais on ne croit pas que ma santé le permette : vous suppléerez à tout par vos bontés. Je vous supplie de me faire encore la grace de faire agréer un de ces livres à M. le duc de Berwic, l'autre à M. de Midleton, dont la conversion et les bons exemples édifient et réjouissent toute l'Eglise. Vous seul pouvez faire valoir un si petit présent. Conservez-moi cette précieuse amitié; et croyez qu'on ne peut être avec plus de respect et d'attachement, etc.

LETTRE LXXXVIII.

BOSSUET A MILORD PERTH.

A Paris, ce 28 mars 1703.

Je ne puis vous exprimer ma très-humble reconnoissance envers la Reine, non-seulement pour le témoignage du précieux souvenir de Sa Majesté, mais encore pour l'excellence du présent dont elle m'honore. Le livre que vous me faites l'honneur de m'envoyer de sa part [1] est plein de vrais miracles; et je n'en vois point de plus grand que la foi, les sentimens et les pratiques d'un roi humble, d'un roi pénitent, d'un roi qui sent et fait sentir la plus signalée de toutes les graces, dans la suite des malheureux succès qui l'ont dépouillé de trois royaumes et l'ont tenu relégué durant tant d'années dans un pays étranger. L'Eglise n'a rien de plus précieux que ces grands exemples, qui font voir que Dieu fait des saints quand il lui plaît, et sait inspirer les pratiques des plus hautes maximes que la doctrine et la vie de Jésus-Christ ont fait paroître dans le monde.

Je ne finirois jamais, Milord, si je voulois transmettre au papier ce que ce livre me met dans le cœur. Il sera le vrai don royal de la Maison d'Angleterre. La France, qui a été témoin des plus grandes merveilles du saint roi, le comptera parmi ses trésors. On ne verra point ni de plus solide instruction pour la piété, ni même de plus belle controverse pour ramener les errans à l'Eglise catholique. Tout y est, et tout y est réduit en pratique. Je prie Dieu qu'il soit la consolation de la reine, l'instruction domestique du jeune roi, et une ressource bienheureuse comme un témoignage immortel à l'Angleterre. Aimez toujours celui qui est avec un respect et un attachement inviolable, autant que tendre et sincère, etc.

[1] Nous ignorons quel est ce livre; nous ne connoissons du roi Jacques II qu'un Journal très-curieux de toute sa vie, qu'il a laissé et que l'on conserve au collége ou séminaire des Ecossois à Paris. On trouve aussi à la fin de la Vie de ce prince, donnée à Bruxelles en 1740, quelques écrits qu'il avoit composés, et qui y sont imprimés sous ce titre : *Sentimens de Jacques II sur divers sujets de piété* (*Les édit.*).

LETTRE LXXXIX.

BOSSUET A M. DE LA BROUE, ÉVÊQUE DE MIREPOIX (*a*).

A Paris, ce 29 mars 1703.

Votre lettre, Monseigneur, achève de me determiner à la matière importante que vous souhaitez [1], par l'attention qu'elle me fait faire au défi du sieur Basnage. Voici donc quel sera, s'il plaît à Dieu, l'ordre des ouvrages que je prépare. La seconde *Instruction* sur les passages particuliers est nette, avec une *Dissertation préliminaire sur Grotius,* qui est de la dernière conséquence à cause de ses commentaires et autres ouvrages qui répandent l'erreur partout. Cela est fait; il n'y a qu'à mettre au net pour la dernière fois. Là je promettrai dans la préface l'ouvrage que vous prescrivez, et j'y travaillerai pendant l'impression. La chose sera facile dans l'état où se trouve la composition; et la matière étant non-seulement toute digérée dans mon esprit, mais encore presque toute déjà mise, en l'état que vous savez, sur le papier.

J'aurai une joie extrême de vous embrasser et de conférer avec vous. M. du Maine ne me donna point d'autre raison, sinon en général qu'il ne falloit point s'engager; mais au reste il parut très-disposé.

Ne soyez pas en peine de ma santé : vous la croyez plus languissante qu'elle n'est, Dieu merci. Il est vrai que le grand âge apporte certaines sortes d'incommodités qui obligent à des précautions aisées et innocentes, qui ne laissent pas de faire discourir le monde. Tout est dans la main de Dieu, de qui en tout temps et principalement à l'âge où je suis, il faut recevoir la vie et la santé comme heure à heure et de moment en moment, sans se

[1] La matière importante dont il s'agit ici, est celle de la grace et du libre arbitre, sur laquelle Bossuet s'engagea, dans la préface de sa seconde *Instruction contre la version du Nouveau Testament imprimée à Trévoux,* de montrer le consentement des anciens Pères avec saint Augustin et ses disciples. Il a rempli cet engagement dans l'ouvrage qui a pour titre : *Défense de la Tradition et des saints Pères.*

(*a*) Collationnée. Manuscrit à Meaux.

rien promettre, pour la faire servir à la gloire de Dieu jusqu'au dernier soupir. Cette pensée me fait passer la vie doucement, en attendant qu'il faille en partir; ce qui après tout, par la grande bonté de Dieu, est le moment le plus désirable.

Ces légères indispositions m'ont tenu ici plus longtemps que je ne voulois, pour y régler avec les médecins qui me connoissent le régime et les précautions autant qu'il se pourra par l'expérience.

Où en êtes-vous de vos ouvrages? Pour moi j'espère que Dieu me donnera le temps de rendre à l'Eglise le service que vous souhaitez. Je suis avec tout le respect et l'attachement que vous savez, etc.

LETTRE XC.

BOSSUET A M. LE CARDINAL DE NOAILLES

A Versailles, ce 1er mai 1703.

Comme je n'ai rien de caché pour Votre Eminence, je lui envoie le Mémoire que je viens de présenter, et qui a été bien reçu. Je ne demande rien à Votre Eminence : je sais qu'elle est disposée à me faire tout le plaisir possible ; mais il faut attendre l'occasion naturelle, et surtout ne témoigner aucun empressement de ma part. En effet je n'en ai aucun ; car je ne compte pas pour empressement de vous instruire, Monseigneur, à toutes fins. L'occasion décidera ; et quant à présent je crois qu'il n'y a rien à faire, pas même le moindre semblant : la chose viendra naturellement, quand Dieu le voudra. Ce n'est pas non plus par empressement que j'envoie copie du Mémoire à madame de Maintenon : il faut instruire ses amis à toutes fins, et les laisser faire selon l'occasion que Dieu fera naître, et les mouvemens qu'il leur mettra dans le cœur.

L'abbé est en visites pour quelques jours ; j'offre à Votre Eminence mon obéissance et la sienne.

PLACET AU ROI

Bossuet le supplie de lui accorder son neveu pour coadjuteur [1].

Ce n'est ni par mérite, ni par service aucun, mais par la grande bonté de Votre Majesté toute seule, dont j'ai reçu et reçois tous les jours des marques si éclatantes, que j'ose prendre la confiance d'exposer à Votre Majesté l'état où je suis, et le secours que je puis recevoir de cette extrême bonté dont je suis si pénétré.

Après avoir écouté les conjectures et les raisonnemens des hommes les plus consommés en science et en expérience, j'ai cru devoir venir depuis quinze jours aux épreuves les plus assurées entre les mains de Mareschal [2], et il a été trouvé que j'avois une pierre. Il est constant par la même épreuve, qu'elle n'a pas plus de grosseur qu'il n'en faut pour donner prise et que, Dieu merci, elle est encore de la figure et de la qualité qui la peuvent rendre la moins incommode. J'en ai même une preuve expérimentale, puisqu'on a jugé par les accidens qu'elle dure depuis deux ans dans le même état, sans que j'en aie reçu aucune notable incommodité, non plus que depuis que je sais le mal. Il y a cent expériences connues de personnes qui ont porté le même mal des dix et quinze années avec quelques incommodités plus ou moins grandes, et toutes plus supportables que celles de la taille, à quoi on ne vient qu'à l'extrémité et après avoir tenté toutes sortes d'adoucissemens. C'est la résolution où Dieu me met, selon les règles de la prudence chrétienne, offrant à sa divine Majesté out

---

[1] Le père Mercier, chanoine régulier de Sainte-Geneviève et anciennement bibliothécaire de cette abbaye, fit imprimer ce placet en 1765, dans le *Journal des sciences et beaux arts*, qu'il rédigeoit alors. Il y ajouta la note suivante : « Les lecteurs verront certainement avec plaisir ce morceau, qui est tombé entre nos mains depuis quelque temps, et que nous croyons n'avoir jamais été publié. Les moindres productions des grands hommes sont en possession d'intéresser ceux qui veulent connoître à fond leur ame : celle-ci attache singulièrement par les détails qu'elle renferme. Au reste on sait que M. Bossuet n'obtint pas du Roi la coadjutorerie de Meaux pour son neveu, comme il le demandoit par ce placet ». *Journ. des scienc. et beaux arts*, fév. 1765, p. 534 et suiv. —
[2] George Mareschal, premier chirurgien du Roi et chevalier de Saint-Mich mort le 13 décembre 1736, à l'âge de soixante-dix-huit ans.

ce qu'elle voudra me faire souffrir, en esprit de soumission et de pénitence.

Il n'y a que mes fonctions qui m'inquiètent ; et j'aurai l'honneur de le dire à Votre Majesté sous les yeux de Dieu, en toute humilité et vérité, que j'y suis soulagé, plus que je ne puis exprimer, par l'abbé Bossuet mon neveu. Oserai-je dire à mon Maître, et à un Maître si bon ; Sire, permettez-le-moi, qu'une de mes aversions, c'est de prôner ceux qui m'appartiennent. Mais puisqu'il faut dire la vérité à son Roi, je puis assurer Votre Majesté, sans craindre d'en avoir jamais de reproche, ni devant Dieu, ni devant les hommes, que l'abbé Bossuet fait depuis douze ans qu'il est archidiacre, et depuis quatre ans qu'il est de retour de Rome et mon grand-vicaire, toutes mes visites avec un soin dont je suis content, et avec une parfaite édification des curés, des chapitres, des couvens et communautés religieuses et de tout le peuple : en sorte que je ne crains point de me flatter, en répondant à Votre Majesté de sa bonne conduite.

Je ne présume pourtant pas de supplier Votre Majesté de s'en rapporter à mon témoignage, quoique rendu en conscience sous les yeux de Dieu ; au contraire je la conjure par toute sa bonté d'en venir au plus rigoureux examen. Votre Majesté saura bien choisir des personnes désintéressées. Je le mets à toute épreuve, assuré qu'il se trouvera que c'est un esprit solide et sérieux, occupé du ministère ecclésiastique, plus éloigné du monde qu'on ne sauroit croire, prêtre disant souvent la sainte messe avec édification. Aussi est-il dans un âge mûr, âgé de trente-neuf ans. Il n'est prêtre que depuis quatre années, au retour de Rome ; et il a cru qu'il prendroit ici le sacerdoce avec plus de réflexion et de recueillement, après toutes les épreuves de mon séminaire où il a été.

Puisque je viens de dire un mot de son voyage de Rome, Votre Majesté aura peut-être la bonté de se souvenir des quatre années qu'il y a passées à combattre le quiétisme ; des contradictions de toutes les sortes, et même des calomnies qu'il a eu à essuyer, dont la fausseté a été reconnue. Je l'ai loué de sacrifier tout autre intérêt à la vérité. Votre Majesté, Sire, la protégeoit ; et l'abbé

Bossuet est trop heureux qu'elle ait daigné approuver sa conduite.

Je continuerois à gouverner mon diocèse tranquillement, tant qu'il plairoit à Dieu : mais je ne puis m'exposer aux ordinations et aux cérémonies pontificales sans quelque péril, et surtout à la Confirmation qui fait la consolation des peuples et la principale bénédiction des visites. C'est, Sire, ce qui me donne la pensée, et me met dans la nécessité, prosterné aux pieds de Votre Majesté avec une humilité profonde, de la supplier de vouloir par sa grande et très-grande grâce me donner mon neveu pour successeur. Par ce moyen, Sire, Votre Majesté me fera achever ma vie en repos : je serai un exemple éclatant de sa grande et excessive bonté. Mon neveu instruit de mes sentimens et soutenu de mes conseils, continuera le peu de bien que j'ai tâché pendant vingt-deux ans d'établir et d'entretenir dans mon diocèse. La voie de coadjutorerie marqueroit une bonté plus déclarée de Votre Majesté, joint que conservant mon autorité, elle me rendroit peut-être plus utile au diocèse. Mais en quelque sorte que Votre Majesté daigne en ordonner, je m'abandonne à elle. Je suis prêt de donner ma démission pure et simple : Votre Majesté saura faire ce qui sera le plus utile. Au surplus je n'attends rien que de la seule très-bienfaisante bonne volonté du plus grand comme du meilleur de tous les maîtres : et soutenu de ses bienfaits, dans le repos et dans le bon air de Meaux et de Germigny, qui est devenu comme mon air natal, si Votre Majesté l'a agréable, je pourrai achever mes jours en paix ; et même, si Dieu le permet, car qui connoît ses bontés et qui peut y donner des bornes ? je pourrois en ménageant mes forces, qui à cela près sont entières, continuer à servir l'Eglise, en tout cas prolonger ma vie dans le service de Dieu jusqu'à une fin naturelle, telle qu'il lui plaira la marquer, et en remplir tous les momens de vœux pour la personne sacrée de Votre Majesté, si nécessaire à vos peuples et à toute l'Eglise.

LETTRE XCI.

BOSSUET A DOM MABILLON, RELIGIEUX BÉNÉDICTIN.

A Paris, ce 22 mars 1703

Je me suis fait lire, mon révérend Père, la vie que vous venez de m'envoyer avec les prières y jointes. Il faudroit un peu adoucir l'endroit de la Becnaude[1] à la page 9, et en supprimer le nom, qui n'est pas assez sérieux pour être imprimé. La raison voudroit qu'on ne parlât point de la pierre[2] : mais comme il y a là une instruction pour la modestie, il faut seulement adoucir l'endroit avec des *on dit, on croit communément sur le témoignage de quelques auteurs assez anciens,* et ainsi du reste. Il faut aussi adoucir par de semblables expressions, ce qui est rapporté dans la même page sur l'ambassade des Ecossois et la royauté de saint Fiacre. Il faut aussi retrancher une grande quantité de vers fort impertinens. Au lieu des miracles qu'on y énonce trop grossièrement, on pourroit se contenter de traduire la prose qu'on lit dans l'Eglise : ce qu'on dit de la chasteté de saint Fiacre et de cette fille, est compris parmi ces vers. Après ces corrections, que je vous prie de m'envoyer au plus tôt, et dont aussi je me repose sur votre prudence, je ferai ce qu'il conviendra. Je suis à vous, mon révérend Père, comme vous savez, de tout mon cœur, etc.

---

[1] C'est le nom donné à une femme que l'on prétend avoir traduit saint Fiacre, à cause des miracles qu'il opéroit, comme un magicien, devant saint Faron, évêque de Meaux (*Les édit.*). — [2] Il s'agit de la pierre sur laquelle on dit que saint Fiacre s'assit, et que sa vertu contraignit de fléchir sous lui pour lui fournir un siége plus commode. *Voyez* sur la vie de ce Saint dom Mabillon, *Acta Sanctor. Ordin. S. Bened. sæcul. secund.* pag. 598 et seq. (*Les édit.*)

LETTRE XCII

BOSSUET A M. LE COMTE DE PONTCHARTRAIN,

MINISTRE ET SECRÉTAIRE D'ÉTAT.

Ce 6 juin 1703.

Pour vous rendre compte du personnage dont vous me faites l'honneur de m'écrire, j'aurai l'honneur de vous dire en général que tout ce qui a rapport à moi, dans la relation que vous m'envoyez, est véritable. Dans le détail, il est vrai que cet étranger vint chez moi à Versailles en l'an 1692 ou environ, recommandé par un missionnaire ou bénédictin anglois. Lorsqu'il arriva, feu M. de Court se trouva chez moi, qui par la connoissance qu'il avoit des pays et des affaires d'Orient, découvrit beaucoup de choses de ses voyages, dont il rendoit de fort bonnes raisons. Il s'appeloit le chevalier Tartare, et nous ne l'avons connu que sous ce nom. La première chose que nous apprîmes, c'est qu'envoyé loin de son pays, c'est-à-dire de la Tartarie, dans la crainte d'une irruption et vers l'âge de douze ans, avec un gouverneur qui se fit chrétien à Ispahan, il lui persuada d'en faire autant; et ainsi il fut baptisé avec son gouverneur, fort jeune encore et fort peu instruit du christianisme, que ce gouverneur, quoique zélé et habile, ne lui apprit que superficiellement. Nous ne lui trouvâmes en effet qu'une teinture fort imparfaite de la religion; en sorte qu'il ne savoit presque s'il en avoit une.

Comme il avoit très-bon esprit, nous prîmes soin de lui avec affection, et nous lui vîmes venir une grande ardeur d'apprendre solidement le christianisme. Je le reçus dans ma maison; et tout le monde prenoit plaisir de l'entretenir, et de lui entendre raconter ses aventures avec une vivacité admirable, et un air de vérité qui ne le quittoit pas. Il entendoit un peu le latin; et par le rapport des langues qu'il avoit apprises dans ses voyages, il se fortifia dans ce qu'il savoit de celle-ci : ainsi il entendit presque le Nouveau Testament latin que je lui mis à la main; et s'aidant dans cette lecture de la pénétration naturelle de son esprit, il prit toute la substance de ce divin livre. Nous achevions le reste par nos instructions, et tout le monde admiroit l'application avec laquelle il s'y attachoit. Nous remarquâmes qu'il prenoit un goût particulier aux prophéties qu'il trouvoit dans le Nouveau et dans l'Ancien Testament : il les lui falloit expliquer souvent dans les livres mêmes, et il en étoit fort touché. Quand nous le crûmes persuadé, et qu'il eut reçu les instructions nécessaires, il approcha des saints sacremens avec une piété exemplaire. Il a été plusieurs années dans ma maison, et il m'appela toujours son Père. Nous le mîmes depuis dans les Missions-Etrangères, à cause qu'il ne respiroit que l'Orient et la Tartarie, et qu'il connoissoit la Chine, où ces messieurs ont leurs habitudes. Pour l'occuper on lui fit apprendre les mathématiques, où il réussissoit; et il passa dans ces exercices environ quatre années en France, et j'en pris toujours grand soin.

Nous ne savions, Monsieur, que juger de sa qualité : il avoit un air noble, simple et sans aucune affectation; il ressentoit un homme de grande naissance. Au milieu de sa modestie, qui n'avoit rien que de naturel, il sortoit des traits de grandeur : il parloit des pierreries avec lesquelles sa mère l'avait fait sortir de son pays, et on en avait vu quelque reste. Il soupiroit profondément, comme un homme qui déploroit, sans dire mot, l'état d'où il était déchu. Tous les gens d'esprit étoient ravis de l'entendre : ce qui fut cause que nous osâmes le recommander à Monseigneur le duc du Maine, et M. de Malezieux lui procura une pension de ce prince. On lui offrit divers emplois assez avantageux; mais il sembloit toujours aspirer plus haut. Nous lui rendîmes cet honneur de ne le mettre jamais à des ministères serviles. On ne pouvoit s'empêcher de le distinguer des autres étrangers de sa façon. M. le Pelletier le ministre l'honoroit de ses bonnes graces, et le gratifioit dans l'occasion de ses libéralités. Ainsi sa condition eût pu devenir supportable en France, mais il ne songeoit qu'à la Tartarie : ce qui lui fit prendre le dessein d'aller en Italie et à Rome, comme à l'abord de tout l'univers, et où il espéroit trouver quelque facilité pour regagner son pays.

Mon neveu, qui étoit alors à Rome, le reçut avec joie, et lui donna tous les secours qui dépendirent de lui, sans le connoître encore que sous le nom du chevalier Tartare, ou de la Grotte, qu'il avoit en France. Comme mon neveu étoit persuadé que le dessein qu'il avoit de retourner en son pays ne pouvoit être que périlleux pour sa vie, et le mettroit dans une trop violente tentation de renoncer à la religion chrétienne, dans un pays idolâtre où le nom de Jésus-Christ n'est pas connu, il fit ses efforts pour le faire rester à Rome et dans un pays catholique, il lui promit les mêmes secours qu'il avoit en France. Le chevalier Tartare suivit son conseil : trois années se passèrent ainsi, pendant lesquelles on le fit connoître à beaucoup d'honnêtes gens; et Madame la princesse des Ursins lui accorda sa protection.

Vers l'année 1699, plusieurs évêques et archevêques orientaux, plusieurs riches marchands, que l'année sainte attiroit à Rome, et qui l'avoient vu à Ispahan paroître à cette Cour avec beaucoup de magnificence, se ressouvinrent de sa personne et de son baptême, le reconnurent pour le fils aîné du roi de la Grande Tartarie, et le nommèrent le prince des Kaïmaquites. Il fut dressé des attestations authentiques de cette reconnoissance par-devant le cardinal Cibo, protecteur des Orientaux, qui est nommé dans la relation. On m'en envoya à Versailles des exemplaires, sur la foi desquels j'obtins le passeport du Roi, qui le qualifia fils du roi de la Grande Tartarie. Il fut expédié par M. le marquis de Torcy, dans les termes les plus avantageux; et ce ministre y joignit la description de sa personne, si exacte et si bien circonstanciée, qu'on ne pouvoit le méconnoître. Madame la princesse des Ursins ne lui refusa aucun office à la Cour de France, non plus qu'à la Cour de Rome. Il me pria d'obtenir de Monseigneur le duc du Maine une dernière année de la pension, que la générosité de ce prince lui avoit toujours continuée à Rome : il partit en cet état, avec mes exhortations à persévérer dans la religion. C'est là que je l'ai perdu de vue : car encore qu'il m'ait écrit de divers endroits, comme de Vienne et d'Ispahan, je n'apprenois que très-peu de choses de ses aventures, content d'y voir son zèle toujours ardent pour établir le christianisme dans ses pays. Depuis qu'il est à Ligourne, il m'a écrit ses malheurs. Je souhaite qu'il soit assez heureux pour mériter la protection de Sa Majesté : et si vous me permettez, Monsieur, de vous dire mon sentiment, je suis persuadé que cette longue suite de malheurs lui aura fait perdre l'espérance de pouvoir réussir dans ses projets à l'égard de son rétablissement dans son pays ; et que si Sa Majesté toujours généreuse et bienfaisante principalement pour les malheureux, jugeoit à propos de l'arrêter dans un pays catholique en lui faisant part de ses libéralités, je ne doute point qu'il ne se trouvât très-heureux de devoir tout au plus puissant et au plus religieux Roi de l'univers. Je suis avec un respect sincère, etc.

LETTRE XCIII.

BOSSUET A MILORD PERTH.

A Versailles, ce 16 août 1703.

Je prends la liberté de vous envoyer la seconde partie de l'ouvrage dont j'ai eu l'honneur de vous présenter le commencement : je vous supplie de faire agréer ce présent à Leurs Majestés. C'est un foible hommage dont le dévouement de mon cœur relève le prix. Le reste des copies seront pour vous, Mylord, et pour Madame la duchesse, que je salue avec respect, et suis avec le même sentiment, etc.

LETTRE XCIV.

BOSSUET A DOM MABILLON, BÉNÉDICTIN.

A Versailles, 22 août 1703.

C'est à moi à vous remercier, mon révérend Père, du présent précieux de vos *Annales,* où je trouve dans l'histoire de votre saint ordre ce qu'il y a de plus beau dans celle de l'Eglise ; et, ce qui me fait un grand plaisir, ce que celle de mon diocèse a de plus remarquable. Il falloit un aussi profond savoir et une main aussi adroite que la vôtre, pour faire un si beau tissu. Je prie Dieu qu'il nous fasse la grace de vous le faire achever. J'ai bien de l'obligation à vos vœux et à ceux de dom Thierri, et suis de tout mon cœur, etc.

LETTRE XCV.

A L'ABBÉ BOSSUET, SON NEVEU ET SON GRAND-VICAIRE.

A Versailles, ce 4 septembre 1703.

La peine que je ressens de ne pas voir cette année mes chers confrères Messieurs les doyens, pour apprendre d'eux selon la coutume l'état du diocèse, et de ne pouvoir non plus tenir le saint synode, ne peut être réparée, mon cher neveu, que par le soin que vous prendrez de me donner de leurs nouvelles, et de leur apprendre des miennes. De ma part, vous leur pouvez dire que Dieu me comble de graces même selon le corps, non-seulement en m'exemptant de toutes douleurs, mais encore en semblant vouloir tous les jours réparer mes forces par la bénédiction qu'il donne aux remèdes. De leur part, ma consolation sera d'apprendre qu'ils marchent dans la voie de la vérité, et qu'ils accomplissent leur ministère. J'ai bien besoin du secours de leurs prières pour me faire accomplir la volonté de Dieu, à laquelle je suis livré à la vie et à la mort, jetant en lui toute ma sollicitude, parce que je sais qu'il a soin de nous. Ainsi dicté de mot à mot.

Et plus bas, de la main de Bossuet :

La paix de Jésus-Christ soit avec vous tous, mes Frères.

† J. BÉNIGNE, Ev. de Meaux.

LETTRES
DE PIÉTÉ ET DE DIRECTION

LETTRES A UNE DEMOISELLE DE METZ (a).

LETTRE PREMIERE.
Sur le désir de l'amour divin, et ses effets dans un cœur qui en est possédé.

De la veille de l'Ascension, 1662.

Il faut donc, ma chère Fille, que vous désiriez ardemment d'aimer Jésus-Christ. Je suis pressé de vous écrire quelque chose touchant ce désir, dans lequel je fus occupé tout le jour d'hier.

Le désir d'aimer Jésus-Christ est un commencement du saint amour, qui ouvre et qui dilate le cœur pour s'y abandonner sans réserve, pour se donner tout entier à lui, jusqu'à s'y perdre, pour n'être plus qu'un avec lui.

Quiconque aime Jésus-Christ commence toujours à l'aimer; il compte pour rien tout ce qu'il a fait pour cela : c'est pourquoi il désire toujours; et c'est ce désir qui rend l'amour infini. Quand l'amour auroit fait, s'il se peut, son dernier effort, c'est dans son extrémité qu'il voudroit recommencer tout : et pour cela il ne

---

(a) Bossuet écrivit ces lettres vers 1662. On verra combien ce jeune prêtre, à peine entré dans le ministère des ames, avoit pénétré profondément, sous la conduite de la grace, de la science et de la piété, les mystères de la vie spirituelle; on admirera l'éminente doctrine, la foi vive, la chaleur brûlante, pour ainsi dire le saint enivrement avec lequel il décrit les transports du divin amour, les merveilleux effets qu'il produit dans le fidèle, et l'ineffable unité qu'il établit dans l'Eglise en la constituant comme un seul corps. Les effets dans le fidèle, dis-je, c'est le sujet des trois premières lettres; l'unité dans l'Eglise, c'est le sujet de la quatrième.

On ne connoît pas le nom de la personne qui reçut ces lettres.

Nous les avons imprimées d'après les éditions; car on ne retrouve point les manuscrits.

cesse jamais d'appeler le désir à son secours ; désir qui commence toujours et qui ne finit jamais, et qui ne peut souffrir aucunes limites.

Désirons donc, ma Fille, d'aimer Jésus-Christ : désirons-le pour toute l'Eglise, tant pour les commençans que pour les parfaits, lesquels dans le mystère de l'amour se considèrent toujours comme commençans.

La première disposition d'un cœur qui désire d'aimer, c'est une certaine admiration de l'objet qu'on aime; c'est la première blessure que le saint amour fait dans le cœur. Un trait vient par le regard, qui fait que le cœur épris est toujours occupé des beautés de Jésus-Christ, et lui dit toujours, sans parler, avec l'Epouse : Ah, que vous êtes beau, mon bien-aimé, que vous êtes beau et agréable[1] ! Cette admiration de l'Epoux attire l'ame à un certain silence qui fait taire toutes choses, pour s'occuper des beautés de son bien-aimé; silence qui fait tellement taire toutes choses, qu'il fait taire même le saint amour; c'est-à-dire qu'il ne lui permet pas de dire : J'aime, ni, Je désire d'aimer; de peur qu'il ne s'étourdisse lui-même en parlant de lui-même. De sorte que tout ce qu'il fait dans cette bienheureuse admiration, c'est de se laisser attirer aux charmes de Jésus-Christ, et de ne répondre à l'attrait que par un certain Ah! d'admiration. O Jésus-Christ, ô Jésus-Christ, ô Jésus-Christ ! c'est tout ce que sait dire ce cœur qui admire. Ce cœur pris et épris par cette sainte admiration ne peut plus voir que Jésus-Christ, ne peut plus souffrir que Jésus-Christ : Jésus-Christ seul est grand pour lui ; et cette admiration l'élève si haut dans le cœur, qu'alors on ne peut s'empêcher de dire : Le Seigneur est grand; *Magnus Dominus*[2]. C'est là que peu à peu tout autre objet s'efface du cœur : si quelque autre objet se présente, ou le cœur le regarde avec dégoût, ou bien il dit : Cela est beau, mais enfin ce n'est pas mon bien-aimé. Là se forme le désir ardent de rompre avec violence tout ce qui engage tant soit peu le cœur, et l'empêche de se perdre en Jésus-Christ; et c'est là proprement le désir d'aimer.

Laissez donc, ma Fille, aller votre cœur à l'admiration des

[1] *Cant.*, IV, 1. — [2] *Psal.* XLVII, 1.

beautés incomparables de Jésus. Les beautés de Jésus, ce sont ses grandeurs et ses foiblesses. « Mon bien-aimé est blanc et vermeil, choisi entre mille [1]. » L'éclat de cette blancheur signifie les mystères de sa gloire ; et nous voyons dans le rouge les mystères de ses souffrances. Il est choisi entre mille ; il est remarquable entre tous par cet admirable assemblage de gloire et d'opprobre, de force et d'infirmité.

Il est beau dans le sein du Père, il est beau sortant du sein de sa Mère : il est beau égal à Dieu, il est beau égal aux hommes : il est beau dans ses miracles, il est beau dans ses souffrances : il est beau méprisant la mort, il est beau promettant la vie : il est beau descendant aux enfers, il est beau montant aux cieux : partout il est digne d'admiration. O Jésus-Christ, ô Jésus-Christ, ô mon amour !

Après avoir pensé ces choses, il m'est venu dans l'esprit que c'est principalement au jour de l'Ascension glorieuse que l'Eglise doit à son Epoux ce silence d'admiration. L'Ascension est un jour d'entrée : et que veut un roi, dans la pompe de son entrée, sinon de se faire admirer? De là ce cri d'admiration dont retentit aujourd'hui tout le ciel, quand on le presse d'ouvrir ses portes : *Quis est iste rex gloriæ* [2]? « Qui est ce roi de gloire » ? De là cette auguste cérémonie qui s'accomplit dans le ciel et achève l'entrée triomphante de Jésus-Christ, lorsque « le Seigneur dit à mon Seigneur : Asseyez-vous à ma droite : » *Dixit Dominus Domino meo : Sede à dextris meis* [3]. Il le met dans un lieu si éminent, afin que tous les esprits bienheureux le voyant dans l'égalité avec son Père, le contemplent et l'admirent dans un éternel silence.

C'est donc en ce jour, ma Fille, qu'il faut honorer Jésus-Christ par une sainte admiration, et lui dire ce que l'Eglise lui chante aujourd'hui avec le Psalmiste : « O Seigneur, ô notre Seigneur, que votre nom est admirable par toute la terre, parce que votre magnificence est élevée par-dessus les cieux ! » *Domine, Dominus noster, quàm admirabile est nomen tuum in universâ terrâ, quoniam elevata est magnificentia tua super cœlos* [4] *!* Puisse votre cœur se pâmer dans l'admiration de Jésus.

[1] *Cant.*, v, 10. — [2] *Psal.* xxiii, 9. — [3] *Psal.* cix, 1. — [4] *Psal.* viii, 1.

Après y avoir bien pensé, je trouve que la première touche de l'amour dans le cœur, c'est une admiration des perfections de l'objet aimé, qui sans cesse nous rappelle à lui : c'est ce qui suit immédiatement le regard. C'est ce sentiment qui fait voir qu'on n'a pas assez de cœur pour aimer un objet si beau ; de sorte qu'on s'épuise dans le désir de l'aimer : ô Jésus-Christ, ô Jésus-Christ ! Laissez-vous donc gagner à cette admiration jusqu'à mon retour, qui sera vendredi, s'il plaît à Dieu. Ah, qu'il est bien d'admirer Jésus-Christ, et Jésus montant aux cieux, et Jésus s'asseyant auprès de son Père à la droite de sa Majesté, et Jésus y portan comme une marque de sa gloire les cicatrices sacrées des plaies dont son amour l'a percé, et Jésus qui dans l'infinité de sa gloire, par laquelle il est présent aux esprits célestes, pense à être présent pour nous sur la terre par ses ministres dans sa sainte Eglise ! O Jésus-Christ, ô mon amour, ô sainte admiration, ô saint commencement d'amour ! mais dans ce commencement on y peut trouver l'infinité même. Chaque disposition du saint amour a une profondeur infinie, dans laquelle il faut que le cœur s'épuise : quand Dieu nous veut élever plus haut, il nous donne une nouvelle capacité jusqu'à l'infini. O la belle, ô la grande chose qu'un cœur admirant Jésus, et qu'il s'ouvre par là une belle porte à tous les transports de l'amour !

LETTRE II.

Effets que produit dans l'ame l'admiration des beautés de Jésus-Christ.

L'ame donc s'étant prise et éprise de cette admiration pour Jésus-Christ, qui efface toute autre idée pour ne laisser dans le fond qu'un je ne sais quoi qui dit et redit sans cesse, sans aucune multiplicité de paroles : Le Seigneur est grand, le Seigneur est grand ; elle sort insensiblement de ce repos et de ce silence pour chercher le bien-aimé de son cœur, disant mille et mille fois au bien-aimé : Eh, mon bien-aimé, où êtes-vous ? et à soi-même : Où suis-je ? Quoi, loin de ce bien-aimé, puis-je vivre, puis-je respirer, puis-je être un moment sans lui être unie ? Là s'élève un cri à ce bien-aimé : O venez, ô venez, ô venez; je me meurs, je languis, je n'en puis plus. En attendant qu'il vienne et pour adoucir en quelque sorte l'amertume de ne le posséder pas, on rappelle toutes ses puissances et tout ce qui est en l'homme, pour s'occuper des beautés infinies de Jésus-Christ; on ne veut plus rien voir dans la créature que les traits qu'elle porte imprimés sur elle des beautés du Verbe divin : après, on ne peut plus supporter ces traits, comme étant trop défectueux. Par une sainte impatience, tantôt on semble presser toutes les créatures pour parler hautement de ce bien-aimé. Et parlez donc, et parlez donc, et dites encore; et on impose silence à tout ce qui ne parle pas de lui. Après, on ne peut souffrir qu'on parle de lui, parce que toutes les créatures converties en langue et en voix n'en peuvent parler comme il faut; et il devient insupportable à l'ame d'en parler foiblement. Elle demande donc qu'on se taise, et prie Jésus de parler lui seul de ce qu'il est, et d'en parler hautement dans ce silence de l'ame; et puis elle le prie de ne plus parler : car que peut-il dire qui soit digne de lui, si ce qu'il dit n'est pas lui-même? Elle le prie donc de se taire, mais seulement de s'imprimer lui-même dans le fond du cœur, afin d'attirer à lui toutes les puissances de l'ame pour le contempler en silence, adorer son secret, et se perdre devant lui et en lui dans l'impuissance de l'entendre, et de rien faire qui soit digne de sa grandeur. O Jésus-Christ, ô Jésus-Christ! O que le Seigneur est grand, ô que le Seigneur est aimable! O mon amour, ô mon cher amour, vivez et régnez dans mon cœur!

C'est alors qu'il naît dans l'intérieur, non plus un transport d'admiration, mais une certaine estime de ce bien-aimé et de ses perfections. L'ame méprise toutes choses, et ne daigne regarder que lui : elle se méprise elle-même, ne paroissant rien à ses yeux. Aussitôt sentant en elle-même cette estime du bien-aimé et l'amour qui la porte à lui, elle commence à s'estimer par la capacité qu'elle a de l'aimer, et n'estime rien en son être que cette capacité : elle se voit quelque chose de grand, d'avoir été créée pour l'aimer; et elle découvre par la même vue ce que le péché fait en elle, et combien il la défigure, ou plutôt combien il l'anéantit en lui ôtant cet amour. Elle souffre donc incroyablement, que cette capacité d'aimer Jésus-Christ soit demeurée sans effet par le péché, et comme n'étant pas : elle se voit moins que rien par le péché; et non-seulement elle se méprise, mais encore elle se hait et ne se peut supporter. Puis se sentant encore attirée à aimer, elle recommence à s'estimer elle-même par l'estime qu'elle a pour son bien-aimé, lorsqu'elle le voit croître dans son cœur, où elle ne peut plus souffrir que lui.

Là naît, dans ce cœur épris de l'estime de Jésus-Christ, un désir ardent de lui plaire, qui fait aussitôt dans l'ame une attention sur elle-même, puis un oubli d'elle-même, un empressement de se parer de toutes sortes d'ornemens pour plaire à ses yeux, un regard continuel sur son miroir intérieur, c'est-à-dire sur sa conscience, pour se composer et s'ajuster avec soin, etc.; aussitôt après, une vue qu'on lui plaira davantage par une certaine simplicité d'abandon, qui fait succéder à l'empressement de se parer une certaine négligence; comme si l'ame disoit au bien-aimé : Pourvu que j'aime, je suis trop belle; et elle ne désire plus qu'un amour très-simple qui naisse au fond de son cœur sans affectation, mais par la seule impression que le bien-aimé y fera de ce qu'il est.

Ici l'ame voudroit se perdre dans la vue des beautés infinies de son cher et de son unique Jésus : elle le voit admirable en tout, orné richement et proprement, tout parfumé comme un époux au jour de ses noces; et elle entend une voix secrète qui lui dit dans l'intime : « Venez, ô filles de Jérusalem, venez voir le roi Salomon avec le diadème dont sa Mère l'a couronné [1]. » Sa Mère est la sainte Vierge, qui lui a donné son humanité sacrée, diadème qui environne sa divinité, laquelle, comme dit l'Apôtre [2], est la tête de Jésus-Christ. Sa Mère est la Synagogue qui l'a engendré selon la chair, de la race de ses patriarches, de ses rois et de ses prophètes; or cette Mère lui a donné pour diadème une couronne d'épines. Sa Mère c'est la sainte Eglise qui l'engendre spirituellement dans les cœurs; et cette Mère lui a donné pour diadème les ames rachetées. Car saint Paul disant aux fidèles

[1] *Cant.*, III, 11. — [2] I *Cor.*, XI, 3.

qu'il a convertis à l'Evangile : « Vous êtes ma joie et ma couronne[1], » à plus forte raison toutes les ames que Jésus a rachetées sont-elles sa couronne et son diadème. L'ame donc contemple le roi Salomon, roi par sa naissance éternelle, que sa Mère a couronné dans le temps comme d'un triple diadème. La sainte Vierge sa Mère lui a donné son humanité; la Synagogue aussi sa Mère lui a donné des souffrances et une couronne d'épines; enfin l'Eglise sa Mère, qu'il a engendrée par son sang, et qui l'engendre lui-même par son esprit, lui a donné pour couronne les ames qu'elle incorpore à son unité; et c'est là le véritable diadème dont il veut être couronné : de sorte que l'ame fidèle le regardant en cet état tout couronné d'ames qu'il a conquises par son Eglise, elle veut être consumée d'amour et pour lui et pour toutes les ames. Elle regarde celles qui se perdent comme autant de pierres précieuses qu'on arrache de la couronne de Jésus-Christ : elle le prie sans cesse que sa couronne soit complète, et qu'aucune ame ne périsse; et la sienne lui devient chère par la sainte société qu'elle doit avoir avec toutes les autres, pour faire la couronne de Jésus-Christ. Elle lui demande donc son amour, non-seulement comme un trait pour gagner son cœur, mais comme un torrent rapide qui se déborde sur toutes les ames, et qui les entraîne après elle pour s'aller perdre en Jésus-Christ. Elle lui dit en cet état : « Tirez-moi après vous, nous courrons après l'odeur de vos parfums; ceux qui sont droits vous aiment[2]. » Tirez-moi, et nous courrons : ne me tirez pas tellement, que j'aille à vous toute seule; mais tirez-moi de sorte que j'entraîne avec moi toutes les ames. Ceux qui sont droits vous aiment : faites-nous donc rentrer, ô Jésus, dans cette voie droite et simple dont nous nous sommes éloignés, et où vous ne cessez de rappeler toutes les ames égarées, par la simplicité de votre Evangile. O Jésus-Christ! ô mon amour! ô Eglise! ô Jésus couronné des ames! ô ames couronne auguste de Jésus-Christ, faut-il que vous vous perdiez, faut-il qu'aucune se perde?

Là, dans l'amour de Jésus, on conçoit un amour infini pour toutes les ames, et on ne veut penser à la sienne que par l'amour

---

[1] *Philip.*, IV, 1. — [2] *Cant.*, I, 3.

sans bornes que l'on désire d'avoir pour toutes en général et pour chacune en particulier. O Jésus, par la soif ardente que vous avez eue sur la croix, donnez-moi d'avoir soif de toutes les ames, et de n'estimer la mienne que par la sainte obligation qui m'est imposée de n'en négliger aucune. Je les veux aimer toutes, parce qu'elles sont toutes capables de vous aimer, que c'est vous qui les avez faites avec cette bienheureuse capacité, et que c'est vous qui les appelez pour tourner vers vous et absorber tout à fait en vous toute la capacité qu'elles ont d'aimer. C'est donc pour cela, ô Jésus, que je ne puis consentir qu'aucune ame soit privée de votre amour; non aucune, ni même la mienne, la plus indigne de toutes de vous aimer, parce qu'elle a été la plus hardie à rejeter vos attraits. Non, je ne puis consentir que je ne vous aime pas; et tout ce qui me semblera être quelque chose de votre amour, je veux m'y laisser aller sans réserve, en quelque abîme où il me conduise. O Jésus, je veux vous aimer : ô Jésus, il n'est pas possible que je ne vous aime un jour. O Eglise, ô ministre de la vérité qu'elle a choisi pour moi, venez, venez, venez promptement, afin d'aider à aimer mon ame languissante et défaillante.

LETTRE III.

Sur les caractères que doit avoir l'amour divin dans nos cœurs, et les excès de l'amour profane.

L'Epouse parle ainsi au saint *Cantique* : « Je vous conjure, filles de Jérusalem, si vous rencontrez mon bien aimé, de lui rapporter que je languis d'amour [1]. »

Faut-il des ambassades à ce bien-aimé, pour lui apprendre qu'on languit d'amour? Est-il un homme mortel, auquel il faut écrire et lui faire faire des messages pour s'expliquer avec lui quand il est loin; auquel il faut du moins parler, du moins faire quelque signe des yeux pour se faire entendre quand il est près? Ah, gêne et enfer de l'amour, d'être contraint de s'expliquer par autre chose que par soi-même et par son propre transport : car

[1] *Cant*, v, 8.

tout ce qui n'est pas l'amour même, combien froidement et languissamment exprime-t-il les traits de l'amour! Eh donc ce bien-aimé pourroit-il souffrir qu'un autre que l'amour même lui parlât d'amour? Et faut-il qu'on l'instruise par des organes étrangers, des sentimens d'un cœur qui l'aime? Ne voit-il pas tout, ne sait-il pas tout? L'amour ne lui parle-t-il pas immédiatement? Non-seulement l'amour, mais le désir de l'amour; non-seulement le désir, mais la première pensée de cœur lorsqu'il va penser un désir. N'est-il pas écrit de lui qu'il connoit, non-seulement le désir du cœur, mais la préparation du cœur [1]? Il la connoît par sa science; mais disons encore qu'il la connoît par la correspondance de son amour : car il est si naturel au cœur de ce bien-aimé d'aimer et de s'abandonner à qui l'aime, que quand il n'auroit pas, s'il se pouvoit, la plénitude de la science, il sentiroit la moindre atteinte de l'amour que le cœur ressent pour lui par la correspondance qu'elle excite nécessairement dans le sien. Son cœur est toujours veillant, dit-il [2], c'est-à-dire toujours attentif pour sentir si quelque ame ne le perce pas par quelque trait du pur amour.

Pourquoi donc, ô sainte Epouse, conjurez-vous avec tant d'empressement les filles de Jérusalem, les ames aimantes, filles de l'Eglise, de rapporter votre amour à votre bien-aimé qui le sait mieux qu'elles? Elle voudroit que tout parlât de son amour: elle voudroit animer toutes les créatures, et faire que tout fût langue pour parler de son amour, ou plutôt que tout fût cœur pour parler de l'amour par l'amour même : car appartient-il à la langue, qui n'aime pas elle-même, de parler d'amour? Elle cherche donc de tous côtés quelqu'un qui parle de son amour à son bien-aimé : elle ne trouve que les filles de Jérusalem, les ames aimantes comme elle. Elle s'unit à leur amour, elle aime en elles, elle les pousse autant qu'elle peut à aimer, elle se sent aussi excitée par elles; et l'amour d'une seule parle au bien-aimé de l'amour de toutes les autres; et l'amour de toutes ensemble parle de l'amour de chacune en particulier; et le bien-aimé, qui est dans toutes comme dans ses membres, se parle en elles toutes à lui-même,

[1] *Psal.* IX, 38. — [2] *Cant.,* V, 2.

et rend compte à son amour de l'amour de toutes. Ainsi dans une très-intime unité de cœur, on aime pour soi en aimant pour toutes; on parle pour soi, on parle pour toutes, et point davantage pour soi que pour toutes; et le bien-aimé entend ce langage : car il ne veut pas une ame seule, ou plutôt il ne reçoit qu'une seule ame, parce que toutes les ames doivent être une, pour l'aimer en unité; sans cela point d'amour.

O pauvreté de l'amour de la créature! O cœur qui aimes la créature, tu dois souhaiter que ce ne soit pas toi seulement, mais tout l'univers qui devienne tout amour pour toi. Quel monstre que le tout se transforme en la partie! Il le faut néanmoins, ou tu n'aimes pas. Il faut que tu te répandes dans tout ce qui est et qui peut aimer, pour le faire si tu pouvois, tout amour pour ce que tu aimes : oui, il faut que tu arraches le cœur de Dieu même, pour le donner à ce que tu aimes, pour le transformer en ce que tu aimes, avec toute l'immensité de son amour; autrement tu n'aimes pas, si tu peux consentir qu'aucun être aimant, et bien plus le seul être et le seul aimant puisse n'être pas tout amour pour l'objet pour lequel tu te veux changer en amour toi-même. O monstre, encore une fois, et prodige de l'amour profane, qui veut rappeler et concentrer le tout dans la partie, ou plutôt le tout dans le néant! Sors du néant, ô cœur qui aimes, prends avec toi tout ce qu'il y a dans la nature capable d'aimer, et ne le transforme en ton cœur que pour le porter avec ton cœur, pour le perdre avec ton cœur dans l'abîme de l'être et de l'amour incréé : exhorte toutes les ames à en faire autant, afin que tous les cœurs qui aiment rapportent au bien-aimé qu'on languit pour lui.

O cœur, peux-tu languir pour la créature? Car qu'est-ce que la langueur, sinon une défaillance d'un cœur qui va mourir et se perdre dans l'amour de son bien-aimé? La créature n'est rien, et ne peut pas même recevoir la perte de notre être en elle : et pourroit elle donc recevoir la perte d'un cœur défaillant pour mourir en elle? Venez, ô Jésus, venez, et que je languisse après vous; soutenez par votre être défaillant pour moi la langueur de mon être défaillant pour vous. Ah! je ne veux pas seulement languir, je veux encore mourir pour vous. Mais que me serviroit de mourir pour vous? Non, je veux encore mourir en vous, m'abîmer en vous, me perdre en vous, sans quoi je compte pour rien tout ce qu'on souffre et qu'on fait pour vous.

Ma Fille, faites vivre Jésus dans toutes les créatures. O Dieu, quelle trahison à l'amour, de faire vivre dans la créature l'amour de la créature! C'est une plus grande infidélité que de le faire vivre en soi-même: car chacun est maître de son cœur : mais avoir empire sur le cœur des autres pour y faire vivre un autre que Dieu, ô amour, ne le souffre pas. Mais ce cœur aime déjà : ah ! n'y ajoute pas la moindre étincelle. Mais je ne ferai rien pour cela : ah ! c'est trop que de faire un trait, c'est trop que de laisser aller un soupir, c'est trop que de faire un clin d'œil, c'est trop même de se montrer. Ah! fendons-nous le cœur de regret d'avoir été un moment sans aimer, et beaucoup plus d'avoir perdu un seul moment et une seule occasion pour faire vivre dans un cœur le saint amour. Mais, hélas! que seroit-ce donc, si nous voulions y faire vivre un amour contraire? O Jésus, vous êtes le seul que je veux qu'on aime; et c'est aussi pour cela que je ne veux aimer que vous seul. Quiconque sera celui que j'aimerai, je veux que tout soit amour pour lui; et pour cela il faut qu'il soit le tout même.

O Jésus, vous êtes le tout comme Dieu; mais tout qui, pour donner prise au néant en vous, vous êtes fait vous-même néant, et avez ouvert la voie au néant, non-seulement de se perdre dans le tout, mais d'être le tout par transformation. Ah! vous êtes donc le seul désirable : mon bien-aimé, dit l'Epouse [1], est tout désirable. Jésus soit en vous : je vous donne à lui, et lui à vous. Gémissez sur la pauvreté de l'amour de la créature, et languissez après l'immensité de l'amour divin et transformant; *Amen, amen.*

Priez Dieu pour moi, et souvenez-vous que ce que je vous dis jeudi est la vérité : je le mettrai par écrit; mais assurément c'est la vérité : et sur ce principe, aimez, aimez, aimez; et si vous pouvez, mourez d'amour. Je vous livre de tout mon cœur à cette aimable illusion. O amour, pardonnez-moi de vous appeler de la

[1] *Cant.*, v, 16.

sorte : non, vous êtes la vérité même; et par votre vérité vous dissiperez tout ce qui se pourroit mêler avec vous qui ne seroit pas vous-même.

LETTRE IV.

Sur le mystère de l'unité de l'Eglise, et les merveilles qu'il renferme.

Je me suis trouvé ce matin avec le loisir et une disposition de cœur plus prochaine, pour tâcher de vous satisfaire touchant les articles que vous m'avez envoyés. J'y ai pensé devant Dieu, et voici ce qu'il m'a donné : il sait pourquoi, et le fruit qu'il en veut tirer pour vous soutenir; sa volonté soit faite.

I. L'unité de l'Eglise : son modèle est l'unité des trois divines Personnes. Jésus a dit : *Qu'ils soient un comme nous*[1]. Trois sont un dans leur essence, et par conséquent un entre eux.

II. Tous les fidèles un en Jésus-Christ, et par Jésus-Christ un entre eux; et cette unité, c'est la gloire de Dieu par Jésus-Christ, et le fruit de son sacrifice.

III. Jésus-Christ est un avec l'Eglise, portant ses péchés : l'Eglise est une avec Jésus-Christ, portant sa croix.

IV. L'Eglise, dit le Saint-Esprit dans les *Actes*[2], n'a qu'un cœur et qu'une ame : c'est un grand mystère que cette unité du cœur chrétien. En cette unité de cœur, la charité ne trouve plus de distinction : elle embrasse également tous les membres quant à la disposition intérieure, ne les voyant qu'en Jésus-Christ, quoique l'application soit différente, selon la mesure des besoins.

V. Jésus-Christ sera tout en tous dans le ciel, et il paroîtra davantage où il y aura plus de gloire : ici Jésus-Christ est tout en tous, et il paroît davantage où il y a plus d'infirmité. C'est le mystère de la croix : *Amen* à Dieu qui nous l'a révélé.

VI. Il faut regarder Jésus-Christ dans toutes les foiblesses, parce qu'il les a toutes ressenties; et même dans tous les péchés et de nous et de nos frères, parce qu'il les a tous portés.

VII. En l'unité de l'Eglise paroît la Trinité en unité : le Père, comme le principe auquel on se réunit; le Fils, comme le milieu

[1] *Joan.*, XVII, 11. — [2] *Act.*, IV. 32.

dans lequel on se réunit ; le Saint-Esprit, comme le nœud par lequel on se réunit ; et tout est un. *Amen* à Dieu, ainsi soit-il.

VIII. Dans l'unité de l'Eglise toutes les créatures se réunissent. Toutes les créatures visibles et invisibles sont quelque chose à l'Eglise. Les anges sont ministres de son salut : et par l'Eglise se fait la recrue de leurs légions désolées par la désertion de Satan et de ses complices : mais dans cette recrue, ce n'est pas tant nous qui sommes incorporés aux anges, que les anges qui viennent à notre unité ; à cause de Jésus notre commun Chef, et plus le nôtre que le leur.

IX. Même les créatures rebelles et dévoyées, comme Satan et ses anges, par leur propre égarement et par leur propre malice dont Dieu se sert malgré eux, sont appliquées au service, aux utilités et à la sanctification de l'Eglise ; Dieu voulant que tout concoure à l'unité, et même le schisme, la rupture et la révolte. Louange à Dieu pour l'efficace de sa puissance, et tremblement de cœur pour ses jugemens.

X. Les créatures inanimées parlent à l'Eglise des merveilles de Dieu ; et ne pouvant le louer par elles-mêmes, elles le louent en l'Eglise comme étant le temple universel où se rend à Dieu le sacrifice d'un juste hommage pour tout l'être créé, qui est délivré par l'Eglise du malheur de servir au péché, étant employé à de saints usages.

XI. Pour les hommes, ils sont tous quelque chose de très-intime à l'Eglise, tous lui étant ou incorporés, ou appelés au banquet où tout est fait un.

XII. Les infidèles sont quelque chose à l'Eglise, qui voit en eux l'abîme d'ignorance et de répugnance aux voies de Dieu, dont elle a été tirée par grace. Ils exercent son espérance, dans l'attente des promesses qui les doivent rappeler à l'unité de la bénédiction en Jésus-Christ ; et ils font le sujet de la dilatation de son cœur, dans le désir de les attirer.

XIII. Les hérétiques sont quelque chose à l'unité de l'Eglise : ils sortent et ils emportent avec eux, même en se divisant, le sceau de son unité qui est le baptême, conviction visible de leur désertion : en déchirant ses entrailles, ils redoublent son amour maternel pour ses enfans qui persévèrent; en s'écartant, ils donnent l'exemple d'un juste jugement de Dieu à ceux qui demeurent.

XIV. Contempteurs et profanateurs du sacerdoce de l'Eglise, ils pressent par une sainte émulation les véritables lévites à purifier l'autel de Dieu : ils font éclater la foi de l'Eglise, et l'autorité de sa chaire pour affermir la foi des infirmes et des forts : leur clairvoyance qui les aveugle montre aux forts et aux infirmes de l'Eglise que l'on ne voit clair qu'en son unité, et que c'est du centre de cette unité que sort la lumière, la doctrine de vérité. *Amen* à Dieu.

XV. Les élus et les réprouvés sont dans le corps de l'Eglise : les élus comme la partie haute et spirituelle; les réprouvés comme la partie inférieure et sensuelle, comme la chair qui convoite contre l'esprit, comme l'homme animal qui n'entend pas les voies de Dieu et qui les combat. Comme dans l'homme particulier la force est épurée par ce combat de foiblesse; ainsi dans cet homme universel, qui est l'Eglise, la partie spirituelle est épurée par l'exercice que lui donnent les réprouvés. L'Eglise souffre dans les réprouvés une incroyable violence, plus grande que les douleurs de l'enfantement, parce que les sentant dans l'unité de son corps, elle se tourmente pour les attirer à l'unité de son esprit; et nulle persécution ne lui est plus dure que leur résistance opiniâtre.

XVI. Elle gémit donc sans cesse dans les justes, qui sont la partie céleste, pour les pécheurs qui sont la partie terrestre et animale; et la conversion des pécheurs est le fruit de ce gémissement intérieur et perpétuel. Dieu ne se laisse fléchir que par le gémissement de cette colombe; je veux dire, que par les prières mêlées de soupirs que fait l'Eglise dans les justes pour les pécheurs : mais Dieu exauce l'Eglise, parce qu'il écoute en elle la voix de son Fils. Tout ce qui se fait par l'Eglise, c'est Jésus-Christ qui le fait : tout ce que fait Jésus-Christ dans les fidèles, il le fait par sa sainte Eglise. *Amen* à Dieu, cela est vrai. Vous avez eu quelque vue de cette vérité; elle est sainte et apostolique.

XVII. L'Eglise soupire dans ces mêmes justes pour toutes les ames souffrantes, ou plutôt elle soupire dans toutes les ames souffrantes et exercées, pour toutes les ames souffrantes et exercées : leurs souffrances, leur accablement porte grace, soutien et consolation les unes pour les autres.

XVIII. Jésus-Christ est en son Eglise faisant tout par son Eglise : l'Eglise est en Jésus-Christ faisant tout avec Jésus-Christ. Cela est vrai et très-vrai; celui qui l'a vu en a rendu témoignage : gloire au témoin fidèle qui est Jésus-Christ Fils du Père!

XIX. Telle est donc la composition de l'Eglise, mélangée de forts et d'infirmes, de bons et de méchans, de pécheurs hypocrites et de pécheurs scandaleux : l'unité de l'Eglise enferme tout et profite de tout. Les fidèles voient dans les uns tout ce qu'il faut imiter, et dans tous les autres ce qu'il faut surpasser avec courage, reprendre avec vigueur, supporter avec patience, aider avec charité, écouter avec condescendance, regarder avec tremblement. Et ceux qui demeurent, et ceux qui tombent, servent également à l'Eglise : ses fidèles voyant dans ceux-ci l'exemple de leur lâcheté et en voyant dans les autres la conviction, tout les étonne, tout les édifie, tout les confond, tout les encourage, autant les coups de grace que les coups de rigueur et de justice. Adoration à Dieu sur ses voies impénétrables. Tout concourt au salut de ceux qui aiment, et même les froideurs, et même les défauts, et même les lâchetés de l'amour. Qui le peut entendre, l'entende; qui a des oreilles pour ouïr, qu'il écoute : Dieu les ouvre à qui il lui plaît; mais il lui faut être fidèle : malheur à qui ne l'est pas!

XX. Cette Eglise ainsi composée, dans un si horrible mélange, se démêle néanmoins peu à peu et se défait de la paille. Le jour lui est marqué, où il ne lui restera plus que son bon grain; toute la paille sera mise au feu. Une partie de cette séparation se fait visiblement dans le siècle par les schismes et les hérésies : l'autre se fait dans le cœur, et se confirme au jour de la mort, chacun allant en son lieu. La grande, universelle et publique séparation se fera à la fin des siècles par la sentence du Juge. Toute l'Eglise soupire après cette séparation, où il ne restera plus à Jésus-Christ que des membres vivans; les autres étant retranchés par ce terrible

Discedite[1], que Notre-Seigneur Jésus-Christ, pour consommer toutes choses aussi bien qu'il les a commencées par son Eglise, prononcera en elle et avec elle et par elle; les apôtres tenant leur séance avec tous les élus de Dieu, et condamnant au feu éternel tous les anges rebelles, et tous ceux qui auront pris leur parti et imité leur orgueil. Alors l'Eglise ira au lieu de son règne, n'ayant plus avec elle que ses membres spirituels, démêlés et séparés pour jamais de tout ce qu'il y a d'impur : cité vraiment sainte, vraiment triomphante, royaume de Jésus-Christ, et régnante avec Jésus-Christ.

XXI En attendant ce jour, elle gémit ici-bas comme une exilée : Assise, dit le saint Psalmiste[2], sur les fleuves de Babylone, elle pleure et gémit en se souvenant de Sion : assise sur les fleuves, stable parmi les changemens; non emportée par les fleuves, mais soupirant sur leurs bords; voyant que tout s'écoule, et soupirant après Sion où toutes choses sont permanentes; pleurant de se trouver au milieu de ce qui passe et qui n'est pas, par le souvenir qu'elle a au cœur de ce qui subsiste et qui est : tels sont les gémissemens de cette exilée.

XXII. Elle chante cependant pour se consoler, et elle chante le même cantique de la céleste Jérusalem : *Alleluia*, louange à Dieu; *Amen*, ainsi soit-il : cela est écrit dans l'*Apocalypse*[3]. Louange à Dieu pour sa grande gloire; ainsi soit-il dans la créature par une complaisance immuable à la volonté de Dieu : c'est le cantique de l'Eglise. Cette partie d'elle-même, qui est déjà vivante avec Dieu, le chante dans la plénitude, et l'autre, fidèle écho, le répète dans l'impatience et dans l'avidité d'un saint désir.

Alleluia pour l'Eglise, louange à Dieu pour l'Eglise : louange à Dieu quand il frappe, louange à Dieu quand il donne : *Amen*, ainsi soit-il par l'Eglise qui dit sans cesse, ma Sœur, et vous le savez : *Il a bien fait toutes choses*[4].

XXIII. L'Eglise est persécutée, louange à Dieu, ainsi soit-il : l'Eglise est dans le calme, louange à Dieu, ainsi soit-il. Disons-le pour tout le corps de l'Eglise; disons-le pour toutes les ames

---

[1] *Matth.*, XXV, 41. — [2] *Psal.* CXXXVI, 1. — [3] *Apoc.*, XIX. — [4] *Marc.*, VII, 37.

qui souffrent ou de pareils exercices, ou de pareilles vicissitudes.

XXIV. L'Eglise est persécutée : elle est fortifiée au dedans par les coups qu'on lui donne au dehors ; l'Eglise est dans le calme ; c'est pour être exercée de la main de Dieu d'une manière plus intime.

XXV. L'Eglise est comme inondée par le déluge des mauvaises mœurs : l'Eglise semble quelquefois être donnée en proie à l'erreur qui menace de la couvrir toute ; cependant sa sainteté demeure entière ; sa foi éclate toujours avec tant de force, que même ses ennemis sentent bien par une céleste vigueur qu'ils ne peuvent point l'abattre ; mais par là elle-même sent bien qu'il n'y a que Dieu qui la soutienne.

XXVI. *Alleluia* pour l'Eglise : *Amen* à Dieu pour l'Eglise, et le même pour toutes les ames que Dieu fait participer à cette conduite. Jésus-Christ est fort et fidèle, et jusqu'aux portes de l'enfer il faut espérer en lui, et que tout notre cœur, toutes nos entrailles, toute la moelle de nos os crient après lui : Venez, Seigneur Jésus, venez.

XXVII. Je crie et je crierois sans fin ; mais il faut conclure : « Que tes tabernacles sont beaux, ô Jacob ! que tes tentes sont admirables, ô Israël [1] ! Que mon ame meurt de la mort des justes [2] ! » C'est l'Eglise qui est sous ces tentes, toujours en guerre, toujours en marche, toujours prête à demeurer ou à partir, suivant l'ordre de la milice spirituelle, au premier clin d'œil de son Chef.

XXVIII. Vous me demandez ce que c'est que l'Eglise : l'Eglise, c'est Jésus-Christ répandu et communiqué, c'est Jésus-Christ tout entier, c'est Jésus-Christ homme parfait, Jésus-Christ dans sa plénitude.

XXIX. Comment l'Eglise est-elle son corps et en même temps son Epouse ? Il faut adorer l'économie sacrée avec laquelle le Saint-Esprit nous montre l'unité simple de la vérité, par la diversité des expressions et des figures.

XXX. C'est l'ordre de la créature de ne pouvoir représenter

[1] *Numer.*, XXIV, 5. — [2] *Ibid.*, XXIII, 10.

que par la pluralité ramassée l'unité immense d'où elle est sortie : ainsi dans les ressemblances sacrées que le Saint-Esprit nous donne, il faut remarquer en chacune le trait particulier qu'elle porte, pour contempler dans le tout réuni le visage entier de la vérité révélée : après, il faut passer toutes les figures pour connoître qu'il y a dans la vérité quelque chose de plus intime que les figures ni unies ni séparées ne nous montrent pas ; et c'est là qu'il se faut perdre dans la profondeur du secret de Dieu, où l'on ne voit plus rien, si ce n'est qu'on ne voit pas les choses comme elles sont. Telle est notre connoissance, tandis que nous sommes conduits par la foi. Entendez par cette règle générale les vérités particulières que nous méditons devant Dieu. Seigneur, donnez-nous l'entrée, puisque vous nous avez mis la clef à la main.

XXXI. L'Eglise est l'Epouse, l'Eglise est le corps : tout cela dit quelque chose de particulier, et néanmoins ne dit au fond que la même chose. C'est l'unité de l'Eglise avec Jésus-Christ, proposée par une manière et dans des vues différentes. La porte s'ouvre, entrons et voyons, et adorons avec foi, et publions avec joie la sainte vérité de Dieu.

XXXII. L'homme se choisit son épouse ; mais il est formé avec ses membres : Jésus, Homme particulier, a choisi l'Eglise ; Jésus-Christ, Homme parfait, a été formé et achève de se former tous les jours en l'Eglise et avec l'Eglise. L'Eglise comme Epouse est à Jésus-Christ par son choix ; l'Eglise comme corps est à Jésus-Christ par une opération très-intime du Saint-Esprit de Dieu. Le mystère de l'élection par l'engagement des promesses, paroît dans le nom d'*Epouse ;* et le mystère de l'unité consommé par l'infusion de l'Esprit, se voit dans le nom de *corps*. Le nom de *corps* nous fait voir combien l'Eglise est à Jésus-Christ : le titre d'*Epouse* nous fait voir qu'elle lui a été étrangère, et que c'est volontairement qu'il l'a recherchée. Ainsi le nom d'*Epouse* nous fait voir unité par amour et par volonté ; et le nom de *corps* nous porte à entendre unité comme naturelle : de sorte que dans l'unité du corps il paroît quelque chose de plus intime, et dans l'unité de l'*Epouse* quelque chose de plus sensible et de plus tendre. Au fond ce n'est que la même chose : Jésus-Christ a aimé l'Eglise et il l'a faite son Épouse; Jésus-Christ a accompli son mariage avec l'Eglise, et il l'a faite son corps. Voilà la vérité : *Deux dans une chair, os de mes os et chair de ma chair* [1] : c'est ce qui a été dit d'Adam et d'Eve ; *Et c'est*, dit l'Apôtre, *un grand sacrement en Jésus-Christ et son Eglise* [2]. Ainsi l'unité de corps est le dernier sceau qui confirme le titre d'Epouse. Louange à Dieu pour l'enchaînement de ces vérités toujours adorables.

XXXIII. Il étoit de la sagesse de Dieu que l'Eglise nous parût tantôt comme distinguée de Jésus-Christ, lui rendant ses devoirs et ses hommages; tantôt comme n'étant qu'une avec Jésus-Christ, vivant de son Esprit et de sa grace.

XXXIV. Le nom d'*épouse* distingue pour réunir ; le nom de *corps* unit sans confondre, et découvre au contraire la diversité des ministères : unité dans la pluralité, image de la Trinité, c'est l'Eglise.

XXXV. Outre cela, je vois dans le nom d'*épouse* la marque de la dignité de l'Eglise. L'Eglise comme corps est subordonnée à son Chef : l'Eglise comme Epouse participe à sa majesté, exerce son autorité, honore sa fécondité. Ainsi le titre d'épouse étoit nécessaire pour faire regarder l'Eglise comme la compagne fidèle de Jésus-Christ, la dispensatrice de ses graces, la directrice de sa famille, la mère toujours féconde et la nourrice toujours charitable de tous ses enfans.

XXXVI. Mais comment est-elle Mère des fidèles, si elle n'est que l'union de tous les fidèles? Nous l'avons déjà dit : tout se fait par l'Eglise; c'est-à-dire tout se fait par l'unité. L'Eglise dans son unité et par son esprit d'unité catholique et universelle, est la Mère de tous les particuliers qui composent le corps de l'Eglise : elle les engendre à Jésus-Christ, non en la façon des autres mères, en les produisant de ses entrailles, mais en les tirant de dehors pour les recevoir dans ses entrailles, en se les incorporant à elle-même, et en elle au Saint-Esprit qui l'anime, et par le Saint-Esprit au Fils qui nous l'a donné par son souffle, et par le Fils au Père qui l'a envoyé ; *afin que notre société soit en Dieu et avec Dieu Père, Fils et Saint-Esprit* [3], qui vit et règne aux siècles

[1] Genes., II, 23. — [2] Ephes., v, 32. — [3] 1 Joan., I, 3.

des siècles en unité parfaite et indivisible, *Amen*. De là vous pouvez entendre comment les évêques et comment le Pape sont les Epoux féconds de l'Eglise, chacun selon sa mesure.

XXXVII. L'Eglise, ainsi que nous avons dit, est féconde par son unité. Le mystère de l'unité de l'Eglise est dans les évêques comme chef du peuple fidèle ; et par conséquent l'ordre épiscopal enferme en soi avec plénitude l'esprit de fécondité de l'Eglise. L'épiscopat est un, comme toute l'Eglise est une : les évêques n'ont ensemble qu'un même troupeau, dont chacun conduit une partie inséparable du tout ; de sorte qu'en vérité ils sont au tout, et Dieu ne les a partagés que pour la facilité de l'application. Mais pour consommer ce tout en unité, il a donné un pasteur qui est pour le tout, c'est-à-dire, l'apôtre saint Pierre, et en lui tous ses successeurs.

XXXVIII. Ainsi Notre-Seigneur Jésus-Christ, voulant former le mystère de l'unité, choisit les apôtres parmi tout le nombre des disciples ; et voulant consommer le mystère de l'unité, il a choisi l'apôtre saint Pierre pour le préposer seul non-seulement à tout le troupeau, mais encore à tous les pasteurs ; afin que l'Eglise, qui est une dans son état invisible avec son chef invisible, fût une dans l'ordre visible de sa dispensation et de sa conduite, avec son chef visible qui est saint Pierre, et celui qui dans la suite des temps doit remplir sa place. Ainsi le mystère de l'unité universelle de l'Eglise est dans l'Eglise romaine et dans le Siége de saint Pierre : et comme il faut juger de la fécondité par l'unité, il se voit avec quelle prérogative d'honneur et de charité le saint Pontife est le Père commun de tous les enfans de l'Eglise. C'est donc pour consommer le mystère de cette unité que saint Pierre a fondé, par son sang et par sa prédication, l'Eglise romaine, comme toute l'antiquité l'a reconnu. Il établit premièrement l'Eglise de Jérusalem pour les Juifs, à qui le royaume de Dieu devoit être premièrement annoncé, pour honorer la foi de leurs pères, auxquels Dieu avoit fait les promesses : le même saint Pierre l'ayant établie, quitte Jérusalem pour aller à Rome, afin d'honorer la prédestination de Dieu, qui préféroit les gentils aux Juifs dans la grace de son Evangile ; et il établit Rome, qui étoit chef de la gentilité, le chef de l'Eglise chrétienne, qui devoit être principalement ramassée de la gentilité dispersée, afin que cette même ville, sous l'empire de laquelle étoient réunis tant de peuples et tant de monarchies différentes, fût le siége de l'empire spirituel qui devoit unir tous les peuples, depuis le levant jusqu'au couchant, sous l'obéissance de Jésus-Christ, dont à cette ville maîtresse du monde a été portée par saint Pierre la vérité évangélique, afin qu'elle fût servante de Jésus-Christ et Mère de tous ses enfans par sa fidèle servitude. Car avec la vérité de l'Evangile, saint Pierre a porté à cette Eglise la prérogative de son apostolat, c'est-à-dire la proclamation de la foi et l'autorité de la discipline.

XXXIX. Pierre confessant hautement la foi, entend de Jésus-Christ cet oracle[1] : *Tu es Pierre, et sur cette Pierre je bâtirai mon Eglise.* Saint Pierre déclarant son amour à son Maître, reçoit de lui ce commandement[2] : *Pais mes brebis, pais mes agneaux :* pais les mères, pais les petits; pais les forts, pais les infirmes; pais tout le troupeau. Pais, c'est-à-dire conduis. Toi donc, qui es Pierre, publie la foi et pose le fondement : toi qui m'aimes, pais le troupeau et gouverne la discipline.

XL. Ainsi éternellement, tant que l'Eglise sera Eglise, vivra dans le siége de saint Pierre la pureté de la foi et l'ordre de la discipline, avec cette différence que la foi ne recevra jamais aucune tache et que la discipline sera souvent chancelante; ayant plu à Jésus-Christ, qui a établi son Eglise comme un édifice sacré, qu'il y eût toujours quelque réfection à faire dans le corps du bâtiment, mais que le fondement fût si ferme que jamais il ne pût être ébranlé, parce que les hommes par sa grace peuvent bien contribuer à l'entretenir, mais ils ne pourroient jamais le rétablir de nouveau; il faudroit que Jésus-Christ vînt encore au monde. Et par là paroît l'effronterie de nos derniers hérétiques, qui n'ont pas rougi de dire dans leur confession de foi, que Dieu avoit envoyé Luther et Calvin pour dresser de nouveau l'Eglise. C'est l'affaire de Jésus-Christ : il n'appartenoit qu'à lui seul d'ériger cet édifice; et il falloit pour cela qu'il vînt au monde. Mais

[1] *Matth.*, XVI, 18. — [2] *Joan.*, XXI, 15 et seq.

comme il avoit résolu de n'y venir qu'une fois, il a établi son temple si solidement, qu'il n'aura jamais besoin qu'on le rétablisse, et il suffira seulement qu'on l'entretienne.

XLI. Vous pouvez connoître par tout ceci ce que le Pape et les évêques sont à l'Eglise de Dieu, et je n'ai que ce mot à ajouter, qui me semble une conséquence de ce que j'ai dit, que la grace du saint Siége apostolique, quoiqu'elle soit pour tous les fidèles, est particulièrement pour les évêques; et cela est si conforme à la discipline de l'Eglise, que je ne puis douter que cela ne soit équitable. J'avois d'autres choses à vous dire : mais peut-être Dieu permettra que je puisse les expliquer mieux de vive voix.

LETTRES

A MADAME DE MAISONFORT.

REMARQUES.

Madame de Maisonfort étoit liée à Madame Guyon par les nœuds de la parenté, et soumise à Fénelon par la déférence du respect; elle habitoit Saint-Cyr, lorsque ces deux apôtres du nouveau quiétisme s'efforçoient d'y répandre leurs erreurs; elle reçut les inspirations de l'un et les leçons de l'autre dans une ame plus ouverte au sentiment qu'à la raison.

La science jointe à la piété vint, grace au ciel, l'arracher à cette double direction. Appelé par Madame de Maintenon, Bossuet donna à Saint-Cyr deux conférences, la première le 5 février et la seconde le 7 mars 1696. Tout en éclairant les intelligences, sa parole toucha vivement les cœurs; et Madame de Maisonfort conçut le désir d'avoir une entrevue particulière avec le grand théologien. Madame de Maintenon pensa qu'une correspondance écrite amènerait plus de lumières sur les doctrines.

En conséquence Madame de Maisonfort soumit à Bossuet, dans deux longues lettres, de nombreuses questions; elle lui fit connoitre les principes de spiritualité qui régloient sa vie intérieure; mais dans une prudence toute féminine, pour s'assurer de la sincérité du grand évêque, elle ne lui révéla ni son nom, ni celui de Fénelon qui l'avoit conduite dans les voies mystiques. Les réponses de Bossuet ne lui rendirent pas la conviction, mais elles lui donnèrent la confiance; elles ne calmèrent pas entièrement l'agitation de son esprit, mais elles bannirent ses injustes soupçons. Aussi, dans une troisième lettre, fit-elle connoitre sa position sans détour, et demanda-t-elle une conférence particulière. Non-seulement Bossuet résolut de vive voix et par écrit ses difficultés; mais encore il lui promit pour l'avenir tous les conseils et toutes les décisions dont elle pourroit avoir besoin.

Malgré toutes ces démarches, Madame de Maisonfort resta, dans l'établissement de Saint-Cyr, sous le poids de fâcheux soupçons; son attachement inébranlable à Madame Guyon faisoit naitre des craintes sur la pureté de sa foi; elle fut envoyée à Meaux, chez les filles de Sainte-Marie. Le charitable évêque lui trouva, quelque temps après, un séjour plus paisible à la Visitation, et continua de lui prodiguer les secours de sa direction jusqu'en 1703.

Bossuet alla recevoir dans le ciel la récompense de son zèle et de sa foi. Alors Fénelon manifesta le désir de connoître les lettres qu'il avoit écrites à Madame de Maisonfort. Madame de Maisonfort lui envoya toute la correspondance, avec des notes et quatre *Avertissemens*, bénissant les soins paternels dont le saint prélat n'avoit cessé d'entourer sa foiblesse, et rendant hommage à la tendre affection qu'il conservoit dans son cœur pour l'archevêque de Cambray. Elle lui écrit : « Il étoit de l'avis du public sur votre esprit. Il me dit un jour : C'est la grande mode de trouver beaucoup d'esprit à M. de Cambray ; on a raison : il brille d'esprit, il est tout esprit, il en a bien plus que moi. »

Les papiers de Fénelon revinrent, après sa mort, à la maison de Saint-Sulpice, où il avoit étudié pendant trois ans la théologie, ou plutôt les auteurs mystiques, comme le cardinal de Bausset nous le dit lui-même. Un membre de cette savante communauté a publié chez Ad. le Clère, en 1828, les *Lettres à Madame de Maisonfort*. L'éditeur nous dit dans sa préface que Bossuet, bien loin de condamner les principes suivis par Fénelon dans la conduite des ames, « les approuve expressément quant au fond. » C'est précisément le contraire qui est vrai ; on verra que Bossuet combat à chaque page *expressément*, directement, les principes du quiétisme moderne, tels que les enseignoit Fénelon, comme la passiveté de l'ame dans l'oraison, l'inutilité des actes religieux, l'indifférence entre le ciel et l'enfer, l'impassibilité de la prière. Qu'on lise seulement les trois lignes que voici : « Le recueillement qui revient à la simple présence de Dieu ne contient ni espérance, ni désir, ni action de graces, ni demande ; et ainsi tous ces actes sont supprimés ; ce qui ne compatit pas avec l'Evangile ; » c'est-à-dire : les dogmes fondamentaux du nouveau quiétiste sont contraires à l'Evangile. Madame de Maisonfort tente vainement, dans ses notes, d'affoiblir les censures de Bossuet.

L'abbé Phelippeaux a publié en 1732, dans sa *Relation du quiétisme*, un extrait des deux premières lettres de Bossuet ; c'est ce morceau que les éditeurs des œuvres complètes donnent sous le titre de *Réponse aux difficultés de Madame de Maisonfort*.

Nous avons reproduit les lettres qui vont suivre, d'après l'imprimé de 1828.

LETTRES
A MADAME DE MAISONFORT.

LETTRE PREMIÈRE.

A Paris, 21 mars 1696.

Voilà, ma fille, mes réponses à vos demandes. Faites effort, afin que ma méchante écriture ne vous dégoûte pas du fond des choses. Quand vous aurez bien lu et bien compris, s'il reste quelque difficulté, vous pourrez encore la proposer, et je vous ferai réponse de Meaux, comme de Paris ou de Versailles. Prions Dieu les uns pour les autres, en l'unité du Saint-Esprit. Notre-Seigneur soit avec vous.

I. — Demande.

Saint François de Sales répondoit à ceux qui lui reprochoient le temps qu'il employoit à écouter certaines personnes, que si l'on savoit ce que c'est de mettre la paix dans un cœur, on s'estimeroit heureux d'y contribuer. J'espère, Monseigneur, qu'entrant dans les mêmes sentimens, vous ne vous rebuterez point de ce que je vais vous écrire.

Réponse. — Oui, j'entre de tout mon cœur dans les sentimens de ce digne évêque. Il faudroit écouter jusqu'à des inutilités, pour disposer ceux qui les disent à recevoir la consolation qu'on leur doit. A plus forte raison faut-il entendre vos propositions, qui sont sérieuses. Je vais donc y répondre article par article.

II. — Demande.

J'ai reçu des règles pour ma conduite intérieure, dans lesquelles j'ai besoin, Monseigneur, que vous m'affermissiez. Elles m'ont été données par un homme d'une grande lumière, d'une grande piété, que je crois même un saint, et qui m'a laissé cette idée toutes les fois que je suis sortie d'auprès de lui; qui m'a paru avoir grace pour moi, et sous la conduite duquel j'ai été mise par mes supérieurs : ce qui a été précédé, accompagné et suivi de circonstances qui ne me permettent pas de douter que Dieu ne me voulût sous une telle conduite.

C'est bien assez, ce semble-t-il, pour devoir être en paix sur les décisions d'un tel homme : mais ce n'est pas tout; elles ont été approuvées par un très-saint prêtre [1] que j'ai vu deux ou trois fois en ma vie et qui a du savoir; et par un nouveau directeur [2] que je consulte depuis quelque temps, qui est docte, généralement estimé, d'une grande piété, et qui est plutôt accusé d'être opposé à une spiritualité extraordinaire que de la favoriser. Ajoutez, s'il vous plaît, que mes supérieurs et mes confesseurs ne m'inquiètent point. Mais je m'inquiète moi-même; et pour ne vous rien dissimuler, cela vient de ce que les deux hommes dont je viens de parler sont un peu soupçonnés par quelques personnes de favoriser trop une certaine spiritualité, et que je crains [que le second] n'approuve les sentimens du premier que parce que son autorité l'entraîne. C'est ainsi que je raisonne en certains temps, que je pourrois, je crois, appeler momens de tentation. En d'autres temps, quoique je ne sois pas ferme dans les règles que j'ai reçues, je ne laisse pas d'être persuadée qu'elles sont conformes à la doctrine de saint François de Sales, excellentes en elles-mêmes, et proportionnées à mes besoins. Quelquefois je doute seulement de ce dernier, et crains uniquement qu'elles ne conviennent point à mes dispositions. Je vais, Monseigneur, vous en faire juge; et j'espère que si vous approuvez ces règles, cela m'y affermira, et me mettra dans la paix, qui est un bien si désirable.

Rép. — Vous paroissez dans une bonne disposition pour écouter Dieu; il ne reste qu'à l'écouter pour vous avant de vous parler.

III. — Demande.

Il y a environ six ans que Dieu a commencé à m'attirer au recueillement. Il y avoit plusieurs autres années que je m'appliquois

---

[1] C'étoit le bon M. Boudon, archidiacre d'Evreux. — [2] Vous reconnoissez à ce portrait M. Tiberge, à qui vous m'aviez conseillé d'avoir recours.

à l'oraison, et que j'aimois cet exercice. Je n'étois pas alors sous la conduite du directeur dont je viens de parler. Il me dit que lorsque je me sentois recueillie en la présence de Dieu, je devois y demeurer en paix : du reste il me conseilloit une oraison d'affection fort libre, de raisonner même si je m'y sentois portée, et d'être fort fidèle à suivre l'attrait de Dieu.

Plusieurs mois après, il me parut me gêner davantage, au moins par la manière dont j'entendis le conseil suivant : savoir, de chercher dans l'oraison l'occupation des actes et des sujets particuliers; mais que si l'un et l'autre m'échappoient, je pouvois demeurer en paix en la présence de Dieu, pourvu que j'y eusse de l'attrait, et que cette sorte d'occupation ne me rendît ni plus négligente pour me corriger, ni moins humble, ni moins docile, ni moins défiante de mes lumières, ni moins prête à être privée des consolations.

Comme j'ai l'esprit prodigieusement fertile en réflexions, et que je suis portée par timidité, aussi bien que par activité, à multiplier les actes à l'infini, cette décision de demeurer en la présence de Dieu, quand le reste m'échapperoit, m'embarrassoit : car lors même que j'étois recueillie, je ne laissois pas d'avoir des actes dans l'esprit; je n'étois même pas dans l'impuissance de faire des raisonnemens : ainsi les actes et les sujets ne m'échappoient point.

Trois mois après, on me dit qu'on avoit voulu m'en faire essayer, mais qu'on n'avoit pas eu intention que je m'en embarrassasse; on me dit de ne plus chercher cette sorte d'occupation, de me contenter de la simple présence de Dieu, si Dieu lui-même ne m'attiroit à quelque chose de distinct, soit acte ou occupation de quelque sujet; de revenir à cette présence de Dieu dès que je m'apercevrois de la distraction.

On m'a toujours depuis tenu le même langage, m'assurant qu'il n'y avoit rien à craindre quand on n'avoit pas voulu se mettre soi-même dans cette sorte d'oraison, et que les directeurs par industrie n'y avoient pas voulu introduire. On m'a reproché cent fois mon indécision; et j'avoue que je ne conçois pas comment je puis avoir tant de doutes sur ce qui m'est décidé par un homme en qui j'ai d'ailleurs une pleine confiance, et pour qui je sens une parfaite vénération.

Il m'a conseillé plusieurs fois de m'exciter par la lecture au recueillement dans les temps de sécheresse, si j'éprouvois que cela me réussît : mais lui ayant dit que, dès que j'avois commencé à faire un acte, je les multipliois à l'infini, ce qui me desséchoit le cœur, il me disoit alors de n'en point faire que quand le mouvement de la grace m'y porteroit; et une autre fois, lui ayant dit que je ne les multipliois plus trop et ne m'en trouvois pas mal, il me dit que, lorsque je ne sentirois plus rien dans mon fond et que je serois dans le dessèchement, je m'excitasse par quelque petit acte d'amour de Dieu ou autre fort court. Apparemment qu'à l'heure qu'il est, il me diroit de n'en plus faire; car j'en suis présentement revenue à les multiplier à l'excès, et depuis plus de quatre ans qu'on m'a déterminée à cette sorte d'oraison, je n'ai pas encore commencé d'une bonne manière à suivre cette voie.

J'ai naturellement l'esprit plus réfléchissant qu'une autre, l'imagination vive, en un mot une prodigieuse activité; la conscience timide, même portée au scrupule, et un amour-propre qui veut toujours se complaire dans son ouvrage, et s'assurer de faire quelque chose.

Rép. — C'est à des ames de cette sorte que l'oraison passive fait de grands biens, témoin la vénérable Mère de Chantal. Il faut faire, mais non pas s'assurer qu'on fait.

IV. — Demande.

Dans les temps où Dieu me fait sentir sa présence, je ne doute pas que cette voie ne me soit bonne, excepté dans les commencemens, où je crois que je n'étois pas assurée, lors même que j'étois recueillie. Présentement, souvent même dans les temps de sécheresse, je crois que rien ne m'est meilleur que ce qu'on m'a conseillé; mais comme je vous l'ai dit, Monseigneur, l'incertitude revient de temps en temps.

Je ne suis pas attirée bien extraordinairement; je n'ai point eu, pour entrer dans cette sorte d'oraison, ce signal dont vous avez parlé, je veux dire l'impuissance de pouvoir faire autrement; je sens bien seulement que les discours ne me sont point nécessaires pour me convaincre, puisque par la miséricorde de Dieu je suis convaincue des plus grandes vérités, et qu'ils ne le sont point aussi pour m'unir à Dieu.

Rép. — J'ai rapporté ce signal de l'impuissance comme celui que demandent tous les spirituels après le bienheureux Jean de la Croix; mais du reste, je suis pour moi bien persuadé qu'en se livrant à la seule foi, qui de sa nature n'est pas discursive ni raisonnante, on peut faire cesser le discours sans être dans l'impuissance d'en faire. Je ne veux pas assurer qu'on soit alors dans l'état d'oraison passive, ainsi que l'appelle ce bienheureux; mais, quoi qu'il en soit, cet état est bon et conforme à la doctrine de saint Paul, qui ne demande pas le discours, mais la seule foi, pour la conviction des choses qui ne paroissent pas. Quand donc je trouverai un chrétien qui, sans être dans cette impuissance de discours, ou sans songer qu'il y est, priera sans discours, je n'aurai rien à lui dire, sinon qu'il croie et qu'il vive en paix.

V. — Demande.

Il me paroît que ce qui est le plus conforme à ma disposition est un simple retour de mon cœur vers Dieu.

Rép. — Je n'ai rien non plus à dire contre ce simple retour du cœur à Dieu, pourvu qu'on l'entende bien; ce que nous verrons dans la suite.

VI. — Demande.

Je trouve que ce simple retour me convient, non-seulement pour l'oraison, mais dans le cours de la journée, pour revenir à Dieu, et que les oraisons jaculatoires ne me conviendroient pas si bien.

Rép. — Il faut d'abord supposer que ce simple retour à Dieu contient un acte de foi fort simple et fort nue avec toute son obscurité et toute sa certitude, et qu'il contient aussi un acte d'amour d'une pareille simplicité.

Les oraisons jaculatoires sont des affections expresses, qui pourroient sortir de ce fond de foi et d'amour; mais l'ame qui a ce fond peut se passer de ces affections, et jusque-là je suis d'accord avec vous.

VII. — Demande.

Je trouve aussi que la simple attente du recueillement, pour ainsi dire, m'y prépare mieux que ne feroient les efforts. J'entends par cette attente une certaine tranquillité où je tâche de me mettre, et une attention à Dieu qui est quelquefois bien sèche et presque imperceptible.

Rép.— La difficulté commence lorsque, après avoir dit l'état où vous êtes durant le cours de la journée, vous réduisez toute votre action à une simple attente du recueillement; de sorte que, de journée à journée, il ne vous reste aucun lieu pour les actes expressément commandés de Dieu.

Le recueillement qui revient à la simple présence de Dieu ne contient ni espérance, ni désir, ni action de graces, ni demande; et ainsi tous ces actes sont supprimés : ce qui ne compatit pas avec l'Évangile.

La simple attente est très-distinguée de l'excitation qu'on se fait à soi-même. Or, de croire qu'on en vienne en cette vie à un état où l'on n'ait jamais besoin de cette excitation, David nous est un bon témoin du contraire, puisqu'il en revient si souvent à dire : « Elevez-vous, ma langue; mon ame, bénis le Seigneur; mon ame, loue le Seigneur. J'ai dit : J'observerai mes voies, pour ne point pécher par la parole, » etc.

Il y a de doux efforts que la foi et l'amour inspirent, et rendent fort naturels.

Les spirituels nous enseignent que, s'il y a quelques ames qui soient tellement mues de Dieu qu'elles n'aient aucun besoin de faire effort, ce sont des ames uniques et privilégiées, comme seroit la sainte Vierge, ou quelque autre qui en ait approché[1].

---

[1] Si M. de Meaux eût bien pris ma pensée, et que je me fusse mieux expliquée, il ne m'auroit pas dit tout ceci; car, outre que je ne parlois que pour le temps de l'oraison, comme cela se verra dans la suite, cette tranquillité douce dans laquelle je tâchois de me mettre étoit excitée par cet acte de simple retour, que le prélat convient être un doux effort, l'acte le plus réel, et contenir même deux actes distincts. (Le lecteur verra dans un instant que Bossuet parloit, lui aussi, du temps de l'oraison.)

VIII. — Demande.

J'aurois peine à dire précisément ce que c'est que mon oraison, sinon que c'est un simple souvenir de Dieu, ou attention à Dieu, sans rien de distinct, sans me le représenter en nul endroit, et sans même le chercher au dedans de moi.

Rép. — Tout cela se peut pour le temps de l'oraison ; mais Dieu prescrit d'autres exercices pour le cours de la vie. Encore faut-il prendre garde de ne point exclure du temps spécial de l'oraison l'espérance, la demande, et l'action de graces. Je suis de l'avis de ceux qui n'obligent point à chercher Dieu uniquement en nous-mêmes, puisqu'on le peut également regarder au ciel où Jésus-Christ tournoit ses regards, ou en lui-même indépendamment de tout lieu, quoiqu'il y ait une manière admirable de le regarder en son intérieur, comme celui qui y forme la prière.

IX. — Demande.

Cette attention à Dieu est quelquefois accompagnée d'une douceur sensible, et d'une difficulté aux actes distincts et à prier vocalement. Je sens même souvent cette difficulté aux prières vocales dans des temps de sécheresse. On m'a dit de me contenter des prières prescrites.

Rép. — Je crois que, par les prières prescrites, vous entendez l'office et les autres d'observance. Il y faut aussi ajouter celles que le confesseur donne pour pénitence ; mais il n'est pas nécessaire de se charger de beaucoup de prières de cette sorte.

X. — Demande.

Un homme que je n'ai vu que deux ou trois fois en ma vie[1] m'a dit que, quand on ne pouvoit qu'avec difficulté dire les prières marquées pour gagner les indulgences, parce qu'on se sentoit attiré au recueillement, il n'y avoit qu'à s'abstenir de ces prières.

Rép. — Je le crois ainsi ; mais dans le cas présent, où il s'agit de difficulté et non d'impossibilité, je crois plus humble, et par

---
[1] C'étoit M. Boudon, dont j'ai déjà parlé.

là plus sûr, de dire les prières prescrites dans un jubilé. On a sept jours, et on peut partager ces prières dans tout ce temps. La difficulté peut faire en ce cas partie de la pénitence ; mais après tout, il ne faut pas gêner ces ames sans nécessité.

XI. — DEMANDE.

Il me semble qu'entre les personnes qui sont dans cette oraison simple, les unes n'ont nulle difficulté aux prières vocales, les autres en ont beaucoup, et quelques autres y ont une espèce d'impossibilité. Il est rapporté que la Mère Marie de l'Incarnation, qui a établi les Carmélites en France, ne pouvoit dire un *Pater* de suite.

Rép. — Je crois ces dispositions très-réelles dans les ames. Il est écrit dans la *Vie du P. Baltasar Alvarez*, qu'il fallut demander pour saint Ignace de Loyola la dispense de dire le Bréviaire, à cause de l'absorbement où il en étoit d'abord. Cela n'empêche pas que l'on ne doive de temps en temps tenter la prière vocale, la commencer du moins si l'on ne peut l'achever, avoir la volonté de la faire si l'on n'en a pas l'effet, afin d'adorer Dieu de tout ce qu'on est, c'est-à-dire de l'extérieur et de l'intérieur, sans gêne toutefois, avec une sainte liberté ; car elle est inséparable de l'amour.

XII. — DEMANDE.

Les temps de sécheresse sont fréquens chez moi ; mais je les supporte mieux que l'inquiétude et le trouble.

Rép. — Il faut se laisser troubler quand Dieu le veut, parce que ce trouble est quelquefois le trouble de l'eau par l'ange, qui précède la guérison. C'est quelquefois une participation du trouble de la sainte ame de Notre-Seigneur, qu'il faut remarquer dans l'Evangile en diverses occasions.

XIII. — DEMANDE.

Il me paroît que le mieux alors seroit de tâcher de se calmer en la présence de Dieu ; et les réflexions et les discours (supposé qu'on en puisse faire, ce qui ne seroit peut-être pas impossible) ne remédieroient pas à ces inquiétudes et à ces troubles.

Rép. — Le discours n'accoise pas de tels troubles ; une douce conformité à la volonté de Dieu en est le seul remède, et l'exemple de Jésus-Christ nous y conduit.

XIV. — Demande.

C'est dans ces temps de trouble que je me jette dans la multiplicité des actes, pour m'assurer, sans y pouvoir parvenir.

Rép. — Il ne faut chercher d'assurance qu'en la seule bonté de Dieu, et entièrement hors de soi-même, surtout celles qui expérimentent, comme vous, que ces assurances qu'on cherche ailleurs n'ont point l'effet qu'on en prétend. Sans multiplier les actes par un travail inutile, il y en a de fort simples qu'on peut pratiquer.

XV. — Demande.

Une lettre de Madame de Chantal aux supérieures de son Ordre, où elle parle de certaines ames attirées à une oraison si simple qu'il leur paroît qu'elles ne font rien, qui veulent toujours agir par la crainte de perdre le temps, et qui ont un grand besoin qu'on les encourage à suivre l'attrait de Dieu, m'a fort consolée. J'ai cru trouver mon portrait dans cette lettre, excepté que Madame de Chantal dit que, pour l'ordinaire, on voit reluire une grande pureté et une grande régularité dans ces ames.

Rép. — Vous avez raison d'être consolée de cette lettre. Nous parlerons tout à l'heure de la pureté et régularité que Dieu demande à ces ames.

XVI. — Demande.

Ce qui devroit le plus faire douter ceux qui me conduisent, et moi-même, de mon oraison, c'est le peu de progrès que je fais dans la vertu. Il me paroît, et à bien des gens, qu'au lieu d'avancer, je recule. Non-seulement on ne voit guère de progrès en moi pour la correction de certains défauts extérieurs, mais je trouve mes dispositions intérieures plus imparfaites qu'elles n'étoient.

Rép. — La grande et la seule preuve de la bonne oraison est le changement de la vie. Le dessein de l'oraison n'est pas de nous faire bien passer quelques heures avec Dieu, mais que toute la vie s'en ressente et en devienne meilleure. Mais la difficulté est de bien faire cet examen de la vie, parce que Dieu cache souvent le progrès des ames, non-seulement à elles-mêmes, mais à leurs directeurs, s'ils ne sont extrêmement attentifs : il le cache même quelquefois sous une forme contraire. Je crois, pour moi, que la grande épreuve doit être à l'égard de la charité fraternelle. Si l'extérieur est bien réglé sur cela, on doit croire que l'oraison fait son effet, qu'elle porte son fruit, et par conséquent qu'elle est bonne, quelque mauvaise disposition qu'on sente au dedans, parce que la véritable disposition est celle qui paroît par les œuvres, selon cette parole de Notre-Seigneur : *Vous les connoîtrez par leurs œuvres et par leurs fruits*. Ainsi un confesseur attentif, et qui puisera ses lumières dans la prière, sentira à la longue si la charité et l'obéissance prévalent, surtout s'il est soigneux à observer certaines occasions délicates et surprenantes, où il est malaisé que l'ame n'agisse selon son fond, et qu'elle se démente elle-même.

XVII. — Demande.

Je ne suis point assez livrée à la grace.

Rép. — Ce mot peut avoir un bon et un mauvais sens. Le bon est de se livrer à l'esprit contre la chair; le mauvais est de croire être livré à la grace, quand on est dans la pure attente[1], sans vouloir agir de son côté ou s'exciter soi-même à agir.

XVIII. — Demande.

Le nouveau directeur dont j'ai parlé, à qui je me confesse quelquefois, trouve que je suis plus mauvaise que je ne l'étois autrefois; mais il n'en conclut point que je sois dans l'illusion.

Rép. — Humiliez-vous sous son jugement; c'est beaucoup qu'il vous rassure contre l'illusion. Vivez dans l'obéissance, et gardez-vous bien de vous juger vous-même, en bien ni en mal, d'un jugement qui tende à un changement de conduite; car pour le

[1] Ce mot d'*attente* avoit frappé ce prélat dans un sens fort opposé à mon intention. — On voit que Bossuet ne comprend jamais bien.

jugement qui consiste à présumer contre soi-même, on ne s'y trompe guère, et en tout cas, la tromperie est heureuse.

XIX. — Demande.

Il y a dans saint François de Sales un endroit consolant; c'est celui où il dit que Dieu met souvent dans cette oraison simple des ames imparfaites. Sans cela, ce que j'éprouve de misères augmenteroit les craintes que j'ai quelquefois; car ma vie ne répond point à mon oraison ni à mes sentimens.

Rép. — Cet endroit de saint François de Sales est en effet consolant pour les ames attirées à une oraison fort simple et fort pure; mais quoique cette doctrine soit très-véritable, il faut pourtant à la fin que l'oraison fasse son effet, puisqu'elle est donnée pour cela, et que Dieu n'agit point en vain, ni n'envoie point des attraits toujours stériles. Il faut pourtant marcher sans crainte, et sans s'appuyer sur sa propre fidélité, mais en dilatant son cœur du côté de Dieu en foi et en amour.

XX. — Demande.

L'homme que j'ai cité ci-dessus [1], en parlant des prières vocales, prétendoit qu'une ame de bonne foi et d'une disposition telle qu'il supposoit la mienne, ne se confesse point sans avoir celles qui sont nécessaires au sacrement de pénitence; qu'en allant à confesse, son intention est non-seulement d'exposer les fautes qu'elles a commises, mais de haïr par amour pour Dieu son péché et son imperfection; que cette haine qu'elle a pour le péché passé, la porte à ne le plus commettre; qu'elle va chercher dans le sacrement le pardon, en tant qu'il est inséparable de la grace et de l'amour de Dieu dont elle ne veut jamais se déporter, et dans lequel elle ne cherche qu'à croître; qu'il n'est pas nécessaire que ces dispositions soient sensibles, ni d'être sûr d'avoir fait tous ces actes distinctement. Ainsi il me dit qu'il n'étoit pas nécessaire que je fisse d'acte positif de contrition.

---

[1] C'est M. Boudon, qui étoit du sentiment que je vais marquer; et dans le doute que M. de Meaux en dût être aussi, j'aimois mieux citer cet homme inconnu qu'un autre.

Rép. — Il a raison, et je suis de son sentiment. J'y ajouterois seulement une chose, en quoi il seroit aussi du mien, qui est qu'avec toutes ces bonnes dispositions, cette ame doit faire de temps en temps un acte de foi fort simple sur la rémission des péchés, et sur la haine que Dieu a pour le péché, ou sur sa sainteté qui le rend incompatible avec lui : non que je veuille qu'elle se tourmente à faire cet acte expressément dans la confession ; il suffit de le faire de temps en temps, quand elle en aura la liberté toute entière, car c et acte fait sans angoisse fortifie la bonne disposition : d'où il arrive que, dans chaque temps, on fait ce qu'il faut, comme sans y penser. Si vous ne m'entendez pas, dites-le-moi simplement, je tâcherai de me mieux faire entendre.

XXI. — Demande.

Saint François de Sales disoit à Madame de Chantal que la contrition est fort bonne sèche et aride, parce que c'est une action de la partie supérieure.

Rép. — La réponse du Saint est admirable, et montre qu'il supposoit dans sa sainte fille un vrai acte de contrition, quoique sec.

XXII. — Demande.

Dans un de ses *Entretiens*, il dit qu'il ne faut presque point de temps pour faire l'acte de contrition, puisqu'il ne faut autre chose que se prosterner devant Dieu en esprit d'humilité, et de repentance de l'avoir offensé.

Rép. — Tout cela est véritable et incontestable; mais si vous y prenez garde, tout cela suppose un vrai et actuel mouvement dans l'ame contre le péché, en la manière expliquée ci-dessus. Il est impossible qu'une ame de bonne volonté aille à confesse sans avoir ce sentiment dans le cœur, quoique souvent on puisse n'y faire pas de réflexion, ou en faire plus ou moins.

XXIII. — Demande.

Celui que je vous ai cité disoit qu'un Jésuite, nommé le P. Sagot ou Bagot, étoit de son sentiment sur l'acte de contrition pour la confession.

Rép. — C'est apparemment le P. Bagot, homme célèbre.

XXIV. — Demande.

Quoique ma timidité et mon activité m'aient toujours portée à faire plutôt trop d'actes que pas assez, je ne laissai pas apparemment de suivre quelque temps le conseil de me confesser sans faire d'acte distinct. Je n'en suis pourtant pas sûre; j'entrai sur cela dans le scrupule. Le nouveau directeur m'a rassurée.

Rép. — Il a eu raison; vous devez vivre en paix sur sa parole. Je ne crois pas que jamais la confession puisse être révoquée en doute sur ces sortes d'appréhensions; et quand il y auroit quelque défaut, ce qu'on ne doit pas présumer, ce sont de ces défauts qui sont suppléés en disant de bonne foi : *Ab occultis meis munda me*; purifiez-moi de mes fautes et de mes défauts cachés. Il n'est point besoin de pénétrer davantage, mais de se plonger dans l'abîme de la bonté de Dieu, en pure perte de tout appui créé, sans chercher jamais d'autre assurance.

XXV. — Demande.

Quoique j'aie quelquefois de la difficulté aux actes distincts dans le temps de la confession, et que j'en aie fait avant d'entrer dans le confessionnal, je fais de nouveaux efforts par timidité pour les renouveler.

Rép. — Ne faites point ces seconds efforts, et faites tranquillement et simplement les premiers.

XXVI. — Demande.

J'ai pratiqué pendant quelque temps cette manière-ci de m'examiner : je me mettois simplement en la présence de Dieu, dans le désir de me souvenir de mes péchés, et puis je disois ceux qui me venoient.

Rép. — Souvent, sans faire tous ces actes distinctement, on peut laisser venir les péchés comme tous seuls, et les dire comme ils viennent, après un peu de recueillement; ce qui s'entend des ames de bonne volonté, à qui aussi très-souvent leur bonne volonté suffit pour toute préparation.

Il est bien certain en tout état, qu'il faut moins de préparation pour ceux qui fréquentent les sacremens, que pour les autres.

XXVII. — DEMANDE.

M. l'évêque de Belley (a) paroît goûter ces idées d'abandon et de désintéressement qui vont un peu loin. Il cite avec éloge ce que saint François de Sales dit dans le IV° chapitre du IX° livre *de l'Amour de Dieu*, que le cœur indifférent préféreroit l'enfer au paradis, s'il savoit qu'en celui-là il y eût un peu plus du bon plaisir de Dieu qu'en celui-ci, etc. M. de Belley ajoute que le Saint ne s'est pas contenté de mettre dans le *Traité de l'Amour de Dieu* cette proposition ; qu'il a encore dit dans ses *Entretiens*, que les saints qui sont au ciel ont une telle union avec la volonté de Dieu, que s'il y avoit un peu plus de son bon plaisir en enfer, ils quitteroient le paradis pour y aller.

Rép. — Je ne sais pas ce qu'a dit M. de Belley ; mais je crois savoir que saint François de Sales ne parle jamais d'indifférence dans le choix du paradis et de l'enfer. Il dit bien que si, par impossible, il y avoit plus du plaisir de Dieu dans l'enfer, le juste le préféreroit ; ce qui est certain : mais comme cela n'est pas et ne peut être, c'est précisément pour cela qu'il n'y a point d'indifférence, ne pouvant jamais y en avoir entre le possible et l'impossible, entre ce que Dieu veut effectivement et ce que non-seulement il ne veut pas, mais encore qu'il ne peut pas vouloir.

XXVIII. — DEMANDE.

M. de Belley dit encore que, quand saint Philippe de Néri assistoit certaines personnes à la mort, il leur disoit : Abandonnez-vous à Dieu sans réserve, soit à salut ou à damnation; il n'y a rien à craindre en s'abandonnant ainsi, puisqu'il est impossible à Dieu d'envoyer aux ténèbres extérieures une ame soumise à sa

---

(a) Jean-Pierre Camus, ami de saint François de Sales, qui le sacra évêque de Belley 1609. Il résigna son évêché en 1629, et se retira vers la fin de sa vie à l'hôpital des Incurables, à Paris, où il mourut le 26 avril 1652, âgé de soixante-dix ans.

volonté, puisqu'elles ne sont destinées qu'aux rebelles à sa lumière et à son amour.

Rép. — Je ne saurois approuver cette alternative, ni que l'homme puisse consentir à sa damnation ; c'est une chose qui n'a d'exemple ni dans l'Ecriture ni dans aucun Saint. J'entends bien qu'on abandonne son salut à Dieu, parce qu'on ne peut remettre en meilleures mains ce qu'on désire le plus, et ce que lui-même nous commande de désirer.

XXIX. — Demande.

Je ne me souviens pas bien si, dans ce que je viens de citer de saint Philippe de Néri, il n'y a pas beaucoup du raisonnement de M. de Belley, qui dit encore dans le même endroit, que sainte Catherine de Sienne consentit d'être en enfer pour l'éternité, pourvu que ce fût sans perdre la grace ; et il ajoute que plusieurs autres saints et saintes ont eu la même pensée, qui semble, dit-il, fondée sur ce souhait de Moïse, d'être effacé du livre de vie, pourvu que Dieu pardonnât à son peuple, et sur celui de saint Paul, d'être anathème pour ses frères.

Rép. — Le souhait ou consentement de sainte Catherine de Sienne est le même que celui de Moïse ou de saint Paul, qui procède toujours par l'impossible, et ainsi ne présuppose aucun souhait réel, ni aucune indifférence dans le fond ; car on ne peut dire que Moïse ni saint Paul aient sacrifié à Dieu une chose indifférente : au contraire, tout le mérite de cette action ne peut être que de lui avoir sacrifié ce qu'on désire le plus, et encore de le lui avoir sacrifié sous une condition impossible de soi. Or en cela il n'y a rien moins qu'indifférence, puisque l'impossible ne peut pas même être l'objet de la volonté, et qu'il ne peut y avoir d'indifférence entre le possible et l'impossible, c'est-à-dire entre ce qu'on sait que Dieu veut et ce qu'on sait qu'il veut si peu, qu'il ne peut pas même le vouloir, ainsi qu'il a été dit.

XXX. — Demande.

Dans un livre du P. Saint-Jure, qu'on lisoit il y a quelque temps au réfectoire, il dit que la charité pure n'est touchée ni des menaces ni des promesses, mais des seuls intérêts de Dieu ; qu'une personne qui aime Dieu purement ne le sert point pour la récompense considérée par rapport à son intérêt, mais seulement pour l'amour de Dieu ; que si elle devoit être anéantie à sa mort, elle ne l'aimeroit pas moins ; que celui qui aime ainsi n'observe point les commandemens par la crainte des châtimens éternels, et ne craint point l'enfer pour sa considération propre, mais pour celle de Dieu.

Rép. — Ces expressions doivent être entendues avec un grain de sel ; c'est-à-dire en expliquant que la charité ou l'amour pur n'est pas touché des promesses en tant qu'elles tournent à notre avantage, mais en tant qu'elles opèrent la gloire de Dieu et l'accomplissement parfait de sa volonté, comme il est ici remarqué. Il y faut encore ajouter que la gloire de Dieu est la fin naturelle de ces désirs, de sorte que le désir du salut naturellement de soi est un acte de pur amour. Saint Jean nous dit bien que *la parfaite charité chasse la crainte ;* mais il ne dit pas de même qu'elle chasse l'espérance, ni le désir qui en est le fruit naturel.

XXXI. — Demande.

De tout cela ne peut-on pas conclure que, quoique le bonheur éternel ne puisse être réellement séparé de l'amour de Dieu que dans nos motifs, on peut néanmoins séparer ces deux choses ; qu'on peut aimer Dieu purement pour lui-même, quand même cet amour ne devroit jamais nous rendre heureux ; et que si Dieu devoit nous anéantir à la mort, ou nous faire souffrir un supplice éternel sans perdre son amour, on ne l'en serviroit pas moins ; que ce qu'on veut à l'égard du salut, est l'accomplissement de la volonté de Dieu et la perpétuité de son amour ; qu'enfin on peut ne vouloir point son salut comme son propre bonheur, et à cet égard y être indifférent ; mais qu'on le veut comme une chose que Dieu veut, et en tant que le salut est la perpétuité de l'amour divin? Et c'est proprement ce que dit le P. Saint-Jure dans l'endroit que j'ai cité ; car, après avoir parlé du désintéressement des ames attirées au pur amour, il conclut par dire qu'elles désirent leur salut plus que les autres personnes, mais non pour leur propre intérêt.

Rép. — Sainte Thérèse fait expressément cette supposition, qu'on aimeroit Dieu à ce moment, quand même on devroit être anéanti dans le suivant : mais cela ne conclut point à l'indifférence entre le possible et l'impossible, par les raisons qui ont été dites. Par là, on voit que je ne nie point les abstractions marquées dans l'article précédent ; mais ce qui fait que je ne les crois pas nécessaires pour la perfection, c'est que plusieurs Saints n'y ont jamais songé. Les véritables motifs essentiels à la perfection, c'est d'y regarder le réel comme Dieu l'a établi, et non pas ce qu'on imagine sans fondement. Ainsi ces expressions ne sont tout au plus que des manières d'exprimer que l'amour qu'on a pour Dieu est à toute épreuve : j'ajoute qu'il est dangereux de les rendre si communes ; car elles ne sont sérieuses que dans les Paul, dans les Moïse, dans les plus parfaits, et après de grandes épreuves.

XXXII. — Demande.

Saint François de Sales reprenoit ses filles, quand elles parloient de mérite, leur disant que si nous pouvions servir Dieu sans mériter, nous devrions choisir de le servir ainsi.

Rép. — Cette proposition est de même que seroit celle-ci : Si nous pouvions servir Dieu sans lui plaire, il le faudroit faire ; car mériter et plaire à Dieu est précisément la même chose. Il faut donc entendre sainement ces sortes de suppositions, et n'en conclure jamais qu'on doit être indifférent à mériter ou à voir Dieu, non plus qu'à lui plaire. Qui dit charité, dit amitié des deux côtés et un amour réciproque, pour lequel si on étoit indifférent, on cesseroit d'aimer Dieu.

XXXIII. — Demande.

Il est dit dans la *Vie de M. Olier*, que la pureté de son amour fut telle, que dans un temps d'épreuve où il se trouva, il s'offrit de bon cœur à endurer les peines de l'enfer pour toute l'éternité, si Dieu devoit trouver sa gloire à les lui faire souffrir.

Rép. — On trouve la même chose à peu près dans la *Vie de*

saint François de Sales. Mais il y a deux observations à faire dans tous ces exemples : l'une, de les entendre sainement ; l'autre, de se bien garder de rendre ces suppositions aussi vulgaires qu'on fait, parce que bien certainement c'est se mettre au hasard de les rendre illusoires, présomptueuses, et une vraie pâture de l'amour-propre par une vaine idée de perfection. Saint Pierre a été repris pour avoir cru son amour, quoique fervent, à l'épreuve de la mort. Quelle distance d'un martyre passager à un supplice éternel ! Le sens est : J'aimerois mieux mille enfers que de m'écarter pour peu que ce fût, par le moindre péché véniel, de la volonté de Dieu ; et si Dieu, par une impossible supposition, pouvoit mettre sa gloire dans le tourment éternel de ceux qu'il aime, je consentirois à cette épreuve. Mais ces suppositions et conditions impossibles n'altèrent rien dans ce qu'on veut actuellement, et par conséquent sont infiniment éloignées de l'indifférence.

XXXIV. — Demande.

Obligez-moi, Monseigneur, de m'expliquer ces expressions : « Se perdre en Dieu, s'abandonner non-seulement à sa miséricorde, mais à sa justice ; et ces paroles de Notre-Seigneur, que *celui qui perd son ame, la recouvrera pour la vie éternelle.* »

Rép. 1° — Se perdre en Dieu, c'est s'oublier soi-même pour n'avoir le cœur occupé que de lui, et s'absorber dans l'infinité de sa perfection, par une ferme foi qu'on ne peut ni rien penser ni rien faire qui soit tant soit peu digne de lui. 2° On peut s'abandonner à sa justice comme à sa miséricorde, en considérant une justice qui est en effet une miséricorde, qui frappe en cette vie pour épargner en l'autre : mais qu'on puisse jamais s'abandonner à la justice de Dieu pour la porter en toute rigueur, c'est ce qui ne s'est trouvé nulle part, parce que cette justice à toute rigueur enferme la damnation et toutes ses suites, jusqu'à l'éternelle privation de l'amour de Dieu, qui entraîne l'esprit de blasphème et de désespoir, et en un mot la haine de Dieu ; ce qui fait horreur : et c'est ce qui me fait dire que ceux qui parlent ainsi ne s'entendent pas eux-mêmes. 3° Perdre son ame, selon le précepte de Jésus-Christ, c'est dans toute son étendue renoncer entièrement à soi-même et à toute propre satisfaction, pour uniquement contenter Dieu.

XXXV. — Demande.

Quelque éclaircissement encore, s'il vous plaît, sur ce dénuement dont parle saint François de Sales, et cette perte même des vertus et du désir des vertus ; et sur ce qu'il dit que l'amour est fort comme la mort pour nous faire tout quitter, et magnifique comme la résurrection pour nous parer de gloire et d'honneur (fin du IX° liv. *de l'Amour, de Dieu.*) Ces endroits-là ne m'auroient, ce me semble, point embarrassée, s'il ne me sembloit que certaines choses approchantes sont blâmées.

Rép. — Saint François de Sales dit que dans l'état de perfection, on perd les vertus en tant qu'on y cherche à se contenter soi-même, et qu'en même temps on les reprend comme contentant Dieu ; ce qui est très-juste. Il n'est pas permis de songer à exterminer en soi-même ses bonnes œuvres ou ses actes tant qu'on les aperçoit ; car les apercevoir n'est pas mauvais, mais peut être très-excellent, pourvu que ce soit pour en rendre graces à Dieu et confesser son nom, comme ont fait les apôtres et les prophètes en cent et cent endroits. Alors c'est une erreur de dire qu'on soit propriétaire de ces actes. En être propriétaire, c'est les faire de soi-même comme de soi-même contre la parole de sain Paul, et se les attribuer plutôt qu'à Dieu.

XXXVI. — Demande.

La lettre LXXIII et la CLVII de M. Oreli m'ont paru bien fortes ; mais comme tout cela est infiniment au-dessus de moi, l'éclaircissement que j'ose, Monseigneur, vous demander, est seulement pour avoir sur cela une idée qui ne me rende point suspect ce qui est innocent, et qui m'empêche d'approuver ce qui iroit trop loin.

Rép. — Je n'ai point vu ces lettres de M. Olier, ne les trouvant point sous ma main. Je vous dirai seulement que tout ce qui est contraire à la doctrine précédente est faux et insupportable, sauf à excuser les auteurs en corrigeant leurs exagérations par d'autres passages, s'il s'en trouve, sinon en les laissant là pour ce qu'ils sont, sans s'y arrêter.

XXXVII. — Demande.

Je serois bien aise aussi de savoir si cette manière simple d'unir notre volonté à celle de Dieu, dont parle saint François de Sales dans le xiv⁰ chapitre du IX⁰ livre se peut étendre jusqu'aux volontés de Dieu signifiées, aussi bien qu'aux événemens. Il semble qu'il entend tout, car il cite d'abord un des commandemens de Dieu. Il est vrai que dans la suite du chapitre, il ne parle plus que des événemens.

Rép. — L'esprit du Saint, dans ce chapitre, est d'expliquer deux manières de se conformer à la volonté de Dieu : l'une, en voulant ce qu'il veut par un acte positif de notre volonté, qui est la manière de vouloir l'accomplissement de sa volonté signifiée par ses commandemens ; l'autre, par forme d'acquiescement en général à la volonté de Dieu, plutôt que par forme de volonté positive de cette chose-ci ou de celle-là : et cette manière-là est celle qu'il propose par rapport aux événemens, comme il paroît par la suite. Tout ce qu'il dit de la disposition du saint Enfant Jésus, sur son abandon à l'extérieur à la volonté de sa sainte Mère, se doit entendre par rapport aux événemens, comme d'être porté au temple, ou en Egypte, ou à Nazareth et partout ailleurs. Car en cela le Fils de Dieu étoit absolument sans action, ce qu'il faut entendre à l'extérieur ; car au dedans on sait bien que c'est lui qui conduisoit sa sainte Mère. Il faut donc l'imiter, en se laissant pour ainsi dire porter par notre mère la Providence à cet événement ou à celui-là, sans prescrire à Dieu ce qu'il voudra qui nous arrive dans tout le cours de la vie, et sans lui marquer sur cela aucun désir empressé. Conférez ce chapitre avec le vi⁰, où vous verrez comment on peut vouloir saintement et fortement tout ensemble le contraire de ce que Dieu veut, et vous verrez ce que c'est que s'unir parfaitement à sa volonté.

Conclusion : il faut vouloir positivement ce que Dieu commande ; et à l'égard des événemens, se laisser conduire par un très-simple acquiescement, sans pour cela se priver de vouloir certains événemens même extérieurs, lorsque Dieu nous y incline en quelque sorte que ce soit, comme il est porté au chapitre VI et en cent autres endroits.

Remarquez aussi ces paroles du chap. IV : « Le cœur le plus indifférent du monde peut être touché de quelque affection. »

Si l'on poussoit à toute rigueur toutes les expressions du saint évêque, il seroit impossible de les concilier ensemble : il les faut donc prendre par le gros, et croire seulement avec une foi certaine qu'à l'égard des événemens de la vie, parmi lesquels il faut compter les consolations et les sécheresses, quand il est question de conclure, il se faut conserver assez d'indifférence pour dire du fond du cœur : *Votre volonté soit faite. Amen, amen.*

XXXVIII. — DEMANDE.

Voici, Monseigneur, divers passages de saint François de Sales, que je vous supplie d'agréer que je vous marque ici. Il dit dans l'*Entretien de la Confiance*, en parlant de l'occupation intérieure d'une ame toute abandonnée à Dieu, qu'elle ne fait autre chose que de demeurer auprès de Dieu, comme « Madeleine, toute abandonnée à sa sainte volonté, qui l'écoutoit lorsqu'il parloit, et lorsqu'il cessoit de parler, qui cessoit d'écouter, mais qui ne bougeoit pourtant d'auprès de lui. »

RÉP. — Ne bouger d'auprès du Sauveur, même quand il cesse de parler, c'est secrètement prêter l'oreille comme prêt à recevoir la moindre parole, et ne rien perdre du discours dès qu'il daignera le recommencer : ce qu'il y a à conclure de là, c'est qu'il ne faut point être agité, ni se livrer à une inquiète mobilité ; mais ce n'est pas à dire qu'on n'agisse point.

XXXIX. — DEMANDE.

Le Saint dit dans un petit chapitre qui a pour titre *Exercice du dépouillement de soi-même* : « Demeurez fidèlement invariable en cette résolution de vous tenir en la très-simple unité et très-unique simplicité de la présence de Dieu, par un entier dépouillement et remise de vous-même entre les bras de sa sainte volonté ; et toutes les fois que vous trouverez votre esprit hors de cet agréable séjour, ramenez-l'y doucement, sans faire pourtant des actes sensibles de l'entendement ni de la volonté. » etc.

Rép. — Ramener son esprit, n'est-ce pas un acte et une sorte d'effort sur soi-même, mais doux et tranquille? Quand on le fait, on le sent, et si l'on dit qu'il n'est point sensible, c'est que ce n'est point de son acte qu'on est occupé, mais de Dieu.

XL. — DEMANDE.

Plus bas, il ajoute : « S'il vous dépouilloit même des consolations et sentimens de sa présence, c'est afin que sa présence même ne tienne plus votre cœur. »

Rép. — Le sensible se diminue jusqu'à l'infini, et un sensible plus grossier se perd dans un sensible plus simple et plus simple encore, et ainsi toujours; et tout cela est quelquefois absorbé dans un inconnu : mais il n'y a rien à conclure de là contre les actes même distincts, comme on le verra dans la suite.

XLI. — DEMANDE.

Dans un autre petit chapitre, qui a pour titre : *D'une oraison où l'ame, sans user de discours, regarde Dieu présent*, saint François de Sales paroît s'apostropher lui-même dans ce chapitre; mais je crois que c'est une lettre qu'il écrivoit à la Mère de Chantal, lorsqu'elle croyoit que s'il commandoit à son esprit, qui vouloit toujours discourir, de s'arrêter, il craindroit le commandement. Je vous cite, Monseigneur, ces deux petits chapitres, parce qu'ils ne sont pas dans les livres ordinaires, où les œuvres de saint François de Sales sont séparées, mais dans un gros livre où elles sont toutes réunies, et qui est imprimé par un plus vieux libraire que Léonard.

Rép. — On a dit déjà (*a*) que le discours n'est pas nécessaire pour l'exercice de la foi.

XLII. — DEMANDE.

Dans l'endroit que je cite article précédent, saint François de Sales dit : « Demeurez simplement en Dieu, ou auprès de Dieu,

(*a*) Voyez ci dessus, p. 330.

sans vous essayer de rien faire, et sans vous enquérir de lui ni de chose du monde, sinon à mesure qu'il vous excitera, » etc.

Rép. — Tout cela est vrai dans certains momens où Dieu tient une ame actuellement sous sa main ; mais que cela puisse être dans toute la vie, cent passages du Saint et de la Mère de Chantal font voir le contraire, et l'Évangile y répugne aussi bien que l'expérience.

XLIII. — Demande.

« Sus, mon pauvre esprit, rejetons toutes sortes de discours, d'industries, de curiosités et de répliques ; simplifions-nous, et vidons-nous de cet ennuyeux soin de nous-mêmes ; fermons-nous en la simple vue du tout de Dieu et de notre néant ; accoisons-nous dans les effets de cette souveraine volonté, sans nous remuer pour produire des actes de l'entendement ni de la volonté ; oui, fermons-nous là sans nous bouger ni peu ni prou, voire même quand il faudra pratiquer les vertus, et que nous serons tombés en quelque faute ; car le doux Jésus nous donnera les sentimens nécessaires, mieux que nous ne nous les saurions procurer avec toutes nos imaginations. »

Rép. — On se simplifie activement, on est quelquefois passivement simplifié : ce soin ennuyeux est en même temps inquiet, et il est bon de s'en vider. Il est bien certain que les actes d'entendement que le saint évêque exclut, sont ceux qui rompent la tête ; les actes de volonté sont ceux qui troublent le cœur : il est vrai qu'il faut s'affliger, mais non pas s'inquiéter de ses fautes ; ce sont des conseils que les saints donnent dans tous les états, mais principalement aux ames qui se consument par leur excessive activité. Ceux qui croient se procurer de meilleurs sentimens par leur imagination que par une simple attention à la vérité, sont dans l'erreur, et personne ne révoque en doute cette doctrine du Saint ; mais elle ne conclut rien pour la suppression universelle des actes, ni même des pieux efforts de la volonté, pourvu qu'ils se fassent en toute vérité et douceur du Saint-Esprit.

XLIV. — Demande.

Sa lettre, qui est rapportée dans le quatrième chapitre de la troisième partie de la *Vie de Madame de Chantal*, est une réponse à plusieurs questions qu'elle avoit faites au saint évêque, pour savoir si son union simple, lors même qu'elle étoit dans la sécheresse, ne suffisoit pas à bien des choses qu'elle avoit citées. C'est dans cette lettre que saint François de Sales dit : « Soyez active et passive, ou patiente, selon que Dieu voudra ; ..... mais de vous-même ne sortez point de votre place..... Vous êtes la sage statue ; le maître vous a posée dans la niche : ne sortez de là que quand lui-même vous en tirera. »

Rép.— Le Saint exprime en termes exprès que la comparaison de la statue ne regarde que les temps de l'oraison ; il n'y a qu'à voir les endroits du livre *de l'Amour de Dieu*, et les lettres où il emploie cette comparaison, pour en être convaincu.

XLV. — Demande.

J'avois compris par ces mots : *Soyez active quand Dieu voudra*, faites des actes dans votre oraison quand Dieu, par le mouvement de sa grace, vous y portera ; et ce qui suit ces mots est ce qui me portoit à le concevoir de la sorte, et aussi les questions de Madame de Chantal, auxquelles cette lettre paroît répondre, dans lesquelles elle citoit même les temps de sécheresse ; car il me sembloit que s'il avoit prétendu que dans ces temps-là elle devoit s'exciter à faire des actes, il auroit dû le lui dire. Tout ce que je viens de vous marquer, et d'autres endroits encore, m'avoient fait penser que selon saint François de Sales certaines ames, dans l'oraison, pouvoient se contenter de la présence de Dieu et du recueillement, et attendre pour faire des actes intérieurs sensibles que certain mouvement de grace les y portât ; et dans la conduite de leur vie être fort abandonnées à la Providence, fidèles à marcher en la présence de Dieu, à l'écouter et à suivre les mouvemens de sa grace, sans attendre pourtant, pour se déterminer à la pratique des vertus et des bonnes œuvres convenables à leur état, des inspirations et des mouvemens particuliers; ne négligeant point, non plus que les autres personnes, les autres signes de la volonté de Dieu et les règles de la prudence chrétienne.

Rép. — Etre active, ce n'est pas faire des actes libres et méritoires, car il est certain qu'on en fait de cette sorte dans l'état passif; autrement cet état seroit mauvais, et excluroit les actes libres et méritoires d'amour de Dieu, ce qui n'est pas être active. C'est donc autre chose, et c'est s'exciter en soi-même à faire des actes; ce qui n'est point ordinairement dans l'état passif, au temps de l'oraison dont il s'agit. Le Saint veut donc dire . *Soyez active;* faites dans la voie et avec la grace commune de ces actes excités qu'on appelle de propre industrie et de propre effort; mais quand Dieu vous tient actuellement sous sa main, laissez-le faire, et ne vous tourmentez point à faire de tels efforts ou aucun discours. Je ne parle point ici de l'oraison de patience, dont je crois avoir donné les principes dans une des conférences, et il ne me paroît pas qu'on forme aucun doute sur la définition que j'en proposai. Tenons donc pour assuré qu'une ame toujours passive est une chose sans exemple; aucun spirituel n'en vit jamais de cette sorte. Pour Madame de Chantal, il ne faut pas songer qu'elle ait été dans cet état, ni approchant. Réservons, dit-elle, cette grace à la sainte Vierge, avec le bienheureux Jean de la Croix, ou plutôt laissons à Dieu son secret sur la sainte Vierge, et ne parlons pas de ce qui nous passe. Pour les ames que nous avons à conduire, disons-leur avec saint François de Sales : Quand Dieu se déclare, qu'il se rend le maître, qu'il nous meut actuellement, laissez-vous mouvoir, et alors ne vous tourmentez pas à vous exciter; mais ne croyez pas qu'en cette vie, cette opération dure toujours. Quand il retire son opération, servez-vous de la manière ordinaire; usez de vos facultés, *mais de vous-même ne songez jamais à changer l'état de votre oraison.*

Ne doutez point qu'il n'arrive dans l'oraison, même aux plus parfaits, de ces momens où Dieu retire ses opérations; et c'est dans ces momens que la vénérable Mère de Chantal en venoit jusqu'à des prières vocales et autres, auxquelles on s'excite soi-même ; ce qui lui arrivoit principalement, à ce qu'elle écrit, à l'occasion des tentations [1].

Pesez bien la distinction de l'état actif et passif; c'est le dénouement parfait de toute la doctrine du saint directeur et de la vénérable et digne fille. Remarquez bien qu'il ne faut point attendre d'excitation particulière de Dieu dans les choses qu'il a commandées, et où sa volonté nous est déclarée, soit par notre état particulier, soit par l'état commun de la vocation chrétienne. Ce seroit visiblement tenter Dieu, que de ne s'exciter pas soi-même avec le secours de la grace dans les choses de cette nature, et de croire toujours avoir besoin d'une opération extraordinaire, telle que sont celles de l'oraison passive.

XLVI. — DEMANDE.

Mais il reste une chose sur quoi je désirois particulièrement quelque éclaircissement, c'est sur les actes qui se font dans le cours de la vie : car je suis très-persuadée que tout le monde en doit faire ; que non-seulement les personnes qui sont dans la voie active en font, mais aussi les ames tout à fait passives, et des actes distincts et même en grand nombre, et que, comme dit Madame de Chantal dans le chapitre que j'ai cité, ceux qui croient n'en point faire ne l'entendent pas bien.

Rép. — Croyez cela très-certain comme une vérité révélée de Dieu.

XLVII. — DEMANDE.

Elle dit d'elle-même qu'elle en faisoit, quand Dieu lui témoignoit le vouloir par les mouvemens de sa grace.

Rép. — La Mère de Chantal dit qu'elle faisoit des actes, quand

[1] M. de Meaux n'auroit pas conseillé à cette Mère, de revenir aux prières vocales dans les momens où Dieu dans l'oraison retiroit son opération, puisque ayant demandé à ce prélat si je ne ferois pas bien dans les temps de sécheresse de faire des prières vocales pour m'occuper devant Dieu, il me répondit que non, qu'il falloit malgré la sécheresse tâcher de continuer l'oraison ou faire quelque lecture. — Que veulent dire ces paroles embarrassées ? Bossuet a-t-il jamais condamné les prières vocales, ou plutôt n'exige-t-il pas dans tous ses ouvrages les actes d'espérance, de désir, de demande, d'action de graces ? Que dis je ? le maître des princes, l'apôtre des rois, l'illustre défenseur de l'Eglise n'a-t-il pas composé lui-même un livre de prières ?

Dieu lui témoignoit le vouloir ; ce qui est bien vrai : mais elle ne dit pas qu'elle n'en fît jamais autrement. Le contraire paroît dans toute sa conduite.

Il faut entendre aussi que ce témoignage de Dieu n'est pas toujours une opération qui mette l'ame en passiveté. Dieu témoigne suffisamment qu'il veut quelque chose, quand il y incline doucement ; en sorte néanmoins qu'après l'ame achève ce qu'il commence, en s'excitant elle-même, comme quand David disoit : *Mon ame, bénis le Seigneur ;* et encore ; *Je vous aimerai, mon Dieu, ma force.* Il paroît que Dieu l'excitoit ; mais il paroît en même temps que l'ame déjà émue s'excitoit aussi elle-même ou à achever l'acte ou à le continuer.

XLVIII. — DEMANDE.

Et quoiqu'il soit vrai que M. de Maupas dit dans le commencement de cette *Vie de Madame de Chantal*, que, lorsque Dieu avoit retiré son opération, elle faisoit quelque petit acte fort court dans l'oraison, il fait pourtant lui-même remarquer dans le chapitre que je cite, que c'étoit par le mouvement de la grace, et non autrement qu'elle faisoit ces actes.

Rép. — Quant à ce que vous dites que de l'aveu de M. de Maupas, la sainte Mère ne faisoit jamais aucun acte que par le mouvement de la grace, cela convient à tout état ; et nul ne peut dire : *Le Seigneur Jésus*, qu'incité auparavant par le Saint-Esprit. Ainsi l'incitation de la voie commune et active, bien loin d'être incompatible avec cette impulsion, l'accompagne ordinairement dans tout le cours de la vie. Au reste, quand M. de Maupas remarque que Dieu retire souvent son opération, il parle avec tous les spirituels, et principalement avec saint François de Sales dans l'endroit qu'on vient de voir, où il dit : *Soyez active, passive,* etc. Car on est passif quand Dieu continue son opération et actif quand il la retire, et qu'il vous laisse à vous-même ; ce qui arrive aux ames les plus éminentes, comme on le pourroit montrer par l'exemple des apôtres et des prophètes : mais la chose n'étant pas contestée, il est inutile d'en entreprendre la preuve.

XLIX. — Demande.

Dans une lettre de saint François de Sales, il dit à la personne à qui il écrivoit : « Il n'est plus besoin que vous fassiez d'actes, si Dieu ne vous le met au cœur. »

Rép. — Dans l'action de l'oraison, je l'avoue; dans tout le cours de la vie, c'est un prodige inouï, et toute la conduite de la Mère prouve le contraire.

L. — Demande.

Dans un des endroits que j'ai cités ci-dessus, le Saint dit : « Ne nous bougeons ni peu ni prou, voire même quand nous serons tombés en quelque faute, ou qu'il nous faudra pratiquer les vertus; car le doux Jésus nous donnera les sentimens nécessaires, mieux que nous ne nous les saurions procurer. »

Rép. — Sans avoir vu ce passage, je crois sur la foi des autres que j'ai vus, avoir expliqué ci-dessus ce qu'il en faut croire. Il ne faut ni pratiquer les vertus, ni se corriger de ses fautes, avec ces inquiétudes, ces chagrins, ces découragemens, ces étonnemens, comme si c'étoit une chose fort merveilleuse que nous soyons tombés dans quelque faute, ou que la vertu nous soit difficile. Du reste si on poussoit ces expressions à la rigueur de la lettre, elles seroient insoutenables. Il faut donc entendre qu'on ne doit se remuer *ni peu ni prou* par son propre esprit, par cette mobilité et activité inquiète et empressée que l'amour-propre inspire.

LI. — Demande.

Dans le chapitre vIII de l'onzième livre *de l'Amour de Dieu* qui a pour titre : *Que la Charité comprend toutes les vertus*, il rapporte cet endroit de saint Paul: *La charité est patiente, douce*, etc., et que saint Thomas dit qu'elle accomplit les œuvres de toutes les vertus; et vous avez dit vous-même que, dans la vie et l'oraison la plus parfaite, tous les actes sont unis dans la seule charité, parce qu'elle commande l'exercice de toutes les vertus. Si elle les commande, elle y incline donc le cœur.

Rép. — Une des manières dont la charité commande les actes

et y incline, c'est de s'exciter elle-même à les produire. La charité fait plus encore; car elle se recommande à elle-même de produire un acte d'amour en disant : « Mon ame, bénis le Seigneur; mon Dieu, ma force, je vous aimerai, je vous confesserai, je vous louerai. » C'est l'action ordinaire et naturelle de l'ame hors des temps où, comme ravie par des impulsions extraordinaires, elle est entièrement sous la main de Dieu.

LII. — Demande.

Ne peut-on pas dire que les ames passives attendent, pour ne point faire les actes avec empressement et recherchent d'elles-mêmes une certaine disposition ou attrait qui vient de l'habitude de leur oraison, mais non une inspiration miraculeuse?

Rép. — L'empressement est mauvais, ou au moins imparfait en tout état. Ainsi éviter l'empressement n'est pas une propriété ou un caractère de l'état passif. Cette attente ne paroît pas nécessaire pour éviter l'empressement ou la recherche de soi-même; il suffit, sans cette attente passive, de produire les actes comme commandés de Dieu et sur lesquels sa volonté est déclarée, en esprit de soumission et d'obéissance, et avec une ferme foi que c'est Dieu qui opère en nous tout le bien. Demeurer dans l'attente d'une disposition extraordinaire, c'est tenter Dieu. Vous ne croiriez pas être empressée en produisant l'acte qu'un supérieur vous commanderoit : à plus forte raison ne l'est-on pas quand on regarde celui qu'on fait comme expressément commandé de Dieu. Par ces attentes, on veut avoir un témoignage qu'on est mû de Dieu par quelque chose d'extraordinaire, comme si on étoit d'un rang particulier, et que le commandement donné à tous les fidèles ne nous suffît pas. C'est donc remettre l'amour-propre sur le trône, que de rechercher cette singularité, et de vouloir qu'il y ait pour nous des impulsions particulières, sans lesquelles on ne veut rien faire. Il ne sert de rien de répondre que l'inspiration qu'on attend n'est pas miraculeuse ; il suffit qu'elle doit être extraordinaire et particulière à un certain état. Car si l'on ne demandoit d'autre inspiration que celle qui est commune à tous les chrétiens, il ne faudroit point distinguer l'état passif de l'actif;

tout chrétien seroit passif; tous les justes le seroient, puisqu'ils n'agissent jamais, pas même pour confesser le nom de Jésus, ou pour former la moindre pensée, que par une motion, impulsion, inspiration prévenante du Saint-Esprit. Ainsi il faut autre chose pour constituer l'état qu'on nomme *passif;* et l'inspiration qu'on y a, quoiqu'on ne veuille pas l'appeler miraculeuse, est du moins bien constamment extraordinaire : et j'en reviendrai toujours à dire que l'attendre pour agir, c'est tenter Dieu et tomber dans tous les inconvéniens qu'on a marqués.

LIII. — DEMANDE.

Je conclurois que ces ames ne manquent pas, dans l'oraison, d'être inclinées à produire les actes nécessaires.

Rép. — Quand vous concluez que les ames passives ne manquent pas dans l'oraison, d'être inclinées à produire les actes nécessaires, je l'avoue, pourvu qu'elles soient bien déterminées à faire de leur côté doucement et simplement tout ce qui est en elles avec le secours de la grace commune à tous les fidèles; mais non pas si elles s'attendent, comme vous les représentez, à de particulières instigations : ce qui, loin d'exciter la grace, l'éloigne plutôt en vous faisant tenter Dieu.

Remarquez donc avec attention que tout chrétien qui fait bien en tout et partout, est mû de Dieu, en sorte que Dieu commence tout, opère tout, achève tout en lui; je dis tout ce qu'il fait de bien : et en même temps l'homme, ainsi mû de la grace, commence, continue, achève tout ce qu'il fait de bonnes œuvres; il est excité et il s'excite lui-même, il est poussé et il se pousse lui-même, il est mû de Dieu et il se meut lui-même; et c'est en tout cela que consiste ce que saint Augustin appelle *l'effort du libre arbitre.* Dans cet état, qui est l'état commun du chrétien, il n'est pas permis, pour agir, d'attendre que Dieu agisse en nous et nous pousse; mais il faut autant agir, autant nous exciter, autant nous mouvoir, que si nous devions agir seuls, avec néanmoins une ferme foi que c'est Dieu qui commence, achève et continue en nous toutes nos bonnes œuvres. Qu'y a-t-il donc de plus, dites-vous, dans l'état passif? Il y a de plus que la manière d'agir naturelle est entièrement changée; c'est-à-dire qu'au lieu que dans la voie commune on met toutes ses facultés et tous ses efforts en usage, dans les momens de l'état passif on est entraîné par une force majeure, et que la manière d'agir naturelle est entièrement absorbée; ce qui fait qu'il n'y a plus ni discours, ni propre industrie, ni propre excitation, ni propre effort.

LIV. — Demande.

Je voudrois bien savoir, les actes distincts étant si nécessaires, comment un pécheur que Dieu convertiroit miraculeusement à la mort, et qui n'auroit que le temps de produire un acte d'amour de Dieu, pourroit satisfaire à cette obligation, ou si elle ne seroit point pour lui.

Rép. — Vous demandez comment un homme que Dieu convertiroit miraculeusement à la mort satisferoit à l'obligation de faire distinctement tous les actes. Il est aisé de vous répondre. Car qu'on dise tout ce qu'on voudra, Dieu ne sauvera jamais ni ne convertira parfaitement aucun homme qu'il ne croie en lui, qu'il n'y espère, qu'il ne l'aime. Ces actes sont toujours trois en nombre, comme ces trois vertus, foi, espérance, charité, selon saint Paul, sont et seront toujours trois choses; mais comme ces trois vertus sont infuses dans tout chrétien pour agir ensemble, leurs actes sont faits aussi pour être unis, et se font pour ainsi dire en un moment. Il en est de même des autres actes qui dépendent de ceux-là, et Dieu les fait faire distinctement à tous ceux qu'il convertit. Tout pécheur qui se convertit croit aux promesses, espère en la miséricorde, la désire, la demande, la reçoit, aime Dieu qui la lui fait, et désire de lui être uni éternellement. Il agit plus ou moins, suivant qu'il plaît à Dieu de le presser; mais il agit toujours, et Dieu voit en lui très-distinctement ce que lui-même souvent n'y démêle pas.

LV. — Demande.

Dans ce grand acte d'abandon que la Mère de Chantal renouveloit tous les ans, elle dit qu'elle se réserve le seul soin de retourner son esprit vers Dieu.

Rép. — La Mère de Chantal ne renouveloit pas seulement tous les ans, mais tous les jours, ce grand acte qu'elle avoit écrit et signé de son sang, où elle exprimoit tous les autres. Tout étoit compris dans son intention, et elle avoit une intention très-expresse d'y comprendre tout ce à quoi elle se croyoit obligée comme chrétienne, comme mère, comme amie, comme supérieure, comme religieuse; et quand dans son acte d'abandon elle se réserve le seul soin de retourner son esprit vers Dieu, c'est comme si elle disoit qu'elle se réserve le principal. Par là elle reconnoît qu'on n'est pas toujours passif, et que Dieu retire souvent son opération; ce qui oblige à user de ses facultés et des efforts de son libre arbitre.

Quand elle dit qu'elle se réserve de donner ce coup pour ainsi parler, elle ne veut pas dire qu'elle fera cela toute seule. A Dieu ne plaise! ce seroit être pélagien et nier la nécessité de la grâce prévenante; mais elle veut dire qu'alors elle agira à la manière ordinaire avec effort, et qu'elle mettra tout en œuvre pour se rappeler soi-même à Dieu, sans attendre qu'il l'y rappelle par cette sorte de motion et d'impulsion qui est propre à l'état passif. Ainsi dans le fond, l'homme est toujours également mû en tout état, mais non pas toujours de la même manière, et c'est ce qui fait la distinction de l'état actif d'avec le passif; mais c'est ce qui fait aussi que l'un et l'autre font également de grands saints, parce que le mérite de la sainteté ne dépend pas de la manière dont on est tiré à Dieu, mais de l'union qu'on a avec lui, laquelle peut être égale dans tous les états et manières d'oraison.

C'est ce que saint François de Sales, sainte Thérèse et tous les spirituels enseignent expressément et unanimement. J'en ai cité les endroits dans les conférences, et c'est une vérité constante.

LVI. — DEMANDE.

Le simple retour n'est-il pas fort bon lorsqu'on est tenté?

Rép. — Le simple retour, quand on est tenté, est fort bon et souvent meilleur que d'affronter pour ainsi dire la tentation, ce qui souvent ne feroit qu'échauffer davantage l'imagination.

LVII. — Demande.

Saint François de Sales dit que ce n'est point en disputant contre la tentation qu'on s'en délivre le mieux.

Rép. — Cette expression de ne point disputer avec la tentation est aussi précise que belle; et il n'y a ordinairement qu'à la tenir pour vaincue, sans même la combattre directement, et se retourner tout court à Dieu, comme dans une chose résolue où il n'y a pas à hésiter.

LVIII. — Demande.

Il paroît, par un endroit de saint François de Sales, que j'ai cité ci-devant, qu'après ses fautes un retour humble et simple vers Dieu seroit très-convenable à certaines ames.

Rép. — Ce retour est aussi très-bon après les fautes, pour les ames déjà exercées dans la vertu et dans la sainte familiarité avec Dieu, qui les entend pour ainsi parler à demi-mot, soit qu'elles soient actives ou passives.

LIX. — Demande.

Je ne crois pas que vous désapprouviez ces expressions : *Laisser tomber les réflexions, s'oublier, aller à Dieu sans retour sur soi-même.*

Rép. — Ceux qui se sont servis de ces termes dans ces derniers temps ont parlé trop généralement contre les réflexions; et en cela, comme en beaucoup d'autres propositions de leurs livres, ils sont tombés dans l'erreur qui fait confondre la chose avec l'abus qu'on en fait, c'est-à-dire la rejeter à cause qu'on en abuse.

LX. — Demande.

Il me semble que ceux qui se sont servis de ces expressions entendent le retranchement des réflexions empressées de l'amour-propre. Je ne comprends pas qu'on puisse supposer que la vie se passe sans faire des réflexions, quoique je comprenne bien que les ames simples en font moins que les autres. Ce que je conçois donc sur cela, est qu'il faut retrancher les réflexions d'amour-propre, et pour certaines ames, celles qui interromproient la vue de Dieu dans les temps d'oraison simple, et enfin toutes celles qui ne viennent point d'impression de grace.

Rép. — C'est une grande erreur d'exclure la reconnoissance et l'action de graces, qui ne peut être sans qu'on réfléchisse sur les dons qu'on a reçus ; ce qui est conforme à cette parole de saint Paul : « Nous avons reçu un esprit qui est de Dieu, afin de connoître les dons qu'il nous a donnés. »

Il est vrai que quand l'ame se simplifie tous les jours, les réflexions se simplifient aussi : on en a moins besoin, quand on a pris l'habitude de porter directement son cœur à Dieu. Mais quand vous mettez parmi les réflexions qu'il faut exclure, celles qui ne viennent point d'impression de grace : ou par l'impression de grace vous entendez celle qui vient de la grace ordinaire; et en ce cas il n'y en a point qui n'en vienne, et penser autrement, ce seroit l'erreur des pélagiens ; ou vous entendez par l'impression de la grace une grace et une impression extraordinaire; et s'attendre à celle-là, c'est ce qui s'appelle tenter Dieu, et se jeter dans tous les inconvéniens qu'on a marqués.

Toute la doctrine contenue dans ces réponses se réduit à ces chefs.

1° Il faut croire comme une vérité révélée de Dieu, qu'on doit expressément et distinctement pratiquer toutes les vertus, et en particulier ces trois, la foi, l'espérance et la charité, parce que Dieu les a commandées, et leur exercice.

2° Il faut croire avec la même certitude, qu'il a pareillement commandé les actes qu'elles inspirent, qui sont la demande et l'action de graces, comme des actes où consistent la perfection de l'ame en cette vie, et la vraie adoration qu'elle doit à Dieu.

3° Pour s'exciter à faire ces actes, il suffit de connoître que Dieu les a commandés, et il n'est pas permis de demeurer pour cela dans l'attente d'une impulsion et opération extraordinaire; ce qui seroit tenter Dieu, et ne se pas contenter de son commandement exprès.

4° Il faut croire pourtant qu'on ne pratique aucun acte de vertu sans une grace qui nous prévienne, qui nous soutienne et qui nous fasse agir.

5° Cette grace n'est pas celle qui met les hommes dans l'état passif, puisqu'elle est commune à tous les saints, qui pourtant ne sont pas tous passifs.

6° L'état qu'on nomme passif consiste dans la suspension du discours, des réflexions et des actes qu'on nomme de propre effort et de propre industrie, non pour exclure la grace, puisque ce seroit l'erreur de Pélage, mais pour exclure les voies et manières d'agir ordinaires.

7° C'est une erreur de croire que cet état passif soit perpétuel, si ce n'est peut-être dans la sainte Vierge, ou dans quelque ame d'élite qui approche en quelque façon d'une perfection si éminente.

8° De là il s'ensuit que l'état passif ne regarde que certains momens, et entre autres ceux de l'oraison actuelle, et non tout le cours de la vie.

9° C'est pareillement une erreur de croire qu'il y ait un acte qui contienne tellement tous les autres qui sont expressément commandés de Dieu, qu'il exempte de les produire distinctement dans les temps convenables. Ainsi on doit toujours être dans cette disposition.

10° Il se peut donc faire qu'on soit en certains momens dans l'impuissance de faire de certains actes commandés de Dieu; mais cela ne peut pas s'étendre à un long temps.

11° L'obligation de faire ces actes est douce, aussi bien que la pratique, parce que c'est l'amour qui l'impose, l'amour qui commande cet exercice, l'amour qui l'inspire et le dirige.

12° Il ne faut point gêner sur la pratique des actes, les ames qu'on voit sincèrement disposées à les faire. Au contraire on doit présumer qu'elles font dans le temps ce qu'il faut, surtout quand on les voit persévérer dans la vertu; car au lieu de gêner les ames de bonne volonté, il faut au contraire leur dilater le cœur, soit qu'elles soient dans les voies communes, ou dans les voies extraordinaires; ce qui en soi est indifférent, et tout consiste à être dans l'ordre de Dieu.

LETTRE II.

A Lisy, ce 5 avril 1696 [1].

Quoique je sois en visite et assez-occupé, Dieu me presse, ma Fille, de vous répondre. Rendez-vous bien attentive à mes réponses, où j'espère que Dieu vous fera trouver tout ce qui vous est nécessaire.

Dieu vous donne la véritable et parfaite simplicité; qu'il tempère votre activité; qu'il vous donne une vraie action, et dans cette vraie action, un vrai et parfait repos. Dieu est là. Je suis à vous en son saint amour.

1. — DEMANDE.

Quand j'ai dit, Monseigneur, que la simple attente du recueillement et une certaine douce attention à Dieu me disposoient mieux au recueillement que ne feroient certains efforts, je n'ai prétendu parler que pour le temps de l'oraison [2].

Rép. — Je ne sais ce que veut dire cette douce attention distinguée du recueillement. Quand on distingue des choses si unies ou plutôt si unes, je présume qu'on n'entend pas bien ce que l'on dit, et qu'on cherche à s'éblouir soi-même.

Il y a de certains efforts qui répugnent à un certain genre d'oraison parfaite. Il y a même un certain état d'oraison où l'on est purement passif en certains momens, sans aucune action, sans aucun effort; mais cela est momentané, et seulement pour certains temps qui ne peuvent être longs.

[1] Je ne sais de quelle date étoient mes secondes demandes; elles me revinrent répondues avec la lettre qui précède, datée du 5 avril 1696. — [2] Le prélat va trouver que je m'expliquois mal; j'en conviens; mais ce que j'entendois, c'est qu'un simple retour à Dieu, une douce attention à sa présence souvent peu sensible, me disposoient à un recueillement plus marqué; au lieu qu'il arrivoit, ce qui m'arrive encore, lorsque ne me contentant pas de ce recueillement délicat et presque imperceptible, je faisois certains efforts, que loin de me procurer par là un recueillement plus sensible, je me desséchois le cœur.

II. — Demande.

Je me sers du simple retour pour commencer mon oraison, et pour y revenir lorsque je m'aperçois de la distraction.

Rép. — Cet acte de simple retour renfermant au moins un acte de foi et un acte d'amour, contient au fond deux actes distincts, mais qui s'unissent dans la même fin; car l'acte de foi et l'acte d'amour sont toujours très-distingués, encore que la distinction n'en soit point toujours connue.

III. — Demande.

Je fais plus encore, je multiplie pour ainsi dire ce retour, et j'interromps mon oraison pour le recommencer, ce qu'on n'approuve pas; car je le fais pour m'assurer et pour me contenter.

Rép. — On a raison de n'approuver pas ce qui vient du principe de se contenter et de s'assurer en autre chose qu'en Dieu.

IV. — Demande.

Saint François de Sales, dans le chapitre où il parle de la statue (a), dit en parlant d'une présence de Dieu bien sèche et bien nue, que c'est attendre si Dieu voudra nous parler, ou nous faire parler à lui, ou demeurer où il lui plaît que nous soyons, parce qu'il lui plaît que nous y soyons. Je crois donc, Monseigneur, que lorsque vous avez dit que le recueillement qui revient à la simple présence de Dieu, ne contenant ni espérance, ni désir, ni demande, ni action de graces; que ces actes y étant supprimés, cela ne compatit pas avec l'Evangile. Vous avez prétendu dire que cela n'y compatiroit pas, si l'on ne vouloit jamais faire autre chose; mais que dans l'oraison cette simple présence de Dieu peut être pratiquée.

Rép. — C'est en effet ce que j'ai voulu dire, pourvu qu'on n'exclue jamais l'acte d'espérance et le désir même au temps de l'oraison. Dieu peut en certains momens suspendre ces actes : ils peuvent en certains momens ne pas revenir; mais il n'y en a nul où on doive les exclure; parce que naturellement ils sont unis à

(a) *Traité de l'Amour de Dieu*, liv. VI, chap. xi; *Epitr.* liv. II, ép. LI, LIII (tom. XII, pag. 88 et tom. X, pag. 351).

la foi et à l'amour. Ainsi ces manières de saint François de Sales d'être en la présence de Dieu peuvent se pratiquer, mais au sens que je viens de dire, par abstraction, et non pas par exclusion.

V. — Demande.

Je n'ai jamais compris que la comparaison de la statue dût s'étendre à un autre temps que celui de l'oraison.

Rép. — Tant mieux; et encore faut-il ajouter qu'il est rare qu'elle convienne à tout ce temps.

VI. — Demande

Suffit-il, Monseigneur, d'être disposée à faire des actes d'espérance, de demande, etc., quand Dieu y excitera, comme il paroît par cet endroit de saint François de Sales : « Il n'est pas besoin que vous fassiez d'actes, s'ils ne vous viennent au cœur; fermons-nous en la simple vue du tout de Dieu, et de notre néant ; accoisons-nous dans les effets de cette sainte volonté, sans nous remuer pour produire des actes de l'entendement et de la volonté? »

Rép. — Je tiendrois une oraison fort suspecte, où des actes si précieux ne viendroient jamais.

Ils viennent de deux manières, ou par une espèce de saint emportement dont on n'est pas maître, ou par une douce inclination ou impulsion qui veut être aidée par un simple et doux effort du libre arbitre coopérant. On peut et on doit aussi les exciter, quand Dieu laisse l'ame à elle-même; et il faut entendre sainement cette exclusion des actes de l'entendement et de la volonté dont parle le Saint; car à la rigueur c'est chose impossible; il n'y a d'actes qu'on puisse exclure sans crainte que les inquiets et turbulens qui tourmentent l'ame.

VII. — Demande.

Quand Dieu retire son opération, n'est-ce pas s'exciter que de ramener son esprit à Dieu?

Rép. — Sans doute, c'est une manière de s'exciter que de ramener doucement son esprit à Dieu. Quand Dieu retire son opération, je crois que c'est le cas de se recueillir comme les autres fidèles, mais avec douceur, et surtout sans anxiété ni inquiétude, car c'est la ruine de l'oraison [1].

[1] Il est bien certain que M. de Meaux ne demandoit à ces ames que des excitations fort simples; et il convenoit après saint François de Sales, et me l'a dit, qu'une heure d'oraison seroit bien employée quand on la passeroit à ne faire autre chose, pendant tout ce temps, que ramener son esprit à Dieu chaque fois qu'on s'aperçoit de son égarement. Et me parlant sur les sécheresses et les distractions, il me disoit que c'étoit alors qu'il falloit faire l'oraison de patience : et lui objectant qu'on dit communément qu'il en faut revenir à la méditation, quand on ne sent plus d'attrait, il me répondit que le bienheureux Jean de la Croix et les autres spirituels donnoient cette règle de recourir à la méditation; mais qu'il n'étoit pas de cet avis, et ne croyoit point que, parce que l'attrait cesse, il fallût revenir à la méditation. Et lui disant au mois de mai 1702, que je ne sentois plus cette onction que je goûtois autrefois; et que je craignois que Dieu ne m'eût ôté cet attrait, pour me punir de certaines mauvaises dispositions où j'avois été, il me répondit que cela pouvoit être, mais qu'il falloit tâcher de revenir à cette onction par la simplicité. Il me la recommandoit souvent.

Me plaignant en une autre occasion de mes sécheresses, il me dit, et me l'a répété bien des fois, de ne m'en point embarrasser; qu'il falloit tout perdre, et les belles dispositions comme tout le reste; il suffisoit de posséder par la foi le fond de ces dispositions.

Il m'a écrit et dit assez souvent de ne point douter de mon oraison, de ne la point changer; qu'il falloit se présenter devant Dieu dans la détermination de consentir à tout ce qui sera bon, se livrer à lui et ne point faire d'acte pour s'assurer.

En me parlant sur Jésus-Christ, il est vrai qu'il me disoit qu'il n'approuvoit pas qu'on le plaçât dans les intervalles où la pure contemplation cesse, comme si c'étoit un objet indigne de cette pure contemplation, ni qu'on abandonnât à l'instinct de la grace les objets que se propose la contemplation. Ce n'est pas, disoit-il, que je ne veuille qu'on suive l'attrait; assurément quand il détermine, il n'y a qu'à se laisser aller à cet attrait : mais on n'est pas toujours déterminé; et pourquoi, m'ajoutoit-il, ne l'étant pas, exclura-t-on Jésus-Christ? Et vous verrez ci-après qu'il convient que dans l'oraison on peut suivre l'attrait, n'occupât il toujours que du même objet; qu'il suffît de ne point exclure. En lui disant qu'il me sembloit que je n'étois point occupée de Jésus-Christ dans mon oraison, il me répondit : Vous ne l'excluez point, ce n'est que l'exclusion que je blâme; vous y pensez sans songer que vous y pensez. On en est même occupé, disoit-il, dans ce qu'on appelle simple présence de Dieu, Dieu n'étant pas séparé de Jésus-Christ. Il ajoutoit que, comme saint François de Sales le mandoit à Madame de Chantal, chacun doit s'occuper des mystères en la manière d'oraison que Dieu lui a donnée; que la vue de Jésus Christ opère plus d'ordinaire pour la pratique que la vue abstraite de Dieu; que je fisse l'oraison à l'ordinaire, que je m'y occupasse de Jésus-Christ; qu'il l'entendoit d'une manière simple, s'unir à l'esprit de sacrifice de Jésus-Christ; qu'il n'étoit point contraire au recueillement de s'unir à Jésus-Christ par des actes simples. Je lui disois de temps en temps que mon recueillement n'étoit presque rien; j'ai toujours mieux aimé exagérer dans ce sens : il me répondoit qu'il s'en contentoit. Je dis une fois à ce prélat, que j'en étois venue à savoir m'occuper de Jésus-Christ d'une manière simple. En effet j'ai éprouvé qu'on peut avoir un petit souvenir délicat de Jésus-Christ, et s'y déterminer soi-même, sans qu'en certains momens cela gêne ni nuise au recueillement.

Quand on sent, me disoit ce prélat, une certaine tendance à Jésus-Christ, il

VIII. — Demande.

On m'a conseillé, lorsque je suis dans la sécheresse et que je ne sens plus rien dans mon fond, de me servir de quelques petits actes d'amour ou autres.

Rép. — Le conseil est bon.

IX. — Demande

Je ne me contente pas de quelques-uns; je les multiplie, et me jette par là dans l'agitation et le desséchement.

Rép. — Tout ce qui cause cette agitation doit être évité. Je n'entends pas bien ce que vous appelez dessèchement; je ne crois pas qu'on y tombe, ni dans l'agitation, par ces actes courts et simples, et qu'ils puissent troubler l'ame qui n'est point occupée de Dieu et sous son actuelle opération.

X. — Demande.

Ensuite je reviens à la simple présence de Dieu.

Rép. — Y revenir, n'est-ce pas un acte, mais doux et paisible? C'en est même plus d'un, car l'acte de foi et l'acte d'amour y interviennent toujours

En tout cela, il faut une grande liberté d'esprit, et que l'ame

ne faut pas autre chose. S'unir à Jésus-Christ qui vous est présent par la foi, à son esprit d'oraison, voilà ce que je demande non pas d'imaginer Jésus-Christ, ni de raisonner sur Jésus-Christ. Lui disant une autre fois que mon recueillement étoit une simple occupation de la volonté, où l'esprit n'avoit point de part, il l'approuva; il me dit que dans cette sorte de recueillement, l'esprit ne laissoit pas d'avoir une sorte d'attention à Dieu, quoiqu'on ne s'en aperçoive pas. Je lui dis que si je n'avois pas été occupée de Jésus-Christ dans mon oraison, ce n'étoit pas votre faute; que vous m'aviez même conseillé d'essayer de m'occuper de l'enfance de Jésus-Christ.

Je lui dis un jour que mon confesseur m'avoit demandé si je faisois des résolutions en finissant mon oraison. Le prélat me dit : Vous les avez en simplicité, vous en avez le fond : il y a des gens à qui elles sont nécessaires; pour vous, je ne crois pas qu'elles vous le soient, vous les avez en substance.

Il me rassuroit sans cesse sur mon oraison, m'exhortant à ne point changer de manière, et me recommandoit la simplicité.

Il me dit que, vous parlant un jour sur les examens et les raisonnemens que font les spirituels sur leurs états et degrés d'oraison, eux qui ne parlent que de simplicité, vous lui répondîtes que c'est le défaut où ils sont tombés, M. de Meaux en convenoit.

ne perde jamais une secrète disposition vers tout acte commandé de Dieu, quoiqu'on ne les pratique pas tous.

XI. — Demande.

Dans les temps même de sécheresse, j'ai souvent de la répugnance aux actes discursifs.

Rép. — Il y a une bonne sécheresse, qui consiste dans une fo si simple et si nue, qu'on n'y reçoit que l'impression et l'amour de la vérité, sans aucun accompagnement de douceur et de lumière sensible.

Je ne crois pas qu'il soit nécessaire de s'efforcer à faire des actes distinctement, encore moins des actes discursifs.

XII. — Demande.

Est-il à propos, dès que l'opération divine se retire, de recourir à l'excitation?

Rép. — Je crois avoir satisfait à cette demande. Ce seroit être inquiet, de vouloir toujours s'exciter dès qu'on sent que l'opération se retire, sans attendre si elle ne veut pas revenir bientôt.

XIII. — Demande.

Je crois qu'on pourroit se contenter des actes qui se présentent, pour s'exciter, ne fût-ce toujours que des actes d'amour ou d'abandon, et que ce ne seroit pas exclure les autres.

Rép. — Je ne m'éloigne pas de ce sentiment, et suis persuadé que, demeurant dans la disposition de faire les actes commandés, il n'est pas possible qu'ils ne viennent à leur tour; et il faudroit les exciter, s'ils ne venoient pas. Déjà l'amour n'en exclut aucun, puisqu'il les embrasse, les anime et les produit tous.

XIV. — Demande.

Quand les actes commandés ne se feroient pas dans l'oraison, ils se feroient, ce me semble, dans le cours de la vie en certaines occasions.

Rép. — L'occasion détermine souvent, et les objets qui se présentent.

XV. — Demande

Le recueillement et la quiétude n'est-elle pas un tissu d'actes très-simples et presque imperceptibles ?

Rép. — Cela peut être, et n'être pas : l'amour ne peut être longtemps sans espérance, ni l'espérance sans désir, ni le désir sans demande et sans action de graces; ni ces actes ne peuvent revenir souvent sans qu'on les aperçoive, comme on aperçoit l'amour et la foi dont le recueillement est inséparable.

XVI. — Demande.

Outre l'oraison, Dieu prescrit d'autres exercices, j'en conviens, et vous l'avez dit; mais dans les différens exercices, on porte son même attrait.

Rép. — Le mal est d'exclure ces actes comme peu convenables à l'état; mais quand on y est disposé, ils reviennent infailliblement en la manière qui a été dite, et ce seroit une erreur de croire qu'ils fussent moins aisés que les autres, puisqu'ils viennent du même fond.

Sondez votre cœur; j'ai peur que vous n'y trouviez une certaine répugnance à désirer de voir Dieu par amour.

XVII. — Demande.

Ne suffit-il pas aux ames attirées à cette oraison simple, de dire l'office avec recueillement et présence de Dieu?

Rép. — Cela suffit en effet, avec intention d'entrer dans les sentimens de David et de l'Eglise : il n'y a rien là que de simple.

XVIII. — Demande.

Je crois qu'à la messe, à la communion, cette simple oraison est une bonne disposition pour actions de graces de la communion.

Rép. — Je le crois ainsi; ce que je blâme, c'est l'exclusion des actes, à la manière qui vient d'être expliquée.

XIX. — Demande.

Il me paroît plus facile de demeurer dans sa disposition ordinaire pendant la messe, sans attention bien positive au sacrifice.

Rép. — Je ne suis pas de ce sentiment, et j'y craindrois un éloignement de Jésus-Christ, que je trouverois pernicieux [1].

XX. — Demande.

On m'a dit de ne me point gêner pour les examens que prescrivent les règlemens de communauté.

Rép. — J'approuve de ne se point gêner, et d'éloigner tout effort inquiet; mais je tiendrois votre état suspect, si vos fautes ne vous revenoient jamais, ou si elles ne revenoient pas assez ordinairement. J'en dis autant du regret qui peut n'être pas sensible, mais qui ne peut pas toujours ne l'être pas, surtout quand on dit : *Pardonnez-nous nos fautes.*

XXI. — Demande.

Le souvenir et le regret de mes fautes revient indépendamment des temps marqués pour les examens de conscience.

Rép. — L'attachement aux temps précis n'est point absolument nécessaire, et il faut marcher dans une sainte liberté.

XXII. — Demande.

Le regret de mes fautes est d'ordinaire aussitôt que je les ai faites.

Rép. — Cela est bon, et l'impression doit être forte et durable, quoique les actes ne s'ensuivent pas toujours.

XXIII. — Demande.

Quoique vous disiez, Monseigneur, qu'il ne faut point gêner les ames de bonne volonté sur la pratique des actes commandés, la timidité de conscience me fait craindre d'y manquer.

---

[1] Je ne m'étois pas assez bien expliquée dans ce qui précède cette réponse : il sera bon de faire attention à celle qui précède et à ce que le prélat dit ailleurs.

Rép. — *Le parfait amour bannit la crainte*, dit saint Jean; mais il n'est pas dit de même que le parfait amour bannit l'espérance ni le désir, encore moins la foi et l'amour même. Il faut voir ses obligations sans crainte, parce que la confiance qui prédomine et la foi qui est vive, nous fait voir dans le bien-aimé un secours tout-puissant et toujours prêt.

XXIV. — Demande.

Si, pour s'assurer, il ne falloit que s'assujettir à quelque formule qui comprendroit tous les actes, et la répéter de temps en temps, je le ferois.

Rép. — Les formules ne sont point nécessaires; au contraire elles pourroient mettre un obstacle en certaines ames, et en général il est certain que l'amour prévient toutes les formules.

XXV. — Demande.

J'ai fait cette convention-ci avec Dieu, que par le simple retour de mon cœur vers lui je prétendois renouveler tous les actes de foi, d'espérance, d'amour, de contrition, de sacrifice, d'abandon, de demande, d'actions de graces, et autres qui peuvent lui être agréables; et souvent en faisant ce simple retour, j'ai expressément cette intention : cela peut-il, Monseigneur, être compté pour quelque chose?

Rép. — Si cette intention est actuelle, on fait tous les actes qu'on a intention de faire. Si non-seulement elle ne l'étoit pas, mais encore qu'on répugnât à la rendre telle, ou qu'on ne le fît jamais, ce seroit une illusion manifeste de dire qu'on a cette intention.

XXVI. — Demande.

Je crois que souvent dans le cours de la vie, on fait des actes sans qu'on s'en aperçoive.

Rép. — Il est impossible qu'on fasse souvent des actes, sans qu'il arrive aussi très-souvent qu'on s'en aperçoive; et alors, sans s'y arrêter comme à un appui, on en doit suivre et on en suit la douce impression.

XXVII. — Demande.

Je vous ai déjà dit, Monseigneur, que la crainte me fait multiplier les actes, et me jette dans l'agitation.

Rép. — Il faut apprendre à séparer les actes du cœur d'avec l'agitation et la crainte, et cette séparation se fait par l'exercice du parfait et sincère amour.

XXVIII. — Demande.

Je sais qu'il est difficile de dire précisément le temps où les actes commandés sont d'obligation.

Rép. — Ces temps convenables ne sont pas les mêmes pour tout le monde, et cela dépend des circonstances particulières; mais si l'on en conclut que ces actes ne sont pas d'obligation parce qu'on n'en peut marquer les temps précis, on en dira autant de la foi et de l'amour même, et même du simple retour. Il faut toujours conserver la disposition et la volonté de les faire; alors on peut s'assurer que Dieu les fera faire quand il faut, quoique non pas toujours de la même manière.

XXIX. — Demande.

Un mot, s'il vous plaît, Monseigneur, sur ces doux efforts que vous dites que la foi et l'amour inspirent.

Rép. — Ces doux efforts ne sont autre chose que ceux que fait le libre arbitre pour exercer son acte, lorsqu'un chaste amour le possède. David faisoit de ces doux efforts, quand il disoit : *Mon ame, bénis le Seigneur,* etc.

XXX. — Demande.

J'ai, ce me semble, bien compris ce que vous m'avez dit sur la contrition, et je n'aurois rien à objecter, si après être convenu de ce que m'avoit dit l'homme que je vous ai cité, vous ne m'aviez dit de ne plus faire certains efforts que je fais dans le sacrement même, mais de faire ceux que je vous marquois que je faisois avant la confession.

Rép. — Il faut exclure en tout temps les efforts inquiets et d'agitation, autant que l'on peut. Quand je vous attache à ceux que vous faites avant la confession, c'est en supposant avec vous que ceux-là vous sont plus faciles.

XXXI. — Demande.

Je ne me contente pas de ce prosternement devant Dieu en esprit de foi, et de repentance de l'avoir offensé, comme parle saint François de Sales : je cherche encore ordinairement d'autres assurances que ma contrition est telle qu'elle doit être.

Rép. — Le prosternement en esprit d'humilité et de repentance est très-suffisant : mais quelque sincère que soit cette disposition, ce n'est pas en elle, mais en Dieu seul qui la donne, qu'il faut chercher son assurance. Cessez donc de vous agiter, et reposez-vous en Dieu.

XXXII. — Demande.

Je sens d'ordinaire un certain désir de me confesser dans le dessein, après avoir été lavée dans le sacrement, de commencer à mener une vie nouvelle.

Rép. — Tout cela est bon, mais il ne faut pas mettre son appui dans ces dispositions; il le faut mettre, comme on vient de dire, en Dieu qui les donne.

XXXIII. — Demande.

D'autres fois que je suis dans le trouble, je me confesse je ne sais comment.

Rép. — Il ne faut pas s'embarrasser de ce trouble, mais faire ce qu'on peut et s'abandonner à Dieu, sans tant de retours sur soi-même.

XXXIV. — Demande.

Quoique vous m'ayez mandé, Monseigneur, qu'une douce conformité à la volonté de Dieu est le remède aux troubles, et non pas le discours, c'est pourtant alors que je me jette dans l'activité.

Rép. — Je vous le dis encore, et ce n'est pas mon intention de vous obliger à des actes discursifs.

XXXV. — Demande.

Quand je vous ai dit (a), Monseigneur, que je ne suis pas assez livrée à la grace, c'est qu'on m'a décidé que je devois suivre certains mouvemens qui me portent à faire ou à dire certaines choses innocentes qui me mortifieroient beaucoup, comme certaines simplicités, certaines manières de parler, en un mot des riens, mais dont la seule prévoyance me fait une espèce de peur ; ce qui m'a fait vous dire que je ne suis pas livrée à la grace comme il faudroit. Au reste, Monseigneur, en me conseillant de me livrer à ces petits sacrifices, on m'a prescrit les bornes qu'ils doivent avoir, comme de ne rien faire contre l'édification, à plus forte raison contre la charité, le secret ; de ne pas même suivre certains instincts qui pourroient aller à des choses trop fortes, et qui iroient à me faire croire insensée ; que Dieu ménage trop ma foiblesse pour rien exiger de semblable de moi ; et qu'enfin l'obéissance me mettroit à couvert de tout ce qui iroit au delà de certaines simplicités qui ne peuvent jamais aller à l'éclat, ni me rendre inutile à l'œuvre de ma vocation.

On m'a dit de plus, lorsque je ne discerne pas bien si c'est une simple pensée de l'esprit, ou un mouvement de grace qui me porte à ces petits sacrifices, de décider dans le doute en ma faveur, et de supposer que tout ce qui me vient avec inquiétude et par réflexion, vient de mon scrupule, et point de l'esprit de Dieu. Ainsi dans la pratique je trouve que Dieu me demande peu de ces sacrifices ; mais j'en prévois beaucoup, je les crains ; il me semble que dans l'occasion je serois infidèle, et c'est encore une fois ce qui m'a fait dire que je ne suis point assez livrée à Dieu.

Rép. — Tout cet article précédent est très-bon en ce sens. Ne soyez point enfant en sentimens, mais soyez enfant en malice, c'est-à-dire en bannissant toute disposition maligne, ou même trop humaine, par une sainte simplicité [1].

(a) Voyez ci-dessus, pag. 327.

[1] Je vais transcrire ici de suite ce qu'il m'a dit dans d'autres lettres sur ces petits sacrifices.

Dans une lettre du 15 juin 1696 : « Ne vous arrêtez point à ces petits sacrifices, qui vous viennent par un instinct particulier qui vous paroît divin. Mettez à la

Ne craignez rien, humiliez-vous sous la puissante main de Dieu. Cessez pourtant plutôt ces sacrifices, que de vous laisser jeter dans l'inquiétude et le scrupule.

XXXVI. — Demande.

Outre une convention dont j'ai parlé, j'ai encore fait celle-ci avec Dieu : que mon intention est de le prier pour toutes les personnes et pour toutes les choses pour lesquelles j'ai et pourrai avoir dans la suite quelque engagement de le faire. Je l'ai prié de faire, du bien qu'il m'a fait et me fera pratiquer, l'application qui lui sera la plus agréable, ne voulant obtenir, satisfaire et même mériter que pour les fins qui lui seront les plus glorieuses.

Rép. — Cette convention est bonne, et il n'est point nécessaire qu'elle soit réduite en formule. [Il suffit] qu'elle soit dans le fond du cœur, où Dieu seul la voie, et nous la fasse voir clairement ou confusément, quand il lui plaira.

place les humbles petitesses des observances religieuses, qui sont certainement de l'ordre de Dieu. Pour ces sacrifices distincts particuliers, pour bonnes raisons, laissez-les là, si ce n'est que vous sentissiez un certain remords vif et profond, et encore qui revint souvent; faites-les alors avec discrétion, et pour peu qu'il y ait de doute, dans l'ordre de l'obéissance, c'est-à-dire par l'ordre des supérieurs ou confesseurs. »

Autre lettre du 24 septembre 1699 : « Loin d'improuver l'attention à certains mouvemens de la grace, et la fidélité à les suivre, entendez bien, ma Fille, que je n'ai voulu ôter de ces impulsions secrètes et particulières que l'anxiété et le trouble. »

Depuis toutes ces lettres, disant à ce prélat que la décision dont je m'étois le mieux trouvée, par rapport à ces sacrifices distincts, étoit celle-ci : « Pour bonnes raisons, laissez-les là; » il me répondit : « Je vous le répète encore. » Et lui objectant ce qu'il m'avoit mandé dans le dernier article que je viens de citer, qu'il ne désapprouvoit que l'inquiétude, et point la fidélité à ces sacrifices, et que mon trouble à cet égard n'étoit qu'un trouble d'amour-propre, il me répondit : « N'importe d'où il vienne.

A quelque temps de là, lui disant quelques petites vues que j'avois sur la pauvreté il me répondit: « En général, il est bon de faire ces petites choses, parce qu'on obtient par là la grace d'en faire de plus grandes; mais dès que cela vient avec trouble, il est mieux de laisser cela. »

« Ce sont, ajouta-t-il, des suites de ces petits sacrifices dont vous m'avez parlé : vous n'avez qu'à suivre les règles que je vous ai données. Ordinairement la paix accompagne ces sortes de vues, quand elles viennent de la grace; et l'on peut présumer quand elles sont accompagnées de trouble, que Dieu ne demande pas qu'on les suive Enfin la paix est préférable à ces petits sacrifices, qui se peuvent faire ou laisser. »

Depuis ce temps-là, j'ai été assez en paix sur ces sortes de sacrifices.

Prenez garde seulement que cette convention ne soit une imitation recherchée de Madame de Chantal.

XXXVII. — Demande.

Je sais bien qu'on ne peut mériter que pour soi-même ; mais je m'entends bien par cette expression.

Rép. — La sainte société des enfans de Dieu, et l'unité des membres de Jésus-Christ, fait que tout ce qui se fait dans l'un profite à l'autre.

XXXVIII. — Demande.

On m'a dit que ma convention suffit pour toutes les prières qu'on me demande ; qu'elle renferme tout ; qu'il ne faut pas me distraire de mon oraison pour recommander à Dieu les personnes pour lesquelles je me souviens d'avoir promis de prier, ou pour qui mes constitutions me recommandent de le faire.

Rép. — Cela est vrai, pourvu qu'on ait cette intention bien simplement dans le cœur.

XXXIX. — Demande.

En conséquence de ma convention, par laquelle j'ai abandonné à Dieu tout le bien que sa grace me fera faire, je n'ose promettre de faire certaines bonnes œuvres qu'on me demande pour les intentions qu'on souhaite.

Rép. — Promettez simplement ce qu'on vous demande ; Dieu sait bien comment il vous le fera appliquer et exécuter.

XL. — Demande.

J'ai été surprise, Monseigneur, que vous ayez paru désapprouver un article de mes premières demandes, où je mettois au rang des réflexions qu'il faut retrancher celles qui interrompoient la vue de Dieu dans la quiétude, puisque je n'ai prétendu dire autre chose par là sinon qu'il ne faut point interrompre l'opération de Dieu, pour faire des réflexions ou actes discursifs.

Rép. — Il faudroit me marquer mes propres paroles, car certainement je n'ai eu nulle intention de rien dire d'opposé à ce que vous avez mis dans cet article.

XLI. — Demande.

A l'égard des réflexions qui ne viennent point d'impression de grace, comme toutes celles qui sont bonnes en viennent, je crois que ce seroit une bonne pratique, dans quelque voie qu'on soit, de laisser tomber toutes les autres réflexions; c'est ainsi que j'ai entendu ces deux sortes de réflexions.

Rép. — Tout cela est bon, pourvu qu'on entende bien ce que c'est qu'impression de grace. On pourroit se tromper, en prenant l'impression de la grace pour quelque chose qui soit toujours passif.

XLII. — Demande.

M. de Maupas (a) dit que la voie de Madame de Chantal étoit d'être toujours passive, et autre part, que Dieu lui retiroit quelquefois son opération. Cela me fait voir que, quand on dit quelquefois que certaines ames sont tout à fait passives, il ne faut pas prendre cela au pied de la lettre, et qu'on veut dire seulement par là que leur oraison est une oraison passive.

Rép. — Cela est comme vous le dites.

XLIII. — Demande.

Peut-être encore que ces ames pures et attentives à Dieu, ne manquant point dans l'occasion d'être excitées à faire les actes nécessaires, peuvent attendre, pour faire ces actes, une certaine disposition ou attrait qui vient de l'habitude de leur oraison.

Rép. — Elles ne manquent ni d'être excitées ni de s'exciter elles-mêmes activement, mais doucement et paisiblement.

XLIV. — Demande.

A l'égard de l'acte de simple retour vers Dieu, je crois que ces ames doivent le faire dès qu'elles s'aperçoivent de la distraction. C'étoit le sens que j'avois donné à cette expression de saint Fran-

---

(a) Henri Cauchon de Maupas du Tour, né en 1600, occupa le siége épiscopal du Puy en 1641 et celui d'Évreux en 1661 ; il résigna ce dernier siége et mourut en 1681. Envoyé à Rome pour solliciter au nom du roi et du clergé de France la canonisation de l'évêque de Genève, il écrivit la vie de saint François de Sales et celle de la bienheureuse Mère de Chantal.

çois de Sales : *Soyez active,* etc.; *mais de vous-même, ne sortez point de votre place.* Car il sembloit que c'est ne point sortir soi-même de sa place, que de n'agir que lorsqu'on a ce mouvement de grace, et que c'est cependant être actif, puisque ensuite on s'excite soi-même, on se fait effort pour continuer avec la grace ce qu'elle a commencé.

Rép. — J'ai satisfait à cet article.

XLV. — Demande.

La fin de la lettre où sont ces mots : *Soyez active,* etc., semble favoriser le sentiment de ceux qui, ne doutant point que le mouvement de la grace ne se fasse sentir à ces ames pures dans les occasions, croient qu'elles doivent l'attendre.

Rép. — Il faut quelquefois attendre et quelquefois s'exciter, tout cela par moment; et il est rare que l'un et l'autre tournent en habitude, et impossible que l'un et l'autre soient perpétuels.

XLVI. — Demande.

Le Saint continue ainsi : « Vous êtes la sage statue que le maître a posée dans la niche; n'en sortez point que lui-même ne vous en retire (*a*). »

Rép. — Dans le temps de l'opération, cela est vrai, mais non pas toujours quand il la retire, car c'est alors le temps d'agir; ce qui pourtant n'exclut pas toute attente, car l'époux en se retirant vous fait quelquefois sentir qu'il va revenir.

Une sainte liberté doit toujours accompagner l'oraison. Toute inquiétude volontaire doit être bannie.

XLVII. — Demande.

Il paroît par la lettre que je viens de citer, qu'il ne s'agissoit pas seulement du temps de l'oraison, et que Madame de Chantal avoit demandé au saint évêque si son union simple ne suffisoit pas à tous les actes, même dans les temps de sécheresse.

Rép. — Dans les temps de sécheresse, le Saint dit toujours que

---

(*a*) Voyez ci-dessus, pag. 354.

les actes se font, quoique sèchement; ce qui n'est pas un obstacle à leur vérité et intégrité.

XLVIII. — Demande.

Je sais bien que Madame de Chantal ne réduisoit pas tout à cette simple union, et que Dieu fait pratiquer les actes dans les occasions.

Rép. — Dieu les fait pratiquer, et une des manières de les faire pratiquer, c'est de vouloir qu'on s'y excite doucement et sans anxiété.

XLIX. — Demande

Je crois que l'inspiration et l'impulsion qu'attendent ces ames pour ne point agir avec empressement, n'est point une inspiration miraculeuse.

Rép. — Je connois un auteur qui parle ainsi : l'erreur est à rappeler l'oraison passive aux principes communs de la grace chrétienne. Tout le monde n'est pas dans la voie passive; et cet auteur, pour n'avoir pas assez démêlé en quoi les spirituels ont mis la passiveté, assurément a confondu ce qu'il falloit distinguer.

L. — Demande.

Vous m'avez dit vous-même, Monseigneur, sur ce que je vous citois que la Mère de Chantal faisoit des actes, quand Dieu lui témoignoit le vouloir par le mouvement de sa grace, que ce témoignage de Dieu n'est pas toujours une opération qui mette l'ame en passiveté; que Dieu témoigne suffisamment qu'il veut une chose, quand il y incline doucement, en sorte néanmoins qu'après l'ame achève ce qu'il a commencé, en s'excitant elle-même. Cette inclination douce, n'est-ce pas l'inspiration dont je viens de parler?

Rép. — Si c'est là ce que veut dire l'auteur que j'ai dans l'esprit, il a raison; mais il poussoit plus loin la chose. Je crois qu'il en peut être revenu, ou en tout cas qu'il en reviendra.

LI. — Demande.

Seroit-ce une expression trop forte, en parlant généralement de tous les actes que ces ames font dans le cours de la vie par ce mouvement de la grace ordinaire, après avoir dit qu'elles les font sans empressement, d'ajouter que c'est ce que les mystiques appellent coopérer avec Dieu sans activité propre?

Rép. — L'activité ainsi définie ne diffère pas de l'empressement ; mais les nouveaux mystiques poussent plus loin.

Vous voyez bien par mes réponses, que je n'approuve pas l'empressement dans les ames.

LII. — Demande.

Je crois entendre ces mots d'une de vos réponses : « On se simplifie activement, on est quelquefois passivement simplifié ; » mais je n'en suis pas sûre.

Rép. — Les actes même excités se terminent à la simplification du cœur, et quelquefois Dieu nous simplifie, sans que nous soyons à certains momens obligés à nous exciter. J'aurois de la peine à m'expliquer plus clairement et plus simplement.

Retenez bien que l'erreur des nouveaux mystiques consiste en deux points : l'un, de supprimer certains actes commandés ; l'autre, dans ceux qu'ils permettent, d'en ôter trop la propre excitation.

Parmi les actes supprimés, il faut compter l'espérance, le désir d'être avec Dieu et d'en jouir, les actes distincts de foi de la Trinité, de l'Incarnation, des attributs sous prétexte de s'absorber dans l'essence.

Sondez votre cœur, et si vous y sentez quelque répugnance secrète à ces actes, défiez-vous de votre oraison. Surtout consultez les œuvres, mais sous les ordres d'un bon directeur ; car vous ne devez vous juger vous-même absolument ni en bien ni en mal.

Je vous souhaite une vraie simplicité.

LETTRE III.

A Villeneuve, 1er juin 1696.

Il n'est pas nécessaire jusqu'à présent, que je sache de votre conduite et de votre vie plus que nous en avons dit. Retenez bien ce que je vous ai prescrit au nom de Notre-Seigneur : pour me faire connoître que vous l'avez bien compris, mettez-le-moi par écrit à loisir, en moins de mots qu'il se pourra; cela suffira; et Dieu, qui jusqu'ici a tout disposé par sa providence, ne vous manquera en rien. Humiliez-vous; lisez et relisez mes réponses, jusqu'à ce qu'elles soient tout à fait dans votre cœur. Je dirai ce qu'il conviendra sur votre dernière lettre, s'il y reste quelque chose encore à vous expliquer : je ne l'ai pas ici, et je ne crois pas pouvoir y répondre que de Meaux; aussi n'y a-t-il rien de pressé. Vivez en paix et en silence; c'est là l'effet véritable du recueillement.

LETTRE IV.

A Lusancy, 15 juin 1696.

Après avoir attentivement examiné le tableau que vous me faites de vous-même, et tout le reste de vos écrits, je vous parlerai, ma Fille, plus sûrement; mais ce sera pour vous confirmer ce que je vous ai déjà dit. Parlez peu; c'est le plus sûr moyen de vous mettre en recueillement, de modérer vos activités inquiètes, et d'ôter la matière et l'occasion à vos scrupules.

Outre la multiplicité des paroles extérieures, il y a celle des intérieures, qui n'est autre chose que la multiplication des pensers et des soucis superflus. Pour les modérer et en dessécher la racine, jetez-vous en simplicité entre les bras de Dieu, lui abandonnant à pur et à plein la disposition de votre personne pour tous les emplois auxquels vous destinera l'obéissance dans la maison où vous êtes. Vous devez présupposer que votre vocation est bonne, quoiqu'elle n'ait point été accompagnée de ces goûts dont vous parlez. Le changement qu'on a fait est visiblement pour le mieux. Vous y êtes, vous l'avez accepté, vous y vivez; il n'y a plus qu'à en prendre l'esprit en tout et partout. Par là s'affermira votre volonté, et s'il y avoit quelque chose à rectifier, cela se fera peu à peu.

Vous ne paroissez pas avoir une idée assez claire de ce qu'on appelle *perfection* dans la vie religieuse. Il y a la perfection de la fin, qui consiste uniquement dans l'amour de Dieu. Il y a la perfection des moyens, où quelquefois ce qui paroît plus opposé à l'esprit naturel, et à une certaine hauteur qu'on affecteroit volontiers, est le meilleur.

Les petitesses de la vie religieuse, tant inculquées par les saints fondateurs des Ordres et tant approuvées par l'Eglise, en sont de bons témoins. Vous l'expérimentez vous-même dans les petits sacrifices que vous dites que Dieu vous demande. Les plus petits sont quelquefois les plus crucifians et les plus anéantissans. Tout ce qui éteint cette hauteur intérieure, tout ce qui rompt cette volonté propre, et arrache l'homme à soi-même, prépare la voie à Dieu; et par là on a raison d'y mettre la perfection de certains états.

Mettez votre fondement dans cette parole de Notre-Seigneur : *Qui vous écoute m'écoute*[1]. Elle ne doit avoir pour vous d'exception que le seul cas, qui n'arrivera point, où les supérieurs demandassent ce qui seroit manifestement contraire à la volonté de Dieu et à sa gloire. Comme ces cas n'arriveront point, par là toutes vos actions sont réglées, et votre état demande que vous trouviez, autant qu'il se peut, tout décidé.

Surtout n'hésitez jamais sur les pratiques reçues dans la maison. Je vous ai conseillé de proposer vos doutes humblement et modestement aux supérieurs, et surtout à Madame de Maintenon, dans une entière ouverture de cœur. Après cela soumettez-vous; ne vous attachez jamais à votre sens. Tel a la pénétration, à qui le jugement n'est pas donné, du moins dans la dernière précision. Quand on demande votre avis, dites-le sans affectation, sans

[1] *Luc.*, x, 16.

prendre aucun avantage et sans effort pour attirer les autres à votre sentiment. Après, demeurez tranquille et d'autant plus heureuse, quand on prendra le parti contraire, que vous y aurez appris à rompre votre volonté.

Défaites-vous des airs décisifs dans les délibérations, dites vos raisons en toute simplicité ; n'ayez non plus de ces humilités affectées qui bien souvent ne sont que sur le bord des lèvres, et de foibles palliations de l'amour-propre. Soyez humble, sans vous trop soucier de le paroître ; faites ce que demande l'édification, sans rien affecter de plus.

Voilà déjà beaucoup de ces multiplications retranchées, et toutes celles qui ont relation avec le dehors le sont presque par ces conseils. J'y ajoute, pour aller au fond, qu'autant que vous pourrez, vous cherchiez la décision de vos doutes dans l'obéissance, sans sortir de la maison.

S'il arrivoit par hasard qu'on vous prescrivît des choses trop gênantes, proposez humblement vos difficultés, et par votre soumission changez la gêne en liberté.

Aimez les mortifications intérieures ; ne négligez pas les extérieures, et connoissez combien elles abattent et crucifient la nature ; réglez-les par l'obéissance et par le conseil des confesseurs et supérieurs : tenez-vous en là. Je vous ai déclaré que je n'entrerai point là-dedans.

Venons à l'intérieur et à l'oraison. Faites-la, comme vous pourrez, dans une entière liberté d'esprit. Si l'esprit de Dieu vous saisit, laissez-vous aller au recueillement et au repos où il vous attire. N'en sortez pas que vous ne sentiez qu'il vous a laissée à vous-même. Vous l'apprendrez par une douce liberté d'agir. Alors par de doux efforts, mettez-vous en action. Je me contente de ces espérances, de ces demandes, de ces actes fonciers que vous m'expliquez : des actes plus exprès sont souvent moins réels, quoiqu'ils occupent davantage.

En un endroit de votre écrit, il semble que vous me fassiez confondre les réflexions avec les inquiétudes ; ce n'est pas ma pensée. Il y a de douces réflexions qui sont très-naturelles et très-bonnes, et que je n'exclus d'aucun état d'oraison. En même temps, elles sont tranquilles, et tiennent à l'*un nécessaire* où il faut établir son cœur [1].

Il ne me vient rien sur les actes que je ne vous aie expliqué. Vous pouvez à votre loisir recueillir de çà et de là, dans mes réponses, ce que je vous ai décidé, et vous en tenir à cela comme à une règle certaine, parce que tout est tiré de l'Ecriture et de la tradition constante.

Supprimez toute réflexion sur la perfection ou l'imperfection, et sur la nature de votre état d'oraison. Prenez ce que Dieu vous donne, sans vous comparer à personne en général, mettant tout le monde au-dessus de vous, sans jamais vous juger vous-même, mais vous laissant aux yeux de Dieu telle que vous êtes, plus soigneuse d'avancer que d'apercevoir votre progrès

---

[1] On a vu ci-devant que le simple retour du cœur vers Dieu est un de ces doux efforts par lesquels il me conseilloit de me remettre en action.

Quant à ces actes fonciers, dont il dit qu'il se contente, voici comme je les lui avois, ce me semble, expliqués.

Je lui citois l'endroit de ses réponses où il marque qu'il tiendroit une oraison fort suspecte, où des actes aussi précieux que ceux de l'espérance, de la demande et de l'action de graces ne viendroient jamais : qu'ils viennent en deux manières, ou par une espèce de saint emportement dont on n'est pas maitre, ou par une douce inclination ou impulsion qui veut être aidée par un simple et doux effort du libre arbitre coopérant. Sur cela je disois que les actes ne me venoient point de ces deux façons; que je ne connoissois point ce saint emportement, ni cette douce impulsion dont il avoit parlé; qu'il me sembloit que si je suivois ma disposition, je ne ferois jamais d'actes distincts dans mes oraisons, parce que j'y sentois une espèce de répugnance, souvent même dans les temps de sécheresse; que je remarquois seulement souvent dans mon fond l'espérance et le désir d'obtenir de Dieu certaines graces, et la reconnoissance d'autres que j'ai reçues; qu'il me sembloit que mon cœur lui demandoit les unes et lui rendoit graces des autres, quoique tout cela ne fût guère distinct; que j'apercevois seulement dans mon fond ces dispositions, comme on aperçoit la foi et l'amour dans le recueillement.

Dans les réflexions, il est visible par plusieurs endroits de ces réponses, que ce n'étoient point des réflexions suivies et raisonnées qu'il me demandoit alors; il entendoit, je crois, seulement que les réflexions ne sont point incompatibles avec cet état d'oraison, puisqu'elles se font dans la voie, et que l'oraison actuelle n'est que pour certains temps particuliers. De plus il entendoit aussi, ce me semble, que dans le temps même de l'oraison, l'ame n'est pas exempte de certaines douces et délicates réflexions, puisque sans cela elle ne sauroit pas ce qui s'est passé en elle, et elle n'en pourroit pas rendre compte.

On peut se souvenir qu'il a dit dans le livre des *Etats d'oraison*, que le bienheureux Jean de la Croix dit que l'ame se donne dans l'oraison même la plus sublime certains mouvemens, comme se détacher, se séquestrer de tout et s'élever; qu'elle prie ses passions de la laisser en repos; que « l'ame se donne tous ces mouvemens par une délicate réflexion sur son état, parce que, se voyant enrichie de tant de dons, elle désire de se conserver en assurance. »

Gardez-vous bien surtout de croire qu'on en soit meilleur pour être dans une oraison active ou passive; et sans même examiner ce que c'est, contentez-vous d'éviter les inquiétudes. Ne vous astreignez point aux pensées discursives. Sortez de vous-même et de tout appui humain, et mettez votre appui en Dieu au-dessus de tout.

Dilatez vos voies par la confiance en espérant contre l'espérance, en foi, en attente, en désir et en amour.

Dans la confession, dites ce qui vous vient sans anxiété, recevez ou l'absolution ou la bénédiction, comme on vous la donnera; ne vous tourmentez point à confesser quelque chose de votre vie passée, si on ne vous l'ordonne. Ce n'est pas à vous à vous mettre en peine s'il y a matière à l'absolution. Quoiqu'il ne vienne rien qu'on juge péché, ne vous en jugez pas plus innocente; mais appuyée sur le sang de Jésus-Christ, entrez dans l'étendue infinie des miséricordes de Dieu. Quand on vous a défendu de relire ce que vous aviez écrit, on a reconnu l'excès d'agitation où vous jette votre activité naturelle: mais l'expérience fait voir que ce remède n'est ni propre ni suffisant. Relisez et corrigez ce qui sera évidemment et certainement mauvais; dans le doute, exposez-vous plutôt au hasard de quelque faute que de vous jeter dans l'embarras et dans le scrupule.

Pour vos lectures, faites-les sans tant raffiner, par ce seul motif que la lecture est un moyen donné de Dieu pour la sanctification des ames. Prenez toute la nourriture qui s'y trouvera, sans vous mettre en peine si en particulier elle vous est propre ou non; car il y a là un trop grand et inutile tourment de l'esprit. C'est aussi se travailler inutilement, que d'attendre que vous sentiez le besoin de lire; ce qui n'est pas bon pour un temps l'est pour un autre, et il faut prendre à toutes mains ce qui se présente : je dis ce qui se présente comme naturellement, et sans trop le rechercher, ni rien tirer par les cheveux; car tout cela est de simplicité et de vérité.

C'est un scrupule de se croire obligé à quitter tout ce à quoi on est attaché. Il y a de saints et utiles attachemens : celui, par exemple, à des lettres d'instruction c'est autre chose si on s'y attache par partialité.

Ne désirez point la mort comme mort et par découragement; mais désirez de voir Jésus-Christ, parce que c'est en le voyant qu'on l'aime parfaitement, et qu'on est certain de l'aimer toujours.

Faites les prières vocales, comme la lecture, en grande simplicité. Pesez bien ces deux mots : *Comme la lecture;* relisez ce qu'on vient de dire de la lecture, vous y trouverez toute l'instruction nécessaire.

Je ne vous renvoie de vos papiers que cette feuille. Vous avez compris ce que je vous ai dit autant qu'il faut. Je relirai encore une fois tous vos écrits, et j'ajouterai ce qui manquera, quand Dieu m'en donnera la lumière et le mouvement. Après, je brûlerai le tout.

Vous ne paroissez pas avoir assez bien compris ce que je vous ai dit de saint Paul, que chacun doit considérer ce qui est utile aux autres, et non à soi-même. L'intention de l'Apôtre est d'apprendre au chrétien à conformer ses paroles et ses actions à ce qui est en effet utile à calmer et à édifier le prochain, sans même qu'il s'en aperçoive; et c'est là le fond de la charité, où la nature et l'amour-propre sont crucifiés à chaque moment, parce qu'à chaque moment on se dépouille de soi-même, pour se faire tout à tous. Prions les uns pour les autres. Vivez en paix et en patience. Notre-Seigneur soit avec vous.

LETTRE V.

A Germigny, 24 septembre 1696.

Ne doutez jamais, ma Fille, un seul moment que Dieu, qui vous donne le mouvement de m'écrire, ne me donne celui de vous écouter et de vous répondre avec toute la précision possible. Et d'abord je commence par louer Dieu de ce qu'il vous a fait connoître vos fautes avec simplicité, et qu'il a inspiré à vos supérieurs de vous en reprendre, et de vous en humilier aussi fortement qu'ils ont fait. C'est un effet de la grande bonté de Dieu, et de son soin paternel de votre salut. Ce n'est pas ici un vain langage, c'est une vérité puisée en Dieu même, et une leçon de son Saint-Esprit. Nous avions pris des règles si sûres pour vous empêcher de trop abonder en votre sens, de pousser, de faire valoir, de trop appuyer vos sentimens : tout le contraire est arrivé. Humiliez-vous jusqu'au centre de la terre et jusqu'aux enfers. Priez Dieu de vous en tirer ; dites un profond *De profundis* sur votre ame qui s'est égarée. Laissez-vous priver de la fréquente communion, pourvu que ce soit par l'ordre de vos supérieurs. Suivez ce que vous dira votre confesseur.

Gardez-vous bien de vous éloigner de Madame de Maintenon sous quelque prétexte que ce soit ; parlez-lui à cœur ouvert, toujours humblement, sans déguisement ou ménagement aucun, selon que votre cœur vous y poussera. Ne songez à rien pour les emplois ; oubliez tout. Laissez-vous mettre haut et bas dans les charges de confiance ou dans les autres avec soumission. Ce que Dieu fera au dedans de vous par ces exercices extérieurs de l'autorité sainte des supérieurs, qui est la sienne même, sera grand. A la fin vous apprendrez à être véritablement petite, et c'est là ne vous trouverez Jésus-Christ.

Tâchez de goûter les petitesses de la religion, et tout ce qui va à honorer la sainte pauvreté : vous en avez lu tant d'éloges dans le bon saint François de Sales. Bon Dieu ! ce n'est pas pour le rabaisser que j'aime à l'appeler bon. Si vous aviez bien conçu que n'avoir rien de fermé est une sorte de désappropriation excellente, vous ne vous y seriez pas opposée. Il m'est arrivé une fois, par des raisons qui sembloient pressantes, d'accorder des écritoires fermées à un couvent ; je m'en dédis bientôt, averti par les instances des autres couvens de même ordre, et Dieu a béni après cela ma sainte et doucement inexorable sévérité. Servez-vous des secrets permis dans les charges et les obédiences, et n'en désirez point de particuliers. Soyez toujours bien persuadée que l'extérieur a je ne sais quoi qui met l'intérieur en paix aux yeux de Dieu, et règle et compose l'ame comme la demande le céleste et jaloux amant.....

La contrariété naturelle que vous éprouvez avec Madame de M. vous doit être un exercice continuel de mortificatio . Contentez en elle, non pas elle, mais Dieu ; et en tout et partout, avec elle et avec les autres, suivez cette règle de perfection de saint

Paul : *Que chacun de vous agisse par rapport aux autres, et non pour se contenter soi-même;* car, comme dit le même Apôtre, *Jésus-Christ ne s'est pas plu à lui-même :* et cet exercice de faire et dire tout pour les autres, et non pas pour soi, est dans la véritable charité l'entier anéantissement de l'homme. Lisez deux et trois fois, mais du cœur plutôt que des yeux, les quatre premiers versets de l'*Epître aux Philippiens*, chapitre II, avec le second et le troisième du chapitre VI *aux Galates*. Faites-vous-en une règle, et préférez-en la pratique humble et foncière à toutes les sublimités de l'oraison. *Ne changez rien dans la vôtre*, et ne croyez pas *que ce soit illusion*, sous prétexte que votre vie n'y répond pas ; mais croyez que si la pratique ne suit, vous en rendrez un grand compte. Entendez-moi bien ; ne concluez pas qu'il la faut quitter, ou y changer quelque chose, ou l'imputer à illusion; quand les fruits ne suivent pas ; mais que Dieu en demandera un compte sévère. Craignez et aimez sa sainte jalousie.

Selon cette règle de saint Paul, dites ou ne dites pas les prières vocales dont vous me parlez, avec vos demoiselles. Faites tout selon l'édification, et quand vous le pourrez sans la blesser, préférez l'oraison, à condition que vous la rendrez pratique par un actuel dépouillement de vous-même par rapport aux autres ; car ce dépouillement seulement par rapport à soi est une chose souvent bien creuse, et une dangereuse pâture de l'amour-propre. La peine que vous aviez sur la lecture, suivant que Madame de Maintenon me l'exposa en me lisant une lettre que vous lui écriviez, n'avoit pas besoin, ce me semble, de nouvelles instructions ; car je crois que nous avions dit en général qu'il faut user de la lecture comme de la prière vocale, avec une sainte liberté d'esprit. Puisque la pénitence que vous avez demandée à votre confesseur, pour modérer ces actes agités et inquiets, vous réussit, continuez ce remède, et offrez-vous à Dieu, afin qu'il vous calme ; car il le peut seul, et il s'est réservé de dominer à la puissance de la mer, et d'en apaiser et adoucir les flots émus.

Après avoir repassé sur vos lettres précédentes, sur la demande s'il ne faut pas, dans un conseil, avoir plus d'égard au bien particulier de la personne que l'on conseille qu'au général : cela dépend de la nature du conseil, et des divers rapports qu'ont les choses. Ordinairement, en ce qui regarde les dispositions intérieures, il ne faut regarder que la personne. Toutefois par l'influence de l'intérieur sur l'extérieur, on peut aussi avoir quelque égard au bien commun, suivant la règle de saint Paul que je viens de vous rapporter; et il ne faut pas oublier ce qu'il dit *aux Galates*, chapitre VI, verset II : c'est la règle des directeurs comme des ames dirigées; et absolument parlant, il faut régler chaque ame par rapport à elle dans l'intérieur, sans les rendre trop assujetties aux autres, si ce n'est par la charité, et non par des égards humains.

Parlez à M. de Chartres et à vos supérieurs en toute simplicité; ne craignez point de leur ouvrir votre cœur, afin qu'ils vous reprennent ou qu'ils vous approuvent, selon que Dieu leur inspirera.

Considérez bien notre règle de saint Paul aux Philippiens (II, 4); vous verrez comment et quand il faut ou ne faut pas se faire aimer. Cette règle empêche de préférer ceux qui ont du goût pour nous, à cause de ce goût; mais [elle enseigne] à s'en servir pour les détacher de tout, et de nous-mêmes, pour les unir à Dieu de plus en plus.

LETTRE VI.

A Versailles, 16 février 1697.

..... Pour Madame de Maintenon, vous voyez une grande marque de sa charité, non-seulement dans le soin qu'elle prend de m'envoyer vos lettres, mais encore d'en solliciter elle-même les réponses. Mais avec tout cela, ma Fille, sacrifiez à Dieu tout le goût de son amitié. Ne faites rien qui vous la puisse faire perdre. Dites-lui naturellement ce que vous croirez utile; faites si bien que votre conduite se justifie elle-même, quand il faudra en venir à quelque éclaircissement. Dites en simplicité et humilité, ce qui sera convenable; et demeurez en repos, soit qu'on vous blâme, ou qu'on vous approuve, ou qu'on vous excuse. Mon livre sur l'oraison ne peut paroître que dans quelque temps; vous y verrez que la vérité y règle seule.

LETTRE VII.

6 mars 1697.

Il faut tâcher, dans les mouvemens que font dans les couvens les changemens des charges des supérieurs et des obédiences, de se souvenir qu'on s'est dévoué à la volonté de Dieu, et de trouver la paix en s'y abandonnant. Si on vous met dans quelque place qui vous accommode, louez Dieu qui ménage la foiblesse. Si l'on vous abaisse, dites-lui : Il m'est bon que vous m'ayez humiliée, et demeurez attachée à la seule chose qui est nécessaire. Dieu est le seul qui ne change point. Tout le reste, et surtout les hommes, change ou avec ou sans raison. Croyez toujours le premier, et croyons que, si l'on change envers nous, c'est que nous changeons nous-mêmes, ou que nous ne changeons pas assez tout ce qu'il falloit changer. Ne cessons donc de nous changer en mieux, et mettons notre consolation en celui qui est immuable.

Dieu vous a inspiré le vrai moyen de concilier tout ce qui vous semble n'être pas suivi, en vous laissant régler par l'obéissance. C'est un bonheur que vous vous trouviez en correspondance avec celle sous qui on vous a mise ; mais quand cela changeroit, croyez que les fruits de l'obéissance, qui nous sont les plus salutaires, sont souvent les plus amers.

Je crois vous avoir dit la conduite que vous devez tenir avec Madame de Maintenon. Elle consiste à savoir ce qu'il faut conserver, et ce qu'il faut sacrifier sur ce sujet ; heureuse d'avoir à sacrifier quelque chose d'aussi considérable selon le monde !

Ce n'est point par effort et violence qu'on fait cesser les actes inquiets. Les saints nous apprennent qu'en faisant de certains efforts pour les éviter, on retombe dans une autre sorte d'inquiétude. Il faut, sans s'opposer à ce torrent, en laisser tranquillement écouler les eaux, comme celles qui tombent sur les toits, et qui font pendant la pluie des ruisseaux dans la campagne.

Pour ainsi laisser écouler ces eaux, auxquelles je compare vos activités, il faut avoir un fondement ferme, qui est l'appui en la pure bonté de Dieu. Il n'y a guère de moyens humains pour en venir à ce grand et unique appui. Ce ne sont pas des pénitences que des hommes imposeront, ni aucun de leurs commandemens, qui apaiseront cette tempête intérieure. Ce sera un mot que Jésus dira au dedans pour commander aux flots et à la mer : Taisez-vous, soyez en silence. Puisse Jésus prononcer en vous cette parole ! Mais quand il l'aura prononcée une fois, ne croyez pas que ce soit pour toujours. Le trouble reviendra de temps en temps ; et la pratique constante doit être celle de se retirer au dedans, et de retrouver, si l'on peut, ce fond où Jésus habite, et où il dort quelquefois, pendant que nous sommes agités.

Mes soins ne vous manqueront jamais. Je suis de votre avis, et c'est un assez grand dessein de Dieu sur les ames que de les faire pour lui-même : cela suffit pour déterminer les pasteurs à le seconder, sans qu'ils aient besoin d'autre chose.

Il faut s'attacher aux choses que Dieu demande de nous par sa volonté déclarée, c'est-à-dire par sa loi, par nos règles, par les ordres des supérieurs. Pour celles que nous croyons que Dieu nous demande par des instincts particuliers, elles sont sujettes à grand examen ; et je vous donne pour règle certaine, que, pour peu qu'elles vous excitent de trouble, il n'y a sans hésiter qu'à les laisser là.

Il y a plus d'orgueil que d'humilité dans ces petits sacrifices d'écrire ou de parler mal à dessein, pour s'humilier. Par là il semble qu'il faille affecter, comme si nous étions quelque chose, de nous abaisser par quelque endroit, pendant que nous sommes tout néant. Nous n'avons que faire des petites fautes d'écriture ou de langage que nous ferons exprès, il n'y en a que trop et de ce genre-là et d'autres genres plus importans, où nous tomberons de nous-mêmes.

Vos sentimens sont droits sur les choix des supérieures, soit qu'on laisse une pleine liberté, soit qu'on indique un parti. C'est bien fait de renvoyer tous ces soins au temps de l'élection, et alors laisser incliner son cœur au doux mouvement du Saint-Esprit, sans se laisser émouvoir de petits scrupules. L'essentiel est le mérite suffisant dans les personnes ; mais il ne faut pas mépriser les convenances avec les personnes dont la maison a besoin.

Il en faut user à peu près de même pour la réception des filles : parler toujours selon son cœur aux supérieurs, lorsqu'ils nous demandent notre sentiment. Dans le doute, je vous dirai pour moi que je pense à la réception ; mais j'entends dans le doute absolu, tout étant égal, et même les inconvéniens. Du reste marchez toujours en simplicité, et la lumière de Dieu inclinera votre cœur.

Pour la confession et la communion, ne me demandez jamais rien ; car je n'aurai jamais rien à vous dire, sinon que vous croyiez votre confesseur.

Ne vous laissez point entamer au dégoût, mais prenez le vrai goût plus haut que les sentimens de la créature. Gardez-vous bien de vous dégoûter de votre état. *Cherchez le royaume de Dieu et sa justice, et le reste sera ajouté.*

Il faut parler du prochain en grande simplicité, sans faire finesse de ce que tout le monde voit également, mais en évitant seulement le mépris et la jalousie.

Oh ! qu'on est heureux dans le silence, et qu'il faut l'aimer, sans que rien le rompe que la charité, s'il se peut ! Que ce sont de belles paroles que de vouloir être oublié et caché, et qu'il est rare qu'on en vienne profondément à l'effet ! Il faut pourtant y tâcher, sans se décourager, quand on revient par foiblesse aux premières fautes. C'est un secret orgueil de se trop étonner de faire des fautes.

LETTRE VIII.

A Paris, 12 mai 1697.

Je vous reçois, ma Fille, dans mon diocèse, avec le dessein de vous y donner tout le secours que je pourrai, etc.

LETTRE IX.

A Paris, 24 juin 1697.

Je crois avoir oublié à Meaux, dans un tiroir bien fermé, la lettre où étoient vos difficultés sur mon livre. Ainsi, ma Fille, si vous désirez une réponse prompte, renvoyez-les-moi. Pour vos autres lettres, mettez tout dans l'abîme de la miséricorde de Dieu, et ne songez point à des confessions générales. J'approuve fort la méthode de surmonter le scrupule en communiant; et quand cette action est suivie du calme, c'est bon signe.

Ne soyez jamais en peine de votre oraison; songez au fruit; devenez petite; aimez les petites observances comme les grandes, c'est-à-dire les cheveux et jusqu'aux souliers de l'Epoux, et les franges comme les habits. Si vous ne devenez petite, mais très-petite, les sublimités de l'oraison vous seront ôtées; il n'y a de sublimité que celle qui nous rend plus humbles: voilà le premier point que j'attends de votre conversion. L'autre, laissez-là Saint-Cyr, et le monde qui l'environne, avec l'éclat qui en rejaillit malgré la retraite et l'air même qu'on y respire : que Madame de Maintenon ne tienne plus de place dans votre cœur; renouvelez-vous à l'intérieur et à l'extérieur. Tous ces honorables liens du monde captivent insensiblement le cœur que Dieu veut affranchir. Soyez libre en Jésus-Christ; souvenez-vous de ces petitesses, et croyez qu'une partie de la croix qu'il veut vous imposer sera là-dedans. Noyez les scrupules dans la confiance.

LETTRE X.

A Germigny, 16 mars 1698.

..... Quant aux autres dispositions, il faut tâcher de les laisser au-dessous de soi, du moins à côté, sans leur permettre d'entrer dans l'intime. Il y faut même plus de mépris que de combat, et sur tout cela se contenter d'un abandon général à Dieu, sans plus de curiosité ni de recherche. La meilleure disposition en général, à l'égard des créatures pour lesquelles on pourroit avoir actuellement ou du dégoût ou du goût, ou du dédain ou de l'indifférence, c'est de laisser tout cela être ce qu'il est, c'est-à-dire rien, et comme chose qui s'écoule en pure perte, sans s'en troubler ou inquiéter. Je vous verrai, s'il plaît à Dieu, avant mon départ. Notre-Seigneur soit avec vous.

LETTRE XI.

A Meaux, 22 avril 1699.

Je ne puis partir, ma Fille, sans vous recommander de plus en plus la simplicité.

..... Ces désappropriations des dons de Dieu ne sont que raffinement. Je sais que les spirituels des derniers siècles se sont servis de ces termes; mais si on ne les entend sainement, on tombe dans de grandes erreurs. C'est une vérité constante, qu'on n'est uni à Dieu que par ses dons. La sainteté, la justice, la grace sont des dons de Dieu ; ce sont des moyens par lesquels on le possède. Songer à s'en détacher, c'est songer à se détacher de Dieu même. J'en dis autant de la foi, de l'espérance et de la charité. On ne peut être agréable à Dieu que par ces vertus, qui sont autant de dons de Dieu. Ces unions immédiates avec Dieu, tant vantées par beaucoup de mystiques, même par les bons, sont une illusion, si on les entend mal. Il n'y a qu'un seul moyen de les bien entendre, et de se désapproprier des dons de Dieu ; c'est en évitant, comme l'écueil de la piété, de se les attribuer à soi-même. Mais si on les prend comme venant du Père des lumières, on en est suffisamment désapproprié. On peut s'en détacher encore d'une autre manière ; c'est de ne les pas chercher pour le plaisir qui nous en revient, mais pour la vertu qu'ils ont de nous unir à Dieu même, puisqu'il ne s'unit à nous que par ses dons. Encore y a-t-il une céleste et victorieuse et foncière délectation, dans laquelle consistent la grace et la charité ; et s'en détacher, c'est se détacher de la charité et de la grace, c'est-à-dire de Dieu même. Croyez, ma Fille, que toute autre doctrine n'est qu'illusion. Il en faut toujours revenir aux idées simples, qui sont celles de l'Ecriture.

Mettez-vous sérieusement dans la lecture de l'Evangile, et prenez les idées que vous donnera la simple parole ; vous vous en trouverez bien : je m'en rapporte à l'expérience que vous en ferez. C'est de quoi je vais traiter à fond avec vous à mon retour, et entrer non-seulement dans tous vos doutes, mais encore intimement dans toutes vos peines, pour petites qu'elles soient. Notre-Seigneur soit avec vous.

LETTRE XII.

Le 1er de mai 1700.

I. Demande.

Comme on rapporte de diverses personnes qu'elles étoient dans une actuelle et continuelle présence de Dieu, au moins pendant qu'elles veilloient, j'aurois quelque penchant à croire que Dieu fait cette grace à quelques ames.

Rép. — Cela se peut, mais je n'en sais rien.

II. — Demande.

Il est rapporté de la Mère de l'Incarnation, Ursuline, que rien ne la pouvoit distraire de son union avec Dieu, ni les travaux, ni la conversation, ni la nuit, ni le jour.

Rép. — Je crois que ces ames ont souvent des distractions dont elles ne s'aperçoivent pas; mais comme elles ont une grande facilité à revenir à Dieu, on en conclut, etc.

III. — Demande.

Elle dit elle-même : « Je me vois par état perdue dans la divine majesté, qui depuis plusieurs années me tient dans une union que je ne puis expliquer..... Il y a près de cinquante ans que Dieu me tient dans cet état..... Ce que je fais à mon oraison actuelle, je le fais tout le jour, à mon coucher, à mon lever et ailleurs. »

Rép. — Si sa disposition avoit été un acte direct et continu, elle auroit dû ignorer son état car ce ne peut être que par réflexion qu'on sait tout ce que cette Mère démêle ici.

IV. — Demande.

Je n'ai lu que quelques endroits de la Vie de cette religieuse, mais par ce que j'en ai vu, il m'a paru que cette union, quoique continuelle, ne l'empêchoit pas de s'exciter aux actes distincts.

Rép. — Cela est vrai.

V. — Demande.

Il est dit et souvent répété dans la *Vie du bienheureux Grégoire Lopez*, qu'il étoit dans un acte perpétuel et continuel d'amour de Dieu, et dans une conversation qu'il eut avec un de ses amis, à qui il fit cette confidence, il dit qu'il connoissoit une ame qui, depuis trente-six ans, n'avoit pas discontinué un seul moment de faire de toute sa force un acte de pur amour de Dieu.

Rép. — Si cela est, il n'a pas péché; et en effet il disoit à son confesseur : Mon Père, par la grace de Dieu, je ne me souviens pas de l'avoir offensé. Mais c'est discontinuer de faire un acte direct, de revenir sur son état. Je ne dis pas qu'on ne puisse avoir une certaine sorte de présence de Dieu qui peut, quoiqu'on la nomme *simple*, compatir avec de délicates réflexions.

VI. — Demande.

Il est rapporté dans la *Vie de Grégoire Lopez*, qu'un grand et savant prédicateur, nommé le P. Jean de Saint-Jacques, l'étant allé trouver pour lui parler sur ce sujet, Dieu fit en lui quelque chose de semblable à la disposition de Grégoire Lopez; et par une lumière intérieure, il lui fit connoître que c'étoit là la manière dont Grégoire Lopez l'aimoit de toutes ses forces, sans qu'aucune chose créée pût empêcher cet acte d'amour, et qu'en cette sorte il étoit compatible avec les œuvres extérieures, faites par obéissance ou autrement pour la gloire de Dieu.

Rép. — On ne peut répondre de ce que Dieu a fait dans certaines ames, il est le maître de ses dons : mais elles ont dû être toujours dans la disposition de n'exclure aucun des actes essentiels au chrétien; on ne doit en aucun moment les exclure, il faut toujours être disposé à les faire.

VII. — Demande.

Quoiqu'il soit rapporté à la page 293 de la *Vie* de ce saint homme, qu'il disoit qu'il ne pouvoit faire autre chose, si Dieu ne lui en donnoit le moyen, il est rapporté en d'autres endroits qu'il faisoit divers autres actes, à quoi il paroît qu'il s'excitoit, sans attendre d'inspirations particulières : ainsi il falloit que son acte continu fût bien différent de celui des nouveaux mystiques.

Rép. — Il est vrai.

VIII. — Demande.

A la page 295 et à la suivante, il est rapporté qu'il ne croyoit pas que nulle pure créature, excepté la sainte Vierge, demeurât toujours dans une sorte d'union à Dieu fort parfaite, quoique dans l'union ordinaire, telle que celle dont il avoit plu à Dieu de le favoriser, il pût bien y avoir une continuelle persévérance.

Rép. — Je suis bien persuadé que la sainte Vierge a été unie à Dieu d'une manière très-éminente : mais on ne sait point au vrai comment Dieu l'a mue, et quelque passive qu'ait été sa voie, elle n'a laissé d'être méritoire ; car Dieu, quand il lui plaît, laisse la liberté dans les états passifs, comme il est croyable qu'il la laissa à Salomon dans ce ravissement où il choisit la sagesse, puisque Dieu le récompensa de ce choix.

Quelquefois aussi Dieu y agit avec une pleine autorité ; et quoique l'ame alors ne mérite point, cela ne laisse pas de lui être très-utile, parce que Dieu par là, en la captivant, la prépare et la dispose à des actes très-parfaits.

IX. — Demande.

Grégoire Lopez étoit, comme saint François de Sales et d'autres que vous citez, Monseigneur, bien éloigné d'attacher la perfection aux états passifs. Cette Vie m'a paru d'une assez grande autorité ; car outre ceux qui ont approuvé la traduction, le chapitre xxxviii contient neuf ou dix tant éloges de la vertu de ce saint homme qu'approbations du livre, et il y a six ou sept évêques. Ainsi j'ai été surprise que vous n'ayez pas cité ce livre

Rép. — Je n'ai pas eu besoin de cette autorité; celle de l'Ecriture m'a paru encore plus grande.

X. — Demande.

Dès que dans le temps convenable on fera les actes distincts à quoi le chrétien est obligé, et qu'on ne voudra point exclure de l'état de la contemplation ni les Personnes divines, ni aucun des attributs, ni les mystères de Jésus-Christ; et que, comme il est dit dans les Articles d'Issy xxiv et xxxiv, on sera persuadé que tout ce qui n'est vu que par la foi est l'objet du chrétien contemplatif : vous ne blâmeriez pas, ce me semble, que dans l'oraison on suive son attrait, n'occupât-il toujours dans le temps de l'oraison actuelle que du même objet.

Rép. — Je ne blâme point cela; il suffit de ne point exclure.

XI. — Demande.

La Mère de l'Incarnation disoit que quelquefois elle vouloit se distraire pour s'occuper des mystères, mais qu'aussitôt elle les oublioit, et que l'esprit qui la conduisoit la remettoit plus intimement dans son fond.

Rép. — Je crois bien que cela étoit ainsi. Quand on est dans la disposition de ne point exclure les autres actes, ils viennent, quand même on ne s'en apercevroit pas.

XII. — Demande.

Dans la définition de l'état passif, vous dites, Monseigneur, que l'ame demeure alors impuissante à produire des actes discursifs; il me paroît que cela n'est pas toujours de la sorte.

Rép. — Cette impuissance n'est pas toujours absolue.

XIII. — Demande.

Il paroît par divers endroits des écrits de saint François de Sales, qu'il vouloit que certaines ames se contentassent, lorsqu'elles apercevoient de la distraction dans leur oraison, de revenir à Dieu par un simple retour, et que de ramener ainsi leur esprit à Dieu étoit le seul effort qu'il vouloit qu'elles fissent alors.

Rép. — Ce simple retour est très-suffisant ; c'est l'acte le plus effectif : souvent les autres ne sont que dans l'imagination.

XIV. — Demande.

Supposé que ce simple retour ne fût pas suffisant dans certains temps que l'attrait s'est retiré, vous ne demanderiez pas que ces ames en revinssent à la méditation, mais qu'elles se contentassent de faire de petits actes courts de temps en temps.

Rép. — Non à une méditation méthodique ; mais quand l'opération de Dieu cesse, et qu'on a besoin du discours, il faut y revenir, et c'est y revenir que de faire ces actes courts. Ce qu'on a condamné dans la XVI° proposition (a), c'est qu'il est dit qu'alors l'ame n'a plus besoin de revenir au discours. Or, quand Dieu laisse les ames à elles-mêmes, il faut bien qu'elles s'excitent, et au lieu de dire, *toutes les fois qu'une ame de cet état*, l'auteur auroit dû dire, *ordinairement*.

XV. — Demande.

La Mère de Chantal vouloit que ces ames se contentassent, quand elles ne sentoient plus d'attrait, de dire de temps en temps quelque parole d'abandon et de confiance, et de demeurer en révérence devant Dieu.

Rép. — Je ne blâmerai jamais cela.

XVI. — Demande.

Je comprends bien, Monseigneur, que sans les oraisons extraordinaires on peut parvenir à une grande pureté d'amour, et que la purification des péchés n'est point attachée à ces oraisons.

Rép. — Cela est certain.

XVII. — Demande.

Mais cet épurement des puissances de l'ame, qui est si bien

(a) La XVI° proposition condamnée par le Bref d'Innocent XII contre le livre des *Maximes*.

expliqué au cinquième livre des *Etats d'oraison*, pourroit-il se faire sans la contemplation ?

Rép. — C'est dans la contemplation que se fait cet épurement ; c'est là proprement l'acte de contemplation, cet acte pur, simple et direct : mais sans la contemplation, on peut avoir une très-grande charité, en quoi consiste la vraie perfection.

XVIII. — Demande.

Je n'entends pas bien pourquoi la proposition xiii (d'Issy) joint à la vie la plus parfaite l'oraison la plus parfaite, parce qu'en expliquant cet article, vous marquez que l'intention de cette proposition est de montrer aux quiétistes, qui s'imaginent être les seuls qui connoissent la simplicité, la manière dont tous les actes se réduisent à l'unité dans la charité.

Rép. — L'oraison et la vie la plus parfaite peuvent être séparées, supposé que l'oraison la plus parfaite soit l'oraison passive. La fin de cette xiii⁰ proposition n'a pas été de marquer que ces deux choses sont inséparables, ni de distinguer les parfaits des imparfaits par la réunion des vertus dans la charité, puisque tous les actes méritoires dans les justes doivent être commandés par la charité : mais les parfaits sont plus fidèles que les autres à rapporter à la charité les actes des vertus inférieures. C'est la vertu universelle, qui comprend sous soi tous les objets des autres vertus, pour s'en servir à s'exciter et à se perfectionner elle-même : mais les parfaits, quoique plus rarement que les imparfaits, font quelquefois des actes de vertu qu'ils ne rapportent pas à la charité, et qui ne sont pas commandés par elle.

XIX. — Demande.

Il est dit (livre X, article xv) qu'une ame continuellement passive ne pourra pécher, même véniellement.

Rép. — Cela est vrai.

XX. — Demande.

Mais ne pourroit-elle pas résister à cet attrait ?

Rép. — Dès qu'elle y résisteroit, elle ne seroit plus passive.

XXI. — DEMANDE.

Ou si Dieu agit avec une pleine autorité, comment cet état est-il méritoire? La sainte Vierge, qu'on suppose dans cet état, est pourtant parvenue à un si haut degré de mérite.

Rép. — Cet état n'est pas méritoire, lorsqu'on n'y a pas l'usage de son libre arbitre; mais quelquefois on y agit avec liberté. L'état de la sainte Vierge étoit méritoire, et au-dessus de tout ce qu'on en peut dire.

XXII. — DEMANDE.

Je sais, Monseigneur, que vous dites en quelque endroit que le libre arbitre agit dans la passiveté; qu'il y a certaines actions tranquilles que l'ame y exerce; que cela suffit pour y mériter; que la liberté se conserve même quelquefois dans les extases et les ravissemens.

Rép. — Tout cela est vrai.

XXIII. — DEMANDE.

Ainsi ma difficulté, c'est qu'il est dit dans votre livre, comme je viens de le marquer, qu'une ame toujours passive ne pourroit déchoir de la grace.

Rép. — Quand on pèche, on cesse d'être passif; ce n'est plus alors Dieu qui meut l'ame.

XXIV. — DEMANDE.

L'article VIII (d'Issy) dit que l'Oraison dominicale est l'oraison journalière de toute ame fidèle. Cela se doit-il entendre à la rigueur? Il est rapporté de la Mère de l'Incarnation, Carmélite, qu'elle ne pouvoit dire un *Pater* de suite, et il me semble que cela se dit encore de quelques autres.

Rép. — Il est vrai; mais elle avoit intention de le dire, elle en disoit le principal. Quelqu'un qui manqueroit quelquefois de dire le *Pater*, parce qu'il seroit occupé d'autres bonnes choses, et darce qu'il n'y penseroit point, ne pècheroit pas; mais il n'en seroit pas de même de celui qui ne voudroit pas le dire.

XXV. — Demande.

Il est rapporté dans la *Vie de la mère de Chantal* qu'à la messe, pour préparation et action de graces de la communion, elle demeuroit dans la simple union à Dieu.

Rép. — Je ne blâme point tout cela.

XXVI. — Demande.

Elle dit qu'ayant voulu dans le temps de la communion, faire des actes plus distincts, Dieu l'en avoit reprise. Je crois donc, Monseigneur, que ce que vous blâmez est un certain laisser faire Dieu, qui exclut par état la propre excitation.

Rép. — Oui.

XXVII. — Demande.

Je crois de même que ce que vous désapprouviez par rapport à la contrition, c'est de ne vouloir jamais s'y exciter; mais que vous n'exigeriez pas toujours d'une personne, qui, loin de faire profession de haïr le péché en la manière que Dieu le hait, sans douleur, sait au contraire qu'on doit s'en affliger, et s'en afflige; qui va, dans la résolution de ne le plus commettre, chercher le pardon dans le sacrement de pénitence; vous n'exigeriez, dis-je, pas toujours d'une telle personne qu'allant à confesse, elle fît des actes distincts de contrition, puisque, lors même qu'elle seroit demeurée dans son recueillement, il seroit à supposer qu'elle auroit eu dans le fond du cœur vraiment la contrition.

Rép. — Cela est vrai.

XXVIII. — Demande.

Dans une de mes anciennes lettres, je vous demandois comment un pécheur, que Dieu convertiroit miraculeusement à la mort, pourroit en un moment faire tous les actes distincts que Dieu a commandés. Vous répondez que Dieu ne convertira jamais parfaitement aucun homme, sans lui faire faire distinctement divers actes que vous expliquez. Mais par l'article v du livre IV de votre livre, il semble que, dans certaines circonstances, un acte d'amour peut suffire à la justification du pécheur.

Rép. — C'est qu'il y a des occasions où un acte d'amour, sans songer en particulier à regretter un péché qu'on auroit commis, ne laisseroit pas de justifier.

XXIX. — Demande.

Dans une autre de vos réponses, parlant sur l'oraison de simple présence de Dieu, vous dites que, quand Dieu retire un long temps son opération, c'est alors le temps de s'exciter comme les autres fidèles. Ces actes courts que pratiquoit et que conseilloit la Mère de Chantal ne suffiroient-ils pas?

Rép. — Oui : les actes les plus longs ne sont pas les meilleurs. J'aime la simplicité, et je conviens de ce que disoit cette Mère.

XXX. — Demande.

Je n'entends pas tout à fait bien ces mots de l'article xiii du livre II : *La raison essentielle et constitutive de Dieu.....* et ces autres-ci : *Dans un acte de simple et pure intelligence.*

Rép. — Ce mot *raison*, qui vous a paru obscur en cet endroit, est un terme de l'Ecole, qui signifie ce qui donne la forme à une chose, qui la fait être. J'ai marqué à cet endroit du livre, que dans l'Ecole on n'est pas d'accord de la notion qu'il faut avoir de ce qui fait proprement l'essence divine.

Un acte de simple et pure intelligence est un acte où l'imagination n'a point de part.

XXXI. — Demande.

Je n'entends pas bien non plus, à l'art. xlix du livre VI, ces mots d'un passage de saint Clément d'Alexandrie : *L'ame parfaite ne médite rien moins que d'être Dieu.*

Rép. — Par participation.

XXXII. — Demande.

L'oraison que saint François de Sales appelle *Oraison de patience*, et celle qu'on nomme proprement *Oraison de pure foi,* n'est-ce pas la même chose? l'ame alors non-seulement ne raisonnant ni ne discourant plus, mais étant privée de tous les goûts.

Rép. — Cette oraison est celle que le Saint explique en se servant de la comparaison de la statue. Dans cette oraison, les actes sont insensibles ; on les croit perdus, mais ils ne le sont pas.

LETTRE XIII.

A Paris, 1ᵉʳ mars 1700.

J'ai, ma Fille, reçu vos deux lettres, dont la dernière m'apprend la peine que souffre notre sœur *N*. de la privation de ma réponse. Je lui écris par cet ordinaire, et ne cesse de l'offrir à Dieu. J'ai vu Madame de Villette, à qui j'ai raconté la grande mention que nous avions souvent faite d'elle, et que vous en faisiez dans votre dernière lettre. On met en vogue dans cette maison, toute sorte d'amitiés. Pour vous, ma Fille, consommez l'œuvre de Dieu en vous. Pour l'oraison, laissez-vous aller ; et croyez que le sceau de la vérité, c'est la mortification intérieure et extérieure, dont l'humilité est le fondement. Prions avec confiance les uns pour les autres. Votre salut m'est très-cher.

LETTRE XIV.

Mai 1701.

La circonspection que je vous demande vous mène de soi-même à la perfection du christianisme, et à un entier détachement des créatures. Il n'y en a point d'assez attirante auprès de vous, pour vous faire de la peine. Je vous ai parlé à fond par une véritable amitié. Il est de la dernière conséquence que rien n'échappe de notre dernier entretien. Quand on tourne les avis en éclaircissemens et en justifications, on en perd tout le fruit, et on les tourne en aigreur. Je suis à vous, ma Fille, de tout mon cœur. Je ne veux point vous mettre dans la gêne; il suffit d'avoir une fois bien compris ce qu'on a à faire : le reste se fait comme tout seul par la suite de cette impression.

LETTRE XV.

29 mai 1701.

I. — Demande.

Si j'agissois naturellement, je ferois sentir à la.... (*supérieure*) que ce ne sont pas des procédés tels que le sien qui sont propres à m'attirer (*a*).

Rép. — Il n'est pas question de rien faire sentir à la.... ce qui seroit une espèce de déclaration de ressentiment; il faut agir à l'ordinaire, sans affectation.

II. — Demande.

La maxime d'éviter tout ce qui plaît, autant que cela se peut, me paroît au-dessus de mes forces. Quoique je pratique mal celles-ci, 1° de ne rien faire par le principe de se satisfaire; 2° agir dans la société, non pour se contenter, mais selon ce qui convient aux autres : elles sont plus conformes à mon attrait. Peut-être qu'en entendant bien la première, elle revient à ces dernières.

Rép. — Il est vrai que ces deux choses bien entendues reviennent à la première; et je n'en demande pas davantage, pourvu qu'on les exécute sincèrement devant Dieu.

III. — Demande.

Vous m'avez dit autrefois, Monseigneur, qu'il suffisoit de traiter tout le monde avec politesse, et que je pouvois marquer de la distinction à certaines personnes qui en méritent, et à qui je puis en témoigner sans leur nuire.

Rép. — Cela se peut, en observant bien les conditions marquées dans l'article qui précède.

IV. — Demande.

Je ne voudrois pas aussi être obligée d'éviter celles qui tiennent à moi d'une manière plus vive.

(*a*) Cette phrase, et plusieurs autres de la même lettre, font allusion à quelques désagrémens que Madame de Maisonfort avoit alors à essuyer de la supérieure du monastère de la Visitation de Meaux.

Rép. — Celles-ci font plus de difficulté que les autres, parce que la liaison en est trop humaine, et sujette à de grands inconvéniens; mais c'en seroit un autre aussi grand d'affecter un éloignement en toute rencontre.

V. — Demande.

Je me mettois autrefois toujours à la même place aux récréations; par là j'évitois l'embarras de choisir la compagnie.

Rép. — C'est une espèce de choix de se mettre toujours à la même place, et c'est une sorte d'avertissement pour celles qui nous chercheront : ainsi il faut témoigner plus d'indifférence, et faire si bien, s'il se peut, qu'on ne marque pas plus d'attachement aux unes qu'aux autres, et le faire non-seulement par rapport aux... (supérieures), mais plutôt pour l'édification commune.

VI. — Demande.

Comme je suis libre de ne venir aux recreations que lorsque tout le monde y est assemblé, je pourrois imiter ce que j'ai ouï dire que pratiquoit une personne qui se déterminoit, avant que d'entrer, à se mettre à un tel endroit; et alors elle y prenoit la compagnie qu'elle y trouvoit, agréable ou non.

Rép. — Il y auroit là trop d'affectation, et un soin inutile : il faut que la rencontre et une espèce de hasard déterminent, comme il se fait dans les choses indifférentes.

VII. — Demande.

Ne dois-je pas par ma conduite, éviter d'exciter la jalousie de celles qui sont attachées à moi?

Rép. — Il ne faut guère avoir égard à de semblables jalousies, et l'on se doit beaucoup plaindre soi-même quand on s'y assujettit.

VIII. — Demande.

L'une d'elles est d'une sagesse et d'une circonspection avec moi, qui m'édifie et qui me plaît.

Rép. — Qui pourroit aimer comme Jésus-Christ aimoit l'apôtre saint Jean à cause de sa pureté, de sa candeur, de sa simplicité et de sa bonté, cela seroit bon. Tout le reste est suspect et dangereux, et il le faut craindre, non par scrupule, ce qui est toujours foible, mais par réflexion et par raison.

IX. — Demande.

La même me dit un jour, en me parlant de ses sentimens : « Vous devez remarquer que je ne suis pas bien maîtresse du sensible. » Je ne sais ce qu'elle vouloit dire par là; car je ne remarque qu'une grande réserve et qu'une grande modération dans sa conduite.

Rép. — Il la faut estimer de savoir si bien gouverner ce sensible, que la connoissance n'en vienne pas jusqu'à vous. Il n'y a qu'à observer la réponse de l'article précédent.

X. — Demande.

Vous m'avez dit une fois, Monseigneur, que M. de Cambray a une maxime admirable, qui est de ne se point conduire par les livres, mais par pure obéissance. Vous ajoutâtes quelque chose dont je ne me souviens point.

Rép. — J'ai voulu dire que les livres ne faisant aucune application, et laissant la chose indéterminée, l'obéissance, qui descend aux circonstances particulières, est préférable; il ne me vient point d'exception à cette règle.

XI. — Demande.

Entre plusieurs livres que je prétends donner à la fête de la Mère supérieure, j'ai dessein d'y joindre une petite instruction morale de feu M. de la Trappe. Je désirerois savoir si vous connoissez ce livre, et si je puis le donner, l'auteur n'étant pas à la mode ici.

Rép. — Je ne connois point ce livre; mais s'il est véritablement de feu M. de la Trappe, il ne peut être que bon en soi, quoiqu'il puisse arriver qu'il ne seroit pas convenable à telles et telles maisons d'une autre observance que la sienne.

XII. — Demande.

Faut-il se confesser d'avoir dit du prochain une chose qui, étant un grand péché en soi, ne déshonore pas selon le monde, comme qu'un homme s'est battu en duel, qu'il a eu une galanterie; qu'une femme, avant sa conversion, étoit galante, en un mot, les autres choses qui semblent réparées par le changement de vie; de dire de personnes du monde qu'elles ont fait de certains mensonges dont elles ne se faisoient point une honte, ou d'avoir parlé de défauts très-visibles qu'on n'apprend point à ceux à qui on parle?

Rép. — Si les choses marquées dans l'article précédent se disent avec louange, d'une manière qui inspire de l'estime ou des sentimens mondains pour de telles actions, il faudroit s'en humilier beaucoup et s'en confesser. On ne doit parler qu'avec mépris de toutes les maximes du monde, si contraires à celles de Jésus-Christ; autrement c'est introduire dans Jérusalem le langage de Babylone.

XIII. — Demande.

Et d'avoir parlé de choses importantes, mais publiques, à des personnes qui les ignoroient?

Rép. — M. de la Trappe, que vous paroissez estimer et qui le vaut, étoit bien contraire à ces nouvelles du monde, et se faisoit un honneur de les ignorer. Lorsqu'elles deviennent si publiques et si communes, qu'elles forcent en quelque façon les solitudes, on en peut parler, mais sobrement, et comme d'affaires étrangères aux chrétiens.

XIV. — Demande.

Je ne crois pas devoir entreprendre de gagner les Mères; je suis trop naturelle pour y réussir.

Rép. — Vous n'avez pas compris dans quel esprit je vous ai parlé de cette sorte.

J'ajoute à mes réponses certaines choses générales, qui les peuvent rendre faciles.

Premièrement, d'arracher de plus en plus de son cœur tout désir naturel de plaire à la créature, comme portant toujours quelque obstacle et quelque entre-deux à celui de plaire à Dieu.

Secondement, de se bien imprimer une fois les vérités qu'on veut pratiquer ; ce qui fait qu'elles s'exécutent presque d'elles-mêmes, sans une attention inquiète, dans toutes les occasions.

30 mai 1701.

XV. — Demande.

Vous m'avez dit, Monseigneur, que la règle de saint Paul (*Philip.* ii, 4), empêche de préférer ceux qui ont du goût pour nous à cause de ce goût, mais de s'en servir pour les porter à Dieu.

Rép. — Autant que le peut permettre l'édification de la communauté, qui doit être préférée à tout.

XVI. — Demande.

Vous êtes convenu que je peux avoir des manières affables, ouvertes et attirantes.

Rép. — Le tout par rapport à Dieu et au bien des autres, non pas pour s'attacher les personnes.

XVII. — Demande.

N'êtes-vous pas convenu que certaines prédilections étoient permises, et ne m'avez-vous pas cité l'exemple de Notre-Seigneur ?

Rép. — A Dieu ne plaise que nous voyions en Notre-Seigneur des prédilections par un goût humain et sensible! Quand saint Jean et saint Jacques firent demander par leur mère la préférence sur les autres disciples, Jésus-Christ la leur refusa, et leur présenta son calice

XVIII. — Demande.

Je ne crois pas qu'on puisse en général blâmer l'amitié.

Rép. — L'amitié, c'est la charité en tant qu'elle est déterminée, par les occasions et les liaisons, à rendre certains offices plus aux uns qu'aux autres, le fond étant le même pour tous : autrement l'amitié seroit sensuelle.

XIX. — Demande.

Je crois que la meilleure conduite à l'égard des diverses dispositions qu'on peut sentir pour les créatures, est de les négliger, et que le mépris y est meilleur que le combat.

Rép. — Cette règle ne va donc pas à les laisser subsister [ces dispositions], mais à les détruire en détournant la vue, sans trop les combattre exprès; ce qui ne fait qu'échauffer l'imagination.

XX. — Demande.

N'est-ce pas combattre que d'éviter les personnes pour qui on sentiroit de l'inclination, ou que nous saurions en avoir pour nous?

Rép. — Fuir n'est pas un combat.

XXI. — Demande.

J'avoue que j'ai peine à entrer dans cette pratique.

Rép. — Tant pis, c'est une marque que le sensible est peu mortifié.

XXII. — Demande.

Je pourrois éviter ou rechercher ces personnes d'une manière qui paroîtroit un hasard.

Rép. — Il ne faut point d'affectation; mais on trouve le moyen de faire naturellement ce qu'on a gravé dans le cœur.

XXIII. — Demande.

Je remarque bien qu'on m'évite, quoiqu'on le fasse avec adresse; celles que j'éviterois le remarqueroient peut-être de même.

Rép. — Quel mal que cela soit remarqué secrètement, et qu'on fasse sentir qu'on craint le sensible, qui est la source des attachemens particuliers?

XXIV. — Demande.

Il m'a paru que cela irritoit la passion en quelqu'une de ces personnes.

Rép. — Il y a donc de la passion, et il n'est pas permis de la nommer. Si elle s'irrite par les remèdes, c'est signe que la maladie est grande.

XXV. — Demande.

Vous êtes convenu qu'il faudroit, pour guérir ces sortes de maladies, de vraies absences, et que celles de quelques jours ou de quelques semaines n'y feroient rien.

Rép. — J'en conviens encore, et je conclus à l'absence quand cela se peut.

XXVI. — Demande.

Je me souviens en ce moment de ce mot de M. de La Rochefoucauld : « L'absence augmente les grandes passions, et diminue les médiocres, comme le vent éteint la bougie et allume le feu (a). »

Rép. — Vous citez en ce fait un mauvais auteur.

XXVII. — Demande.

Une de ces personnes attachées à moi m'a confié qu'ayant consulté la disposition où elle se mettoit en m'évitant, on étoit convenu que ce remède ne lui convenoit pas.

Rép. — Cela ne l'excuse pas. L'abus qu'on fait des remèdes est toujours un mal.

XXVIII. — Demande.

Ces personnes ont besoin d'être ménagées, parce qu'elles sont délicates et d'un naturel jaloux.

Rép. — Quelle misère !

XXIX. — Demande.

L'une me plaît et m'édifie.

Rép. — C'est vous qui êtes la malade.

(a) *Max.* 284.

XXX. — Demande.

L'une prend un air renfrogné quand elle me rencontre, qui m'en fait prendre un sérieux.

Rép. — L'air sérieux est fort bon.

XXXI. — Demande.

L'autre en prend un gracieux, et moi de même.

Rép. — L'air gracieux a ses degrés et ses manières.

XXXII. — Demande.

Elle m'a prié de lui faire toujours le même air : je lui ai répondu que je n'y aurois pas de peine.

Rép. — C'est là une déclaration délicate et très-dangereuse.

XXXIII. — Demande

J'ai ouï dire que les supérieures, par leur conduite sévère, augmentent ces attachemens au lieu d'y remédier. qu'elles n'y ont réussi qu'une fois.

Rép. — Il faut pourtant mêler des amertumes dans les sensibilités; mais c'est autre chose de tourmenter les personnes, autre chose de les troubler sagement.

XXXIV. — Demande.

Il y a eu des occasions où ces personnes m'ont laissé voir de la jalousie et de l'inquiétude sur mon amitié

Rép. — Vous voyez donc bien que ces amitiés sont directement opposées à la charité, qui n'est ni inquiète ni jalouse.

XXXV. — Demande.

J'ai su me débarrasser de l'empressement de quelques-unes qui ne me plaisoient pas.

Rép. — C'est n'agir que par goût sensible; et cela même, c'est la maladie du cœur.

XXXVI. — Demande.

J'ai dit à une de ces personnes, qui me marquoit de l'inquiétude sur mon amitié, que ses craintes étoient mal fondées, puisque je l'aimois plus que d'autres qu'elle me soupçonnoit d'aimer plus qu'elle.

Rép. — Dangereuse déclaration, qui ne va qu'à contenter la nature et les sens.

XXXVII. — Demande.

C'est parce que je sentois que cette personne souffroit, que j'ai cru pouvoir lui parler ainsi.

Rép. — Ce seroit bien mieux fait de lui faire connoître sa maladie par sa souffrance.

XXXVIII. — Demande.

Ce n'a jamais été que par occasion, ou comme forcée par certaines questions que je lui ai faites, qu'elle m'a déclaré son attachement et ses peines ; car elle est très-sage et très-réservée.

Rép. — C'est une malade qui connoît et qui craint son mal, et même qui le combat, mais qui l'a

XXXIX. — Demande.

Il est difficile de ne pas dire certaines paroles honnêtes et tendres, dans les conversations, aux personnes qu'on goûte, puisqu'on en dit bien de semblables à d'autres qui plaisent médiocrement.

Rép. — Les paroles tendres que la charité ordonne ne flattent point la nature.

XL. — Demande.

Je regarde quelquefois d'un air gracieux celles qui sont à d'autres cantons que le mien à la récréation.

Rép. — Ces secrètes intelligences viennent-elles de la charité, ou d'une complaisance humaine ? Lisez bien les caractères de la charité dans saint Paul, I *Cor.*, xiii.

XLI. — Demande.

Lorsqu'il m'est arrivé de faire ce qui est marqué dans les deux articles qui précèdent, par rapport aux filles qui tiennent à moi d'une manière trop vive, je m'en suis confessée à tout hasard, quoique ma conscience ne me reproche pas ces sortes de choses, et j'ai peine à croire qu'il y ait du péché.

Rép. — On ne connoît guère l'horreur et la maladie du péché, lorsqu'on n'en sent point à contenter les sens.

Dieu veuille vous éclairer, et vous faire entendre la délicatesse de sa jalousie? C'est celui à qui tout est dû, et qui peut justement être jaloux.

LETTRE XVI.

Le 14 septembre 1701.

J'ai fait beaucoup d'attention à votre proposition pour les Ursulines, et j'ai déjà fait les pas qu'il falloit pour préparer la supérieure en grand secret. Une de mes raisons est que, quand on est sur un certain pied dans une communauté, on n'y peut rien changer; mais dans une nouvelle communauté, on le peut faire parfaitement. Avant que d'enfoncer davantage, écrivez-moi amplement comme on vous traite à Sainte-Marie pour la nourriture. Pour la pension, il me semble qu'on se dispose à se contenter de quatre cents livres, et que le surplus est à votre disposition sous l'obéissance, selon que le demande le vœu de pauvreté.

Le tour que j'ai donné à la chose, c'est que votre inclination vous avoit d'abord portée pour les Ursulines, où la conformité de l'institut étoit semblable, et que d'ailleurs il paroissoit que, devant être avec moi dans une relation particulière, le voisinage la faciliteroit davantage. Je n'ai pu m'empêcher de laisser entrevoir que vous n'étiez pas avec les Mères dans une si parfaite intelligence, et que du reste je répondois de tout. Au surplus j'ai réservé à pousser les choses jusqu'à ce que je fusse instruit de votre part; ce que vous ferez fort secrètement par M. P., par qui je vous écris. Vous voyez l'attention que j'ai à votre repos, et que pour cette transmigration j'aurai à recevoir les ordres de la Cour. Il faudra trouver un prétexte honnête ; et vous pouvez dès à présent me dire vos vues, en tenant le tout très-secret entre vous et moi. Dieu conduise tout à sa gloire.

LETTRE XVII.

A Germigny, 3 octobre 1701.

Votre lettre pour Madame de Maintenon est très-bien, et je l'enverrai au premier jour. J'eus hier une nécessité pressante de lui écrire, et ce me fut une occasion pour lui dire tout ce que nous avions jugé à propos sur votre sujet. Je fis en même temps parler à la Mère des Ursulines, et je parlai moi-même à M. Cat., gouverneur de ces filles. Tout se dispose à merveille. Nous n'exécuterons rien qu'après la réception de nos lettres à Madame de Maintenon, et son agrément sur le tout. Mais il a fallu faire les pas que j'ai faits à Meaux, parce que je devois venir ici dès hier au soir. M. Ph. y est ; en son absence, M. P. peut s'ouvrir à M. Cat. et à la Mère seuls, sans aucun tiers : cela sera mieux de toute manière. Vous verrez que tout ira bien, s'il plaît à Dieu. Je vous assure très-sincèrement que j'ai de la joie de vous approcher de moi. Je vous irai prendre à Sainte-Marie, quand il sera temps, et que tout sera disposé. Les Mères ne sauront rien du tout, et nous garderons un grand secret, du moins jusqu'aux réponses de Fontainebleau. Notre-Seigneur soit avec vous à jamais.

LETTRE XVIII

A Germigny, 4 octobre 1701.

Votre lettre de ce matin m'apprend que tout étoit arrêté avec les Ursulines, et même qu'elles vous offroient un meuble en attendant. J'en reçois une autre ce soir, qui me fait craindre que la chose n'éclate plus tôt qu'il ne faut. Cependant nous ne pouvons rien exécuter, que la réponse de Fontainebleau ne soit venue. Vous savez que j'ai écrit dimanche, et j'ajoute que j'écrivis encore hier en envoyant votre lettre. Les réponses de ce pays-là ne viennent pas toujours si vite, et je suis d'avis que vous parliez vous-même à la Mère. Il vaut mieux que la chose lui soit déclarée par vous-même, plutôt que de lui venir par la traverse. Poussons pourtant le secret autant qu'il se pourra. Je vous demande pour ces Mères un adieu honnête, à quoi vous n'avez garde de manquer. Il ne faut ni plaintes, ni reproches, ni aucune sorte d'éclaircissemens. Je les ai préparées sans leur rien dire. Mettez sur moi ce que vous voudrez. Point de lamentations, je vous prie : quelque chose de court, c'est ce que je souhaite. Notre-Seigneur soit avec vous, et conduise tout par sa grâce, selon sa volonté. Dieu est tout; le reste n'est qu'un songe.

LETTRE XIX.

A LA SUPÉRIEURE DE LA VISITATION.

A Germigny, 20 octobre 1701.

Quoique Madame de Maisonfort vous soit obligée de vos bontés, et qu'elle ait toute l'estime possible pour votre maison, où elle est aussi fort estimée, j'ai, ma Fille, trouvé à propos de la mettre aux Ursulines. J'irai la prendre lundi pour l'y conduire, et tout est déjà disposé pour cela. Je suis à vous, ma Fille, de tout mon cœur.

LETTRE XX.

A MADAME DE MAISONFORT.

A Germigny, 20 octobre 1701.

Ce sera lundi, Madame, que je vous mènerai aux Ursulines, entre une et deux. Vous pouvez rendre à la Mère le mot que je vous adresse pour elle, ou la veille, ou le matin même, ou quand vous voudrez. Je ne vois point de nécessité de raisonner avec elle sur les causes de votre retraite, non plus qu'avec le reste du couvent. La véritable raison, c'est qu'il faut faire un changement de conduite, qui ne se peut faire qu'en changeant de lieu. Songez donc seulement, pour plaire à Dieu, à vous mettre d'abord aux

Ursulines sur le pied où vous devez y demeurer, et qui seul vous peut garantir de l'inconvénient des amitiés particulières actives ou passives, et des autres qui vous font paroître aux supérieurs comme peu conforme au gouvernement de la maison. Ne vous communiquez guère; ne vous mêlez d'aucune affaire. Mettez-vous d'abord sur le pied d'une personne qui ne veut entendre aucune plainte, mais seulement vaquer à soi et à sa perfection. Soyez sérieuse, quoique honnête, et plutôt froide que caressante, sans prendre néanmoins un air rebutant. Entrez dans le sentiment de ceux qui gouvernent, en sorte qu'on ne sente point que vous l'improuviez. Par ce moyen, vous servirez Dieu, et pourrez rentrer dans l'intérieur dont vous avez été un peu distraite. La raison de vous approcher de moi, poussée trop avant et donnée pour seul motif de votre retraite, auroit un ridicule qui ne convient point, ni à vous ni à moi. Je vous laisse dire ce que vous voudrez sur cela. Vous pouvez faire entrer cette raison comme en passant dans vos motifs; mais de s'arrêter à cela et de l'écrire à toute une communauté, cela ne se peut. Il se pourra faire qu'on croira, et c'est ce qui doit arriver naturellement, que vous ne conveniez pas tout à fait aux Mères, ni elles à vous. Qu'importe qu'on le croie ainsi, puisqu'il demeurera pour constant qu'il n'y a point de plaintes contre vous, et que je vous en rends témoignage? C'en est assez. Notre-Seigneur soit avec vous. Ce sera ici un jour d'entier renouvellement pour les conduites extérieures, et Dieu en sera glorifié et la nature mortifiée.

LETTRE XXI.

A Versailles, 28 janvier 1702.

J'ai reçu avant-hier, Madame, par ordre de Madame de Maintenon, cinq cent soixante livres, etc... Usez de ménage; ne songez point tant à donner qu'à payer ce que vous devez. Il me semble qu'on aime trop à donner dans les couvens; c'est un plaisir auquel on a renoncé quand on s'est fait pauvre comme Jésus-Christ. Il s'étoit pourtant réservé de donner aux pauvres sur la juste récompense de son travail: mais de ces présens d'honneur, nous ne lisons pas qu'il en ait fait. Je ne les défends pourtant pas; mais c'est une des choses dont il faut se détacher, et demeurer dans un grand dépouillement, si l'on veut être riche en Dieu. Je ne vous dis rien sur la lettre et sur vos remarques. Allons au fond, et soyons véritablement contens de Dieu seul : c'est là toute la consolation du chrétien. Que restoit-il à celui dont on avoit joué le vêtement, et qui disoit : « Mon Dieu, mon Dieu, pourquoi m'avez-vous délaissé? Je suis un ver, et non pas un homme [1], » et le reste que vous savez.

Je n'ai point encore vu Madame de Maintenon. Je lui ferai vos remercîmens, et entretiendrai, autant qu'il sera possible, ses bonnes dispositions, très-résolu de vous soutenir en toutes manières jusqu'à la fin de mes jours.

LETTRE XXII.

A Versailles, 20 février 1702.

Je ne sais rien du tout, ma Fille, de ce qu'on vous a dit sur Saint-Cyr. Ce sont des bruits qui ne sont pas venus jusques à moi, et où je ne vois aucune apparence. Quoi qu'il en soit, abandonnez-vous à la divine Providence, qui fera tout pour le mieux et pour votre salut. Je suis ici en attendant le moment où je puisse voir Madame de Maintenon, et lui rendre votre lettre avec un peu de loisir. Nous nous sommes fort entretenus sur votre sujet M. de V. et moi, en présence de M. l'abbé de Caylus. Vous avez là de bons amis, et avec qui on peut parler à cœur ouvert. Notre-Seigneur soit avec vous à jamais.

LETTRE XXIII.

Je ne doute point, ma Fille, de la sensibilité d'un aussi bon cœur que le vôtre. Je vous demande vos prières où j'ai confiance. Remerciez de ma part Madame de S. Je ne manquerai pas de témoigner vos reconnoissances à M... Madame votre sœur a bien des bontés dont je suis très-reconnoissant. Je prends part à la

---

[1] *Psal.* xxi, 1, 7, etc.

joie que vous donne sa meilleure santé, et je ressens tout ce qui vous touche.

LETTRE XXIV.

A Paris, 17 mai 1703.

Vous ne devez pas croire, ma Fille, qu'il y ait apparence que je ne serai que rarement dans mon diocèse : c'est là une inquiétude sur des apparences qui n'ont rien de solide, puisque je vous assure au contraire que mes sentimens y sont tout à fait opposés.

Comptez que, quand Dieu vous ôtera un Père, il vous en donnera un autre. Quand Dieu donne de la confiance aux ames, c'est une marque qu'il veut qu'on les aide.

FIN DES LETTRES A MADAME DE MAISONFORT.

LETTRES

A MADAME CORNUAU,

DITE EN RELIGION DE SAINT-BENIGNE. [1]

REMARQUES HISTORIQUES.

Madame Cornuau, d'une condition modeste, resta veuve après peu d'années de mariage avec un enfant, et fit vœu de quitter le monde pour se donner à Dieu dans la vie religieuse. L'amour et les devoirs maternels, lui imposant avec un égal empire la tutelle de son fils, ne lui permirent pas d'aller aussitôt s'enfermer dans le cloitre; elle se retira loin du siècle à la Ferté-sous-Jouarre, dans une communauté qui se vouoit à l'éducation des jeunes filles.

C'est là qu'elle eut le bonheur de rencontrer Bossuet, devenu évêque de Meaux. Lorsqu'il fit la première visite de son diocèse, en 1682, elle le consulta sur sa vie intérieure, et principalement sur le vœu qu'elle avoit fait d'entrer en religion. Tout en modérant son ardeur et son empressement, le prudent évêque lui donna de sages conseils; il éclaircit ses doutes, calma ses scrupules, apaisa ses craintes et la consola dans sa douleur; il y a plus encore, il accueillit favorablement la prière qu'elle lui fit avec instance de la recevoir sous sa conduite spirituelle. Comme elle avoit la consolation de le voir souvent en ces jours qu'elle disoit heureux, pendant quatre ans, elle se contenta de demander et de recevoir de vive voix, sans l'intermédiaire de l'écriture, ses instructions.

Elle lui fit une confession générale en 1686. La patience et la douceur du pontife, l'onction de ses paroles et la sublimité de ses préceptes augmentèrent dans son ame, avec la ferveur et la confiance, le désir et le besoin de sa direction; elle voulut remettre pour ainsi dire entre ses mains la règle et le mobile de toute sa conduite. La plume dut, cette fois, rapprocher les distances; après en avoir obtenu la permission, la veuve chrétienne écrivit au bon pasteur dans tous ses doutes et dans toutes ses craintes; elle lui écrivit d'autant plus souvent qu'il lui répondoit avec plus de zèle et de charité, sans se lasser jamais ni suspendre ses conseils au milieu des plus graves occupations, prévenant ses peines et ses désirs par une sollicitude continuelle, la rassurant particulièrement contre la crainte qu'elle avoit de lui être à charge,

---

[1] Elle s'appeloit dans le monde *Marie Dumoutiers*, veuve *Cornuau*.

« la traitant avec des manières aussi honnêtes, nous dit elle, comme si elle eût été une personne de distinction ¹. »

Cependant cette sainte veuve, éprise de l'amour du céleste Epoux, soupiroit après le moment de se donner à lui sans réserve par les vœux de religion. Son directeur la retint longtemps, si l'on peut ainsi dire, à la porte du cloître, non-seulement pour éprouver la constance de ses dispositions trop empressées, mais surtout pour assurer le sort de son fils dont elle avoit encore la tutelle. Bossuet vouloit affermir les maisons qui sont par leurs vertus traditionnelles le soutien de l'Eglise et de l'Etat; il désapprouvoit ces dots somptueuses et déplacées, qui causent tout ensemble et l'abaissement des familles par la dispersion des patrimoines, et la ruine des monastères par l'excès des richesses. Comme Madame Cornuau devoit entrer en religion : « Vous pouvez faire, lui dit-il, le contrat dont vous me parlez avant votre profession, si les supérieurs l'agréent; mais n'ôtez rien à Monsieur votre fils ². »

Enfin la veuve chrétienne, si pleine d'amour et de dévouement, vit paroître le jour du sacrifice et du bonheur; elle quitta les douceurs du monde pour embrasser les rigueurs de la vie religieuse le jeudi dans l'octave de la Pentecôte 1698, au monastère des Bénédictines de Torci, diocèse de Paris. Bossuet sanctifia ces noces spirituelles par sa présence et par sa parole; il prêcha d'une manière si touchante, que la nouvelle Epouse de Jésus-Christ lui demanda le manuscrit de son sermon, pour l'imprimer par une lecture fréquente plus avant dans son esprit et dans son cœur. Depuis longtemps Bossuet ne fixoit plus d'avance ses discours par l'écriture; il avoit tant médité, tant écrit pendant une longue vie passée dans la contemplation des choses divines ! il improvisoit comme nul n'a composé dans notre langue. Il répondit que son sermon n'étoit pas un.... sermon, mais plutôt un discours : « Je vous ai parlé, continua-t-il,... sur l'Evangile du jour... et sur ce que Dieu m'a mis dans le cœur pour votre instruction et consolation ³. » Ces réflexions et ces inspirations, il les recueillit dans ses souvenirs, et les envoya tracées sur le papier à la sœur Cornuau. On trouvera son résumé dans les *Lettres* ⁴. »

Le saint évêque ressentoit déjà les atteintes de sa dernière maladie, qu'il entouroit encore sa Fille en Jésus-Christ des soins les plus touchans. Comme elle lui avoit témoigné la crainte d'être délaissée dans sa foiblesse et son ignorance : « Assurez-vous, ma Fille, lui écrivit-il, que je ne perdrai jamais le soin de votre conduite; la peine que j'ai à écrire est la seule cause qui retient mes lettres, qui ne vous manqueront pourtant pas dans le besoin ⁵. » Commencée en 1686, comme on a vu, sa correspondance écrite se prolongea jusqu'en 1703, c'est-à-dire

---

¹ Dans ce volume, *second Avertissement*, de Madame Cornuau. — ² *Ibid.*, Lettre CXLV. — ³ *Ibid.*, Lettre CXLIX. — ⁴ *Ibid.*, Lettre CXLIX. — ⁵ *Ibid.*, Lettre CLX.

pendant dix-sept ans. Cette correspondance offre un double intérêt : en même temps qu'elle dirige la volonté dans les voies de la vertu, de la piété, de la perfection spirituelle, elle développe devant l'intelligence les dogmes les plus élevés de la révélation ; les lettres sur la prédestination, sur la nature de l'ame, sur le péché originel et sur d'autres sujets non moins importans, renferment des conceptions profondes, qu'on chercheroit vainement dans des ouvrages plus étendus.

Sur la fin de sa vie, il fit lire par le curé de Vareddes et se fit lire à lui-même sa correspondance, et après cette double épreuve il en approuva les préceptes et les décisions. La copie de la communauté de Fontaine porte cet avis : « Il permit que la personne à qui il avoit écrit ces lettres, les fît lire à une personne d'un mérite et d'une vertu distinguée avant de les relier ; ce qui fut exécuté : et la lecture en ayant été faite au saint prélat peu de temps avant sa mort, il les reconnut et les avoua être de lui. » — « Vous pouvez, ma Fille, dit-il à Madame Cornuau, communiquer à M. de Saint-André celles de mes lettres que vous croirez utiles à garder pour votre consolation ; il m'en rendra compte s'il le faut, et par lui-même il est très-capable du discernement nécessaire. Profitez en vous-même, puisque c'est pour vous qu'elles sont écrites, et qu'elles laissent peu de doutes indécis par rapport à vos états [1]. »

Les amis de la bonne littérature, les chrétiens pieux, mais surtout les monastères recherchoient avec empressement et copioient avec un zèle égal les lettres de Bossuet. Nous avons consulté quatre copies pour le texte de notre édition, et mis au bas des pages comme variantes les différences qu'elles présentent dans l'expression. Ces copies se trouvent, l'une à la bibliothèque du séminaire de Meaux, les trois autres à la bibliothèque impériale. La première copie de la bibliothèque impériale appartenoit à l'évêque de Troyes, la deuxième à la communauté de Fontaine, et la troisième à la Visitation de Meaux.

Les premiers éditeurs, et par suite tous les autres, ont effacé dans les *Lettres*, avec les faits particuliers qui marquent l'effusion de la bonté paternelle, pour ainsi dire les actes intimes qui montrent le fond de l'ame et du caractère. Trompés par une fausse idée de la grandeur, jugeant d'après l'expérience commune, ils se représentoient Bossuet placé dans une région supérieure, inaccessible aux simples mortels et toujours prêt à lancer la foudre. Ah ! combien c'étoit méconnoître le plus grand des évêques, parce qu'il étoit le plus simple et le plus humble ! « L'humilité de ce prélat, nous dira dans ce volume même un témoin digne de toute confiance, étoit au delà de tout ce qu'on peut penser. Il a fait l'honneur de dire quelquefois à cette personne (Madame

---

[1] Les paroles citées dans l'*avis* se trouvent plus loin, *Lettre* CLXIV.

Cornuau), qu'il souffroit d'être obligé par sa dignité de garder une manière de supériorité pour le bien même des personnes, afin de les tenir plus dans la soumission et dans l'ordre, mais que c'étoit un pesant fardeau pour lui. » Et plus loin : « Quoiqu'il eût, comme l'on sait, l'esprit si supérieur et si fait pour les grandes choses, il ne laissoit pas d'entrer dans beaucoup de choses qui auroient paru petites aux yeux du monde, mais qui avoient cependant leur mérite devant Dieu. Il faisoit état de tout ce qui étoit bon,... et ne marquoit jamais ni mépris ni peu d'estime pour ce qu'on lui proposoit [1]. » Mais les éditeurs n'ont pas voulu qu'il se mêlât de ces *petites choses :* comment donc ! Bossuet, sans souci de la dignité épiscopale, auroit parlé à une pauvre veuve de ses voyages, de ses projets, de ses ouvrages ! il auroit pris la peine de rassurer cette femme contre des craintes puériles, et de la diriger dans les grossiers intérêts de la terre ! Passons l'éponge ! — Voici quelques-uns des traits qu'ils ont effacés.

« Il ne faut point, ma fille, s'inquiéter pour les lettres : je n'ai point encore remarqué qu'il s'en perdît aucune [2] .... » — « J'ai, ma fille, comme vous voyez, été obligé d'avancer mon voyage. J'arrivai ici samedi. Je pars pour Versailles, d'où quand vous serez ici, je pourrai vous faire savoir le temps le plus propre pour me voir. Vos lettres laissées à mon portier me seront rendues, et je donnerai tous les ordres nécessaires pour cela. Je ne trouve point mauvais que vous logiez M. N*** [3]. » — « Je vous envoie, ma fille, la lettre que vous souhaitez, pour en user selon que vous me marquez. » Et plus loin : « J'ai séparé vos papiers pour y répondre au premier loisir. Je ne vois pas qu'il y ait à s'inquiéter de ce que vous me mandez sur mon sujet dans une lettre du 24 [4]. » — « Je ne sais quand je pourrai aller à Paris. Dites-moi ce que vous voudrez sur ce que vous savez : je suis fâché de n'avoir pas entendu Mme N***; je voudrois bien qu'elle se déterminât sur la fondation [5]. » Votre lettre, ma fille, m'a été rendue en présence de N***. Je lui ai dit que c'étoit quelque chose de votre intérieur que vous aviez oublié et qui vous faisoit quelque peine, sans rien ajouter davantage [6]. » — « Je prie Dieu, ma fille, qu'il bénisse votre voyage. Je suis arrêté ici par une grande maladie de mon frère. Je ne puis rien dire du tout de mon voyage à Paris, et il y a plus d'apparence que je n'irai pas [7]. »

Les éditeurs ne se sont pas contentés d'embellir la vie de Bossuet; ils ont enjolivé son style de plusieurs façons. Nous ne parlerons point de la transposition des particules, comme dans ces membres de phrases: « Tout ce que je puis vous dire [8]; » pour, tout ce que je vous puis dire: « Je ne puis ni ne veux le pénétrer [9]; » pour, je ne le puis ni ne le veux pénétrer : « Il faut lui rendre le change [10]; » pour, il lui faut rendre... :

---

[1] Ci-après, second avertissement. — [2] *Lettre* III, au commencement, dans l'édition de Versailles et dans la nôtre.— [3] *Lettre* VIII, au commencement. Si Bossuet n'avoit pas marqué le lieu et le jour des premiers mots de la lettre, l'adverbe *ici*, qui se présente deux fois, n'auroit aucun sens. — [4] *Lettre* XI 1er et 2e alinéa. De même *Lettres* XII, XIV. — [5] *Lettre* XVI, 2e alinéa. — [6] *Lettre* XVII, au commencement. De même *Lettres* XVIII et XLIX. — [7] *Lettre* LXXVII. — [8] Édit de Vers., vol. XXXVIII; p. 570. — [9] *Ibid.*, p. 604. — [10] *Ibid.*, p. 619.

« Dussent-ils vous mener à la mort[1] ; » pour, vous dussent-ils mener... : « Il faut les découvrir[2] ; » pour, il les faut découvrir : « Pour ne pas rompre en visière[3] ; » au lieu de, pour ne rompre pas... Ces sortes de transpositions, contraires à la manière d'écrire dans le xviie siècle, se rencontrent à chaque page. Mais voici des changemens plus importans.

Les éditions.	*Les manuscrits.*
Je loue Dieu de ses bontés pour vous. Vous êtes contente de Jouarre, et à Jouarre on l'est de vous [4]	Je loue Dieu de ses bontés. Vous êtes contente de Jésus Christ, et Jésus-Christ est content de vous (a). (a) *Var.* : L'est de vous.
Allez toujours votre train avec Dieu,... sans vous détourner d'un seul pas ; Dieu le veut ainsi [5]	Allez toujours votre train avec Dieu,... sans vous détourner d'un pas ; Dieu le veut.
Ne faites aucun effort de tête, ni même de cœur, pour vous unir à votre Epoux... Ouvrez tout votre cœur à l'Epoux, qui ne veut que jouir. O quel admirable secret ! Est-il possible qu'un Dieu fasse de telles choses en sa foible et vile créature ? Qu'il agisse en maître tout-puissant, puisque c'est un maître si plein d'amour [6].	Ne faites aucun effort de tête, ni même de cœur, pour vous unir..... Ouvrez tout à l'Epoux, qui ne veut que jouir. O quel admirable secret ! Est-il possible qu'un Dieu fasse de telles choses en sa créature ? Qu'il agisse en maître, puisque c'est un maître si plein d'amour.
Calmez-vous, ne vous agitez pas davantage [7].	Accoisez-vous.
Je prie Dieu qu'il vous soutienne dans cette profonde tristesse, que vous éprouvez [8].	Je prie Dieu qu'il vous soutienne dans cette profonde tristesse.
Je crois sans hésiter que vous ferez une chose beaucoup plus agréable à Dieu de vous tenir où vous êtes, jusqu'à ce qu'il vous fasse connoitre plus clairement sa volonté sur votre désir de la religion [9].	Je tiens sans hésiter beaucoup plus agréable à Dieu de vous tenir où vous êtes, jusqu'à ce qu'il vous fasse connoître quelque chose de plus sur la religion.
Vous ne devez point attendre le calme pour faire votre retraite ; Dieu agit dans le trouble quand il lui plaît. La communion journalière doit être votre soutien : dévorez, absorbez, engloutissez, soûlez-vous de ce pain divin [10]. »	Vous ne devez point attendre le calme (a) pour votre retraite. Dieu agit dans le trouble quand il lui plaît. La communion journalière doit être votre soutien. Dévorez, absorbez, engloutissez, soûlez-vous. (a) *Var.* : De calme.
Donnez toute votre substance pour acquérir son amour, et qu'il soit toute votre substance. Ecoutez-le, lorsqu'il traitera du sacré mariage avec vous [11].	Donnez toute votre substance pour l'amour ; qu'il soit toute votre substance. Ecoutez-le, lorsqu'il traitera votre sacré mariage (a). (a) *Var.* : Le sacré mariage avec vous.

[1] *Ibid.*, p. 634. — [2] *Ibid.*, p. 639. — [3] *Ibid.*, p. 640. — [4] *Ibid.*, p. 568. Ce singulier contresens vient de ce que les copistes ont écrit le saint nom de *Jesus-Christ* en abrégé, par deux petites lettres. — [5] *Ibid.*, p. 569. — [6] *Ibid.*, p. 590. — [7] *Ibid.*, p. 593. — [8] *Ibid.*, p. 595. — [9] *Edit. de Vers.*, vol. XXXVIII, p. 630. — [10] *Ibid.*, p. 634. — [11] *Ibid.*, p. 635.

Les éditions.

Saint Paul nous apprend qu'il y a une tristesse qui est selon Dieu [1].

Il (Dieu) sait bien ôter le plaisir sensible quand il le faut ; mais en même temps il dilate le cœur d'un autre côté. Qu'elle ne se fasse pourtant point une peine de ne pas sentir cette dilatation, et qu'elle ne s'abandonne point à l'angoisse d'une manière...... N'ayez point de scrupule de lui avoir parlé franchement ; continuez d'en agir de même [2].

Dites-lui donc qu'il ne dorme pas, comme il fit dans la barque, au milieu de ses disciples ; éveillez-le par votre foi, et par les cris d'une ardente prière pleine d'une humble confiance. Plus vous sentirez votre salut en péril, plus vous le devez mettre en sûreté entre les mains du céleste Époux par la confiance et par l'abandon, en veillant et priant toujours [3].

Désirez ce qui se peut bonnement accomplir dans l'état où vous êtes ; Dieu n'en veut pas davantage. C'est votre maison de profession et de stabilité que vous devez aimer et préférer à toute autre, à moins que la Providence ne vous conduise ailleurs... Priez, désirez ; mais ne vous agitez point, et ne vous donnez aucun mouvement pour procurer l'accomplissement de votre désir. Le désir vient de Dieu ; l'agitation viendroit de la tentation, je vous la défends. Gardez-vous bien de faire aucun mouvement pour parvenir à l'exécution de votre désir ; ce ne seroit, je vous le répète, qu'une pure tentation. Si Dieu veut autre chose de vous, il se déclarera ; et je l'écouterai, quand il ouvrira les moyens d'accomplir ce qu'il vous met au cœur [4]. »

Je dois vous dire, ma fille, sur la stabilité, qu'elle consiste dans l'exclusion de toute pensée de changement, et dans la résolution de se tenir au

Les manuscrits.

Il y a dans saint Paul une tristesse qui est selon Dieu.

Il (Dieu) sait bien ôter le plaisir sensible ; mais en même temps il dilate le cœur d'un autre côté. Qu'elle ne se fasse pourtant point une peine de ne sentir pas cette dilatation, et qu'elle ne s'angoisse point d'une manière... N'ayez point de scrupule de lui avoir parlé franchement ; continuez.

Dites-lui bien qu'il ne dorme pas, comme il fit dans ce bateau : éveillez-le par votre foi. Plus vous sentirez votre salut en péril, plus vous le devez mettre en sûreté entre les mains du céleste Époux.

Désirez ce qui se peut bonnement, Dieu n'en veut pas davantage. C'est votre maison de profession et de stabilité que vous devez aimer et préférer à toute autre... Priez, désirez ; mais ne vous donnez aucun mouvement. Le désir vient de Dieu ; l'agitation viendroit de la tentation, je vous la défends. Gardez-vous bien d'aucun mouvement sur ce désir qui ne seroit, je vous le répète, qu'une tentation Si Dieu veut autre chose de vous, je l'écouterai quand il en ouvrira les moyens.

Je vous dois dire, ma fille, sur la stabilité, qu'elle consiste dans l'exclusion de toute pensée de changement, et dans l'arrêt au lieu où l'on s'est

---

[1] *Édit. de Vers.*, vol. XXXVIII, p. 653. — [2] *Ibid*, p. 657. — [3] *Ibid*, p. 697. — [4] *Ibid.*, p. 715

Les éditions. | *Les manuscrits.*

Les éditions.	Les manuscrits.
lieu où l'on s'est consacré... Vivez d'abandon et de confiance en Dieu... Ne pensez point à l'avenir; laissez-le à Dieu, qui y pense pour vous; mortifiez et anéantissez tout ce qui est en vous; à ce prix l'Epoux céleste est à vous, et vous sera à jamais toutes choses [1]. »	consacré... Vivez d'abandon en Dieu... Ne pensez point à l'avenir. Mortifiez et anéantissez tout ce qui est en vous; à ce prix l'Epoux céleste est à vous.
Attachez-vous à Jésus-Christ, et ne voyez que Jésus-Christ dans vos confesseurs, et Jésus-Christ suppléera à ce qui vous manque de la part des hommes... Les prières vocales, que l'on s'imagine devoir, comme de prix fait, nous obtenir l'accomplissement de notre désir, ne servent qu'à entretenir l'inquiétude. Ces pressentimens que vous croyez avoir d'un heureux succès, ne sont et ne seront qu'un amusement, si vous y adhérez : il faut les laisser passer [2]...	Attachez-vous à voir Jésus-Christ dans les confesseurs... Les prières vocales, comme de prix fait pour obtenir l'effet de votre désir, entretiennent l'inquiétude. Ces pressentimens ne sont et ne seront qu'un amusement, si vous y adhérez : il les faut laisser passer...

Mais il est temps, grand temps de finir. Ajoutons seulement que toutes les pages de Lebel, et des autres éditeurs, renferment des altérations semblables.

[1] *Edit. de Vers.*, p. 746. — [2] *Ibid.*, p. 747.

LETTRES

A MADAME CORNUAU.

LETTRE

DE LA SOEUR CORNUAU AU CARDINAL DE NOAILLES,

SUR LES LETTRES QUE BOSSUET LUI AVOIT ÉCRITES.

Voilà la copie que Votre Eminence a souhaité que je lui fisse des lettres que feu Monseigneur de Meaux m'a écrites, pendant les vingt-quatre années que j'ai eu le bonheur d'être sous sa conduite. Ce n'est pas sans la dernière confusion que je vous l'envoie, non pas par rapport à vous, Monseigneur, pour qui je n'aurois rien de caché et à qui je dois faire connoître tous les sentimens de mon cœur, mais c'est par rapport à ceux qui pourroient voir ces lettres. Car enfin, Monseigneur, je trouve que bien éloignée de tirer vanité de ce qu'un aussi grand prélat qu'étoit feu M. l'Evêque de Meaux m'ait fait l'honneur de m'écrire, comme il a fait, je dois en être dans une humiliation profonde, étant avec tant de secours et tant d'instructions restée ce que vous savez bien que je suis, quand toute autre seroit devenue une grande sainte. Je tremble, je vous assure, Monseigneur, de ce que j'aurai un jour à rendre compte là-dessus au céleste Epoux, qui m'avoit par miséricorde donné un si grand guide. Epargnez-moi donc, je vous supplie, Monseigneur, en ne faisant point voir ces lettres, et ne les faisant point imprimer de mon vivant : car je vous avoue, comme à Dieu même, qu'il me seroit tout à fait impossible de soutenir de voir ces lettres et toute ma conscience entre les mains de tout le monde. Il faut attendre, je vous conjure, que le céleste Epoux ait disposé de moi, ce que je lui demande qui soit bientôt; ou bien, s'il y alloit de la gloire de Dieu et de celle de mon saint Père, que ces lettres fussent données au public, il faudroit donc, Monseigneur, que Votre Eminence eût la bonté de me mettre pour le reste de mes jours dans une solitude bien éloignée, où je ne fusse connue de personne : avec cette précaution je n'aurai plus de peine à consentir que mes lettres soient vues, puisque l'on ne me verra plus, et que je ne verrai plus personne.

Je vous avouerai au reste, Monseigneur, avec toute la confiance que je dois à Votre Eminence, que je n'ai pas été insensible, par rapport à la gloire de mon Saint Père, à tout ce que vous m'avez fait l'honneur de me dire et de m'écrire sur la beauté, sur la haute et intime spiritualité de ses lettres ; et que la grande approbation que vous donnez à toutes les saintes maximes dont elles sont remplies, et à la saine et pure doctrine qu'elles renferment, est la plus grande consolation que je puisse avoir. Car peinée de ce que le monde ne connoissoit pour ainsi dire de ce saint prélat que ses grandes qualités, qui attiroient à la vérité l'admiration, mais qui ôtoient comme l'attention à ce haut degré de spiritualité où il étoit parvenu, et qu'il ne laissoit remarquer qu'aux ames qu'il conduisoit, je suis ravie que Votre Eminence rende à ce grand homme toute la justice qui lui est due, en lui donnant le titre de grand maître de la vie intérieure, qui est seul capable de le faire connoître.

Voilà, Monseigneur, mes véritables sentimens, que j'ai cru que Votre Eminence voudroit bien que je lui disse en lui envoyant cette nouvelle copie, dont j'espère que vous serez encore plus content que de la première : car à peine avois-je achevé de la transcrire, que l'on me l'arracha des mains, et on la fit relier sans me donner le temps de la collationner sur mes originaux ; de sorte, Monseigneur, que j'ai trouvé beaucoup de choses essentielles oubliées, et bien des mots mal mis. J'ai donc remis toutes choses en ordre, et j'ai rendu cette copie la plus correcte que j'ai pu, et la plus digne de Votre Eminence, l'ayant beaucoup augmentée de choses que je n'avois pas mises dans la première, parce que je les avois écrites séparément : mais j'ai cru, Monseigneur, que cela vous feroit plaisir que je les misse dans votre copie, comme sont encore quelques endroits de mes lettres que je n'avois pas mis, et quelques écrits, quelques retraites que le saint prélat avoit faites pour les ames qu'il conduisoit, et qu'il m'avoit donnés, comme je crois qu'il avoit fait à d'autres. Il y a aussi un fort bel écrit qu'il avoit fait en particulier pour Madame de Luynes, dans le temps qu'elle étoit à Jouarre, et plusieurs extraits des lettres à feu Madame d'Albert, qu'elle m'avoit donnés de son vivant, comme je lui en donnois des miennes. L'union que vous savez, Monseigneur, qui étoit entre cette sainte Dame et moi, comme filles du même Père, nous permettoit entre nous deux ces communications.

J'ai cru aussi, Monseigneur, que vous seriez très-aise de voir les vers que ce saint prélat faisoit comme en se jouant pour ainsi dire, quand nous lui en demandions feu Madame d'Albert et moi. Je m'assure que Votre Eminence sera consolée de voir les grands et intimes sentimens de ce prélat, et combien son cœur étoit pris et épris du saint amour. Ce sont ses véritables sentimens qu'il nous donnoit, comme il nous le disoit, sans art et sans étude, en nous assurant qu'il ne vouloit pas retirer nos esprits du véritable sens de l'Ecriture ; qu'il aimoit mieux que ses vers fussent moins élégans, et ne s'en pas détourner pour suivre de

plus belles expressions. Il nous demandoit comme le secret sur ses
vers, ne voulant pas qu'on sût qu'il en faisoit ; et il n'en faisoit, à ce
qu'il nous disoit avec confiance, que parce qu'il sembloit que Dieu vouloit qu'il contentât nos saints désirs là-dessus. Il nous avouoit que les
sentimens que Dieu lui donnoit pour nous, lui étoient utiles à lui-
même ; qu'il se sentoit pénétré des effets de l'amour divin, que Dieu
lui mettoit au cœur de nous expliquer dans ses vers. Il est vrai que
quand il nous les donnoit, ou qu'il nous les lisoit, il étoit quelquefois
tout perdu en Dieu, et parloit du céleste Epoux d'une manière qui nous
ravissoit, qui nous faisoit voir, sans qu'il le voulût, qu'il se passoit de
grandes et intimes choses en lui : mais comme j'ai déjà eu l'honneur
de vous le dire, Monseigneur, il n'a jamais permis que nous ayons
parlé de cela, ni que nous ayons communiqué ses vers, particulièrement
ceux sur le *Cantique des Cantiques*, où l'amour divin est le plus
exprimé, non qu'il en fît mystère, mais parce qu'il ne croyoit pas ces
langage propre à tout le monde, et que d'ailleurs ses autres ouvrages
ne lui permettoient pas de donner autant d'attention qu'il eût fallu
pour mettre ses vers dans leur dernière perfection ; d'autant plus qu'à
peine étoient-ils sortis de son cœur et de sa plume, que nous les lui
arrachions des mains, tant notre empressement étoit grand sur cela. Il
est vrai qu'il en a retouché quelques-uns ; mais je ne crois pas qu'il y
ait mis tout à fait la dernière main, ni à tous ceux qu'il a faits. Je sais
bien qu'il en avoit à dessein, m'ayant fait l'honneur de me le dire :
mais comme il a eu une santé si languissante et si souffrante les deux
dernières années de sa vie, je doute, Monseigneur, que ce saint prélat
les ait entièrement revus : en tout cas, je ne risque rien en vous le
envoyant comme ils m'ont été donneé, sur les sujets que j'ai demandés
à ce saint prélat, étant persuadée, Monseigneur, que ce ne sera pas les
rendre publics, ce qu'il ne vouloit point, me l'ayant dit plusieurs fois ;
et s'ils ne se trouvent point dans la perfection où ils devroient être, je
suis convaincue que Votre Eminence y trouvera partout que l'amour
divin dont ce saint prélat étoit si rempli, se fait connoître avec des
traits bien vifs et bien capables d'allumer un divin feu dans les cœurs.
Il y en a encore sur d'autres sujets, sur des Psaumes, surtout le *Beati
immaculati* : mais comme ils ne sont point au net, et qu'il paroît que
ce prélat les vouloit retoucher, par toutes les marques qui y sont, je n'ai
pu les transcrire, et ne suis pas assez habile, Monseigneur, pour pouvoir choisir dans les différentes expressions qui sont marquées celles qui
sont les plus belles et les plus nobles. M. l'abbé Bossuet a entre ses
mains les originaux de ces vers ; il en fera, je me persuade, l'usage
convenable ; et je me flatte, Monseigneur, que ce que je vous en envoie
présentement ne laissera pas de vous être agréable. Au reste j'ai été
très-fidèle à garder les règles que ce saint prélat m'avoit prescrites.

car hors Votre Eminence, personne n'en a de copie : mais je crois n'aller pas contre ses intentions de vous les communiquer, Monseigneur, espérant même que cela fera que mes lettres ne seront pas vues, du moins de peu de personnes.

Je dois vous dire aussi, Monseigneur, que j'ai beaucoup augmenté le second *Avertissement* de choses très-essentielles et très-véritables, dont j'avois cru qu'il ne me convenoit point de parler : cependant comme j'ai vu que Votre Eminence a approuvé ce que j'avois déjà marqué dans ces *Avertissemens*, cela m'a comme enhardie, si je puis me servir de ce terme, pour ajouter des choses que peut-être on ne sauroit jamais. Ce saint prélat ayant pris tant de soin de cacher ce qui étoit si recommandable en lui, à moins que ce ne fût à des personnes à qui cela étoit nécessaire, Dieu m'a mis au cœur de vous les communiquer, Monseigneur; et je le fais toujours avec cette confiance que vous me permettez d'avoir pour Votre Eminence, en vous assurant que je n'avance rien, dans ces *Avertissemens* dont je n'aie été témoin, ou qui ne m'ait été dit par ce prélat même.

Je me suis trouvée aussi obligée de faire quelques explications par rapport à des peines, et à la conduite et aux intentions de ce prélat dans la direction, parce que quelques personnes qui les ont vues ont eu l'esprit arrêté sur certaines choses, et ont prié, si cela se pouvoit, qu'on expliquât un peu les choses; ce que j'ai fait, Monseigneur, à la réserve pourtant de ce qui étoit trop du particulier de ma conscience, et des secrets que je dois garder. Je crois n'aller point contre ce que je dois à la mémoire du saint Père que Dieu m'avoit donné, de n'en pas dire davantage : on n'en connoîtra encore que trop par rapport à moi; et je vous avoue, Monseigneur, que l'attention que j'ai été obligée de faire, en vous faisant cette nouvelle copie, m'a remplie de confusion, y trouvant une infinité de choses qui me font trop connoître les conduites de Dieu sur moi; mais je me console en quelque sorte, dans l'espérance que j'ai que cette nouvelle copie ne sortira point de vos mains pendant ma vie.

Vous pouvez être persuadé, Monseigneur, que cette copie est très-correcte : j'ai eu mes originaux en main en la transcrivant, et je l'ai collationnée dessus : ainsi j'espère qu'elle sera sans fautes, du moins considérables; car il peut encore en être échappé quelques-unes à mon attention, malgré celles que j'ai trouvées. Après cela, comme il y a dans bien de mes originaux des choses de confession, parce que quelquefois je mandois ma confession à ce prélat, qui l'envoyoit quérir par un exprès, et qu'il me renvoyoit de même les réponses; comme donc, Monseigneur, il y a des choses de cette conséquence dans mes originaux, j'ai dessein de brûler ceux-là en gardant seulement les autres. Je ne le ferai pas néanmoins, Monseigneur, que vous ne me disiez ce que vous trouvez bon que je fasse; mais c'est qu'enfin la mort peut me surprendre, sans que je puisse avoir le temps de brûler mes originaux qui me peinent, et dont je ne puis rayer tous les endroits qui ne doivent point être vus.

Au reste, Monseigneur, je vous supplie de regarder cette nouvelle copie comme ce que j'ai de plus cher au monde, et comme un dépôt que je confie à Votre Eminence, pour en faire après ma mort ce que vous trouverez à propos. Mais je crois nécessaire d'avertir Votre Eminence qu'à l'exception de mes lettres, dont je garde les originaux, M. l'abbé Bossuet a tous les autres ouvrages de feu M. son oncle, qui sont ici transcrits, peut-être même dans un état plus parfait. Je suis persuadée qu'il en fera part à Votre Eminence, quand elle le souhaitera, pour prendre dessus une dernière résolution aussi bien que sur mes lettres, sachant que c'étoit l'intention de mon saint Père que rien ne parût de ses ouvrages, et en particulier de ce qu'il avoit fait pour moi, sans sa participation.

Permettez, Monseigneur, je vous supplie, que je vous fasse mes très-humbles excuses de ce que cette nouvelle copie n'est pas écrite aussi correctement qu'elle le devroit être pour être digne de vous être présentée : quelques soins que j'aie pris, j'ai encore trouvé des fautes en la relisant; ce qui m'a obligée de rayer des mots, d'ajouter ce qui manquoit. J'avois pensé d'en écrire une autre; mais j'ai cru que cela feroit trop attendre Votre Eminence : avec cela comme mes obédiences m'empêchent de pouvoir écrire de suite, il arriveroit peut-être que je ferois encore des fautes si je la récrivois : ainsi, Monseigneur, j'ai cru qu'il valoit mieux vous l'envoyer telle qu'elle est, espérant que tout ce que renferme cet ouvrage vous fera pardonner tout ce qui vient de ma plume.

J'espère aussi, Monseigneur, que vous ne désapprouverez pas que j'aie mis cette lettre au commencement de cette copie. Mon premier dessein étoit de me donner l'honneur de vous en écrire une en vous envoyant cet ouvrage : mais comme j'ai fait attention à toutes les graces que je devois demander à Votre Eminence, j'ai cru que je devois plutôt la mettre à la tête de cette copie ; afin, Monseigneur, que vous ayez plus présentes dans votre cœur paternel toutes les graces que j'ose vous demander; et qu'ainsi je sois comme sûre que vous me ferez l'honneur de me les conserver, et par-dessus toutes celle de m'honorer toujours de vos bontés et de votre protection, qui est la seule récompense que je demande à Votre Eminence de mon petit travail, si je puis le nommer ainsi ; car véritablement, Monseigneur, j'ai eu bien de la consolation à le faire. Jalouse, à la vérité, de la gloire du saint Père que Dieu m'avoit donné, j'ai cru que c'étoit lui en beaucoup procurer que de mettre entre les mains de Votre Eminence ses lettres, et les autres écrits qu'il m'a donnés. Je sais mieux que personne jusqu'à quel point il honoroit en vous, Monseigneur, non-seulement vos qualités illustres, mais vos rares talens et vos éminentes et sublimes vertus : ainsi je crois, Monseigneur, avoir beaucoup travaillé pour ce saint prélat, ayant travaillé pour Votre Eminence, à qui je suis et serai toute ma vie avec un très-profond respect, etc.

Sœur CORNUAU DE SAINT-BÉNIGNE.

AVERTISSEMENT

DE LA MÊME SOEUR

SUR LES LETTRES SUIVANTES.

Elles ont été écrites par ce grand prélat à une ame que Dieu mit entre ses mains, par une conduite toute particulière de ses bontés et de ses grandes miséricordes pour elle, dès l'année 1681, dans une visite que ce prélat fit, en entrant dans son diocèse, dans une communauté établie pour l'instruction des jeunes filles, où cette personne s'étoit dévouée depuis quelques mois. Elle étoit dans des peines intérieures très-grandes, et avoit des embarras de conscience extrêmes sur plusieurs choses très-considérables, comme on le verra dans les lettres que ce prélat lui a écrites, et particulièrement sur le vœu qu'elle avoit fait, dès qu'elle fut veuve, d'être religieuse, que ses affaires et la tutelle d'un jeune fils qu'elle avoit l'empêchoient d'exécuter. Car cette personne avoit été engagée très-jeune dans le mariage; et depuis elle s'est trouvée dans tant de différentes situations, où elle a été obligée de consulter ce saint prélat et de prendre ses avis, tant pour elle que pour d'autres personnes, que quoiqu'elle eût l'honneur de le voir assez souvent, elle s'est trouvée dans la nécessité de lui beaucoup écrire; et ce grand prélat, tout environné d'affaires, occupé infatigablement à la garde d'Israël, et à empêcher tant d'ennemis si différens, si subtils et si cachés, d'y faire la moindre brèche, et à les combattre par ses savans écrits; malgré donc ces travaux immenses, il a veillé avec un soin, une charité et une vigilance presque sans exemple à tous les besoins de cette ame, sans jamais se rebuter ni de son peu de mérite, ni de ses peines, ni de l'avoir presque toujours vue une terre ingrate, qui ne lui rendoit que des chardons et des épines pour la bonne semence qu'il y a infatigablement semée pendant tant d'années. Et il a toujours fait pour cette ame ce qu'il auroit fait pour celles qui auroient été non-seulement d'une naissance illustre, mais d'un esprit et d'un génie distingué, d'une vertu, d'une élévation et d'une capacité dignes de son application. Il est arrivé plusieurs fois à cette ame de lui témoigner son étonnement là-dessus, et sa crainte qu'enfin il ne se rebutât du peu qu'elle étoit et du méchant fonds d'une terre qui lui causoit tant de travaux pour la rendre capable de rapporter, non au centuple, mais au trentième ; ce saint prélat lui imposoit un sévère silence là-dessus, et lui disoit avec une charité ardente et un amour de Dieu immense, « qu'il ne connoissoit de grand dans une ame que cette empreinte divine que Dieu y avoit mise ; que c'étoit là sa noblesse et sa grandeur, que c'étoit par là que la naissance de l'homme étoit illustre et bienheureuse, que pour la naissance du corps ce n'étoit que honte et que foiblesse. » Voilà comme ce saint prélat rassuroit cette ame, en qui il ne vouloit souffrir aucune crainte ni aucune pensée qu'il pût donner plus de temps aux grands qu'aux petits, aux esprits élevés qu'aux simples : et il lui disoit avec une humilité profonde, « qu'il ne se regardoit que comme un dispensateur de la parole de Dieu, et un canal par où Dieu faisoit passer tout ce qui étoit propre pour chaque ame qu'il lui avoit confiée ; que sa seule attention étoit de rendre fidèlement à chacune ce qui lui étoit donné par lui ; qu'il plaisoit à Dieu de gratifier quelquefois des ames très-imparfaites, et de les soustraire quelquefois à des ames très-parfaites : mais, comme dit l'Apôtre, *Qui sera son conseiller ? et qui lui dira : Pourquoi faites-vous cela*[1] *?*

L'on rapporte toutes ces choses, afin qu'en voyant tout ce que ce prélat a écrit à cette ame, on ne la regarde pas comme une ame bien parfaite. On peut bien la regarder comme une ame que Dieu aime, qu'il a même prévenue de grandes graces ; mais qui toujours infidèle, n'a pas fait les progrès qu'elle devoit faire. Elle doit attirer la compassion et les prières de ceux et de celles qui verront ces lettres, et les porter à dire avec elle que toute autre seroit devenue une grande sainte, et auroit marché à pas de géant dans les plus grandes et plus sublimes vertus avec le secours d'un prélat également saint, charitable, savant, éclairé, zélé, élevé dans la plus pure, la plus sûre et la plus sainte spiritualité ; tandis qu'elle n'a fait que de foibles pas, pendant un si grand nombre d'années qu'il y a qu'elle a l'honneur d'être sous la conduite de ce prélat.

Ainsi en lisant ces lettres, on ne doit songer à cette ame qu'avec pitié, et tourner toute son attention vers celui qui les a écrites, et dire que ceux qui lui ont reproché de n'entendre pas les voies spirituelles ne le connoissoient guère ; et toutes les autres choses qu'on lui reproche dans ses écrits, et dans la vigilance pastorale avec laquelle il reprend l'erreur et soutient la vérité : encore une fois, ses ennemis ne le connoissent point du tout, ou plutôt ils ne le veulent point connoître. Peut-être même que ceux de ses amis qui croient connoître sa vertu, son amour pour Dieu, son humilité, sa sublimité dans l'oraison et dans la vie intérieure et enfin tous ses grands et rares talens, avoueroient, s'ils

[1] *Rom.*, IX, 20, 21.

voyoient ses lettres, qu'il s'en falloit bien qu'ils le connussent tel qu'il paroît si naturellement dans des lettres qu'il n'a eu nul dessein de rendre publiques, et qu'il n'a écrites que selon les besoins de cette ame et par le mouvement de l'Esprit-Saint.

Ce sont ces vues qui ont fait condescendre la personne à qui elles sont écrites, à la sollicitation de personnes éclairées et de plusieurs de ses amies, de transcrire celles qui sont contenues dans ce livre, sans prétendre les rendre publiques, du moins qu'après sa mort, si on le juge à propos ; mais seulement quant à présent, s'il est nécessaire et utile, les faire voir à quelques personnes de confiance, afin que l'on rende à l'illustre prélat qui les a écrites toute la justice et l'équité que les ennemis de l'Eglise tâchent de lui ravir.

Elle assure sous les yeux de Dieu qu'elle les a transcrites fidèlement, très-fidèlement, sans changer ni mots, ni expressions, que ce qui avoit quelque rapport à la confession et à des choses qu'on lui avoit confiées pour consulter ce prélat ; car le secret des autres n'étant pas le sien, elle a dû ne le pas faire connoître. Elle n'avoit d'abord dessein que de mettre uniquement le spirituel : mais on lui a représenté que l'on ne laisseroit pas de connoître dans des sujets particuliers, la bonté du cœur de ce prélat, et son immense charité qui se fait tout à tous pour les gagner tous. Elle en omet néanmoins beaucoup pour les raisons que l'on vient de dire, et parce qu'il y en a assez pour faire admirer comment un prélat occupé à la conduite d'un grand diocèse et à des affaires si importantes, ait pu trouver tant de temps pour une seule ame. Mais que ne peut point la charité et le zèle du salut des ames ?

Quoique cette personne ait été entièrement sous la conduite de ce prélat dès l'année 1681, comme elle avoit l'honneur dans ces premières années de le voir souvent, elle réservoit à lui parler de vive voix de son intérieur : mais en l'année 1686, elle lui fit une confession générale, qui dans la suite en augmentant encore de beaucoup sa confiance pour ce saint prélat, lui donna lieu de lui écrire autant qu'elle a fait.

Elle finit cette manière d'avertissement par des paroles que ce prélat lui a dites souvent, quand elle lui faisoit connoître combien elle goûtoit ses écrits, et combien elle sentoit qu'ils lui étoient utiles : « Quand vous et les saintes ames pour qui je travaille goûtent ce que je fais, je reconnois la vérité de ce que dit un grand saint du cinquième siècle : le docteur reçoit ce que mérite l'auditeur. » On trouveroit peu de directeurs avec des sentimens si humbles, avec sa douce fermeté, son zèle, sa vigilance, son attention, sa charité, et qui entre dans tout ce qui peut contribuer à l'instruction, au repos et à la consolation d'une ame, comme l'on verra que ce prélat est entré, particulièrement dans les états de peines. Cette ame qui en avoit beaucoup, lui disoit quelquefois dans un vif sentiment de reconnoissance qu'elle s'étonnoit qu'il donnât tant d'attention aux siennes. Il lui disoit « que, quoiqu'il fût vrai que Dieu permettoit souvent qu'il n'y eût aucun sujet dans les peines que l'on ressentoit, cependant dès que Dieu les faisoit ressentir à une ame comme peines, elle en souffroit; et qu'ainsi, soit qu'elles fussent vraies ou imaginaires, il falloit y soutenir cette ame, la consoler et la fortifier; et qu'il n'étoit pas de son goût que l'on méprisât les peines, et que l'on en raillât. »

S'il étoit permis à cette personne de rapporter tout ce qu'elle a entendu de ce saint prélat sur tout ce qu'il y a de plus intime, de plus intérieur et dans la vie spirituelle et dans l'amour de Dieu, qu'il lui a laissé voir sans le vouloir, dans les entretiens qu'elle a eu l'honneur d'avoir avec lui quand elle lui parloit de ses dispositions, on verroit des choses admirables : mais elle connoît trop les sentimens d'humilité de ce prélat (a), pour oser parler de choses qu'il ne souffriroit pas ; ainsi elle demeure dans le silence sur ce sujet, pour ne pas lui déplaire, respectant trop tout ce qu'elle sait être du goût de ce prélat si distingué, non-seulement par tous ses rares et sublimes talens et par ses héroïques vertus, mais encore par ses grandes lumières et son grand discernement dans la conduite des ames. S'il étoit permis à cette personne de dire combien ses avis sont justes et saints, et ses décisions nettes et précises ; et combien ce saint prélat est éloigné des vues humaines, ne se laissant jamais prévenir sur la moindre chose, écoutant toujours Dieu et le consultant sur tout : on seroit dans l'admiration et dans un saint étonnement ; mais il faut que cette personne passe tout ce qu'elle sait de lui et tout ce qu'elle a vu et entendu, pour ne pas déplaire à ce prélat.

SECOND AVERTISSEMENT

DE LA MÊME SOEUR.

Ce grand prélat étant mort depuis que ses lettres ont été transcrites, la personne à qui elles ont été écrites, qui n'avoit osé mettre, du vivant de ce saint prélat, des choses qu'elle savoit bien que son humilité n'eût pas souffertes, se croit obligée de les ajouter dans un second *Avertissement*, ne pouvant cacher aux personnes de confiance qui verront ces lettres des choses qui les édifieront, et augmenteront leur estime et leur vénération pour la mémoire d'un prélat si distingué par tous ses rares talens, par ses sublimes et héroïques vertus, par ses grandes lumières et son grand discernement dans la conduite des

---

(a) Bossuet vivoit encore lorsqu'elle composa cet avertissement.

ames; si humble, si plein d'amour pour Dieu, et si rempli de cette ardente charité que saint Paul demande dans les pasteurs : c'est ce qu'on remarquera encore plus particulièrement dans ce qu'elle ajoute simplement et naturellement, devant cela à la vérité et à la mémoire d'un prélat à qui elle a des obligations infinies.

Il est arrivé plusieurs fois à cette personne de témoigner à ce prélat combien de certaines choses qu'il lui avoit écrites, l'avoient touchée et pénétrée et l'utilité qu'elle en avoit retirée. Il lui disoit avec une humilité profonde : « Mes paroles, ma Fille, n'en sont pas meilleures pour avoir en vous l'effet que vous me dites. Dieu bénit votre obéissance, et celui dont je tiens la place veut se faire sentir : brûlez et soupirez pour lui, c'est une marque que ce que je vous ai écrit m'avoit été donné par l'Esprit-Saint; car ce qui vient de l'homme ne touche point l'homme, et n'entre point dans son cœur : ainsi regardez-le comme venant de Dieu, et non de moi ; et laissez-vous bien pénétrer de sa sainte vérité, qu'il veut bien vous faire sentir par son foible ministre, qu'il daigne employer à de si grandes choses. Je suis par ma charge un canal par où passent les instructions pour les autres : mais que j'ai sujet de craindre que je ne sois que cela! Il faut du moins donner et distribuer ce qu'on reçoit et, autant que l'on peut tâcher qu'il nous en revienne quelques gouttes : demandez bien cela pour moi au céleste Epoux. »

Quand il faisoit faire la retraite à cette personne, ce qu'il vouloit qu'elle fît tous les ans; après avoir connu ce qui étoit nécessaire à cette ame pour son avancement spirituel, et ce que Dieu demandoit d'elle, il lui donnoit pour sujet de sa retraite les chapitres de l'Ecriture sainte et les Psaumes qui convenoient à ses dispositions : après cela il laissoit le Saint-Esprit maître de cette ame, et il ne vouloit point du tout, à ce qu'il disoit, mêler son ouvrage avec celui de Dieu ; il disoit à cette personne avec une humilité profonde et un amour de Dieu immense, qu'il ne devoit avoir de part à sa retraite que de lui bien faire écouter Dieu et suivre ses saintes inspirations, que c'étoit là toute sa charge. Cela n'empêchoit pas qu'il ne vît cette personne tout autant qu'elle en avoit besoin pour son instruction : mais ses entretiens étoient courts ; et après avoir échauffé le cœur par quelques paroles du céleste Epoux, il disoit qu'il ne falloit pas interrompre le sacré commerce de ce saint Epoux dans une retraite. Il n'improuvoit pas, à ce qu'il disoit, la conduite de tant d'habiles directeurs qui règlent jusqu'aux moindres pensées et affections dans les retraites, et veulent qu'on leur rende compte jusqu'à un iota de tout ce que l'on a fait : mais pour lui, il ne pouvoit goûter cette pratique à l'égard des ames qui aimoient Dieu, et un peu avancées dans la vie spirituelle. Toutes les pratiques qu'il donnoit dans les retraites étoient de beaucoup prier pour l'Eglise, pour le Pape, pour le Roi, pour la maison royale; pour l'Etat, pour lui, pour son diocèse et pour les pécheurs : car son amour pour l'Eglise, pour le Roi et pour la famille royale étoit bien au delà de ce qu'on en peut penser : il n'accordoit presque jamais de prières ou de communions à cette personne qu'à cette condition.

Lorsqu'elle lui faisoit la revue de sa conscience, après qu'il avoit dit la messe à cette intention ; quand cette personne approchoit de lui, il commençoit le plus souvent à se mettre à genoux, en disant le *Veni sancte* avec une dévotion et une élévation d'esprit à Dieu qui étoit admirable. Cette personne le voyoit tout entier, pendant qu'elle lui parloit, si pris et si épris de Dieu, qu'elle sentoit qu'il ne lui parloit que par le mouvement de l'Esprit-Saint. Il prêtoit une attention si particulière à ce qu'elle lui disoit ; il répondoit avec tant de douceur et de bonté, et en même temps avec tant de zèle et d'amour pour Dieu, qu'il étoit impossible de ne pas se rendre à tout ce qu'il disoit, de ne pas concevoir un nouveau goût de la vertu et une nouvelle haine du vice. Quand il donnoit l'absolution, il renouveloit son attention avec une dévotion surprenante, et une ferveur qui quelquefois l'emportoit comme hors de lui-même : il demeuroit assez de temps les deux mains levées dans un silence profond ; et quand il prononçoit les paroles de l'absolution, il sembloit que c'étoit Dieu même qui parloit par sa bouche, tant il en sortoit d'onction.

Quand il arrivoit à cette personne de lui marquer son étonnement de la douceur avec laquelle il venoit de la traiter, après tant de chutes qu'elle lui avoit fait connoître : « Dieu est bon, ma Fille, disoit ce prélat ; il vous aime, il vous pardonne. Eh ! comment ne le ferois-je pas ? il me souffre bien, moi qui suis son indigne ministre. »

Mais où la charité de ce saint prélat paroissoit plus ardente, c'étoit quand il arrivoit que cette personne avoit peine à lui dire des choses humiliantes : il l'encourageoit avec une douceur toute sainte, en lui disant : « Hélas ! ma Fille, que craignez-vous ? Vous parlez à un Père et à un plus grand pécheur que vous. »

Enfin on peut dire que ce grand prélat étoit véritablement, pour les ames qu'il avoit sous sa conduite, ce bon et charitable pasteur de l'Evangile ; car il n'oublioit rien pour leur avancement dans la vertu. Il les cherchoit infatigablement, quand elles étoient égarées des voies où Dieu les vouloit et des règles qu'il leur avoit prescrites ; il appliquoit à leurs maux tous les remèdes que la tendresse d'un père peut prescrire, sans néanmoins que cela l'empêchât d'apporter fortement les remèdes nécessaires à leurs plaies, dont il adoucissoit l'amertume par la douceur de ses paroles et de ses insinuantes et douces manières. Enfin on peut dire, s'il est permis de parler de la sorte, qu'il avoit des inventions saintement admirables, pour amener les ames au point où il vouloit ; mais sans prendre jamais un ton de maître ni des paroles dures et humiliantes. Ce saint prélat se contentoit de dire : « Est-ce aimer Dieu, ma Fille, que d'agir comme vous faites? Il veut toute autre chose de vous; il faut le faire ; il vous l'ordonne par ma bouche, et je vous y exhorte. Réparez donc avec courage les faux pas que vous avez faits; et reprenez de nouvelles forces pour courir dans la voie que Dieu vous marque, avec amour et fidélité. »

Quand ce saint prélat connoissoit la bénédiction que Dieu avoit donnée à ses paroles, et les bons effets que sa douceur avoit produits, il disoit avec humilité, « que nous sommes redevables à saint François de Sales, de nous avoir appris les règles de la conduite des ames. Que la doctrine de ce grand Saint est à révérer ! Je veux toute ma vie me la proposer pour exemple, puisque c'est celle que le Seigneur a enseignée lui-même. » Il n'étoit point du tout du goût de ce prélat que l'on usât de sévérité ni de répréhension trop vive : il disoit que quand il pensoit à l'entretien du Sauveur avec la Samaritaine, et aux saintes adresses dont il se servit pour faire connoître à cette femme pécheresse ses égaremens, il se confirmoit de plus en plus que la douceur ramenoit plus d'ames à Dieu, et les retiroit plus véritablement de leurs déréglemens que la sévérité, qui ne servoit ordinairement qu'à les aigrir et à les soulever contre les avis qu'on leur donnoit.

Cette charité immense, que ce saint prélat avoit pour les ames, ne se bornoit pas seulement à celles que Dieu avoit mises sous sa conduite par des voies particulières ; car quoiqu'il ne voulût pas se charger de trop de conduites, il ne refusoit pas ses avis quand il croyoit que cela étoit utile. La personne à qui ces lettres sont écrites, en peut rendre sous les yeux de Dieu un grand témoignage ; ce prélat ayant bien voulu qu'elle l'ait consulté pour bien des personnes à qui il a bien voulu parler, dont il a même entendu les confessions en général, et à qui il a donné des temps considérables pour leur mettre l'esprit et la conscience en repos. Et il donnoit autant d'application à celles qui étoient peu éclairées et d'un petit génie, qu'à celles qui l'étoient davantage. Cette personne a été témoin qu'il fut une fois trois heures de suite à faire faire une confession générale à une ame pénible à entendre, et encore plus à s'expliquer. Comme elle lui marqua son étonnement de la fatigue qu'il avoit bien voulu prendre pour cette ame, il lui dit lui-même avec plus d'étonnement : « Eh ! pourquoi suis-je fait, ma Fille ? Cette ame n'a-t-elle pas été rachetée du sang de Jésus-Christ, et n'est-elle pas l'objet de son amour, comme celle d'une personne d'esprit et de naissance distinguée. »

Il est arrivé plusieurs fois qu'on a fait beaucoup de peines à la personne à qui ces lettres sont écrites, et qu'on l'a même assez humiliée, en lui disant qu'elle occupoit trop ce prélat, qu'elle lui prenoit du temps qu'il auroit mieux employé. Quand elle lui faisoit connoître cela, en lui avouant qu'elle craignoit de le fatiguer et de le rebuter, il lui disoit avec une très grande bonté, et avec un zèle ardent pour la gloire de Dieu et le salut des ames : « Allez ma Fille ; répondez à ceux qui vous parlent ainsi qu'ils connoissent peu les devoirs de la charge pastorale ; car une des plus grandes obligations d'un évêque est la conduite des ames : mais comme il ne peut pas tout faire, il est obligé de se décharger sur d'autres de ce soin : il doit cependant s'estimer heureux quand Dieu permet qu'il puisse trouver le temps d'en conduire quelques unes. Je vous avoue, ma Fille, que je m'estime très-honoré de ce que Dieu m'en a confié, et de ce qu'il daigne bénir mes travaux et mes instructions : ainsi n'écoutez point ces gens, et croyez que rien ne me rebute ; ne vous rebutez donc pas aussi, et laissez là ces vains discours.

Ce saint prélat regardoit la direction des ames comme quelque chose de très-considérable : mais il vouloit que tout ce qui sentoit l'amusement, ou qui pouvoit seulement y tendre, en fût banni. Il disoit qu'un directeur tenoit à chaque ame qu'il avoit sous sa conduite la place de Dieu ; qu'ainsi il falloit de part et d'autre être unis à Dieu par le fond et par les puissances de l'ame, et que tout fût grave et sérieux.

Toute la conduite de ce grand évêque est digne d'admiration dans la direction des ames pour les faire aller à Dieu, examinant avec application et avec une sainte attention les voies de Dieu sur elles, pour les y faire marcher. Il ne pouvoit goûter que l'on conduisît les ames selon les vues, quoique bonnes, que l'on pouvoit avoir. Il a dit plusieurs fois en confidence à cette personne, qu'il souffroit une extrême peine de la violence que l'on faisoit à l'Esprit de Dieu sur la conduite des ames ; qu'il n'avoit jamais été de sentiment qu'il fallût contraindre l'état de celles que l'on avoit à conduire ; qu'il suffisoit de les mettre en assurance sur les voies qu'elles suivent, en les assurant qu'il n'y a rien de suspect, et en leur faisant suivre l'attrait de la grace : mais qu'on ne pouvoit trop leur inspirer le saint amour, leur faire goûter Dieu et sa sainte vérité ; que quand une fois le cœur étoit touché de ce bien unique et souverain, il aspiroit sans cesse à le posséder et à en être possédé : que ce n'étoit point son sentiment qu'il fallût attendre de certains états et de certains progrès, pour parler du divin amour à une ame que Dieu attiroit à lui par cette voie ; qu'il falloit au contraire être attentif à seconder les desseins de Dieu, en donnant toujours à cette ame une pâture propre à augmenter son amour, et avoir soin de temps en temps de ranimer cet amour ; que rien ne lui sembloit plus propre à avancer la perfection d'une ame que cette conduite qui rendoit le saint amour maître du cœur, pour y établir son pouvoir souverain et y détruire les passions ; qu'il n'étoit pas du sentiment qu'on les pût bien détruire par leur contraire ; que souvent cela ne servoit qu'à les aigrir et à les soulever plus fortement ; mais qu'il falloit seulement, par la voix du saint amour, leur faire changer d'objet ; qu'insensiblement une ame soumise et docile abandonnoit le vice pour s'attacher à la vertu ; que ce changement d'objets, sans presque lui donner de travail, rendoit son amour pour Dieu plus ferme et plus ardent. Aimez, disoit ce saint prélat après saint Augustin, et faites ce que vous voudrez ; parce que si vous aimez véritablement, vous ne ferez que ce qui sera agréable au céleste Epoux. » C'est la conduite que ce saint Prélat a tenue sur les ames dont il a bien voulu se charger : il y en a plusieurs qui auroient été perdues par une conduite contraire. C'est ce qu'il a fait l'honneur de dire souvent à la personne à qui ces lettres sont écrites, qui s'est trouvée dans la situation de consulter beaucoup ce prélat pour des personnes qui l'en prioient

Néanmoins il faut regarder cela comme choses propres pour les personnes déjà attirées à Dieu, et non comme une conduite que ce prélat auroit tenue avec des personnes dans des passions criminelles et avec de grands attachemens pour le monde. Car quoique sa conduite en général fût très-douce pour les personnes qu'il conduisoit, il vouloit du travail et que l'on fût souple, comme il disoit, sous la main qui conduisoit. Il vouloit bien qu'on lui représentât ses raisons, quand ce qu'il ordonnoit paroissoit pénible ; mais après cela il ne souffroit plus de raisonnement, et doucement il faisoit comprendre qu'il falloit se soumettre et ne pas se persuader qu'à force de raisonnemens on pût lui faire quitter ses sentimens, quand il les croyoit utiles pour l'avancement des ames. Il étoit d'une fermeté étonnante sur ce fait, malgré sa douceur qu'il sembloit quitter dans ces occasions. La personne à qui ces lettres sont écrites, outre ce qu'elle sait par elle même là-dessus, sait encore ce qui est arrivé à d'autres personnes. Il y en a eu quelques-unes, quoique très-parfaites d'ailleurs et très-considérables de ce prélat, dont il a absolument abandonné la conduite pour avoir apporté tant de retardement à se soumettre et trop de raisons. Quelques prières qu'on ait pu lui faire pour ces personnes, jamais on n'a pu le fléchir pour les reprendre, quoiqu'il ait toujours continué de les estimer et d'avoir de la considération pour elles. Cette personne marqua plusieurs fois son étonnement à ce prélat de sa conduite ; et comme elle ne put s'empêcher de lui avouer qu'elle lui paroissoit trop sévère, qu'à tout péché il y avoit miséricorde, il lui dit : « Ma Fille, il y a une grande différence entre pardonner une injure qu'on doit oublier, et entre ce qui est de direction : car la direction tournera en vrai amusement, dès qu'un directeur par mollesse et par complaisance pliera sous la volonté des ames qu'il dirige ; qu'il souffrira leurs raisonnemens et leur peu de soumission, qui font que jamais elles ne peuvent avancer dans la perfection. C'est une vraie perte de temps qu'une telle direction, et je n'en veux jamais avoir de semblables. »

Il avoit à peu près la même conduite pour les scrupules, hors qu'il portoit une grande compassion à celles qui en étoient travaillées : il mettoit tout en usage pour les guérir, et son attention et sa vigilance pour en garantir une ame étoient surprenantes : il prévoyoit jusqu'aux moindres choses qui pouvoient seulement y tendre ; et sans presque que l'on s'en aperçût, quand on étoit soumise et docile, il déracinoit avec une sainte adresse cette imperfection si capable, à ce qu'il disoit, d'empêcher le progrès d'une ame dans la vie spirituelle. C'est ce qu'on pourra remarquer dans la suite de ces lettres : car la personne à qui elles sont écrites, en auroit été accablée sans le secours de ce saint prélat : mais il les lui levoit aussitôt, et la faisoit outre-passer ses réflexions et ses retours. C'est ce que l'on verra particulièrement sur la sainte communion, où cette personne étoit fort attirée, mais d'où ses scrupules l'auroient fort éloignée : et comme il avoit connu par une expérience constante que ses communions avoient toujours une bonne suite, il craignoit d'affoiblir ou de diminuer l'amour divin dans son ame, en souffrant qu'elle eût le moindre scrupule ; et il vouloit d'elle sur cela une entière soumission, comme sur autre chose.

La maxime de ce saint prélat étoit, en fait de tentations et particulièrement de celles qui regardent la pureté, de ne se pas laisser inquiéter ni agiter par trop de réflexions, et de ne pas souffrir que les ames que Dieu exerçoit par ces sortes d'épreuves fissent trop de retour sur ces peines, quand particulièrement ces ames avoient toute la fidélité qu'elles devoient pour ne donner aucune prise au tentateur. Lorsqu'on lui avoit dit en peu de paroles, ou plutôt à demi-mot, ses peines, ses craintes, ses doutes et ses embarras là-dessus, c'étoit assez : Dieu lui donnoit les lumières dont il avoit besoin dans ces sortes d'humiliations, et il ne faisoit jamais de questions gênantes sur ce sujet ; au contraire il aidoit, il consoloit et encourageoit une ame peinée avec une douceur et une compassion qui charmoit. Il gémissoit au fond de son cœur de la torture où tant de gens mettent les ames par trop de questions sur cet article ; il entendoit les ames timorées et à Dieu. Il n'a rien tant recommandé à cette personne que cette conduite, parce qu'elle s'est trouvée dans la situation d'avoir à instruire des personnes sur cette matière. Il disoit qu'il pouvoit arriver qu'en pensant à guérir ces sortes de peines, et prévenir les suites qu'elles pouvoient attirer, on y faisoit tomber les ames en leur échauffant l'imagination par trop de questions, et pour souloir trop approfondir ; qu'il falloit, quand on étoit obligé de parler de ces sortes de peines et de les entendre, ne tenir à la terre que du bout du pied. Mais il ne vouloit pas aussi que l'on fût trop craintif là-dessus ; il vouloit au contraire que l'on gardât ce milieu que la charité et l'amour de Dieu sait faire trouver, qui fait dire les choses nécessaires et taire les inutiles dans cette matière si délicate. Ce saint prélat a dit en confidence à cette personne, qu'il n'étudioit jamais ces matières ; que cependant Dieu lui donnoit les lumières dont il avoit besoin dans les cas où il étoit consulté, qu'après cela il ne savoit plus rien. Cette personne a remarqué dans les entretiens qu'elle a été obligée d'avoir avec ce prélat sur ces articles, qu'il étoit pur comme un ange.

L'humilité de ce prélat, quoique si connue, étoit encore bien au delà de ce qu'on en peut penser. Il a fait l'honneur de dire quelquefois à cette personne, qu'il souffroit d'être obligé par sa dignité de garder une manière de supériorité pour le bien même des personnes, afin de les tenir plus dans la soumission et dans l'ordre ; mais que c'étoit un pesant fardeau pour lui.

Cette personne le voyant si occupé de grandes affaires, et ne pas laisser de lui écrire beaucoup, lui disoit quelquefois qu'elle ne pouvoit comprendre comment il pouvoit faire pour trouver tout le temps dont il avoit besoin pour tant de différentes choses ; et ce saint prélat lui répondoit bonnement : « Tout ce que j'observe, ma Fille, est de ne me pas laisser accabler, non par crainte d'être accablé, mais parce que l'accablement jette dans l'agitation et la précipitation ; ce qui ne convient point aux affaires de Dieu. Un homme, surtout de ma médiocrité, ne pourroit pas suffire à tout, s'il ne se faisoit une loi de faire tout ce qui se présente à chaque moment avec tranquillité et repos ; assuré que Dieu, qui charge ses foibles épaules de tant d'affaires, ne permettra pas qu'il ne puisse faire tout ce qui est nécessaire : et quand les affaires de Dieu retardent les affaires de Dieu, tout ne laisse pas d'aller bien. »

Ainsi ce prélat ne paroissoit jamais à cette ame ni pressé, ni empressé, ni fatigué de ce qu'elle lui disoit, et du temps qu'il étoit obligé de lui donner : au contraire il la rassuroit contre la crainte qu'elle en avoit avec une bonté et des manières aussi honnêtes comme si elle eût été une personne de distinction. Il vouloit qu'elle agît avec lui comme avec un père, et qu'elle lui dît simplement ses vues, même par rapport à lui ; il disoit : « Il faut tout écouter, et retenir pour soi ce qui convient et ce qui est bon. »

Quelquefois il ne répondoit pas d'abord aux questions que cette personne lui faisoit ; mais il lui mandoit simplement : « Ma Fille, Dieu ne m'a rien donné sur vos questions ; quand il me le donnera, je vous le donnerai ; » et souvent dès le lendemain il lui envoyoit ce qu'elle lui avoit demandé, en lui mandant : « Le céleste Epoux, ma Fille, a pourvu à ma pauvreté, et dès cette nuit il m'a donné ce que vous me demandez ; je vous l'envoie comme venant de cette divine source. » Il ne cessoit d'imprimer dans l'esprit de cette personne de recevoir ses instructions, non comme venant de lui, mais comme lui étant données d'en haut. Il ne s'attribuoit assurément aucune chose, et son humilité là-dessus étoit excessive : c'est ce qui a fait que l'on a si peu connu son élévation dans l'oraison, dans l'amour de Dieu, dans toutes les voies les plus sublimes, et ses rares talens dans la conduite des ames, qu'il ne laissoit paroître qu'à ceux qui en avoient besoin.

S'il étoit permis à cette personne de parler de l'affaire du quiétisme, elle diroit des choses admirables sur son humilité dans tout ce qu'on a dit de lui, et dans tout ce qu'on lui a reproché si vivement, sur son zèle pour la gloire de Dieu et la saine doctrine. Car comme cette personne lui parloit souvent de cette affaire, dans la crainte que le travail que ses écrits lui pouvoient causer n'altérât sa santé, cela l'obligeoit souvent à lui dire ses sentimens sur ce qu'on lui reprochoit, où elle apercevoit un désintéressement si grand par rapport à tout ce qui pouvoit le regarder dans cette affaire, qu'elle en étoit dans l'admiration : on pourra voir dans les lettres xv, xxix, lxxxviii, lxxxix, xcii, xciv, xcix, ci, ce qu'il lui en a mandé quelquefois. Mais où elle a le plus connu ce parfait désintéressement, son amour pour Dieu et son véritable zèle pour le soutien de la vérité, c'est qu'elle sait ce qu'il a sacrifié pour cela, parce que comme elle avoit l'honneur de connoître particulièrement les amis de ce prélat, qu'elle honoroit beaucoup, et qu'elle avoit été à portée d'être souvent témoin de ses tendresses de père pour les uns et d'une estime particulière pour les autres, elle sait que le cœur de ce prélat a été déchiré mille fois, non des reproches qu'on lui a faits, mais d'être obligé de rompre avec de si intimes amis. Cependant malgré cette sensibilité, que la bonté de son cœur et sa sincérité lui ont pu faire souffrir, il n'a jamais hésité à soutenir les intérêts de son Maître aux dépens de tout, et même de sa vie; car il a fort bien connu que cette affaire diminuoit sa santé. C'étoit aussi de quoi l'accabler, que ses immenses travaux dans cette affaire, et les grands sacrifices qu'il fut obligé de faire. Enfin on peut dire que l'humilité de ce prélat étoi presque sans exemple, aussi bien que son zèle pour la gloire de Dieu et sa sainte vérité.

Ce saint prélat a bien voulu quelquefois, pour la consolation de cette personne et dans des cas particuliers, lui dire quelque chose de ses dispositions intérieures, quand cette personne l'en supplioit; ce qui lui étoit toujours très-utile. Un jour du Saint-Sacrement, le mauvais temps ayant empêché la procession de sortir, on la fit dans l'église(a) : comme elle fut assez longue, cette personne vit plusieurs fois passer le saint Sacrement par l'endroit où elle étoit; et il lui sembla que le saint prélat qui le portoit, étoit tout perdu en celui qu'il tenoit. Ayant eu occasion de le voir l'après-dîner, elle le supplia, si ce n'étoit point lui trop demander, de lui dire où il étoit pendant qu'il tenoit le saint Epoux

---

(a) C'étoit à Meaux, et cette personne y faisoit sa retraite. (*Note du manusc.*)

dans ses mains. Il lui avoua bonnement qu'il avoit encore plus porté le saint Epoux dans son cœur que dans ses mains ; que là il lui avoit dit tout ce qu'un amour tendre et respectueux peut dire, et qu'il avoit été si occupé de cette jouissance, qu'il n'avoit pas pensé s'il marchoit ou non. Mais il lui dit cela d'une manière si naturelle et tout ensemble si élevée, que cette personne en fut toute charmée.

D'autres fois en lui parlant d'affaires de communautés, pour lesquelles elle alloit souvent le trouver, elle le voyoit soudainement pris de Dieu d'une manière qui lui faisoit dire les choses du monde les plus intimes et les plus enlevantes ; et il lui disoit avec un air de joie et de confiance : Qu'on est heureux, ma Fille, quand on peut parler de Dieu, de ses bontés et de son amour à des ames qui en sont touchées ! Aimez-le, ma Fille, ce bien unique et souverain ; brûlez sans cesse pour lui d'un éternel et insatiable amour : mais ce n'est pas assez de brûler, il faut se laisser consumer par les flammes de l'amour divin, comme une torche qui se consume elle-même toute entière aux yeux de Dieu : il en saura bien retirer à lui la pure flamme, quand elle semblera s'éteindre et pousser les derniers élans. »

Il ne vouloit pas en général que l'on parlât du fond de ses dispositions intérieures ; mais aussi il ne vouloit pas que l'on fît mystère de tout. Ce saint prélat vouloit que l'on gardât un certain milieu sur tout qui convient absolument aux voies de Dieu et à la perfection ; et quoiqu'il ne voulût pas qu'on eût trop d'attention sur son état, il disoit : « Dans les graces que l'on reçoit de Dieu, c'est une fausse humilité et une vraie ingratitude, de ne les pas reconnoître ; mais dès qu'on les reconnoît comme graces, l'humilité est contente. Autre chose seroit d'en parler par estime de son état ; car on doit être fort réservé là-dessus, en s'oubliant soi-même et se laissant tel qu'on est, quand Dieu permet qu'on ait un directeur qui veille sur l'ame pour la garantir de toute illusion.

Ce saint prélat avoit un amour si grand pour tout ce qui attachoit à Dieu et particulièrement pour les vœux de la religion, qu'il ravissoit quand il en parloit à cette personne. Il lui a dit plusieurs fois qu'il tâchoit de vivre comme s'il les avoit faits, qu'il se regardoit dans sa dignité comme ne possédant rien ; et que Dieu lui faisoit la grace de ne s'approprier aucune chose, et de ne se servir de ce qu'il avoit que pour sa gloire, pour l'Eglise et pour les pauvres. C'étoit par cet amour de la pauvreté qu'il avoit laissé à son ancien intendant tout le soin de ses affaires et de son revenu, et qu'il n'avoit d'argent que pour les charités qu'il faisoit : et quelquefois même son intendant ne lui en donnoit pas facilement, ce qui lui donnoit en un sens de la joie, le faisant entrer dans l'esprit de la sainte pauvreté. C'est ce qu'il a dit à cette personne en confidence, à l'occasion du vœu qu'elle avoit fait d'être religieuse, que ses affaires l'empêchoient encore d'exécuter. Car comme ce saint prélat croyoit que son désir auroit un jour son effet, il vouloit qu'elle en pratiquât par avance tous les vœux; et celui de la pauvreté n'étoit pas celui pour lequel elle avoit plus de goût : mais ce saint prélat sut bien dans la suite lui en faire trouver; car il voulut qu'elle fît ses vœux n'étant encore que séculière, après qu'il eut connu que Dieu demandoit cela d'elle. Comme cela fut fort secret, c'étoit ce prélat qui lui régloit toutes choses sur ce vœu et sur les autres qu'elle avoit faits. Il est étonnant dans tout ce qu'il est entré par rapport à ces vœux, pour qu'elle en remplît les devoirs sans embarras et sans scrupule; ce qui est arrivé, ce prélat ayant pris soin lui-même, jusqu'à ce qu'elle fût entrée en religion, de lui régler toutes choses, et tout cela par l'amour qu'il avoit pour la pauvreté.

Il n'avoit pas un moindre amour pour tout ce qui tendoit à oublier son corps, pour ne songer qu'à son ame : c'était par ce motif qu'il prêtoit si peu d'attention à tout ce qui pouvoit incommoder. Car quoiqu'il voulût qu'on eût un soin raisonnable de sa santé, il y avoit bien des choses, à ce qu'il disoit, où il ne falloit pas être si attentif: il poussoit cela trop loin par rapport à lui. Cette personne lui parloit une fois de ses dispositions dans un endroit assez petit, parce qu'il faisoit un temps froid: comme il y faisoit une fumée épouvantable, parce qu'il y avoit grand feu, elle se trouva mal, et lui demanda la permission de se retirer. Ce prélat lui dit avec une espèce d'étonnement : « Qu'avez-vous donc, ma Fille »? Elle lui répondit avec le même étonnement : « Eh quoi! Monseigneur, ne voyez-vous pas cette horrible fumée? » « Ah, lui dit-il, il est vrai, il en fait beaucoup; mais je vous avoue, ma Fille, que je ne la voyois pas, et que je la sentois encore moins dans un sens. Dieu me fait la grace que rien ne m'incommode, le soleil, le vent, la pluie, tout est bon. »

Un jour cette même personne se promenant avec ce prélat, il vint tout à coup une pluie terrible : il y avoit dans le jardin assez de monde, comme prêtres, religieux et autres. Tout le monde se mit à courir pour gagner la maison, et on lui dit en passant : « Eh quoi, Monseigneur, vous n'allez pas plus vite! » Il répondit avec un air très-sérieux ; « Il n'est pas de la gravité d'un prélat de courir; » et il alla toujours à petits pas. La pluie donnant cependant avec force, il s'aperçut que cette personne étoit inquiète de le voir tout mouillé; mais il lui dit avec un air content. « Ma Fille, ne vous inquiétez point : celui qui a envoyé cette pluie saura bien me garantir de toute incommodité; » et il ne laissoit pas pendant ce temps de parler à cette personne avec autant d'attention que s'il eût été très-à son aise, et il revint trouver la compagnie avec un air de joie qui étoit charmant, en disant: «Nous avons été mouillés un peu plus que vous; mais nous ne sommes point si las, car nous n'avons point couru. »

Cette personne ne sauroit aussi passer sous silence son amour pour les prières de la nuit : il auroit souhaité que tout le monde eût eu du goût pour ces saintes veilles. Il disoit quelquefois à cette personne qu'il étoit obligé à ses ouvrages, qui souvent dans la nuit le réveilloient plusieurs fois ; et que, comme il se levoit aussitôt qu'il lui venoit quelque pensée, cela lui donnoit occasion de parler un peu au saint Epoux. Ce saint prélat disoit que l'ame étoit bien plus disposée à écouter Dieu et à obtenir ses graces dans le silence de la nuit. Il en avoit donné un grand goût à cette personne, et lui avoit donné les mêmes pratiques, mais entre Dieu et elle ; car c'étoient des choses où il vouloit du secret.

Car quoique ce prélat eût, comme l'on sait, l'esprit si supérieur et si fait pour les grandes choses, il ne laissoit pas d'entrer dans beaucoup de choses qui auroient paru petites aux yeux du monde, mais qui avoient cependant leur mérite devant Dieu. Il faisoit état de tout ce qui étoit bon, de tout ce qui avoit rapport à Dieu ; et ne marquoit jamais ni mépris ni peu d'estime pour ce qu'on lui proposoit, ou pour les questions qu'on lui faisoit : il vouloit qu'on lui dît tout, assurant toujours cette personne que rien ne le fatiguoit. Elle avoit la liberté de lui demander et des prières et des messes, autant qu'elle vouloit, soit pour elle, soit pour des ames qui lui étoient chères ; ce que ce prélat lui accordoit avec une bonté qui a peu d'exemples.

Ce grand prélat avoit l'esprit si supérieur, comme il a déjà été dit, que rien ne l'embarrassoit. Il s'étoit accoutumé à faire plusieurs choses à la fois, comme on le pourra voir dans ces lettres, qu'il a écrites à cette personne dans toutes sortes de lieux, d'affaires et d'occupations. Car soit qu'il fût à la Cour, soit qu'il fût dans le travail de quelques ouvrages, même pressés, soit qu'il fût dans ses visites, il trouvoit toujours du temps pour écrire à cette personne et à d'autres, quand cela étoit nécessaire : il avoit même soin très-exactement d'informer cette personne de ses démarches, afin que, si elle avoit nécessité de lui écrire, elle le fît ; et même souvent dans les visites de son diocèse, il lui a envoyé par un exprès ses réponses. Enfin ce grand homme étoit au-dessus de tout travail et de toutes affaires ; et il étoit toujours le même, toujours tranquille, toujours se possédant, parce qu'il possédoit toujours Dieu. Il avoit tellement Dieu en vue dans tout ce qu'il faisoit, et particulièrement dans la conduite des ames, qu'il étoit d'une continuelle attention à tout ce qui pouvoit les rendre plus agréables au saint Epoux. C'est ce qui a fait que, malgré les grands désirs qu'il voyoit à la personne à qui ces lettres sont écrites pour l'état religieux, qu'elle avoit fait vœu d'embrasser dès qu'elle le pourroit, il n'a jamais voulu qu'elle ait été religieuse que son fils ne fût en âge de prendre le maniement de ses affaires, parce que cette personne en avoit beaucoup, et qu'elle étoit sa tutrice.

Ce saint prélat avoit envisagé que si elle se faisoit religieuse avant ce temps, son fils n'auroit presque rien, ses affaires passant en d'autres mains : et ainsi il a laissé languir cette personne pendant près de vingt années dans son désir, parce qu'il avoit connu que Dieu vouloit qu'elle fût religieuse sans rien ôter à son fils, et il n'a permis qu'elle l'ait été qu'à cette condition. Il disoit souvent à cette personne que le céleste Epoux vouloit qu'elle ne lui apportât pour dot que beaucoup d'humiliations ; que c'étoient là les riches parures dont il la vouloit voir ornée ; aussi eût-il beaucoup coûté à cette personne pour jouir du bonheur qu'elle possède.

Enfin cette personne ne finiroit jamais, si elle vouloit rapporter toutes les héroïques vertus qu'elle a vues en ce saint prélat, dans les grands entretiens qu'elle a eu l'honneur d'avoir avec lui. Elle n'entreprend pas aussi cet ouvrage si au-dessus de la portée de son génie : elle dit seulement ce qu'elle a vu, et ce dont elle a été témoin : elle en passe néanmoins beaucoup sous silence, pour ne pas passer les bornes d'un avertissement. Elle demande par grace aux personnes qui verront ces lettres, de prier Dieu qu'il la console d'une si grande perte, sans qu'elle cesse néanmoins jamais de la ressentir vivement, afin de suivre plus fidèlement tous les avis et toutes les règles que ce saint prélat lui a donnés par le mouvement de l'Esprit-Saint, dont il étoit toujours rempli.

Les vers qu'il a faits, en partie à la prière de cette personne, feront connoître parfaitement ses sentimens et ses saintes dispositions. On s'étonnera sans doute comment il a pu, avec ses grands ouvrages, trouver ce temps ; et on s'en étonneroit encore plus, si l'on savoit que souvent il faisoit ces vers en un moment, où il exprimoit cependant tout ce qu'il y a de plus grand, de plus intime et de plus élevé dans l'amour de Dieu et dans la vie intérieure. Il est vrai que comme il étoit plein de toutes ces sublimes pensées, il lui coûtoit peu de les tourner en vers. Il disoit quelquefois à cette personne qu'il y avoit des temps où le langage divin sembloit augmenter l'amour pur et céleste ; que du moins cela lui donnoit une nouvelle pâture ; que comme Dieu attiroit les ames à lui par diverses voies, il y en avoit à qui les divines ardeurs du divin amour ainsi expliquées étoient quelquefois très-utiles. C'est ce qui a fait que ce saint prélat n'a presque jamais refusé à cette personne ce qu'elle lui demandoit tant en vers qu'en prose, et non-seulement à elle, mais à toutes celles que Dieu avoit mises sous sa conduite.

Au reste s'il paroît dans quelques lettres des choses qui ne sont pas toujours si suivies, et que ce prélat passe souvent d'une grande spiritualité à des choses extérieures, il ne faut pas s'en étonner pour deux raisons : la première, c'est que ce prélat n'écrivoit à cette personne que par le mouvement de l'Esprit de Dieu, et ce qu'il lui donnoit dans chaque moment sur ce qu'elle lui écrivoit : l'autre raison, c'est que comme cette personne étoit chargée de toutes les affaires d'une communauté où elle étoit, et que même beaucoup de personnes la prioient de consulter ce prélat pour elles ; quand donc elle lui écrivoit, elle lui parloit et de son intérieur et de tout ce dont elle étoit chargée, sans trop d'attention à mettre les choses par ordre, parce que ce prélat ne lui avoit rien tant recommandé que de lui écrire sans façon, comme à un père en qui on a toute confiance, qu'on aime et qu'on respecte pourtant à cause de cette qualité. Il lui avoit même ordonné de ne perdre point de papier, de lui écrire au haut des pages, et de supprimer le nom de Grandeur qui ne convient point à un père.

S'il paroît comme de différent sentiment dans différentes lettres sur le même sujet, c'est qu'il répondoit à cette personne selon les dispositions où elle étoit, qui n'étoient pas toujours les mêmes dans les mêmes peines. C'est par la même raison que l'on verra plusieurs lettres aussi sur les mêmes sujets, parce que de temps en temps cette personne lui demandoit de nouvelles explications, croyant toujours qu'elle ne s'étoit pas bien expliquée les autres fois, ou que ses peines présentes étoient d'une autre nature, ou qu'elle étoit dans l'illusion, et que les graces qu'elle recevoit étoient fausses et suspectes : c'est ce qui l'a tant fait écrire à ce prélat, et ce qui a fait que ce prélat lui a tant écrit. Il ne faut pas être étonné aussi si l'on voit dans tant d'endroits de ces lettres, que ce prélat assure cette personne qu'il ne l'abandonnera pas, et qu'il prendra un soin particulier d'elle : c'est qu'une de ses grandes peines étoit la crainte que ce prélat, par ses grandes occupations et ses grandes affaires, ne continuât pas à prendre soin de son ame ; et qu'elle envisageoit par toutes les épreuves où Dieu la faisoit passer, ce qu'elle pourroit devenir sans un tel secours et sans sa protection. Deux choses si fortes, et dont il paroissoit à cette ame que son salut dépendoit, l'inquiétoient souvent ; et ce prélat, qui ne vouloit voir en elle aucune agitation, parce qu'il disoit que cela étoit contraire à l'Esprit de Dieu, lui donnoit toutes ces assurances de temps en temps pour son repos, et avec l'esprit de cette charité dont saint Paul veut que le cœur des pasteurs soit rempli. C'est cette même charité qui l'a tant fait écrire à cette personne, et quelquefois tant de lettres dans le même temps, parce qu'il regardoit les besoins de cette ame ; et que quand il la savoit peinée et dans le trouble, il n'épargnoit ni temps ni peines pour la calmer et pour résoudre ses difficultés : quand elle étoit tranquille, il lui écrivoit moins.

Elle ne peut taire aussi, en concluant cet *Avertissement*, qu'elle a remarqué en plusieurs occasions que par une inspiration qui lui a toujours paru avoir quelque chose de surnaturel, ce prélat prévoyoit souvent ses plus grandes peines, et prévenoit ses plus grands besoins, lui ayant écrit bien souvent des choses pour la préparer ou à des peines intérieures, ou à des épreuves du saint Epoux ; et souvent dans le temps qu'elle lui écrivoit ses peines, elle en recevoit une lettre où tous les avis et toutes les instructions dont elle avoit besoin étoient expliqués. Et quand il arrivoit à cette personne de lui marquer son étonnement de ce qu'il avoit ainsi connu ses dispositions, il lui disoit : « Ma Fille, je ne sais comment cela s'est fait ; le saint Epoux m'a mis au cœur de vous instruire, de vous soutenir, ou de vous consoler sur cela : je l'ai fait en lui obéissant ; je n'en sais pas davantage, sinon que comme je demande tous les jours à Dieu les lumières qui me sont nécessaires pour les ames dont il me charge, je m'appuie tellement sur son bras tout-puissant, que je n'agis que par son mouvement. »

Cette personne se croit obligée pour un plus grand éclaircissement, d'avertir que si l'on trouve dans quelques lettres quelque chose qui arrête l'esprit sur des matières ou obscures, ou délicates, ou intérieures, qu'on lise avec patience les lettres qui suivent celles qui ont arrêté l'esprit ; on trouvera l'explication et le dénouement de tout, ce saint prélat n'ayant rien laissé sans éclaircissement, lorsqu'il écrivoit ensuite à cette personne, comme on le connoîtra aisément en lisant ces lettres avec attention.

Il ne faut pas être étonné s'il y a plusieurs lettres où l'endroit et le jour du mois ne sont pas marqués à la date : quelquefois ce saint prélat l'oublioit quand il étoit pressé, ou bien souvent c'est qu'il écrivoit à cette personne quand elle étoit près de lui faisant ses retraites, et souvent même avant ou après lui avoir parlé.

LETTRES
A LA SŒUR CORNUAU DE SAINT-BÉNIGNE.

LETTRE PREMIÈRE.

A Germigny, ce 2 mai 1686.

Vivez donc en repos, ma Fille, après m'avoir exposé vos peines secrètes ; remédier à toutes en particulier, c'est une entreprise impossible ; il faut tout trancher par l'abandon envers Dieu, et l'obéissance envers ses ministres. *Qui vous écoute, m'écoute*[1]. Oubliez ce que vous avez oublié. Soit que Dieu vous réveille et vous relève, soit qu'il vous tienne comme un animal devant lui et devant moi, dites-lui avec David : *Je suis toujours avec vous*[2].

Vous ne vous trompez pas de croire qu'il y a beaucoup de choses dans la vie des saints, que l'on y a mises avec peu de choix : mais vous pourriez vous tromper, et en trouver basses quelques-unes, où il y a un trait secret de Dieu, qui les relève. On n'est pas obligé à tout croire ; mais il est bon de laisser passer ce qui choque, en prenant soigneusement ce qui édifie. *Eprouvez tout*, dit saint Paul, *et retenez ce qui est bon*[3].

Quand Dieu me donnera quelque chose sur les sujets que vous me marquez, je vous le donnerai de même, comme venant de cette source : en attendant, je vous assure, ma Fille, qu'ayant soumis vos dispositions au jugement de celui qui vous tient la place de Dieu sur la terre, vous devez en attendant la résolution, approcher de lui sans hésiter, avec la même liberté et confiance. Je prie Notre-Seigneur qu'il soit avec vous.

[1] *Luc.*, X, 16. — [2] *Psal.* LXXII, 23. — [3] 1 *Thess.*, V, 21.

LETTRE II.

De Meaux, ce 19 septembre 1686.

Pour commencer, ma Fille, par vos demandes sur l'oraison, il faudroit un loisir que je n'ai pu trouver pour y répondre exactement. Il faudroit même auparavant avoir su de vous certaines choses, qui ne se peuvent guère éclaircir que par une conférence. Néanmoins pour ne vous laisser pas tout à fait en suspens, je vous dirai qu'il me paroît dans la dévotion d'à présent un défaut sensible, c'est qu'on parle trop de son oraison et de son état : au lieu de tant demander les degrés d'oraison, il faudroit sans tant de réflexions faire simplement l'oraison selon que Dieu le donne, sans se tourmenter à discourir dessus.

Je ne vois rien qui m'apprenne qu'on soit toujours en même état, ni qu'on ait une manière d'oraison fixe; le Saint-Esprit jette les ames tantôt en bas, tantôt en haut : tantôt il semble les porter à la perfection, tantôt les réduire et comme les rappeler au commencement. Il n'y a qu'à se conformer dans ces changemens à la disposition où il nous met, et en tout suivre son attrait.

Quand les considérations se présentent, il faut les prendre, pourvu qu'elles soient bonnes : quand sans tant de réflexions on est pris comme soudainement d'une vérité, il y faut attacher son cœur, prendre de bonnes résolutions sur la pratique, et surtout beaucoup prier Dieu qui les inspire, de nous en donner l'accomplissement.

Je trouve ordinairement beaucoup de foiblesse à tant distinguer l'essence et les attributs de Dieu. On est bien éloigné des vues simples, quand on fonde son oraison sur ces distinctions : en un mot, ma Fille, tout ce qui unit à Dieu, tout ce qui fait qu'on le goûte, qu'on se plaît en lui, qu'on se réjouit de sa gloire et de sa félicité, et qu'on l'aime si purement qu'on en fait la sienne; et que non content des discours, ni des pensées, ni des affections, ni des résolutions, on en vient solidement à la pratique de se détacher de soi-même et des créatures : tout cela est bon, tout cela est la vraie oraison.

Il faut surtout observer de ne pas tourmenter sa tête, ni même de ne pas trop exciter son cœur, mais de prendre ce qui se présente à la vue de l'ame; et sans ces efforts violens, qui sont plus imaginaires que véritables et fonciers, se laisser doucement attirer à Dieu. S'il reste quelque goût sensible, on le peut prendre en passant et sans s'en repaître; et aussi sans le rejeter avec tant d'effort, le laisser couler, et s'écouler soi-même en Dieu et en son éternelle vérité par le fond de l'ame, aimant Dieu et non pas le goût qu'on en a, sa vérité et non pas le plaisir qu'elle nous donne.

Lorsqu'on dit qu'on est sans actes, il faut bien prendre garde à ce qu'on entend par actes; car assurément quand on parle ainsi, le plus souvent on ne sait ce qu'on dit : tout cela, ma Fille, doit être éclairci de vive voix, et seroit trop long à écrire. Au surplus suivez sans hésiter la voie que Dieu vous ouvre : ne souhaitez pas un plus haut degré d'oraison pour être plus unie à Dieu ; mais souhaitez d'être unie de plus en plus à Dieu, et qu'il vous possède et vous occupe; et que vous soyez autant à lui par votre consentement, que vous y êtes par le droit suprême qu'il a sur vous par la création et par la rédemption.

A l'égard des créatures, je vous donne pour règle assurée de n'avoir égard au prochain que pour éviter de le mal édifier ; le reste, qu'il pense ou ne pense pas, vous doit être indifférent par rapport à vous, quoique vous deviez souhaiter qu'il pense bien par rapport à lui. Un des moyens dont Dieu se sert pour nous détacher de la créature, c'est de nous y faire éprouver toute autre chose que ce que nous en souhaitions et que nous voudrions y trouver, afin que par ces expériences de la créature, en rompant tout attachement avec elle, nous nous rejetions en plein abandon vers celui qui est toute bonté, toute sagesse, toute justice, toute perfection. *Amen, amen.*

En voilà assez quant à présent : voilà le plus important; le reste ne se peut traiter que dans une conversation, sous les yeux de Dieu. J'ajouterai seulement qu'il y a souvent beaucoup d'illusion à multiplier les pratiques extérieures : il y faut garder de certaines bornes qu'il n'est pas aisé de donner; et il me semble en général que vous y donnez un peu trop : c'est de quoi il faudra parler plus à fond.

Contentez-vous des communions que vous faites : n'ajoutez point d'austérités à celles que j'ai approuvées. Ne faites point de vœux nouveaux, que je les aie bien examinés. Je prie Dieu qu'il soit avec vous : je n'ai rien trouvé que de bien dans votre retraite ; je ferai réflexion sur la fin. Au reste comme je vois que vous écrivez les oraisons que vous avez faites, afin que j'en juge, je l'approuve pour cette fois, mais je ne crois pas qu'il faille s'occuper de son oraison jusqu'à l'écrire. Il est bon d'écrire les principales résolutions pour s'en souvenir, et les motifs principaux dont on est touché, quand on voit qu'en les relisant le sentiment s'en renouvelle : mais je conseille de laisser passer ce qui est passé, de peur de croire que ce qu'on a pensé mérite d'être écrit, si ce n'est pour le soumettre à la censure s'il étoit suspect ; et du reste de prier beaucoup, comme disoit saint Antoine [1], sans songer qu'on prie. La simplicité de cœur, la droiture de cœur, ce qui fait l'homme simple et droit devant Dieu, c'est ce qu'il faut désirer d'entendre, ma Fille, pour s'y conformer de tout son cœur. *Amen, amen.*

Je ne puis encore déterminer le temps de ma visite : il faut attendre que j'aie vidé beaucoup d'affaires, qui m'empêcheroient de la faire avec le repos et l'attention que je veux y apporter.

LETTRE III.

A Meaux, ce 2 novembre 1686.

Il ne faut point, ma Fille, s'inquiéter pour les lettres : je n'ai point encore remarqué qu'il s'en perdit aucune ; toutes celles dont vous me parlez m'ont été rendues avec les papiers.

J'ai vu et approuvé toutes les pratiques que vous me marquez : il n'en est pas de même des demandes, dont je veux prendre une connoissance particulière avant que de rien permettre. Il ne faut pas se laisser aller à des pratiques extraordinaires, dans lesquelles la perfection ne consiste pas ; mais faire chaque chose en union avec Dieu par Jésus-Christ.

[1] Apud Cass., collat. ix, *de Orat.*, c. 31.

Sur votre confession, vous prierez Dieu qu'il vous pardonne; et afin de recevoir ses lumières, vous lirez attentivement le chapitre XII de saint Jean, avec un profond étonnement sur l'incrédulité du monde, et sur l'inutilité de la foi dans un si grand nombre de chrétiens. Et en vous en faisant l'application, appliquez-vous aussi avec attention au règne de Jésus-Christ et à son triomphe : parfumez ses pieds et sa tête, et priez-le de vous faire entendre quels parfums vous y devez employer. Mandez-moi à votre grand loisir ce que cette lecture aura produit : elle fait trembler, elle console ; elle fait je ne sais quoi dans certains cœurs qui ne se peut bien exprimer, et un mélange si simple de tant de divers sentimens qu'on s'y perd.

Je reçois les deux petits vœux. Pour le dernier, je ne puis, ma Fille, aller si vite que vous souhaitez; outre qu'il y a dans le vôtre quelque chose qu'il faut expliquer plus distinctement, pour ne point causer dans la suite, quand même il le faudroit faire, des embarras infinis. Attendez donc jusqu'à mon retour, et ne faisons rien précipitamment. Les empressemens intérieurs, pour violens qu'ils soient, sont sujets à cette règle de saint Paul : *Eprouvez tout; retenez le bien* [1]. Pratiquez cependant toutes les choses que vous y marquez, comme si vous y étiez astreinte par vœu.

Vous me demandez quelques règles de perfection; en voici deux de saint Paul : « Que chacun, dit-il, ne regarde pas ce qui lui convient, mais ce qui convient aux autres [2]. » Si on observe exactement ce principe de saint Paul, on ne donnera jamais rien à son humeur et à sa propre satisfaction : mais dans tout ce qu'on dira et tout ce qu'on fera, on aura égard à ce qui peut calmer, éclairer et édifier les autres. Soutenez-vous dans cette pratique par ce mot du même saint Paul : *Jésus-Christ ne s'est pas plu à lui-même* [3].

La seconde pratique du même Apôtre est dans ces paroles: *Celui qui s'estime quelque chose, n'étant rien, se trompe lui-même* [4]. Le fruit de ce précepte est non-seulement de ne s'offenser de rien (car celui qui s'offense se croit sans doute quelque chose); mais encore de se considérer comme un pur néant, à qui ni Dieu ni

[1] *Thess.*, V, 21. — [2] *Philip.*, II, 4. — [3] *Rom.*, XV, 3. — [4] *Galat.*, VI, 3.

la créature ne doivent rien si ce n'est de justes supplices, et de se tenir toujours en état de recevoir, par une pure et gratuite libéralité et par une continuelle et miséricordieuse création. Essayez-vous sur ces deux pratiques qui enferment toutes les autres, et qui sont le comble de la perfection. Priez Dieu, ma Fille, qu'il me les fasse entendre et pratiquer à moi-même qui vous les propose.

N'hésitez point à m'écrire sur les affaires de la maison. Celle de M. N*** est accommodée : son humilité l'a fait céder à mes raisons et à mes prières. Jésus soit avec vous. Jésus vous soit Emmanuel, Dieu avec vous. *Amen, amen.*

LETTRE IV.

A Paris, ce 10 mars 1687.

Il n'y a point à hésiter, ma Fille, non-seulement à manger gras, mais encore à rompre le jeûne : l'état de votre santé le demande, et je vous l'ordonne après que vous en aurez pris la permission de votre curé. Ces fluxions survenues vous obligent à vous modérer sur les austérités, après même que votre santé sera rétablie : car outre qu'il est vraisemblable qu'elles y ont pu contribuer, c'est assez qu'on le croie; et il vaut bien mieux surseoir aux austérités, que d'indisposer la communauté contre vous. Ce n'est pas que j'approuve la curieuse recherche qu'on a faite de ce qui étoit dans votre cellule; mais il ne faut pas laisser de garder de justes mesures sur tout cela.

Autant que je loue le désir pressant qui vous attire à la religion, autant je crains de vous amuser par des pensées et agitations inutiles. Vous vous trompez bien, ma Fille, quand vous croyez que vous trouveriez dans la religion la liberté que vous souhaitez, pour vous abandonner aux mouvemens qui vous pressent. Chaque état a ses contraintes; et celui de la religion en a que vous n'avez pas expérimentées, mais qui ne sont guère moins pénibles que celles dont vous vous plaignez. Le tout est de savoir s'abandonner à Dieu en pure foi, et s'élever au-dessus des captivités où il permet que nous soyons à l'extérieur. *Là où est l'Esprit du Seigneur, là se trouve la liberté*[1] véritable. Je ne veux donc pas que vous vous occupiez l'esprit de cette pensée de religion, sans vous exclure d'embrasser ce saint état, dans les occasions que la divine Providence me fera connoître.

Pour ce qui regarde votre conscience et votre intérieur, il faut attendre que je sois à Meaux plus en liberté de m'y appliquer, et d'écouter le Saint-Esprit sur votre sujet.

Dites à ma Sœur N*** que le vrai temps d'expier ses péchés et de goûter la grace du pardon, est celui de la maladie, pendant que cette épine nous perce et nous pénètre, que la main de Dieu est sur nous, et qu'il nous impose lui-même notre pénitence selon la mesure de son infinie miséricorde. Récitez-lui à genoux auprès de son lit, dans cet esprit, le Psaume XXXI; et dites-lui ce que Dieu vous inspirera pour la consoler, pendant qu'elle ne se peut dire à elle-même tout ce qu'elle voudroit bien. Je prie Dieu, ma Fille, qu'il soit avec vous.

LETTRE V.

A Germigny, ce 2 juin 1687.

J'aurai soin, ma Fille, de vous envoyer le livre que vous me demandez par l'adresse que vous me marquez; je souhaite que vous y trouviez votre nourriture. Marchez en humilité et en confiance. Employez, quinze jours durant, un des quarts d'heure de votre oraison sur ces paroles de David : *Deus meus, misericordia mea*[2] : « Mon Dieu, ma miséricorde; à quoi il ajoute : *Misericordia mea et refugium meum*[3] : « Mon Dieu, ma miséricorde et mon refuge. » Ma vue est que vous fassiez attention que Dieu n'est pas seulement miséricordieux, mais qu'il est tout miséricorde, et même miséricorde par rapport à nous. *Ma miséricorde, mon refuge* : ce qui fait qu'on s'abandonne à lui sans réserve, et qu'on ne veut s'appuyer que sur lui comme le Dieu de miséricorde, ni chercher ailleurs son refuge.

Cette quinzaine achevée, pareille pratique sur ces paroles du Cantique de la sainte Vierge : *Respexit humilitatem ancillæ*

---
[1] II *Cor.*, III, 17. — [2] *Psal.* LVIII, 18. — [3] *Psal.* CXLIII.

suœ[1] : « Il a regardé la bassesse de sa servante, » par pure miséricorde. Mais une miséricorde infinie, qui avec cela est toute-puissante, que ne peut-elle pas ? C'est pourquoi elle ajoute : *Fecit mihi magna qui potens est :* « Celui qui est tout-puissant, » « le seul puissant, » comme dit l'Apôtre [2] : car nul autre n'est puissant que Dieu ; tout le reste n'est qu'impuissance : tout est impossible à la créature, tout est possible à Dieu : celui donc qui est puissant a fait en moi selon sa puissance, et il y a fait par conséquent de grandes choses. Il n'y a de grand que ce qu'il fait. Ce que Dieu a fait de grand en la sainte Vierge, c'est d'avoir fait Jésus-Christ en elle, et de l'avoir faite tout ensemble la plus grande et la plus humble de toutes les créatures.

Ces deux considérations sont très-bien liées ensemble ; car tout cela est un ouvrage de toute-puissance, et un ouvrage de miséricorde. Il n'y a donc qu'à s'abandonner à Dieu, afin qu'il fasse en nous selon sa puissance et selon sa miséricorde, et ensuite lui être fidèle : mais c'est encore lui qui le donne, et en cela consiste sa grande puissance et sa grande miséricorde. Je ne veux point que vous vous inquiétiez si vous passez le quart d'heure entier sur ces deux versets ; il me suffit que vous le souhaitiez et que vous le commenciez, laissant à Dieu le surplus.

Le sujet de votre retraite pourra être, ma Fille, de considérer la beauté des œuvres de Dieu dans les sept jours de la création, dans le cantique *Benedicite*, et dans le psaume *Laudate Dominum de cœlis :* considérer ce que Dieu a fait pour l'homme, et qu'il a fait l'homme un abrégé de son grand ouvrage : et désirer de le louer dans toutes les créatures et pour toutes les créatures, en faisant un bon usage d'elles toutes, et les sanctifiant par cet usage, afin que Dieu y soit glorifié : bon usage de la lumière et des ténèbres : bon usage de la pluie et du beau temps : bon usage de la sérénité et des tempêtes : bon usage du feu et de la glace : bon usage de tout ce qui est, et à plus forte raison bon usage de soi-même, de ses yeux, de sa langue, de sa bouche, de ses mains et de ses pieds, et de tout son corps ; et à plus forte raison bon usage de son ame, de son intelligence où est la véritable lumière,

[1] *Luc.*, v, 48. — [2] I *Timoth.*, vi, 15.

de sa volonté où doit être le feu immortel, pur et céleste de l'amour de Dieu. Jamais s'impatienter, quelque mal qui nous arrive par la créature, quelle qu'elle soit, ni par le froid, ni par le chaud, ni par aucune autre chose, parce que ce seroit s'emporter contre Dieu même, dont chaque créature fait la volonté : et comme dit David, « Le feu, la grêle, la neige, la glace, le souffle des vents et des tempêtes, tout cela accomplit sa parole [1]. » Accomplissons-la donc aussi, et soyons-lui fidèles, étant injuste que notre liberté ne nous serve qu'à nous affranchir de ses lois, elle qui nous est donnée et qui a été faite, non pour se retirer de cet ordre, mais pour s'y engager et s'y soumettre volontairement.

Voir tout cela en Jésus-Christ, dont la nourriture a été en tout et partout de faire la volonté de son Père [2].

Je ne parle point du détail que le Saint-Esprit vous fera trouver. Jésus soit avec vous, ma Fille ; je vous bénis en son saint nom.

LETTRE VI.

A Germigny, ce 10 octobre 1687.

Pour répondre à vos lettres du 15 et du 22, je vous dirai, ma Fille, premièrement, au sujet de la visite, que vous devez dire sincèrement à votre supérieur les défauts communs où vous croirez qu'il pourra mettre utilement la main. Pour ce qui regarde les supérieures, surtout en ce qui les pourroit commettre ensemble, vous me le réserverez.

Ne demandez point à vous défaire des charges que vous avez : laissez-vous les ôter avec humilité et sans dire un mot. Je vous permets, si on vous dépose, de demander d'être sacristine pour l'amour du céleste Epoux, sans empressement. Ne songez qu'à entretenir l'union des supérieures ; quoi qu'il en puisse arriver contre vous. Rien ne vous oblige à vous ouvrir sur votre intérieur ; il y auroit même du péril à le faire sur certaines choses : abandonnez-vous à Dieu, ma Fille. Je vous défends de rien entreprendre sur votre désir pour la religion, sans mon ordre exprès. Attendez en paix la volonté de Dieu.

[1] *Psal.* CXLVIII, 8. — [2] *Joan.*, IV, 34.

Quant à vos dispositions et aux graces que vous recevez, je n'y trouve rien de suspect, et vous pouvez marcher en confiance dans cette voie. Les miséricordes de Dieu sont inexplicables et infiniment au-dessus de ce que nous pouvons mériter. Souhaitez tout le bien que vous pourrez à tout le monde; n'attendez de récompense ni de reconnoissance que de Dieu. Toutes les fois que la peine dont vous m'écrivez reviendra, ayez recours au même remède : songez à l'état tranquille où étoit saint Jean sur cette divine poitrine, et au doux repos qu'il y goûta : songez quelle grace d'y être admise : elle ne fut donnée qu'à saint Jean; et saint Pierre la trouva si grande, que voulant tirer un secret du sein de Jésus, il n'osa en parler lui-même; mais il engagea saint Jean à le demander par cette sainte familiarité que le Sauveur lui permettoit. Il faudroit donc être un saint Jean en chasteté, en bonté, en charité, en douceur : mais Jésus se communique à qui il lui plaît et comme il lui plaît[1]. A lui l'empire, à lui la gloire. Tout à vous.

LETTRE VII.

A Germigny, ce 22 octobre 1687.

Votre lettre du 3 mai m'a été rendue, ma Fille. J'avois déjà ouï parler du dessein qu'on avoit sur vous; et j'avois dit que je ne voulois entrer en rien dans ce détail, mais tout laisser à l'obéissance : c'est, ma Fille, le seul parti qu'il y ait à prendre.

Il est juste, pour le bien de vos novices mêmes, qu'on leur fasse sentir qu'on ne disposera de ce qui les touche qu'avec vous. Je suis persuadé que Madame votre supérieure vous soutiendra dans un emploi si laborieux et si important. La difficulté ne vous rebutera point, si vous songez à cette parole de saint Paul : *Je puis tout en celui qui me fortifie* [2]. C'est dans l'accomplissement de la volonté de Dieu qu'il faut chercher le remède de toutes ses peines, et particulierement de celles qui vous viennent pour l'avoir suivie. Obéissez donc par amour; et offrez-vous à Dieu pour faire sa volonté en union avec Jésus-Christ qui a dit, comme dit saint

[1] *Apoc*, I, 6. — [2] *Philip.*, IV, 13.

Paul, en venant au monde, *qu'il venoit pour accomplir la volonté de Dieu* [1].

Voilà l'écrit que vous m'avez demandé : vous y trouverez, ma Fille, de quoi vous soutenir dans votre emploi, et de quoi vous instruire dans la conduite des ames qui sont soumises à vos soins, et même de la vôtre, en voyant les différens états où Dieu les peut mettre, et où il les met en effet. En appliquant aux autres ce qui leur convient, appliquez-vous aussi à vous-même, ma Fille, ce qui vous peut convenir et ce qui même vous convient.

Il y a des ames qui portent dans leur état une expérience réelle et sensible de la dépendance où nous sommes à l'égard de Dieu : de telles ames se voient à chaque moment en état que leur volonté leur échappe, et toujours prêtes à tomber, ou de consentement ou même par effet, dans des péchés où les plus grands pécheurs tombent à peine : et quoique d'un côté elles ressentent des ardeurs et des transports inexplicables causés par l'amour de Dieu, elles sont sujettes à des retours terribles, et se sentent souvent disposées envers le prochain d'une manière qui leur fait croire qu'elles ne peuvent avoir en même temps l'amour de Dieu, à cause de l'incompatibilité de cet amour qui adoucit tout, avec la disposition d'aigreur où elles se sentent, à laquelle à chaque moment elles croient aller consentir ou y consentir en effet.

Le dessein de Dieu sur de telles ames est de les tenir attachées à lui par un entier et perpétuel abandon à ses volontés ; de même qu'une personne qui se verroit toujours prête à tomber dans un précipice ou un abîme affreux sans une main qui la soutiendroit, s'attache d'autant plus à cette main qu'elle voit que pour peu qu'elle en soit abandonnée elle périt. Ainsi en est-il de la main de Dieu à l'égard des ames. Car elles doivent croire par la foi, et ressentir par expérience, qu'il n'en est pas de l'effet de la grace comme d'une maison qui étant une fois bâtie par son architecte, se soutient sans son secours ; mais comme de la lumière, qui ne dure pas toute seule comme d'elle-même dans l'air pour avoir été une fois introduite par le soleil, mais qui y doit être conti-

[1] *Hebr.*, x, 7.

nuellement entretenue : en sorte que l'ame pieuse et justifiée n'a pas été faite une fois juste pour durer comme d'elle-même en cet état, mais qu'elle est à chaque moment faite juste et défendue contre le règne du péché : si bien que tout son secours est dans cette main invisible qui la soutient de moment à moment, et ne cesse de la prévenir par ses graces, et de la remplir à chaque instant de l'esprit de sainteté et de justice.

De telles ames sont portées à faire tous les jours de nouveaux efforts pour détruire en elles le péché et leurs inclinations perverses, et elles voudroient se mettre en pièces, et pour ainsi dire se déchiqueter par des austérités et des disciplines jusqu'à se donner la mort, et ne cessent de demander qu'on leur fasse faire quelque chose pour déraciner leurs mauvaises inclinations; et il ne leur est donné d'autres secours contre leur malignité que ce simple et pur abandon de moment à moment, à la main de Dieu qui les soutient; se tenant uniquement à elle, et lui remettant leur volonté et leur salut comme un bien qu'elles ne peuvent et ne veulent tenir que de sa seule, très-pure et très-gratuite miséricorde.

Quant aux austérités que de telles ames veulent faire, cela vient en elles de deux principes : l'un, qui les fait entrer dans le zèle de la justice de Dieu pour détruire le péché, et le punir en elles-mêmes comme il le mérite : ce qui est très-bon, mais qui doit être modéré, parce que pour le punir selon son mérite, il ne faudroit rien moins que l'enfer. L'autre principe, c'est que l'ame qui sent sa prodigieuse foiblesse, et se sent comme accablée de tentations, voudroit toujours faire quelque nouvel effort et pratiquer quelques remèdes pour s'en délivrer : et cela le plus souvent n'est autre chose que l'amour-propre, qui voudroit se pouvoir dire à lui-même : Je fais ceci et cela, et qui veut se persuader qu'en faisant ceci, cela, ce vœu, ces prières, ces mortifications, elle viendra à bout d'elle-même. Tout cela n'est d'ordinaire qu'une illusion, qui gît à porter les ames dans de terribles excès, jusqu'à ruiner leur santé, et à se renverser la tête, sans avancer davantage, au contraire, en s'embarrassant de plus en plus elles-mêmes; au lieu que leur seul et vrai remède est ce simple abandon à Dieu et cet attachement à son soutien un écoulement de tout elle-même pour se livrer à l'amour qui la presse.

Ce n'est pas qu'elles ne doivent faire des austérités avec discrétion et de bons avis : mais c'est que ce n'est pas en cela qu'elles doivent mettre leurs espérances, mais en Dieu seul et en Jésus-Christ, qui a dit : *Sans moi vous ne pouvez rien* [1]; et encore : *Ma grace vous suffit* [2]. En user autrement, c'est faire comme un malade qui sentant bien qu'il lui faut faire quelque chose pour se guérir, fait tout ce qui lui vient dans la tête, tantôt une chose, tantôt une autre, se déchire par des saignées, s'échauffe par des médecines, ne fait que s'épuiser sous prétexte qu'il faut faire quelque chose : sans songer que ce quelque chose qu'il faut faire, est peut-être un remède simple, et qui semble de moindre appareil, mais qui néanmoins contient en soi la vertu de tous les remèdes, et qui seul peut la soutenir à chaque moment. Une telle ame ne doit point attaquer directement chacune de ses tentations et de ses foiblesses; car elle ne feroit que les irriter par la contrariété, et s'échauffer l'imagination en renouvelant les pensées qui la troublent, et lui excitent de mauvais désirs. Il faut proposer à cette ame un remède plus simple, qui fortifie les principes de la vie : et ce remède dans la vie spirituelle, c'est de s'unir continuellement à Dieu par les moyens que je viens de dire.

De telles ames doivent être fort composées à l'extérieur envers le prochain, sans se rien permettre qui le choque, et s'imposant cette règle de saint Paul : « Qu'un chacun de vous ne regarde pas ce qui lui convient, mais ce qui convient aux autres [3]. » Si vous donnez un conseil, que ce ne soit pas pour étaler votre prudence, mais pour être utile au prochain, ne disant ni plus ni moins qu'il ne faut pour cet effet : si on vous choque, ou taisez-vous, ou, s'il faut parler pour ne pas trop faire la dédaigneuse, que ce soit non pour vous contenter, mais pour calmer celui qui vous offense sans ajouter rien au delà; et enfin agissant envers le prochain de telle manière, qu'oubliant que vous avez une humeur et toute pensée de vous satisfaire vous-même, vous ne songiez qu'à vous mettre à la place du prochain pour faire et dire ce qui lui convient.

[1] *Joan.*, xv, 5. — [2] II *Cor.*, xii, 9. — [3] *Philip.*, ii, 3.

De telles ames doivent aussi être obéissantes, fort dociles. S'il leur arrive néanmoins de manquer en toutes les choses qu'on vient de leur dire, elles ne doivent pas pour cela se décourager; encore moins changer de conduite, comme si celle qu'on leur donne étoit mauvaise ou foible ou suspecte. Car premièrement, le contraire est certain; secondement, on ne leur prescrit ce régime qu'à cause que Dieu déclare lui-même par des indications manifestes, qu'il ne laisse point d'autres secours à de telles ames : elles doivent toujours rentrer dans la même voie, se rejetant sans fin et sans cesse entre les bras de Dieu par cet abandon et se livrant à son amour qui les poursuit. Autrement la tentation, qui ne demande qu'à les retirer de là où Dieu les veut, auroit gagné ce qu'elle veut.

Ces ames doivent beaucoup modérer leur activité et vivacité naturelle, avec toute l'inquiétude qui l'accompagne, et la tourner peu à peu en une action tranquille, mais forte et persévérante; se proposant toujours le dessein d'en venir à cet état, et s'abandonnant à Dieu pour se mettre dans le milieu entre l'inquiétude et la nonchalance : chose impossible à l'homme sans un secours perpétuel et particulier de Dieu, sans quoi l'on donne infailliblement dans l'un de ces deux écueils.

« Jésus-Christ nous a été donné de Dieu pour être justice, sanctification et rédemption, afin, comme il est écrit, que celui qui se glorifie, se glorifie au Seigneur [1]. »

LETTRE VIII.

A Meaux, ce 3 février 1688.

Quoiqu'il ne convienne guère, principalement à votre sexe, de sonder le secret de la prédestination, il est bon que vous sachiez, ma Fille, ce qu'il en faut croire pour fonder l'humilité et la confiance chrétienne.

« Il y a beaucoup d'appelés, et peu d'élus [2]. » Tous ceux qui sont appelés peuvent venir s'ils veulent : le libre arbitre leur est donné pour cela, et la grace ne manque pas : si donc ils ne vien-

[1] I Cor., I, 30, 31. — [2] Matth., XXIII, 14.

nent pas, ils n'ont à l'imputer qu'à eux-mêmes; mais s'ils viennent, c'est qu'ils ont reçu une touche particulière de Dieu, qui leur inspire un si bon usage de leur liberté. Ils doivent donc leur fidélité à une bonté spéciale, qui les oblige à une reconnoissance infinie et leur apprend à s'humilier, en disant : « Qu'as-tu que tu n'aies pas reçu ; et si tu l'as reçu, de quoi te peux-tu glorifier[1] ? »

Tout ce que Dieu fait dans le temps, il le prévoit et le prédestine de toute éternité : ainsi de toute éternité il a prévu et prédestiné tous les moyens particuliers par lesquels il devoit inspirer à ses fidèles leur fidélité, leur obéissance, leur persévérance : voilà, ma Fille, ce que c'est que la prédestination.

Le fruit de cette doctrine est de mettre notre volonté et notre liberté entre les mains de Dieu, le prier de la diriger de manière qu'elle ne s'égare jamais, lui rendre graces de tout le bien qu'elle fait, et de croire que Dieu l'opère en elle sans l'affoiblir ni la détruire ; mais au contraire en l'élevant et la fortifiant, et en lui donnant le bon usage d'elle-même, qui est de tous les biens le plus désirable.

Dieu est l'auteur de tout le bien que nous faisons : c'est lui qui l'accomplit, comme c'est lui qui le commence. Son Saint-Esprit forme en nos cœurs les prières qu'il veut exaucer. Il a prévu et prédestiné tout cela : la prédestination n'est autre chose. Il faut croire avec tout cela que nul ne périt, nul n'est réprouvé, nul n'est délaissé de Dieu ni de son secours, que par sa pure faute. Si le raisonnement humain trouve ici de la difficulté, et ne peut pas concilier toutes les parties de cette sainte et inviolable doctrine, la foi ne doit pas laisser de tout concilier, en attendant que Dieu nous fasse tout voir dans la source.

Quand vous demandez tous les jours : *Délivrez-nous du mal,* vous en voulez tellement être délivrée, que vous n'y retombiez jamais : vous croyez donc que Dieu a des moyens certains pour prévenir toutes vos chutes : vous le priez d'en user ; et lorsqu'il vous exauce, il ne fait qu'exécuter ce qu'il a prédestiné avant tous les temps.

[1] I *Cor.,* IV. 7.

Ce n'est donc pas à celui qui veut, ni à celui qui court, qu'il faut attribuer le salut, mais à Dieu qui exerce sa miséricorde[1]; c'est-à-dire, que ni leur course ni leur volonté ne sont la première cause, encore moins la seule cause de leur salut; mais la grace qui les prévient, qui les accompagne, qui les fortifie jusqu'à la fin, laquelle néanmoins n'agit pas seule : car il faut lui être fidèle et coopérer avec elle, afin de pouvoir dire avec saint Paul : *Non pas moi, mais la grace de Dieu avec moi*[2].

Pour nous donner cette grace, et *recueillir les enfans de Dieu dispersés par tout le monde,* dit saint Jean[3], Dieu a envoyé son Fils dans le temps qu'il avoit résolu. Il n'est pas venu au commencement : car il falloit que l'homme, qui est le malade, connût son mal, puisque le commencement de la guérison est de le connoître, de s'humilier et de désirer le médecin. C'est pourquoi ce grand Médecin des ames a été promis dès le commencement, afin qu'on le pût désirer, et que tous ceux qui l'ont désiré et qui ont vu son jour avec Abraham[4], fussent sauvés. Quant à ceux qui ne l'ont ni désiré ni connu, Dieu les a laissés aller dans leurs voies[5], et ils sont morts dans le péché et dans la damnation. La rigoureuse justice que Dieu leur a faite, oblige à une éternelle reconnoissance ceux sur qui il a exercé sa miséricorde.

Il ne faut pas s'agiter sur le grand nombre de ceux qui ont péri dans les siècles qui ont précédé Jésus-Christ : il nous suffit de savoir que Dieu ne s'est jamais laissé sans témoignage[6]. Saint Pierre nous fait connoître que tous ceux qui ont été noyés dans le déluge, ne sont pas damnés éternellement[7]. Et quoique ce passage soit obscur, il nous est permis de croire que plusieurs se sont repentis en se noyant, et que Dieu les a réservés dans le purgatoire à la miséricorde de Jésus-Christ, lorsqu'il est descendu aux lieux souterrains où les ames étoient captives.

En général, c'est à nous à profiter du remède que Jésus-Christ nous a apporté, et non pas à nous tourmenter de ce que deviennent ceux qui, pour quelque cause que ce soit, n'en usent pas :

---

[1] *Rom.,* IX, 16. — [2] I *Cor.,* XV, 10. — [3] *Joan.,* XI, 52. — [4] *Ibid.,* VIII, 56. — [5] *Act.,* XIV, 15. — [6] *Ibid.,* 16; XVII, 27, 28; *Rom.,* I, 18, 19. — [7] I *Petr.,* III, 19, 20.

comme dans un grand hôpital et dans une grande salle de malades, celui-là seroit insensé qui, voyant venir à lui le médecin avec un remède infaillible, au lieu de le recevoir et d'en profiter, se tourmenteroit à lui demander ce qu'il va faire des autres malades, tout prêt à le renvoyer s'il refusoit de l'éclaircir sur ce point; il en seroit de même de nous.

Toute la doctrine de la prédestination et de la grace se réduit en abrégé à ces trois mots du Prophète : *Ta perte est à toi, Israël; ton secours et ta délivrance est à moi seul*[1]. Il est ainsi; et si on n'entend pas comment tout cela s'accorde, il vous suffit que Dieu le sache, et il le faut croire. *Mon secret est pour moi, mon secret est pour moi*, dit le prophète Isaïe[2]. Combien plus le secret de Dieu est-il pour lui seul !

Le secret de la prédestination est proprement le secret du gouvernement intime de Dieu, et il n'y a qu'à s'écrier : *O profondeur*[3] !

Humiliez-vous sous la puissante main de Dieu[4]. Celui qui nous a promis est puissant pour exécuter ce qu'il nous promet[5]. Réjouissez-vous, petit troupeau, parce qu'il a plu à votre Père de vous donner le royaume[6]. Celui qui espère en lui ne sera point confondu[7].

LETTRE IX.

A Paris, ce 10 mars 1688.

J'ai, ma Fille, comme vous voyez, été obligé d'avancer mon voyage. J'arriverai ici samedi. Je pars pour Versailles, d'où quand vous serez ici je pourrai vous faire savoir le temps le plus propre pour me voir. Vos lettres laissées à mon portier me seront rendues, et je donnerai tous les ordres nécessaires pour cela. Je ne trouve point mauvais que vous logiez M. N***.

Je laisse à votre discrétion le choix de votre confesseur. Ce que vous devez prévoir, c'est que vous ouvrant du fond de votre état à un homme qui ne vous connoîtroit pas bien, vous vous jet-

---

[1] *Ose.*, XIII, 9. — [2] *Isa.*, XXIV, 16. — [3] *Rom.*, XI, 33. — [4] 1 *Petr.*, V, 6. — [5] *Rom.*, IV, 21. — [6] *Luc.*, XII, 32. — [7] *Psal.* XXIV, 3.

teriez dans des embarras inexplicables. Tenez-vous donc dans les justes bornes de confesser vos péchés : vous n'êtes pas obligée de vous confesser de vos peines : vous n'avez qu'à passer outre, quelque grandes qu'elles soient et quelque péché qui vous y paroisse; parce que sans vous décider s'il y en a ou non, je vous décide que ce ne sont pas des péchés qui obligent à la confession, pour des raisons qu'il n'est pas nécessaire de vous expliquer davantage, puisque je vous en ai dit le fond, et autant qu'il vous en faut pour vous mettre en repos : du reste vous n'avez qu'à m'obéir.

Vous en revenez toujours à vouloir que je vous charge de pratiques et de moyens particuliers; ce n'est pas là, ma Fille, ce que Dieu demande à présent de vous et de moi : tenez-vous à ce que je vous ai prescrit sur cela; marchez en foi, en confiance et en abandon. Il ne faut pas tant de discours pour conduire les ames selon les voies de Dieu. Quand vous avez exposé les choses, le silence même vous assure.

Je vous laisse la liberté de faire ce que vous voudrez pour votre voyage; Dieu pourvoira à ce qui vous sera nécessaire. Ne raisonnez point sur ce qu'il veut de vous : il veut, ma Fille, que vous vous donniez en proie à son amour qui vous dévore : faites cela, et croyez qu'il ne vous délaissera pas.

LETTRE X.

A Meaux, ce 3 novembre 1688.

Quelque longue que soit votre lettre du 12, que j'ai reçue aujourd'hui, elle ne contient rien d'inutile, et vous avez bien fait, ma Fille, de me représenter toutes choses comme vous avez fait : je profiterai dans le temps de tout ce que vous m'apprenez. Si je ne vous parle plus de vos peines et de vos désirs pour la vie religieuse, c'est, ma Fille, que je n'ai rien à vous dire de nouveau sur cela; et vous devez juger de même de toutes les choses où je garde le silence.

J'ai toujours oublié, et ç'a toujours été mon intention, de vous faire rendre les ports des lettres que je vous adresse pour Jouarre :

je veux absolument et sans réplique que vous en fassiez un mémoire exact, afin que je vous les fasse rendre. Je ne vous permets là-dessus aucune réponse, que pour me dire que vous ferez comme je le prescris : sinon vous me fâcheriez tout à fait, et croyez que je le dis très-sérieusement.

Je vous permets, quand vous aurez quelque lettre de conséquence à écrire, d'en prendre le temps sur votre sommeil, à condition que cela n'arrivera pas souvent.

Quant aux pratiques que vous me demandez pour l'Avent, c'est une grande pratique que d'entrer dans l'esprit et la dévotion de l'Eglise et de l'Office divin, et on ne doit rechercher des pratiques particulières que quand il y a des raisons particulières de s'y appliquer : au surplus il n'y a rien de meilleur que de se conformer à l'intention de l'Eglise. Je serai en esprit avec vous devant le saint Sacrement, la nuit qui suivra la Présentation. Je prie Dieu, ma Fille, qu'il soit toujours avec vous.

LETTRE XI.

A Meaux, ce 27 décembre 1688.

Je vous envoie, ma Fille, la lettre que vous souhaitez, pour en user selon que vous me marquez par votre lettre.

Vous pouvez continuer à écrire les passages de saint Augustin comme vous faites, et la lecture de ses lettres pleines d'onction et de lumière. Je ne devine rien sur le portrait : vous le pouvez garder jusqu'à ce que j'en sache davantage, parce que je présume que c'est quelqu'un dont le souvenir vous élève à Dieu.

J'ai séparé vos papiers pour y répondre au premier loisir. Je ne vois pas qu'il y ait à s'inquiéter de ce que vous me mandez sur mon sujet, dans une lettre du 24.

Je persiste à vous dire que si la communauté n'est pas édifiée de vos veilles, et que vous ne puissiez les faire sans qu'on le sache, il vaut mieux se conformer à l'ordre commun, jusqu'à ce qu'on s'accoutume à ce qu'on pourra vous permettre dans la suite pour des raisons particulières. Ce que vous dites sur l'Evangile, et en général sur la parole de Dieu, vient de Dieu même : j'espère dans peu de jours vous écrire plus amplement sur ce sujet. Je prie Notre-Seigneur, ma Fille, qu'il soit avec vous.

LETTRE XII.

A Meaux, ce 4 février 1689.

J'ai reçu, ma Fille, votre lettre du 26.

Ne craignez point de vous charger de m'écrire de la part de la communauté, quoique vous ne disiez là que ce que tout le monde saura. J'irai d'une chose à l'autre, et à la fin tout viendra : je veille sur tout ce que vous me mandez. Je suis très-content du billet, de ce que vous me répondez sur Jouarre.

Quand ma marche sera réglée, je vous en avertirai. Je ne vous commettrai en rien, ma Fille : vos lettres ne me donnent lieu que de m'informer par moi-même : c'est pour réponse au plus petit de vos billets. Pour réponse au plus grand, les paroles de ma lettre, dont vous êtes en peine, regardent les permissions que vous m'avez demandées. Je n'ai rien trouvé à redire aux pieuses saillies du billet : je vous permets aisément d'en écrire de semblables même à N*** ; je veux donc bien que vous écriviez ce qui sera nécessaire, sans que cela vous empêche de craindre l'amusement; ce que vous pourrez connoître aisément.

Je suis très-édifié du respect qu'on a rendu à la paroisse; et j'entre en part du bon exemple et de la consolation que cette action a donnée à toute la ville. Dites à ma Sœur B*** que je la porte devant Dieu, et que je lui donne de bon cœur ma bénédiction.

LETTRE XIII.

A Germigny, ce 25 août 1689.

Il n'est pas possible, ma Fille, que j'entre dans le particulier des communions de la Sœur N***, à cause de ce qui peut arriver, dont un confesseur a seul connoissance. Si donc je ne détermine rien absolument, ce n'est pas que je doute d'elle ; mais c'est que je ne puis prévoir ce qui arrivera.

Pour vous, ma Fille, vous n'avez rien à dire du particulier ni du fond de votre état, autre chose que ce qui sera certainement un péché. Vous savez même qu'à la rigueur on n'est obligé à confesser que les péchés mortels. Vous pouvez écrire à N*** dans l'occasion, et vous adresser à votre supérieure, et garder en tout l'obéissance. Si j'ai du loisir de vous répondre avant mon départ sur les passages de l'Ecriture dont vous me parlez, je le ferai en abrégé ; car pour répondre à fond sur de telles choses, il faudroit souvent de très-grands discours : ce que je ne dis pas, ma Fille, par aucun rebut de vous répondre, mais afin que vous n'attendiez que ce que Dieu me donnera pour vous.

J'ai offert à Dieu de tout mon cœur l'ame que vous me recommandez. Ne vous occupez pas beaucoup du soin de cette ame : un trait simple et vif comme un éclair vous doit suffire, et après passer.

Il faut faire quelque réponse pour ma Sœur N. : le ne le puis à ce moment : peut-être sera-ce demain.

Je prie la sainte Vierge, Mère de Dieu, de vous présenter à son Fils au jour de son triomphe, afin que vous deveniez une parfaite imitatrice de celle qui n'est pas seulement l'honneur de votre sexe, mais encore de tout le genre humain et de toutes les créatures Dieu soit avec vous, ma Fille.

LETTRE XIV.

A Germigny, ce 28 septembre 1689.

Votre lettre, ma Fille, ne m'a été rendue que ce matin, et il n'étoit plus temps de parler du prédicateur : mais j'approuve ce qui aura été fait, et je suis persuadé que tout se sera bien passé.

Il est permis de dire avec saint Paul : *Je désire d'être séparé*[1], c'est-à-dire de mourir et d'être avec Jésus-Christ ; mais il ne faut jamais ni se procurer de maladie, ni rejeter les remèdes. L'abandon à Dieu au-dessus de tout secours, doit être intérieur ; pour le dehors, il faut agir par obéissance ; ainsi, ma Fille, je vous y renvoie pour le jeûne.

Cet amour détruisant, dont vous me parlez, est dur à porter ;

[1] *Philip.*, I, 23.

mais il a sa douceur foncière : et encore qu'on fût soulagé en parlant, il faut renfermer ce feu dans ses entrailles, et se souvenir de l'Epouse que l'Epoux céleste appelle du fond des déserts, du creux des rochers, du milieu des montagnes inaccessibles, où il n'y a que des léopards et d'autres bêtes sauvages [1]. C'est dans cette affreuse solitude qu'il faut porter ce poids écrasant de l'amour de Dieu, qui veut briser jusqu'aux os, afin que l'Epoux règne seul. Ainsi soit-il.

J'approuverois volontiers ce vœu, n'étoit que tant de prières vocales ne me semblent pas convenables à votre état... Si je suis en vie, je ferai ce que je pourrai pour vous donner la consolation que vous demandez. Jésus-Christ soit tout à vous, ma Fille, et vous à lui. *Je suis à mon bien-aimé, et mon bien-aimé est à moi* [2]. J'ai vu vos vers; il n'y a qu'une seule faute. Voilà la réponse en peu de mots à vos passages sur l'Evangile.

Le feu que Jésus-Christ est venu allumer sur la terre [3], est celui de son amour. La guerre qu'il y est venu allumer, est celle qu'on se doit faire à soi-même, et pour l'amour de lui à tous ceux qui nous traversent dans sa voie, de quelques tendres liens qu'ils soient unis avec nous.

La plus grande partie de ce qui est dit dans saint Matthieu, chapitre XXIV, depuis le verset 15 jusqu'au 21, regarde la désolation de Jérusalem : on en peut voir l'accomplissement expliqué dans notre *Discours sur l'Histoire universelle,* en la IIe partie, où la chose est traitée expressément.

La question du péché contre le Saint-Esprit [4], est de celles qu'on peut juger impénétrables. Il n'est pas impossible qu'il y ait un certain degré de malice, de liberté et d'opposition à la grace du Saint-Esprit, connu de Dieu seul, et qu'il ait résolu de ne pardonner jamais. Quel il est, nous n'en saurons jamais rien, puisque nous supposons que Dieu seul le connoît. Mais Jésus-Christ veut bien que nous sachions que ce degré est, de peur que nous ne laissions croître notre contumace, et que peu à peu nous ne venions à cet excès irrémédiable.

Les possédés en général figurent dans l'Evangile les ames

[1] *Cant.,* IV, 8. — [2] *Ibid.,* II, 16. — [3] *Luc.,* XII, 49, — [4] *Matth.,* XII, 31, 32

captives du démon par le péché. Ce possédé de saint Marc [1], qui l'est par la légion des démons, signifie le pécheur captif de l'universalité de l'iniquité. Ses excès sont extrêmes : il est nuit et jour dans les tombeaux parmi les morts, comme sans espérance et sans ressource : il se déchire lui-même, et se met en pièces : sa fureur contre son ame est inouïe et n'en laisse aucune partie dans son entier : tous ses désirs sont corrompus, et les passions les plus contraires le tyrannisent et le déchirent tour à tour. Nulles chaînes ne le peuvent retenir; nulle loi, nul bon conseil ne l'arrête : sa force pour pécher et se perdre est sans bornes ; et nul frénétique, nul furieux ne l'égale. Jésus-Christ néanmoins le délivre : nulle guérison n'est donc impossible à sa puissance.

La consolation du démon chassé d'une ame, est d'en tyranniser quelques autres (a); et c'est ce qui est figuré dans la demande d'entrer dans les pourceaux. Ces animaux immondes signifient dans l'Ecriture ceux qui se laissent entraîner à leurs appétits impurs, et ne cessent de se souiller dans cette boue. A la lettre, Jésus-Christ (b) permet aux démons d'entrer dans ces pourceaux, et de les précipiter dans la mer où ils périssent, pour montrer premièrement la réalité de la possession, et ensuite que sans la puissance de Dieu, qui tient le démon en bride, il n'y auroit abîme ni précipice où ils ne jetassent qui ils voudroient, et même les hommes. Mais Jésus-Christ nous apprend qu'ils ne peuvent pas même attaquer les animaux sans ordre. Attachons-nous donc à Dieu, et méprisons le démon et sa fureur.

Jésus-Christ veut bien guérir ce possédé, mais non pas lui donner rang parmi ceux qui étoient toujours de sa compagnie. Il y a des degrés de graces où tout le monde n'arrive pas. On ne met pas communément parmi les ecclésiastiques les grands pécheurs scandaleux, et c'est assez qu'en particulier ils célèbrent la gloire de Dieu qui les a sauvés.

L'ingratitude des hommes et ce qui les domine paroît dans ceux qui ont plus de peur de voir périr leurs pourceaux que de désir de conserver Jésus-Christ parmi eux.

---

[1] *Marc.*, v, 1 et suiv.

(a) *Var.* : Quelque autre. (b) Jésus-Christ.

Quand il est dit que le démon quitta Jésus jusqu'au temps [1], la plupart des interprètes entendent le temps de sa passion, où le démon le tenta et le tourmenta de nouveau avec des efforts extraordinaires. On peut rappeler à ceci cette parole du Sauveur : *Le prince du monde vient, et il n'a rien en moi* [2]. Et encore celle-ci : *Simon, Simon, Satan a demandé à vous cribler comme le grain* [3] vous et vos frères les apôtres, et de dissiper à jamais toute mon Eglise. C'étoit le dernier effort contre Jésus-Christ et les siens vers le temps de sa passion.

Le passage de saint Luc, chapitre xi, verset 24, regarde manifestement les rechutes dans le péché, et les efforts que fait l'ennemi pour remettre sous son empire les ames qui s'en sont tirées. Il y a quelque chose de parabolique dans les lieux arides, où le démon chassé cherche son repos : l'aridité dans les ames regarde la privation de la grace et de l'arrosement céleste, où l'ame tombe par son péché. C'est là où le démon se plaît et où il triomphe.

Ce que Jésus-Christ dit à sa sainte Mère, en saint Jean, chapitre ii, versets 3, 4, 5, n'est pas rude dans le fond, puisqu'en effet la sainte Vierge ne se tient pas pour rebutée, comme il paroît par le verset 5, que Jésus-Christ fait ce qu'elle veut. Cette parole : *Qu'y a-t-il entre vous et moi ?* sont de ces rudesses mystiques, si on peut parler de la sorte, qui servent à exercer et à humilier de plus en plus les ames déjà très-humbles, et à leur faire sentir par quelque chose de fort ce que Dieu est au-dessus de la créature la plus haute. Sa sainte Mère, la plus élevée et la plus parfaite de toutes, étoit par là la plus propre à donner l'exemple aux autres de ce qu'il faut faire en ces états, qui est d'augmenter son zèle et sa confiance.

Le passage de saint Matthieu, chapitre v, verset 20, s'explique par toute la suite, où la justice chrétienne est élevée au-dessus de la justice judaïque. Les versets 46, 47, 48 du même chapitre, et le 32 du chapitre vi, nous font voir le dessein du Fils de Dieu, d'élever la justice chrétienne par la comparaison qu'il en fait.

Je ne vois aucune ombre de difficulté dans le verset 36 du

[1] *Luc.*, iv, 13. — [2] *Joan.*, xiv, 30, — [3] *Luc.*, xxii, 31.

treizième chapitre de saint Matthieu. Au chapitre xvii, verset 20, ce démon qui ne se chasse qu'avec la prière et le jeûne, est une disposition d'inconstance marquée au verset 14. Funeste disposition, qu'on ne peut fixer qu'avec un grand effort, en joignant l'austérité à l'oraison.

Le verset 25 du premier chapitre de la première *aux Corinthiens* est admirable, quand on le regarde dans toute sa suite, depuis le verset 18 jusqu'à la fin du chapitre.

Il n'y a rien de si clair que le passage de saint Augustin : « Dieu a promis de pardonner à quiconque fera pénitence; mais il n'a pas promis d'en donner le temps à tout le monde [1]. » Il n'y a rien de si vrai ni de plus pressant pour faire craindre d'abuser du temps que Dieu nous donne.

Pour ce qui est de la robe nuptiale et des dispositions à la communion, tous les livres de piété sont pleins de cela : il faudroit trop de temps pour tout ramasser. J'en pourrai dire quelque chose par rapport à vous dans un autre temps : c'en est assez, ma Fille, pour cette fois.

LETTRE XV.

A Meaux, ce 3 novembre 1689.

Je ne suis point rebuté de vous, ma Fille. Je n'adhère point aux sentimens de ceux que vous dites qui trouvent mauvais que je m'applique à la direction. C'est une partie de ma charge; et tout ce que j'y observe est de prendre les temps convenables, en sorte que j'en trouve pour tous mes devoirs : c'est ce que vous devez tenir pour dit à jamais.

Je ne vous défends point, à Dieu ne plaise, les prières pour la sainte religion; j'en bannis l'inquiétude, et ne veux pas que vous vous en occupiez trop, parce que cela vous détourneroit de ce que Dieu demande de vous dans le temps présent. J'aurai soin de vous envoyer mes papiers : vous y trouverez quelque chose sur le dix-septième chapitre de saint Jean, qui peut-être vous ouvrira quelque porte. Si Dieu me donne pour vous, ma Fille, quelque chose de plus, je vous le rendrai fidèlement.

[1] *In Psal.* CI, serm. 1, n. 10.

Voilà le paquet de vos permissions : je n'entends point que vous vous leviez plus matin que la communauté, si cela édifie mal les Sœurs pour peu que ce soit. Ce n'est point à perpétuité que je vous ai permis les pénitences que vous savez, et ce temps-là doit être fini présentement. La discipline, toutes les fois que vous aurez commis quelques fautes un peu considérables, doit être accompagnée de la condition que votre confesseur y consente, et non autrement.

Pour vos communions, tenez-vous-en à celles que je vous ai permises. Je suppose que votre confesseur le trouvera bon, et que tout cela ne se fera pas sans avertir la supérieure et prendre son obédience : il y a dans les communautés une certaine uniformité à observer, qui édifie plus, et qui porte plus de fruit dans les ames que des communions fréquentes. Soyez fidèle, ma Fille, à observer les conditions que je vous ai marquées pour vos pénitences et oraisons, et surtout de donner les heures nécessaires au sommeil ; ce qui est d'une conséquence extrême dans la disposition que vous avez à vous échauffer le sang. L'obéissance, la discrétion et l'édification valent mieux que les oraisons et les pénitences, et même en un certain sens que les communions.

J'approuve fort la prière du prosternement durant un petit quart d'heure, pour le Roi et pour la maison royale.

Ma Sœur N*** peut toucher les linges et les vaisseaux sacrés, autant qu'il est nécessaire à son office de sacristine, et vous aussi dans le besoin. Ce sont les langes du saint Enfant, ce sont les draps de l'Epoux, les vaisseaux de sa table.

Ne vous mettez pas en peine d'autre chose sur le *Cantique*, sinon de me le faire rendre en main propre, sans qu'il passe par d'autres, et sans qu'il s'en fasse copie.

Je verrai avec soin ce qui regarde votre retraite, et la lettre jointe.

Je n'ai rien déterminé pour la Trappe ; je verrai ce qui se pourra de ce côté-là : mais je n'y vois presque point de jour, ou plutôt je n'y en vois point du tout.

Vous avez raison de dire que le meilleur remercîment que vous puissiez faire, non pas à moi, mais à Dieu, de mes instructions, est d'en profiter, et c'est le seul plaisir que j'attends de vous ma Fille, en cette occasion.

Je me souviendrai, s'il plaît à Dieu, de vous et de vos désirs au saint autel.

J'ai vu la lettre qui y étoit jointe dans le paquet d'hier, comme vous voyez. Je mettrai au bas de votre lettre ce que Dieu vous donnera par mon entremise, et je vous la renverrai après : je ne l'ai pas encore lue.

Vous avez raison pour la sainte eucharistie : on porte plus aisément la présence seule : dans la réception actuelle, l'excès de la grace confond quelquefois : mais cette confusion est un acte de foi d'une autre nature, et il est bon quelquefois de ne rien dire et de ne rien sentir, afin que tout rentre dans l'intime infinité du cœur si l'on peut parler ainsi. Priez, espérez, aimez.

Dieu soit toujours avec vous, ma Fille.

LETTRE XVI.

A Germigny, ce 8 novembre 1689.

J'ai reçu votre présent, ma Fille, que j'ai accepté au nom et à l'honneur de mon saint patron; mais je vous prie une autre fois de ne m'en plus faire de cette nature, où il y ait de l'or, de l'argent et de la broderie : je n'en veux plus recevoir aucun de cette sorte, et j'en ai fait la défense bien précise.

Je tâcherai au premier loisir de me rappeler le sermon que vous souhaitez, pour vous en envoyer quelque trait. Je ne sais quand je pourrai aller à Paris. Dites-moi ce que vous voudrez sur ce que vous savez : je suis fâché de n'avoir pas entendu Mme N.; je voudrois bien qu'elle se déterminât sur la fondation.

Vous eûtes tort de craindre de me fatiguer. Pour peu que j'aie de temps, je le donne sans rebut et avec plaisir. On manque bien des occasions par ces réserves, et pour ne pas connoître les dispositions des gens avec qui on a à traiter.

Pour votre désir de la religion, je vous défends, ma Fille, toute inquiétude. Il y a bien de l'apparence que Dieu ne veut de vous que le désir : je doute de votre santé, et cela me feroit hésiter, quand je verrois tout le reste fait. Soumettez-vous à la volonté de Dieu. Je ne laisserai pas d'agir pour vous dans l'occasion. Ne vous embarrassez point des vues de votre famille; dites-moi tout sans hésiter : je prendrai tout en bonne part, et je ferai ce que Dieu me donnera le pouvoir et le mouvement de faire, sans être peiné de rien, de votre part ni de la leur. Ces grands désirs de retraite sont très-bons, mais peu praticables; et quand ces choses ont à se faire, elles viennent sans qu'on se donne de mouvement pour les avancer; autrement ce ne seroit qu'agir avec inquiétude. En remettant tout à ma permission, votre conscience est en sûreté, parce que j'aurai une attention particulière à vous régler selon Dieu, et à vous faire faire sa volonté. Vous pourrez faire le voyage de Paris, quand votre supérieure croira que la maison n'en souffrira pas.

Je ne me fâche jamais que l'on m'écrive : il est vrai que les lettres de petite écriture font peine d'abord à mes yeux; je me remets aussitôt, et je prends le premier temps que je puis pour lire et pour répondre; autrement je pourrois répondre avec un empressement que les affaires de Dieu et de l'intérieur ne souffrent pas. Quand l y aura, ma Fille, quelque chose où il faudra répondre sur-le-champ, faites-en un billet à part, sans autre discours que la simple exposition; sinon il se pourra faire que la lecture sera différée en un temps plus commode.

Vous auriez à vous reprocher d'avoir manqué à l'obéissance et à l'amitié, si vous aviez parlé moins sincèrement à Madame *** : il n'y aura une autre fois qu'à ne lui rien dire sur ces sujets-là.

Vous ferez fort bien, ma Fille, de donner à M. votre fils les instructions nécessaires; mais comme il n'a pas encore l âge, il n'est pas temps de l'abandonner à sa conduite.

Je prie Notre-Seigneur qu'il soit avec vous, et je vous bénis en son nom.

LETTRE XVII.

A Versailles, ce 3 décembre 1689.

Votre lettre, ma Fille, m'a été rendue en présence de M. N***. Je lui ai dit que c'étoit quelque chose de votre intérieur que vous aviez oublié et qui vous faisoit quelque peine, sans rien ajouter davantage.

La disposition dont vous me parlez n'ayant été suivie d'aucun acte, vous n'en devez pas être en peine, ni vous en confesser.

La communion spirituelle consiste principalement dans le désir de communier effectivement, qui doit être perpétuel dans le chrétien : mais il faut aussi prendre garde que l'application actuelle et expresse à ce saint mystère ne soit un obstacle à d'autres applications également nécessaires : surtout il ne faut point forcer son esprit.

On a raison de souhaiter que vous vous couchiez à l'heure marquée : ainsi vous devez abréger votre lecture, en rompant le chapitre ou le psaume. *L'obéissance vaut mieux que le sacrifice*[1].

Le Psautier qu'on attribue à saint Bonaventure, n'est pas approuvé par les gens savans, ni tenu être de ce Saint; ainsi vous ne devez plus le dire : vous pouvez mettre à la place quelque autre dévotion à la sainte Vierge, sans néanmoins vous trop charger d'observances et de pratiques; ce qui empêche la liberté de l'esprit.

La pénitence dont vous me parlez n'a rien que de bon. J'aurai soin de vous faire donner l'*Apocalypse* (*a*). Je remets à votre discrétion de différer votre retraite.

En considérant les sujets de votre maison, il m'est venu dans l'esprit de vous charger de la grande classe et d'une intendance sur les autres durant quelque temps, pour les mettre en train : en cela vous rendriez à la maison le plus grand service qu'il soit possible. J'ai trouvé depuis Madame votre supérieure dans ce

---

[1] *Eccle.*, IV, 17.
(*a*) Interprêteé par Bossuet.

sentiment : elle doit vous en parler, sans vous contraindre. Néanmoins, ma Fille, je crois que vous ferez bien d'accepter cet emploi. Je vous en déchargerai, s'il le faut.

Vous n'avez point à souhaiter de vous réunir avec la personne que vous savez. Vivez dans la charité, dans l'obéissance et dans la confiance nécessaire : tout le reste, qui fait les liaisons particulières, a plus de mal que de bien; et il n'y a qu'à le laisser perdre, en rendant graces à Dieu quand cela arrive.

Je prie, ma Fille, Notre-Seigneur qu'il soit avec vous.

LETTRE XVIII.

A Meaux, ce 28 décembre 1689.

Le zèle que j'ai pour le rétablissement de la grande classe m'a fait naître, ma Fille, la pensée de vous la commettre : j'ai même compris que vos répugnances venoient principalement de ce que vous craignez de n'avoir pas la liberté de la mettre sur le pied qu'il faut; si bien qu'en vous la donnant, j'ai cru cette peine levée : au reste, après trois mois j'examinerai vos raisons.

Je ne puis vous envoyer le livre que de Paris; marquez une voie particulière, si vous en avez.

Vous pouvez faire la retraite; le plus tôt sera le meilleur. Songez dans votre retraite que tout votre état doit être d'une (*a*) profonde humilité. Je vous recommanderai à Dieu de tout mon cœur. Détachez-vous de la créature; fermez votre cœur de ce côté-là; dilatez-le en liberté du côté de Dieu : vivez dans l'obéissance; n'écoutez aucune inquiétude sur votre état : je veillerai à tout. Ne soyez point en peine de vos lettres, ni du secret : tout ce que vous m'écrirez en sera un de confession.

Dieu soit avec vous, ma Fille.

(*a*) Dans une.

LETTRE XIX.

A Meaux, ce 10 mars 1690.

Continuez, ma Fille, à parler à la Sœur N*** comme vous faites, et inculquez-lui bien mes réponses. Elle est vive et inquiète de son naturel : il entre beaucoup de cela dans toutes ses peines : il y entre de la tentation. Il n'est pas besoin qu'elle me spécifie rien davantage : mais dites-lui que plus l'obscurité est grande, plus elle marche en foi et en soumission; plus l'agitation est violente, plus elle s'abandonne à Dieu avec courage, sans rien céder à la tentation, ni se laisser détourner de la vocation à laquelle Dieu a attaché son salut.

Quand on fait les actes d'abandon que je demande, je ne prétends pas qu'on doive sentir qu'on les fait, ni même qu'on le puisse savoir ; mais qu'on fasse ce que l'on peut dans le moment, en demandant pardon à Dieu de n'en pas faire davantage. C'est à l'espérance que cette personne doit s'abandonner plutôt qu'à la crainte, en disant et répétant avec David : *Parce que ses miséricordes sont éternelles.*

Je lui permets de faire les dispositions qu'elle voudra de son bien : elle ne doit point être arrêtée par l'aigreur qu'elle craint d'avoir pour N***. La fondation d'une messe à la paroisse sera agréable à Dieu : j'y consens. Si elle a de pauvres parens, elle fera bien de leur donner ce qu'elle avisera : elle ne doit pas tellement s'astreindre à la maison, qu'elle ne satisfasse à d'autres devoirs ou à d'autres vues que Dieu lui donne. Si elle tient sa disposition aussi secrète qu'elle le doit, on ne le verra qu'après sa mort : ainsi elle ne sera point inquiétée, et on devra être édifié qu'elle ait songé à la paroisse, à laquelle toute ame chrétienne doit être liée. Elle fera bien de tenir toujours ses peines secrètes. Elle pourra voir que (*a*) j'ai tout vu et considéré jusqu'à l'apostille, et elle peut se mettre l'esprit en repos. Voilà de quoi la soutenir, la fortifier, la consoler, et qui pourra aussi, ma Fille, vous être utile.

Lisez le chapitre premier de saint Jean jusqu'au verset 15.

(*a*) Par cette réponse que.

Appuyez sur ces paroles: *Le Verbe étoit Dieu ;* et sur celles-ci: *Le Verbe a été fait chair.* Goûtez la joie de renaître, non de la chair ni du sang, mais de Dieu. Se renouveler en Jésus-Christ; prendre des résolutions dignes des enfans d'un si bon père.

Le chapitre II jusqu'au verset 11. Goûter l'humiliation de la très-sainte Vierge, qui semble à l'extérieur rebutée de son Fils, et qui en est exaucée : bien comprendre que les rebuts de Dieu sont souvent des graces, et de très-grandes graces : ne perdre jamais la confiance : souhaiter de changer notre eau en vin, et notre langueur pour Dieu et pour les œuvres de Dieu en une ferveur toute céleste.

Le chapitre III depuis le verset 11 jusqu'au 22. Appuyer sur ces paroles: « La lumière est venue au monde ; et les hommes ont mieux aimé les ténèbres que la lumière, parce que leurs œuvres étoient mauvaises. » Aimer à être reprise ; et tâcher de voir nos péchés dans cette éternelle lumière qui les fait voir si grands, en se soumettant aux corrections qu'elle nous fait recevoir par nos supérieurs.

Le même chapitre depuis le verset 29 jusqu'à la fin. Appuyer sur cette parole : *Celui qui a l'Epouse est l'Epoux.* Songer que Jésus-Christ est le seul Epoux de son Eglise et de toutes les ames saintes : se réjouir à sa voix, qui retentit de tous côtés dans son Eglise, dans les saintes communautés par leurs règles et par les ordres des supérieurs qui font écouter Jésus-Christ, anéantissant les raisonnemens de notre amour-propre, avec cette fausse liberté qui fait la joie des enfans du monde. Appuyer sur cette parole : *Il faut qu'il croisse, et que je diminue.* Combien il faut décroître et s'humilier de jour en jour; afin que Jésus-Christ croisse en nous, et que le règne de sa vérité s'y augmente !

Le chapitre IV jusqu'au verset 43. Appuyer sur cette parole: *Donnez-moi à boire.* Considérer la soif de Jésus-Christ, ce qu'il veut de nous, l'épurement qu'il demande de notre volonté propre, et l'abnégation de nous-mêmes, afin qu'il nous soit lui-même toutes choses: songer aussi à la lassitude du Sauveur, ce que c'est que la fatigue de Jésus dans le chemin lorsqu'il avance avec nous, et que nous ne suivons pas assez fortement tous ses pas, et tous les mouvemens de sa grace. Marcher, avancer: Jésus ne sera jamais fatigué en vous: appuyer sur cette parole : *Si vous saviez le don de Dieu;* et se dire souvent à soi-même avec Jésus : O mon ame ! ô ame chrétienne, si tu savois le don de Dieu : si tu savois ce que c'est que de l'aimer, de le goûter jusqu'à se dégoûter de soi-même : et se répéter souvent : Si tu savois, si tu savois, avec un secret gémissement qui demande à Dieu de savoir, en goûtant aussi cette eau vive qui rejaillit à la vie éternelle, qui est en effet le don de Dieu qu'on demandoit en disant : Si tu savois !

Conférer les versets 9, 13 et 14 avec le chapitre vii, verset 39, et écouter ce cri de Jésus, qui s'offre de désaltérer tous ceux qui ont soif de lui : l'écouter sur ce qu'il dira de cette source qui s'ouvre dans notre cœur, et des fleuves qui nous arrosent les entrailles, lorsqu'il nous ôte l'esprit du monde et l'attachement à ses sensualités, à sa propre volonté, en nous donnant son Saint-Esprit, qui est l'esprit de sagesse et d'intelligence, l'esprit de conseil et de force, l'esprit de science et de piété, et l'esprit de la crainte du Seigneur. Voilà ces fleuves que le Saint-Esprit fait découler dans les ames : voilà cette source qui rejaillit à la vie éternelle ; qui commence sur la terre la même félicité dont on jouit dans le ciel, qui est d'aimer Dieu et de s'y unir.

Le même chapitre iv. Arrêter sur le verset 22 : *Vous adorez ce que vous ne savez pas* : comme il faut savoir ce qu'on adore, et en connoître le prix : comme toutefois avec cela, il faut l'ignorer, et se perdre dans son incompréhensible perfection.

Appuyer sur cette parole : *En esprit et en vérité.* En esprit, quel épurement ! quel détachement des sens et de soi-même ! En vérité, combien effectif doit être le changement de l'ame qui retourne à Dieu ! Détester la piété qui n'est qu'en paroles, venir au solide, à l'effectif, à la pratique. Appuyer sur ces paroles : *L'heure arrive, et elle est venue.* Il n'est plus temps de reculer : il faut entrer dans l'esprit de sa vocation, et dans la sainte captivité d'une régularité exacte : se dire souvent à soi-même : L'heure arrive, et elle est venue : c'est trop commencer ; achevons : faisons triompher l'esprit, faisons régner la vérité.

Sur ces paroles : *Dieu est esprit.* Ni les sens, ni la chair, ni le sang, ni le raisonnement, ni la volonté propre n'y peuvent atteindre : c'est un esprit au-dessus de tout cela : il faut anéantir tout cela pour s'unir à lui.

Sur les versets 25 et 26 : *Le Christ, le Messie viendra, qui nous apprendra toutes choses.* Profonde ignorance du genre humain, jusqu'à ce que Jésus-Christ l'ait enseigné. Ecouter ensuite Jésus-Christ, qui dit : *Je le suis, moi qui vous parle.* Jésus vient tous les jours à nous ; Jésus nous parle tous les jours : doux entretiens, entretiens nécessaires, d'où viennent toutes nos lumières. Sans cela que sommes-nous ? ténèbres, obscurité, ignorance, déréglement, libertinage.

Pour donner la mort à ce libertinage d'esprit, appuyer fortement sur cette parole : *J'ai à manger une nourriture que vous ne savez pas.* Le monde ne se nourrit que de sa propre volonté ; mais pour moi, dont la nourriture est de faire la volonté de mon Père, j'ai une nourriture que le monde ne connoît pas. Se réjouir d'avoir tout marqué et tout réglé, afin à chaque moment de faire la volonté de Dieu, et de se rassasier de cette viande.

Continuez à exhorter la Sœur N*** à la patience, à la paix et à la soumission à la volonté de Dieu. Je le prie, ma Fille, qu'il soit avec vous, et je vous bénis en son saint nom.

LETTRE XX.

A Paris, ce 23 août 1690.

Je ne vois pas, ma Fille, qu'il y eût des choses si pressantes dans vos précédentes lettres. C'étoient des choses qu'il étoit bon que je susse, mais où votre parti étoit aisé à prendre en disant que vous vous en remettez à ce que je ferai ici, et vous expliquant au surplus le moins que vous pourrez.

J'arrive et dès le plustôt qu'il me sera possible, je le ferai savoir à Madame***, avec qui je réglerai toutes mes mesures. Ce que vous avez à faire, c'est, ma Fille, principalement à l'exciter à me donner toute connoissance de ce qui peut de loin ou de près regarder la maison.

Quant à votre dessein particulier, je vous assure que cela est encore un peu embrouillé, et qu'il faut voir plus clair dans une affaire si haute avant que de s'y engager. Je prie Notre-Seigneur qu'il soit avec vous. Ecrivez-moi sans hésiter; mais aussi sans inquiétude sur mes réponses. Je ne vois pas qu'il se perde rien à la poste.

LETTRE XXI.

A Meaux, ce 17 septembre 1690.

Je suis arrivé à Meaux avant-hier au soir, et je suis encore obligé de retourner à Versailles sur la fin de la semaine : ainsi, ma Fille, il n'y a pas d'apparence que je vous puisse voir sitôt.

Je prie Dieu incessamment qu'il m'inspire sur vos désirs. J'ai dit à M. F*** tout ce qui se pouvoit dire avec prudence. Nous songeons fort à régler la communauté, et il semble que la divine Providence nous offre des moyens pour cela : je pourrai vous en dire plus de nouvelles vers la fin de la semaine prochaine. Priez Dieu cependant, ma Fille, qu'il bénisse nos bonnes intentions : abandonnez-vous à lui pour la communauté, pour vous-même et pour tous vos désirs : sa haute et impénétrable sagesse et sa bonté paternelle conduiront toutes choses à leur point, selon qu'il sait.

Ces vues de religion seront votre croix, votre humiliation, votre épurement et votre martyre : mais il faut, ma Fille, bannir l'anxiété et le trouble, qui ne conviennent pas aux voies de Dieu. Ce qu'on sent dans son cœur comme inspiré de Dieu, doit être examiné par sa fin. Tout ce qui tend à nous humilier et à nous unir à Dieu, est de lui. Ce qui est douteux doit être soumis à un conseil expérimenté et fidèle.

Faire sa cour à Jésus-Christ dans le saint Sacrement, ce doit être, s'il est permis de se servir de ce terme, demeurer devant lui en silence, en respect, en soumission, prêt à partir au moindre clin d'œil, et faisant son occupation du soin de lui plaire. Jésus avec vous, ma Fille.

LETTRE XXII.

A Meaux, ce 10 novembre 1691.

Je vous envoie, ma Fille, la permission et la continuation du P. P., et suis très-aise que vous la receviez avant la fête. Je me réjouis aussi de l'arrivée de M. B***, que j'irai établir jeudi sans y manquer. Ces je ne sais quoi qu'on ressent, sont pour l'ordinaire des illusions ou de secrètes résistances de l'amour-propre; c'est pourquoi vous faites bien de les sacrifier à l'obéissance : plus je pense à cette personne, plus je crois que c'est Dieu qui nous l'envoie.

Je n'ai de loisir, ma Fille, que pour vous dire que vous demeuriez en repos sur mon sujet, assurée que jusqu'au dernier soupir de ma vie je ne cesserai de prendre soin de votre ame. Je vous répète encore que vous n'ayez point à vous embarrasser de toutes les dispositions où vous pouvez être à mon égard, parce que le fond de l'obéissance, que Dieu vous met dans le cœur, n'en est pas moins entier pour ce que la peine ou la nature y peut mêler.

Pour les paroles de saint Jean, il faut ou n'en rien dire, ou en dire beaucoup; peut-être quelque jour je vous enverrai quelque écrit, où il sera parlé d'un si haut mystère.

Je ne retrouve rien à redire à la sainte amitié que vous demandez à cette bonne Sœur de la Visitation. C'est dans un de mes avertissemens contre le ministre Jurieu, que vous trouverez quelque chose sur le mystère de la sainte Trinité, qui peut-être sera capable de vous élever à Dieu. Je le prie, en attendant, qu'il fasse par la foi simple tout ce qu'il veut faire en vous; je le prie, ma Fille, qu'il vous bénisse.

LETTRE XXIII.

A Meaux, ce 10 novembre 1691.

J'écris à M.*** sur les peines de la Sœur N ***, qui semble se décourager de nouveau. Tenez-lui la main, ma Fille, le plus que vous pourrez, et prenez garde de ne point entrer dans ses peines d'une manière qui les augmente.

Pour les vôtres, je vous dirai franchement que je n'ai nulles vues que votre maison puisse devenir une religion; et c'est à quoi je ne songe en aucune sorte. J'ai bien en vue qu'elle puisse devenir un jour quelque chose d'aussi parfait qu'une maison religieuse, et aussi agréable à Dieu. Je ne vois non plus aucune apparence que vous puissiez réussir dans ce dessein, ni que je doive par conséquent vous laisser tourmenter l'esprit à chercher des moyens de l'accomplir. Si Dieu le veut, il en fera naître naturellement, et je ne résisterai pas à sa volonté. S'il ne se présente rien de cette sorte, qui soit simple et naturel, je conclurai que votre désir est de ceux que Dieu envoie à certaines ames pour les exercer, sans vouloir jamais leur en donner l'accomplissement. Je sais de très-saints religieux à qui Dieu donne des désirs de cette nature; aux uns, de se rendre parfaits solitaires dans un véritable désert; aux autres, de prendre l'habit en d'autres religions plus austères ou plus intérieures que la leur. Tout cela demeure sans exécution : leur désir les exerce et les épure : mais s'ils se tourmentoient à chercher les moyens de les accomplir, ils tomberoient dans l'agitation et l'inquiétude, qui les mèneroit à la dissipation entière de leur esprit. Ainsi, ma Fille, je ne consens pas à vous permettre sur ce sujet aucun mouvement.

Je songe à ce que je vous ai promis; mais il me faut un peu de loisir. Je prie Notre-Seigneur qu'il soit avec vous.

LETTRE XXIV.

A Germigny, ce 18 septembre 1691.

Pour vous tirer d'inquiétude, je vous fais ce mot, ma Fille, où vous apprendrez que le rhume que j'ai apporté de Jouarre a été, Dieu merci, peu de chose : j'y dois retourner dans peu, et je tâcherai à cette fois de vous aller voir. Madame B*** ne me parle point de ses peines : je serois fâché qu'elle se rebutât; car elle nous est fort nécessaire.

J'espère trouver dans peu le loisir de vous faire une ample réponse sur vos précédentes lettres et sur vos doutes : je ne puis répondre aujourd'hui qu'à votre dernière, qui est sans date. Ne perdez pas courage, ma Fille ; réparez le faux pas que vous avez fait, en redoublant vos forces à courir : le reste n'est pas de saison. Dieu soit avec vous.

LETTRE XXV.

A Germigny, ce 1er octobre 1691.

Voilà, ma Fille, la réponse à une partie de vos doutes. Je sentois bien hier que Dieu m'alloit parler pour vous. J'ai lu tous vos écrits ; je suis prêt de vous les rendre ou de les brûler, du moins quelques-uns, après en avoir pris la substance. Je vous permets, dans les grands efforts de la peine que vous me marquez, une discipline quelquefois à votre discrétion. Mais, au reste, ne croyez pas que ce soit là le fort du remède. Ce qui apaise pour un moment, irrite souvent le mal dans la suite : cet effort qui fait qu'on voudroit mettre son corps en pièces, est un excès et une illusion. On s'imagine qu'on fera tout à force de se tourmenter : ce n'est pas ainsi qu'on guérit ; c'est en portant l'humiliation de la peine, et en se faisant d'elle-même un remède contre elle-même : ce qui se fait en apprenant avec saint Paul que la grace nous suffit [1], et que c'est d'elle que nous tirons toute notre force. Cela est ; croyez-le, ma Fille, et vous vivrez.

Il suffit que vous vous couchiez comme je vous l'ai permis : souvenez-vous toujours de la discrétion et de l'édification que je vous ai ordonnées.

QUESTIONS. Sur l'immortalité de l'ame ; sur ce que c'est que l'ame, sur sa nature ; comment elle peut être heureuse et malheureuse ; comment elle a contracté le péché originel ; si on ne le peut pas comprendre d'une autre manière qu'en considérant que la concupiscence en est la suite ; comment les tentations s'élèvent dans l'ame malgré elle ; si, comme tout est possible à Dieu, il ne peut pas réduire l'ame dans son premier néant ; comment l'ame,

[1] II *Cor.*, XII, 9.

qui sait que Dieu est son souverain bien, n'est-elle pas toujours occupée de lui?

Réponses. L'ame est une chose faite à l'image et à la ressemblance de Dieu; c'est là sa nature, c'est là sa substance. Dieu est heureux; l'ame peut être heureuse. Dieu est heureux en se possédant lui-même, l'ame est heureuse en possédant Dieu. Dieu se possède en se connoissant et en s'aimant lui-même; l'ame possède Dieu en le connoissant et en l'aimant. Dieu ne sort donc point de lui-même pour trouver son bonheur : l'ame ne peut être heureuse que par un transport. Ravie de la perfection infinie de Dieu, elle se laisse entraîner par une telle beauté; et s'oubliant elle-même dans l'admiration où elle est de cet unique et incomparable objet, elle ne s'estime heureuse que parce qu'elle sait que Dieu est heureux, et qu'il ne peut cesser de l'être; ce qui fait que le sujet de son bonheur ne peut cesser. Voilà sa vie, voilà sa nature, voilà le fond de son être.

Il ne faut donc pas, ma Fille, que vous demandiez davantage de quoi l'ame est composée : ce n'est ni un souffle, ni une vapeur, ni un feu subtil, et continuellement mouvant. Ni l'air, ni le vent, ni la flamme, quelque déliée qu'on l'imagine, ne portent l'empreinte de Dieu. L'ame n'est point composée; elle n'a ni étendue, ni figure : car Dieu, dont elle est l'image, et à qui elle doit être éternellement unie, n'en a point non plus, et elle ne peut être qu'un esprit, puisqu'elle est née, comme dit saint Paul [1], pour être un même esprit avec Dieu, par une parfaite conformité à sa volonté.

Dieu n'habite point la matière; l'air le plus subtil ne peut être le siége où il réside : sa vraie demeure est dans l'ame, qu'il a faite à sa ressemblance, qu'il éclaire de sa lumière, et qu'il remplit de sa gloire : en sorte que, qui verroit une ame où il est (ce qui ne peut être vu que par les yeux de l'esprit), croiroit en quelque sorte voir Dieu; comme on voit en quelque sorte un second soleil dans un beau cristal, où il entre pour ainsi dire avec ses rayons. Ainsi, ma Fille, il n'y a plus qu'à purifier son cœur pour le recevoir, selon cette parole du Sauveur : *Bienheureux ceux qui*

[1] I Cor., vi, 17.

ont le cœur pur; car ils verront Dieu [1]. Il ne faut pas croire en effet qu'une ame épurée reçoive Dieu sans le voir. Elle le voit; il la voit; elle se voit en lui; il la voit en elle-même. Il n'en est pas toujours de même en cette vie. Dieu se cache à l'ame qui le possède, pour se faire désirer : mais il la touche secrètement de quelqu'un de ses rayons; et incontinent elle s'ouvre, elle se dilate, elle s'épanche, elle se transporte, elle ne peut plus vivre ni demeurer en elle-même; elle dit sans cesse : *Tirez-moi* [2]; *venez* [3]; car elle sent bien qu'elle n'a point d'ailes pour voler si haut. Mais Dieu vient, Dieu l'attire à lui, Dieu la pousse dans son fond; et plus intérieur à l'ame que l'ame même, il l'inspire, il la gouverne, il l'anime bien plus efficacement et intimement, qu'elle n'anime son corps.

Une telle créature voit clairement et distinctement l'éternité : autrement, comment verroit-elle que Dieu est éternellement, et qu'il est éternellement heureux? Elle aspire donc aussi à l'aimer, à le posséder, à le louer éternellement; et ce désir que Dieu même lui met dans le cœur, lui est un gage certain de la vie éternellement heureuse, à laquelle il l'appelle. Elle ne craint donc point de périr : car encore qu'elle sache bien qu'elle ne subsiste que parce que Dieu, qui l'a une fois tirée du néant, ne cesse de la conserver, en sorte que s'il retiroit sa main un seul moment elle cesseroit d'être et de vivre; elle sait en même temps qu'il ne veut rien moins que la détruire par la soustraction de ce concours. Car pourquoi détruire son image, et son image pleine de lui, et son image à qui il montre son éternité, et à qui il inspire le désir de la posséder?

Il n'y a donc plus de néant pour une telle créature : il faut qu'elle soit ou éternellement heureuse en possédant Dieu, ou malheureuse éternellement pour n'avoir pas voulu le posséder, et pour avoir refusé un bonheur qui devoit être éternel.

Ainsi il ne reste plus à cette ame que de se tourner incessamment du côté de son éternité et de son souverain bien, et c'est à quoi doit tendre toute la direction. Car un pasteur, un évêque, un directeur se sent établi de Dieu pour jeter dans l'ame les semences

---

[1] *Matth.*, v, 8. — [2] *Cant.*, I, 3. — [3] *Apoc.*, XXII, 20.

d'une bienheureuse immortalité, en la séparant, autant qu'il peut, de toutes les choses sensibles, parce que tout ce qui se voit est temporel, et que ce qui ne se voit pas n'a pas de fin. Il faut donc lui faire aimer l'éternité de Dieu; c'est-à-dire sa vérité et son être, qui en même temps est son bonheur; en sorte que cette ame ne veuille plus être, ni vivre, ni respirer que pour aimer Dieu, et consente à la destruction de tout le reste qui est en elle. Un pasteur qui a en main une telle ame, la veut rendre agréable à Dieu, en y perfectionnant infatigablement son image; et puisque cette image est l'objet de l'amour de Dieu, il ne faut pas croire qu'un tel pasteur se lasse de conduire une telle ame, autrement il se lasseroit de glorifier Dieu; ni qu'il donne plus de temps aux grands qu'aux petits, puisqu'il ne connoît rien de grand parmi les hommes, que cette empreinte divine dans le fond de leur ame. C'est là la grandeur, c'est là la noblesse, c'est par là que la naissance de l'homme est illustre et bienheureuse; car pour la naissance du corps, ce n'est que honte, foiblesse et impureté.

Il n'en étoit pas ainsi au commencement; car Dieu avoit assorti à cette ame immortelle et pure, en laquelle il avoit créé tout ensemble et la beauté de la nature et celle de la grace; il avoit, dis-je, assorti à cette ame immortelle et pure un corps immortel et pur aussi : mais Dieu, pour honorer le mystère de son unité et de sa fécondité, ayant mis tous les hommes dans un seul homme, et ce seul homme, dont tous les autres devoient sortir, ayant été infidèle à Dieu, Dieu l'a puni d'une manière terrible, puisqu'il l'a puni non-seulement en lui-même, mais encore dans ses enfans, comme dans une partie de lui-même, et encore la plus chère. Ainsi nous sommes devenus une race maudite, enfans malheureux d'un père malheureux, de qui Dieu a justement retiré la grace qu'il vouloit transmettre à tous les hommes par un seul homme, et qu'ils ont aussi tous perdue en un seul; maudits dans leur principe, corrompus dans la racine et dans les branches, dans la source et dans les ruisseaux.

C'est ainsi qu'à ce premier exercice de l'ame raisonnable, qui n'eût été que de connoître et d'aimer Dieu, il en faut ajouter un autre, exercice pénible et laborieux, exercice dangereux et plein de péril, exercice honteux et humiliant, qui est de combattre en nous cette corruption que nous avons héritée de notre premier père. Souillés dès notre naissance et conçus dans l'iniquité, conçus parmi les ardeurs d'une concupiscence brutale, dans la révolte des sens et dans l'extinction de la raison, nous devons combattre jusqu'à la mort le mal que nous avons contracté en naissant.

C'est aussi le second travail de la direction. Il faut aider l'ame à enfanter son salut, en se combattant elle-même, selon que dit saint Paul : *La chair convoite contre l'esprit, et l'esprit contre la chair*[1]. Pour nous donner cette force, il a fallu opposer une nouvelle naissance à la première, une régénération à la génération, Jésus-Christ à Adam, et le baptême de l'un à la féconde corruption de l'autre, parce que, comme dit le Sauveur, *ce qui est né de la chair est chair, et ce qui est né de l'esprit est esprit*[2]. Ce n'est pas que la chair soit mauvaise en soi, à Dieu ne plaise, ou que la génération de la créature de Dieu soit mauvaise dans son fond ; il ne le faut pas croire : mais c'est que le mal du péché s'étant joint au bon fond de la nature, nous naissons tout ensemble et bons par notre nature et mauvais par notre péché ; par notre génération, ouvrage de Dieu, et tout ensemble ennemis de Dieu par le désordre qui s'y mêle.

Il n'est pas besoin, ma fille, d'approfondir ceci davantage : mais il faut seulement se souvenir que Dieu a fait l'homme à son image ; que ce n'est point par le corps, mais par l'ame qu'il a cet honneur ; que c'est dans l'ame qu'il a mis ces traits immortels de son immuable éternité ; et que c'est cela qu'on appelle le souffle de Dieu, *spiraculum vitæ*[3], par lequel il est écrit que l'ame est vivante. Il ne faut point demander comment Dieu l'a faite ; car il fait tout par sa volonté. C'est donc par sa volonté qu'il a formé notre corps ; c'est par sa volonté qu'il lui a uni une ame faite à son image, et par conséquent d'une immortelle nature : c'est par sa volonté que tous les hommes sont nés d'un seul mariage. Il a béni les deux sexes et leur union, avant que le péché soit sur-

[1] *Galat.*, v, 17. — [2] *Joan.*, III, 6. — [3] *Genes.*, II, 7.

venu; et le péché survenu depuis, n'a pu détruire le fond que Dieu avoit fait.

Il ne reste donc plus à l'homme que de combattre en lui ce péché si intime à ses entrailles, afin qu'en nous épurant de corruption, nous rendions à Dieu le bon fond qu'il a mis en nous, et que nous soyons ramenés à la première simplicité et beauté de notre nature, dans la résurrection des justes.

Combattons donc avec saint Paul[1], le bon combat de la foi, et ne nous étonnons pas des tentations qu'il faut souffrir. Dieu sait jusqu'à quel point il veut nous y exposer; et nous devons seulement méditer ces mots de saint Paul : *Dieu est fidèle, et il ne permettra pas que vous soyez tentés au delà de vos forces*[2]. Mais il nous donne ces forces et c'est un effet de sa grace; et par là il nous fera trouver de l'avantage même dans la tentation, afin que nous ayons le courage et la force de la supporter.

La tentation va quelquefois si loin, qu'il semble que nous y goûtions le péché tout pur : ce que nous avions aimé par complaisance, et ce qui étoit très-mauvais en cet état, il semble que nous l'aimions pour lui-même, et que nous nous enfoncions de plus en plus dans le mal. Mais il ne faut pas perdre courage; car c'est ainsi que Dieu permet que le venin que nous portons dans notre sein se déclare; et cela, c'est un moyen de le vomir et d'en être purgés. Il faut donc se soumettre à la conduite que Dieu tient sur nous, et se souvenir que saint Paul a demandé par trois fois, c'est-à-dire avec ardeur et persévérance, d'être délivré de cette impression de Satan et de cette infirmité pressante et piquante de sa chair; et il lui fut répondu : *Ma grace te suffit; car ma puissance se fait mieux sentir dans la foiblesse*[3]. Et pour achever l'épreuve où Dieu nous veut mettre, il faut pouvoir dire avec cet Apôtre : « Quand je suis infirme en moi-même c'est alors que je suis fort en Jésus-Christ; et je me glorifierai dans mes foiblesses, afin que sa vertu habite en moi. »

Voilà, ma Fille, sans parler de vous, voilà dans les principes généraux de la doctrine chrétienne, la résolution de tous vos doutes, ou du moins des principaux. Faites-vous-en à vous-même

---

[1] II *Tim.*, IV, 6 — [2] I *Cor.*, X, 13. — [3] II *Cor.*, XII, 8, 9.

l'application ; ce que vous n'aurez pas entendu la première fois, vous l'entendrez la seconde. Lisez et relisez ce que Dieu m'a donné pour vous. Je vous donnerai de même tout ce qu'il me donnera ; car de parler soi-même, ni je ne le veux, ni je ne le puis : il faut attendre que Dieu parle ; il a ses momens ; et quand il donne plusieurs ouvrages, il apprend à partager son travail.

Continuez à exposer tout avec la même sincérité : car comment un médecin peut-il appliquer ses remèdes aux maux cachés d'un malade qui ne voudroit pas les découvrir ? Cette découverte fait deux choses : elle instruit le médecin et humilie le malade ; et cette humiliation est déjà un commencement de santé. Prenez donc d'abord cette partie du remède, et attendez les momens où le reste vous doit être administré. Je prie Notre-Seigneur qu'il soit avec vous, ma Fille. *Soyez fidèle jusqu'à la mort, et vous recevrez la couronne de vie*[1].

LETTRE XXVI.

A Meaux, ce 5 novembre 1691.

Vous n'avez point à vous inquiéter, ma Fille, sur votre vœu de pauvreté, dans les choses que je vous ai permises. Je vous ai permis, ma Fille, ces petits présens ; je vous permets ces petits travaux, jusqu'à ce que je sache en présence plus particulièrement ce que c'est. S'il vous vient quelque difficulté sur vos vœux, ou sur quelque autre peine de conscience, vous pouvez me les réserver à mon retour, et en attendant demeurer en repos, à moins que ce ne fût des transgressions manifestes ; ce que j'espère qui ne sera pas.

Je vous permets de passer la nuit après la Présentation en prières devant le saint Sacrement, à condition que le sujet principal de vos gémissemens et de vos prières seront les besoins de la religion, de l'Etat et du diocèse, principalement les deux premiers.

Il ne me vient point à présent de chapitre de l'Evangile, ni de Psaume que je puisse vous recommander en particulier : tout y

Apoc., II, 10.

est bon, et vous ne sauriez mal choisir. Vivez détachée de tout, jusqu'aux moindres choses : Dieu demande cela de vous. Votre perfection, que vous désirez, est là dedans.

Je pars pour Dammartin, où je vais faire la visite : j'écrirai de là à votre communauté sur les livres, et sur quelques autres choses que je crois importantes. Notre-Seigneur soit avec vous, ma Fille.

LETTRE XXVII.

A Dammartin, ce 10 novembre 1691.

Vous aurez vu, ma Fille, par ma lettre précédente, que vos inquiétudes sont vaines. Je ne vous ai donné aucun sujet de croire que je fusse changeant : ce que me diront les hommes ne me fera pas abandonner ce que j'ai entrepris pour Dieu. Si l'on me donnoit sur votre sujet des avis considérables, il faudroit vous avertir, et non pas vous quitter : suivez le conseil des médecins sur le sujet de l'abstinence et du jeûne, plutôt que vos prétendues expériences, et obéissez à votre supérieure. Voilà une lettre que vous lui présenterez pour votre communauté.

Je vous bénis de tout mon cœur, ma chère Fille.

LETTRE XXVIII

A LA COMMUNAUTÉ DES FILLES DE LA FERTÉ SOUS-JOUARRE.

A Dammartin, ce 10 novembre 1691.

Je vous envoie, mes chères Filles, une instruction qui pourra vous être utile, pour bien lire et pour profiter de la lecture de l'Ecriture sainte. Je n'ai rien à dire sur les autres livres, dont ma Sœur Cornuau m'a envoyé le mémoire. Il y en a un grand nombre que je reconnois pour très-bons : il y en a quelques-uns que je ne connois pas, qu'on peut supposer bons à cause de l'approbation, jusqu'à ce qu'on y ait reconnu quelque erreur ou quelque surprise. Je n'ai donc rien à vous dire sur ceux-là. Je vous avertis seulement de prendre garde dans les écrits de certains mystiques, à des expressions un peu fortes, qui semblent dire qu'on n'agit pas dans la vie contemplative, qu'on y est parvenu à un parfait renouvellement, ou qu'il n'est pas permis de s'y exciter aux actes de piété. Tout cela seroit fort mauvais, si on entendoit autre chose par ce qu'on appelle inaction, que l'exclusion des actes humains et empressés ; ou par cette perfection de renouvellement intérieur, autre chose que la perfection selon qu'on la peut atteindre en cette vie ; ou enfin par cette défense de s'exciter aux actes de piété, autre chose que l'exclusion des manières trop empressées de s'y exciter. Avec ces modérations vous pouvez profiter de ces livres, s'ils vous tombent sous la main : mais faites grande réflexion sur le peu que je viens de vous faire observer.

Au surplus, mes chères Filles, croissez en Jésus-Christ, soyez fidèles à votre vocation. Souvenez-vous de ce que vous devez au prochain par votre état : n'oubliez rien pour ce qui regarde vos classes, et soutenez-en toujours les saints exercices, sans vous relâcher en rien : car c'est là votre vocation particulière, à laquelle si vous manquiez, tout le reste s'en iroit en fumée. Surtout soyez fidèles à l'obéissance : songez toujours que la supérieure que je vous ai donnée m'a été donnée à moi-même comme à vous, par Madame Tanqueux votre chère Mère, et que la conservation de votre communauté dépend de là.

Vous voyez, mes Filles, que je songe à vous absent et présent ; que cela vous invite à songer de plus en plus vous-mêmes à vous-mêmes. Je prie Notre-Seigneur qu'il soit avec vous.

LETTRE XXIX

A Paris, ce 5 décembre 1691.

J'ai reçu vos lettres du 29 et les autres. Les choses se régleront pour votre supérieure à mesure qu'elle s'ouvrira à moi, et il n'y a qu'à l'encourager à commencer. Pour vous, ma Fille, agissez toujours avec elle avec beaucoup de soumission. Parlez-lui franchement et discrètement ; en sorte qu'elle ressente que vous ne lui dites rien par rapport à vous, ni par humeur, ni pour votre satisfaction particulière, mais pour elle et pour le bien de la maison.

Vous eussiez bien fait de me marquer ce que c'est qui donne lieu à la division et à la contradiction : il faut tout dire aux supérieurs : des demi-explications ne font qu'embarrasser les affaires, et donner lieu à des mouvemens irréguliers.

Je vous permets les liaisons que vous voudrez avec nos Filles de Jouarre, que vous me nommez dans votre lettre : mais que tout cela soit dans la grande règle de la charité, et loin des petits mystères assez ordinaires entre filles.

J'approuve votre silence durant ce saint temps, et la permission que vous en avez demandée à votre supérieure est de bon exemple, et satisfaisante pour elle. Agissez toujours comme cela, ma Fille, par esprit d'obéissance et pour le bien de la paix.

Le sermon m'a surpris : j'approfondirai cette affaire, aussitôt que je serai de retour.

Ce n'est point du tout mon intention que vous me demandiez permission de m'écrire : c'est multiplier les lettres sans nécessité et alonger les affaires. Ecrivez-moi pour la maison ce que vous trouverez nécessaire, de même sur ce qui vous touche : ce n'est pas cela que je veux empêcher, mais l'amusement. Notre-Seigneur soit avec vous, ma Fille.

LETTRE XXX.

A Meaux, ce 19 décembre 1691.

J'écris à Madame B*** ce qui me paroît nécessaire pour établir la confiance entre elle et vous. Pour lui mettre l'esprit en repos du côté de Jouarre, je lui dis que j'ai permis votre commerce, et que vous n'y emploierez ni vos novices ni trop de temps. Vous pouvez lui dire que la proposition de la Sœur N*** n'est qu'un discours en l'air, et qu'il n'y a rien à compter là-dessus.

Puisqu'en arrivant de Jouarre je me trouve assez de loisir, je vais répondre aux demandes de votre billet.

Sur la première, je suis étonné, ma Fille, du scrupule que

vous avez de m'avertir, et de la crainte d'y blesser la charité, puisque je vous ai tant de fois dit le contraire.

La différence d'un premier mouvement et d'un acte délibéré est trop sensible pour mériter qu'on se tourmente à l'expliquer, puisqu'un premier mouvement est une chose dont on n'est pas le maître, et qu'on l'est d'un acte délibéré. Il n'y a qu'à bien écouter le fond de sa conscience, pour en connoître la différence. L'acte délibéré est suivi d'un secret remords : le mouvement indélibéré peut troubler et humilier l'esprit; mais n'excite pas ce remords, qui fait sentir à la conscience qu'elle est coupable.

Il n'est pas nécessaire de faire un acte de contrition sur chaque péché en particulier, pourvu qu'on les déteste tous et tout ce qu'on a fait qui déplaît à Dieu, de tout son cœur. Je ne sais, ma Fille, pourquoi vous demandez tant qu'on vous distingue ce qui peut être mortel parmi vos péchés : ce n'est pas là ma pratique, et j'ai de bonnes raisons pour cela.

Vous ne sauriez rien faire de mieux la nuit de Noël, que de bien méditer devant Dieu ce qui est dit de l'Enfant Jésus aux versets 34 et 35 du chapitre II de *saint Luc*, en le joignant au verset 16 du XXVIII d'*Isaïe*, cité par saint Pierre en sa première *Épître*, chapitre II, versets 6, 7, 8; saint Paul *aux Romains*, chapitre IX, verset 33; et à la parole de Jésus-Christ même en *saint Matthieu*, chapitre XI, verset 6. Offrez-moi à Dieu, afin que, s'il me l'inspire, je traite dignement un si grand sujet le jour de Noël, et que je fasse trembler ceux à qui Jésus-Christ est un sujet de contradiction et de scandale. Commencez par lire tous ces endroits-là au premier loisir et donnez-vous à Dieu pour en être pénétrée durant la nuit de Noël. Chantez-y de cœur le Psaume LXXXVIII.

Je veux bien recevoir le présent que vous me destinez, pour cette fois seulement.

Vous avez bien fait de m'exposer cette peine sur votre santé : il faut dire, toutes les fois qu'elle reviendra : Retire-toi de moi, Satan. Dieu soit avec vous, ma Fille : je vous bénis en son saint nom.

LETTRE XXXI.

A Paris, ce 5 janvier 1692.

Je n'ai de loisir, ma Fille, que de vous mander la réception de votre paquet. Je ferai toutes les réponses au premier jour, et je verrai avec joie Monsieur votre fils. Comme ces lettres pour Jouarre sont fort pressées, je vous prie de les rendre au plus tôt. Dites à Madame votre supérieure l'ordre que vous en avez, et demandez lui sa permission, afin que nous accomplissions cette parole du Sauveur : *Laissez-moi faire pour cette heure ; car c'est ainsi qu'il faut que nous accomplissions toute justice*[1]. Prenez bien garde que c'est avant de recevoir le baptême que Jésus-Christ parle ainsi, et que cette justice dont il parle, est celle de faire souvent par une soumission volontaire ce dont on pourroit s'exempter par des ordres supérieurs.

Je vous prie aussi de faire en sorte que votre communication avec Jouarre ne vous retarde ni ne vous empêche en aucune partie de vos devoirs et de vos emplois; et de rendre souvent compte en général de cela à Madame votre supérieure, lui demandant même son avis, s'il arrivoit que cela vous causât de l'embarras.

Elle ne me parle point de vos austérités : n'en faites plus à présent, et jusqu'à ce que votre santé soit rétablie, sans ma permission.

Je suis contraint de finir, en vous assurant, ma Fille, que votre ame m'est très-chère, et que je n'oublierai rien pour vous porter à la perfection où vous aspirez.

LETTRE XXXII.

A Versailles, ce 17 janvier 1692

J'ai reçu, ma Fille, votre présent; mais je suis bien fâché de n'avoir point vu Monsieur votre fils. Je n'ai presque point bougé d'ici, et j'ai même gardé la chambre durant quelques jours : par ce moyen mon rhume n'a rien été; et jusqu'ici, Dieu merci, ces

---

[1] *Matth.*, III. 15.

petites précautions me délivrent de ces incommodités qui ne méritent pas d'être comptées.

Vos désirs seront accomplis : vous serez dans mon cœur pour y être continuellement offerte à Dieu ; afin qu'il vous tire à lui de la manière qu'il sait, et que vous ne cessiez de lui dire : *Tirez-moi ; nous courrons après vos parfums* [1] ; nous courrons entraînés par une invincible douceur, par votre vérité, par votre bonté, par vos attraits infinis, par votre beauté, qui n'est pas autre chose que votre sainteté et votre justice.

Tout ce que vous me mandez de la part du P. P*** est très-nécessaire, et conforme à mes sentimens. J'y travaillerai incessamment.

La règle que vous me demandez pour votre conduite, quant à l'extérieur, est toute faite dans vos constitutions ; on n'y pourroit ajouter que quelques austérités, auxquelles je ne consens point que vous vous abandonniez au delà de ce que je vous ai permis, si ce n'est qu'un confesseur discret ne vous les impose en pénitence.

Quant à la règle de l'intérieur, la vôtre, ma Fille, doit être de faire dans chaque action ce que vous verrez clairement être le plus agréable à Dieu, et le plus propre à vous détacher de vous-même, sans autre obligation que celle que l'Evangile vous propose, ou que vos autres vœux vous ont imposée, en attendant que Dieu nous éclaire sur ce que vous avez tant dans l'esprit.

Le plus difficile endroit à résoudre sur votre conduite, seroit à savoir si vous devez vous abandonner à ces transports ardens de l'amour divin, à cause de la crainte que vous avez qu'ils pourroient être quelquefois accompagnés de quelque mauvais effet : mais comme je ne crois pas qu'il soit en votre pouvoir de les arrêter, Dieu même a décidé le cas par la force du mouvement qu'il vous inspire. C'est d'ailleurs une maxime certaine de la piété, que lorsque le tentateur mêle son ouvrage à celui de Dieu, et même que Dieu lui permet d'augmenter la tentation à mesure que Dieu agit de son côté, il n'en faut pas pour cela donner un cours moins libre à l'œuvre de Dieu ; mais se souvenir de ce qui

[1] *Cant.*, I. 3.

fut dit à saint Paul : *Ma grace te suffit; car la force prend sa perfection dans l'infirmité*[1]. Méditez bien ce passage, et ne laissez point gêner votre cœur par toutes ces anxiétés ; mais dans la sainte liberté des enfans de Dieu, et d'une Epouse que son amour enhardit, livrez-vous aux opérations du Verbe, qui veut laisser couler sa vertu sur vous.

Tenez pour certain, quoi qu'on vous dise, que les mystiques se trompent ou ne s'entendent pas eux-mêmes, quand ils croient que les saintes délectations que Dieu répand dans les ames sont un état de foiblesse, ou qu'il leur faut préférer les privations, ou enfin que ces délectations empêchent ou diminuent le mérite. La source du mérite, c'est la charité, c'est l'amour : et d'imaginer un amour qui ne porte point de délectation, c'est imaginer un amour sans amour, et une union avec Dieu sans goûter en lui le souverain bien, qui fait le fond de son être et de sa substance. Il est vrai qu'il ne faut pas s'arrêter aux vertus et aux dons de Dieu; et saint Augustin a dit que c'est de Dieu dont il faut jouir : mais enfin il ajoute aussi que c'est par ses dons qu'on l'aime, qu'on s'y unit, qu'on jouit de lui [2]. Et s'imaginer des états où l'on jouisse de Dieu par autre chose que par un don spécial de Dieu, c'est se repaître l'esprit de chimères et d'illusions.

La pureté de l'amour consiste en deux choses : l'une à rendre à Dieu tous ses dons, comme choses que l'on tient de lui seul; l'autre de mettre ses dons dans leur usage véritable, en nous en servant pour nous plaire en Dieu et non en nous-mêmes. Les mystiques raffinent trop sur cette séparation des dons de Dieu d'avec lui. La simplicité du cœur fait recevoir ces dons comme étant de Dieu qui les met en nous, et on n'aime à être riche que par ses largesses. Au surplus un vrai amour ne permet pas d'être indifférent aux dons de Dieu : on ne peut pas ne pas aimer sa libéralité ; on l'aime tel qu'il est, et pour ainsi dire dans le plus pur de son être, quand on l'aime comme bienfaisant et comme béatifiant, et tout le reste est une idée qu'on ne trouve point ni dans l'Ecriture ni dans la doctrine des saints.

On peut souhaiter l'attrait, comme on peut souhaiter l'amour ;

---

[1] II *Cor.*, XII, 9. — [2] *Voyez* tout le premier livre de S. Aug., *de Doct. christ.*

on peut souhaiter la délectation, comme une suite et comme un motif de l'amour et un moyen de l'exercer avec plus de persévérance. Quand Dieu retire ses délectations au sensible, il ne fait que les enfoncer plus avant, et ne laisse non plus les ames saintes sans cet attrait que sans amour. Quand la douce plaie de l'amour commence une fois à se faire sentir à un cœur, il se retourne sans cesse, et comme naturellement, du côté d'où lui vient le coup, et à son tour il veut blesser l'Epoux, qui dans le saint *Cantique* dit : « Vous avez blessé mon cœur, ma Sœur, mon Epouse; encore un coup, vous avez blessé mon cœur par un seul cheveu qui flotte sur votre col [1]. » Il ne faut rien pour blesser l'Epoux : il ne faut que laisser aller au doux vent de son inspiration le moindre cheveu, le moindre de ses désirs : car tout est dans le moindre et dans le seul : tout se réduit à la dernière simplicité.

Soyez douce, simple et sans retour, ma Fille, et allez toujours en avant vers le chaste Epoux : suivez-le, soit qu'il vienne, soit qu'il fuie; car il ne fuit que pour être suivi.

Tout ce que vous avez pensé, ma Fille, sur votre désir est sans fondement et impraticable. Laissez croître ce désir de la religion; mais reposez-vous sur Dieu pour les moyens, les occasions et le temps de l'accomplir : autrement toujours occupée de ce qui ne se pourra pas, vous ne ferez jamais ce qui se peut, et ce que Dieu veut de vous actuellement. Notre-Seigneur soit avec vous.

LETTRE XXXIII.

A Paris, ce 21 février 1692.

J'ai vu, ma Fille, par votre lettre, la fâcheuse maladie qui vous est survenue : nos Filles de Jouarre m'en ont écrit aussi avec inquiétude. Dieu vous éprouve en toutes manières : ce sont là autant de traits de Jésus-Christ crucifié, qu'il imprime sur vous. Allez avec lui dans le sacré jardin ; prenez à deux mains la coupe qu'il vous présente, et n'en perdez pas une goutte. Je suis consolé de ce que vous me mandez, que vous êtes bien aise de souffrir, et que ces coups dont Dieu vous frappe rabattent vos autres

[1] *Cant.*, II, 9.

peines. Ce m'en est pourtant une grande, de voir que vous soyez exercée en même temps au dedans et au dehors. Il en a été de même du Sauveur : il vous donne des moyens de lui montrer votre amour, et il ne peut rien faire de plus efficace pour vous déclarer le sien.

J'ai vu et considéré toutes vos lettres : je n'ai rien eu de présent pour y répondre; j'ai eu aussi fort peu de loisir. Il faut toujours exposer les choses, parce que cela fait entrer dans l'ordre de l'obéissance, et dès là c'est un grand soutien. Mais Dieu ne me donne pas toujours, et je n'ai pas toujours le temps : en ce cas, il se faut servir des règles que j'ai données pour les dispositions de même nature, avec une grande soumission. La conduite des ames est un mystère; et il faut que Dieu y agisse de deux côtés. Entendez ceci, ma Fille; Dieu vous en donnera l'intelligence. Je tâche d'être fidèle à donner ce que je reçois : quand je ne reçois rien de particulier, j'abandonne tout à Dieu, et je le prie de subvenir à ma pauvreté. Je vous ai offerte à Dieu, et ne cesserai de vous y offrir.

J'ai vu le Père qui veut bien nous faire la grace d'accepter la direction de la maison, j'ai vu aussi Madame Tanqueux avec laquelle je me suis expliqué de beaucoup de choses : tout s'est passé, ce me semble, fort agréablement de part et d'autre.

Je suis à vous, ma Fille, de tout mon cœur.

LETTRE XXXIV.

A Meaux, ce 4 avril 1692.

L'écrit que vous avez reçu de Jouarre vous a été envoyé, ma Fille, par mon ordre exprès, et je vous ai mandé à vous-même qu'il y avoit quelque chose pour vous dans le paquet dont je vous chargeois; quoiqu'il soit fait à la prière de quelques religieuses, le fond en est commun à tous les chrétiens. Ainsi, ma Fille, vous le pouvez communiquer aux personnes qui vous le demandent, et à toute personne faisant profession de piété et de retraite; et j'en dis autant d'autres écrits, excepté ce qui regarde la communauté (a), ou les particulières dispositions des personnes. Je n'écris rien que je veuille être secret : il faut seulement prendre garde de ne pas divulguer de tels écrits aux gens profanes et mondains, qui prennent le mystère de la piété et de la communication avec Dieu pour un galimatias spirituel.

Vous avez plus sujet de craindre d'offenser Dieu en me taisant les choses, ou ne me les disant pas assez à fond, qu'en me les découvrant simplement : vous devez être bien persuadée que je ne me laisserai pas prévenir, ni ne condamnerai ou soupçonnerai personne sans preuve. Entendez le sermon, quoi qu'il vous en coûte.

Je loue vos transports envers Jésus-Christ caché au saint Sacrement, et ceux de nos chères Sœurs : je le donnerai quand il faudra, et quand j'aurai prévenu certaines noises que je dois éviter.

Voilà la lettre que j'écris pour ce sujet à votre communauté :

J'ai reçu vos vœux et vos soupirs, mes Filles. Dans les bienfaits communs, c'est un commencement de possession que d'avoir la liberté de souhaiter, puisque les souhaits font naître des prières ardentes, et qui arrachent tout des mains de Dieu. C'est à lui qu'il faut s'adresser pour obtenir l'accomplissement de vos saints désirs. Je serai attentif à sa voix, et toujours disposé à vous satisfaire.

Souvenez-vous, mes Filles, sur toutes choses, de l'union et de la régularité qui sont fondées l'une et l'autre sur l'obéissance : ce sont là les grands attraits qui attireront chez vous l'Époux céleste, en qui je suis à vous de tout mon cœur.

LETTRE XXXV.

A Meaux, ce 30 mai 1692.

Il n'y a aucune apparence, ma Fille, que je puisse aller à Jouarre pendant le jubilé, ni tant que la mission sera ici. Je veux bien vous différer votre jubilé, et vous entendre dans l'octave du saint Sacrement. Vous pourrez, ma Fille, la venir passer ici. Je ferai prier les Ursulines de vous recevoir dans leur maison durant

(a) *Var.* : La conscience.

ce temps : j'aurai soin de leur faire rendre votre lettre, et d'y assurer votre retraite. Madame B*** ne vous doit pas refuser votre congé après la manière dont je lui écris, elle aura pourtant de la peine. Je l'assure que vous ne songez point à Paris maintenant : la maison en effet seroit trop seule. Je vous attendrai lundi ; en attendant, je demanderai à Dieu de tout mon cœur le don de conseil avec le fruit de bonté par rapport à vos intentions. Je trouverai, s'il plaît à Dieu, tout le temps dont vous aurez besoin. Je suis, ma Fille, très-cordialement à vous.

LETTRE XXXVI.

A Germigny, ce 10 juillet 1692.

Le fond des dispositions que vous m'exposez, ma Fille, dans votre lettre du 5, est très-bon. L'Epouse disoit : « Aussitôt que mon Epoux a fait entendre sa voix, je suis tombée en défaillance [1]. » L'original porte : « Mon ame s'en est allée, elle s'est échappée. » Dieu vous fait sentir quelque chose de cette disposition. L'Epouse s'échappoit encore à peu près de cette manière, lorsqu'elle disoit : « Soutenez-moi par des fleurs et par des essences de fruits confortatifs, parce que je languis d'amour [2]. » L'ame défaillante demande un soutien : mais elle en reçoit un bien plus grand que celui qu'elle demande ; car l'Epoux approche lui-même au verset suivant, et la soutenant et l'embrassant en même temps, et par là lui faisant sentir toute la douceur et la force de sa grace.

Les caresses intérieures que l'ame fait alors à l'Epoux céleste, lui sont d'autant plus agréables, qu'elles sont plus libres et plus pleines de confiance : mais il s'en faut tenir là ; et l'épanchement où l'on se sent porté envers les personnes qu'on sait ou qu'on croit lui être unies, a quelque chose de délicat et même de dangereux.

Ne voyez-vous pas que la chaste et fidèle Epouse, en rencontrant ses compagnes et celles qui sont disposées à chercher l'Epoux avec elle, sans leur faire aucunes caresses, leur donne

[1] *Cant.*, V, 2, 6. — [2] *Ibid.*, II, 5.

seulement la commission d'annoncer à son bien-aimé ses transports et l'excès de son amour[1]? Cela veut dire qu'on peut quelquefois épancher son cœur, en confessant combien on est prise et éprise du céleste Epoux; mais il ne faut pas aller plus loin. Et quand l'Epoux sollicite sa fidèle Epouse à chanter pour ses amis, elle lui dit : « Fuyez, mon bien-aimé[2]; » ce n'est point à vos amis que je veux plaire, je ne me soucie pas même de les voir ni de leur parler; fuyez, fuyez en un lieu où je sois seule avec vous. On doit être dans d'extrêmes réserves avec tout autre qu'avec l'Epoux, et c'est avec lui seul qu'il est permis de s'abandonner à ses désirs, car il est le seul dont les baisers, les embrassemens et les caresses sont chastes et inspirent la chasteté.

Réjouissez-vous avec Jésus-Christ de ce qu'il est le plus beau des enfans des hommes; et souvenez-vous qu'il faut mettre parmi ses beautés la bonté qu'il a de vouloir gagner les cœurs, et les remplir de lui-même. Je le prie qu'il vous soulage. Marchez en confiance : il vous regarde, et son regard vous soutient. Le surplus de votre lettre se remettra à un autre temps. Vivez cependant en paix, ma Fille; il n'y a rien de mal à craindre que de perdre Dieu, que personne ne vous peut ravir. Je suis à vous de bien bon cœur.

LETTRE XXXVII.

A Meaux, ce 4 août 1692.

Oh! non, ma Fille, je ne prétends pas me comprendre dans le silence que je vous propose. Parlez-moi quand vous en serez pressée par l'Esprit; car il faut que je vous écoute, et que j'écoute Dieu pour vous : il faut que la même voix de l'Esprit qui se fera entendre dans votre cœur, retentisse dans le mien, afin que je vous réponde ce que Dieu me donnera.

Tout est amour; tout aime Dieu à sa manière, même les choses insensibles : elles font sa volonté; et parce qu'elles ne peuvent pas connoître ni aimer, il semble qu'elles s'efforcent, dit saint Augustin[3], à le faire connoître, afin de nous provoquer à aimer leur auteur : c'est ainsi que tout est amour.

[1] *Cant.*, v, 8, 9, 17. — [2] *Ibid.*, viii, 13, 14. — [3] *Enar.* II *in Psal.* xxvi, n. 12.

Il n'est pas besoin d'avoir de l'esprit, ni d'inventer de belles pensées pour consacrer son sommeil à Dieu : qu'ainsi ne soit ; en disant que vous ne savez que dire, vous avez tout dit. Oui, je voudrois, mon Dieu, que chaque respiration, chaque battement de cœur fût un acte d'amour : je voudrois être moi-même tout amour, être écrasée et anéantie ; en sorte qu'il ne restât de moi que l'amour, et une éternelle louange de votre saint nom. Voilà qui est fait. On cède après cela à la nécessité, parce que Dieu l'a ordonnée, l'a établie ; on aime son ordre, parce qu'il est de sa justice, de sa sagesse, de sa bonté. Et il n'en faut pas davantage ; et alors notre sommeil loue Dieu, et confesse notre infirmité, qui est la peine du péché.

Puisque vous voulez le savoir, ma Fille, le jour de mon baptême est le jour de Saint-Michel, en septembre ; le jour que j'ai été consacré prêtre est le samedi de la Passion ; le jour de mon sacre est celui de Saint-Matthieu. Je vous suis bien obligé de vouloir bien communier en ces jours-là à mon intention, et demander à Dieu les graces dont j'ai besoin pour être un chrétien digne de ce nom, et remplir mon ministère.

Pour les prières vocales, qui ne sont d'aucune sorte d'obligation, quand vous vous sentirez attirée à quelque chose de plus intime, suivez votre attrait. Pour l'office, quoique vous n'y soyez pas absolument obligée, je ne crois pas que cela fût bien de le laisser.

Quand vous me pressez, ma Fille, de vous répondre sur vos questions de l'amour de Dieu, vous ne songez pas à ce qu'il faudroit pour y satisfaire, et que d'ailleurs cela n'est point nécessaire ; car c'est là le cas où arrive ce que dit saint Jean : *L'onction vous enseigne tout*[1]. L'amour s'apprend par l'amour : à l'égard de ce pur amour, ce qu'il en faut savoir, c'est qu'il emporte un dépouillement universel : cela va bien loin, et porte des impressions bien crucifiantes. C'est pourquoi je ne croirois pas qu'il fallût ni le désirer ni le demander à Dieu, et encore moins se mettre en peine de ce que c'est ; car le propre de cet amour, c'est de se cacher soi-même : quand on le sent, ordinairement on ne

---

[1] I *Joan.*, II, 27.

l'a pas; quand on l'a, on ne sait pas ce que c'est; je veux dire qu'on le sait bien moins lorsqu'on l'a que lorsqu'on ne l'a pas. Car quand on ne l'a pas, on en raisonne comme les autres; mais quand on l'a, on se tait, on ne sait qu'en dire, et on ne peut en parler, si ce n'est dans certains élans que Dieu envoie lorsqu'on y pense le moins. J'ai des raisons, ma Fille, de croire qu'il n'est pas à propos de le demander; mais de s'offrir à Dieu avec un entier dépouillement, pour faire sa volonté en général.

Vous pouvez dire à la communauté que je permets qu'on garde le saint Sacrement les deux jours que vous me marquez, pourvu qu'il y ait toujours quelqu'un devant, même pendant la nuit, sans néanmoins dire mot. Dites à Madame B*** qu'à force de venir de temps en temps dans la maison, Jésus-Christ s'y formera enfin une demeure stable. Je prie le Seigneur qu'il soit avec vous.

LETTRE XXXVIII.

A Germigny, ce 6 septembre 1692.

Ayez soin, ma Fille, de faire rendre en main propre ce paquet pour Jouarre. Madame d'Albert verra que j'ai reçu sa lettre, dont elle est en peine, et elle en aura réponse. Si vous y pouvez aller vous-même, j'en serai bien aise.

Quant à vous, j'ai lu vos papiers. Et premièrement vous avez bien fait de me dire tout; vous eussiez mal fait de me rien céler. Je n'estime ni plus ni moins ceux dont il s'agit; et quand il en eût dû arriver quelque diminution de mon estime, à quelque prix que ce soit, il faut que les supérieurs soient instruits; et s'il y a quelque faute, c'est d'avoir trop tardé. Vous avez besoin que je vous le pardonne; et je le fais, à condition qu'une autre fois vous bannirez toutes ces réserves et ces scrupules de me parler.

Demeurez assurée de votre état: je ne souffrirai pas qu'on vous inquiète sur cela. Je ne négligerai pas les occasions de vous procurer une place dans un monastère, quand elles se présenteront. Vivez en foi, ma Fille; abandonnez-vous à celui qui vous attire. Rien ne m'a empêché de vous écrire que le peu de loisir. Soyez persuadée que je ne vous délaisserai pas. Notre-Seigneur soit avec vous.

LETTRE XXXIX.

A Germigny, ce 17 septembre 1692.

J'ai vu l'acte que vous m'avez envoyé, ma Fille ; je l'ai trouvé très-bien fait : il n'y a qu'à le passer en cette forme, et assurer M. le D*** votre supérieur, et M. et Madame D***, que je le ratifierai, s'il est nécessaire, en la forme que l'on voudra. Je me réjouis avec toute la communauté du bonheur qu'elle a de posséder un si saint supérieur. Faites-lui bien mes remercîmens de tous ses soins : j'en espère un grand fruit pour la maison ; et je ne doute point que Dieu n'accompagne de ses bénédictions la visite d'un supérieur si saint.

Pour vous, ma Fille, vous n'avez qu'à vous soumettre aux dispositions qu'on fera de votre personne, en foi et en abandon, sans avancer ni reculer : c'est la volonté de Dieu. Je salue de tout mon cœur ces Messieurs, ces Dames, et nos chères Filles ; et je prie Notre-Seigneur qu'il soit avec vous.

LETTRE XL.

A Germigny, ce 21 septembre 1692.

Je n'ai reçu, ma Fille, votre lettre que ce matin, et ainsi ce que vous demandiez que j'écrivisse par rapport à M. l'abbé ***, ne se peut plus.

Pour ce qui vous touche, j'ai écrit naturellement (les dates ne servent de rien) ; et il vous doit suffire qu'à présent je m'intéresse à ce qui vous touche, d'une façon plus particulière qu'au commencement.

Je vous renvoie votre contrat. Obéissez ; acceptez les charges ; quoique avec celle de dépositaire que vous avez déjà, celle d'infirmière me fasse peine pour vous ; celle de la sacristie vous tiendra lieu de soulagement. Prenez courage, ma Fille ; Dieu est avec vous : jouissez de l'Epoux céleste et des ornemens de son sacré corps. Je suis à vous de tout mon cœur.

LETTRE XLI.

A Germigny, ce 8 novembre 1692.

Voilà, ma Fille, des lettres pour Jouarre, que je vous prie de faire tenir le plus tôt que vous pourrez. Je ne puis encore vous répondre sur ce qui vous touche, sinon qu'à l'égard de cette peine, si je ne vous en ai rien dit, c'est qu'il m'a paru qu'elle n'avoit rien de nouveau dans son fond ; en sorte que vous n'aviez qu'à y appliquer les conseils que je vous ai donnés en cas pareils, et au reste demeurer en repos. J'ai considéré tous les mouvemens que Dieu vous donne : vous pourrez difficilement vous empêcher de venir à Paris. J'y serai, s'il plaît à Dieu, vers la fin de la semaine prochaine ou dès les premiers jours de la suivante : vous pourrez m'y voir, et je vous écouterai volontiers. Ne craignez point de vous charger des demandes qu'on vous chargera de me faire sur le saint Sacrement, où il me faut pourtant laisser écouter Dieu. J'espère voir vos papiers avant mon départ, et vous y donner une réponse. Priez Dieu, ma Fille, qu'il m'en donne le loisir autant que j'en ai la volonté. Dieu soit avec vous.

LETTRE XLII.

A Germigny, ce 28 novembre 1692.

Je ne me souviens point, ma Fille, d'autre pénitence que de ce que vous me marquez, et je m'en contente. Je ne me souviens d'autre chose de ce que je vous dis à confesse, sinon que je vous donnai pour moyen de vous tenir dans la présence de Dieu, son saint amour, n'y ayant rien qui ramène mieux dans la pensée l'objet aimé que l'amour même. Qui peut oublier ce qu'il aime ? Suivez donc ce bienheureux attrait, et Dieu vous sera présent.

J'approuve fort le recueillement dont vous me parlez pour les dimanches et fêtes, si votre supérieure le trouve bon ; vous renvoyant à l'obéissance pour les choses extérieures.

Je suis toujours, ma Fille, dans les mêmes sentimens sur les austérités. Vous voyez bien que celles que vous me proposez paroîtroient trop ; sans cela je vous en permettrois l'essai durant l'Avent : mais cela ne se peut, non plus que le reste dont vous me parlez.

Marchez, avancez, sortez de vous-même, et Dieu s'avancera vers vous. *Approchez-vous de lui*, dit saint Jacques, *et il approchera de vous* [1]. Je l'en prie, et suis à vous de bien bon cœur.

LETTRE XLIII.

A Meaux, ce 22 décembre 1692.

Je ne me suis pas bien expliqué, ma Fille, sur le sujet du salut. Je ne souhaite pas qu'on le dise publiquement, jusqu'à ce qu'il soit fondé, et la fondation acceptée. En récompense je permets de le dire en particulier entre les Sœurs la veille et le jour de Noël, la veille et le jour de la Circoncision, la veille et le jour de l'Epiphanie, et de garder le saint Sacrement dans le tabernacle la nuit de Noël et le jour même, jusqu'au salut. Insensiblement l'Epoux céleste s'accoutumera à venir dans son jardin : mais que ce soit un jardin clos ; qu'il y ait une fontaine scellée [2] ; que tout y soit dans le recueillement et dans le silence. Vous voyez bien qu'il ne faut pas me presser ; mais me laisser écouter Dieu. J'ai bonne volonté ; mais je ne puis encore rien déterminer.

Vous avez trouvé à Jouarre de quoi vous entretenir devant ce divin Enfant : soyez en admiration et en silence devant lui ; écoutez-le, contemplez-le ; et en l'admirant, laissez-lui ravir votre cœur.

« Et Abraham a vu mon jour, et il s'en est réjoui [3] : » il a vu mon jour, le jour auquel j'ai paru au monde. Isaïe a aussi vu ce jour, et voici ce qu'il en a vu : « Un petit enfant nous est né, un fils nous est donné, il a sa principauté sur ses épaules, et son nom sera l'Admirable, le Conseiller, le Dieu fort, le Père du siècle futur, le Prince de la paix [4]. »

De toutes ces qualités, je choisis pour vous celle d'*Admirable* que je vous donne à méditer. Songez bien à cette belle qualité, et donnez-vous à Dieu, afin qu'il daigne vous faire sentir en quoi principalement ce divin Enfant est admirable. Méditez bien

---

[1] *Jac.*, IV, 8. — [2] *Cant.*, IV, 12. — [3] *Joan.*, VIII, 56. — [4] *Isa.*, IX, 6.

ces mots : « Un petit enfant nous est né, un fils nous est donné. » Prenez-le, puisqu'il vous est donné à la sainte table ; prenez-le comme un petit enfant, puisque c'est pour vous qu'il est né en cette qualité. Jésus admirable en Dieu, admirable en lui-même, admirable en ses conduites, en ses vertus, en ses miracles ; admirable en nous-mêmes, en notre vocation, aux miséricordes exercées en notre endroit ; admirable en la suite de notre sanctification et en notre persévérance. Ce sera le sujet de mon sermon de Noël que je vous donne à méditer : priez Dieu, ma Fille, qu'il m'ouvre l'intelligence de cette admirable prophétie, la plus capable, que je sache, de faire connoître et aimer ce divin Enfant. Puisse-t-il être aimé de toute la terre ! Notre-Seigneur soit avec vous.

LETTRE XLIV.

A Meaux, ce 17 janvier 1693.

Je reçois vos vœux, ma Fille, et je les offrirai demain à Dieu avec un cœur paternel. Je suis fâché du long tour qu'a fait ma lettre : c'est pourtant l'ange de Dieu qui l'a conduite, puisqu'elle vous est revenue. Je pars samedi : je donnerai moi-même votre lettre au P***; s'il plaît à Dieu, je lui parlerai, et je chercherai les moyens de concilier toutes choses.

Vous vous tourmentez trop, ma Fille, sur cette pensée de religion : la proposition que vous croyez si faisable, et que vous me priez tant de repasser plus d'une fois dans mon esprit, est la plus grande chimère du monde. Ne vous agitez plus tant sur ce sujet : ce n'est pas que je me rebute, ma Fille ; mais c'est que j'ai peine à vous voir tourmenter en vain.

Vous avez raison de dire que l'Epiphanie est la fête de la foi : suivre la foi, c'est suivre l'étoile. Que cette étoile est aimable, puisqu'elle nous guide à Jésus et au lieu où il est !

Ce que vous avez fait avec N*** m'a beaucoup plu : mais ce n'est pas assez ; continuez, et vous humiliez toujours de plus en plus devant Dieu et devant les créatures. Notre-Seigneur soit avec vous.

LETTRE XLV.

A Versailles, ce 26 janvier 1693.

Vous direz, ma Fille, à Madame votre supérieure que je lui accorde, et à la communauté, la présence du saint Sacrement, pour les trois jours de la Quinquagésime et pour la fête de saint François de Sales : vous pourrez dire le salut le soir entre vous. J'aurai bien de la joie que M*** vous fasse une exhortation : pour le surplus, j'y songerai, et j'y répondrai à loisir. Toutes vos pensées sont bonnes ; mais je n'y vois pas, ma Fille, la facilité que vous y pensez. Si je puis accomplir vos désirs, je le ferai avec joie : n'en doutez pas.

Vous avez dans les choses que je vous ai dites, la règle de votre conduite, et vous n'avez qu'à marcher avec confiance. Surmontez-vous vous-même : ne vous pardonnez rien devant Dieu ; attendez tout de sa miséricorde. J'ai bien considéré toutes vos lettres ; j'aurai égard à tout. Je prie Notre-Seigneur qu'il soit avec vous.

LETTRE XLVI

A Paris, ce 28 février 1693.

Je reçois toutes vos lettres, ma Fille : il ne faut imputer mon silence qu'au peu de loisir que j'ai ; je ne laisse de penser à tout. L'affaire de l'union semble s'avancer : je la crois très-bonne ; je serai attentif à tout.

Pour ce qui vous regarde, je vous avoue, ma Fille, qu'à l'égard de votre grand attrait pour la religion, je n'y vois rien moins que les facilités que vous croyez. Votre désir vous trompe, et fait votre croix. Continuez à regarder Jésus-Christ comme l'Admirable, et songez qu'il faut renfermer dans cette qualité cette parole de Job : « Vous me tourmentez d'une manière admirable[1]. » Ces manières admirables de tourmenter les ames, contiennent les exercices qu'il leur envoie pour les purifier, et enflammer leur amour. Assurez-vous que ces peines sont permises et ordon-

---
[1] *Job*, x, 16.

nées à cette fin : plus elles augmentent, plus Dieu veut qu'on s'unisse à lui, et qu'on s'y livre; et c'est aussi le seul moyen de les empêcher de s'accroître. Un amour qui n'est pas content doit plonger l'ame dans une profonde tristesse : on n'est content ni de soi-même, ni des efforts qu'on fait pour aimer, ni du cher Epoux, qui ne se donne qu'à travers des ombres et par momens, et qui semble abandonner l'ame qu'il livre à de si noires pensées. Il faut croire durant cet orage, que l'affaire de l'amour s'avance du côté de l'Epoux, et il faut être fidèle à l'avancer du sien.

Ecoutez ces mots : « Je suis la vigne : comme les rameaux ne peuvent porter de fruit s'ils ne sont dans la racine, ainsi vous ne sauriez rien faire sans moi [1]. » Sans l'influence de la racine, la branche sèche aisément, et n'est plus bonne que pour le feu. « Sans moi, vous ne pouvez rien. » Ouvrez l'oreille du cœur à ces paroles, ma Fille; lisez-les dans saint Jean. C'est la vérité que vous fait sentir l'Epoux céleste. Lorsqu'il vous semble que l'ame est prête à s'échapper à chaque moment, alors on ressent cette vérité : « Vous ne pouvez rien faire sans moi ; » et il ne reste qu'à dire : Il est vrai, cela est ainsi; je ne puis rien de moi-même ; mais « je puis tout avec celui qui me fortifie [2]. »

C'est en qualité de Verbe que Jésus-Christ parle ainsi : car encore que cela soit vrai de Jésus-Christ en tant que homme, cela n'est vrai de Jésus-Christ homme, que parce que cette humanité est unie au Verbe. C'est au Verbe qu'il faut être uni pour pouvoir tout avec Jésus-Christ : c'est par le Verbe et avec le Verbe que le Père produit le Saint-Esprit qui est son amour : la même chose se fait dans les ames. Jésus a dit : « Mon Père et moi viendrons à celui qui garde mes commandemens, et nous établirons en lui notre demeure [3]; » ce qui se fait en produisant en nous le chaste amour, qui est répandu par le Saint-Esprit dans les cœurs. C'est donc en cela principalement, ma Fille, que Jésus est admirable. Il est admirable dans les chastes embrassemens dont il honore son Epouse, et la rend féconde : toutes les vertus sont le fruit de ses chastes embrassemens. Les peines qui l'accompagnent servent à retirer l'ame au dedans où elle jouit. Cela est

---
[1] *Joan.*, XV, 5. — [2] *Philip.*, IV, 13. — [3] *Joan.*, XIV, 23.

ainsi du côté de Dieu : il faut se laisser aller à lui afin que cela soit de notre côté. Vous vous tourmentez trop, ma Fille, sur ce désir de religion : tout ce qui arrive vous fait imaginer des occasions pour cela ; elles sont encore trop foibles et trop éloignées. Vivez en paix : Notre-Seigneur soit avec vous.

LETTRE XLVII.

A Meaux, ce jour de Pâques 1693.

Je me sers, ma Fille, de l'occasion de l'homme que j'envoie exprès à Jouarre, pour vous dire que je vous ai offerte de bon cœur à Dieu, et que je l'ai prié de m'inspirer ce que j'avois à vous dire touchant la personne dont vous m'avez écrit. Je vous dirai en général que la conduite qu'il m'inspire dans le cœur est fort sérieuse en matière de direction. Il me donne un fonds de charité inépuisable et inaltérable, ce me semble, pour les personnes dont il me charge ; et je crois être par sa grace à toute épreuve là-dessus. Au surplus, je ne suis porté à aucune des choses que vous me marquez. Dites à cette personne que je ne changerai point de conduite : je n'improuve pas ses sentimens ; mais je persiste dans les miens : ainsi je souhaite que tout demeure au même état.

Pour vous, ma Fille, songez qu'une personne ressuscitée avec Jésus-Christ est une nouvelle créature. *Je fais toutes choses nouvelles*[1], dit Jésus-Christ dans l'Apocalypse. La ferveur suit la nouveauté. Je vous souhaite ce renouvellement, et suis à vous de bien bon cœur.

LETTRE XLVIII.

A Meaux, ce 24 mars 1693.

Il n'y a point de sujet de vous alarmer de la lettre que je vous ai écrite déjà, ma Fille : vous devez croire que je ne m'étonne, ni ne me fâche jamais qu'on me parle de ses affaires temporelles ; au contraire je suis très-aise de cette confiance, et je la ressens comme l'effet d'un cœur de fille.

[1] *Apoc.*, XXI, 5.

Pour ce qui regarde les propositions de cette personne, je vous dirai ingénument que les termes dont elle s'est servie ne m'ont pas plu; je prends pourtant cela en bonne part : mais ce qui me fait rejeter ces choses, c'est qu'elles ne sont pas assez sérieuses, et que c'est par elles que commencent les amusemens si peu dignes de la gravité du ministère ecclésiastique. Au surplus cette personne a bien fait de m'exposer en simplicité tous ses sentimens; et vous pouvez l'assurer qu'elle ne m'a pas déplu, ni que j'aie mal pris aucune de ses paroles; mais c'est que j'ai d'autres idées, et que je conçois la direction comme quelque chose de plus sérieux. Ne la pressez pas sur ce qu'elle vous a dit par rapport à moi : j'évite, autant que je puis, de pareilles communications : quand Dieu me les envoie et que je connois sa volonté, j'y entre de bonne foi.

Je comprends au reste que l'union peut avoir de grandes peines. Comme elle est bonne pour la maison, il la faut avancer à l'abandon. Cependant, ma Fille, je vous dirai quand il faudra ce que vous aurez à faire, et j'écouterai vos raisons. Il ne faut point venir à Paris, du moins sitôt; les choses ne sont pas encore assez avancées pour cela.

Je n'ai rien de nouveau à vous dire sur ce que vous me mandez de Jouarre : le temps donnera peut-être d'autres ouvertures; à présent je ne vois rien ; soyez soumise aux ordres de Dieu.

Je serai très-aise que ce Père dise chez vous sa première messe le jour de Saint-Joseph (*a*). Demandez à Dieu ses lumières pour deux affaires d'une extrême conséquence, et ajoutez cette intention à celle que vous me marquez : demandez la même grace devant le saint Sacrement que vous aurez ce jour-là.

Je vois, par la fin de votre lettre, que Madame votre supérieure se prépare pour aller à Paris : si d'elle-même elle s'avisoit de vouloir vous y amener, j'y consentirois; autrement je ne le trouve pas à propos : il faut que ce soit elle qui le veuille et qui vous en presse ; autrement, point. Notre-Seigneur soit avec vous, ma Fille.

(*a*) Pâques tombant cette année-là le 22 mars, la Saint-Joseph se trouva le feudi de la Semaine Sainte, et fut transférée au lundi 30 mars.

LETTRE XLIX.

A Paris, ce 19 avril 1693.

Vous ne devez point douter, ma Fille, que je ne reçoive toutes vos lettres ; j'ai reçu en particulier celle du 16.

Je ne puis encore rien dire des affaires de la maison, que la mort de M*** semble avoir un peu retardées : je veillerai à tout, et j'aurai toujours un égard particulier à ce qui vous touche. Je ne crois pas nécessaire de m'expliquer davantage. Je vous offre sans cesse à Dieu ; je ne perdrai jamais les bons sentimens qu'il m'a inspirés pour vous. J'ai de la joie, de la satisfaction que vous avez à Jouarre ; je voudrois qu'elle pût être entière. Je prie Notre-Seigneur qu'il soit avec vous.

LETTRE L.

A Meaux, le lundi de la Pentecôte 1693.

Je reçois votre présent, ma Fille, et d'autant plus volontiers, qu'il est accompagné de vos vœux pour m'obtenir les dons dont vous m'envoyez la figure. Quand j'aurai entendu parler Madame de Jouarre, je verrai si ce que vous croyez si possible l'est autant que votre désir vous le fait paroître : je ferai de bonne foi ce que je pourrai, et je prêterai de tout mon cœur la main à tout.

Je ferai la cérémonie que vous m'avez prié de faire aux Ursulines le jour de la Trinité : je veux bien, ma Fille, que vous veniez à cette prise d'habit. Si vous avez à venir, il faut que ce soit le vendredi, comme vous me marquez, parce que je vous donnerai quelques heures samedi après l'ordination. Je prie Notre-Seigneur qu'il reçoive, ma Fille, l'oblation que je lui ferai de votre personne en mémoire de votre baptême.

J'irai après la cérémonie à Jouarre, d'où je reviendrai mercredi matin. Je ne bougerai d'ici, s'il plaît à Dieu, durant l'octave du saint Sacrement. Je permettrai facilement que vous le passiez à Jouarre, ou ici aux Ursulines, selon que nous le trouverons plus à propos et la conjoncture des choses. Je ferai avec plaisir tout ce qu'il faudra, avec les ménagemens qui me conviennent.

Dieu est le Souverain qui meut les cœurs ; invoquez-le sous ce titre : adorez le Saint-Esprit sous le titre d'Esprit de vérité; priez-le que tout soit vrai en vous. Je prie Dieu, ma Fille, qu'il soit avec vous.

LETTRE LI.

A Jouarre, ce 17 mai 1693.

Vous allez être bien affligée, et je le suis pour vous, ma chère Fille. J'ai trouvé Madame de Jouarre fort peinée sur votre retraite, très-désireuse d'un côté de vous tenir sa parole, très-persuadée de l'autre que cela feroit du bruit et nuiroit à votre dessein principal. En cet état je n'ai pas trouvé à propos de la presser davantage. Dès le matin j'avois eu un pressentiment de ce qui devoit arriver : mais enfin je crois très-certainement que Dieu l'a voulu ainsi, afin que vous fissiez votre retraite entre mes mains plutôt qu'ici. Attendez-moi donc, ma Fille ; demeurez aux Ursulines : je crois que Dieu veut faire quelque grace que je vous aide à recevoir. Je suis à vous de tout mon cœur.

LETTRE LII.

A Meaux, ce samedi matin au mois de mai.

Je ressens vos peines, ma Fille ; et loin d'être rebuté de vos lettres, je les vois toujours de bon cœur. Prenez garde de votre côté à ne vous rebuter point de mon silence, qui le plus souvent est forcé ou par des affaires, ou parce que Dieu ne me donne rien par rapport à vous, et ne me fait pas voir qu'il y ait rien de nouveau à vous dire.

Quant à ces deux chapitres de saint Jean, je vous avouerai franchement que je n'ai pu encore venir à bout de me rien dire à moi-même qui me satisfasse, tant j'y trouve de profondeurs. Pour ce qui est du premier chapitre, il ne faut pas s'en étonner ; car il s'y agit de cette naissance éternelle du Verbe dont le Prophète a dit : « Qui racontera sa naissance[1] ? » Mais je ne trouve

[1] *Isa.*, LIII, 8.

guère moins de profondeurs dans le quatrième chapitre, où Jésus-Christ dit : « Dieu est Esprit; et il veut que ceux qui l'adorent, l'adorent en esprit et en vérité[1]. » Car qui peut entendre ou expliquer dignement ce que c'est en Dieu que d'être esprit; et combien ce divin attribut est au-dessus, non-seulement de tous nos sens, mais encore de toutes nos pensées?

Pour ce qui est de l'obligation d'adorer Dieu en esprit et en vérité, il y a tant de vérités renfermées en ce peu de mots, que je m'y perds. Tout ce que j'y vois de plus certain, c'est qu'adorer Dieu en esprit, c'est l'adorer et l'aimer avec un entier détachement de tous nos sens; détachement, au reste, que je ne me sens pas capable d'exprimer, tant il est intime, tant il est haut, tant il est universel. Il faut aller avec saint Paul à la division de l'ame d'avec l'esprit[2], et à un si grand épurement de nos pensées, que je ne sais si nos ames la peuvent soutenir en cette vie. Ce détachement induit aussi à une si haute et si parfaite mortification de nos sens, qu'on ne la peut regarder sans frayeur, quoiqu'on ne puisse d'ailleurs la regarder sans amour.

Mais adorer Dieu en vérité, c'est encore quelque chose de plus haut; car cela emporte une si parfaite conformité avec la volonté de Dieu, qu'il n'y a rien au-dessus, ni rien à laisser à notre volonté propre : autrement la vérité n'est point en nous, puisque la vérité qui y doit être, c'est d'être entièrement conformes à ce que Dieu demande de nous, quelque inconnu qu'il nous soit. Car il ne faut pas douter que Dieu, comme je vous le disois dernièrement, ne nous cache quelquefois sa volonté, jusqu'au point de nous inspirer de vouloir ce que lui-même ne veut pas accomplir en nous. Saint Paul lui demandoit de le délivrer de cet ange de Satan qui lui étoit envoyé, de peur qu'il ne fût enflé par la grandeur de ses révélations[3]. Il le demanda par trois fois, comme il dit lui-même, c'est-à-dire avec toute l'instance possible; et néanmoins il ne l'obtient pas, et néanmoins c'étoit saint Paul. Il ne faut pas douter que ce ne fût Dieu même qui lui inspiroit ce désir; et Dieu qui l'inspiroit ne vouloit pas qu'il fût accompli; il vouloit laisser à saint Paul cet exercice. Il est vrai qu'il lui dé-

[1] *Joan.*, IV, 24. — [2] *Hebr.*, IV, 12. — [3] II *Cor.*, XII, 7-9.

claré sa volonté : mais il ne le fait pas toujours ; et il nous laisse quelquefois languir dans un désir qu'il pousse à bout de notre côté, sans peut-être vouloir du sien qu'il s'accomplisse. Et pourquoi cela? Parce que c'est un grand bien de désirer tout ce qui est bon : et quoiqu'il soit bon de le désirer, Dieu voit un certain bien dans le refus, et il veut donner à l'ame ces deux sortes de biens ; c'est-à-dire le bien du désir et en même temps le bien du refus : si bien qu'en cette manière, loin de resserrer sa main, il l'étend avec une plus parfaite libéralité, en nous donnant deux biens pour un ; car c'est un bien de nous refuser de certains biens, lorsqu'il voit dans la privation de certains biens, un bien plus grand qu'il nous réserve.

Par exemple, dans le désir qui vous presse pour la religion, je suis assuré, ma Fille, que Dieu en vous privant de son effet, peut vous donner par cette privation un plus grand bien que celui que vous envisagez dans la jouissance : *Car qui sait le secret de Dieu, ou qui sera son conseiller*[1]*?* Et peut-être que ne voulant pas vous donner ce bien, ce que je ne décide pas, comme je ne décide pas le contraire, il veut vous faire la grace de le désirer, et de vous exercer par ce désir avec toutes les violences que vous ressentez. Ne concluez pas de là que Dieu veuille l'accomplissement de ce désir, et soumettez-vous à ses volontés cachées : car c'est par là que vous l'adorerez en vérité, en vous conformant à l'aveugle à ce qu'il sait seul et à ce qu'il veut sans se déclarer.

J'entrerai cependant de bon cœur dans tous les moyens : mais il faut, ma Fille, modérer ces vivacités et ces empressemens par une entière soumission à la volonté de Dieu, connue et inconnue, et par une intime conformité de votre fond avec Dieu, en adorant le secret de votre prédestination et du conseil éternel de Dieu sur vous. Autant que je puis penser, c'est là adorer Dieu en vérité, lorsqu'on joint à la vérité de ce désir la vérité de la pratique; c'est-à-dire des œuvres qui soient véritablement selon Dieu, et par lesquelles soit accomplie cette prière du Sauveur : *Sanctifiez-les en vérité*[2], non pas comme ils pensent, mais comme vous savez.

[1] *Rom.*, xi, 34. — [2] *Joan.*, xvii, 17.

Je dirai, s'il plaît à Dieu, aujourd'hui la messe à votre intention, approchant l'heure de midi. Je ne prévois pas que je vous puisse parler avant lundi; vous pouvez communier en attendant. Je prie Dieu, ma Fille, qu'il soit avec vous. Priez pour le Roi et pour l'Etat.

LETTRE LIII.

A Meaux, dimanche soir au mois de mai 1693.

Je ne pourrai pas, ma Fille, vous donner demain la sainte communion : mais pour mardi je vous exhorte à vous mettre dans l'état que vous me proposez; c'est-à-dire de recevoir la communion dans la même disposition que si c'étoit pour mourir et pour viatique. Dieu vous fasse la grace d'expirer aux pieds de votre Sauveur, en sorte que vous soyez une nouvelle créature.

Jésus-Christ vous a donné une vraie idée de ses dispositions dans l'Eucharistie, en vous rappelant cette vertu qui découloit de son corps sur ceux qui savoient le toucher comme il veut l'être. Car il ne faut pas croire que cette vertu soit seulement pour guérir les corps: Jésus-Christ est encore plus Sauveur des ames : il en pique le fond; il y excite les saints désirs: il les unit à lui-même, et les prépare à une union plus divine et plus excellente; et tout cela est la vertu qui partoit de son humanité, et qui se répand sur ceux qui le touchent avec foi. Je trouve bon que vous fassiez les communions aux intentions que vous me marquez.

Madame de Jouarre m'écrit elle-même qu'elle vous a reçue, croyant me faire chose agréable. Ne manquez pas, ma Fille, de lui écrire pour lui témoigner votre reconnoissance et votre entière soumission à ses ordres, et pour savoir d'elle comme vous me le marquez, quand elle veut que vous vous rendiez sous ses ordres. Vous voyez que Dieu agit pour vous; agissez pour lui : marchez cependant sur les règles que je vous ai données, et sans rien attendre de vous-même, abandonnez-vous au céleste Epoux. Je vous mets, ma Fille, sous sa protection.

LETTRE LIV.

A Meaux, mercredi matin, au mois de mai 1693.

Laissez évanouir le monde avec son éclat, et tout ce qui le compose ; et quand tout sera mis en pièces et en morceaux, et détruit, vous ne resterez plus que seule avec Dieu, environnée de ce débris et de ce vaste néant. Laissez-vous écouler en ce grand tout qui est Dieu ; en sorte que vous-même vous ne soyez rien qu'en lui seul. Vous étiez en lui avant tous les temps, dans son idée et dans son décret éternel : vous en êtes sortie pour ainsi dire par son amour, qui vous a tirée du néant. Retournez à cette idée, à ce décret, à ce principe et à cet amour.

Et le jour que vous partirez pour Jouarre, dites, ma Fille, le psaume CXXI, et réjouissez-vous d'aller dans la maison du Seigneur. Le jour que vous y serez arrivée, le psaume LXXXIII : le lendemain, le psaume LXXXIV ; appuyez sur le verset 9 : le troisième jour, le psaume LXXXVI ; admirez les fondemens de Sion, qui sont l'humilité et la confiance : le quatrième jour, pour rendre graces à Dieu de votre liberté, les psaumes CXIV et CXV, qui n'en font qu'un dans l'original, et qui sont de même dessein : le cinquième jour, dans le même dessein, le psaume CXXV : le sixième jour, encore dans le même dessein, mais avec une plus intime joie de votre sortie du monde, le psaume CXIII : le septième jour, adorez l'Epoux céleste dans le sein et à la droite de son Père, au sortir des temps de son enfance, par le psaume CIX : le huitième et dernier jour de l'octave, dites en action de graces le psaume CXVII : ainsi, ma Fille, se célébrera l'octave de votre délivrance. Consacrez-vous à Dieu de tout votre cœur, comme une victime qu'on mène à l'autel, qui est le sens du verset 27 de ce dernier psaume.

Voilà les psaumes pour la veille, le jour et l'octave de cette fête. Durant cette octave, lisez le chapitre LII du prophète Isaïe, et le huitième de l'Evangile de saint Jean. Demandez à Dieu la liberté véritable, qui est celle que Jésus-Christ donne par la vérité. Ecoutez plutôt les promesses que les menaces. Accoutumez-vous à craindre à la vérité, mais à espérer encore davantage, par la grande bonté de Dieu, dont vous lirez les merveilles dans le chapitre v de l'*Epître aux Romains*. Notre-Seigneur soit avec vous, ma Fille.

LETTRE LV.

A Germigny, ce 14 juin 1693.

Vous ferez bien, ma Fille, de porter vos lettres à Madame de Jouarre, et d'agir en tout selon ses ordres, non-seulement parce que je crois qu'elle l'aura pour agréable, mais encore parce qu'il y a toujours un grand avantage à agir par obéissance, et que c'est cela même qui lui fait désirer qu'on lui soumette tout.

Prenez garde à ménager votre santé sur l'observance de la règle; et à ne vous point pousser à bout : cela est d'une extrême conséquence, parce qu'enfin à force de faire, on se réduit à ne faire rien ; ce qui est excessif est indiscret : prenez-y garde sous les yeux de Dieu.

Réglez vos communions selon que nous l'avons dit. La communion spirituelle est une douce commémoration du sacrifice de la croix, dont l'Epoux céleste nous donne à manger la chair et le sang dans la sainte table, afin de nous être un gage que c'est pour nous qu'il les a pris, et pour nous qu'il les a immolés. Vous voyez bien par cette raison, qu'on peut communier spirituellement à toute heure, mais que c'est principalement à la sainte messe qu'il le faut faire. Il faut joindre à cette pieuse commémoration un désir sincère de jouir de ce corps sacré dans la communion actuelle, et d'exercer le droit que nous avons sur ce corps, qui est le sceau de notre union avec le céleste Epoux.

Je suis bien aise de la bonne réception qu'on vous a faite, et de la grace qu'on vous accorde de vous donner une cellule au dortoir. Non, ma Fille, vous n'êtes point séculière. Je sais très-bon gré à vos amies du plaisir qu'elles vous font, et je reçois avec joie ce que vous me dites de leur part en cette occasion. Vous ferez bien de m'instruire de tout ce qui pourra contribuer à votre repos, surtout dans ces commencemens : mais il faut mettre les choses dans un train qu'elles puissent durer. J'entre dans vos sentimens pour les emplois. C'est à vous à ménager cet intérêt, qui avec raison vous est si cher : j'en dirai à Madame l'abbesse ce que Dieu me mettra dans l'esprit ; continuez-lui toujours vos soumissions et votre confiance.

Je suis bien aise de la résolution où vous êtes de ne plus reculer après avoir passé sur les difficultés. Vous savez bien que j'ai tout prévu ; mais votre ardeur l'a emporté, il faut boire le calice tout entier ; les consolations en détremperont l'amertume. Demeurez en repos, ma Fille : je veillerai à ce qui vous touche. Quand on conclura l'union, il n'y a rien de contraire à la sincérité d'y consentir puisque le fond en est bon et de votre goût. Je prie Dieu qu'il soit avec vous. Tenez-vous dans cet esprit d'humiliation et de recueillement : Dieu vous en fasse la grace, ma Fille.

LETTRE LVI.

A Soissons, ce 10 juin 1693.

Pour réponse à votre billet, j'ai laissé en partant de Germigny, un paquet pour Jouarre, où il y a une réponse à votre dernière lettre. Quant à Madame ***, si elle n'arrive, vous n'avez qu'à lui écrire bien respectueusement que vous êtes prête à vous rendre auprès d'elle au premier mot qu'elle vous fera dire : vous ferez bien même de la prévenir. Si on vous presse de vous déclarer, vous direz que pour la maison vous apporterez toutes les facilités possibles à l'union, et pour votre particulier que vous attendrez mes ordres ; que je serai bientôt de retour. S'il y a quelque acte à passer, ne faites point difficulté de le signer, et de le conseiller à vos Sœurs, en mettant sous mon bon plaisir et agrément. Dieu soit avec vous, ma Fille, et qu'il soit votre soutien.

LETTRE LVII.

A Paris, au mois de juin 1693.

Si M. le curé de Jouarre n'étoit venu ici, j'aurois, ma Fille, envoyé demain un homme exprès pour répondre à vos lettres du 26 et du 29. Il n'y a qu'un mot à vous dire, qui est que sans hésiter vous devez obéir à Madame de Jouarre, et vous rendre à la communauté sur ses ordres.

Entrez dans ses sentimens touchant la communauté : n'éloignez rien de ce qu'on souhaitera pour votre personne. Témoignez vos soumissions parfaites : dites seulement qu'après avoir exposé vos dispositions, vous êtes obligée de m'en écrire pour savoir mes intentions et mes vues; que vous ne doutez point qu'elles ne soient conformes au bien de la communauté, comme il est très-vrai.

Ne témoignez rien du tout de vos pensées pour la religion ni pour Jouarre. Recevez la bénédiction de Madame l'abbesse avant que de sortir de chez elle : priez-la, tant de ma part que de la vôtre, de vous conserver sa bonne volonté, et de vous regarder toujours comme sa fille, comme vous l'êtes en effet par la volonté que vous avez de lui obéir ; vous pouvez lui dire qu'il est vrai que vous laissez votre cœur à Jouarre. Elle verra bien les dispositions de la divine Providence, auxquelles vous devez vous conformer, à peine de déplaire à Dieu, qui vous met dans les conjonctures où vous êtes. Du reste abandonnez-vous à Dieu : je prendrai toujours intérêt à ce qui vous regardera. J'espère que Dieu me donnera son esprit, afin que je me règle sur sa volonté ; et quoi qu'il arrive, vous pouvez, ma Fille, tenir pour certain que je continuerai à veiller sur vous. Il n'y a rien de vrai dans tout ce qu'on vous a dit sur mon sujet. Vivez en foi et en espérance contre l'espérance même, afin que Dieu se charge de vous par l'abandon que vous ferez de vous-même entre ses mains. Notre-Seigneur soit avec vous.

LETTRE LVIII.

A Germigny, ce 15 juillet 1693.

Vos lettres, ma Fille, contiennent deux choses; l'une regarde la communauté : j'en conserverai la remarque, et tâcherai de tourner en bien toutes les vues qu'on peut avoir : ne doutez pas du secret et du soin particulier que je prendrai de ce qui vous touche. L'autre partie de vos lettres vous regarde vous-même : sur quoi je vous dirai en un mot que si vos peines sont augmentées, votre état n'est pas changé. Parmi ces noirceurs, vous recevrez du secours par la lecture du *Cantique des Cantiques*. Continuez toujours à tout exposer en sincérité, et à tout attendre en paix et avec soumission. Je ferai toujours pour vous tout ce que j'ai fait par le passé, plus ou moins selon votre besoin.

Vous pouvez dire à tout confesseur ce qui ne regarde pas votre état, vos peines particulières et vos vœux, à l'égard de leur parfait accomplissement : car pour les transgressions expresses, qui iroient à péché mortel, vous ne pourriez pas les réserver ; mais je n'en ai point encore ouï de cette nature, et ainsi je ne pense pas qu'il en arrive.

Songez, ma Fille, à cette parole du Sauveur : « Vous aurez de l'accablement dans le monde : mais prenez courage, ayez confiance ; j'ai vaincu le monde [1]. » Notre-Seigneur soit avec vous.

Nous nous portons tous bien du voyage, malgré la pluie et les éclairs.

LETTRE LIX.

A Germigny, ce 5 août 1693.

Pour réponse à votre dernière, je vous dirai, ma Fille, que j'ai été fort content des projets de Madame de Miramion. Je n'ai pu entrer dans aucun détail, ni sur la communauté ni sur vous, parce que je n'ai rien vu encore de déterminé : je crois pourtant que tout ira bien. J'ai fait connoître que je m'intéressois à ce qui vous touche. Je ne pense pas qu'on songe à vous mener à Paris pour cette fois : on vous trouvera nécessaire sur les lieux pour aider les nouvelles supérieures. Ne montrez aucune affectation en quoi que ce soit ; mais une disposition d'esprit pliante à tout. Je ferai dans le temps ce qu'il faudra : ne soyez en peine de rien. Ne vous ouvrez de rien sur vos peines et sur ce qui vous regarde : ne découvrez de la maison que ce qui sera nécessaire. Ayez confiance en Dieu, ma Fille, il vous conduira : offrez-lui votre volonté, et faites quelques austérités dans cette intention.

J'envoie l'établissement de la nouvelle supérieure, selon qu'on me le témoigne dans la lettre de la communauté que vous avez

[1] *Joan*, XVI, 33.

écrite. Ne vous embarrassez de rien, ni vous, ni les Sœurs : j'ai prévu ce qui se pouvoit prévoir présentement, et je continuerai de penser au reste. Je prie Notre-Seigneur qu'il soit avec vous.

LETTRE LX.

A Germigny, ce 7 août 1693.

Je n'ai point voulu, ma Fille, vous faire ce matin d'autre réponse que celle que vous avez vue. Je vous dirai à présent que j'ai prévu ce que vous souhaitiez, et que je l'avois fait par avance. On souhaite avec raison que vous demeuriez : il est à propos que vous gagniez la confiance, en entrant dans les sentimens de Madame Miramion et de ses filles, concertant le tout avec Madame de Tanqueux.

Je vous recommande de tout mon cœur à l'Epoux céleste, que je prie de vous tirer et de vous faire courir après lui. Songez à cette parole que lui adresse la sainte Epouse : *Recti diligunt te* [1] : « Ceux qui sont droits vous aiment; » car il est la droiture même. Agissez donc, ma Fille, dans cette occasion et dans toutes les autres de votre vie, en toute droiture et simplicité ; disant sincèrement, mais avec prudence et par degrés, tout ce qui vous paroîtra utile pour la maison, sans aucun retour à vous-même, parce que Dieu y pourvoira par sa bonté, et que j'aurai l'attention convenable à ce que vous me direz. Notre-Seigneur soit avec vous.

LETTRE LXI.

A Germigny, ce 10 septembre 1693.

Je vous donne avis, ma Fille, que j'envoie la lettre de la communauté à Madame de Miramion, avec un billet de moi, où j'entre dans vos pensées, et dans le saint empressement de vos Sœurs et de vous. Je n'ai rien à vous prescrire sur le voyage de Paris : conformez-vous à la volonté de Madame de Miramion. Je crois pourtant que le mieux est de vous garder pour la dernière. Témoignez à Madame la grande satisfaction qui me reste de l'en-

[1] *Cant.*, I, 3.

tretien que j'ai eu avec elle : je suis aussi fort content de sa sainte et sage compagne. Il se prépare quelque chose pour la communauté, dont Dieu sera glorifié.

Les dispositions sont toujours les mêmes pour vous à Jouarre ; mais l'effet ne dépend pas de là : ainsi, ma Fille, vous voyez que le parti que vous avez à prendre ne dépendant ni de vous ni de moi, je ne puis rien faire sur cela que de vous remettre à la volonté de Dieu. Il faut marcher pas à pas dans cette voie, à mesure que Dieu se déclare : modérez donc sur cela vos vivacités.

Je ne manquerai pas d'offrir à Dieu cette chère ame. Je le prie que vos peines soient devant lui un sacrifice d'expiation : unissez-les à celles de Jésus-Christ délaissé, et que son délaissement soit votre soutien.

Je verrai à loisir vos doutes sur le sermon de la cène. Abandonnez-vous à Dieu en foi et en amour. Dieu soit avec vous, ma Fille.

LETTRE LXII.

A Paris, ce 10 septembre 1693.

Vous avez bien fait, ma Fille, de me proposer vos doutes, et je me crois obligé de vous satisfaire. L'épreuve que je propose touchant les péchés véniels, n'est pas toujours la confession, mais le plus souvent une généreuse attention à s'en corriger, une sainte sévérité à se condamner soi-même, et un désir de les consumer dans le feu de l'amour divin; ainsi vous n'avez rien à changer dans votre conduite.

Pour ce qui est de ce profit spirituel, que j'ai appelé *l'embonpoint*, qui vient d'une sage dispensation d'une bonne nourriture; s'il falloit qu'il répondît exactement à l'efficace naturelle de l Eucharistie, nul ne seroit jamais assez digne d'en approcher : ainsi, ma Fille, il faut vous régler là-dessus par l'obéissance. On ne laisse pas les convalescens arbitres de leur nourriture; le médecin leur prescrit le régime qu'ils doivent garder : ce qui est d'autant plus vrai dans la cure des ames, que l'obéissance est une des plus grandes parties des remèdes spirituels. Marchez donc en confiance, et ne changez rien. Les pasteurs ont leurs règles ; ils ont pour les ames que Dieu soumet à leur conduite, un instinct guidé par une raison que Dieu leur met dans l'esprit, et à laquelle il faut se soumettre.

Pour le reste de votre lettre, qui marque les consolations que vous recevez de mes écrits; pourvu, ma Fille, que vous les receviez comme de Dieu, vous ne vous tromperez jamais. Je le prie qu'il soit avec vous.

LETTRE LXIII.

A Germigny, ce 26 septembre 1693.

C'est bien fait, ma Fille, que de faire tout par obéissance; ainsi je loue la pensée de consentir à l'union par ce motif-là : mais au fond l'espérance de la religion qui pourroit vous en détourner, ayant si peu de fondement, vous voyez bien qu'il n'y a point d'autre parti à prendre que celui de consentir à tout ce qui sera nécessaire pour vous conserver votre place.

Quant à ce qui est d'agir pour exécuter ce dessein, je veux bien que vous agissiez avec moi, c'est-à-dire que vous me fassiez vos propositions; envers d'autres je ne le dois point souffrir, puisque cela n'auroit d'autre effet que celui de faire penser que vous vacillez dans votre état, et d'aliéner les esprits de vous. Ainsi, ma Fille, vous ne devez pas vous attendre que je vous permette de solliciter qui que ce soit. Si je voyois quelque jour à cela, je commencerois à agir moi-même : autrement il n'y aura qu'à demeurer en repos, et faire dans votre état ce que vous feriez si Dieu vous avoit révélé que vous y demeurerez toujours. Sans cela, non-seulement il n'y a point de perfection, mais il n'y a pas même un accomplissement commun de son devoir : et comme je ne puis regarder tous vos désirs que comme un exercice que Dieu vous envoie, et je crois n'y devoir avoir aucun égard, que quand j'y verrai quelque chose de réel.

Pour ce qui est d'aller à Paris, il n'y aura point à hésiter quand Madame de Miramion le désirera : je veux bien que vous différiez, pourvu que ce soit sans montrer de la répugnance. Vous ne devez rien oublier pour gagner ces Dames; autrement vous vous feriez des affaires, et à moi aussi. Je prie Notre-Seigneur d'être avec vous.

LETTRE LXIV.

A Germigny, ce 13 octobre 1693

Commençons par les choses extérieures. Je n'ai point douté, ma Fille, de ce qui arriveroit à Jouarre. Madame l'abbesse m'a témoigné pour vous tous les sentimens qu'on peut souhaiter, et vous pouvez compter sûrement sur ce qu'elle vous a promis.

Prenez garde comme vous parlerez et agirez avec Madame. Car si on va une fois se persuader que vous demeurez à contre-cœur dans votre vocation, on entrera naturellement dans des défiances qui vous attireront bien des croix. Le fond de ma conduite envers vous ne changera pas. Pour l'union, nous ajusterons les petites choses à l'ordre commun, autant que la prudence le permettra.

Je ne vois pas qu'il serve beaucoup de penser présentement à ce que l'on fera après l'union : *A chaque jour suffit sa malice* [1]. C'est là une excellente instruction de Notre-Seigneur, et la plus propre que je connoisse à modérer les activités inquiètes. C'est, ma Fille, la seule chose, ou la principale à laquelle vous devez travailler à présent. Il faut être sous la main de Dieu, et se laisser manier conformément à son attrait, et (a) lui donnant précisément ce qu'il demande, ni plus ni moins. Par cette souplesse on attire son attention à nous conduire ; et autrement on trouble son action, on la devance, on la ralentit ; on n'est propre ni au frein ni à l'éperon. Je vous ai comparée, ma chère Epouse, à une cavale docile : je vous ai mise sous le joug ; marchez avec moi. Tâchez, ma Fille, de modérer cette activité et ces vaines pensées dont vous êtes agitée sur votre désir : entrez dans un véritable abandon. Le moyen qu'il tienne les sens dans le calme et (b) sous le joug, c'est de le faire sans réserve, en éteignant ce feu naturel. Ne vous étonnez pas de demeurer comme sans action, et gardez-vous bien de croire que Dieu s'éloigne de vous pour cela ; pourvu qu'on ne perde jamais courage, tout est bon.

[1] *Matth.*, VI, 34.
(a) *Var.* : En. — (b) Les sens dans le calme et les passions sous le joug.

Je ne doute point que ce désir de la religion ne vous nuise en beaucoup de choses : d'autre part, c'est un feu qui vous épure, et qui dévore vos fautes, vos activités, et vous rendra plus agréable à l'Epoux céleste. Ce n'est pas à renouveler vos intentions, ni par de nouveaux faits (a), que vous entrerez dans ses voies; c'est en vous accommodant à ses volontés, et en mettant là tout votre soutien. Dites les psaumes XXXIX, XLIV et XLVII : vous en serez consolée. Notre-Seigneur soit avec vous, ma Fille.

LETTRE LXV.

A Meaux, ce 3 novembre 1693.

Bienheureux ceux qui ont le cœur pur, le cœur dégagé de tout; *car ils verront Dieu* [1].

Je serai, ma Fille, ce soir à Germigny, s'il plaît à Dieu; samedi et les autres jours suivans à Coulommiers, et à Faremoutier, et peut-être ailleurs : je ne puis rien assurer. S'il arrive que dans ce temps on vous presse d'aller à Paris, marchez en foi. S'il vient des croix, hé! pourquoi êtes-vous faite? Si Dieu permet que je vous voie auparavant, à la bonne heure; sinon je suis assuré que Dieu vous soutiendra. Sa volonté ne paroît jamais plus clairement aux hommes que par la nécessité. Adorez donc la volonté de Dieu dans la nécessité où il vous met. réservez-lui votre intérieur, et donnez au dehors tout ce que l'on souhaitera de vous. Parlez franchement sur les affaires de la maison, quand on vous interrogera, et même sans scrupule : j'y mets toujours la condition qu'on vous le demande, ou que les choses soient si importantes d'elles-mêmes, qu'elles exigent qu'on en parle. Favorisez toujours l'union. Que vous fera-t-on? Vous empêchera-t-on de trouver Dieu partout, foible et trop vile créature? Qui peut contraindre l'amour, et empêcher le cœur de s'y livrer? *Dieu est amour* [2]. Notre-Seigneur soit avec vous, ma Fille.

[1] *Matth.*, V, 8. — [2] I *Joan.*, 4, 8.
(a) *Var. :* Ni à faire de nouveaux faits.

LETTRE LXVI.

A Meaux, ce 15 décembre 1693.

J'ai, ma Fille, reçu ce matin votre lettre, et ce soir l'on m'a apporté la boîte où étoient les saints instrumens de la sépulture mystique de Notre-Seigneur : je vous promets qu'ils serviront aux jours que vous souhaitez, et que je ferai sur le sacré corps et sang du Sauveur les prières que vous me demandez. Il y avoit dans la même boîte un écrit de vous (*a*), que je verrai le plus tôt qu'il me sera possible. Je suis accablé de soins pour les pauvres.

Il me semble que le moyen de sortir de l'embarras où vous êtes, est de vous en tenir à dire, comme je vous l'ai marqué, que vous êtes prête à tout de votre côté; mais qu'il faut me référer tout avant que de faire aucun changement, et attendre mes ordres. Notre-Seigneur soit avec vous, ma Fille.

LETTRE LXVII.

A Versailles, ce 26 décembre 1693.

Non, ma Fille, ce n'est point oubli, ni faute d'avoir lu très-exactement votre écrit, que je ne vous ai point fait de réponse : c'est premièrement manque de loisir; c'est secondement qu'avant de vous répondre à fond, il faut que je vous entende sur quelques endroits de votre écrit; cela est difficile à traiter par lettre. Cependant, quoique je ne vous aie pas fait de réponse, je n'en ai pas moins pensé à vous, puisque je vous ai offerte avec toutes vos peines et vos bons désirs sur le corporal, et avec la palle et le purificatoire que vous m'avez envoyés, et cela dans les trois messes solennelles de Noël et dans celle de saint Etienne.

Je suis très-aise que vous fassiez votre retraite : il est malaisé que j'entre dans le détail des matières que vous aurez à y méditer. Les Evangiles du temps où nous sommes fournissent un si beau sujet ! Joignez-y les psaumes : *Misericordias Domini*, *Dixit*

(*a*) *Var. :* Un écrit.

Dominus, et *Memento, Domine, David,* avec le commencement du chapitre ix d'Isaïe, par où commence la messe d'hier. Priez Dieu qu'il vous fasse connoître sa volonté, et occupez-vous bien de l'avénement du saint Epoux, qui veut venir dans les ames pour les remplir. Il faut être toute changée, pour le désirer et l'appeler. Il viendra, ma Fille, et ne vous quittera pas ; savoir s'il accomplira tous les désirs qu'il vous inspire, je n'y vois pas plus clair que ci-devant, ni rien qui avance de quelque côté que ce soit : ainsi je ne change point de sentiment. Accommodez-vous à la disposition des choses, et entrez dans les desseins de ceux de qui vous dépendez.

Je ne sais pourquoi Dieu vous donne tant de vues, et qu'il m'en donne si peu, si ce n'est apparemment qu'il veut vous exercer par un saint désir dont il ne veut pas l'accomplissement ; ou ne le veut pas quant à présent, puisqu'il n'y donne aucune ouverture. Adorons Dieu en humilité et en confiance. Je suis tout à vous, ma Fille, en son saint amour.

LETTRE LXVIII.

A Paris, ce 5 janvier 1694.

J'arrivai hier au soir, ma Fille, et je suis obligé d'aller à Versailles : je reviendrai le plus tôt qu'il me sera possible, et assurément dans peu de jours s'il plaît à Dieu ; je me ferai du temps autant que je pourrai, pour vous en donner tout celui qui vous sera nécessaire.

Je prie Notre-Seigneur qu'il soit avec vous durant cette sainte retraite. Je n'oublie point de prier Dieu pour obtenir la délivrance de vos peines : mais je ne veux point que vous fassiez dépendre de là votre repos, puisque Dieu seul et l'abandon à sa volonté en doit être l'immuable fondement. C'est l'ordre de Dieu ; et je ne puis le changer, ni je ne le veux, parce qu'il n'y a rien de plus aimable ni de meilleur que cet ordre, dans lequel consiste la subordination de la créature envers Dieu. Je le prie de tout mon cœur d'être avec vous.

(a) *Var.*: Je reviendrai dans peu de jours, s'il plaît à Dieu.

LETTRE LXIX.

A Paris, ce mercredi matin 1694.

Je ne vois rien, ma Fille, de plus pressé à vous dire sur vos peines, sinon que dans cet état où vous êtes attirée, Dieu aura fort agréable que vous conteniez tout l'extérieur; que vous livriez votre cœur au céleste Epoux, en le lui laissant plutôt prendre que de le lui donner vous-même; et que ne vous permettant nul appui sensible, vous portiez en patience, aussi pure que vous pourrez, l'effort du dedans. C'est un grand précepte pour vous que celui-là, et c'est ce que demande la perfection et la pureté de l'attrait qui vous presse.

Ne soyez point en peine de votre dernière confession, non plus que des peines que vous m'avez exposées. Mettez votre volonté dans celle de Dieu. Qu'il vous tienne : si vous le faites avec un plein abandon, il vous tiendra d'autant plus, que vous semblerez davantage à chaque moment vous échapper à vous-même. Je prie Notre-Seigneur qu'il soit avec vous. Je vous donnerai quelque temps, s'il plaît à Dieu; mais je ne sais quand : car mes journées sont si remplies, que j'ai peine à en être le maître. Marchez cependant, ma Fille, avec confiance, et soyez fidèle.

La traduction de M. le Tourneux (a), est conforme au latin et à l'original. Le sens est que par la malice de l'homme, Dieu est en quelque sorte changé; et que lui, qui par sa nature est la bonté même, devient implacable envers les pécheurs, ne songeant qu'à leur mal faire, au lieu que par lui-même il n'a que des pensées de douceur.

LETTRE LXX.

A Meaux, ce 22 mars 1694.

Je suis bien aise, ma Fille, que votre affaire soit consommée. Je serai vendredi au soir de retour ici; vous pourrez m'écrire les vues qui vous viendront. Laissez-vous conduire à l'Esprit de Dieu, et acceptez cet esprit de componction, comme il vous le

(a) *Var. :* Dans son *Année chrétienne.*

donne. Ce sera un saint exercice de lire le chapitre x de l'*Epître aux Hébreux*, pour entrer dans ce saint temps de pénitence et dans les approches de la passion de Jésus-Christ en un état de soumission à la volonté de Dieu, par là devenir avec Jésus-Christ une victime et lui offrir votre cœur, afin qu'il y écrive sa loi, comme saint Paul l'enseigne au même chapitre. Je vous donne ce chapitre à lire en huit jours, en commençant dimanche prochain. Les trois premiers jours (a) de cette octave vous réciterez avec un jour d'interruption le psaume xc, *Qui habitat*; et dans le jour qui demeurera libre, trois fois aussi le psaume xxxix, qui commence ainsi : *Expectans expectavi*.

La disposition où je souhaite que vous entriez, ma Fille, est celle de vous abandonner à la volonté de Dieu avec une pleine confiance, pour en être la victime, et mettre tout votre refuge entre ses bras tout-puissans et paternels. Pour entrer profondément dans cet esprit de componction où Dieu vous attire, vous direz la nuit du jeudi au vendredi saint le psaume xxxi, *Beati quorum*; appuyant sur ces paroles *dùm configitur spina*, « pendant que l'épine s'enfonce; » appliquant ce verset à la componction qui perce le cœur, et priant aussi Jésus-Christ de percer le vôtre de ses épines.

Il faudra dire encore le psaume cxxix, se regardant dans la plus profonde malice et corruption, comme morte dans le péché; et comme ne vivant plus que par la divine miséricorde. La même nuit, lire l'évangile de la sainte pécheresse aux pieds de Jésus-Christ, en saint Luc, chapitre vii, verset 16, jusqu'à la fin ; le chapitre xv de saint Luc, et le chapitre xviii jusqu'au verset 15.

Le samedi saint, le psaume lxxxvii, se regardant dans le tombeau parmi les morts avec Jésus-Christ, et appuyant sur ce mot : *Libre entre les morts*. Jésus-Christ seul l'a été, parce qu'il pouvoit ressusciter quand il vouloit ; et nous avons en lui cette liberté. Le même jour, après avoir reçu l'absolution, le psaume cii pour goûter la grace de la rémission des péchés. Le même jour, allez lire devant le saint Sacrement le dernier chapitre de saint

(b) *Var.* : Trois jours.

Matthieu, jusqu'au verset 16, lui portant comme un baume le plus précieux la componction de ses péchés, et la foi de sa résurrection que les hommes sembloient vouloir empêcher.

Le lendemain dès le matin, le psaume xv, qui est celui de la résurrection de Jésus-Christ ; vous unissant à la sainte société de l'Eglise, unie non par le sang et l'immolation des victimes mortes, mais par celui de Jésus-Christ ressuscité, ainsi qu'il est expressément prédit dans les versets 8, 9 et 10 de ce psaume, selon que l'interprète saint Pierre dans les *Actes*, chapitre ii, verset 25 jusqu'au 41. L'après-dînée venez, ma Fille, apprendre au sermon la vertu de la résurrection de Jésus-Christ, et priez-le que je traite dignement un si grand mystère.

Je ne vous oblige pas à lire de suite les chapitres ; vous avez huit jours pour cela. Arrangez de même en huit jours les Psaumes, comme vous voudrez. Arrêtez-vous où l'attrait de l'oraison vous prendra. Notre-Seigneur soit avec vous.

LETTRE LXXI.

A Paris, ce mercredi matin 1694.

Il n'étoit pas nécessaire, ma Fille, de vous répondre sur toutes vos peines : c'est assez de vous avoir dit de passer outre ; car c'en est assez pour vous faire voir qu'il ne s'y faut point arrêter.

Ce n'est pas à nous de savoir quand, ni comment Dieu accomplit les promesses de donner à ceux qui demandent : ses refus sont souvent un don plus précieux que ne seroient ses dons (*a*) mêmes. Abandonnez-vous à sa volonté ; Dieu cache ses dons comme il lui plaît.

Je ne vous empêche point dans l'oraison de recevoir les graces du divin Epoux, ni d'épancher votre cœur en son amour (*b*), quand l'attrait le demandera. Je ne vous défends, ma Fille, que ce qui seroit trop sensible. L'oraison que je vous prescris n'est principalement que pour le temps de sécheresse, et lorsque le reste vous sera dénié. Au reste cette oraison ne diminue pas l'amour, elle le redouble plutôt, en liant plus étroitement notre vo-

(*a*) *Var.* : Les dons. — (*b*) En son divin amour.

lonté à celle de Dieu : c'est le seul bien qui peut remplir le vide du cœur.

Prenez bien garde, ma Fille, que je ne vous défends pas l'action, ce n'est pas là mon esprit, mais que (*a*) je veux seulement que vous écoutiez Dieu plutôt que toute autre chose, sans vous exclure néanmoins de baiser humblement les pieds de votre crucifix, et de le baigner de larmes, si Dieu vous en donne.

Quant à l'oraison, je n'y sais rien, sinon que la meilleure est celle où l'on s'abandonne le plus à la disposition que Dieu met dans l'ame, et où l'on s'étudie avec plus de fidélité à se conformer à sa volonté.

Je ne comprends pas bien encore cette difficulté de penser à vos péchés, qu'il me semble n'avoir point encore observée en vous : ne forcez rien, et ne laissez pas de communier, comme vous feriez sans cela.

J'ai été bien aise, ma Fille, de vous répondre sur les difficultés de votre dernière lettre avant mon départ, quelque peine que j'aie eue à en trouver le temps. Je prie Notre-Seigneur qu'il soit avec vous.

LETTRE LXXII.

A Meaux, ce 4 mai 1694.

Je consens à votre vœu, ma Fille, autant qu'il plaira à Dieu de vous donner les moyens de l'exécuter.

La personne dont vous m'écrivez est une personne que Dieu exerce : je crois qu'il la veut à lui d'une façon particulière. Dites-lui qu'elle se soumette à son directeur et à son confesseur ordinaire, quelque opinion qu'elle ait qu'on ne la connoît pas (*b*) ; qu'elle soit assidue à l'oraison, et qu'elle communie souvent : vous pouvez, ma Fille, l'assurer de ma part que Dieu l'aura pour fort agréable. Je suis bien aise qu'elle se soit expliquée à vous. Consolez-la, et dites-lui bien que les ames que Dieu veut à lui, il les fait ordinairement passer par ces exercices, pendant lesquels une des parties les plus essentielles de la fidélité est l'oraison et la communion. Faites ce que Dieu vous inspirera pour elle : ce

---

(*a*) *Var.* : Puisque je veux. — (*b*) Qu'on ne la connoisse pas.

que vous lui avez dit est très-bon. Pour le surplus croyez, ma Fille, que je ne trouve point du tout mauvais que vous me parliez pour ceux qui vous en prieront, quoique j'oublie quelquefois de marquer (a) que j'ai reçu les propositions que vous me faites. Je me joins à vos prières pour M. votre fils; je souhaite que vous lui soyez une autre sainte Monique. Je prie Notre-Seigneur qu'il soit avec vous.

LETTRE LXXIII.

A Germigny, ce 10 mai 1694.

Quand cette personne m'écrira, je lui répondrai selon Dieu. Exhortez-la, ma Fille, à la communion : dites-lui qu'elle ne soit point inquiète de ses sécheresses; qu'elle songe seulement que l'ouvrier invisible sait agir sans qu'il y paroisse, et que le tout est de lui abandonner secrètement son cœur pour y faire ce qu'il sait, et de ne perdre jamais la confiance non plus que la régularité aux exercices prescrits de l'oraison et de la communion, sans avoir égard aux goûts et aux dégoûts qu'on y ressent, mais dans une ferme foi de son efficace cachée. Ce n'est point par goût, et encore moins par raison ou par aucun effort qu'elle sera soulagée : c'est par la seule foi obscure et nue, par laquelle se mettant entre les bras de Dieu et s'abandonnant à sa volonté, *en espérant contre l'espérance*, comme dit saint Paul[1]. Je la lui donne pour guide dans ce chemin ténébreux, et c'est lui donner le même guide qui conduisit Abraham dans tout son pèlerinage[2]. Qu'elle communie donc sans hésiter dans cette foi, et qu'elle fasse de même ses autres fonctions, sans faire aucun effort pour sortir de son état. Car elle doit être persuadée que plus Dieu la plongera dans l'abîme, plus il la soutiendra secrètement par la main : il n'y a point de temps à lui donner, ni de bornes à lui prescrire. Quand elle n'en pourra plus, il sortira des ténèbres un petit rayon de consolation qui lui servira de soutien.

J'approuve le prosternement pour l'intention que vous me

---

[1] *Rom.*, IV, 18. — [2] *Gen.*, XII, et seq.
(a) *Var.*: Qui vous en prieront. J'oublie quelquefois de marquer...

marquez. Je trouve néanmoins que c'est trop par jour : accoutumez peu à peu les yeux à vous voir en cet état, et ne faites rien que par l'ordre de votre supérieure (a), ni rien qui paroisse extraordinaire ou affecté. Il y a quelque chose de divin dans les dispositions de cette chère Mère à votre égard; profitez-en. J'aurai plus de loisir à présent de vous répondre que jamais. Notre-Seigneur soit avec vous.

LETTRE LXXIV.

A Meaux, ce 15 mai 1694.

Il est impossible, ma Fille, que je réponde par cette voie à votre écrit : je tâcherai de le faire avant mon départ.

Cette octave de l'Ascension vous doit être bien précieuse ; c'est ce saint mystère et l'absence du cher Epoux qui cause tous les soupirs et toutes les lamentations de l'Eglise dans le *Cantique des Cantiques*. La merveilleuse efficace de la présence de Jésus-Christ auprès de son Père, et sa puissante intercession est divinement expliquée dans les dix premiers chapitres de l'*Epître aux Hébreux*, que vous lirez pendant votre retraite avec les chapitres xiv, xv, xvi de saint Jean.

Le mystère de l'Ascension comprend trois choses principales, dont l'une est un grand détachement où il faut être à l'égard de Jésus-Christ même, qu'il ne faut plus connoître selon la chair, mais uniquement par la foi. O quelle pureté, quel détachement ! La seconde est son intercession par sa présence auprès de son Père, qui paroît par l'endroit de l'*Apocalypse* où l'Agneau est devant le trône[1] ; ce qui est parfaitement expliqué dans les dix premiers chapitres de l'*Epître aux Hébreux*. La troisième est la descente du Saint-Esprit, qui devoit être le fruit de la présence de Jésus-Christ auprès de son Père et de notre détachement.

Noyez, ma Fille, vos infidélités dans le sang de Jésus-Christ, et dans l'abîme des bontés d'un Dieu, et continuez à marcher dans les voies qu'il vous ouvre. Il est au-dessus de tous les dons

[1] *Apoc.*, v, 6.
(a) *Var.* : Votre chère supérieure.

et de toutes les ingratitudes; et il donne parce qu'il est bon. Parce que vous êtes infidèle, s'ensuit-il que les dons de Dieu ne soient pas sincères, et que sa vérité ne subsiste pas (a)? Je le prie de tout mon cœur qu'il soit avec vous, et je vous bénis en son nom.

LETTRE LXXV.

A Meaux, ce 17 mai 1694.

Je commencerai, ma Fille, par la seconde de vos demandes, dont la réponse servira de fondement aux autres. Ce n'est plus le temps de chercher à venir par la connoissance à l'amour de Dieu; mais de venir par un grand amour de Dieu à une plus intime connoissance, selon ce que dit saint Jean : *L'onction vous enseignera toutes choses*[1]. Ainsi le dénûment que Dieu vous demande est quelque chose d'inconnu où l'amour vous introduira. Il n'y a donc qu'à aimer en toute simplicité et vérité; et en transgressant tout le créé et tout ce qui n'est pas Dieu, quoiqu'il soit divin, s'arrêter en Dieu seul. C'est là, ma Fille, le parfait repos. On (b) profite en se dépouillant de plus en plus de l'attachement à ce que l'on est et à ce que l'on a, pour s'attacher à celui d'où tout vient et en qui tout demeure. C'est là cette parfaite purification, par laquelle l'amour s'épure peu à peu, et n'est plus qu'un pur encens qui n'a pas plutôt touché au feu, qui est Dieu, qu'il s'exhale tout entier vers le ciel en pure et douce vapeur.

Je persiste à n'approuver pas que vous fassiez une matière de confession de ce que vous me marquez : mais vous pouvez vous confesser de n'avoir pas été fidèle aux touches de Dieu. Régulièrement parlant, après un certain temps, il n'est pas utile de repasser en particulier sur ses confessions : c'est assez de conserver une impression générale de l'abîme de ses péchés. Je m'en rapporte pourtant à l'expérience : que cela soit rare en tout cas.

Les effets de l'amour-propre sont infinis : il faudroit un temps considérable pour les expliquer. En général c'est de s'attacher à

---
[1] *Joan.*, II, 27.

(a) *Var.* : Que les dons de Dieu et que sa vérité ne subsiste pas. — (b) On y profite.

nous-mêmes, et à ce qui est en nous : d'où il s'ensuit que pour l'arracher il ne faut s'attacher à rien qui soit en nous, mais regarder tout en Dieu, d'où tout vient et où tout demeure, comme j'ai dit. Il est permis de désirer de grandes graces, non pour exceller au-dessus des autres, mais pour être plus à Dieu et le glorifier davantage.

J'ai très-bien compris votre état présent : vous n'avez, ma Fille, sans vous rebuter des dispositions dont vous m'écrivez, qu'à continuer vos confessions sans en mot dire (*a*), et vos communions à l'ordinaire.

Je vous ai déjà dit que le divin Epoux n'a pas besoin qu'on lui témoigne son amour; il en voit les plus secrètes préparations. Laissez donc là tous les efforts; il vous entend dans le silence, c'est lui qui le donne.

Sur les compagnies, j'approuve beaucoup d'en être éloigné, sans se donner des airs extraordinaires, où il pourroit y avoir beaucoup de singularité et d'orgueil. Il faut écouter là-dessus la charité et la bienséance, et joindre la sincérité avec la circonspection.

Laissez à Dieu à vous appliquer à vos péchés passés ou présens; et ne faites point d'humiliation particulière que par ordre de Madame votre supérieure ou de votre confesseur. Modérez-vous en tout, hors à aimer le seul digne d'amour. Cachez-vous en tout et partout le plus que vous pourrez : allez votre train; et ne croyez pas, ma Fille, que je change ou par goût ou par dégoût. La vérité qui ne change point est ma règle : toutes ces pensées sont humaines, il les faut oublier.

Vous ne sauriez lire de psaumes plus convenables à la fête où nous allons entrer, que ceux de matines et de vêpres; et le chapitre vi de saint Jean vous suffira pour lecture. Je prie Notre-Seigneur qu'il soit avec vous, ma Fille.

(*a*) *Var :* Sans en rien dire.

LETTRE LXXVI.

A Meaux, ce 21 mai 1694.

Songez bien, ma Fille, à ce que vous promettez à Jésus-Christ de ne vous plaindre pas quand vous serez délaissée des créatures, quand en apparence il vous délaissera lui-même (*a*), et vous soustraira ses dons. Il faut donc être prête à tout, et sans se plaindre quand il en viendroit au point de faire comme s'il ne vous connoissoit pas. Il n'est pas question de lui dire de telles choses pour n'en pas venir à l'effet. Qu'il soit cependant votre cher et invisible soutien. Je prierai pour vous, ma Fille, comme évêque et comme pasteur sous le grand Pasteur des ames.

Tout passe, les dons de Dieu passent comme le reste, lui seul ne passe pas ; et il ôte et donne ses dons selon des règles certaines, mais connues à lui seul. Allons avec confiance, mais aussi en lui seul. C'est la mort de l'amour-propre, dont nous sommes sans cesse obsédés comme d'un démon intérieur, qui ne nous quitte jamais, mais que Dieu tient en bride en nous. Comme contre le démon, votre Epoux leur commande, et commande à leur amour propre, et commande au nôtre, qui nous feroit des démons, s'il ne le tenoit sous le joug par son amour ; mais souvent il nous le cache pour le fortifier. Cela est ainsi : Dieu est, et sa vérité est immuable.

Soyez victime de Jésus-Christ, j'y consens, ma Fille. Voilà le couteau que je vous envoie pour vous égorger. « La parole de Dieu est vive, et plus pénétrante qu'une épée à deux tranchans ; qui sépare l'ame d'avec l'esprit ; qui va jusqu'à diviser les ligamens les plus délicats et les plus intimes, et la moelle des os, les pensées, les intentions les plus secrètes. Tout est à nu devant lui [1]. »

Continuez votre retraite, ma Fille ; continuez vos communions, quoi qu'il vous arrive. Je vous pardonne vos plaintes. Vous croyez peut-être que cet état de victime n'est pas pour rien dé-

[1] *Hebr.*, IV, 12, 13.
(*a*) *Var.* : Quand vous seriez....; il vous délaisseroit.

truire en vous, parce qu'il n'y a rien pour vous là-dedans : et c'est là justement ce qui détruit, quand il n'y a rien pour nous dans les états où nous sommes mis.

Je ne puis encore rien vous dire sur ce petit point inconnu, qui empêche votre union consommée; cela nous viendra quand nous y penserons le moins : en y pensant, j'approuve fort la disposition de ne rien faire pour achever cette union ; c'est déjà commencer à rompre cet entre-deux. Gardez-vous bien de désirer des larmes : tenez-vous quelque temps sans aucun désir ; Dieu désirera en vous par son Saint-Esprit. Ne cherchez point à vous soulager : celui qui a fait tout le poids, vous soutiendra sous le fardeau. Continuez toujours vos communions, et gardez bien le cher Epoux ; dites ces paroles de la sainte Epouse : « Je le tiendrai et je ne le quitterai jamais, jusqu'à ce qu'il m'introduise au lit de ma mère. » Je le prie, ma Fille, qu'il soit avec vous.

LETTRE LXXVII.

A Meaux, ce dimanche matin, 1694.

Je prie Dieu, ma Fille, qu'il bénisse votre voyage. Je suis arrêté ici par une grande maladie de mon frère. J'espérois vous voir ce soir ; puisque Dieu en a disposé autrement, sa sainte volonté soit faite, et son nom éternellement béni. Adorez sa providence cachée, et jetez-vous en pure perte entre ses bras. Je ne puis rien dire du tout de mon voyage à Paris, et il y a plus d'apparence que je n'irai pas.

Pour vos confessions, vous n'aurez qu'à les faire à la manière que je vous ai prescrite, sans rien dire de ces peines particulières, qu'il faut réserver à Dieu.

Vous êtes bientôt prise au mot, ma Fille : il n'est plus temps de reculer, mais d'avoir un courage à tout porter ; Dieu le donne très-sûrement. Croyez que loin de vous rebuter, Jésus-Christ vous a écoutée : unissez-vous à ses délaissemens, laisse-le faire : mourez à tout, et surtout ne vous éloignez point de la communion ; à la fin vous retrouverez tout ce que vous avez perdu.

[1] *Cant.*, III, 4.

Les pressentimens que vous avez de la mort ne doivent opérer en vous qu'une attente de la volonté de Dieu, et un abandon à sa pure miséricorde, en espérance contre l'espérance. L'Epoux céleste vous regardera toujours par le treillis[1], et peut-être dans une entière obscurité ; mais c'est alors qu'il faut dire avec le Psalmiste : *Nox illuminatio mea*[2] : « La nuit est ma lumière. » Quoi qu'il arrive, tout est sûr, pourvu que vous ne perdiez pas la confiance.

Ne vous embarrassez pas des discours de M. N*** (*a*), qui dit bien, mais non pas tout. Les voies de Dieu sont plus étendues que les réflexions des hommes, même des hommes savans. Ne quittez ni l'oraison ni la communion, quelles que puissent être vos peines. Il faut prier et communier jusque dans les derniers délaissemens, et au delà ; il est ainsi. Je vous offre et vous offrirai à Dieu sans relâche, et je le prie d'être avec vous.

LETTRE LXXVIII.

A Versailles, ce 11 juillet 1694.

Je ne puis, ma Fille, vous conseiller de quitter Madame de Miramion dans l'état où elle est, contre le désir qu'elle en a : poussée à bout par votre retraite, elle deviendroit plus mal. Faites si bien qu'on connoisse que vous ne restez que pour la satisfaire, et rendez compte de tout à Madame de Jouarre, en prenant ses ordres.

Je ne sais quand je pourrai être à Paris. Vous ferez bien de m'exposer vos peines, quoique je croie les entendre assez par vos précédentes lettres. Ce que vous avez à faire pour en profiter, c'est de vous abandonner aux ordres de Dieu, et de continuer vos communions et vos autres exercices. Recevez le bien et le mal, l'estime ou les mépris et les rebuts comme venant du saint Epoux : par ce moyen, tout vous tournera à bien (*b*) ; et plus on en agit bien avec vous, plus vous devez être et vous montrer humble,

---

[1] *Cant.*, II, 9. — [2] *Psal.*, CXXXVIII, 11.

(*a*) Probablement M. Nicole. — (*b*) *Var.* : En bien.

officieuse et soumise à tout, autant qu'il se peut. N'ayez d'appui qu'en Jésus-Christ.

Priez pour moi, ma Fille, dans toute l'étendue du désir qui vous presse, et demandez pour moi à Dieu ses lumières les plus pures dans une des affaires des plus délicates et des plus importantes pour sa gloire, qu'on puisse traiter sur la terre. Notre-Seigneur soit avec vous, ma Fille.

LETTRE LXXIX.

A Germigny, ce 13 août 1694.

Je loue Dieu de ses bontés. Vous êtes contente de Jésus-Christ, et Jésus-Christ est content de vous (*a*). Que vous êtes simple, ma Fille, de vous tourmenter à faire connoître à l'Epoux céleste le désir que vous avez de lui plaire! Il le connoît mieux que vous, puisque c'est lui qui vous l'inspire. Cessez donc ce vain tourment : le silence de l'ame lui parle. Laissez-le faire : s'il vous captive, demeurez dans ses liens; et ne voulant avoir de pouvoir qu'en lui, adorez-le dans vos impuissances. Mettez l'abandon et la confiance à la place de tous les actes; c'est là qu'est le parfait amour.

L'aumône que Dieu vous demande, c'est de beaucoup prier pour l'Etat et pour ceux qui souffrent. Ne vous embarrassez donc pas de ce que le céleste Epoux demande de vous : faites sa volonté déclarée par les Ecritures, et par la nécessité des événemens. Soyez attentive à écouter et à suivre ses impulsions; dites-lui avec saint Pierre : « Seigneur, vous savez tout, vous pénétrez le secret des cœurs : vous savez que je vous aime[1], » ou que je veux vous aimer; donnez-moi ce que vous voulez; voilà tout.

Vous avez raison, il faut mourir pour vivre : plus on meurt à soi, plus on vit à Dieu et de Dieu même. Mourez donc et tombez à terre, pour vous multiplier et revivre comme le grain de froment[2]. Allez toujours votre train avec Dieu, selon les règles que je vous ai données, sans vous détourner d'un pas; Dieu le veut,

---

[1] *Joan.*, XXI, 17. — [2] *Ibid.*, XII, 24, 25.

(*a*) *Var.* : L'est de vous.

je vous en assure. J'ai commencé à lire quelques-uns des écrits que vous m'avez envoyés : je vous prie de me mander d'où vous viennent ceux qui regardent saint François de Sales (a). Notre-Seigneur soit avec vous.

LETTRE LXXX.

A Paris, ce 25 août 1694.

Je n'ai pas eu le loisir de lire votre écrit, ni de réfléchir sur vos lettres; il faut du temps pour cela. Tout ce que je vous puis dire, ma Fille, c'est que vous êtes (b) inquiète sur le contentement du cher Epoux. Il faut faire sa volonté de moment à autre, selon son attrait, sans retour sur soi, ni trop songer s'il est content et si l'on fait bien ; c'est ce qui ne se déclarera qu'au jugement après la mort. Il faut donc durant cette vie marcher dans l'obscurité, et prier Dieu qu'à chaque moment il tienne notre volonté sous sa main, sans s'inquiéter. Voilà, ma Fille, le vrai et saint amour, le pur et simple abandon.

Vous ferez bien de faire à votre loisir les copies que Madame d'Albert vous a conseillé de m'envoyer.

Continuez (c) dans vos voies, et assurez-vous que Dieu ne tardera pas à nous faire connoître sa volonté sur ce qu'il désire de vous : dites-lui toujours : « Mon cœur est préparé, Seigneur, mon cœur est prêt[1]; » préparez-le de plus en plus. « Je crois, Seigneur ; aidez mon incrédulité[2]. » Je souhaite qu'il soit avec vous, ma Fille.

LETTRE LXXXI.

A Germigny, ce 13 septembre 1694.

J'ai donné, ma Fille, à ce messager les deux livres que vous souhaitez: celui pour M. votre fils lui sera d'autant plus utile, qu'il sera envoyé par vous.

Je puis vous assurer que vous n'avez qu'à continuer vos exer-

[1] *Psal.* LVI, 8. — [2] *Marc.*, IX, 23.

(a) *Var.*: Ceux de saint François de Sales. — (b) Je vous trouve. — (c) Continuez de marcher.

cices à l'ordinaire, et que Dieu le veut ainsi, et qu'il veut de vous un grand abandon. Aidez-vous vous-même, ma Fille, doucement à en produire les actes; j'entends ou l'abandon même qui est l'acte d'une foi parfaite, ou les actes qui y préparent le cœur, tels que sont le détachement et le tranquille désir de se reposer en Dieu seul.

Les vues de faire des austérités me sont devenues encore plus suspectes, depuis que j'ai lu dans saint François de Sales que s'il étoit religieux il n'en demanderoit jamais d'autres que celles de la règle. Ainsi je vous permets bien, ma Fille, les prières et les communions pour l'intention que vous me marquez, mais non pas les austérités. Je vous permets d'associer à la dévotion que Dieu vous a inspirée, les personnes que vous me nommez. Adressez-vous à Dieu comme moteur des cœurs : faites-lui une neuvaine en cette qualité. Pour adorer Dieu moteur des cœurs, dites la prose *Veni, sancte Spiritus* tous les jours de la neuvaine avec la collecte *Deus, qui corda fidelium*. Après la neuvaine, continuez le *Miserere* tous les jours, et le *Veni sancte,* que vous direz souvent par forme d'aspiration, et surtout en vous levant et en vous couchant. Continuez jusqu'à ce que je vous voie; où je vous dirai ce que vous aurez à faire : dites tous les jours : *Sancta Maria, sancta Dei Genitrix, sancta Virgo virginum*. Priez avec confiance; Dieu opère lentement et doucement : j'espère qu'à la fin il vous accordera ce que vous lui demandez.

Passez tous les jours un quart d'heure à considérer d'une simple vue cet austère et doux maintien de la vertu chrétienne, en la personne de Jésus-Christ si doux et si humble de cœur, qui en a été le modèle, qui a tant pleuré et n'a jamais ri : pleurez avec lui; et sans affecter de ne point rire, soyez douce, complaisante et sérieuse.

Que vous dirai-je du saint Epoux, si ce n'est ce qu'en dit l'Epouse: « Qu'il est élu entre mille, tout aimable, tout desirable, tout amour; qu'il est aimé de ceux qui sont droits[1], et le plus beau des enfans des hommes[2]; » jusque dans sa passion, quoique couvert de crachats, la tête percée d'épines, et presque sans figure

[1] *Cant.*, V, 10, 16; I, 3. — [2] *Psal.* XLIV, 3.

de visage humain. Je vous applique, ma Fille, sa croix et son amour pour la volonté de son Père : *Amen, amen,* et je le prie d'être avec vous

LETTRE LXXXII.

A Germigny, ce 5 octobre 1694.

J'ai reçu vos lettres et votre mémoire, ma Fille ; j'espère dans peu de jours y faire réponse. En attendant soyez une veuve vraiment désolée, selon le précepte de saint Paul [1], puisque votre Epoux, toujours présent à la foi, est absent à la connoissance, et n'est senti qu'à travers des ombres : il n'y a que le cœur où il est présent par une sorte d'union plus intime. Ouvrez-lui votre fond, afin qu'il y mette et les douceurs et les martyres qu'il sait. Laissez-vous pénétrer des saintes maximes des Pères sur le sérieux de la vie chrétienne, sans changer sensiblement votre extérieur. Notre-Seigneur soit avec vous.

LETTRE LXXXIII.

A Germigny, ce 10 octobre 1694.

Je vous ai dit souvent, ma Fille, que l'état du mariage est saint. Les vierges qui le méprisent ne sont pas des vierges sages. La virginité est un état angélique. La viduité la suit de près. Le caractère d'une veuve chrétienne est de faire écouler tout son amour vers Jésus-Christ comme vers un époux, mais un époux absent, qui tout vivant qu'il est, est néanmoins comme mort pour son épouse, et la laisse dans un veuvage qui ne finira qu'avec le monde.

Toute l'Eglise est donc veuve ; et les veuves chrétiennes, qui ont porté dans leur mariage la figure de l'union de l'Eglise avec Jésus-Christ, portent encore dans leur veuvage l'état de sa viduité.

Le propre de la viduité est un dégoût plutôt qu'un mépris du monde : il faut porter un deuil éternel au dehors par la modestie et la simplicité, et au dedans par cette sainte désolation que

[1] I *Timoth.,* v, 5.

l'Apôtre a prêchée. Etre désolée, c'est être seule; la désolation vient de la solitude : une ame est seule, parce qu'elle n'a rien sur la terre. L'Eglise croit ne rien avoir, quand elle n'a pas son Epoux; et elle ne croit point l'avoir, quand elle ne l'a qu'au travers des ombres. O Dieu, dit-elle sans cesse, venez. Elle dit aussi quelquefois : Fuyez. La présence de l'Epoux en cette vie est trop obscure pour contenter un cœur avide. On aime mieux se nourrir de ses désolations et de ses larmes que d'une présence à demi, qui affame plutôt qu'elle ne soutient.

Je vous permets les prières que vous me marquez pour votre désir de la religion; mais c'est à condition, ma Fille, d'une entière résignation à la volonté de Dieu, et que vous demeuriez sans empressement : vous savez bien que je veux toujours que vous vous modériez là-dessus. L'abandon à la volonté de Dieu est un moyen plus efficace que toutes les austérités extraordinaires. Je suis confirmé dans la pensée de n'en permettre aucune de cette sorte par la doctrine de saint François de Sales, qui paroît très-éloigné de les approuver. Je me joindrai à vos prières; dites : *Fiat voluntas tua*. Soyez tranquillement désolée, c'est-à-dire seule, destituée de tout appui sur la terre, et n'ayant que dans le ciel un invincible soutien. Méditez bien ce que je vous dis, vous y trouverez une réponse à toutes vos demandes. Jésus-Christ soit à jamais avec vous.

LETTRE LXXXIV.

A Germigny, ce 19 octobre 1694.

Le mot oublié, ma Fille, est ce cher mot de *Venez*, tant répété par l'Epoux et par l'Epouse. Chose étrange, quelque opposé qu'il soit au *Fuyez* par où elle finit, ils viennent tous deux du même amour; tous deux du désir de la présence; car l'Epouse ne veut cette fuite que pour tirer son bien-aimé de la foule, et le suivre dans son secret.

J'ai répondu à tous vos doutes, en vous disant que les vierges honorent par leur état la pureté de l'Eglise; les femmes mariées sa fécondité; les veuves sa viduité, qui est l'état où Jésus-Christ l'a laissée en se retirant. Voilà la réponse au fond. Vous me demandez ce qu'il faut faire pour s'unir : il faut gémir de l'absence, aimer et se conformer à la volonté du cher amant, et le prier de nous posséder par les voies qu'il sait; puisqu'il sait tout amour (a).

Voici encore une de vos questions : Quel ornement doit avoir une Epouse ? Mais saint Jean a tout dit en un mot, quand il dit qu'elle étoit ornée pour son mari [1] : n'être que pour son mari, c'est son ornement tout entier : on est son épouse, on est sa veuve, on est sa fille, on est sa sœur; il nous est tout, colliers, robes nuptiales, ornement, parure et toute parure. L'Epouse ne brille que des lumières et des pierreries de son Epoux, qui est lui-même la perle qu'il faut acheter au prix de tout.

C'est pour vous dire, ma Fille, qu'on peut discourir sans fin sur tout cela, et tout sera véritable. Ce qu'il y a d'important, est de songer qu'une épouse de Jésus-Christ ne lui apporte pour dot que son néant : elle n'a ni corps, ni ame, ni volonté, ni pensée ; Jésus-Christ lui est tout, sanctification, rédemption, justice, sagesse. Elle n'est plus sage à ses yeux : elle n'a de gloire qu'en son Epoux. Pour s'humilier jusqu'à l'infini, elle n'a qu'à lire où son époux l'a prise; son infidélité, si elle le quitte; et la bonté de son Epoux, qui la reprendra encore si elle revient [2]. Quelle pauvreté ! quelle nudité ! quel abandon, et quel renoncement à tout pour le posséder ! Comprenez bien ce que c'est que ce renoncement, et ne vous laissez rien à vous-même que le fond où Jésus-Christ agit, qui encore vous vient de lui par la création, et que la rédemption lui a de nouveau approprié. Marchez devant lui, ma Fille, en toute innocence, sincérité, simplicité, débonnaireté, cordialité et bonté. Je prie Notre-Seigneur d'être avec vous.

[1] *Apoc.*, xxi, 2. — [2] *Jérém.*, iii, 16.
(a) *Var. :* Puisqu'il est tout amour.

LETTRE LXXXV.

DE LA SOEUR CORNUAU (a).

A Jouarre, ce 21 octobre 1694.

Votre dernière lettre, Monseigneur, m'a fait enfin prendre la résolution de vous envoyer cet écrit, sans pourtant que je sache et que je connoisse pourquoi je vous l'envoie, car quand je l'ai écrit je n'avois aucunes vues, et sans même y penser : tout ce que je sais, c'est que je fus comme forcée au sortir de cet état, de promettre à Dieu que j'écrirois ce qui m'en reviendroit à l'esprit, quand j'aurois le temps d'écrire; ce que je fis quatre ou cinq heures après. Comme je n'eus pas le temps d'écrire de suite, je crus que tout le reste m'échapperoit de la mémoire : cependant quand je repris la plume, tout me fut remis dans l'esprit. Comme je ne veux vous rien dissimuler, je vous avouerai pourtant que j'eus quelques mouvemens d'écrire les choses dans de beaux termes: je voulus même voir quelques livres pour cela ; mais j'en fus intérieurement reprise, et je ne pus rien comprendre à ce que je voulois voir; de manière qu'il me fallut reprendre mes manières naturelles d'écrire, et écrire les choses comme elles s'étoient passées dans mon imagination. Ainsi, Monseigneur, je vous les les envoie de même : vous le connoîtrez aisément, et que je n'en ai point gardé de copie. Il m'étoit venu quelques pensées d'en garder une, et de vous l'envoyer plus au net : mais comme je ne sais pas si vous ne condamnerez pas au feu ces productions de mon imagination, qui échauffée peut-être des désirs qui me pressent, ne serviroient qu'à me jeter dans quelques illusions, je n'ai osé en rien réserver, et j'aime beaucoup mieux vous l'abandonner entièrement. Je crois cependant vous devoir avouer que j'ai eu de la peine à vous l'envoyer, craignant que vous ne vous railliez un peu de ce que je donne entrée dans mon imagination

(a) Comme il nous est tombé entre les mains quelques lettres de cette Sœur à Bossuet, nous avons cru devoir les donner ici, pour mieux faire connoître l'esprit et le caractère de cette personne, qui a mérité pendant tant d'années les soins et l'application de ce grand prélat. (*Les 1ᵉʳ édit.*)

à de pareilles rêveries : cela cependant m'est arrivé sans y penser, et bien avant que je vous aie envoyé mon dernier écrit. Et comme je suis bien aise de vous tout dire, je vous avouerai que la plupart des questions que je vous y fais, n'avoient pour but que de tâcher de tirer de vous quelques instructions qui pussent me faire posséder tout ce que j'avois vu et ressenti en idée. Vous le connoitrez aisément, Monseigneur, pour peu que vous vouliez lire cet écrit avec application, si toutefois il le mérite. Il étoit écrit comme il est, avant que j'écrivisse le dernier que je vous ai envoyé ; et j'ai eu depuis ce temps toujours quelques scrupules dans l'esprit, sans savoir pourquoi c'est ; ce qui me fait encore plus résoudre à vous l'envoyer, et à vous marquer les vues que j'ai qu'il m'en pourra revenir quelque bien pour ma perfection : tout cela est néanmoins si confus et si obscur, que je n'y comprends rien. Le cher Epoux me cache toutes les voies pour aller à lui, hors celles que vous me faites connoître ; c'est ce qui fait, Monseigneur, que je vous dis toutes choses avec toute la sincérité et la confiance possibles : soyez en, je vous prie, bien persuadé ; et si vous connoissiez qu'il me fût utile que vous me parliez sur cet écrit, faites-le, s'il vous plait, mais à votre commodité. Il me vient dans l'esprit que si vous m'expliquez ce que je n'ai vu et ressenti qu'en idée, cela contribueroit beaucoup à m'en faire jouir ; néanmoins je ne vous demande rien que ce que le cher Epoux veut que vous me donniez. Pour cet écrit, si vous trouvez que je le doive garder, vous aurez la bonté de me le rapporter quand vous viendrez, ou vous en ferez ce qu'il vous plaira.

En relisant cette lettre, je m'aperçois, Monseigneur, que je ne vous dis pas que c'est un dimanche, pendant une grand'messe de ces Dames, qui fut assez longue, que tout cela se passa dans mon imagination ; et je ne sortis de cette rêverie que lorsque le premier coup du couvent, qui m'appelle à mon obédience du réfectoire, sonna. J'eusse souhaité dans ce moment n'avoir eu d'autre affaire que d'aller écrire ce que j'avois vu, comme si cela m'en eût fait jouir véritablement ; mais je ne pus le faire que vers le soir. Voilà, Monseigneur, vous dire tout simplement comme les choses se sont passées. Si vous croyez qu'il soit dangereux pour moi d'avoir de telles imaginations, dites-le-moi, je vous prie, afin que je me tienne sur mes gardes là-dessus, supposé que cela dépende de moi ; afin que mon ennemi ne trouve pas lieu de me faire tomber dans quelques illusions, qui me feroient perdre le cher Epoux. Offrez-moi toujours bien à lui, s'il vous plaît, et me croyez avec un très-profond respect, etc.

Sœur Cornuau.

Ne séparez point, s'il vous plaît, cette lettre de cet écrit, à cause que je vous explique des choses qui vous feront comprendre ce que c'est que cet écrit, où j'ai d'abord adressé la parole comme à une amie, sans pourtant y avoir réfléchi

ECRIT DE LA MÊME SŒUR.

Sur l'amour divin.

Ce fut dans la plus agréable rêverie du monde, un jour que je n'étois ni endormie ni éveillée, que je fus comme en idée presque introduite dans la salle des noces du céleste Epoux. Vous voulez, chère Sœur, que je vous fasse le récit des charmantes choses qui se passent pour y arriver, et pour avoir part aux faveurs que vous possédez : quoique vous sachiez ces choses par une longue jouissance, je ne laisserai pas de contenter votre curiosité

Je n'étois donc, comme je vous dis, ni endormie ni éveillée, lorsqu'il me parut que le désir que j'ai d'être au plus tôt une véritable épouse du céleste Epoux, échauffa si fort mon cœur que je devins toute en feu, et que je fis, ce me semble, tous les efforts imaginables pour obtenir cette grace. Je vis, à ce qu'il me parut dans ce moment, un grand nombre d'Epouses qui se préparoient à entrer dans cette salle. Je fus d'abord surprise de leur beauté et de leurs parures, qui étoient magnifiques, et qui jetoient un éclat qui m'éblouissoit. Tout cela néanmoins ne toucha pas fort mon cœur, et je ne me sentis pas un grand mouvement pour me

---

[1] C'est l'écrit dont il est parlé dans la lettre précédente, et il en sera encore question dans sa lettre du 21 décembre, et dans la réponse de Bossuet, qui la suivra. (*Les édit.*)

joindre à cette belle troupe : je me sentois même assez de timidité pour n'oser en approcher, lorsqu'une lumière qui me parut sortir de cette salle, me fit voir en un instant toutes les vertus dont ces saintes Epouses étoient ornées au dedans d'elles-mêmes, qui étoient comme de riches dots qu'elles apportoient à leur Epoux. Si j'avois été surprise de leur parure extérieure, je la fus incomparablement davantage de celle dont je vous parle. Ce fut là, chère Sœur, où mon cœur devint comme un furieux pour voler dans cette sainte assemblée. Je fis quelques efforts pour le retenir ; mais gagnée par ses ardeurs et par ses désirs, et plus que tout cela, par les belles et grandes promesses qu'il me fit de revenir tout autre, je le laissai enfin partir : et pour ne vous pas ennuyer dans un trop long récit, je vous dirai qu'il avança à pas de géant vers ces saintes Epouses; et sans avoir aucun égard à son peu de mérite, il poussa sa témérité jusqu'à demander une place avec elles, et de pouvoir comme elles être introduit dans cette salle. Il poussa même sa présomption jusqu'à demander d'être admis à ce mariage si chaste et si divin, qui fait, comme vous savez, cette union si intime avec ce céleste Epoux. Ces propositions parurent étonnantes à ces saintes vierges, qui ne voyoient en lui aucunes des parures qu'il falloit pour avoir part à leur faveur : mais comme la plus magnifique de leurs parures étoit l'humilité, elles lui cachèrent leur étonnement, et ne lui firent paroître ni mépris ni dédain, laissant à l'Epoux la décision de sa demande. Il fut question de la lui faire savoir; ce qui ne fut pas un petit embarras, personne ne voulant quitter son rang, ses fonctions et ses exercices pour y aller.

Mon cœur aussi vif que vous savez qu'il est, ne s'accommoda pas de ce retardement qui le mettoit dans des incertitudes mortelles; car enfin il lui paroissoit qu'il ne pouvoit plus vivre sans cette union intime. Comme il pensoit attentivement aux moyens qu'il pourroit trouver pour y parvenir, et pour être non-seulement introduit dans la salle des noces, mais jusqu'au cabinet de l'Epoux, où les faveurs les plus secrètes se communiquent; comme, dis-je, il soupiroit, étant plongé dans une fort grande tristesse que le seul amour causoit, il fut tout à coup, je ne sais comment, introduit auprès de l'Epoux, non pas dans la salle des noces, mais dans un lieu champêtre, comme si cet Epoux se fût occupé à l'agriculture. Ce lieu, tout solitaire qu'il parût, avoit des délices surprenantes : l'on y voyoit d'agréables ruisseaux et de charmantes prairies, où il y avoit de bons et de gras pâturages, et tout y paroissoit d'une grande et abondante fertilité. Le doux murmure de ces ruisseaux et le bruit confus d'une grande quantité de zéphirs, rendoit ce séjour le plus agréable du monde. J'avois quelque penchant d'y rester : mais l'amour me fit passer outre ce lieu qui me paroissoit si beau, et je fus menée dans une épaisse forêt, qui me parut dès l'abord être la retraite des bêtes sauvages. Je ne me trompois pas, j'en vis de toutes les espèces; et jamais je n'ai si bien compris les absences de l'Epoux que dans cette profonde solitude, où il me fut montré qu'il falloit pourtant rester quelque temps si je voulois obtenir ce que je demandois. Cela me parut assez pénible, d'autant plus qu'il ne paroissoit dans ce désert aucune chose qui pût contenter la nature, pas seulement une seule goutte de rosée, et qu'il falloit dans cette affreuse solitude et au milieu de mille rochers inaccessibles, porter un poids écrasant d'un certain amour qui veut briser jusqu'aux os pour régner seul.

Enfin, chère Sœur, ce fut dans ce lieu où il me fut montré quelles étoient les parures dont je devois être ornée pour approcher de l'Epoux. Vous jugerez aisément que ce fut une foule de vertus dont il fallut me revêtir. Il me parut dans ce moment que rien ne me coûtoit, que je mourois à tout; que l'amour-propre, l'orgueil et la vanité cédoient la place à l'humilité, l'obéissance, la chasteté, la pauvreté, la charité, la simplicité, la douceur, la mortification et toutes les autres vertus. Ainsi, chère Sœur, après être ainsi parée, je quittai ce lieu de mort; car je n'y respirois véritablement qu'un air de mort, qui me faisoit, à ce qui me sembloit, comme rentrer dans un certain néant, où l'on trouve pourtant la vie : car aussitôt que j'eus quitté ce stérile et ennuyeux séjour, je fus conduite au pied de la plus agréable colline du monde. Ce lieu étoit charmant par sa beauté : on y découvroit de loin une montagne enchantée, qui paroissoit être celle des aromates du *Cantique*. Ce fut au pied de cette montagne que l'Epoux commença à se montrer, et à me donner quelques espérances de plus grandes faveurs. Mon ame dès cet heureux moment, fut prise et éprise de ses beautés et de son amour : elle rompit aisément avec tout ce qui étoit de terrestre, pour s'élever et se perdre dans cet Epoux : elle s'en approcha sans crainte, elle se dilata en sa présence; et sans timidité, elle osa, vous le dirai-je, elle osa d'abord, pour première faveur, demander le saint baiser ; et loin d'être rebutée, l'Epoux le lui accorda.

Vous savez bien, chère Sœur, comme ces faveurs augmentent l'amour, et quel feu elles allument dans un cœur qui veut aimer, et vous savez encore mieux qu'une ame après cela ne s'arrête pas là. Vous savez, dis-je, par votre propre expérience quelles douceurs l'on goûte dans ces intimes communications, où l'ame reçoit les caresses de l'Epoux, qui la transportent comme hors d'elle-même, et qui font que s'abandonnant à l'amour qui la presse, elle fait elle-même des caresses à l'Epoux. Vous voudriez bien que je vous expliquasse ces caresses ; mais ce sont choses qui ne peuvent être expliquées que par l'ame même qui les ressent et qui les reçoit : car c'est un mystère si grand et si intime, que ces caresses intérieures, qui portent dans elles une union si grande de l'Epoux et de l'ame aimante, qu'il n'y a, encore un coup, que l'ame même qui en puisse parler. Vous jugez sans doute que ce lieu me plaisoit fort ; néanmoins, comme je ne perdois point de vue cette belle montagne, qui me paroissoit toujours pleine de nouveaux charmes, j'avois un grand désir d'y être introduite. Mes ardeurs furent connues de l'Epoux, qui ne me rebuta pas encore, quoique ce fût la plus grande des faveurs, et où se consommoit le chaste et divin mariage.

Il me fut donc promis d'être introduite dans ce lieu de délices, pourvu que je pusse y monter, qui étoit une chose qui me sembloit impossible, cette montagne me paroissant inaccessible. Comme je me tourmentois avec beaucoup d'empressement à découvrir quelque petit sentier qui pût par ses détours me faire trouver le haut de cette montagne, j'en trouvai plusieurs qui m'arrêtèrent tout court, tant ils étoient affreux, pénibles et difficiles : je ne voyois que précipices, que ronces et qu'épines qu'il falloit traverser avec bien de la peine, et aux dépens même de beaucoup de plaies et de douleurs. Comme j'étois fort appliquée à considérer ce qu'il me falloit souffrir avant que d'être au haut de cette montagne, où j'apercevois tant de nouvelles beautés qui ne servoient pas peu à m'encourager pour surmonter tous les obstacles que je rencontrois à mon chemin ; comme, dis-je, je considérois attentivement toutes ces choses, une lumière intérieure et pénétrante me fit comprendre que tout ce que je voyois étoit la figure d'une ame qui doit vaincre ses plus secrètes et délicates passions, et arracher de son cœur tout autre amour et toute autre attache que celle de son Epoux, qui doit détruire jusqu'au moindre reste de son amour-propre, et de certaines complaisances pour soi-même, qui font que si souvent elle s'applaudit dans le secret, et donne tant de nourriture à son amour-propre et au secret désir d'être estimée; rompre sans aucun ménagement avec ses inclinations les plus intimes et les plus favorites ; passer encore outre pour aller détruire cet orgueil secret, si caché dans l'intime secret du cœur, qui fait qu'abusé lui-même par ce séducteur, il ne s'aperçoit pas qu'il y domine en souverain.

Je serois infinie, chère Sœur, si je vous disois tout ce que je vis; et si ces ronces et ces épines m'avoient tant effrayée, je ne la fus pas moins d'envisager tant d'ennemis en mon chemin, qu'il falloit nécessairement surmonter et vaincre pour arriver à cette montagne. Cela me parut bien autre chose que ces épines dont j'avois appréhendé les blessures; et, à vous parler sincèrement, j'aurois beaucoup mieux aimé être déchirée par elles que de soutenir un si grand combat, comme celui qu'il me falloit avoir avec cette secrète partie de moi-même, qui devoit non-seulement m'arracher et me dépouiller de moi-même, mais encore me donner la mort.

Enfin pourtant attirée par les faveurs qui m'étoient promises, et brûlant d'amour pour cet Epoux, que toutes ces choses m'empêchoient d'approcher, je pris les armes en main ; et après un travail tel que vous pouvez penser, j'arrivai presque au haut de cette montagne, dans un lieu de délices qui paroissoit être l'endroit où l'Epoux se reposoit pendant le midi; car je l'y trouvai comme endormi : ce fut là où, tombant de fatigue et embrasée d'un amour violent, je dis, ce me semble, ces paroles de l'Epouse : *Fortifiez-moi avec des fleurs*[1], etc. Je restai donc auprès de cet Epoux, sans voix et sans parole, dans un certain silence de ma part, qui étoit fort tranquille, et sans plus m'amuser à la beauté de ce lieu; uniquement appliquée à me reposer dans les bras de l'Epoux. Je ne m'attachai plus qu'à lui laisser ravir mon cœur, et à goûter les douceurs de son amour.

Mais une lumière encore plus forte que les précédentes, me vint comme réveiller de cet intime silence, et ralluma au fond de mon cœur un nouveau feu, beaucoup plus pur et plus véhément que tout ce que jusqu'alors j'avois ressenti. Je compris et j'aspirai dès ce moment à de plus intimes faveurs : je connus que celles que j'avois n'étoient pas encore celles qui font cette parfaite union de l'ame avec l'Epoux; je compris même qu'elles ne le faisoient pas posséder parfaitement. Ainsi, chère Sœur, je retombai dans de nouveaux désirs, mon amour ne pouvant se satisfaire qu'en le possédant souverainement. Mais hélas! quel travail ne faut-il point encore essuyer pour en venir là, puisqu'il n'est plus permis, ni d'agir, ni de faire aucun effort pour arriver à cette union, qui est l'ouvrage du seul Epoux? Il faut attendre ses momens; et malgré l'impatience de ses désirs, demeurer tranquille à ses pieds comme Madeleine, écoutant ce qu'il dit au fond de l'ame, qui ravie de ce qu'elle entend, par un transport d'amour s'écrie avec l'Epouse : L'Epoux est toute ma consolation.

Il ne tarde pas, comme vous savez, à lui en donner des marques : il vient enfin, il la caresse de nouveau, et entre avec elle dans de plus intimes communications. L'ame alors comme enivrée ne sait plus ce qu'elle fait; elle ne garde plus de mesures avec l'Epoux, elle ne peut plus soutenir ses graces qui la feroient volontiers s'écrier avec un grand Saint : C'en est assez, Seigneur, c'en est assez; et tout ce qu'elle peut faire dans cet état est de reposer sur la poitrine de l'Epoux, et d'y prendre de nouvelles forces. C'est là, chère Sœur, c'est là où les secrets ineffables se communiquent,

[1] *Cant.*, II, 5.

et où l'ame se perdant en Dieu, reçoit comme un nouvel être qui la fait devenir comme une même chose avec le divin Epoux, qui lui fait voir comme en passant quelques rayons de sa gloire; ce qui allume encore un feu plus pur et plus fort, qui la va consumant petit à petit. Ce fut alors que mon ame ainsi détruite prit un repos plus grand et plus intime sur cette divine poitrine, où elle buvoit à longs traits les douceurs ineffables du chaste et divin amour, et qu'attentive aux momens précieux où son Epoux devoit la faire entrer dans la salle des noces, elle ne se permettoit pas le moindre mouvement.

J'en étois là, chère Sœur, lorsque le son d'une importune cloche qui m'appeloit à mon obédience, m'a tout à coup distraite de cette rêverie. Vous pouvez bien imaginer quelle a été ma douleur, quand j'ai trouvé que toutes ces belles choses m'étoient échappées plus vite qu'elles n'étoient venues, et que l'idée seule m'en demeuroit et non la réalité : encore me serois-je consolée si j'eusse entré dans cette salle des noces, et si j'eusse eu place avec toutes ces vierges qui sembloient m'attendre. Tout ce qui m'est donc resté de cette agréable fiction, c'est un désir intime et violent de devenir en vérité ce que je n'ai été qu'en idée : mais je suis bien éloignée de telles graces. Cependant, à vous parler sincèrement, je crois que cette rêverie ne me sera pas inutile ; car elle me laisse un goût de tout ce que mon imagination m'a fait voir, qui échauffe beaucoup mon cœur ; ce qui me fait écrier avec le Prophète : « Comme le cerf soupire avec ardeur après les eaux ; ainsi mon ame soupire après vous, ô mon Dieu [1] ! » et cet autre : « Que vos tabernacles sont aimables, ô Dieu des armées! mon ame languit et se consume du désir d'entrer dans la maison du Seigneur [2]. » Que je serois heureuse si j'en venois solidement à la pratique de toutes ces vertus dont j'avois cru être revêtue, et mourir enfin de cette mort mystique qui mène à la vie; et que détachée de tout le créé, je ne touche plus à la terre que du bout du pied, pour m'élever jusque dans le sein de Dieu, où je perde le goût de toutes les choses du monde, où je sois oubliée de lui, et où je l'oublie entièrement !

[1] *Psal.* XLI, 1. — [2] *Psal.* LXXXIII, 1.

Ces vues me donnent un nouvel attrait pour la vie cachée... Vie cachée et oubliée aux yeux du monde et connue de Dieu seul, que vous êtes aimable, que je vous désire, et que vous me paroissez utile pour mon ame, qui lassée et fatiguée d'elle-même, du bruit et du tumulte du monde, de ses maximes, de ses respects humains, de ses complaisances, de ses louanges, de ses inconstances, s'écrie avec l'Epouse : *Venez, mon bien-aimé, allons aux champs, fixons notre demeure à la campagne* [1] *:* car véritablement c'est dans la privation et dans l'éloignement de tout le créé et des créatures, où l'ame seule avec cet Epoux peut faire quelque progrès dans son amour; car, encore un coup, le monde fait un trop grand bruit autour du cœur pour écouter cette divine voix : les liaisons même les plus saintes distraient l'ame; et si elles n'éteignent pas le feu que l'amour y nourrit, elles empêchent qu'il n'augmente, et même peu à peu elles le diminuent; de manière que l'ame n'étant pas toujours soutenue par ce divin feu, tombe insensiblement dans la langueur, et peut-être même dans la mollesse; ce qui donne occasion à ses ennemis de l'attaquer par de nouvelles tentations, où si elle ne succombe pas, elle est du moins bien ébranlée, se voyant souvent presque vaincue et à deux doigts de sa perte : et puis, que cette ame vienne se plaindre des nouveaux combats que ses ennemis lui livrent, elle aura vraiment bonne grace quand elle les aura attirés sur ses bras, ou du moins quand elle aura si peu veillé sur elle-même, et si peu gardé les avenues par lesquelles elle savoit qu'ils pouvoient revenir, qu'ils sont enfin revenus avec beaucoup de violence.

Je m'aperçois, chère Sœur, qu'insensiblement après vous avoir raconté ma rêverie, je vous parle de mon intérieur. Mais en voilà assez de toute manière; et vous connoîtrez aisément que l'amour seul a conduit ma plume dans cet écrit, où vous ne verrez ni beaux termes, ni les marques d'un beau génie, ni ceux d'une savante. Je vous avoue que je ne possède point toutes ces choses, et que je ne désire point les posséder; je mets toute ma science à aimer et à beaucoup aimer, et l'amour seul sera toujours l'unique objet de mon amour.

[1] *Cant.*, VII, 11.

LETTRE LXXXVI.

RÉPONSE DE BOSSUET.

A Germigny, ce 26 octobre 1691.

J'ai lu, ma Fille, très-attentivement votre pieuse et consolante réflexion : sans vous y attacher, mais en prenant ce qui en fait le fond, demeurez en attente de ce que Dieu veut faire de vous et en vous : ce n'est pas à l'homme d'y mettre la main. Eloignez votre cœur de tout : que ni l'estime ni l'amour de la créature, je veux dire ni celle que vous avez ni celle qu'on a pour vous, ne vous soient plus rien. Dites en attente le psaume xiv : « Seigneur, qui habitera dans votre tabernacle, ou qui se reposera sur votre sainte montagne? » Pesez-en avec foi toutes ces paroles et toutes celles qui suivent. Revêtez-vous de cordialité, de sincérité et de charité envers tout le monde ; et quand vous en viendrez à ces paroles : *Qui facit hæc, non movebitur in æternum,* faites un acte de foi sur cette immobilité que Dieu seul peut donner, et qu'il ne donne néanmoins qu'à ceux qui s'y préparent, et qui se livrent à lui afin qu'il les y prépare lui-même. C'est là donc que vous trouverez cette continuelle oraison, dans l'immobilité d'une ame fondée en foi et en amour : c'est là que vous deviendrez vous-même comme une montagne où Dieu fixera sa demeure, conformément à cette parole du psaume cxxiv : « Ceux qui mettent leur confiance dans le Seigneur seront comme la montagne de Sion : les habitans de Jérusalem ne seront jamais ébranlés. »

Ne faites aucun effort de tête, ni même de cœur, pour vous unir. Tirez seulement votre cœur à part : l'Epoux sacré vous trouvant dans la solitude fera son œuvre. Ne faites rien d'extraordinaire, ni aucune austérité particulière. Ouvrez tout à l'Epoux, qui ne veut que jouir. O quel admirable secret ! Est-il possible qu'un Dieu fasse de telles choses en sa créature? Qu'il agisse en maître, puisque c'est un maître si rempli d'amour. *Amen, amen.*

Vous me demandez le moyen de faire écouler en Jésus-Christ

tout son amour. Quoi que je vous dise pour cela, vous me pourrez demander encore le moyen de pratiquer ce moyen, et ainsi on iroit à l'infini. Sachez donc, ma Fille, qu'il y a des choses où le moyen de les faire est de les faire sans autre moyen; car les faire, c'est les vouloir fortement; et le moyen de les vouloir fortement, c'est de commencer tout d'abord à les vouloir fortement en foi, c'est-à-dire dans la confiance que *Dieu fait en nous le vouloir et le faire*, comme dit saint Paul [1].

Mais ce qu'on demande ordinairement quand on demande des moyens, c'est à quelles pratiques particulières, extérieures ou intérieures, il faut s'attacher, ou quels efforts il faut faire; au lieu que très-souvent le moyen, c'est de ne se faire aucun effort violent, et de ne faire dépendre son action d'aucune pratique particulière, mais de se laisser conduire aussi librement que doucement à l'esprit qui nous pousse. Faites dans cet esprit votre petite retraite; communiez-y tous les jours.

Je puis presque vous assurer que je vous verrai le jour des Morts, s'il plaît à Dieu. Je vous mets cependant, ma Fille, avec ces âmes pour qui l'Eglise travaille en ce saint jour; et je vous unis à elles, pour participer à leurs purifications inouïes et inexplicables. O Dieu, quel artifice de la main de Dieu, de savoir faire trouver des douleurs extrêmes dans un fond où est sa paix et la certitude de le posséder! Qui sera le sage qui entendra cette merveille? Pour moi je n'en ai qu'un léger soupçon. Qui est cette chère Sœur à qui s'adresse votre discours? Quelle qu'elle soit, vous pouvez lui en faire la lecture. Je vous bénis de tout mon cœur.

LETTRE LXXXVII.

A Meaux, ce 5 novembre 1694.

Dès aussitôt que j'arrivai de Jouarre, je me mis à lire l'écrit que vous m'aviez donné : je ne me suis trouvé en état, ma Fille, de vous dire autre chose que ce qui suit : *Expectans expectavi Dominum* [2] : « J'ai attendu le Seigneur en attendant. » Ceux qui

[1] *Philip.*, II, 13. — [2] *Psal.* XXXIX, 1.

s'empressent, ceux qui se tourmentent (*a*), comme si en se tourmentant ils faisoient venir l'Epoux, attendent ; mais ce n'est pas en attendant, parce qu'ils s'aident et s'empressent. Attendre en attendant, c'est attendre en simplicité, sans rien faire, comme pour violenter l'Epoux céleste. Ce qu'il faut faire uniquement, c'est se séparer, se mettre à part, se laisser tirer à l'écart, et là attendre en attendant ce que l'Epoux voudra faire : si en attendant il caresse l'ame et la pousse à le caresser, il faut livrer son cœur, et lui dire tout ce qu'inspire un amour libre qui ne peut souffrir de contrainte. Je n'en dirai pas davantage (*b*). C'est en cela, ma Fille, que consiste la fidélité de l'Epouse ; c'est là son état, c'est là son caractère.

Que vous puis-je dire sur la contemplation et sur l'union ? L'union, c'est l'union, et non autre chose. Le moyen de l'union, c'est l'union même ; se séquestrer et laisser faire, c'est là toute la correspondance de l'Epouse : elle ne doit ni recevoir ni donner des bornes à son amour ni à ses transports.

L'onction vous enseignera, ma Fille, ce que je ne puis vous dire : où je manque, je vous donne Dieu et son Esprit pour docteur ; mon ignorance est heureuse pour vous.

Calmez-vous, acoisez-vous ; l'Epoux bien assurément vous veut moins active : vous vous êtes un peu corrigée ; mais il y a encore trop d'ardeur, comme dans les bons chevaux. L'Epoux compare son Epouse à une belle cavale mise sous le joug[1] : c'est là comme il veut les ames ; nul mouvement irrégulier, ni aucun pas qui ne soit utile.

Attendez donc en attendant, revenons-en là : mais observez certains états où le saint Epoux met l'ame tout en mouvement par rapport à lui : c'est alors ordinairement qu'il prépare à la chaste jouissance ; et souvent même elle est faite sans qu'on le sache. La préparation contient l'effet, et on a ce qu'on cherche encore. Il ne faut point cesser de chercher ce qu'on n'a jamais assez trouvé. Notre-Seigneur soit avec vous, ma Fille.

---

[1] *Cant.*, I, 8.

(*a*) *Var.* : Ceux qui se tourmentent.— (*b*) Je n'en dirai pas davantage ; je n'en veux pas savoir davantage ; je n'en sais pas davantage.

LETTRE LXXXVIII.

A Meaux, ce 10 novembre 1694.

C'est bien fait, ma Fille, de m'exposer franchement les effets que font mes lettres : mais afin qu'elles n'en fassent jamais de mauvais, il faut vous accoutumer à les bien prendre : car quoique dans le fond vous l'ayez fait, j'ai remarqué avec douleur qu'elles ont opéré un certain découragement, que vous ne paroissez pas même avoir assez connu, et qui enfin vous a fait croire que jamais vous ne vous corrigerez de rien, et vous a inspiré le dessein de retrancher quelques-unes de vos communions. Rien n'étoit plus éloigné de ma pensée ; ainsi vous avez fait mal d'entrer dans ces défiances. Gardez-vous donc bien de rien changer en cela, ni de restreindre votre cœur, parce qu'on vous fait voir vos fautes. C'est les voir utilement et comme il faut, que de relever son courage au lieu de l'abattre à cette vue. La crainte de m'avoir déplu est encore poussée trop loin : c'est mal entendre la sincérité avec laquelle on parle aux ames à qui on est redevable; on leur dit, sans être fâché, la vérité telle qu'elle est.

Au surplus, ma Fille, laissez tout cela ; laissez vos peines sur vos confessions : ne vous gênez point en les faisant ; ayez seulement en vue l'avis que je vous ai donné : ne vous confessez point de la peine que vous me marquez. Tenez-vous dans l'attente que je vous ai expliquée : observez sans anxiété les momens que je vous ai désignés ; et plutôt que de demeurer dans l'inquiétude, proposez toujours vos doutes, et acquiescez soit à mes réponses, soit à mon silence. Soyez souple sous la main de Dieu, et dilatez vos voies sous ses yeux, livrant toujours votre cœur au saint Epoux qui vous presse. Je le prie d'être avec vous, ma Fille.

LETTRE LXXXIX.

A Paris, ce 4 décembre 1694.

Je vous remercie, ma Fille, de tous les vœux que vous avez faits pour ma santé et pour mon procès : Dieu vous a exaucée dans l'un et dans l'autre; vous en apprendrez le détail par M***.

Je prie Dieu qu'il vous soutienne dans cette profonde tristesse. Il n'est pas vrai qu'elle ne puisse (a) venir de Dieu; témoin celle de l'ame sainte de notre Sauveur : l'ennui où l'Evangéliste confesse qu'elle fut plongée [1], ne différoit point en substance de ce qu'on appelle chagrin. N'alla-t-il point jusqu'à l'angoisse, jusqu'à l'abattement? Il est vrai qu'il n'y a point eu de défiance; car cela ne convenoit pas à l'état de Fils de Dieu . mais n'en a-t-il pas pris tout ce qu'il en pouvoit prendre, sans dégénérer de la qualité de Fils? Tout cela fait voir que notre Chef a transporté en lui toutes les foiblesses que devoient éprouver ses membres, autant que la dignité de sa perfection (b) et de son état le pouvoit souffrir.

Mais la chose a été bien plus loin dans ses serviteurs, puisque Job a été poussé jusqu'à dire : *Je suis au désespoir;* et encore : *J'en suis réduit au cordeau* [2]. Et saint Paul n'a-t-il pas été poussé jusqu'à n'avoir de repos ni jour ni nuit, jusqu'à être accablé au delà de toutes bornes, jusqu'à porter dans son cœur une réponse de mort [3], et n'avoir besoin de moins que d'une résurrection ?

C'est un des fruits de la passion de Jésus-Christ votre cher Epoux, Ne vous mettez donc point en peine, ma Fille, de ce qu'il veut faire par là : gardez-vous sur toutes choses du découragement où vous étiez tombée d'abord, en vous retirant de vous-même des communions ordinaires. Il y a dans la loi de grace, comme dans d'autres, de vives répréhensions et de pénétrantes terreurs, témoins celle de saint Jean, au premier chapitre de l'*Apocalypse* [4]. Je vous dis donc comme lui dit Jésus-Christ : « Ne crains point, écris ce que je te dis, et grave-le dans ton cœur [5]. » Il obéit, et il écrivit, lui qui étoit auparavant tombé comme mort à la seule vue du Fils de l'Homme. Obéissez à son exemple, et vos peines se calmeront; c'en est là le seul remède, et je vous assure de très-bonne foi que toutes vos peines sont sans fondement. Notre-Seigneur soit avec vous.

---

[1] *Matth.*, XXVI, 38; *Marc.*, XIV, 34. — [2] *Job,* VII, 15, 16. — [3] II *Cor.*, I, 8, 9. — [4] *Apoc.*, I, 17. — [5] *Ibid.*, 19.

(a) *Var. :* Qu'elle ne puisse pas. — (b) De sa personne.

LETTRE XC.

A Meaux, ce 21 décembre 1694.

Je prie Notre-Seigneur, ma Fille, qu'il bénisse votre retraite, et qu'elle soit agréable au cher et céleste Epoux. Ma tête ne me permet pas que je vous dise rien davantage aujourd'hui : trouvez bon que je remette à une autre fois la réponse que je dois à toutes vos lettres : je les ai toutes vues, et aussi la copie que j'attendois. Je reverrai tout au premier loisir, ou au premier jour que j'aurai la tête libre.

Vous vous laissez pousser trop loin dans votre peine, ma Fille, et dans votre désir pour la religion. Quoi ! sortir, chercher un désert impénétrable, vous échapper éternellement à nos yeux ! quel excès de le penser seulement ! Je vous défends de rien exécuter là-dessus : je vous mets en la garde de Dieu, et je le prie de briser bientôt Satan à vos pieds.

La préparation à la mort ne consiste pas dans les choses extérieures, mais à faire et à souffrir la volonté de Dieu. Demandez cette grace au cher Epoux qui vous aime.

Envoyez-moi ce que vous voudrez, pourvu que ce soit très-peu de chose : tout le cœur y sera, et c'est assez.

LETTRE XCI.

DE LA SŒUR CORNUAU.

A Jouarre, ce 22 décembre 1694.

Je vous avoue, Monseigneur, qu'il n'y a assurément que votre santé qui me fait porter avec quelque sorte de soumission la privation où vous me laissez de vos consolations dans une retraite, et dans des dispositions aussi pénibles et aussi remplies de doutes comme celles où je suis, que vous aurez vues dans les lettres que je me suis donné l'honneur de vous écrire. Cependant, quoique je tâche de me soumettre autant que je dois à ce que Dieu permet qui m'arrive et de son côté et du vôtre, je ne puis m'empêcher d'être comme accablée d'être ainsi délaissée, dans un temps où je croyois faire quelque chose pour ma perfection. Car comment voulez-vous, Monseigneur, que seule je me soutienne contre tous les doutes que j'ai? Car songez que je n'ai pas une ame à qui je puisse dire un mot de ces peines, qui sont à tout moment prêtes à me décourager; et je vous assure dans la dernière sincérité que lorsque l'on m'est venu dire que l'on me demandoit de votre part, j'étois dans des peines inexplicables en faisant l'oraison, étant prête et de la quitter et de ne point achever ma retraite. Et comme j'attendois avec assurance une plus ample réponse à tout ce que je vous ai exposé, je remettois à tout quitter jusqu'à ce que j'eusse de vos nouvelles. Jugez, Monseigneur, en quel état je suis, et ce que je vais devenir si je continue ma retraite. Je crois que ce sera chose impossible, à cause que mes doutes sont encore bien augmentés, et surtout, comme je le crois si fort, que Dieu est rebuté de moi, et que tout ce qui paroît venir de lui vient du démon pour me tromper, et que je ne sais pas comment il faut me conduire dans un tel chemin; il est bien impossible que j'achève cette retraite : avec cela, quoique cet amour me poursuive toujours beaucoup, j'ai si fort imprimé dans mon esprit que si cet amour étoit vrai et que le cher Epoux m'aimât, qu'il m'auroit accordé la fidélité et la correspondance à ses graces, qui est une chose que je lui demande depuis tant de temps avec tant d'instances; ce qui fait que je ne trouve point véritables ces paroles qu'il a dites lui-même: « Frappez, il vous sera ouvert; demandez, et il vous sera donné [1]. » Je frappe et je demande; et tout cela n'a aucun effet. J'ai vu aussi sur la fin de votre écrit sur la cène, « que Jésus-Christ a un certain regard particulier et de préférence sur un nombre qui lui est connu; que tous ceux qu'il regarde ainsi pleurent leurs péchés, et sont convertis dans leur temps. » Quoique vous expliquiez fort bien cela dans la suite, je me persuade que Jésus-Christ n'a pas jeté sur moi ce regard particulier, puisque je ne me convertis pas.

J'avoue que c'est l'état où je suis qui me donne tous ces doutes, qui ne m'effrayeroient pas comme ils font, si vous ne me laissiez

[1] *Matth.*, VII, 7.

pas, Monseigneur, comme vous faites depuis même un peu de temps. Comme vous avez eu des affaires, j'ai attendu qu'après cela vos soins reviendroient, et je n'étois nullement peinée de votre silence par l'espérance que j'avois : je comptois et je m'appuyois beaucoup sur le retour de vos consolations ; et Dieu, qui apparemment me veut détacher de tout, permet votre indisposition pour me priver d'un secours que j'attendois peut-être avec trop d'avidité. Je ne saurois presque le bénir de cela, et me soumettre à ses volontés cachées ; et tout cela augmente encore mes peines et mes doutes, voyant fort bien que je ne suis pas dans de bons sentimens ; mais je ne puis faire autrement. Ainsi tout m'enfonce dans la douleur et dans la tristesse ; et je ne sais, Monseigneur, où je ne voudrois point être, tant je me déplais à moi-même, et tant les créatures me causent de peine. Priez, je vous supplie, beaucoup pour que Dieu m'en détache entièrement ; et si vous croyez que l'attachement que j'ai pour vous soit trop fort, priez-le qu'il le diminue pour le rompre entièrement : c'est ce que je ne puis demander.

Vous me promettez, Monseigneur, que quand vous aurez la tête plus libre, vous ferez réponse à toutes mes lettres. Si j'avois lieu d'espérer cela, encore je me consolerois par quelque espérance : mais si vous me permettez de vous le dire, sans sortir du respect que je vous dois, je vous avouerai que j'ai bien expérimenté que quand vous ne faites pas réponse aussitôt à ce que je vous expose, vous ne satisfaites point du tout, ou du moins fort peu, parce que ces lettres se brouillent avec d'autres, et que ne les revoyant pas, il est impossible que vous vous souveniez de ce qu'elles contiennent : ainsi ces choses demeurent sans décisions. Je vous demande bien des pardons, Monseigneur, de toutes mes plaintes ; je ne suis, je vous assure, pas maîtresse de vous les taire. Ce seroit encore une peine pour moi, si je vous dissimulois ce qui se passe dans mon cœur : il faut que je vous dise le mauvais comme le bon, comme à un père pour qui l'attachement, l'amour et le respect sont dans toute leur force. J'espère donc que s'il y a quelque chose qui vous déplaît dans cette lettre, vous me pardonnerez tout : vous m'en donnerez, Monseigneur, des marques véritables, s'il est vrai que dès que votre rhume sera passé vous me ferez une ample réponse. En attendant, priez, je vous supplie, beaucoup pour moi : vous voyez bien les méchantes dispositions où je suis ; elles le sont encore plus que je ne vous saurois le dire, et il ne faut rien pour me jeter dans un découragement dangereux.

Voilà, Monseigneur, la copie que vous m'avez demandée de cette rêverie, qui fait encore un de mes grands doutes et de mes grandes peines, comme vous l'aurez vu dans mes autres lettres : et quoique dès que j'y pense ou que j'en fais la lecture, je sente mon cœur tout en feu dans le désir d'être ce que mon imagination m'a fait voir, je crois que tout cela est illusion et amour-propre. Je suis au reste surprise que vous ne me parliez point d'un autre écrit que je vous ai envoyé, que j'ai écrit à la prière de Madame Rodon. Je vous avois prié, si vous jugiez que je le lui dusse montrer, de me le renvoyer quand vous enverriez ici : apparemment que vous le condamnez au feu ; j'y consens aussi ; et je lui dirai, comme elle me presse là-dessus, que vous n'approuvez pas cela. En voilà trop, Monseigneur, dans l'état où vous êtes : ainsi, quoique j'eusse mille choses à vous dire encore, je finis en vous assurant que, malgré mes peines et la crainte que j'ai que vous ne soyez un peu rebuté de ma conduite, je suis et serai toute ma vie avec un très-profond respect, etc.

Sœur CORNUAU.

Comme je crois que les lettres ne font présentement que vous fatiguer, quelque besoin que je me sente, je resterai dans le silence jusqu'à ce que vous me donniez ordre de le rompre.

Puisqu'il me reste du papier, il faut vous dire encore un mot, Monseigneur, pour vous faire connoître mon méchant état : c'est que je me sens toute pleine de jalousie, de ce que vous faites une bien plus ample réponse à Madame d'Albert qu'à moi : je crève quasi, tant je me sens humiliée de vous dire une telle foiblesse.

LETTRE XCII.

RÉPONSE DE BOSSUET

A Meaux, ce 30 décembre 1694.

Ne vous affligez pas, ma chère Fille; Dieu ne vous abandonnera pas, et je n'ai garde non plus d'abandonner le soin de votre ame qu'il m'a confiée. Tout est égal devant lui, et à ses yeux; il n'a point d'acception de personne[1] : je veux toute ma vie en cela me le proposer pour exemple; et fussiez-vous au bord de l'abîme, je courrois pour vous en retirer : il ne faut pas moins vous aider à entrer dans les voies de Dieu.

Vous ne devez point vous éloigner de ce grand silence, ni en troubler le saint et inaltérable repos. Dieu veut vous parler; il veut agir en vous, et vous faire agir d'une façon particulière et toute divine. N'alléguez point votre indignité et vos infidélités : Dieu n'a pas toujours égard à nos mérites, pour nous gratifier de ses plus grands dons. Celui-ci est sans doute des plus grands; recevez-le avec respect, et entrez dans ce fond nouveau qui vous est ouvert, où le Verbe veut établir sa demeure, y naître de la bouche de son Père et de sa substance, et avec son Père y produire son Saint-Esprit. Ne demandez point de jouissance; c'est souvent en cette vie une jouissance que de ne pas jouir, d'aspirer, et de soupirer, et d'attendre l'heureux moment où l'on verra le céleste Epoux, Dieu et Homme tout ensemble, en lui-même et sans milieu, et où on verra en lui son Père éternel, pour accomplir cette parole: *Qui me voit, voit mon Père*[2].

Vous avez mal fait de ne point achever votre retraite; vous deviez y communier tous les jours : c'étoit assez de m'en avoir demandé la permission ; vous savez bien que je ne vous l'ai jamais refusée. Reprenez-la donc le plus tôt que vous pourrez; les jours n'y font rien : et puis ne sommes-nous pas dans les merveilles de la sainte enfance, où le silence de Jésus, celui de la sainte Vierge et de saint Joseph invitent le vôtre? Que peut-on dire à Dieu

---
[1] *Coloss.*, III, 25. — [2] *Joan.*, XIV, 9.

quand il se présente dans sa profonde, incompréhensible et inaccessible majesté et vérité ?

Ne faites durant l'oraison aucun acte, aucunes prières, aucuns soupirs, que l'amour ne vous arrache : il y aura du temps pour prier, ainsi que Notre-Seigneur vous le fait sentir. Dans ce silence profond, livrez-vous aussi à cette profonde et inconsolable tristesse, dont le fond est la pénitence, la privation, et, comme je vous l'ai déjà dit, une secrète communication de la tristesse et de l'agonie du Sauveur, dans les défaillances du sacré jardin et dans les horreurs de la croix. Ce que Dieu veut faire sortir de là, je ne le puis ni ne le veux pénétrer. Tout ce que je puis vous dire, ma Fille, c'est que si je pouvois vous y enfoncer, je le ferois jusqu'à l'infini. Une main plus puissante vous pousse dans cet abime immense; laissez-vous-y enfoncer sans résistance et sans bornes, encore que vous ne sachiez par où en sortir.

L'écrit que vous avez fait pour.... lui sera bon; j'en approuve les sentimens et les dispositions. Mais quand il plaira à Dieu de les suspendre (car je ne crois pas qu'il veuille jamais vous les ôter tout à fait,) et vous faire entrer par là dans quelque chose de plus ténébreux et de plus obscur, ne vous étonnez pas; poussez l'amour à bout aux dépens de tout ; qu'importe que vous soyez tantôt comme assoupie, et tantôt comme une bête devant Dieu? C'est alors que sa profonde sagesse vous éclairera par quelque coin inespéré et par quelque petite lumière qui, se replongeant tout à coup dans ces ténèbres immenses, vous laissera étonnée, éperdue, et néanmoins dans un fond très-reculé invisiblement soutenue par un je ne sais quoi qui sera Dieu même. Voilà ce que je crois et ce que j'espère, si je ne me trompe : vous me le direz; car je souhaite que vous continuiez, ma Fille, à me dire tout sans réserve.

N'épargnez rien à la personne dont vous me parlez, pour la détacher de la vie : et à l'égard de...., dites-lui, qu'elle communie, encore un coup, et qu'elle fasse l'oraison comme elle pourra; car alors elle la fera comme Dieu veut.

Pour vous, ma Fille, calmez vos incertitudes. L'utilité de ce silence, est de s'y perdre : demander comme on s'y peut tromper, c'est chercher en quelque façon à être trompé. Il n'y a qu'à tout exposer, pour demeurer assuré de ne l'être pas. N'allons jamais à des curiosités. C'est une sorte d'illusion, que de craindre l'illusion outre mesure ; et la défiance en amène plus que la confiance, qui rend Dieu le maître, et met tout entre ses mains.

Laissez raisonner les hommes, qui veulent assujettir Dieu aux lois qu'ils se sont formées. Dieu envoie ce silence à qui il lui plaît, aux parfaits, aux imparfaits, à ceux de l'état moyen. « Qui sera son conseiller, et qui lui dira : Pourquoi faites-vous ainsi ? Parce qu'en lui, de lui et par lui toutes choses sont : à lui appartient la gloire, aux siècles des siècles, *Amen*[1]. » Il a ses routes marquées, par où il mène les hommes ; il applique à un mystère dans de certains temps, et puis il cesse d'y appliquer : suivons, et ne forçons rien.

Agissez au dehors en toute sincérité, sans marquer rien d'extraordinaire. Vous avez mal fait de laisser paroître vos peines. Si vous eussiez fait votre retraite et communié, Dieu vous auroit soutenue : mais comme vous l'avez quitté en cela, il vous a un peu livrée à vous-même ; mais il reviendra, ma chère Fille, et vous apprendrez à contenir avec lui vos peines dans votre sein.

Pourquoi vous embarrasser de ce que vous direz au saint Enfant dans son berceau ? Le bel amour, que celui qui prépare ce qu'il dira à un amant, et encore à un tel amant ! Ne savez-vous pas que votre silence est sa louange ; que votre bégaiement, votre égarement, votre impuissance lui parlent ? et parmi toutes ces manières de parler, vous craignez que le langage vous manque ? Que puis-je vous dire là-dessus, puisque ce que dit l'homme n'entre point dans l'homme, et ne lui cause que du trouble ? Votre pauvreté vous fait peur ; vous craignez peut-être de n'avoir rien à lui présenter, sans songer que votre néant même est un présent pour lui. Consolez-vous, encore une fois, consolez-vous, ma Fille ; attendez le Seigneur en attendant[2] : souvenez-vous que la jouissance durant cette vie se cache souvent sous l'attente, et tourne le fond de l'attente vers la jouissance, qui n'est point mêlée et qui ne finit jamais.

[1] *Rom.*, XI, 34, 36. — [2] *Psal.* XXXIX, 1.

Ne soyez point inquiète sur vos papiers : assurez-vous, ma Fille, que je suis par la grace de Dieu attentif à tout : mais quand il y aura quelque chose à faire qui demandera une réponse précise, proposez-la à part, afin que je prenne le temps de répondre. Au reste mes affaires ne sont pas mes affaires, mais celles de l'Eglise : quand il plaît à Dieu qu'elles retardent les réponses, Dieu le permet de la sorte ; et vous devez croire que quand vous avez fait votre devoir en écrivant, la bonne volonté, qui ne me manque jamais, vous est un soutien. Notre-Seigneur soit avec vous, ma Fille.

Vous voyez bien que j'ai reçu toutes vos lettres, même celle qui est venue par la poste. Je serai bien aise qu'à votre loisir vous me fassiez une copie de votre écrit que je vous ai renvoyé, afin de le mettre avec celui de votre pieuse réflexion, sur laquelle je réfléchirai de nouveau au premier loisir.

LETTRE XCIII.

A Meaux, ce 31 décembre 1694.

J'ai reçu, ma Fille, votre beau et bon présent : on étoit à table, et sur l'heure nous en avons usé. Je ne m'attendois point du tout à une chose de cette nature ; mais je l'ai reçue agréablement. Pardonnez-moi néanmoins si je vous prie une autre fois de m'envoyer plutôt quelque pâture spirituelle, quelque belle sentence, quelque dévote représentation. Pour cette fois, vous avez bien fait ; et j'ai senti, avec toute l'industrie de votre main, toute la bonté de votre cœur.

Au reste, ma Fille, sachez que vos peines ne sont que l'effet des demandes que vous avez faites : portez-les en pure patience, et n'y mettez rien du vôtre. Laissez faire Dieu ; car quand il frappe, ses coups portent soutien en espérance contre l'espérance, en amour malgré les peines qu'on a contre lui, en soumission au milieu des plaintes secrètes que l'amour arrache quelquefois, et en foi, quand la foi semble manquer. C'est le sacrifice qu'il demande de vous. Croyez donc, ma Fille, que ces peines sont permises pour éprouver et pour exercer votre amour et votre foi. Voyez Job, et songez à vous pénétrer de cette parole que le seul amour peut exciter : *Quand il me tueroit, j'espérerois en lui*[1]. Notre-Seigneur soit avec vous, ma Fille.

LETTRE XCIV.

A Meaux, ce 13 janvier 1695.

Ne croyez jamais, ma Fille, que je me rebute : ceux qui vous disent des choses pour vous rebuter vous-même, sont des instrumens de la tentation. A Dieu ne plaise que je fasse peu de cas de ces peines; j'en connois le poids. Il n'étoit pas nécessaire que vous m'en fissiez hier un plus grand détail, et vous vîtes bien que j'en savois assez pour vous assurer que vous n'aviez qu'à vous en tenir à ma réponse : je comprends dans cette réponse les peines que vous savez.

Allez votre train avec Dieu, dans l'oraison; augmentez plutôt vos communions que de les diminuer : par ce moyen le tentateur sera confus; car c'est ce qu'il veut, que de vous arracher s'il peut de la sainte table. Ne vous confessez point de ces peines à d'autres qu'à Dieu et à moi : péché ou non, laissez-les être ce qu'elles sont; mais assurez-vous de ce que je viens de vous dire : je prie pour vous en Jésus-Christ. Lisez bien le livre de Job, et celui des douze prophètes, surtout Jonas, et chantez bien son cantique.

La proposition que vous me faites sur votre désir de la religion, n'est point votre affaire; jamais il n'y a là (*a*) de certitude, outre que je ne crois pas la chose possible. Ne vous inquiétez pas, ma Fille; Dieu n'est-il pas toujours le même? Voyez tous les effets de sa providence : vous êtes trop prévoyante. Mourez à vous-même, si vous voulez que Jésus-Christ vive en vous : modérez donc vos empressemens; Dieu le veut. Je le prie d'être avec vous, ma Fille.

[1] *Job.*, XIII, 15.
(*a*) *Var.* : Il n'y a eu là.

LETTRE XCV.

A Paris, ce 19 janvier 1693.

Faites, ma Fille, comme vous m'écrivez, et il vous sera fait selon votre foi et votre obéissance. J'ai toujours un peu de peine à permettre que l'on communique ce qui regarde le particulier de la conscience et les états intérieurs; ainsi je dirai à Madame D*** qu'elle ne vous presse plus là-dessus.

Je vous permets la neuvaine, sur le sujet et avec la personne que vous me marquez : vous pourrez faire les mêmes prières, et à peu près de même que dans les autres neuvaines, en les accommodant au sujet.

Je vous plains, ma Fille, dans vos peines : elles changent; mais vous avez le même soutien, et vous ne devez pas craindre l'une plus que l'autre. Ne vous arrêtez pas au petit relâche que vous donne l'Epoux : il trompe souvent les ames qui s'y fient trop; mais c'est pour les unir davantage à lui. Continuez le livre de Job, et songez que Dieu n'a pas toujours égard à nos infidélités, pour nous gratifier de ses dons. Recevez avec reconnoissance ceux qu'il voudra vous faire. L'Epouse, qui avoit laissé passer l'Epoux, ne laisse pas à la fin de le retrouver : le tout est de revenir toujours à lui avec une sainte familiarité. Quelque irrité qu'il paroisse, il fait quelquefois, s'il est permis de parler ainsi, comme un souris à une ame désolée : « Venez, dit-il, mon Epouse; venez des lieux affreux où vous êtes, et des retraites de bêtes sauvages [1]. »

Laissez aller cette vagabonde : vous ne sauriez la retenir que par le fond, ni dissiper que par là toutes les images qu'elle fait voler (a) devant vous. Dieu est inébranlable au milieu de la cité sainte : *Deus in medio ejus non commovebitur* [2]. Les flots viennent, les vents soufflent; la maison demeure, parce qu'elle est fondée invisiblement sur la pierre [3]. Faites un Job, dépouillé et revêtu, plein d'espérance et de désespoir, fulminant et soumis.

---

[1] *Cant.*, IV, 8. — [2] *Psal.* XLV, 6. — [3] *Matth.*, VII, 25.
(a) *Var.*: Rouler.

N'en disons pas davantage ; c'est à Dieu à achever, et à imprimer dans votre cœur par un contraste admirable, le contraire des pensées qui s'élèvent en vous contre lui. Je ferai ce que vous souhaitez pour demain. Soyez cette veuve choisie pour annoncer la gloire de Jésus-Christ nouvellement né, avec le saint vieillard Siméon. Je le prie, ma Fille, d'être avec vous.

LETTRE XCVI

A Paris, ce 28 février 1695.

J'ai oublié, ma Fille, de vous répondre sur le jeûne. Personne ne peut dire qu'on le rompe précisément en buvant de l'eau. Nous avons dit seulement à Meaux dans nos conférences, que comme le jeûne demande une entière mortification des sens, c'est quelque chose, non pas contre l'essence, mais contre la perfection du jeûne, d'en boire sans nécessité. Je prie Notre-Seigneur qu'il vous inspire la grace de participer à sa soif, qui fut si ardemment déclarée et si impitoyablement traitée, contentant la soif de Jésus par votre parfaite conversion.

Je n'ai rien à ajouter, ma Fille, aux avis que je vous ai donnés sur votre intérieur. Lisez par obéissance les *Lamentations* de Jérémie, et ensuite sa prophétie toute entière ; Dieu vous en donnera l'intelligence, par rapport à vos besoins. Ne faites point d'austérités particulières que par ordre de Madame votre abbesse ou de votre confesseur : il semble qu'à force de multiplier les pénitences, vous vouliez arracher les graces de Dieu (*a*). Faites tout avec discrétion, et mettez votre espérance en Dieu seul. Je le prie d'être avec vous, ma Fille.

LETTRE XCVII.

A Meaux, ce 27 mars 1695.

Faites vos pâques, ma Fille, à votre ordinaire ; ce ne seroit pas une chose assez sérieuse que de vous les remettre, puisque vous

(*a*) *Var. :* Les graces à Dieu.

devez communier. Vous me communiquerez ce qui regarde votre intérieur, quand Dieu en donnera l'occasion.

Unissez-vous à la tristesse profonde, aux frayeurs, aux troubles divins et à l'agonie de la très-sainte ame de Jésus-Christ délaissé. Dites les psaumes *Salvum me fac*, et *Deus, Deus meus, respice in me*; c'est le LXVIII et le XXI. Je vous offrirai à Dieu pour vous plonger dans tous les états de l'abandonnement de Jésus-Christ : c'est par là qu'il a conquis ses Epouses, et elles doivent porter ses états.

J'ai reçu votre billet; je n'ai rien à ajouter, sinon de vous faire entendre qu'il faut toujours me dire toutes vos vues sur votre désir de la religion, comme sur votre intérieur, sans quoi vous n'auriez aucune assurance dans ma conduite. Cela n'empêche pas que je ne m'étonne un peu de ce retour de pensées : n'écoutez pas cet esprit de changement, qui n'est qu'un amusement. Vous avez tant désiré l'état où vous êtes! s'il y manque encore quelque chose, attendez en attendant la volonté du Seigneur, et dites le psaume *Expectans expectavi*. Vous ne ferez qu'éloigner vos affaires en vous agitant : achevez, ma Fille, d'éteindre cette vivacité, et servez-vous de cette occasion. Je vous offre à Dieu tous les jours dans le mystère de l'Epoux céleste. Je le prie d'être avec vous à jamais.

LETTRE XCVIII.

A Meaux, ce 29 mars 1695.

J'ai lu, ma Fille, avec attention votre lettre, où il y a des extraits de M. N*** (a), et j'ai lu encore d'autres passages du même auteur, après ceux que vous avez transcrits. Les dispositions que marque M. O*** (b) sont plus propres à votre état, que les réflexions, quoique bonnes, de M. N*** ; ainsi vous n'avez qu'à suivre votre attrait avec confiance.

Il n'y rien à craindre à demeurer sans appui, perdue et suspendue comme en l'air dans la Divinité. Cet état vous procurera un invincible soutien. Mais concevez bien que la foi, qui est le

---

(a) Sans doute M. Nicole. — (b) M. Olier.

principe et le fondement de l'oraison, est la même qui est définie par saint Paul, « le soutien des choses qu'il faut espérer, la conviction de ce qui ne paroît pas ¹. C'est cette foi qui vous attache à la vérité de Dieu, sans le connoître : contente de sa sainte obscurité, elle ne désire aucune lumière en cette vie; sa consolation est de croire et d'attendre : ses désirs sont ardens, mais soumis; l'Epoux lui donne un soutien obscur, comme sa foi. Elle l'aime de cette main : elle baise cette main souveraine, qui la caresse et la châtie comme il lui plaît; ses châtimens mêmes sont des caresses cachées. Il a pitié de sa foiblesse, et est toujours prêt à lui pardonner ses infidélités, pourvu qu'elle ne perde point courage. Il l'entretient à son gré, lorsqu'elle se retire pour l'amour de lui.

Quelquefois on aime sans savoir qui, ni pourquoi, parce que l'on se perd dans quelque chose aussi souverain qu'inconnu. Il faut aimer sans songer qu'on aime, souvent même sans le savoir; encore moins sans savoir pourquoi; car il n'y a point de raisons particulières. C'est ce que dit la sainte Epouse : Il est tout aimable, tout désirable; *totus desiderabilis*², ou', selon l'original, tout amour. Voilà ce que j'appelle la foi nue, qui n'a besoin ni de goût, ni de sentiment, ni de lumière distincte, ni de soutien aperçu; mais qui, contente de sa sèche obscurité et de sa simplicité, y demeureroit l'éternité toute entière, si Dieu le vouloit : mais comme elle sait qu'il ne le veut pas, elle s'élance sans cesse vers l'état où cet obscur et inconnu se changera en pure lumière pour nous abîmer par là éternellement dans l'amour parfait et consommé.

La méditation de Jésus-Christ en qualité d'homme n'oblige pas toujours à le regarder selon son humanité. La contemplation de la Divinité n'est pas une oraison abstraite, mais épurée; c'est la première vérité; mais la vue de Jésus-Christ ne peut pas en détourner, au contraire Jésus-Christ, en tant qu'homme, a été en tout et partout guidé par le Verbe, animé du Verbe : il n'a pas fait une action, il n'a pas prononcé une parole, il n'a pas fait un clin d'œil qui ne fût (a) plein de cette sagesse incréée que le Père

---

¹ *Hebr.*, XI, 1. — ² *Cant.*, v, 16.
(a) *Var.* : Qui n'ait été.

engendre dans son sein. Ainsi pour concilier toutes choses, il ne faut pas séparer la nature humaine de la divine, qui par un effet de sa bonté infinie s'est unie si étroitement à l'homme. Jésus-Christ retourne à Dieu : quand nous y sommes, on peut s'y tenir avec un secret retour sur Jésus-Christ, qu'on ne perd guère de vue quand on aime Dieu. Après tout, c'est l'attrait qu'il faut suivre dans les objets où tout est bon; et il n'y a qu'à marcher avec une entière liberté.

Ce sont de faux spirituels qui blâment le saint attachement qu'on a à Jésus-Christ, à son Ecriture, à ses mystères et aux attributs de Dieu. Il est vrai que Dieu est quelque chose de si caché, qu'on peut s'unir à lui quand il y appelle, avec une certaine transcendance au-dessus des vues particulières. La marque qu'il y appelle, c'est quand on commence à le pratiquer : en cela on ne quitte point les attributs de Dieu, mais on entre dans l'obscurité, c'est-à-dire, en d'autres paroles, dans la profondeur et dans l'incompréhensibilité de l'Etre divin : c'est là sans doute un attribut divin, et l'un des plus augustes. On ne sort donc jamais tellement des attributs de Dieu, qu'on n'y rentre d'un autre côté, et peut-être plus profondément. Quelquefois Dieu semble nous échapper, quand il se communique plus obscurément, et que par là il nous fait entrer dans son incompréhensible profondeur : alors comme toute la vue semble être réduite à bien voir qu'on ne voit rien, parce qu'on ne voit rien qui soit digne de Dieu, cela paroît un songe à l'homme animal; mais cependant l'homme spirituel s'en nourrit.

Il n'y a jamais qu'un bon attrait pour chaque ame, qui est de suivre celui que Dieu donne, prête à perdre ou à recevoir ce qui n'est pas essentiel à la perfection. Les voies de Dieu sont infinies, ma Fille, et toutes bonnes en elles-mêmes, peut-être même par leur accompagnement en état d'être égalées.

Il y a beaucoup d'équivoque dans ce mot, *sensible ;* car le sensible peut diminuer jusqu'à l'infini, aussi bien que les sécheresses : il y en a de plus profondes les unes que les autres : elles n'éteignent pas les actes d'amour; mais elles les concentrent souvent. Je crois que M. O...., comme les autres bons spirituels, ne craint qu'un certain sensible superficiel et grossier : à prendre leurs termes précis, il seroit souvent difficile de les accorder avec eux-mêmes. La grande règle est de prendre ce que Dieu donne. Il est bien certain qu'on ne peut être uni à Dieu que par des dons (a) qui ne sont pas lui-même ; mais les anciens comme les modernes veulent qu'on craigne de s'attacher à ses dons pour se les approprier, et c'est ce que veut saint Paul, et après lui saint Augustin, par ces mots : « Qu'avez-vous que vous n'ayez reçu [1] ? » et encore : « Afin que celui qui se glorifie, se glorifie dans le Seigneur [2]. » Sur ce pied on se peut détacher jusqu'à l'infini des dons de Dieu ; et c'est le cas de s'unir à Dieu immédiatement, au sens des mystiques, c'est-à-dire de s'y unir par ses dons au-dessus de tous les dons.

« Où le péché a abondé, la grace a surabondé [3]. » C'est honorer cette vérité, ma Fille, que de recevoir les dons de Dieu, quelque grands qu'ils soient, et malgré tous ses péchés de tendre de tout son cœur à lui être uni, sans donner aucune borne à son amour.

Au reste, ces deux Messieurs ne sont peut-être pas si opposés qu'il paroît par le son de leurs paroles ; mais ce n'est pas ce qui vous doit inquiéter. Contentez-vous de savoir que vous marchez sûrement en foi et en abandon dans l'obéissance. Notre-Seigneur soit avec vous, ma Fille.

LETTRE XCIX.

A Meaux, ce 11 avril 1695.

Vous avez fort bien fait de m'écrire. Je n'écris qu'à vous seule par cette voie. Je vous renvoie votre écrit, ma Fille. Vos peines me percent le cœur, mais ne me surprennent pas : vous les avez vous même demandées, et Dieu vous a trompée pour pousser à bout votre foi. Heureuse tromperie, qui vous mènera à la fin au comble de vos désirs ! Toutes vos vues pour sortir sont sans fondement : vous êtes comme Jonas, qui crut éviter Dieu qui le

[1] I *Cor*, IV, 7. — [2] *Ibid.*, I, 31. — [3] *Rom.*, V, 20.
(a) *Var.* : Par les dons.

poursuivoit, en s'enfuyant loin de la terre d'Israël où il avoit fixé son domicile, et en allant aux extrémités du monde. Mais Dieu vous suivra partout : il faut être jetée dans la mer, et non-seulement dans la mer, mais dans le ventre de la baleine; et poussée à bout, dire là avec le Prophète : *Je reverrai encore votre saint temple* [1]. Lisez cette prophétie, et vous verrez que Dieu sait suivre ceux qui le fuient, aussi bien que ceux qui le cherchent.

Faites vos pâques tout doucement, et confessez-vous, et communiez sans hésiter : c'est pousser l'amour à bout, que de vaincre toutes vos peines pour vous unir au cher Epoux. Je prends sur moi tout le péché que vous pourriez faire en m'obéissant. Je réponds pour vous corps pour corps et ame pour ame : gardez les dehors; Dieu aura soin du dedans : croyez et obéissez.

Le détachement des créatures peut arriver ou par union avec Dieu, ou par chagrin et mélancolie. Le premier n'empêche pas la charité, et il en faut garder toutes les marques extérieures, parce que Dieu aura soin du reste. Votre écrit vous oblige à demeurer en attente de ce que Dieu voudra faire en vous. Celui pour.... a eu son effet en le lisant, et ne vous oblige à rien davantage.

Je viens de vous dire ce que c'est que pousser l'amour à bout : s'il vous pousse à bout de son côté, il lui faut rendre le change, et ne garder plus aucune mesure de prudence humaine. Communiez malgré toutes vos dispositions : c'est le cas de vous attacher à la bonté de Dieu en elle-même, indépendamment de toutes vos dispositions. Allez comme un autre Jonas, dussiez-vous être jetée dans le double abîme de ce saint prophète. Elevez-vous par la foi au-dessus de toutes vos dispositions bonnes ou mauvaises, et de la bonne ou mauvaise estime qui naîtra en vous de vous-même. Dites à Dieu qu'il est bon, et que c'est à lui, comme bon, que vous voulez vous attacher. Dites les psaumes CXVII et CXXXV, et répétez du fond le plus intime et le plus caché : *Quoniam bonus*. Vous avez raison de vous en prendre à Dieu des mauvaises dispositions que vous croyez remarquer dans la créature, par rapport à votre engagement. Car c'est Dieu ou qui le fait ou qui le permet.

[1] *Jon.*, II, 5.

Ainsi votre amour outré s'en prend à lui : mais il faut, ma Fille, que tout se termine en amour et en confiance ; les plaintes des amans ne doivent être outrées ni désespérées.

Ne cessez d'aspirer aux plus grandes graces malgré vos infidélités : car Jonas n'a pas perdu le don singulier de la prophétie, en fuyant Dieu.

On ne peut assez parler de l'Epoux céleste ; mais ce n'est pas toujours sous le nom d'époux, et ce n'est pas par dessein que j'omets ce nom si doux à un cœur qui aime.

Ce n'a été que la crainte de vous engager dans des scrupules, qui m'a fait vous refuser de faire le vœu de la règle (*a*) ; faites-le par obéissance au commandement que je vous en fais ; cela suffit. Je ne prétends vous obliger, ma Fille, qu'autant que votre santé n'en sera pas incommodée ; je vous défends d'en abandonner le soin. Vous êtes à Dieu, et non pas à vous : une épouse se doit garder autant que le veut l'époux à qui elle s'est donnée.

Soyez fidèle à me déclarer vos peines : ne quittez jamais l'oraison ni la communion, quoi qu'il en arrive ; à quelque prix que ce soit, il faut jouir de l'Epoux. Il ne se fâchera contre vous que dans le cas de l'abandon, où vous l'outrageriez plus que par quelque autre chose que ce puisse être : je vous le dis : il est ainsi. Croyez qu'il vous veut à lui : priez-le de faire en vous tout ce qui sera nécessaire pour vous unir à lui.

Ne consentez jamais, ma Fille, à sa rigoureuse justice : aimez-la pourtant, adorez-la ; ce qu'on ne peut faire sans amour : mais priez Dieu de la détourner de dessus vous : il vous veut, j'en suis assuré. Ne faites rien pour vous éloigner de lui ; laissez-le agir dans le fond obscur et profond de votre cœur, d'où il faut lui crier : *De profundis*. Notre-Seigneur soit avec vous.

J. Bénigne, évêque de Meaux, votre bon père en Notre-Seigneur.

(*a*) *Var.* : Ce n'a été que par la crainte de vous engager à des scrupules, que je vous ai refusé le vœu de la règle.

LETTRE C.

A Paris, ce 26 avril 1695.

Ne vous inquiétez pas, ma Fille, de vos foiblesses; c'est le fond de la créature. Le chagrin et l'anxiété sont autant ennemis de l'humilité que du courage. Le remède contre la tentation, c'est de ne désespérer jamais de la divine bonté, qui certainement ne permettra pas que nous soyons tentés par-dessus nos forces.

Les distractions involontaires, dans le Bréviaire et la prière, n'en empêchent pas absolument la durée, ni même en un certain sens la perfection. Continuez vos prières pour votre engagement, avec soumission.

Vos peines sur la foi se doivent résoudre par une humble récitation du Symbole des apôtres, sans raisonnement, avec une simple et parfaite soumission, en remarquant seulement que comme on dit : Je crois au Père, on dit aussi : Je crois au Fils, et je crois au Saint-Esprit.

On croit en Jésus-Christ comme au Fils unique de Dieu, comme à celui qui est Fils par nature, et non par adoption, comme tous les autres; comme à celui qui, par la même nature, a toute l'essence de son Père, qui par conséquent est son égal en tout, et un avec lui, puisqu'il ne peut y avoir qu'un seul Dieu.

On croit au Saint-Esprit, comme on croit au Père et au Fils; Dieu, comme le Père et le Fils; comme à celui qui est l'Esprit sanctificateur, vivificateur, docteur, conducteur, illuminateur, ame de l'Eglise : ce qui paroît par les articles qu'on attache à la confession du Saint-Esprit, et qui emportent une reconnoissance qu'il est nommé saint, non pas comme recevant d'ailleurs la sainteté, mais comme l'ayant par essence et la communiquant aux créatures; ce qui ne convient qu'à Dieu.

A cela il faut ajouter le souvenir du baptême, et l'ancienne manière de le célébrer, lorsqu'après avoir dit : Je crois au Père, on disoit : Je vous baptise, au nom du Père, et ainsi du Fils et du Saint-Esprit : ce qui dénotoit que l'homme nouveau étoit consacré distinctement au Père, au Fils et au Saint-Esprit; et que comme ces trois immersions ne faisoient qu'un seul baptême, les trois personnes ne faisoient aussi qu'un seul Dieu.

Quand il faudra partir de ce monde, allez, ma Fille, avec ce bouclier, et vous dissiperez l'ennemi avec sa malice, et tous les anges apostats trembleront devant l'étendard de la foi. Vous avez aussi dans le Symbole ce que l'homme doit connoître de Dieu, puisqu'en voilà le fond et le principe. Si vos difficultés ont quelque chose de particulier, vous pouvez, ma Fille, me les communiquer; et selon leur importance j'y répondrai, non pas pour vous qui n'avez à y opposer que la foi, mais pour ceux qui pourroient être agités de semblables tentations.

Souvenez-vous que la principale disposition pour aller à Dieu, est comprise dans le cinquième verset du dernier chapitre du *Cantique des Cantiques*, et que vous abonderez dans les délices de la confiance et de l'amour, si vous vous élevez du désert, appuyée sur le bien-aimé, sur sa bonté, sur ses mérites, sur sa croix, sur son sang, sur son sacrifice, sur sa mort, sur sa sépulture, sur sa résurrection, sur son ascension, et sur sa perpétuelle intercession auprès de son Père.

Vous trouverez dans la première partie de mon *Sixième Avertissement* contre le ministre Jurieu, depuis la page 500 ou environ (a), la résolution de la plus grande partie de vos autres doutes sur la Trinité. Quand j'aurai bien connu ce que Dieu veut de vous et de moi, je ne plaindrai pas mes peines pour vous satisfaire. Je vous déciderai, en attendant, que c'est une vraie erreur dans les quiétistes, de croire qu'il y ait plus de perfection dans la contemplation de l'essence que dans celle des attributs ou des personnes divines, ou que l'humanité de Jésus-Christ soit un obstacle à la pure contemplation. Vous ne le croyez pas, quoi que vous disiez; et votre fond bien assurément porte autre chose que vous démêlerez quand Dieu le voudra. Je le prie, ma Fille, d'être à vous pour jamais.

Je loue vos attraits pour la solitude, qui sont précieux : mais ne changez rien à l'extérieur de votre conduite. Vous pouvez communiquer cette lettre à vos deux amies : ne faites qu'un cœur

(a) Dans notre édition, vol. XVI, p. 2 et suiv.

et qu'une ame vous trois, sans exclure vos autres Sœurs de la parfaite unité. Notre-Seigneur soit avec vous, ma Fille.

LETTRE CI.

A Paris, ce 6 mai 1695.

Vous vous trompez, ma Fille, de croire qu'à force de vous dire de nouvelles choses des grandeurs de Dieu, j'assouvirai votre cœur affamé. Quand je serois tout changé en voix, et que je pourrois dire avec saint Jean : *Je suis la voix* [1], ce ne seroit rien : et pour parler de Dieu à un cœur avide, d'une manière qui le rassasie, il faut être celui qui seul peut dire : Je suis le Verbe, je suis la parole qui est Dieu.

Je ne crois point à ces apparitions ; je les laisse pour ce qu'elles sont (a), sans m'y arrêter : et l'Evangile me suffit, ma Fille, pour vous dire : Ayez la lampe à la main (b), en attendant à chaque moment que l'Epoux arrive.

Le Fils de Dieu est spécialement cet Epoux, par le rapport particulier qu'il a avec nous selon son humanité ; car elle lui est propre à lui seul par l'union personnelle, et non au Père ni au Saint-Esprit. Ainsi l'amour spécial que vous ressentez pour Jésus-Christ comme Epoux, marque en votre fond un pieux attachement à Jésus-Christ comme Dieu et Homme tout ensemble. Cela est ainsi.

Vous n'êtes point hérétique, vous êtes soumise : et vous n'avez point à vous confesser de toutes vos peines, ou si vous voulez, de tous vos doutes : car ce sont des doutes qui passent malgré qu'on en ait ; et ces doutes ne seront jamais tout à fait ôtés que par la claire vision de Dieu.

Je vous envoie mon *Ordonnance* (c) : je sais qu'il n'y a rien contre vous ; je vous défends de le croire, ni que vous soyez dans aucune erreur. Je réponds à Dieu de votre foi ; je vous offrirai à lui le jour de votre baptême, ma Fille : renouvelez-en la foi et les

[1] *Joan.* I, 23.

(a) *Var.* : Telles qu'elles sont. — (b) Soyez la lampe à la main. — (c) *Sur les Etats d'Oraison*

vœux malgré vos peines. Approchez-vous de la piscine sacrée qui lave toutes nos souillures : entrez avec les vôtres, et recevez l'Esprit qui est saint, non d'une sainteté empruntée, mais d'une sainteté essentielle, substantielle et personnelle tout à la fois.

Vous avez tort de me croire changé à votre égard : je n'ai rien fait ou dit qui ralentisse la charité que je vous dois. Ne vous arrêtez pas aux sentimens du P***. Vous avez bien fait d'aller où vous êtes : tenez-vous-en à ce que je vous dis. Je prie le céleste Epoux, ma Fille, de se presser de changer votre eau en vin, et de répandre la joie sur votre festin nuptial. Je vous bénis en son nom.

LETTRE CII.

A Germigny, ce 14 mai 1695.

J'oublierois toujours, ma Fille, à vous répondre sur les lettres de M. de Saint-Cyran (a), si je ne commençois par là. Elles sont d'une spiritualité sèche et alambiquée ; je n'en attends aucun profit pour la personne que vous savez : je ne les défends point, mais je ne les ai jamais ni conseillées ni permises.

Pour la *Vie des Pères du désert,* c'est un livre également saint et délicieux ; je vous exhorte à le lire, et même l'*Histoire ecclésiastique*.

Je suis assuré que vous ne donnez aucune exclusion à Jésus-Christ homme dans la contemplation. Cette correspondance particulière avec la seconde personne la suppose incarnée et proche de vous. Vos retraites dans l'octave du Saint-Sacrement sont de même esprit. Qui aime Jésus-Christ dans l'Eucharistie, reconnoît son corps comme le moyen pour parvenir à son esprit. C'est dans la sainte Eucharistie qu'on jouit virginalement du corps de l'Epoux, et qu'il s'approprie le nôtre. Au reste, quoique cette union avec Jésus-Christ soit de tout état, j'ai assez dit dans mon *Ordonnance* qu'elle peut n'être pas de tous momens ; cela concilie tout. Cette même explication concilie les temps où l'on demande avec ceux où, dans un rassasiement intérieur, on oublie

---

(a) Ces lettres furent publiées après la mort de cet abbé, par Arnauld d'Andilly, son ami.

tous ses besoins. Remarquez partout dans ces articles jusqu'au vııı, ces mots : *En tout état*, quoique non à tout moment. La même chose est dans le xv et le xvı.

Il ne faut jamais demander comment il faut faire les actes dont vous parlez (*a*); qui les veut faire, les fait. La manière de les faire est suffisamment exprimée dans les articles xıı et xııı.

Vous répondez vous-même aux peines que vous a faites l'article xıv. Qu'on me dise si la sainte Epouse a jamais été indifférente à être ou à n'être pas avec son Epoux. Tous ceux qui parlent de cette indifférence sont des raffineurs qui n'entendent pas la force des termes dont ils se servent.

Je vous ai répondu sur l'article xxıv, qui regarde la contemplation : je ne blâme que l'exclusion, qu'assurément vous ne faites pas : j'en suis certain. Je ne dis pas que les grandes oraisons soient toujours dangereuses, quoiqu'elles le soient d'une certaine façon : je dis que les oraisons passives et extraordinaires le sont plus qu'on ne pense. Vous êtes en sûreté, puisque quand vous seriez dans ces sortes d'oraisons, vous êtes dans le cas marqué dans l'article xxvıı (*b*). Le xxıx ne vous regarde en aucune façon; et à la réserve de la sainte Vierge, je ne voudrois pas assurer qu'il y ait jamais eu des ames dans un tel état pendant cette vie (*c*), ni assurer même que la sainte Vierge y ait été perpétuellement. Je ne dis pas qu'il soit dangereux d'être dans ces états, s'il y en a ; mais je dis que supposer qu'on y soit, et conduire les ames sur ce pied, c'est une conduite sujette à l'illusion. Au reste, si Dieu y mettoit des ames, il sauroit bien les pourvoir de conducteurs propres, et les mettre hors de danger.

C'est une espèce de folie de souhaiter d'aller en enfer, à condition d'y trouver l'amour de Dieu. Il vaut bien mieux le chercher où Dieu l'a mis. Ce seroit une autre espèce de folie de demander à Dieu qu'il se venge ; il est bien plus naturel de lui demander qu'il pardonne. La crainte d'abuser de sa bonté ne doit jamais

---

(*a*) *Var.* : Les actes de foi, d'espérance et de charité. — (*b*) Dans ces sortes d'oraison, étant dans le cas marqué dans l'article xxvııı, vous êtes en sûreté. — (*c*) Il s'agit d'un état dans lequel on seroit à chaque instant mû extraordinairement de Dieu, et d'une manière toute particulière pour former les différens actes du christianisme, et pratiquer les œuvres essentielles à la piété. (*Les édit.*)

empêcher de la désirer. Il est bon ordinairement de se conformer à ce que Dieu a révélé, et non pas de se perdre dans ces suppositions qu'on sait bien qui ne seront pas ni ne peuvent être. Quand quelques saints les ont faites, il faut regarder ces mouvemens comme de pieuses extravagances d'un amour que sa violence rend insensé ; mais du reste il est dangereux de s'y laisser emporter, sans les précautions marquées dans l'article XXXIII.

Je vous ai répondu sur ce silence ; et vous n'avez, ma Fille, qu'à vous y laisser enfoncer. Si la crainte de son indignité rendoit les graces suspectes, jamais il n'en faudroit recevoir aucune : il faut s'appuyer en vérité sur la pure bonté de Dieu, et non sur ce qu'on est ou qu'on n'est pas.

Vous me ferez plaisir de m'envoyer ce livre sur les trois états ; peut-être seroit-il trop long à copier : il n'y a rien de suspect dans ces états. Je me servirai des livres que le P. B*** m'a rendus de votre part : je les connois bien ; ils ne sont point à brûler. Je respecte toute la doctrine de saint François de Sales, et toute la conduite de ce saint évêque sur les ames qu'il a dirigées, et Dieu par lui : et tout cela est très-éloigné des nouveaux mystiques, quoiqu'ils abusent de son nom.

Non, ma Fille, bien assurément ce n'est pas un acte d'amour-propre que de désirer de voir Dieu : si vous y prenez bien garde, vous trouverez la proposition qui dit que c'en est un, suffisamment condamnée dans mon *Ordonnance*, quoique non en termes formels ; car elle est si absurde, qu'elle ne mérite pas même d'attention, loin d'avoir besoin de condamnation expresse. Mais quand je dis que l'acte de vouloir son salut, et les autres de cette nature, ne dérogent pas à la perfection chrétienne, je dis suffisamment qu'ils ne sont point actes d'amour-propre, puisque bien certainement l'amour-propre y déroge. L'amour-propre est celui qui désire le propre bien au préjudice du bien commun et universel : mais Dieu n'est pas notre propre bien, mais le bien commun que nous désirons aux autres comme à nous. Au reste qui désire Dieu véritablement, l'aime plus que soi-même, se réjouit du bonheur et de la gloire de Dieu plus que de la sienne, et veut plus son être que le sien : autrement il se feroit soi-même sa dernière fin. Le vrai et pur amour est celui dont vous m'avez parlé, qui se réjouit de la gloire de Jésus-Christ et de celle de Dieu pour elle-même.

Faites votre retraite dans l'octave du Saint-Sacrement : vous avez le chapitre vi de saint Jean, les évangiles de l'institution, et le chapitre xi de la première *Epître aux Corinthiens*, le chapitre x de la même *Epître*, avec le commencement de la première *Epître* de saint Jean : pour psaumes, ceux de matines de la Fête-Dieu, avec les psaumes xxi, lxviii et cviii, en mémoire de la Passion, et en réparation des communions indignes et sacriléges.

Je ne vous promets rien davantage quant à présent : contentez-vous, ma Fille, d'avoir demandé, et remettez l'exécution au temps, aux occasions, aux mouvemens et au loisir que Dieu me donnera : je vous déclare au reste que ce n'est qu'à contre-cœur que je condescends à cette pensée des C..... C'est un saint monastère ; mais peut-être trop à la mode pour vous : on ne sait à qui entendre dans ce pays-là ; et je tiens sans hésiter beaucoup plus agréable à Dieu de vous tenir où vous êtes, jusqu'à ce qu'il vous fasse connoître quelque chose de plus sur la religion. Les vocations où l'on force en quelque manière un supérieur par l'impétueuse violence de ses désirs, ne sont pas toujours mauvaises ; mais à moi elles me sont suspectes. Je vous conseille, ma Fille, sans vous rien prescrire, de laisser tout cela, et de vous abandonner à Dieu. Je le prie d'être avec vous, et je vous bénis en son nom.

LETTRE CIII.

A Meaux, ce 1er juin 1695.

Faites votre retraite, ma Fille, sans hésiter, durant cette octave, et communiez tous les jours. Dieu sera avec vous, et le céleste Epoux vous conduira. C'est lui seul qui peut assouvir cette faim spirituelle dans le banquet céleste. Dévorez-le, engloutissez-le, incorporez-vous à lui, et lui à vous : ne songez pas tant à détruire qu'à édifier ; il faut que le bâtiment consume les ruines en s'élevant dessus.

Je vous renverrai vos papiers quand ils seront transcrits. Je verrai le livre que vous m'avez envoyé ; vous pouvez quand vous voudrez m'envoyer les lettres, j'expédie fort vite ces lectures. J'ai vu depuis peu la *Vie de la Mère Marie de l'Incarnation*, avec les additions de son fils (*a*), dont vous m'avez envoyé des extraits. Tout y est admirable, et je vous renverrai bientôt ces extraits pour vous en servir.

J'approuve les sujets que vous me proposez dans la prière. Trois raisons font, comme dit saint Antoine [1], qu'on ne connoît pas ce qu'on fait dans la prière : l'une est le transport ; l'autre, la simplicité ; la troisième, la direction des mouvemens du cœur toujours en avant (*b*), sans beaucoup réfléchir sur soi : cela ne doit pas s'entendre universellement. Quelquefois on connoît son cœur, quelquefois on ne le connoît pas. Quand Anne, mère de Samuel, prioit par le seul mouvement de ses lèvres [2], elle ne songeoit apparemment guère au particulier de ses sentimens ; en général elle sentoit ce qu'elle désiroit de Dieu. Quelquefois on est absorbé de manière qu'on s'oublie soi-même ; et c'est l'état dont parloit saint Antoine. J'expliquerai quelque jour cela plus amplement ; j'en ai dit un mot dans l'*Ordonnance*, lorsque j'y ai parlé en deux ou trois endroits des actes non aperçus.

Je ne sais pas quand j'irai à J....; vous en serez avertie ; je vous donnerai le temps qui vous sera nécessaire. Séparez vos doutes de votre confession, autant qu'il sera possible ; car des doutes ne sont pas des péchés : que si pour votre repos, vous croyez les devoir ranger avec vos péchés, je vous en laisse la liberté : mais il seroit plus net de le faire en deux papiers différens, afin que l'on confonde moins les réponses.

J'ai déjà parlé de vous à Madame*** ; il y aura encore occasion d'en parler. S'il y a quelque chose de considérable dans cet entretien, vous en serez avertie ; mais je ne le prévois pas. Ne vous appuyez point sur cela ; il vaut bien mieux être sans soutien que d'en avoir du côté de la créature. Le soutien de la créature est le

---

[1] Cass., Collat. IX, *de Orat.* — [2] I *Reg.*, I, 13.

(*a*) Dom Claude Martin, religieux de la congrégation de Saint-Maur ; il avoit publié la vie de sa sainte mère, qui étoit Ursuline en Amérique.— (*b*) *Var.* : En action.

soutien d'un roseau, qui non-seulement fait tomber, mais perce la main, comme dit le Prophète [1]. Exposez à Dieu vos besoins et vos impuissances : dites-lui, en un mot, qu'il soutienne votre espérance, qu'il vous défende de tout ce qui pourroit ou la détruire ou l'affoiblir. Vous savez qu'il n'y a pas moins d'obligation d'espérer que de croire ; que l'espérance est commandée comme la foi, et qu'il faut que ceux qui espèrent soient dans la joie. C'est un effet des biens qu'ils ont eus de Dieu ; et il se peut dire que quand l'espérance est vive et animée, il n'y a rien de dur et d'amer pour ceux qui sont à lui et qui le servent. Je le prie, ma Fille, d'être avec vous.

LETTRE CIV.

A Meaux, ce 4 juin 1695.

A mon tour je me plains, ma Fille, du peu d'attention avec laquelle vous lisez mes lettres, vous ayant répondu précisément que vous pouviez faire ce dont vous étiez en doute. J'ai écrit un peu obscurément ; mais assez clair pour être entendu de vous. Quand vous parlez de mérite et de naissance, vous ne me connoissez point du tout. Je n'approuve aucunement votre silence, et je veux que vous continuiez à m'exposer tout.

Vous ne devez point attendre de calme (a) pour votre retraite ; Dieu agit dans le trouble quand il lui plaît. La communion journalière doit être votre soutien : dévorez, absorbez, engloutissez, soûlez-vous. Que puis-je vous dire autre chose pour assouvir cette faim pressante ? Gardez-vous bien de perdre de vue la miséricorde de Dieu : il vous regarde en secret et d'un fond obscur et impénétrable. Assurez-vous-en ; la confiance reviendra, ou plutôt elle ne s'en est point allée.

Je suis bien aise que vous commenciez demain votre retraite : ne manquez pas d'y communier tous les jours : osez tout avec le céleste Epoux ; vos libertés lui plaisent. Les versets du sacré *Cantique* dont je vous ai parlé, vous invitent à la solitude et à

---

[1] *Isa.*, XXXVI, 6.
(a) *Var. :* Le calme.

de saintes libertés avec Jésus-Christ comme avec un frère : ce qu'il est dans l'humilité, et ce qu'il se montre dans l'Eucharistie. Vous n'avez que faire de le mener dans la maison de l'Eglise votre Mère; il y est et vous y attend. Saisissez-vous de lui dans votre retraite, et écoutez-le ; car il vous enseignera ce que personne n'apprend que de lui. Reposez-vous doucement sur son sein, comme un autre saint Jean, et montez avec lui sur ce doux appui ; qu'il soit comme un sceau sur votre cœur et sur vos bras, sur le fond, sur les puissances, sur les exercices.

Je vous permets les plus violens transports de l'amour, vous dussent-ils mener à la mort; et toutes les fureurs de la jalousie, vous dussent-elles être une espèce d'enfer. Enviez saintement et humblement toutes les familiarités de l'Epoux aux ames à qui il se donne, non pas pour les en priver, mais pour y participer avec elles. Donnez toute votre substance pour l'amour ; qu'il soit toute votre substance. Ecoutez-le, lorsqu'il traitera votre sacré mariage (*a*). Soyez-lui une porte par où il entre, et une muraille pour le renfermer. Il est la vigne, soyez la branche ; et dites-lui : *Sans vous je ne puis rien* [1] : ces dernières vérités (*b*) sont inénarrables. Que ce saint Epoux soit avec vous, ma Fille; je vous bénis en son saint nom.

LETTRE CV.

A Meaux, ce 17 juin 1695.

Je vous renvoie, ma Fille, les gémissemens de votre retraite. Ce n'est pas à vous à concilier tout ce qui se passe en votre cœur, mais seulement à recevoir tout ce que le chaste Epoux vous donnera : quelque découragée que vous vous sentiez, agissez toujours de même sans hésiter, dans l'oraison et dans la réception des sacremens.

Je trouve à propos que vous commenciez à insinuer doucement et sans affectation à vos amies, que je ne sais quoi vous

[1] *Joan.*, xv, 5.

(*a*) *Var.*: Lorsqu'il traitera le sacré ariage avec vous. — (*b*) Ces derniers versets.

attire à une entière séquestration des créatures, et à tenir tout prêt de plus en plus le compte que vous avez à rendre à Dieu. Gardez pourtant les bienséances, et n'affectez rien d'extraordinaire : Dieu conduira lui-même toutes choses où il voudra ; avec le secours de sa grace, je seconderai de mon mieux ses divines opérations.

N'hésitez point à continuer le *Cantique des Cantiques* malgré vos peines, qu'il allégera plutôt que de les augmenter. Plus vous vous abandonnerez au saint *Cantique*, plus le saint Epoux vous soutiendra. Celui (*a*) dont vous me parlez est du Père général des Chartreux ; vous le pouvez lire. Je pars samedi pour la Trappe ; je ne vous y oublierai pas. Je prie Notre-Seigneur, ma Fille, qu'il soit avec vous.

LETTRE CVI

A Meaux, ce 3 juillet 1695.

Je commence par répondre à vos doutes, ne sachant jusqu'où je pourrai aller. Mes réponses seront précises, s'il plaît à Dieu ; et c'est plutôt une décision qu'un discours, qui vous est nécessaire.

Première demande. Comment on doit être à l'égard du prochain, soit dans ce qui peut mal édifier, ou dans les peines qu'il nous cause.

Réponse. Le trop de raisonnement peut être ou volontaire ou involontaire, et c'est ce dernier qui vous arrive le plus souvent par la nature de votre esprit et de votre tempérament : il le faut laisser écouler comme l'eau. Le moins que l'on peut parler des autres, c'est le mieux : mais comme il n'est pas possible que les hommes ne parlent des hommes, le milieu est difficile à garder. La charité dans le cœur réglera l'extérieur. Ces peines contre le prochain ne sont pas de votre fond, je vous en assure : tâchez pourtant, ma Fille, de les calmer, parce qu'enfin elles y pourroient pénétrer. Le moyen de se procurer ce calme, c'est d'entrer dans le sacré cœur de Jésus-Christ, et de s'y unir à l'amour qu'il

(*a*) Le commentaire.

a pour tous les membres de son corps. Celles-ci (*a*) s'y trouveront avec tous les autres : ainsi vous les tiendrez toutes dans votre charité ; ce qui dans les occasions particulières vous fera bien faire avec elles.

Seconde demande. Si je puis désirer que vous continuiez toujours vos soins pour ma conduite, et si j'ai lieu de craindre l'attachement.

Réponse. Vous ne sauriez trop désirer les soins d'un pasteur ; mais le pasteur doit se déterminer au particulier par la prudence, et tout mesurer aux autres occupations égales (*b*) de sa charge. Toutes affaires non nécessaires doivent céder au soin des ames : mais quand les affaires de Dieu retardent les affaires de Dieu, il faut croire qu'il y pourvoit par d'autres voies : ainsi on doit demeurer de part et d'autre dans le calme. Au reste c'est toujours bien fait de demander : mais un homme, et surtout un homme de ma médiocrité, ne pourroit pas suffire à tout, ni jamais se contenter soi-même, s'il ne se faisoit une règle de ne se point accabler, non par crainte d'être accablé, mais parce que cet accablement jette dans la précipitation ; ce qui seroit très-dangereux pour les ames. Quand Dieu permet qu'une ame tombe dans des peines avec lui, elle éprouve aussi ordinairement de semblables peines contre ceux qu'il lui donne pour la conduire ; et en cela, comme en tout le reste, ils représentent Dieu à cette ame.

Quant aux attaches et occupations trop grandes pour un directeur, il en faut user de même que dans les autres peines, c'est-à-dire les laisser tomber et se retirer dans son fond. C'est la crasse et la rouille de cette vie, qui se trouve toujours sur les visages et sur les vaisseaux les plus nets ; de sorte qu'il faut tous les jours se purifier, et souffrir que Dieu nous remette dans le feu. C'est tout le remède qu'on peut donner à ce mal ; tout autre l'aigrit plutôt que de l'adoucir.

Trop parler de soi et de son intérieur, c'est toujours recommencer la même chose : mais ce n'est point trop parler que de représenter ce qui survient, et même ce qu'on a déjà dit, quand

(*a*) *Var.:* Les Sœurs. — (*b*) Aux occupations.

il y arrive de nouvelles peines. C'est autre chose de parler de ses peines par pure décharge, autre chose d'en parler par le besoin d'instruction. J'en ferai moi-même le discernement, et je garderai le silence quand il n'y aura point de nécessité que je parle : mais c'est à vous de tout dire, retenez bien cela. On peut trop chercher la consolation, mais jamais trop l'instruction, quand on a un grave sujet de craindre qu'on n'offense Dieu.

Troisième demande. Si l'on doit par humilité dire des choses qui humilient ou qui peuvent humilier, et si la sensibilité peut en empêcher le mérite.

Réponse. Pour profiter des humiliations, ce que Dieu demande n'est pas que l'on ôte la sensibilité ; c'est tout le contraire, puisque sans cela elles ne seroient pas humiliations : ce qu'il en faut ôter, c'est l'air plaintif, et l'esprit de contrariété et de résistance. Il faut pourtant quelquefois se soutenir pour l'amour des autres, qui nous fouleroient aux pieds, si l'on ne se tenoit dans quelque consistance. A l'égard des besoins, quand cela va jusqu'à un certain excès manifeste, il les faut découvrir, et avertir doucement qu'on ne le fait qu'à l'extrémité ; en sorte néanmoins qu'on fasse entendre qu'on en passe beaucoup sous silence.

Il y a autant de vanité dans l'affectation de parler de ce qui nous humilie, que dans celle de parler de ce qui nous relève devant les hommes. La règle sûre est de ne point parler de soi, qu'il n'y ait quelque raison de le faire : car il ne faut non plus affecter de ne rien dire de soi, que d'en parler naturellement dans l'occasion. On doit désirer d'édifier, et cela emporte quelque estime, mais tout cela sans affectation ; et tout est bon, pourvu seulement que l'on se souvienne de cette règle de l'Apôtre[1] : « Que chacun regarde, non pas ce qui lui convient, mais ce qui convient aux autres ; » et de cette sentence du Sage : « Chaque chose a son temps[2]. » Demeurez donc dans les pratiques que vous me marquez, en vous humiliant sans affectation et vous défendant de même, si on vous reproche des choses qui aillent à faire craindre quelque refroidissement de la charité.

[1] *Philipp.*, II, 4. — [2] *Eccle.*, III, 1.

Quatrième demande. S'il est permis, par complaisance et par honnêteté, d'approuver extérieurement les choses que l'on désapprouve intérieurement.

Réponse. Il y a différens degrés d'approbation ou d'improbation, selon lesquels on peut par honnêteté et par bienséance approuver généralement, et à de certains égards, ce qu'absolument on improuve. On peut avoir des raisons de ne le pas témoigner, pour ne rompre pas en visière, ou pour éviter des contre-temps, où cet honneur mutuel qu'on se doit les uns aux autres, selon saint Paul [1], seroit blessé. Le milieu dans toutes choses est difficile à tenir, et c'est pourquoi le silence vaut presque toujours mieux que le discours : mais comme le silence paroît quelquefois ou indifférence ou dédain, il faut prier Dieu qu'il fasse naître des occasions de se retirer davantage ; ce qui seroit, dans la maison du Seigneur, le comble de la félicité durant cette vie. Quant aux péchés où l'on tombe dans ces occasions, il faut se laisser doucement reprendre par la lumière qui préside à la conscience, sans se décourager ; mais se souvenir que saint Jacques dit *que celui qui ne tombe point dans la parole*, c'est-à-dire, par trop ou trop peu parler, *est un homme parfait* [2] ; de quoi on est bien éloigné.

Cinquième demande. S'il est utile de s'occuper de la crainte de ne pas persévérer dans le bien.

Réponse. Vous cherchez à voir des progrès, vous cherchez à sentir des forces ; vous n'avez, en pure foi, qu'à tout attendre de Dieu, de moment à autre ; vous ne trouverez de repos qu'en cet abandon. Qu'il vous suffise que l'Epoux céleste a sur vous un regard caché. Ne vous cachez pas à lui, puisqu'il ne cesse de vous poursuivre ; et abandonnez-vous à sa disposition pour le temps et pour l'éternité, le priant seulement de ne vous pas laisser tomber dans un état où vous lui déplaisiez ; car c'est cela seulement qui doit être insupportable à une épouse.

Il n'y a rien de plus inconnu aux hommes que les conduites particulières que Dieu tient sur les ames : c'est un secret qu'il

[1] *Rom.*, XII, 10. — [2] *Jacob.*, III, 2.

s'est réservé : il ne leur appartient pas de le vouloir pénétrer ; il suffit qu'on les adore et qu'on s'y soumette. Les changemens d'états, de quelque côté qu'ils viennent, car il ne faut pas trop s'en informer, ne vous doivent pas empêcher de recevoir les graces de Dieu. C'est une conduite de sa sagesse, de laisser sa créature à elle-même, quelquefois même à la tentation et aux noirceurs. On ressent davantage par ce moyen l'empire de Dieu et son propre néant, le combat des deux esprits et la supériorité de celui de Dieu.

Sixième demande. Si l'on peut sans orgueil parler de la vertu, quand on est si imparfaite.

Réponse. Laissez aller votre cœur et votre bouche aux pieux entretiens sur la vertu : songez que la beauté de la vertu consiste dans sa conformité à la volonté de Dieu ; ainsi tout se réduira à Dieu. Le vrai moyen d'agir avec Dieu par les véritables motifs, est de ne point trop songer si c'est par ces motifs qu'on agit. Il faut agir en toute simplicité par la vérité, et songer à contenter Dieu plutôt que soi-même, et sans trop songer si on le contente, parce que c'est autre chose de le contenter, autre chose de le savoir. Allez droit et toujours devant vous, priant Dieu de faire en vous tout ce qui lui convient, et de vous pardonner ce que vous ne ferez pas aussi purement qu'il le veut.

Septième demande. Sur la nourriture et sur le jeûne.

Réponse. Vous faites fort bien de distinguer dans la nourriture ce qui est de soutien et ce qui est de délicatesse et de plaisir, comme sont les confitures et autres choses de cette nature. Vous devez éviter les dernières, pourvu qu'il n'y ait point d'affectation ni de singularité. Toute ame chrétienne est appelée à la perfection, selon que Dieu la lui fait connoître, et il n'y a point d'orgueil à le présumer ainsi.

Pour conserver vos forces, il faut les ménager par rapport à Dieu ; et je ne puis consentir à vos jeûnes ni à vos veilles, que vous poussez trop loin. Ne faites rien de nouveau, et restreignez-vous plutôt là-dessus.

Huitième demande. Sur les peines de l'imagination et des distractions.

Réponse. C'est une foiblesse de croire qu'on puisse donner des lois à la vivacité d'une imagination vagabonde, ou d'un esprit qui s'égare dans ses pensées. Il y a deux choses à faire : l'une de tenir le cœur arrêté par l'amour; l'autre, quand l'esprit s'égare souvent, de laisser aller ses pensées pour enfin revenir à soi après leur erreur. Saint Augustin ne prescrit rien là-dessus, sinon du moins de déplorer secrètement sa dissipation. Il faut d'abord se donner à Dieu, afin qu'il se saisisse de nous et tienne pour ainsi dire la clef de notre cœur; après il faut un peu le laisser faire, puisque aussi bien à force de se vouloir calmer, l'on ne fait que s'agiter et s'échauffer davantage.

Neuvième demande. Sur les dispositions, quand le saint Sacrement est exposé.

Réponse. Il n'y a rien de trop dans les dispositions que vous me marquez pour Jésus-Christ dans l'Eucharistie. L'empressement et l'attachement vers le soleil, et les autres de même nature qui seroient extérieurs, ou la tendance à les faire tiennent quelque chose d'un amusement peu sérieux, dans lequel il ne faut point échauffer sa tête. L'amour de Jésus-Christ demande quelque chose de plus intime et de plus tranquille. Pour ce qui est de l'accroissement de l'attention, quand le saint Sacrement est exposé, il est assez de l'esprit de l'Eglise, quoique je vous avoue que j'aimerois mieux un peu moins d'attachement à l'exposition actuelle, et un peu plus à la présence dans le tabernacle, ou sur l'autel à la messe.

Dixième demande. Sur les dispositions à la communion.

Réponse. Il n'y a point à parler plus amplement sur cet article que sur les autres. Vous devez, ma Fille, aller à la communion comme il plaît à Jésus-Christ de vous y pousser; quelquefois en bête, comme disoit David [1], quelquefois en criminelle ou bien en

[1] *Psal.* LXXII, 23.

Epouse, ou de gré ou de force (*a*), suivant cette parole : *Contraignez-les d'entrer* [1], pourvu que Jésus-Christ vous voie avec la robe nuptiale ; c'est-à-dire pourvu que vous ayez la foi vive au banquet nuptial, comme étant le sceau, le gage et le moyen de la parfaite union, où se trouve le vrai lit nuptial et royal du vrai Salomon : tout est bon, pourvu qu'on croie et qu'on ne se retire jamais de la communion extérieure et intérieure par des peines, quelles qu'elles soient.

Si les fautes fréquentes devoient retirer de la communion et même de l'oraison, ce seroit en soi qu'on espéreroit, et non pas en la bonté de Dieu. Ne vous retirez donc jamais de l'oraison ni de la communion pour quelque cause que ce soit, que par ordre d'un confesseur : obéissez ; tâchez au reste d'entrer dans les dispositions de Jésus en communiant, qui sont des dispositions d'union, de jouissance et d'amour : tout l'Evangile le crie. Jésus veut qu'on soit avec lui ; il veut jouir, il veut qu'on jouisse de lui. Sa sainte chair est le milieu de cette union : il se donne ; mais c'est qu'il se veut donner encore davantage, dit saint Augustin. Il est le gage de lui-même : sa présence réelle, sentie par la foi, est le gage de sa présence parfaite, lorsque nous lui serons semblables en le voyant tel qu'il est. Ainsi l'esprit de Jésus dans l'Eucharistie, c'est que l'union nous soit un gage de l'union, et remplisse le mystère de l'amour ; ici en espérance, et là en effet. Laissez tomber les doutes (*b*) frivoles que vous avez : c'est trop honorer la tentation que d'en venir à les discuter.

ONZIÈME DEMANDE. Sur les effets de l'orgueil.

RÉPONSE. Le fond d'orgueil est infini dans la créature, et y fait plusieurs grandes plaies, dont il ne faut pas entreprendre la cure en particulier ; mais dire et redire avec l'Apôtre : *Nihil sum* [2], « Je ne suis rien, » et se souvenir de cette parole de Jésus-Christ : « Sans moi vous ne pouvez rien [3]. » Faites, Seigneur, faites. L'amour est le vrai remède contre l'orgueil, parce qu'il nous fait

---

[1] *Luc.*, XIV, 23. — [2] I *Cor.*, XIII, 2. — [3] *Joan.*, XV, 5.

(*a*) *Var.:* Quelquefois en criminelle ou bien en épouse, ou de gré ou de force. — (*b*) Ces doutes.

sortir de nous-mêmes et n'a d'appui qu'en la bonté de Dieu.

Douzième demande. Sur le zèle que l'on sent (a) sentir pour la justice de Dieu.

Réponse. Consentir à sa damnation, ce seroit consentir à n'aimer plus Jésus-Christ, et à n'en être point aimé (b); c'est (c) chose abominable. Moins il y a d'espérance de votre côté, plus il faut espérer du côté de Dieu : ainsi l'espérance vient du désespoir. On ne peut rien de soi ; mais on peut tout avec Dieu, pourvu qu'on croie fermement qu'il ne nous quittera pas. Laissez-lui pourvoir à sa justice ; espérez tout de sa miséricorde, et abandonnez-vous-y malgré toutes choses. Il n'y a point de réprobation pour ceux qui espèrent. Ne doutez point que la crainte que vous avez de perdre Dieu, et de n'être pas autant à lui que vous y devez être (d), ne soit une marque de sa bonté, et qu'il ne vous tienne compte des peines que vous endurez. Prenez garde sur toutes choses de ne consentir jamais à rien qui soit contraire à la grande idée que vous devez avoir de l'immensité de sa miséricorde.

Treizième demande. S'il est permis de désirer la mort.

Réponse. Il faut dire avec saint Paul : « Nous ne désirons point d'être dépouillés, mais d'être revêtus [1]. » Nous ne désirons point la mort, mais de vivre avec Jésus-Christ. Vous êtes en état de la désirer, avec la grâce de Jésus-Christ Sauveur : mais sa grâce bannit l'impatience, parce qu'elle inspire la soumission. Il y a l'impatience de chagrin qui est mauvaise, et l'impatience d'amour qui quelquefois est déchirante et crucifiante, mais qui porte un fond secret de douceur et une manne cachée.

Quatorzième demande. Si l'on peut désirer une plus grande solitude.

Réponse. Toutes ces vues de solitude sont bonnes quant au

[1] II *Cor.*, v, 4.

(a) *Var. :* Que l'on peut sentir. — (b) N'en être plus aimé. — (c) C'est une chose... — (d) Que vous devez être.

fond des dispositions qu'elles vous mettent dans l'esprit ; mais d'en venir à l'exécution, c'est ce qui tourneroit bientôt en amusement et en dissipation. Le dégoût des créatures pris du côté de leur néant, est meilleur que celui qui se prend du côté de leur humeur. Il ne faut pas être en ce sens dégoûté de soi, parce que le dégoût en soi porte découragement et foiblesse.

Comme Jésus-Christ a dit : « A chaque jour suffit sa malice [1], » je vous dis : A chaque heure, à chaque moment suffit sa malice. Il ne faut pas trop prévoir : nous n'avons jamais qu'un moment à nous, et Dieu est tout entier pour nous à tous momens : comme c'est lui qui les développe les uns après les autres, il faut s'y laisser porter en tenant à lui. Si vous aviez tous vos contentemens et vos aises dans l'état où vous êtes, je craindrois pour vous. Les croix et les humiliations vous soutiennent. A l'égard de celles que vous envisagez du côté que vous savez, je n'oppose à tout cela que cette parole de saint Paul : « Dieu est fidèle, et ne vous laissera pas tenter au-dessus de vos forces [2]. »

Il ne faut pas s'empêcher de faire le bien par les motifs dont vous me parlez ; mais aller plus simplement avec Dieu et avec les hommes. Toutes les lois sont renfermées dans le commandement de l'amour ; le reste n'est autre chose que des observances, qu'il ne faut pas multiplier sans grande nécessité.

Voilà, ma Fille, la résolution de tous vos doutes. Je prie Dieu qu'il vous soutienne dans vos peines, et vous bénis en son nom.

LETTRE CVII.

A Meaux, ce 4 août 1695.

Il y a, ma Fille, des violences qu'il ne faut pas se faire en certains états, parce qu'elles tiennent de l'impatience et de l'aigreur, et qu'il n'est pas besoin d'être violent quand Dieu veut prendre le cœur par la suavité. Si Dieu vous serre de près, et qu'il vous dise comme à saint Paul : « Il vous est dur de regimber contre l'éperon [3], » répondez-lui avec saint Paul : « Seigneur, que voulez-vous que je fasse ? » Gardez-vous bien de vous retirer de la

[1] *Matth.*, VI, 34. — [2] *I Cor.*, X, 13. — [3] *Act.*, IX, 5, 6

communion pour ces folies, que vous dites qui vous passent dans l'esprit. C'est alors qu'il faut recourir à celui qui nous est donné pour être notre sagesse. N'hésitez point d'aller à confesse dans la disposition que vous me marquez; mais n'y allez jamais par scrupule ni par défiance. Quand vous m'exposez des choses sur lesquelles je ne dis mot, c'est à dire qu'il faut passer outre sans s'y arrêter : c'est ma règle. Vous pouvez fort bien faire votre oraison des paroles du sacré *Cantique*, qui en effet sont enlevantes. Je ne sais point donner de bornes aux transports de l'Epouse, non plus qu'à ceux de l'Epoux.

Je ne manquerai pas de recommander à Dieu l'âme dont vous me parlez, pour qu'il lui envoie un rayon d'en haut.

Je ne vois rien de particulier à vous dire sur la vie de sainte Thérèse et de sainte Catherine de Gênes. Ce qui reluit dans l'une est un amour humble; et dans l'autre, c'est la pureté de l'amour. Il n'y a que du bien à prendre de l'une et de l'autre dans ce que vous sentez convenable à vos états : mais après tout, il importe peu ; et c'est de Dieu qu'il faut se laisser mouvoir, parce qu'il meut chacun selon qu'il veut.

Ne vous étonnez point, ma Fille, de vos sécheresses. On dit que les années sèches en ces pays sont ordinairement les meilleures : il en est de même dans la culture spirituelle, la sécheresse n'étant très-souvent qu'une concentration dans l'intérieur des dons sensibles de Dieu. Abandonnez-vous à sa volonté, n'ayant point de désirs empressés pour le retour des graces sensibles : vivez de foi et d'espérance.

Quant aux peines que vous m'exposez, ce que vous avez à faire avant toutes choses, c'est dans les occasions où la nature se sentira blessée, quelque imprévues qu'elles soient, de ne rien faire paroître que douceur et humilité, ou par le silence, ou par des réponses dignes d'une chrétienne, dans une parfaite imitation de la douceur de Jésus-Christ, que je prie, ma Fille, de tout mon cœur d'être avec vous.

LETTRE CVIII.

A Germigny, ce 13 août 1695.

Je ne vois point d'embarras, ma Fille, à dire avec saint Paul : « Seigneur, que voulez-vous que je fasse[1] ? » Il y a toujours des secrets inconnus dans la volonté de Dieu, et il faut lui demander, ou qu'il nous les fasse connoître, ou qu'il nous y pousse par les voies secrètes qui lui sont connues.

Vous faites trop dépendre votre conduite des événemens. Etre associée ou ne l'être pas, que vous importe ? Dilatez vos voies, et laissez ces choses très-indifférentes pour ce qu'elles sont devant Dieu : votre union avec lui ne dépend point de ces dehors, et vous vous tourmentez en vain pour l'y attacher.

Je trouve toujours très-bon que vous m'exposiez toutes choses, et je ne sais pourquoi vous hésitez toujours là-dessus. Je mets vos vues sur les C... parmi les choses extérieures, dont vous vous donnez de la peine inutilement. Je ne vous permets sur cela que le désir, pourvu encore qu'il soit modéré : mais pour l'exécution et même pour vous inquiéter dans les moyens, cette agitation ne vous convient pas, et je vous la défends.

. Laissez sur mon sujet les discours du monde comme des discours du monde, et les volontés des hommes, quelque grands qu'ils soient, pour ce qu'elles sont. Il n'y a que la volonté éternelle et inviolable de Dieu à qui (a) il faut tout sacrifier. Votre ame m'a été mise en main de trop bon endroit, et par une disposition trop particulière de Dieu, pour l'abandonner.

Voilà la lettre de M. votre fils : il me paroît dans l'agitation, mais dans de bons sentimens. Conseillez-lui de vivre tranquille et soumis dans l'état où il est, jusqu'à ce que Dieu lui donne quelque autre ouverture; et mandez-lui ce mot de David, qui convient à tout état : *Declina à malo, et fac bonum*[2] : « Evitez tout le mal, et faites tout le bien » qui se présente à faire en chemin faisant. Soyez persuadée, ma Fille, que je ne trouverai ja-

---

[1] *Act.*, IX, 6. — [2] *Psal.* XXXVI, 27.
(a) *Var.:* A quoi.

mais mauvais que vous me parliez de lui, pour qui j'ai sincèrement de l'amitié. Je prie le cher Epoux qu'il soit votre vie et votre soutien

LETTRE CIX.

A Paris, ce 22 août 1695.

Il est vrai que votre lettre m'a paru un peu extraordinaire, et je vous avoue, ma Fille, que je n'aimerois pas que vous vous laissassiez souvent entraîner à l'esprit qui vous l'a fait écrire, non pas pour l'amour de moi qui excuse et qui pardonne tout aisément, mais pour l'amour de vous-même. Dieu soit loué de vous avoir d'abord fait connoître votre faute : elle vous doit apprendre à ne pas donner autant que vous faites dans les choses extérieures, comme les C..., dans ces associations, et autres choses semblables. Après tout j'aime pourtant mieux que vous me disiez vos sentimens que de me les dissimuler quand ils sont venus ; mais vous devez tâcher de les réprimer.

Je consens au renouvellement que vous avez fait de vos vœux : mais soyez-y plus fidèle ; car assurément ces agitations et ces empressemens sur votre désir, sont bien au-dessous de la perfection où vous aspirez. Je vous pardonne encore cette fois, parce que vous avez communié malgré cette peine. Prenez donc courage, ma Fille : je vous ai pardonné de bon cœur, et Dieu en moi et avec moi. Portez votre confusion ; mais ne perdez point courage. Je consens aux pénitences que vous me demandez, si vous les pouvez cacher sans affectation. Le cher Epoux a fait le reste, et il saura bien vous en imposer quelqu'une de son goût.

Je crois vous avoir dit plusieurs fois que vous ne devez entrer que le moins que vous pourrez dans les plaintes et les contestations qui me regardent : répondez en simplicité et en sincérité, autant que la bienséance le demande, et rien autre chose.

Au surplus, sur ce que vous m'exposez, tout se réduit (a) à trois points : l'un, à régler le dehors sans en rien faire paroître, pas même le moindre mot ; l'autre, quand on fait quelque faute, et

(a) *Var.*: Tout ce que vous m'exposez se réduit...

qu'on ne garde pas bien ce dehors, de ne se décourager pas; le troisième, d'exposer à Dieu ses foiblesses comme des plaies cachées, afin qu'il lui plaise de les guérir. Je le prie, ma Fille, d'être avec vous.

LETTRE CX

A Meaux, ce 27 septembre 1695.

Il y a dans saint Paul une tristesse qui est selon Dieu[1]. Notre-Seigneur a été livré à la tristesse, à la détresse, à un profond ennui et à une désolation intérieure, qu'il envoie aux ames qu'il veut exercer, pour y imprimer un des traits de sa ressemblance. Comme cette tristesse ne l'empêcha pas d'obéir à la volonté de son Père, et d'aller à la mort: ainsi, ma Fille, il faut aller comme si cette tristesse n'étoit pas, et la noyer dans celle de la sainte ame de Jésus. Plus il met dans l'impuissance d'agir, plus il veut agir lui-même, mais secrètement et dans le fond. Cachez tout dans l'intérieur : c'est la grande fidélité que Dieu demande en ces états, et qu'ils ne changent rien au dehors, principalement dans la communion et l'oraison, ni même, autant qu'il se peut, dans la conversation. Priez pour les ames délaissées, ou par épreuve, ou pour leurs péchés; et offrez vos peines pour elles.

J'ai très-bien compris votre état; il est en partie dans ces paroles de David : « J'ai été devant vous comme une bête, » *ut jumentum*[2]. La stupidité de cet état donne à Dieu le moyen d'agir et de se cacher tout ensemble. Modérez donc, ma Fille, vos activités sur votre désir ; et sans vouloir le déraciner, songez à empêcher qu'il n'ait aucun effet au dehors. Jésus-Christ a dit : « Je suis un ver, et non un homme[3]. » Je crois que vous devez vous contenter des cris du cœur; l'amour les entend : laissez faire le saint Epoux au dedans; rendez-vous maîtresse du dehors avec sa grace, et soyez fidèle à ce point.

Le désir de voir Jésus-Christ en sa sainte humanité se doit terminer à la vie future. Je ne crois pas qu'il vous soit aisé de

---

[1] II Cor., VII, 10. — [2] *Psal.* LXXII 23. — [3] *Psal.* XXI, 7.

trouver quelqu'un avec qui vous puissiez décharger votre cœur, et il ne le faut faire que selon les mouvemens de l'Esprit-Saint.

Quand vous m'aurez exposé vos difficultés sur sainte Thérèse et sur sainte Catherine de Gênes, cela donnera peut-être occasion de vous découvrir quelques vérités importantes sur vos états.

Je ne puis comprendre l'attachement et le goût de Madame*** pour les auteurs profanes : j'en pardonnerois quelques lectures en passant; mais d'y avoir de l'attache et d'y trouver du goût quand on connoît Jésus-Christ, je crois que c'est un obstacle aux desseins de Dieu sur cette ame, et qu'à quelque prix que ce soit, il la faut détromper. Peut-on goûter des livres où Jésus-Christ ne se trouve point, et s'en faire une sérieuse occupation? Je ne le puis croire. Pour vous, ma Fille, lisez les trois premiers chapitres de Jérémie. Ne vous découragez point : Dieu vous aime et vous regarde en amour et en pitié : assurez-vous-en. Je lui offre sincèrement toute vos vues, et je vous bénis en son nom.

LETTRE CXI.

A Germigny, ce 19 octobre 1695.

J'ai vu celui qui m'a rendu votre lettre, ma Fille : je voudrois qu'il eût pu me faire connoître par son directeur, ou par quelque ecclésiastique spirituel, les dispositions de sa conscience ; sans quoi il est difficile que je puisse prendre le parti qu'il faut.

Je vous ai marqué une lecture qui vous fera voir les bontés de Dieu. Confessez-vous des circonstances que vous avez oubliées, ou que le trouble où vous étiez vous a, possible, empêchée de dire. Ne vous éloignez pas de Dieu, ni de la communion. Offrez à Dieu vos peines pour les desseins qu'il a sur vous, et attendez-vous à de grandes miséricordes.

Les communions dont vous me parlez me plaisent beaucoup : continuez-les, et n'interrompez rien. Je n'ai pas le temps de vous en dire davantage. Notre-Seigneur soit avec vous, ma Fille. Lisez le troisième chapitre de Jérémie devant le saint Sacrement. Notre Seigneur soit avec vous, encore un coup.

LETTRE CXII

A Germigny, ce 31 octobre 1695.

Voilà, ma Fille, la réponse pour.... Quant à vous, plus votre état est extrême et caché, plus il faut s'abandonner à celui qui habite dans les ténèbres, en espérance contre l'espérance[1].

La personne dont vous me parlez doit, comme toutes les ames fidèles, marcher en dilatation. Quant à l'oraison et à la fréquentation des sacremens, les peines qui en retirent tiennent de l'angoisse, et retardent l'opération de Dieu. Il sait bien ôter le plaisir sensible; mais en même temps il dilate le cœur d'un autre côté. Qu'elle ne se fasse pourtant point une peine de ne sentir point cette dilatation, et qu'elle ne s'angoisse pas d'une manière qui la retire de la communion, et de la libre communication avec Dieu. N'ayez point de scrupule de lui avoir parlé franchement; continuez. « Bienheureux ceux qui ont faim et soif de la justice; car ils seront rassasiés[2]: » mais en attendant qu'ils le soient, et pendant qu'ils ont faim et soif, « bienheureux ceux qui pleurent, parce qu'ils seront consolés [3]. »

Ne craignez point de me faire vos questions : réduisez-les le plus que vous pourrez, et néanmoins suivez votre attrait. Dites tout, parce que, après tout, vous direz par ce moyen le général et le particulier, et je répondrai selon le loisir que Dieu me donnera. Allez seulement, et ne discontinuez aucun de vos exercices ordinaires. Je vous ai offerte à Dieu de tout mon cœur. Ce qu'il y a à observer dans votre état, c'est d'être d'une ponctuelle et inviolable obéissance, et de ne la pas faire dépendre des explications que vous espérez; autrement vous manqueriez tout à fait, et je ne pourrois que fort improuver cette conduite. J'avoue au reste tout ce que vous dites des graces que Dieu attache à la parole des directeurs. Continuez à me proposer vos peines. Dieu soit avec vous, ma Fille.

[1] *Rom.*, IV, 18. — [2] *Matth.*, V, 6. — [3] *Ibid.*, 5.

LETTRE CXIII.

A Meaux, ce 7 novembre 1695.

Il y a, ma Fille, deux sortes de réponses à vous faire : l'une, en vous prescrivant ce que vous avez à faire; l'autre, en vous éclaircissant à fond sur vos peines. La première est la seule essentielle, qu'il n'est pas permis de faire dépendre votre repos des assurances qu'on vous donne sur votre état. Croyez que je vous entends très-bien, et que je ne vois rien d'assez obscur, pour que je ne puisse pas vous prescrire avec certitude ce que vous avez à faire; le voici.

Quand il y a des actes extérieurs, il faut les confesser simplement : ne perdez point courage sous la foi de la bonté de Dieu, supérieure à toutes nos fautes. D'un côté, il est bien étrange que prévenus de tant de graces, nous puissions offenser Dieu : d'un autre côté, il n'est pas si étrange qu'une nature pécheresse pèche, puisque ce n'est après tout que revenir à son fonds. Écoutez cette décision d'un saint concile, tirée de saint Augustin : « Personne n'a rien du sien que le mensonge et le péché[1]. »

Voilà, ma Fille, tout ce que je puis vous dire à présent. Vivez en foi, et continuez à m'écrire vos peines. Dieu est bien caché, et il est impossible de le pénétrer. C'est beaucoup de grace qu'il nous en laisse entrevoir assez pour pouvoir dire : Faites ceci, faites cela. Faites donc tout ce que je vous ai prescrit, sinon avec goût, du moins avec obéissance. Notre-Seigneur soit avec vous, ma Fille; je vous porte en mon cœur devant lui.

LETTRE CXIV.

A Paris, ce 15 novembre 1695.

Je consens, ma Fille, au jeûne du samedi en l'honneur de la sainte Vierge, mais à la condition (a) que vous n'en ferez rien paroître, de peur d'ouvrir la porte à des singularités : vous ferez

---

[1] *Conc. Arausic.* II, et *Trid.*, ex August. *Sermon.* CCLIV, n. 7.
(a) *Var.:* A condition.

bien d'en parler à Madame l'abbesse. Gardez-vous bien de vous défier des impressions que vous recevez de l'Epoux céleste. Vos péchés et vos infidélités n'anéantissent point ses bontés ni les vérités de sa grace. Il faut marcher en foi, en paix dans le fond du cœur et en confiance.

J'ai lu vos dernières observations sur sainte Catherine de Gênes. Je vous avoue que je sens un grand goût pour ces saintes et admirables dispositions, et que je suis consolé des conformités que vous éprouvez en beaucoup de choses avec les vôtres. J'ai lu l'écrit que vous m'avez envoyé; je le trouve très-bon. S'il falloit le rendre public, il y auroit peut-être quelques petits mots à y ajouter par-ci par-là pour plus grand éclaircissement : quoi qu'il en soit, ma Fille, j'en approuve le fond. Il n'y a point de mal à croire qu'il y a quelque chose en vous de conforme à ces états : mais le mieux est de recevoir ce que Dieu donne, en toute simplicité, sans égard aux autres. Il vous doit suffire d'avoir exposé, et qu'on vous assure. Marchez donc en paix et en confiance, sans vous enquérir davantage. Je n'ai pas le loisir de vous rien dire de plus, on m'attend pour une vêture. Notre-Seigneur soit avec vous, ma Fille.

LETTRE CXV.

A Meaux, ce 26 décembre 1693.

Loin de trouver mauvais, ma Fille, que vous continuiez à m'écrire, je trouverois fort mauvais que vous ne le fissiez pas : je vous l'ai dit tant de fois, et je vous le dis une fois pour toutes, que je le trouve très-bon, et qu'il n'y a rien que je trouve mauvais que de douter de moi, après tant d'assurances données. Je ne puis vous voir avant les fêtes; mais ce sera après, s'il plaît à Dieu. Je vous donnerai tout le temps que je pourrai.

Continuez votre retraite, puisque Madame l'approuve; et dites O en silence, n'y ajoutant rien. O loue, ô désire, ô attend, ô gémit, ô admire, ô regrette, ô entre dans son néant, ô renaît avec le Sauveur, ô l'attire du ciel, ô s'unit à lui, ô s'étonne de son

---

(*a*) *Var. :* Devons en dire davantage.

bonheur dans une chaste jouissance (*a*), ô est humble, ô est ardent. Qu'y a-t-il de moins qu'un ô; mais qu'y a-t-il de plus grand que ce simple cri du cœur? Toute l'éloquence du monde est dans cet ô; et je ne sais plus qu'en dire, tant je m'y perds.

Qu'on seroit heureux d'être à la crèche de Jésus, quand ce ne seroit que comme ces animaux, puisque l'un connoît son maître, et l'autre la crèche de son Seigneur [1]! C'est alors qu'il faudroit dire avec David : « J'ai été devant vous comme un animal [2]. » Vous pouvez aspirer à tout, même aux dispositions de la sainte Vierge, et même à celles de Jésus-Christ, qui est notre vrai modèle. Dieu distribue ses dons dans le degré et dans la manière qu'il veut.

Le zèle que vous avez contre le livre dont vous me parlez, à cause de la préface qui est contraire à mes sentimens, n'est pas parfait; bien loin de là. Dans les choses qui sont indifférentes, il faut laisser la liberté à tout le monde : s'en offenser à l'excès que vous me marquez, c'est une foiblesse. Soyez bénie au nom du saint Époux. Je le prie, ma Fille, qu'il soit avec vous.

LETTRE CXVI

A Meaux, 2ᵉ de l'an 1696.

Je reçois, ma Fille, votre présent avec agrément, je le garderai avec soin. Je ne puis vous laisser passer sans remarque votre réflexion sur la devise des pensées, qui porte : Vous les connoissez (*b*). Je suis persuadé que vous me parlez sincèrement, et qu'en effet je sais tout. N'hésitez pas à m'écrire quand vous en serez pressée : je ne suis pas toujours également occupé à Paris; et il est vrai aussi que je ne suis pas toujours en pouvoir de répondre. Mon silence vous est une preuve que j'approuve; car je lis d'abord; et si la lecture des lettres me faisoit sentir quelque chose de mauvais ou de suspect, je m'y opposerois aussitôt : ainsi, ma Fille, vous n'avez point d'illusion à craindre. Vos fautes et vos infidélités n'empêchent point les bontés de Dieu; car vous

---

[1] *Isa.*, I, 3. — [2] *Psal.* LXXII, 23.

(*a*) *Var.* : O louer ! ô désirer ! ô attendre ! etc. — (*b*) Vous les connoissez toutes.

voulez jouir de l'Epoux sacré, et lui veut jouir de vous. Laissez-le donc faire; il saura bien ôter les obstacles de sa jouissance, quand il voudra; priez-l'en, et lui livrez tout.

Je vous ai dit sur vos peines, si je m'en souviens bien, que vous prissiez dans le péché, non pas le péché que Dieu hait, mais l'effet qu'il en veut tirer pour vous humilier, en lui offrant et vos humiliations et vos peines, pour l'accomplissement de ses secrets desseins.

La circoncision du cœur, c'est, ma Fille, le retranchement de tout le sensible, et le renoncement entier à soi-même. Par la circoncision, Jésus-Christ a pris la forme des esclaves et des pécheurs: il faut qu'il en meure, et que dès le huitième jour de sa vie son sang coule. Vous n'avez point d'armes contre le démon, que de vous livrer à Jésus-Christ.

Continuez à m'écrire: quand même je ne pourrois faire réponse, vous aurez obéi, et Dieu répondra pour moi, quand ce sera par son ordre que je me trouverai dans l'impossibilité de répondre.

Il est vrai, voir un cher Epoux revêtu et accablé de nos péchés, c'est un triste objet; mais comme c'est par bonté et par amour qu'il s'en est revêtu, il faut s'unir à sa bonté et à son amour, et soulager son fardeau en prenant dans cette source la force de ne pécher plus. O divin Enfant, que ferai-je de ma volonté qui s'échappe? Hélas! je vous la remets.

La personne dont vous me parlez commence très-bien: continuez, laissez-la venir, et ne manquez pas ces momens. Notre-Seigneur soit avec vous.

LETTRE CXVII.

A Meaux, ce 5 janvier 1696.

Je ne vois rien que d'admirable, ma Fille, dans sainte Catherine de Gênes; mais tout n'est pas à imiter, et beaucoup de choses ont besoin de quelque explication. Vous n'avez que faire de discuter tout cela; vous savez à quoi vous en tenir.

Je répondrai à vos demandes aussi aisément que si vous les

aviez abrégées; mais il me faut du temps; allez toujours selon les règles que je vous ai données.

Ne craignez point d'entrer dans l'oraison d'admiration; et demeurant interdite en présence de ce Dieu interdit, terminez votre admiration en adoration et en amour.

Allez en simplicité : ne repassez plus sur vos confessions; Dieu est bon, c'est tout pour vous.

Nous avons tant parlé de ce dégoût des créatures qui porte à la solitude, qu'il n'y a plus rien de nouveau à en dire. En général, il ne faut pas s'étonner de ces différentes dispositions, mais seulement les réunir toutes dans la charité.

Je reçois votre dernière lettre, ma Fille, où je vois l'extrémité où vous êtes poussée. Je prie Dieu de tout mon cœur de ralentir la pesanteur de son bras, ou qu'il vous donne le soutien à proportion qu'il appuie sa main. Je ne puis cependant que vous répéter de demeurer en repos sur vos confessions. Pour ce qui est de vous ôter vos peines, vous sentez trop la souveraineté de celui qui les fait, pour croire qu'une main humaine les puisse lever. Je prie le saint Époux d'être avec vous, et je vous bénis en son nom.

LETTRE CXVIII.

A Paris, ce 25 janvier 1696.

Vous prenez, ma Fille, une sainte résolution de vous enfermer avec Madame d'Albert : assurez-vous que cet acte de charité vous sera compté pour beaucoup; et j'espère que Dieu y ayant égard, adoucira vos peines cruelles en faveur de la charité éminente que vous pratiquez. Mandez-moi sans hésiter des nouvelles de la malade, je suis trop en peine de n'en point savoir, et en même temps des vôtres. Exhortez-la à la soumission la plus entière. La vraie disposition d'une malade chrétienne est de regarder la maladie comme un état de privation d'un côté et de l'autre de grandes graces. La croix y est dans toute son étendue et avec tout son accompagnement.

Vous aurez vu par ma lettre précédente que je suis bien éloigné de vous quitter, ou de me rebuter de vos peines. C'est le temps au contraire qu'il faudroit s'engager à aider les ames, si on n'y étoit déjà pas obligé. La charité pratiquée, et celle que vous allez exercer, vous tourne à salut et à grace. Prenez donc courage, ma Fille; vos fautes vous sont pardonnées. Ne laissez pas de communier, quand même vous ne pourriez pas aller à confesse. Dites au Sauveur : « Je crois, Seigneur, aidez mon incrédulité [1]. Fils de David, ayez pitié de moi [2]. Seigneur, augmentez-moi la foi [3]. Venez, Seigneur Jésus, venez [4]. » Dites ce *Venez*, que disent l'Esprit et l'Epouse. « Seigneur, sauvez-nous, nous périssons [5]. Le Seigneur Jésus est Dieu béni, au-dessus de tout, aux siècles des siècles [6]. Quand il me donneroit le coup de la mort, j'espérerois en lui [7]. » Approchez en liberté du divin Epoux; c'est lui qui vous y invite : il lui appartient de concilier les contrariétés qui se réunissent dans le fond.

Bénie soyez-vous, ma Fille, avec vos malades. La bénédiction des maladies est de nous détacher de ce corps mortel, et d'en affoiblir les liens. N'hésitez point, encore une fois, à me mander des nouvelles de vos malades, et des vôtres. Vous aurez ce que vous me demandez, et je me joindrai à la neuvaine de saint Fiacre. Ne craignez point de lui demander votre guérison, avec soumission à la volonté de Dieu et confiance aux mérites de son serviteur.

A l'égard de votre tristesse, ce sera, ma Fille, une tristesse de salut, pourvu qu'elle ne vous absorbe pas. Soutenez-vous au dehors; Dieu vous soutiendra au dedans. Vous ne devez point être en peine de vos confessions passées; et quoi qu'il arrive de vous, pourvu que vous vous abandonniez à Dieu pour le temps et pour l'éternité, je réponds de votre salut. Je ne vous abandonnerai ni à la vie, ni à la mort, et j'aurai tout le soin possible de M. votre fils. Notre-Seigneur soit avec vous.

---

[1] *Marc.*, IX, 23. — [2] *Matth.*, XV, 22. — [3] *Luc.*, XVII, 5.— [4] *Apoc.*, XXII, 17, 20. — [5] *Matth.*, VIII, 25. — [6] *Rom.*, IX, 5. — [7] *Job.*, XIII. 15.

LETTRE CXIX.

A Paris, ce 10 février 1696.

Vous pouvez, ma Fille, faire voir aux personnes dont vous me parlez les écrits qu'elles demandent, mais non les leur laisser, en sorte qu'elles en puissent faire des copies, jusqu'à ce que j'aie vu ce que c'est ; car je n'en ai plus nulle mémoire, surtout de l'écrit de la prédestination.

Je crois vous avoir répondu sur tout ce qui regardoit vos lettres précédentes, principalement sur cette tristesse profonde : c'est celle qu'éprouvoit David, lorsqu'il disoit : « Mon ame, pourquoi es-tu triste ? espère en Dieu[1]. » Continuez vos oraisons et vos communions : faites par obéissance ce que vous ne pourrez pas faire par courage et par sentiment. Assurez-vous, ma Fille, que je ne vous oublie pas. Je demande nuit et jour pour vous au céleste Epoux un petit regard, dont la lumière vienne à vous. Ne cherchez point d'autre soutien ; vous n'en aurez que dans votre peine, jusqu'à ce que le temps soit venu : Dieu seul en voit la fin ; soyez-lui fidèle, contenez l'extérieur, fréquentez les sacremens à l'ordinaire, sans vous en éloigner par quelque cause que ce soit. J'en dis autant pour l'oraison (a), fût-elle plus ténébreuse que les ténèbres d'Egypte, et plus sèche que la terre que le soleil brûle[2]. Dieu est avec vous. Tous les remèdes que vous cherchez ne sont qu'un nouveau tourment.

Je ne vois rien de faisable du côté que vous me marquez : ainsi, ma Fille, je n'ai point rendu et ne rendrai point (b) votre lettre. Dieu ne veut pas qu'on tente des inutilités : n'y pensez plus ; la lettre est brûlée. Tournez-vous uniquement du côté de Dieu, et vers les saintes montagnes, d'où vous viendra le secours[3]. Assurez-vous, ma Fille, que je ne vous abandonnerai ni à la vie, ni à la mort. Je vous bénis dans le saint amour de Notre-Seigneur.

[1] *Psal.*, XLI, 6. — [2] *Psal.* CXLII, 6. — [3] *Psal.* CXX, 1.
(a) *Var.* : De l'oraison. — (b) Ni ne rendrai point.

LETTRE CXX.

A Meaux, ce 26 mars 1696.

J'entre, ma Fille, dans vos peines, et j'y compatis. Je vois que Dieu vous pousse loin, et il ne vous pousse pas au delà des bornes de sa puissance : ainsi je vous mets entre ses mains, afin qu'il vous soutienne d'un côté, pendant qu'il vous accable de l'autre.

Ne dites pas que je n'ai point d'attention à vos peines, ou que je ne les connois pas, et que je crois que ce n'est rien, ou enfin qu'elles me rebutent, me fatiguent ou me dégoûtent : c'est la tentation qui vous met tout cela dans l'esprit. Au surplus, Dieu vous soutiendra, pourvu que vous ne quittiez ni vos oraisons ni vos communions. Faites ce que vous pourrez, assurée que Dieu suppléera au reste.

Vos vues du côté dont vous me parlez, sont aussi défectueuses que les autres ; ainsi je n'en parlerai point. J'écouterois volontiers vos vues, pour peu qu'il y eût de vraisemblance ; mais ces desseins vagues ne concluent rien. Ainsi, ma Fille, portez votre fardeau au dedans de vous ; c'est tout votre soutien, et il faut qu'il se trouve dans la peine même.

Gardez-vous bien de vous laisser défaillir à la manière que vous me le marquez : vous savez que Dieu le défend, et qu'il veut qu'on ait un soin raisonnable de sa santé. Est-ce ainsi que Jésus-Christ a accompli la volonté de son Père ? Vivez tant que Dieu voudra, et confessez son saint nom. Quelle folie le démon vous va-t-il proposer ? Dites-lui : « Tu ne tenteras pas le Seigneur ton Dieu [1]. » Qui vous a dit qu'on est en repos dans la mort ? Nous tire-t-elle des mains de Dieu ? Vivez et aimez.

Je vous remets votre jubilé comme vous le désirez, jusqu'au jour que je vous désignerai : le vendredi ou le samedi de la semaine prochaine, vous pouvez vous y disposer par une retraite ; le reste se dira en présence. Notre-Seigneur soit avec vous, ma Fille.

J'écouterai toutes vos vues, et j'arriverai, s'il plaît à Dieu,

[1] *Matth.*, IV, 7.

d'assez bonne heure pour vous aider à conclure votre jubilé, que je vous ai remis.

LETTRE CXXI.

A Meaux, ce 12 avril 1696.

Je n'écrirai qu'à vous seule, ma Fille, afin de résoudre les doutes qui pourroient empêcher votre jubilé : j'enverrai ma réponse, au reste, par un homme exprès, l'un des jours de cette semaine.

Décisivement et certainement vous ne devez répéter vos confessions pour aucune des deux raisons de ce Père; c'est-à-dire ni pour avoir omis la circonstance de dimanche ou fête, ni pour n'avoir pas confessé d'avoir oui la messe avec l'habitude ou l'inclination à quelque péché. Pour ce qui est de la volonté actuelle et délibérée, qui eût duré pendant tout le temps de la messe, ou dans la principale partie, il faudroit le dire à confesse : mais quand on l'auroit omis par simplicité, ou par oubli, ou par ignorance, ou enfin pour n'y avoir jamais songé, ou pour n'en être pas assez instruite, il ne faut pas pour cela réitérer ses confessions ; mais dire tout simplement à son confesseur qu'on a fait ou pu faire vraisemblablement ce péché, que j'ai spécifié le dernier, de la volonté actuelle et délibérée, sans spécifier quel péché c'est. Il ne faut pas se gêner pour dire combien de fois, parce qu'on ne peut s'en souvenir après tant de temps, mais seulement en gros qu'on l'a fait souvent, si on le croit ainsi : si on est bien assuré de l'avoir fait, il le faut dire avec certitude : si on n'en a qu'un souvenir vague, confus ou douteux, on peut l'expliquer de même, mais ce dernier ne peut pas être de nécessité ; et pour peu qu'on y ait de peine, il n'y a qu'à n'en point parler. Vous pouvez sans hésiter vous réserver à traiter avec moi ce dernier cas dans l'occasion, pour une instruction plus ample : j'en dis autant des deux premiers; et vous pouvez tenir pour certain que cela ne fait point de nullité, et n'oblige point à répéter.

Quant au cas de la communion spirituelle, j'ai assurément convaincu le Père qu'il ne faut pas s'arrêter à ces sentimens, que c'est une spiritualité abstraite, inutile et impossible. Soyez en paix, et communiez à votre ordinaire sans hésiter, quelque peine que vous y ayez, et quand même vous en auriez à bien entendre mon intention; ce que pourtant je ne crois pas, m'étant appliqué à parler distinctement, et l'ayant fait.

J'ai commencé la réponse sur votre écrit; mais je sens qu'elle pourroit me mener plus loin que je n'ai de loisir : j'y répondrai au premier jour. Notre-Seigneur soit avec vous, ma Fille.

LETTRE CXXII.

A Meaux, ce 13 avril 1696.

Je mets, ma Fille, sur un papier à part la réponse à celui que vous me donnâtes à Jouarre.

Première demande. S'il faut désirer plus de communication avec Dieu.

Réponse. Ne cherchez point de familiarité et de communication avec le cher Epoux dans l'état où vous êtes; mais seulement sa volonté, avec une secrète plainte de votre cœur, et un reproche soumis de son éloignement, s'il vous permet de le faire.

Deuxième demande. Si crainte de l'illusion il est besoin de savoir l'état où l'on en est de son oraison.

Réponse. Il n'est pas besoin de savoir ce que c'est que son oraison; cela même en certains états nuit plus qu'il ne sert. La ferveur n'est pas aussi nécessaire, et la vérité toute sèche et toute obscure suffit à une ame guidée par la foi. Ces liens de l'ame concentrent l'amour au dedans; ce cri réprimé vaut bien celui qui se déclare, et quelquefois mieux : il faut en ces états beaucoup laisser faire à Dieu, s'appuyer sur lui comme hors de nous, lui abandonnant le dedans, afin qu'il y soit comme il voudra, avec un secret désir de ne le quitter jamais.

Troisième demande. Si dans ces états de désolation et de sécheresse, on doit communier aussi souvent.

Réponse. Loin de craindre la communion en ces états, c'est le temps de la désirer et de la pratiquer davantage ; car il n'appartient qu'à *Celui qui est* de remuer notre néant, et de nous en tirer. Dites donc à ce cher Epoux : Vous êtes, et je ne suis pas ; faites-moi donc être ce que vous voulez que je sois ; et si vous voulez encore me cacher que c'est vous qui le faites, que votre volonté soit accomplie. Les pensées et les consolations aperçues sortiront de là comme toutes seules : mais elles ne sont pas nécessaires ; la foi suffit : dans la sécheresse et dans son obscurité, dites le *Credo* et le *Pater ;* et croyez que tout ira bien, quelque sèchement que vous les disiez, sans même vous tourmenter à les répéter, ni même à les achever, si l'esprit vous transporte ailleurs : car il veut être absolument libre ; et content de la volonté, souvent il ne lui plaît pas d'en donner l'effet entier.

Quatrième demande. Si l'on peut croire que l'on a de la confiance.

Réponse. Contentez-vous de ce que Dieu vous donne dans l'intérieur et l'extérieur; songez à Jésus-Christ, qui a dit: « Ma nourriture est de faire la volonté de mon Père[1]; et encore: « Ne craignez point, petit troupeau, parce qu'il a plu à votre Père de vous donner son royaume [2]. » Ayez la confiance dans le fond, et ne vous tourmentez pas à la sentir.

Cinquième demande. Si l'on se doit faire des efforts pour sortir de l'état d'incertitude.

Réponse. Ce ne seront pas les efforts violens que vous vous ferez qui vous rassureront auprès de Dieu ; mais le doux écoulement de votre ame dans sa bonté, telle qu'elle est en elle-même et dans toute son infinité. Tout ce que vous ressentez de votre foiblesse est très-véritable; et plus il est véritable, plus il faut mettre votre soutien dans cette bonté, qui seule vous donnera tout ce qui sera nécessaire. C'est uniquement de là qu'il faut attendre la persévérance. Il ne faut pas vous étonner, ma Fille, que votre volonté semble toujours prête à s'échapper à elle-même, puisque ce n'est

[1] *Joan.*, iv, 34. — [2] *Luc.*, xii, 32.

pas votre volonté, mais celle de Dieu, qui est le fond de votre soutien. Demeurez donc abandonnée à cette sainte volonté, à la vie et à la mort, pour le temps et pour l'éternité, en la priant seulement de ne vous point laisser à vous-même ; ce qu'elle fera, si jamais vous ne perdez la confiance. Ne vous tourmentez pas à exprimer des douleurs sensibles de vos péchés ; votre état porte au fond cette douleur.

Sixième demande. Si l'on peut, dans ces états, chercher quelque soutien.

Réponse. Rien ne vous peut fortifier que cette pleine confiance à la pure bonté de Dieu en elle-même, que je viens de vous expliquer ; et je n'ai rien à vous dire davantage sur cela, sinon que quand vous voudrez vous appuyer sur vos œuvres et sur vos efforts vous serez repoussée.

Septième demande. Sur le dégoût des créatures.

Réponse. La créature en elle-même n'est que mensonge et que péché ; on n'en peut avoir trop de dégoût : mais par rapport à Dieu, qui nous attache à le servir dans ses enfans, comme Jésus-Christ dans ses membres, nous ne devons point mépriser les créatures, parce qu'on le trouve en elles, on en jouit en elles, et on contente en elles le saint Epoux. Ce que vous ferez donc à la personne dont vous me parlez, vous sera compté : vous avez pour vous l'obéissance du côté de Dieu et du mien. C'est une ame où Dieu travaille, et il vous veut pour coopératrice. Soyez fidèle à l'oraison, et ne faites rien avec chagrin à l'extérieur : dévorez au dedans toute la peine qui vous dévore.

Huitième demande. Sur la communion spirituelle.

Réponse. Gardez-vous bien de craindre jamais que vous puissiez offenser Dieu en communiant spirituellement, puisque la communion spirituelle ne se fait que par une foi et un désir qui enferme la volonté de toutes les dispositions que Dieu veut, et que l'Evangile commande.

NEUVIÈME DEMANDE. Ce que l'on peut répondre quand on vous presse sur des choses où l'on vous demande le secret.

RÉPONSE. Je ne condamne pas votre réponse ni de semblables dans des cas pareils. Mais il est plus simple, après avoir fait ces réponses, de dire à ces demandeurs inquiets, qu'ils offensent Dieu, en vous pressant sur des choses qui peuvent vous être ordonnées avec obligation de les taire; et qu'ainsi par une vaine curiosité ils vous tentent à désobéir : cette réponse peut leur être utile à l'avenir.

DIXIÈME DEMANDE. Sur les lectures.

RÉPONSE. Vous avez tort d'avoir quitté ces lectures; prenez-en ce qui s'accorde avec votre fond. Ne croyez pas que votre conduite dépende de cette discussion. Présentement je ne vois point de lecture plus propre à votre état particulier, que le *Livre de Job* et le *Cantique des Cantiques.* Dans le *Livre de Job,* arrêtez-vous à ses paroles et à celles où Dieu lui parle; vous y trouverez vos peines, et peut-être leurs causes et leurs effets. En lisant la Passion de Notre-Seigneur selon les quatre évangélistes, et celle de saint Jean depuis le lavement des pieds, arrêtez-vous à ce qui marque la secrète onction de la sainte ame de Jésus-Christ. Reprenez sainte Thérèse et sainte Catherine de Gênes, sans hésiter.

Au surplus, ma Fille, croyez que tout me convient. La charité n'a point de bornes en elle-même : elle ne se fâche jamais des demandes; elle veut même, pour ainsi dire, prêter la main à la Providence; mais il faut qu'elle trouve des ouvertures. Demeurez donc en repos sur votre désir; quand je verrai que Dieu voudra que j'agisse, je le ferai de tout mon cœur. Je le prie, ma Fille, d'être avec vous.

LETTRE CXXIII.

A Germigny, ce 12 mai 1696.

J'approuve votre prière à Dieu, que je vous renvoie, ma Fille, pour en mettre le fond dans votre cœur. Vous n'avez point à vous troubler des sentimens que vous m'exposez par rapport à moi, ni à vous en confesser, mais toujours agir avec moi à votre ordinaire, Dieu le voulant ainsi.

Laissez là ce sacrilége véniel, et cette doctrine alambiquée de ce bon Père, de la contrition pour les péchés de tous les jours. Quoiqu'on les commette toujours, on doit toujours en gémir, et c'est bien fait de s'en confesser et au prêtre et à Dieu même : cette disposition est très-suffisante.

Laissez là aussi ces péchés mortels sur les défauts d'application à la perfection qu'on se sera proposée, ou même qu'on aura vouée en un certain sens.

Vous avez bien fait de faire vos pâques. Je vous ai donné tous les éclaircissemens que je pouvois sur les matières que votre prédicateur a remuées; demeurez donc en repos, ma Fille : vous en savez assez sur ce sujet-là, et je n'ai rien oublié de ce dont il falloit vous instruire. Attendez les consolations du cher Epoux, non selon votre volonté, mais selon la sienne, et donnez à aimer tout le temps que vous avez. Je le prie d'être avec vous.

LETTRE CXXIV.

A Paris, ce 20 mai 1696.

J'ai reçu, ma Fille, votre lettre : je ne vois pas que rien vous doive empêcher de communier tous les jours durant votre retraite. Allez bride en main pour les austérités, et ne faites rien sans obéissance. Prenez les rigueurs de l'Eglise dans les austérités de la règle et les observances du saint monastère où vous êtes; prenez-les encore, ma Fille, dans le soin que vous avez de la personne que vous savez; prenez-les dans toutes les peines et les contradictions que vous avez à souffrir; prenez-les dans les peines que je pourrai vous imposer, si je le trouve à propos.

Vous pourrez me faire votre revue, et me dire toutes vos peines. Espérez en Dieu; je vous mets entre ses bras. N'hésitez point à lire sainte Gertrude, ni tous les auteurs des anciennes *Vies des Saints*. Unissez-vous au saint Epoux, et attendez mes réponses durant cette octave. Je vous renvoie tous vos vœux, ma Fille, selon votre désir, et je vous permets de les renouveler; je les reçois et je les bénis : celui de pauvreté est celui de tous que j'aime le plus. Je vous permets tout ce que vous avez pour votre usage, et je vous assure que la sainte pauvreté n'y est point blessée.

Je vous enverrai bientôt de la nourriture ; car j'ai poussé les *Méditations sur les mystères* jusqu'au point que je voulois, qui est le moment de l'incarnation. Je tâcherai de vous bénir au sortir de votre retraite, et je le fais en esprit.

LETTRE CXXV.

A Meaux, ce 29 mai 1696.

Vous avez trop présumé, ma Fille, quand vous avez cru pouvoir, sans l'obéissance, pratiquer des austérités ; je vous les défends. Les pressemens du dedans, quand ils vont à exécuter quelque chose au dehors, sont de droit soumis à l'obéissance : ne pensez pas à vous en affranchir.

Si je passe à Jouarre, en allant à Rebais, le lundi de la Pentecôte, ce sera comme un éclair ; ainsi n'attendez pas ce passage pour vous déterminer sur votre retraite : commencez-la la veille de l'Ascension de grand matin puisque c'est de ce mystère que dépendoit la descente du Saint-Esprit, à condition que le jour du saint Sacrement vous ferez une petite récollection. Laissez-vous pousser à bout sur tous les versets que vous me marquez, quelque effrayantes que soient les vérités que vous y voyez. Ecrivez vos vues principales, et me les envoyez ; je les brûlerai, ou je les garderai, selon que Dieu voudra.

Je sais qu'il veut que vous demeuriez unies Madame d'Albert et vous, d'une manière entièrement surnaturelle : faites-le donc, et rendez-lui tous les services que ses maux demandent. Rendez le change à l'Epoux céleste : si son amour est insatiable, que le vôtre le soit aussi : plus il vous demande, plus il lui faut demander ; point de bornes de côté et d'autre.

Lisez les vers tant que vous voudrez ; j'ai des raisons pour ne vouloir pas qu'on en donne des copies à qui que ce soit. Je veux bien que vous les fassiez voir à celles que vous me marquez. Notre-Seigneur soit avec vous.

LETTRE CXXVI.

A Germigny, ce 30 mai 1696.

Ne craignez point, ma Fille; ce qui se passe en vous n'a rien de suspect. Tout y est au contraire véritable et réel; c'est le manifeste accomplissement de votre songe, de celui que vous fîtes en veillant dans le chœur de l'Église. Le feu que vous avez senti, n'est pas un feu de la basse région: c'est un feu qui va mutuellement du cœur au cœur; c'est ce feu que l'Epoux céleste vient allumer sur la terre. Il ne faut point douter qu'il n'ait quelque chose qui ressemble à celui que vous dites. Car celui-là, du côté où il aspire à la totale union, en est, selon saint Paul[1], le mystère, le sacrement, la plus excellente et la plus réelle figure. Ainsi abandonnez-vous à vos désirs; car cela est en même temps s'abandonner à tous les désirs de l'Epoux céleste.

Toutefois la dernière marque de la réalité de ce chaste mariage, de cette jouissance, de cette union, ce sera le changement de la vie : mais vous ne devez pas croire que cette marque puisse, ou doive vous être sensible. Votre Epoux vous changera insensiblement : je serai aux portes pour veiller à ce qui se passera, et vous garantir de toute illusion ; c'est là ma charge : mais je n'aurai d'autre part que celle-là à ce que l'Epoux voudra faire. Il s'est réservé cette opération, et non-seulement la sienne, mais encore la correspondante. Ainsi ce que dit sainte Thérèse est très-véritable, qu'il doit suivre un changement dans la vie; mais à la manière que je viens de dire, sans que l'ame songe seulement à se juger elle-même. Les épreuves où le saint Epoux la met après sa jalousie plus forte que l'enfer[2], demandent un grand courage, et qui soit au-dessus de tout, au-dessus des peines, comme au-dessus des caresses.

C'est dans le fond ce que veut dire sainte Catherine de Gênes : qu'il ne faut point s'attacher aux caresses comme caresses, ni aux

[1] *Ephes.*, v, 32. — [2] *Cant.*, vIII, 6.

douceurs comme douceurs, en s'y arrêtant; mais les recevoir comme des moyens donnés par l'Epoux pour s'attacher à lui. Il a été donné à sainte Catherine de Gênes de faire une espèce de séparation entre les dons de Dieu et Dieu même, pour faire entendre avec plus de précision que le don intérieur à l'ame n'étant pas Dieu, il n'est pas permis de s'y attacher comme à sa fin : mais de la façon que vous agissez, ou dont Dieu se fait sentir, c'est dans le fond la même chose. Sainte Catherine de Gênes fait une abstraction qui a sa bonté, mais qui n'est pas absolument nécessaire.

L'Epoux vous fait sentir les choses comme il les veut en effet, comme il les pratique, comme il les exerce: allez donc en sûreté, ma Fille, et tenez-vous aussi assurée que si j'avois répondu plus amplement; car j'espère que vous sentirez que je satisfais à tout. Notre-Seigneur soit avec vous.

LETTRE CXXVII.

A Germigny, ce 1er juin 1696.

Oui, ma Fille, encore un coup, je veillerai à la porte, pour empêcher l'ennemi de vous troubler dans votre chaste union avec le saint Epoux. Comme ce feu est dévorant, il ne faut pas s'étonner qu'il soit aussi épuisant, encore moins qu'il sépare et détruise les créatures; non afin qu'on les abandonne contre l'ordre de la charité, mais afin qu'on le cherche en elles, qu'on l'y trouve, qu'on l'y possède, ou plutôt qu'on les trouve et qu'on les embrasse en lui en unité d'esprit.

Votre soutien doit être la communion : jouissez-en tous les jours, puisque Dieu vous a mise en lieu où vous pouvez, sans qu'on vous épilogue et sans qu'on vous méprise, baiser en liberté ce cher petit frère, qui tous les jours s'apetisse pour s'unir à nous, et tous les jours aussi nous rend nous-mêmes plus petits. C'est un enfant, c'est un homme fait; il enferme la beauté de tous les âges : il a même des cheveux blancs, dans l'*Apocalypse*[2], comme son Père dans Daniel[2], en figure de sa gloire et de son

[1] *Apoc.*, I, 14. — [2] *Dan.*, VII, 9.

éternité : car comme Dieu, il est avant tous les temps; et comme homme, il a été, il est et il sera, hier, aujourd'hui et aux siècles des siècles ; hier attendu, aujourd'hui donné, et prêt à se donner encore plus au siècle futur.

Pour le choix d'un confesseur, j'ai ouï dire qu'il y avoit chez vos voisins des hommes fort spirituels et fort intérieurs : le saint Epoux vous les fera trouver. Vous n'avez que faire de vous expliquer sur le particulier de votre intérieur, et des graces que vous recevez, qui toutes pures qu'elles sont, veulent être mystérieuses et secrètes. Ne dites donc rien exprès ; mais s'il plaît au chaste Epoux de dilater votre cœur, ne le fermez pas ; vous avez alors la liberté.

Je me réjouis de vous voir en solitude au milieu du monde, et dans une si grande et si superbe maison (a). Vous ne vous trompez pas dans l'impression que vous avez prise de M. le duc de Chevreuse ; vous en aurez une semblable de Madame la duchesse quand vous la verrez. Vivez humble, vivez cachée et dans le néant ; silence, retraite, solitude. Chantez l'hymne que je vous ai envoyé, qui est pour vous en beaucoup d'endroits, et dans son tout à toutes les ames. Jésus vous bénisse, ma Fille.

LETTRE CXXVIII.

A Germigny, ce 11 août 1696.

Je ne manquerai pas, ma Fille, d'offrir demain le saint sacrifice pour l'ame qui vous est chère : cette incertitude vous est terrible ; mais comme elle est du conseil de Dieu, il la faut adorer.

Vous avez fait de la taille et des petits renards l'application que je souhaitois [1]. Continuez vos communions malgré vos peines : elles serviront ou à corriger tout à fait les défauts que vous déplorez avec raison, ou à vous en faire tirer le profit pour lequel Dieu les permet. J'approuve ces communions dérobées (b), pour ainsi parler, et sans de particulières préparations. La perpétuelle

[1] *Cant.*, II, 12, 15.

(a) L'hôtel de Luynes où elle avoit accompagné Madame d'Albert, que ses infirmités avoient obligée de venir à Paris. — (b) Cette personne avoit souvent occasion de communier sans qu'on s'en aperçût. (*Les édit.*)

préparation est dans le fond du chaste et saint amour : ainsi vous pouvez continuer ; vous pouvez dans les cas ordinaires communier sans vous confesser, le temps que vous me marquez, et même plus sans hésiter.

Je vous envoie le reste des vers sur le *Cantique,* aux conditions que vous me proposez, pour ces Dames et pour vous. Dieu soit avec vous.

LETTRE CXXIX.

A Paris, ce samedi au soir 1696.

Les meilleures mesures que vous puissiez prendre, ma Fille, contre les foiblesses que vous me marquez, c'est de vous en confondre devant le saint Epoux. Dans la familiarité qu'il donne à sa chaste Epouse, elle lui parle de sa petite sœur ; mais sans la reprendre et dans le seul dessein de lui profiter : faites-en de même ; celle qu'on croit la petite sœur, c'est-à-dire foible, est la grande à son tour, et parle à l'Epoux pour nous, comme nous pour elle. Agissez comme si vous m'aviez parlé ; soyez soumise au premier mot. Il se trouvera du temps pour s'occuper de l'effet des vers du saint *Cantique.*

Vous me ferez plaisir de prier la sainte Vierge pour moi : demandez-lui qu'elle vous obtienne le vin de la charité, le courage nécessaire pour porter vos peines. S'il vous paroît qu'elle n'est pas écoutée d'abord pour vous, ne vous rebutez non plus qu'elle. Ecoutez ce qu'elle vous dit : *Faites tout ce qu'il vous dira*[1]. Soyez attentive, ma Fille, à ses exemples et à ses préceptes ; tout viendra en son temps. Notre-Seigneur soit avec vous.

LETTRE CXXX.

A Germigny, ce 25 septembre 1696.

Vous avez bien fait, ma Fille, de ne pas venir. Je suis très-aise de vous voir dans la résolution de ne quitter madame d'Albert que le moins que vous pourrez.

[1] *Joan.,* II, 5.

Ne vous tourmentez point à juger de ce qui met des oppositions à votre salut : telle chose que vous croyez qui vous en éloigne, en est un avancement selon les ordres cachés du chaste Epoux. Quant aux communions, allez votre train, en foi et en espérance, sans vous arrêter.

Je ne crois pas que vous deviez présentement communier tous les jours à cause des embarras d'affaires que vous avez, mais néanmoins très-souvent, et en cela on doit suivre l'instinct de la grace dans une sainte liberté d'esprit.

Je ne comprends pas votre répugnance à confesser la peine dont vous me parlez : il ne faut guère user de ces réserves ; mais faire tout pourtant sans anxiété. Votre conduite doit être de vous en confesser régulièrement, quand vous en serez plus vivement reprise ; du reste, allez en liberté, sans vous arrêter.

Dans ces douces invitations de l'Epoux céleste, je voudrois que ce qui vous inquiète fût banni ; mais cela ne doit point vous embarrasser. Etre trop attentive à repousser les inquiétudes, c'est souvent un moyen de les faire venir plus tôt ; laissez-les aller et venir.

Vous pouvez me demander ce que vous voudrez, pourvu que vous ayez le cœur soumis à mon silence : car ne savez-vous pas, ma Fille, qu'il y a des choses qui doivent venir d'en haut ? J'approuve sur la pauvreté ce que vous m'exposez. Prenez garde de vous accoutumer à faire dépendre vos communions de mes réponses ; ces manières ne sont pas de mon esprit. Je vous mets en la garde de celui qui est l'auteur de vos peines, et je vous défends en son nom de rien changer dans vos communions, dans vos oraisons et dans tout l'extérieur de votre conduite : soyez-en maîtresse, et assurez-vous que Dieu a un regard sur vous, et tiendra l'ennemi en bride. Je le prie d'être avec vous, ma Fille.

LETTRE CXXXI.

A Versailles, ce 3 octobre 1696.

Je ne trouve point mauvais que vous donniez à M. votre fils la consolation de vous faire voir Versailles : ayez pour lui toute la complaisance qu'il mérite. Prenez garde à sanctifier votre extérieur ; soyez simple dans votre habillement et dans tout votre maintien. Je crois que le saint Epoux vous aime ; aimez-le, ma Fille : je donnerai bientôt de la pâture à votre amour (*a*). C'est un secret admirable de la médecine céleste, de guérir les passions par elles-mêmes. Contenez toujours l'extérieur, et évitez la distraction. Priez la sainte Vierge de se faire de vrais dévots, dignes de son Fils et d'elle.

Vous avez vu par ma dernière lettre le bon état de l'affaire de Torci, et que je ne vous oublie pas. Je pars demain pour la Trappe, ne pouvant différer davantage : vous pouvez m'écrire là directement. Il y a apparence à ce coup, ma Fille, que Dieu exaucera vos vœux : voici une crise ; soyez attentive à la volonté de Dieu. Je le prie d'être avec vous.

LETTRE CXXXII.

A Meaux, ce 20 octobre 1696.

Les raisons que vous me marquez, ma Fille, ne doivent point vous empêcher de vous donner à Dieu à Torci. Je n'ai vu encore de temps favorable pour accomplir vos pieux desseins, que celui-ci. Dieu conduira tout; quand vous lui aurez tout sacrifié, il fera son coup. La fidélité qu'il vous demande, c'est de souffrir toutes les peines qu'il vous envoie.

J'aurai soin de reporter à Paris l'écrit que vous souhaitez. Sacrifiez toutes vos tendresses pour Jouarre; et préparez-vous de bonne heure aux humiliations du noviciat, où il ne faut ni excuse ni réplique, ni bonne ni mauvaise, mais se réjouir d'être reprise bien ou mal. L'Epoux pour qui vous ferez tout, sera votre consolateur, votre guide et votre soutien.

Je ne puis attribuer qu'à la tentation les peines que vous me marquez : vous devez les surmonter, et elles ne doivent apporter aucun obstacle à votre dessein. Il est question, ma Fille, d'un commencement de sacrifice, où la victime doit être déjà en quelque sorte égorgée, et néanmoins volontaire. Laissez-vous déchi-

(*a*) C'étoit les *Méditations sur les mystères.*

rer le cœur pour Jouarre, et allez faire votre sacrifice où Dieu veut. Je vous mets contre l'esprit tentateur sous la protection de la sainte Vierge. Je suis, ma Fille, votre bon père.

LETTRE CXXXIII.
A Versailles, ce 16 janvier 1697.

Vous avez vu, ma Fille, à quoi je réduis vos pratiques. Souvenez-vous de l'état de postulante et de novice; vous ne sauriez y être trop petite. Faites-le par amour (*a*) de la petitesse volontaire de votre Epoux, soumis à tout durant trente ans, ainsi que je vous l'ai dit. Eprouvez la différence qu'il y a entre le désir de la religion et la pratique : venez à l'effectif et au réel; assurez-vous que cela vaut mieux que l'oraison et la communion fréquente. C'est donc ici la grande épreuve.

Il sera bon à votre loisir de me renvoyer votre écrit que je vous ai rendu. Je crois la grace qui y est expliquée très-véritable: mais ce n'est rien que d'avoir reçu la grace si l'on n'y est fidèle; les petitesses que je vous ordonne en contiennent le vrai moyen. Croyez qu'on a toujours plus raison que vous, et agissez comme le croyant. Le diable ne peut rien contre les ames ainsi petites, et les vents passent par-dessus sans les ébranler.

Madame *** va à Torci; je souhaite, ma Fille, que l'on y puisse prendre confiance. Voyez comme Dieu déroute la prudence et les vues humaines. Aussi n'avons-nous rien à faire autre chose qu'à étudier les momens de Dieu, avec une profonde admiration de ses impénétrables conseils : ce fondement posé, tout est au-dessous de nous.

Il n'y a aucune illusion à craindre. Toutes les paroles intérieures sont bonnes : on en incorpore le vrai à sa source, et on demeure tranquille sur les simples vues de la foi. Agissez ainsi, et de moment à moment demeurez unie à Dieu. Souvenez-vous que je n'entends point que vous restiez, si ces Dames se retirent: ainsi ne pressez rien que votre sanctification par l'humilité. Le chaste et céleste Epoux sera avec vous.

(*a*) *Var.:* Pour l'amour.

Vous faites chose agréable à ses yeux de consoler la personne que vous savez, et d'entrer dans ses peines. Tâchez (a) de trouver par le conseil de Madame L., d'honnêtes prétextes de différer la proposition de votre réception à la prise d'habit. Soyez soumise à la volonté du chaste et sévère Epoux, qui vous met dans de terribles épreuves; il conduira tout. Je le prie, ma Fille, d'être avec vous

LETTRE CXXXIV.

A Paris, ce 8 mars 1697.

Je me sens toujours, ma Fille, une égale répugnance à vous laisser dans Torci, si Mesdames de Luynes se retirent. J'espère voir bientôt Madame..., et vous mander ma dernière résolution sur votre prise d'habit, à cause des circonstances que vous me marquez.

Je vous ai déjà répondu sur ces pensées d'avancer vos jours par de sensibles mortifications, ou de négliger votre santé : quant à ces autres peines, allez en paix, ma Fille, continuant à vous en fier sur le saint Epoux, qui regardera ce qui est à lui, pourvu que tout lui soit abandonné. Si vous saviez le don de Dieu, et quelle simplicité et humilité il veut! Aimons-le ce céleste Epoux, non de bouche ou en paroles, mais en effet et en vérité : c'est dans l'occasion qu'il faut pratiquer l'humilité, et se laisser condamner sans résistance.

Le saint Epoux sait seul accorder les choses les plus contraires : quoi qu'il arrive, il ne se fait que sa volonté, et il n'y a qu'à chercher sa paix dans la soumission. Le saint Epoux est bon autant que beau (b), et il ne faut qu'être en paix sous ses yeux, en lui gardant le fond où est sa demeure. Quant à la proposition, les choses sont encore trop incertaines : j'en ai dit mon sentiment à Madame L. Notre-Seigneur soit avec vous, ma Fille.

(a) *Var.*: Tâchez de vous trouver toujours disposée à cela dans ses besoins, sur le conseil de Madame L. Tâchez de trouver d'honnêtes prétextes...— (b) Autant qu'il est beau.

LETTRE CXXXV.

A Meaux, ce 1er avril 1697.

N'ayez point de scrupule, ma Fille, s'il y a quelque chose dans mon livre qui vous convienne, de le reconnoître et de l'entendre (*a*), pourvu qu'en effet vous en sentiez en vous-même une idée nette : le livre n'est fait que pour cela.

Je ne saurois consentir à votre proposition, jusqu'à ce que j'aie été sur les lieux ; la difficulté, c'est (*b*) d'y arriver : je le mande à Madame de Luynes ; il ne s'agit que de quelque retardement. Croyez, ma Fille, qu'au nom de votre sacrifice mon cœur voleroit pour aller commencer vos fiançailles spirituelles : je ne pourrois, je vous assure, avoir de plus grande joie ; mais il faut adorer les momens de Dieu. J'approuve vos désirs, mais non pas l'inquiétude et l'empressement, guère l'impatience, point du tout celle qui agite. O sainte volonté de l'Epoux céleste, vous êtes la paix du cœur !

Je ne sais que vous dire sur vos peines, sinon que celui qui en est l'auteur vous soutiendra. Je l'en prie ; je vous offre à Dieu, et vous bénis en son nom. *Amen.*

LETTRE CXXXVI.

A Paris, ce vendredi matin 1697.

Je m'étonne, ma Fille, que vous ayez eu peine à entendre que votre silence est une suite du commandement de ne rien faire paroître de vos peines. Entrez donc dans cette pratique, qui est le fondement de toutes les graces du saint Epoux. Dites seulement que je vous ai ordonné de garder mes écrits, qui doivent vous régler dans tout votre état, et mes livres où Dieu a mis de la consolation pour vous. Du reste demeurez soumise.

Ne regardez dans votre état que la bonté de Dieu et les saintes douceurs de l'Epoux, malgré vos infidélités : n'adhérez que par cet endroit à ces vues de graces ordinaires ou extraordinaires, sans vous

---

(*a*) *Var.*: Ni de l'entendre. — (*b*) Est.

en enquérir le moins du monde. Soyez fidèle à Dieu dans la tentation dont vous me parlez, et souvenez-vous de ce que je vous ai dit en cas pareils. Je défends au démon d'attenter sur vous; je ne dis pas de vous tenter, car en cela il n'est point soumis à l'autorité de l'Eglise, mais d'attenter sur vous à l'extérieur. Du reste la tentation doit être bridée par la prière et le jeûne, appliquant de ce côté ceux de l'Eglise ou de la règle. Résistez à la tristesse et au dégoût de la vie. Notre-Seigneur soit avec vous.

LETTRE CXXXVII.

A Meaux, ce 7 juin 1697.

Suivez, ma Fille, cette impression de recueillement au dedans et au dehors : ne vous troublez pas; ne craignez rien : vous n'êtes pas hypocrite; seulement ne soyez pas si réfléchissante : passez en tout cas par-dessus tout, pour contenter l'Epoux, que ces retours contraindroient trop, si vous y adhériez. Obéissez à votre nouvelle maîtresse, qui secondera la jalousie du céleste amant. Il n'est pas nécessaire que vous vous compreniez vous-même; perdez-vous dans l'incompréhensible et dans l'inconnu.

Faites votre retraite dans cet esprit, en la commençant par le psaume *Dominus illuminatio mea*, et par le chapitre xiv de l'Evangile de saint Jean. Aimez en vous-même les fruits de l'Epoux, et les germes de sa grace et de son amour. Laissez tout posséder au chaste Epoux; qu'il anime tous les replis et tous les battemens de votre cœur. Ne vous souvenez-vous pas de ce qu'il y a dans vos vers? Tristesse ou recueillement, tout est bon : la tristesse sera à salut, si elle est jointe avec une douce espérance d'être recueillie en paix dans le sein du divin Maître. Ajoutez à ces mots : *Que rendrai-je au Seigneur?* ceux-ci : *Je prendrai le calice du Seigneur*[1]. Laissez-vous détacher de tout, et serrez le saint Epoux avec des embrassemens d'autant plus tendres, qu'il ne vous laisse que lui seul. Demandez-lui en Epouse ses lumières et son secours pour son Eglise et pour moi, son très-indigne ministre, qu'il met à de rudes épreuves.

[1] *Psal.* cxv, 12, 13.

Tenez-vous-en, ma Fille, à mes ordres sur la communication de mes vers, persistant à ne vouloir pas qu'on les voie. J'offrirai de bon cœur à Dieu M. votre fils. Notre-Seigneur soit avec vous.

LETTRE CXXXVIII.

A Paris, ce 17 juin 1697.

Votre conduite envers (a) cette mère doit être de lui obéir en tout pour l'extérieur; mais pour l'oraison, d'aller à votre ordinaire, sans entrer dans le fond en quoi que ce soit : du reste, faites comme vous pourrez, avec prudence.

Quant à ce que vous me proposez, agissez comme si vous ne voyiez rien, tant à l'extérieur qu'à l'intérieur (b). Pour le fond de l'amitié, ne vous fâchez point de perdre des créatures : aimez-les de votre côté sans rien changer de celle dont il faut toujours être détaché en un certain sens, mais en un autre toujours plus intimement uni.

Continuez à me dire ce que le saint Epoux vous mettra pour moi dans le cœur; je prendrai tout par le fond de la vérité. Entendez-moi : dites-lui bien qu'il y prenne garde, que son Eglise est en grand péril (c). Cette tentation est une des plus subtiles : il le sait bien, comme vous pouvez croire; mais il aime que nous lui disions ce qu'il sait, par (d) l'intérêt qu'il veut qu'on prenne à ce qui le touche, et plutôt pour exercer notre vigilance que pour exciter la sienne. Dites-lui bien qu'il ne dorme pas, comme il fit dans ce bateau [1] : éveillez-le par votre foi.

Je reçois vos lettres par les mains de M. votre fils : j'eusse bien voulu avoir plus de loisir pour l'entretenir (e). Je ne change rien à cette lettre.

Ne craignez point d'illusion; plus vous sentirez votre salut en péril, plus vous le devez mettre en sûreté entre les mains du céleste Epoux. Je le prie, ma Fille, d'être avec vous.

[1] *Matth.*, VIII, 24.
(a) *Var.*: Avec. — (b) Agissez comme vous me le marquez tant à l'extérieur... — (c) Du côté des quiétistes. — (d) Pour. — (e) J'eusse bien voulu l'entretenir avec un peu plus de loisir.

LETTRE CXXXIX.

A Paris, ce 25 juillet 1697.

Voyez-vous, ma Fille, je vous l'ai dit et je vous le répète : toute la fidélité de votre état consiste à garder les dehors ; à renfermer tous les desseins de l'Epoux et tous les exercices qu'il vous envoie, entre lui et vous. Je vous défends de rien laisser paroître des sentimens dont vous me parlez; vous me fâcheriez tout à fait contre vous. Réprimez donc tout. Pensez-vous que ce soit contenter pleinement l'Epoux, que de recevoir ses caresses ? Il faut aussi porter les combats, et crever plutôt que de lui manquer en rien.

Au reste, ma Fille, votre cœur m'a parlé dans votre lettre. N'hésitez point à m'écrire tout ce que le saint Epoux vous dira pour moi : si vous passez les bornes, vous en serez avertie. Mettez-vous en pièces plutôt que de manquer à le satisfaire ; soyez pourtant tranquille parmi vos efforts, et gardez tout au dedans, quand il en faudroit mourir. Notre-Seigneur soit avec vous.

LETTRE CXL.

A Paris, ce 30 juillet 1697.

Ne vous embarrassez pas, ma chère Fille ; le coin où vous vous trouvez reléguée est celui où l'Epoux se cache, et d'où il vous envoie du secours, toujours prêt à vous assister. Soyez en repos sur vos confessions passées. Pour celles de l'avenir, ne vous tourmentez point à chercher les défauts qu'on vous reproche : croyez qu'ils sont en vous, puisqu'on vous le dit et que ce sont ceux que Dieu charge de votre conduite par rapport à la religion. Je ne veux pas que vous répliquiez, ni que vous vous défendiez. Le silence et l'humilité est votre force. Ne niez rien; mais n'avouez pas même à confesse ce que vous ne sentez pas. Dites : Je crois que cela est; et non-seulement je suis capable de tous ces défauts, mais j'en sens le fond en moi-même. Assurez bien que vous agissez sincèrement : je vous cautionnerois là-dessus. Portez la pénitence qui vous sera imposée : communiez toujours (a) à votre ordinaire, si on ne vous en empêche.

Vous avez tort d'avoir fait paroître votre peine : cela est bien contraire au commandement de cacher tout au dedans, et de ne rien montrer au dehors. Vous avez bien remarqué que le dedans est fortifié par l'édification. Le saint Epoux est avec vous, ma Fille, et je sens qu'il vous veut sauver avec vos défauts, par pure miséricorde. Ayez recours aux psaumes *Dominus illuminatio mea; De profundis; Deus in adjutorium.* « Vous aurez de l'affliction dans le monde : mais prenez courage, j'ai vaincu le monde [1]. »

Si vous voulez faire une prière digne d'un ministre de Jésus-Christ, qu'il daigne employer aux affaires de son Eglise d'une si haute importance, demandez plutôt au cher Epoux qu'il éteigne en lui, jusqu'à la moindre étincelle, l'amour et la complaisance pour les dignités, et qu'il attende uniquement ce qui est promis dans la résurrection des justes, à ceux à qui personne n'a rien à rendre sur la terre [2].

Continuez à m'exposer vos vues, sans vous étonner du peu d'attention que j'y ferai dans le fond, et contente de savoir ou par mon silence ou par mes réponses que je les approuve ou ne les approuve pas. Soyez sans inquiétude pour votre réception : le saint Epoux a tout fait seul ; il continuera, et assurément il ne se fera que sa volonté. Je le prie, ma Fille, d'être avec vous.

LETTRE CXLI.

A Germigny, ce 1er septembre 1697.

C'est, ma Fille, chercher à vous tourmenter vous-même, que de tourner en doute contre moi la défense que je vous fais de laisser paroître votre peine au dehors.

Je n'ai rien à vous dire sinon que vous ne pouvez éviter les occasions de vos chutes qu'avec trop de contrainte, et même quelque sorte de scandale; ainsi ne forcez rien. Si vous tombez en quelques fautes, réprimez-vous, humiliez-vous; au surplus,

---

[1] *Joan.*, XVI, 33. — [2] *Luc.*, XIV, 14.
(a) Je vous cautionnerois là-dessus. Communiez toujours.

laissez-vous conduire. Il ne faut point procurer ces occasions, mais il ne faut pas aussi chercher scrupuleusement à les éviter. Demeurez ferme, quoi qu'il en arrive, à contenir le dehors; car c'est sur quoi il ne faut jamais se relâcher; ce seroit une tentation. Autant de peines, autant de sacrifices, c'est le moyen d'en faire souvent, et de contenter l'insatiable Epoux.

Vous avez bien fait de communier. Il n'y a rien que je souffre moins en vous, ma Fille, que la pensée d'attendre ma présence ou mes ordres pour communier ou pour continuer vos exercices : je vous ai dit souvent de passer outre, à moins que je ne vous le défende : à cette condition, et sur cet inébranlable fondement, je ne vous manquerai jamais ; et vous pouvez vous assurer sur cette parole d'un évêque, qui ne la donne pas légèrement.

Je répondrai à vos questions, quand Dieu m'en donnera le loisir : il sait ma bonne volonté ; mais je ne puis secouer le joug qu'il m'impose, ni toujours vaincre les affaires (a) dont il charge mes foibles épaules. Je le prie, ma Fille, d'être toujours avec vous.

LETTRE CXLII.

A Meaux, ce 6 septembre 1697.

Après avoir mis tous vos écrits à part, bien soigneusement, pour les relire à Germigny où je vais être quelques jours, à la fin, ma Fille, j'ai oublié le porte-feuille dans une armoire, dont j'ai la clef. Je vous marque cette dernière circonstance pour vous mettre l'esprit en repos. Cet oubli est mortifiant pour moi, et le sera pour vous ; mais Dieu ne l'a pas permis sans sujet. Il veut vous montrer, ma Fille, qu'il prendra lui-même soin de vous, pourvu que vous continuiez vos exercices, comme je vous l'ai marqué : n'y changez rien du tout; Dieu le veut ainsi.

Il est vrai, la communion est une grace admirable : mais n'est-ce pas l'Epoux qui dit lui-même, que *l'obéissance vaut mieux que le sacrifice* [1]? Souffrez-en donc la privation : et puisque la vérité éternelle vous assure que votre souffrance, quand

[1] I *Reg.*, xv, 22.
(a) *Var.* : Toutes les affaires.

elle a l'obéissance pour guide, vous tient lieu de communion, n'êtes-vous pas trop heureuse en obéissant et en vous conformant aux sentimens qu'on vous a témoignés? Il est vrai que je vois depuis quelque temps venir beaucoup de nouvelles maximes sur la communion, qui ne feront que resserrer le cœur, troubler les bonnes consciences, et aliéner des sacremens. Notre-Seigneur soit avec vous, ma Fille.

LETTRE CXLIII.

A Meaux, ce 7 janvier 1698.

J'ai reçu, ma Fille, votre écran, avec la lettre qui l'accompagnoit; tout m'a été fort agréable : j'accomplirai, s'il plaît à Dieu, ce que vous attendez de moi. Votre lettre me fait voir la continuation de vos peines, et les nouvelles angoisses que Dieu vous envoie. Tenez-vous attachée à nos premières résolutions ; exécutez ponctuellement tout ce que le cher Epoux m'a donné pour vous dans toutes mes lettres, et surtout dans les dernières. Quoi qu'il arrive, il faut conclure votre sacrifice. Laissez les créatures être ce qu'elles sont : c'est assez pour vous que l'Epoux céleste soit toujours le même, et qu'il me tienne inébranlable dans les mêmes résolutions.

Vous trouverez de la consolation dans la lecture de sainte Thérèse, au livre du *Château de l'ame*, sixième demeure, chapitres i et vi. Ne vous arrêtez point aux graces, si ce n'est à celles qui ont rapport avec les peines ; mais pour les peines, il faut s'y livrer. Dieu ne vous laissera pas sans consolation. Je prie le saint Enfant de vous attacher à sa crèche, à sa pauvreté, à son silence, à son obéissance. Je vous porte en mon sein, où je vous offre à Dieu. Soyez fidèle et ne craignez rien ; je vous ai comprise.

Vous pouvez m'écrire à l'ordinaire sur votre intérieur : à l'extérieur, laissez-vous conduire par le gouvernement de la maison. Vous auriez tort, ma Fille, si vous croyiez que je prisse moins de soin de votre intérieur; c'est le dehors que je laisse conduire à vos supérieures. Si vous êtes vraiment petite aux yeux de Dieu, et que vous mettiez en pratique mes conseils, qui sont des ordres précis dans mon intention, vous ne manquerez de soutien ni du côté de Dieu ni du mien. Notre-Seigneur soit avec vous, ma Fille.

LETTRE CXLIV.

A Paris, ce 18 février 1698.

Je crois, ma Fille, vous avoir donné tous les conseils nécessaires sur vos peines par une lettre écrite de Meaux, où je vous renvoie à certains chapitres de sainte Thérèse. Vous pouvez continuer vos confessions sur le pied que vous me marquez dans votre lettre.

Je ne sais pourquoi vous doutez que je lise vos lettres, et surtout celle où vous m'exposez votre doute sur l'intention de vous corriger. Il est vrai que si vous n'aviez en vue que de faciliter votre réception, il faudroit craindre ce qu'on vous dit, si le désir n'étoit que superficiel ; mais je sais qu'il va plus au fond. Ainsi allez votre train : oubliez tout ; que toutes les créatures vous trouvent une autre personne, et que vous les trouviez aussi autres qu'elles ne vous étoient auparavant. Car il faut que ce qu'a dit le saint Epoux, par rapport à son Epouse, s'accomplisse : « Celui qui est sur le trône a dit : Je fais toutes choses nouvelles. *Nova facio omnia* [1]. »

Continuez vos prières pour l'ouvrage que j'ai en main (a), qui va paroître. Ne doutez point, ma Fille, que je n'aie fort à cœur tout ce que vous me mandez par vos précédentes. Quoi qu'il en soit, allez devant vous ; Dieu ne vous manquera pas.

J'aurois été effrayé aussi bien que vous, ma Fille, du discours de ce bon Père de la Trappe ; mais je me conduis par une autre règle, qui est qu'il faut contenter l'attrait que Dieu vous donne par les seuls moyens qu'il vous offre : ainsi vous n'avez plus que l'abandon et la confiance.

Vous verrez bientôt mon nouveau livre : il est écrit avec bonne intention ; priez Dieu qu'il y donne sa bénédiction pour sa gloire.

[1] *Apoc.*, XXI, 5.

(a) La *Préface sur l'Instruction pastorale* de M. de Cambray et les *divers Ecrits sur le livre des Maximes des Saints*, qui parurent à la fin de février 1698.

Priez pour l'Eglise, dont la pureté est attaquée plus que jamais : mais la vérité sera la maîtresse. Notre-Seigneur soit avec vous, ma Fille.

LETTRE CXLV.

A Paris, ce 5 mars 1698.

Je vous envoie, ma Fille, la réponse à votre mémoire : je n'ai rien omis; il ne me reste qu'à prier Dieu qu'il vous fasse dignement accomplir votre sacrifice. Je n'abandonnerai jamais le soin de votre ame, et je m'intéresserai toute ma vie à la maison où vous serez consacrée : ainsi elle pourra me compter pour un ami perpétuel.

PREMIÈRE DEMANDE. Si on peut s'engager, ne sentant pas, ni pour la maison ni pour la plupart des sujets qui la composent, une certaine inclination et sympathie comme pour Jouarre et pour une règle plus austère.

RÉPONSE. Ne vous embarrassez point des antipathies des créatures : ne regardez en elles que l'Epoux céleste seul : rendez-vous indépendante de toutes, en vous soumettant à toutes (a). Sauvez-vous par l'obéissance, qui sera d'autant plus pure, qu'elle ne s'attachera à personne : vous n'en ferez que mieux votre salut, quand vous vivrez dégagée de tout : Dieu vous soutiendra et vous relèvera.

Si Madame de Luynes use de tout son pouvoir pour faire le bien, vous jouirez de son travail; sinon vous ferez toujours celui que vous pourrez. Vos bons désirs tiendront lieu de tout : Dieu prendra ces efforts sincères pour un accomplissement de sa volonté. Allez cependant par où la porte vous est ouverte. Quand vous serez reçue et professe, je vous dirai ce que vous aurez à faire pour avancer le bien, et pour mettre sérieusement la main à l'œuvre de votre perfection. Ce bon religieux avec les idées de la perfection de la Trappe, voudroit que tout allât partout comme là. Si vous voyiez une porte ouverte dans une maison plus austère et d'une plus grande règle, il auroit raison. Promettez au

(a) *Var. :* Indépendante de tout en vous soumettant à tout.

saint Epoux de faire tout ce qui sera possible; il sera content. La perfection se peut trouver dans les particuliers d'une maison moins austère et même imparfaite. Ne prévoyez pas de si loin : « A chaque jour suffit son mal[1]. » Allez au jour la journée, heureuse de faire à chaque moment ce que veut le céleste Epoux.

Je suis bien aise de votre amour pour Jouarre ; mais dilatez votre cœur pour tous les lieux où vous trouverez Dieu et son sacrifice. Pourvu que le lien de la charité vous unisse à la maison, nul autre nœud n'est nécessaire : ainsi ne vous embarrassez pas de vos antipathies (a), avec cette condition.

SECONDE DEMANDE. Si le penchant et le désir que j'ai d'embrasser une plus grande règle, quand je le pourrai, n'est pas contre le vœu de stabilité.

RÉPONSE. Vous pourrez faire le vœu de stabilité avec soumission aux supérieurs et aux dispositions de la divine Providence, à laquelle il faut tout abandonner.

TROISIÈME DEMANDE. Si l'on peut, sans rien dérober au céleste Epoux, faire connoître par quelques signes extérieurs son respect et son amitié aux personnes à qui on la doit.

RÉPONSE. Tout ce que je puis vous permettre, c'est quelquefois de baiser la main en signe d'obéissance plutôt que de tendresse, et avec plus de sérieux que d'épanchement, avec pourtant un air de sincérité et de cordialité, sans qu'il paroisse rien de forcé ni d'affecté. Le saint Epoux vous fera faire ce qui sera convenable. Il est vrai, toutes les caresses doivent être pour lui, et c'est envers lui seul qu'il faut épancher son cœur. Montrez votre amour cordial pour les services fidèles dans l'occasion, par une complaisance compatissante, et par une ponctuelle obéissance où vous marquiez le plaisir d'obéir. Vous pouvez quelquefois faire de petites plaintes pour ne point paroître indifférente à l'amitié, mais rien qui montre des peines foncières. Ne désirez rien de plus ; car ce seroit une étrange chose de désirer les bonnes

---

[1] *Matth.*, VI, 34.
(a) De vos peines.

graces d'autres que de l'Epoux, et de vouloir exciter sa jalousie dure comme l'enfer[1].

QUATRIÈME DEMANDE. Si cet engagement, qui me retire de votre bercail, ne diminuera ni vos bontés, ni vos soins pour mon ame.

RÉPONSE. Assurez-vous, ma Fille, que je ne quitterai le soin de votre ame, non plus que (a) l'intérêt que je prends en vous, ni à la vie ni à la mort; et que j'aimerai la maison où vous serez, et en serai l'ami et le protecteur dans l'occasion, de tout mon pouvoir. J'irai pour vous seule; car vous ne serez point seule, et le saint Epoux sera avec vous. Ainsi que rien ne vous empêche de presser votre réception, en espérance contre l'espérance. Dites le psaume LXI, pour vous confirmer dans ces sentimens, et ajoutez le psaume CXXII.

CINQUIÈME DEMANDE. Si mon engagement m'obligera à me faire encore plus de violence sur mes défauts

RÉPONSE. Ne vous poussez point vous-même à bout par trop de violence : le saint Epoux se contente de médiocres et raisonnables efforts. Humiliez-vous, et passez outre sur ces défauts. Il est rare qu'on les déracine tout à fait; ils restent pour nous humilier et nous exercer. Combattez toujours; et ne songez jamais à une pleine victoire, où l'ennemi soit tout à fait exterminé. Il faut cela, afin que toujours sous la main de Dieu, nous fassions notre soutien de notre besoin et de notre dépendance. Votre oraison doit être en foi, en silence, en patience, en abandon, sans vous troubler de vos impuissances.

SIXIÈME DEMANDE. Si je puis faire le contrat que vous savez; et si enfin, nonobstant tout ce que je vous expose, je dois m'engager.

RÉPONSE. Vous pouvez faire le contrat dont vous me parlez, avant votre profession, si les supérieurs l'agréent, et surtout n'ôtez rien à M. votre fils.

Oui, je persiste à vous dire de vous engager; car Dieu le veut.

[1] *Cant.*, VIII, 6.
(a) *Var.* : Ni l'intérê

Ainsi, ma Fille, consommez votre sacrifice. J'ai mis le couteau entre les mains du Père T***, afin qu'il achève de vous égorger: expirez sous sa main et sous ce tranchant. Ne songez plus si on vous estime, si on vous méprise, si on pense à vous, ce qu'on en pense, si l'on n'y pense point du tout. Mon Dieu et mon tout: « Mon bien-aimé est à moi, et moi je suis à lui[1]. » Notre-Seigneur, ma Fille, soit avec vous.

LETTRE CXLVI.

A Meaux, ce 4 avril 1698.

J'ai, ma Fille, rendu graces à Dieu de votre heureuse réception : disposez-vous au grand sacrifice de l'amour. Je ne veux point qu'une autre main que la mienne vous immole, ni qu'une autre voix vous consacre et vous anime. Je consens au mardi de la Pentecôte, si Madame de Luynes le trouve bon, et je lui en écris : je lui mande aussi que je pourrai vendredi au soir aller coucher chez vous. Elle m'écrit de votre réception avec une bonté admirable, dont je lui sais très-bon gré. Madame d'Albert m'a écrit aussi votre réception, et je lui marque ma reconnoissance de toutes ses bontés. Vous voyez, ma Fille, qu'il n'y a qu'à mettre sa confiance au saint Epoux, et s'abandonner à lui pour le temps et pour l'éternité. Je le prie d'être avec vous.

LETTRE CXLVII.

A Paris, ce 9 mai 1798.

Dieu bénisse votre retraite, ma chère Fille. Entrez dans le cellier avec le saint Epoux; que sa gauche soit votre soutien, et que sa droite vous couvre et vous protége[2]. Continuez votre retraite, dont le fruit doit être de vous séquestrer de toute société humaine, autant que la charité et la bienséance, qui en fait une partie, le peuvent permettre. Offrez-vous à Dieu, afin qu'il vous inspire les moyens de cette séquestration (a). Menez l'Epoux à la

---

[1] *Cant.*, II, 16. — [2] *Ibid.*, I, 3; II, 6.
(a) *Var.* : De cette union.

campagne, dans le désert[1], dans le plus intime cabinet de votre mère l'Eglise : ce qui ne se fera pas en cette vie se fera en l'autre ; et c'est là que s'accompliront les jouissances éternelles et spirituelles, où Dieu sera tout en tous [2].

Vous êtes admirable, de vouloir que la méprise d'une religieuse soit un argument de votre mort. Veillez et priez, je le veux ; mais non pas pour de si foibles motifs. Je ne manquerai pas d'arriver de bonne heure, s'il plaît à Dieu, pour ouïr votre confession, et vous laisser le reste du temps le plus libre qu'il se pourra. Tenez bien le cher Epoux, et ne le laissez pas échapper. L'obéissance et l'humilité sont les chers liens dont il se laisse volontiers enserrer. Qu'il soit toujours avec vous, ma Fille.

LETTRE CXLVIII.

A Meaux, ce 31 mai 1698.

Madame d'Albert m'écrit, ma Fille, que vous êtes cruellement tourmentée d'un mal de dents; cela, avec vos autres peines, vous doit pousser à un absolu abandon à un Dieu tout bon et tout sage, qui ne vous abandonnera pas. Soyez dans l'obéissance, et souvenez-vous de garder jusqu'à la mort les règles que je vous ai données. J'ai été bien édifié de ce que Madame d'Albert me mande de votre amour pour la pauvreté : vous ne sauriez le pousser trop loin ; car plus vous serez dépouillée, plus vous serez riche : Dieu lui-même se donne à ce prix.

Voilà la réponse à vos articles. Il a plu à Dieu, ma Fille, que j'aie trouvé le temps de la faire ; cela ne m'arriveroit pas toujours de même, ni qu'on puisse donner toujours une attention si exacte. Entrez dans l'esprit, et faites servir la décision aux cas semblables.

PREMIÈRE DEMANDE. Sur l'attention à l'office.

RÉPONSE. Il n'est pas nécessaire de répéter cette attention, ni d'en avoir davantage au Bréviaire qu'aux messes d'obligation,

---
[1] *Cant.*, III, 4. — [2] I *Cor.*, XV, 28.

où vous devez être accoutumée. Après les distractions, il faut sans effort et très-doucement, rentrer dans le premier dessein de louer Dieu. Il suffit d'être attentive à ce que dit l'officiante, sans scrupule : quand on est distraite, il est bon de dire en soi-même ce qu'elle dit bas. Il faut prononcer bonnement et sans scrupule, à peu près comme dans les autres prières; il n'est pas nécessaire de s'entendre soi-même. Il ne faut jamais se précipiter en rien; mais il faut aussi bannir le scrupule, aller rondement, bonnement et simplement, comme dans une autre prière.

SECONDE DEMANDE. Sur les fautes de la règle.

RÉPONSE. Il n'y a rien de considérable que le mépris et la négligence; du reste, la règle n'oblige pas sous peine de péché mortel.

TROISIÈME DEMANDE. Sur la pauvreté

RÉPONSE. Cela dépend des circonstances et de la plénitude assurée du consentement. Déclarez une bonne fois à Madame que vous ne voulez user de rien sans ordre, et contentez-vous de ce qu'elle vous dira. Demeurez sans attache à rien, et sans scrupule des choses qui vous seront laissées.

QUATRIÈME DEMANDE. Sur les graces et les infidélités.

RÉPONSE. Je n'approuve point de s'abandonner à tout ce qui seroit extérieur : pour les larmes, cela se peut, en se modérant pourtant, tant par rapport au cerveau que par rapport au dehors. Pour ces autres choses, cela peut être permis, mais rarement, et dans la violence d'un transport extraordinaire; sinon tout cela tendroit à l'illusion.

Je voudrois, au lieu d'être effrayée de ces infidélités, dire au cher Epoux : Il est vrai, je suis une ingrate : mais vous avez dit : « Ame infidèle et déloyale, reviens pourtant, et je te recevrai dans ma couche et entre mes bras[1]. » A quelque heure, à quelque moment qu'on revienne de bonne foi, il est prêt.

[1] *Jerem.*, III, 1.

CINQUIÈME DEMANDE. Que puis-je faire pour marquer à Dieu ma reconnoissance du bonheur d'être religieuse?

RÉPONSE. Il faut en reconnoissance prendre le calice de l'obéissance par l'observance des règles, et du reste attendre que l'instinct divin se déclare, en disant avec Samuel : « Parlez, Seigneur; car votre servante vous écoute[1]. » Il ne faut pas tant chercher à faire des choses extraordinaires, mais livrer son cœur en proie à l'amour par une bonne volonté. Songez à ces paroles : « Les vrais adorateurs doivent adorer en esprit et en vérité[2]. » Lisez attentivement l'évangile de la Samaritaine ; et apprenez à vous détacher de l'extérieur, pour vous attacher à Dieu en esprit et en vérité, par le fond. Dites souvent : Parlez, Seigneur.

Le saint Epoux soit béni de toutes les graces qu'il vous a faites sous le drap mortuaire : c'est le drap de l'Epoux enseveli ; il ne le faut jamais quitter. Soyez en repos ; la paix de Jésus-Christ est avec vous.

SIXIÈME DEMANDE. Sur les pénitences et le souvenir de ses péchés.

RÉPONSE. Il faut tout quitter pour écouter la pénitence, puisque c'est là écouter l'Epoux qui parle juridiquement et avec autorité, par ses ministres. Dans l'occasion, vous pourriez essayer de soulager votre mémoire, en écrivant un mot, mais sans scrupule. Laissez vos péchés à l'abandon et à la miséricorde infinie de Dieu, et passez outre.

J'approuve les prières que vous faites pour la déclaration de la vérité : le saint Epoux y paroît disposer son vicaire. Ne dites jamais qu'on décide en ma faveur, comme si c'étoit là mon affaire propre, ou que j'y entrasse autrement que les autres fidèles. Vous avez raison : la lettre de M. l'archevêque (a) est admirable ; il faut remercier Dieu de la lui avoir inspirée. Je vous bénis, ma Fille, de tout mon cœur.

---

[1] I *Reg.*, III, 10. — [2] *Joan.*, IV, 24.

(a) C'est la réponse de M. l'archevêque de Paris à quatre lettres de M. l'archevêque de Cambray.

LETTRE CXLIX.

A Paris, ce jeudi 1698.

Je n'écris rien de mes sermons, ma Fille; et je ne vous ai parlé dans le discours que je vous ai fait, que sur l'évangile du jour, du chapitre ix de saint Luc, depuis le premier verset jusqu'au sixième, et sur ce que Dieu m'a mis dans le cœur pour votre instruction et votre consolation, et sur ce qu'il demandoit de vous. Puisque vous me dites qu'il vous seroit utile d'avoir par écrit quelque chose de ce que je vous ai prêché, voilà ce que j'ai pu en rappeler dans ma mémoire. Je loue Dieu qui vous a fait goûter mes paroles, et je le prie qu'elles vous pénètrent de plus en plus.

Je vous ai fait voir dans la première partie de mon discours (car c'étoit plutôt un discours qu'un sermon étendu, puisqu'en prenant en main l'évangile du jour, je m'abandonnai à l'Esprit de Dieu pour dire ce qu'il m'inspireroit pour vous); je vous dis donc que vous aviez reçu, aussi bien que les apôtres, la vertu de guérir toutes sortes de maladies, et la puissance de chasser tous les démons. Dans la seconde, je vous fis voir que vous deviez vivre comme Jésus-Christ le prescrit aux apôtres dans ce même évangile, pour reconnoître les grandes graces (*a*) qu'il vous a faites.

I. POINT. La source et le principe de toutes les langueurs et de toutes les maladies de nos ames, est l'humeur particulière de chacun de nous. C'est par cette humeur que nous agissons presque en toutes choses; nous ne songeons qu'à la satisfaire, et rien n'est si rare que de ne point suivre son humeur : elle se mêle presque dans toutes nos meilleures actions, et c'est ce qui les gâte souvent ou les rend toutes languissantes. Cette humeur est la cause de toutes nos maladies spirituelles, et nous porte à toutes nos chutes. Car pourquoi se laisse-t-on aller aux contentions, aux querelles; pourquoi nous abandonnons-nous à la colère, sinon parce qu'on blesse notre humeur, que l'on s'y oppose, et qu'on

---

(*a*) *Var.* : La grande grace.

ne nous permet pas de la contenter? Pourquoi ne sauroit-on souffrir certaines manières du prochain, si ce n'est parce qu'elles sont contraires à notre humeur? Et d'où vient enfin qu'on n'a point de soumission à Dieu dans les divers incidens de la vie, et qu'on en murmure? n'est-ce pas parce qu'ils ne s'accordent point avec les vues que nous avons pour satisfaire notre humeur? Tout ce qui la contrarie nous choque, tout ce qui la retient nous trouble.

O grande et profonde maladie que cette humeur! Elle a pris son origine dans le jardin délicieux où l'homme, en mangeant de ce fruit qui avoit un si beau nom, et goûtant avec ce fruit défendu la pernicieuse douceur de contenter son esprit, d'agir par lui-même; loin de devenir immortel et indépendant comme Dieu, devint le captif de ses sens, lui qui en étoit le maître, et tomba dans autant de maladies qu'il y a de passions qui le dominent.

Mais grace à notre Libérateur, il n'y a ni langueur ni maladie dont nous ne puissions être délivrés : il vous a donné, ma Fille, la vertu de les guérir toutes. Oui, il n'y en a aucune que, aidée de sa grace, vous ne puissiez éviter, pourvu que vous travailliez à vaincre cette humeur, dont vous voyez qu'elles viennent toutes. Veillez donc sans cesse pour ne la laisser dominer, ni même se glisser dans rien de ce que vous faites : agissez toujours, sans avoir égard à cette humeur : ne donnez jamais dans ce qu'elle vous inspirera ; car pour peu que vous la suiviez, elle se rendra bientôt la maîtresse; et le démon s'en servira pour vous nuire : cet ennemi ne songe qu'à nous faire tomber.

Que la misère de l'homme est grande! Il a non-seulement à combattre cette humeur, source de tant de maux, mais les sollicitations du démon, qui plein d'envie contre nous, ne se plaît que dans le misérable emploi de tenter les hommes, son heureuse félicité étant changée en la triste consolation de se faire des compagnons de son malheur.

Cet état où est l'homme depuis sa chute, nous est fort bien marqué dans le Prophète Roi : *Fiat via illorum tenebræ et lubricum, et angelus Domini persequens eos* [1] : « Que leur voie soit

---

[1] *Psal.* xxxiv, 6.

ténébreuse et glissante, et que l'ange du Seigneur les poursuive. »
Voilà un chemin bien dangereux. Quand il n'y auroit des ténèbres, qui n'en auroit de l'horreur ? Quand il ne seroit que glissant, qui ne craindroit d'y marcher ? Mais étant glissant et ténébreux, quel danger ne court-on point à chaque pas ? Cependant il faut marcher ; l'ange du Seigneur les poursuit : ange du Seigneur par sa création, mais devenu ange mauvais par le déréglement de sa volonté. Encore un coup, voilà un chemin où le péril paroît presque inévitable : car lorsqu'un homme se voit dans les ténèbres et dans un endroit glissant, sans savoir où il peut mettre le pied, il a au moins cette ressource d'attendre qu'il fasse jour ; mais il y a ici un ange qui poursuit et qui presse. C'est ainsi que se trouve l'homme : son esprit est dans les ténèbres, son entendement dans une profonde ignorance, sa volonté est portée au mal dès sa naissance, son humeur le sollicite continuellement et le fait presque tomber à chaque pas ; et comme si ce n'étoit pas assez, le démon le presse par de continuelles tentations. Mais que dis-je, le démon ? il y en a une infinité qui nous tentent. C'est pour cela, ma Fille, que je vous ai fait remarquer dans l'Evangile que Jésus-Christ donna pouvoir à ses apôtres contre toutes sortes de démons.

Il y a le démon de la vaine gloire, le démon de la sensualité, le démon de la colère, le démon de l'avarice, celui de l'envie, etc.; et ces démons cherchent à tout moment à nous faire tomber. Ils nous attaquent dans toutes nos voies ; ils se servent de tout ce qui est en nous et hors de nous, pour nous engager dans le péché. « Tout ce qui est dans le monde, dit saint Jean, n'est que concupiscence de la chair, ou concupiscence des yeux, ou orgueil de la vie [1] ; » et c'est par tout cela que le diable nous tente, que le démon de la sensualité nous flatte, que le démon de la vaine gloire nous fait aspirer aux élévations et aux honneurs, que le démon de la curiosité nous engage dans de vaines connoissances. Car bien que l'homme soit tenté par sa propre cupidité, comme selon saint Jacques cette cupidité est encore excitée par notre ennemi, combien donc devons-nous veiller pour ne lui donner au-

[1] I *Joan.*, II, 6.

cune prise sur nous, en écoutant nos mauvaises inclinations, en agissant pour le plaisir ? car cela n'est jamais permis.

Il n'est pas défendu de trouver du plaisir dans les choses licites, comme dans le boire et le manger ; mais il ne faut jamais avoir en vue cette volupté, dans quoi que ce soit que l'on fasse, ni s'y attacher. Il faut, par exemple, que le soutien de la vie soit la seule chose qui oblige de boire et de manger.

Prenez-y garde, ma Fille ; ne vous laissez jamais aller à contenter la cupidité : car pour peu que vous l'écoutiez, vous donnerez des armes au démon contre vous. Mais si vous réprimez cet ennemi, si vous l'assujettissez à l'esprit, si vous la réglez, le démon n'aura aucun moyen de vous nuire ; vous le chasserez et vous l'éloignerez de vous. Jésus-Christ vous en a donné le pouvoir, comme je vous l'ai déjà dit. Oui, ma Fille, il vous a donné puissance contre toute sorte de démons ; et si vous êtes fidèle aux dons célestes, vous pourrez dire avec le Sauveur : « Le prince du monde va venir, et il ne trouvera rien en moi qui lui appartienne[1] : » et comme un saint évêque[2] disoit à la mort : « Que fais-tu ici, bête cruelle ? il n'y a rien qui t'y donne droit[3]. »

Telle est la confiance qu'inspire à ceux qui sont à Jésus-Christ, le pouvoir qu'il leur a donné sur cet ennemi. Depuis qu'il a été vaincu sur la croix, son empire est abattu par toute la terre ; et nous pouvons par la vertu divine sortir, même avec avantage, de toutes ses tentations, et mettre en fuite tous les démons. Le Fils de Dieu en avoit chassé sept de Magdeleine[4], et c'est ce qui l'attachoit si tendrement à son Libérateur : son amour étoit un effet de sa reconnoissance.

Pour vous, ma Fille, comment témoignerez-vous la vôtre à celui qui vous a comblée de tant de graces ? En quelle manière lui ferez-vous paroître votre gratitude, et que vous ressentez ses bienfaits ? Il vous le va apprendre lui-même dans la suite de notre évangile, comme je vais vous expliquer.

II. POINT. « Ne préparez rien pour le chemin, ni bâton, ni sac, ni pain, ni argent, et n'ayez point deux habits. » Voilà, ma Fille,

---

[1] *Joan.*, XIV, 30. — [2] Saint Martin de Tours. — [3] Sulpit. Sever., epist. III. — [4] *Marc.*, XVI, 9 ; *Luc.*, VIII, 2.

le dénuement que Jésus-Christ vous demande pour reconnoître ses graces : c'est le parfait dégagement où il vous veut, et auquel vous vous êtes engagée par le vœu de pauvreté. Il faut que cette pauvreté soit entière, que rien de superflu et d'inutile ne l'affoiblisse. Ne vous réservez rien, ma Fille, soyez exacte là-dessus. N'ayez rien en particulier, comme il est dit des premiers fidèles : « Tout ce qu'ils avoient étoit commun entre eux, et on distribuoit toutes choses à tous, selon que chacun en avoit besoin[1]. »

Voilà votre modèle, ma Fille. Si vous voulez être vraiment pauvre, il ne faut rien avoir que ce que la nécessité demande, et n'user même du nécessaire que comme appartenant à vos Sœurs autant qu'à vous. Loin donc toute attache, toute propriété, toute possession particulière. Qu'est-ce que de posséder une chose, dit saint Augustin[2], sinon l'avoir à soi, comme un bien où les autres n'ont point de part? et si cela est, on n'est point pauvre.

On n'a point renoncé à toute propriété, non-seulement lorsqu'on ne veut point que les biens extérieurs nous soient communs avec nos frères, mais aussi quand on souhaite de la préférence dans les biens intérieurs. Craignez, ma Fille, cette espèce de propriété : aimez dans vos Sœurs les dons de Dieu ; et loin de les leur envier, réjouissez-vous-en, comme s'il vous les faisoit à vous-même, et vous y aurez part.

C'est lui proprement que l'on doit aimer comme le bien commun. Ce bien souverain et infini ne diminue point en se communiquant : il se donne tout à tous, et on ne se fait point de tort l'un à l'autre en le possédant : chacun le peut posséder tellement tout entier, qu'il n'empêche pas qu'un autre ne le possède de même.

Aimez-le, ma Fille, ce bien qui est le seul véritable, et la source de tout bien. Que votre cœur ne se partage jamais entre lui et la créature : c'est ce que vous lui avez promis par le vœu de chasteté. Qu'il possède seul votre cœur et toutes vos affections : ne souffrez rien d'étranger, ni rien qui profane un cœur qui lui est

[1] *Act.*, IV, 32, 35. — [2] *Enar. in Psal.* CXXXI, n. 5, *Serm.* L, n. 4, *Serm.* CCCLVIII, n. 2 ; *col.* 1395.

consacré. Brûlez pour lui d'un continuel et insatiable amour : n'aspirez qu'à le posséder ; le posséder, c'est être possédé de lui, et c'est là le pur amour.

Persévérez donc constamment dans la pratique des obligations où vous vous êtes engagée ; car c'est ce que Dieu demande encore de vous dans le même évangile, en disant à ses apôtres : « En quelque maison où vous soyez entrés, demeurez-y, et n'en sortez point. » Voilà, ma Fille, la stabilité bien marquée dans ces paroles, de ce vœu que vous avez prononcé à la face des autels.

Rien n'est plus inconstant que l'esprit humain, et rien n'est plus difficile que de le fixer. Aujourd'hui il veut une chose, demain il en veut une autre : ce qui lui plaisoit le matin, lui déplaît et lui est insupportable le soir ; ses désirs, ses sentimens et ses vues changent presque à tous les momens. Jésus-Christ, ma Fille, a voulu retenir cette mutabilité dans ses apôtres, en leur défendant de changer le lieu de leur demeure, et d'aller de maison en maison. Il nous fait voir par là combien l'instabilité lui déplaît dans ceux qui s'engagent à sa suite, par ce qu'il dit à cet homme, qui le vouloit suivre, mais qui demandoit de retourner dans sa maison pour quelques momens : « Quiconque ayant mis la main à la charrue regarde derrière soi, n'est pas propre au royaume de Dieu[1]. »

Soyez ferme, ma Fille, et constante dans l'exécution de ce que vous avez promis à Dieu. Attachez-vous invariablement à la pratique de vos règles : marchez d'un pas égal dans le chemin où vous êtes entrée, ne vous détournant ni à droite ni à gauche : allez toujours devant vous comme ces animaux mystiques, qui nous sont représentés dans Ezéchiel : « Chacun d'eux marchoit devant soi, dit le prophète ; ils alloient où les emportoit l'impétuosité de l'esprit, et ils ne retournoient point lorsqu'ils marchoient[2]. » Avancez donc sans cesse, ma Fille, et ne vous arrêtez jamais ; mais marchez tout droit devant vous : fuyez les extrémités, demeurez dans un juste milieu ; c'est là où consiste la vertu ; n'excédez ni à droite ni à gauche.

On excède à droite lorsqu'on se laisse aller à un zèle indiscret,

[1] *Luc.*, IX, 62. — [2] *Ezech.*, I, 12.

et qu'on s'engage dans des actions qui bien que bonnes en elles-mêmes, ne sont pas dans l'ordre de Dieu par rapport à nous. On se détourne à gauche lorsqu'on fait le mal; et c'est là le lieu du démon, qui nous y trouvant, nous fait rentrer sous sa tyrannie, comme il est rapporté dans l'Histoire ecclésiastique de cette chrétienne dont le diable se saisit au théâtre; car étant interrogé comment il avoit osé entrer dans une personne qui étoit consacrée à Jésus-Christ: « Je l'ai trouvée, répond-il, dans un lieu qui m'appartient, et j'ai eu droit sur elle [1]. »

Évitez ce malheur, ma Fille; fuyez jusqu'aux apparences du mal, et généralement tout ce qui peut vous détourner de votre voie; gardez-vous du moindre relâchement. Ne vous laissez point affoiblir, et attachez-vous toujours à celles de vos Sœurs que vous verrez (a) les plus ferventes et les plus exactes : je parle sans vues particulières, croyant toutes vos Sœurs dans une exacte observance de leurs devoirs : mais il n'y a point de maison, si sainte qu'elle soit, où il n'y ait des ames plus fidèles à leurs obligations, désirant davantage la perfection de leur état, et d'autres plus foibles et plus portées à se retirer de la sainte sévérité de la règle. Eloignez-vous de celles-ci, ma Fille, si vous en rencontrez; secouez même (b) contre elles la poussière de vos pieds, comme parle notre évangile; car c'est encore une instruction que le Fils de Dieu vous y donne, et ce qu'il demande de vous, lorsqu'il dit à ses apôtres : « S'ils ne veulent pas vous recevoir, sortant de leur ville secouez même contre eux la poussière de vos pieds, afin que ce leur soit un témoignage contre eux. » N'ayez aucune liaison, ni aucun commerce avec ces personnes indociles, et qui voudroient vous entraîner avec elles dans une vie molle et relâchée; fermez les yeux à leurs mauvais exemples : unissez-vous à celles de vos Sœurs qui vous paraîtront les plus zélées, les plus exactes et les plus soumises. Liez-vous à (c) ces enfans de paix, comme les appelle le Sauveur dans le chapitre suivant [2] : entrez dans leurs sentimens; animez-vous par leur ferveur; élevez-vous avec elles à ce qu'il y a de plus parfait : enfin, comme vous y

---

[1] Tertull., *de Spect.*, n. 26. — [2] *Luc.*, x, 6.
(a) *Var.* : Que vous connoissez. — (b) Secouez. — (c) Avec.

exhorte saint Paul, « que tout ce qui est véritable, tout ce qui est juste, tout ce qui est saint, tout ce qui vous peut rendre aimable, tout ce qui est d'édification et de bonne odeur ; s'il y a quelque chose de louable dans le règlement des mœurs, que tout cela soit le sujet de vos méditations et l'entretien de vos pensées [1]. » Nourrissez-vous-en, ma Fille ; car votre nourriture désormais doit être de faire la volonté du Père céleste, comme dit le Sauveur : « Ma viande est de faire la volonté de mon Père [2] : » c'est-à-dire qu'il faut que votre soumission et votre obéissance soit entière et parfaite, envers Dieu et envers vos supérieurs ; c'est ce que Jésus-Christ demande encore de vous, ma Fille.

« Mangez, dit-il à ses apôtres dans le même endroit de l'Evangile, mangez tout ce qui sera mis devant vous, » sans choix, sans distinction ; c'est-à-dire qu'il faut que vous receviez avec une paix égale tout ce que Dieu vous enverra, soit croix, soit peines, soit sécheresses, soit consolations, soit douceurs d'une tendre dévotion. Ayez la même égalité dans les conduites de votre supérieure : laissez-la vous gouverner comme elle le jugera (a) plus utile pour votre perfection. Qu'elle vous mette dans cette situation, qu'elle vous destine à cet emploi ou à un autre, soyez indifférente à tout, et obéissez à l'aveugle à tout ce qu'elle vous ordonnera, et sans réserve.

Voilà, ma Fille, toutes les obligations de l'état que vous avez embrassé, que l'Evangile vous a parfaitement expliquées ; c'est ce que Jésus-Christ exige de votre reconnoissance. Vous en peut-il trop demander après les miséricordes qu'il vous a faites, et la grace qu'il vient de vous accorder, pour laquelle il y a si long-temps que vous soupirez ? Je suis témoin de vos désirs dans l'attente de ce bonheur, dont enfin vous jouissez. Combien avez-vous gémi, poussé de vœux, versé de larmes devant Dieu, pendant tant d'années, pour l'obtenir ! Je veillois sur vous cependant, et j'observois les mouvemens de votre cœur, attendant les momens où l'Epoux céleste se déclareroit : car quoique déjà séparée du monde et vivant dans une sainte communauté, je vous voyois

---

[1] *Philip.*, IV, 8. — [2] *Joan.*, IV, 34.
(a) *Var. :* Comme elle jugera.

toujours attirée à quelque chose de plus parfait. De cette vallée je vous ai conduite sur une sainte montagne, où vous croyiez trouver l'accomplissement de vos désirs. Quelles consolations et quelles douceurs ne vous ai-je pas vue goûter, et quels charmes ne trouviez-vous pas dans ce saint monastère de Jouarre, et enfin combien avoit-il d'agrémens pour vous! Vous pensiez, ma Fille, que c'étoit là le lieu où le Seigneur vous vouloit. Mais non, il y a une prédestination de lieux et de personnes qu'il destine à notre bien et à notre bonheur : il vous appeloit dans le saint monastère où vous êtes, où vous avez enfin consommé votre sacrifice, sous la conduite d'une si digne supérieure (a), entre les mains de laquelle je vous ai laissée, vous ayant confiée à ses soins, dont je lui demanderai compte au dernier jour. Ainsi elle vous instruira, elle exercera envers vous la charité d'une véritable mère, pour vous élever à la perfection de votre état.

Vous n'avez donc plus, ma Fille, qu'une seule affaire et qu'une unique occupation, qui est de vous rendre agréable à l'Epoux divin, de vous unir à cet Epoux incomparable, comme au seul objet de votre amour. Ouvrez-lui votre cœur, afin qu'il en prenne de plus en plus possession, et qu'il le rende une victime digne de lui avoir été immolée ; que vous soyez toute à lui, comme il sera tout à vous. C'est, ma Fille, ce que je lui demande pour vous, et je vous bénis en son saint nom. *Amen.*

LETTRE CL.

A Paris, ce 23 août 1698.

Je vous mets, ma Fille, sous la protection du cher Epoux, au nom de qui je vous défends de vous ouvrir à qui que ce soit de vos peines. Dieu veut cela de vous, parce que cela ne feroit qu'aigrir et les soulever encore davantage.

J'approuve votre conduite dans l'affaire dont vous me parlez : vous avez agi par obéissance, sans aucun empressement de vous distinguer. C'est l'état où je vous souhaite, cachée avec Jésus-Christ, et si bien serrée dans son sein, que personne ne vous re-

(a) Madame de Luynes, auparavant religieuse à Jouarre.

garde, et qu'à peine vous vous connoissiez vous-même. Songez que ce céleste Epoux connoît qu'on l'aime par l'amour qu'on a pour porter sa croix et celles (*a*) qu'il impose lui-même, sans de notre part en choisir aucune. Continuez vos communions sans les interrompre. N'ayez nulle volonté que celle de contenter l'Epoux céleste, et de lui être fidèle et toujours unie. Que le reste demeure en son sein. Laissez-vous conduire. Mettez votre force dans votre espérance : c'est le vrai fondement de l'abandon, selon la parole de saint Pierre [1].

Vous avez raison de croire que je blâme vos inquiétudes. Quoique je n'écrive pas toujours, je ne quitte pas pour cela l'œuvre de Dieu ; et vous voyez, ma Fille, que tout se fait en son temps. S'il en est ainsi de moi, qui après tout ne suis qu'un pécheur, combien plus le devez-vous croire du céleste Epoux, qui m'inspire à moi-même tout ce que je fais?

Priez pour les affaires de l'Eglise : ses ennemis ne me parlent que de mon grand âge, et ne me menacent que d'une mort prochaine. Il n'en sera que ce que Dieu veut ; et pourvu que la victoire de la vérité s'accomplisse bientôt, je ne demande pas même de la voir. Du reste, jusqu'ici ma santé est aussi parfaite qu'à trente ans, Dieu merci. Remerciez-en sa bonté ; mais surtout gardez le silence que je vous ai ordonné, et que je vous ordonne sur vos peines. Notre-Seigneur soit avec vous et en vous.

LETTRE CLI.

A Meaux, ce 9 octobre 1699.

Je vous avoue, ma Fille, que c'est une grande humiliation d'être si fort poussé à bout sur des choses, qui après tout dépendent de l'opinion : mais puisque Dieu le permet, il faut le souffrir. Que vous importe que la créature soit chaude, froide ou indifférente? C'est faire injure à l'Epoux céleste que d'avoir ces sentimens pour autre que pour lui. Où est cette indifférence pour tout autre? Ne vous troublez point des peines sur la pauvreté et

---

[1] *Petr.*, I, 3, 4-5.
(*a*) *Var.:* Pour sa croix et pour porter celles...

la stabilité : suivez le courant de la maison pour la première ; pour l'autre, Dieu en disposera.

Je ne trouve rien de mauvais dans les sentimens que vous m'avez fait connoître. Consolez-vous, ma Fille, et aimez celui qui a dit : « On remet beaucoup à celui qui aime beaucoup[1]. »

Je vois bien que vous avez vu ce qui fait peine dans les reproches de M. de Cambray, et vous avez raison de croire que je n'en suis point touché par rapport à moi. Notre-Seigneur soit avec vous.

LETTRE CLII.

A Meaux, ce jeudi matin 1699.

Il y a, ma Fille, de la charité à retirer la personne dont vous me parlez de son entêtement : vous lui pouvez montrer de mes écrits ce que vous trouverez à propos. Elle est bonne fille, mais très-aisée à surprendre, et qui doit beaucoup craindre l'illusion.

Cette sorte d'oraison y est fort exposée, à cause qu'on y aime la singularité, et qu'on se met au nombre de ceux qui trouvent bas et vulgaire tout ce qui n'est pas raffiné : mauvais caractère, qui fait des superbes d'autant plus dangereusement trompés, qu'ils s'imaginent être humbles, en croyant que Dieu agit seulement, sans qu'ils fassent rien ; ce n'est pas là l'oraison ni la piété que Jésus-Christ nous a enseignée. La simplicité en est la marque ; elle suit la voie commune et battue ; la charité en est l'ame ; Jésus-Christ en est le soutien. Cette personne m'est fort suspecte de ce côté-là. Il y a bien de la différence entre s'exciter doucement et tranquillement, et demeurer immobile et sans action, en attendant que Dieu nous excite. Exhortez cette bonne fille à lire mon traité *sur les Etats d'Oraison :* elle y trouvera la spiritualité de l'Ecriture et des Saints, surtout qu'il faut agir et s'encourager soi-même, et ne pas contracter une habitude d'orgueilleuse et présomptueuse paresse, qui mène à la langueur, et par la langueur à la mort.

Vous avez raison, ma Fille, de dire que je ne me souviens plus, ou presque plus de tout ce que je vous ai écrit pour votre

[1] *Luc.,* VII, 47.

instruction. Quand ce que Dieu donne pour les ames a eu son effet, il n'est plus besoin de le rappeler avec effort ; et il suffit que le fond demeure.

Prenez garde, ma Fille, que je n'approuve que les captivités et les impuissances que peut imposer l'Epoux céleste ; gardez-vous bien de vous en faire à vous-même : allez néanmoins sans scrupule, et préférez ce qui est plus simple à ce qui l'est moins. Notre-Seigneur soit avec vous.

LETTRE CLIII.

A Paris, ce 5 février 1699.

Quoique vous m'ayez appris une très-dure nouvelle, je vous suis obligé, ma Fille, du soin que vous avez pris. J'ai invité le père T*** à vous aller consoler. Appliquez-vous à soulager la douleur de Madame de Luynes votre très-chère et digne supérieure. Pour Madame d'Albert (*a*), elle vous dirigera longtemps, si vous continuez à considérer ses exemples, les conseils qu'elle vous a donnés, et ceux (*b*) qu'elle vous donneroit en cas pareils. Vivez et mourez comme sous les yeux d'une si sainte maîtresse, et soyez comme elle une véritable religieuse, détachée de tout et au dedans (*c*) et au dehors.

Quoique j'écrive à Madame de Luynes, je vous charge de lui dire que j'irai bientôt à Torci, et que j'ai grand désir de la voir ; celui de vous soulager dans votre peine (*d*) y entre pour beaucoup. Vous pouvez, en attendant, faire ce que vous me proposez ; le reste se dira en présence. Assurez-vous que votre ame m'est toujours également chère : ceux qui vous ont dit le contraire, et que je n'étois pas content de vous, ne m'ont pas connu : tenez-vous assurée de moi en Notre-Seigneur à jamais.

(*a*) Qui venoit de mourir. — (*b*) Et à considérer ceux... — (*c*) Au dedans. — (*d*) Douleur.

LETTRE CLIV.

A Germigny, ce 14 octobre 1699.

Les circuits qu'ont faits vos lettres pendant mes voyages à Fontainebleau et ailleurs, ont empêché que je susse si tôt le péril où a été Madame de Luynes, votre chère supérieure. En arrivant de Jouarre, j'envoie exprès à Torci, pour en savoir (a) des nouvelles : n'oubliez aucune circonstance, ma Fille, sans quoi je serai toujours en inquiétude.

Abandonnez-vous à Dieu ; offrez-lui vos peines pour ceux qui en souffrent de semblables : de quelque côté qu'elles viennent, vous y trouverez du soulagement.

Je vous ai écrit depuis quelques jours, sur ce qu'il y avoit de plus pressé dans vos dernières, principalement sur la serge, en vous expliquant que vous ne devez point hésiter d'en demander la dispense toutes les fois que vous en aurez besoin : du reste, ma Fille, vous n'avez qu'à offrir au saint Époux l'état où il vous met, par la disposition de vos peines. Je vous ai résolu sur le principal de vos autres doutes. Je vous offrirai de bon cœur à Dieu, Madame votre supérieure et vous.

LETTRE CLV.

A Paris, ce 26 novembre 1699.

J'écris à Madame de Luynes, pour la prier, ma Fille, de ne point venir à Paris sans vous : je m'offre à demander votre obédience à M. l'archevêque, même à faire tout ce qui se pourra pour votre repos. Vous pouvez prendre les mesures dont vous me parlez. Ne suivez point votre inclination, mais les ouvertures que vous trouverez ; et vous les devez regarder comme un témoignage de la volonté de Dieu, et un effet de sa bonté.

Je pars demain, s'il plaît à Dieu ; je ferai par lettres, le mieux que je pourrai, ce que le temps ne me permet pas de faire de vive voix.

(a) *Var.*: Apprendre.

Vous avez pour Père, en ce qui regarde votre vocation, Monseigneur l'archevêque : remettez-vous en ses bontés plus que paternelles, et ne m'épargnez pas dans le besoin.

Saluez de ma part Madame de Luynes, et croyez-moi tout à vous, toujours résolu à ne vous abandonner point. Vous pouvez vous confesser à la personne dont vous me parlez : ne vous embarrassez point de certaines matières qui vous peinent. Je prie Notre-Seigneur, ma Fille, qu'il soit avec vous.

LETTRE CLVI.

A Paris, ce dimanche matin, septembre 1700.

Il ne tint pas à moi, ma Fille, que vous ne fussiez avertie que je pourrois aller hier vous voir : aujourd'hui je suis occupé tout le jour ; demain je ne puis assurer aucun moment : je ferai ce que je pourrai l'après-dînée pour vous aller voir, mais je ne puis vous l'assurer. Je dois aller bientôt à Paris, et assurément j'irai à Torci. En attendant, vous n'avez rien à craindre pour votre salut dans l'affaire que vous savez : votre conscience est déchargée entièrement. Vivez en repos, ma Fille, puisque personne ne vous peut dire que vous soyez tenue à davantage que ce que vous avez fait. Agissez toujours ainsi au nom du cher et céleste Epoux, qui vous remet au jardin clos, où vous lui avez donné votre foi.

Je n'abandonnerai point Torci tant que vous y serez. Notre-Seigneur soit avec vous à jamais. Soyez-lui fidèle épouse, il vous sera un bon et parfait époux. Allez en son nom au lieu où il vous a attirée, et où il a reçu votre foi. Regardez-le en Madame votre supérieure : attachez-vous à lui obéir plus que jamais, et à la soulager dans les choses qu'elle voudra vous confier, allant même au-devant de ses désirs, en sincérité et simplicité, sans empressement. Notre-Seigneur soit avec vous, ma Fille.

LETTRE CLVII.

A Paris, ce 12 décembre 1700.

Je n'ai appris aucune circonstance de la mort du saint abbé de la Trappe : ainsi je ne puis vous rien dire, ma Fille, sur ses dispositions. S'il a eu, comme on vous a dit, de grandes frayeurs des redoutables jugemens de Dieu, et qu'elles l'aient suivi jusqu'à la mort, tenez, ma Fille, pour certain que la confiance a surnagé, ou plutôt qu'elle a fait le fond de l'état. Usez-en de même à l'exemple de saint Hilarion, qui tout pénétré de ces frayeurs ne laisse de dire avec courage : « Pars, mon ame ; eh ! que crains-tu ? tu as servi Jésus-Christ [1]. » C'est tout ce que je puis vous dire.

Ne faites point d'austérités extraordinaires, comme vous en pourriez être tentée, sans ordre particulier ou de votre supérieure ou de votre confesseur. Je prie Dieu, ma Fille, qu'il soit avec vous. Tenez vos peines au dedans ; et croyez que c'est là un des endroits où se doit le plus exercer votre courage.

Je reçois votre dernière lettre, j'ai lu la relation (a) que vous m'avez envoyée, et je vous en remercie : mais je dois vous avertir que M. de Séez en a présenté une toute différente au Roi ; et M. de Saint-André, qui vient de la Trappe, assure que celle-ci n'est pas véritable. Après tout, quand elle le seroit, il n'y auroit aucune conséquence à en tirer, puisque la confiance et la paix subsistent sous ces terreurs, et que je suis assuré, selon que je connoissois ce saint abbé, qu'elles faisoient son fond. Quand j'aurai l'autre relation, je la donnerai à M. votre fils pour vous la faire tenir.

Au surplus, laissez là toutes ces pensées de la règle étroite ; ce n'est qu'amusement d'esprit. Accomplissez vos devoirs selon l'état où vous êtes, et abandonnez tout le reste à la miséricorde divine. Notre-Seigneur soit avec vous à jamais, ma chère Fille, et vous fasse une vraie Epouse effrayée à la vérité de son austère jalou-

---

[1] *Voyez* S. Jérôme, *Vit. S. Hilar.*
(a) Sur la mort de M. l'abbé de la Trappe.

sie, mais en même temps livrée à la confiance en son amour, malgré tout.

LETTRE CLVIII.

A Meaux, ce 26 mars 1701.

Je suis bien fâché, ma Fille, de la continuation de vos peines : mais prenez courage, et soyez fidèle à l'obéissance et au divin Epoux. Si vous tenez l'extérieur en bride, lui-même par sa bonté vous soulagera au dedans : il est dans le tombeau ; allez avec ses amantes lui porter vos parfums les plus exquis ; vous le trouverez vivant. Gardez-vous bien de différer vos pâques (a) ; et aussitôt que vous le pourrez, courez à sa table ; prenez-le ou comme vivante ou comme morte : fussiez-vous avec son saint corps dans le tombeau, ou même dans les enfers avec sa sainte ame ; prenez-le ou mort ou vivant, et enfin en quelque manière qu'il voudra se donner à vous. Ne doutez point, n'hésitez point, en espérance contre l'espérance. Obéissez à ma voix, qui est pour vous celle de Jésus-Christ.

Je ne puis vous rien dire sur ce que vous m'exposez, sinon qu'il faut prendre garde que toutes vos pensées de règle plus austère ne tournent à illusion, et ne soient que tentation : Dieu a fait des miracles pour vous mettre et vous remettre où vous êtes. Dites avec le Psalmiste : *Hæc requies mea in sæculum sæculi*[1] : « C'est ici mon repos aux siècles des siècles. » J'habiterai dans cette maison, puisque je l'ai choisie, ou plutôt que Dieu l'a choisie pour moi. Evitez, ma Fille, ces dangereuses agitations et incertitudes : communiez à votre ordinaire : mettez-vous corporellement devant Dieu à l'oraison, et laissez devenir votre ame ce qu'elle pourra, trop heureuse de pouvoir lancer vers le saint Epoux quelques regards furtifs. Je le prie d'être avec vous, et je vous bénis, ma Fille, en son saint nom.

Je vous répète encore que vous n'hésitiez point à communier, et que vous avez eu grand tort de différer à le faire.

---

[1] *Ps.* CXXXI, 14.

(a) *Var.* : De différer de faire vos pâques.

LETTRE CLIX.

A Germigny, ce 3 juin 1701.

J'ai reçu, ma Fille, votre dernière lettre comme les précédentes. J'y ai vu tous les besoins que vous me marquez : je voudrois vous y pouvoir soulager de vive voix ; mais je ne me trouve pas si portatif qu'autrefois, et les voyages me peinent : ainsi, ma Fille, il reste que vous m'écriviez par les voies les plus sûres.

Daigne le saint Epoux vous unir à lui et à sa croix par la mortification, principalement intérieure. Soyez en silence envers la créature, criez au ciel de toute la force de votre cœur : dites souvent en criant de cette sorte le psaume XXXII, en union avec moi, qui le dis aussi très-souvent : et puisque vous me pressez de vous imposer quelques parties des saintes rigueurs de l'Eglise, pour vous mieux préparer à son indulgence, je vous ordonne, ma Fille, dans la semaine où vous vous préparerez au jubilé, deux fois les sept Psaumes pénitentiaux, et les pénitences (a) que vous me marquez pour la conversion des plus grands pécheurs et le soulagement des ames du purgatoire.

Je n'ai rien su de la maladie de M. votre fils ; j'en prendrai soin à mon retour, qui sera mardi, s'il plaît à Dieu. Je prie le Saint-Esprit de vous unir éternellement au céleste Epoux.

LETTRE CLX.

A Meaux, ce 9 avril 1702.

Assurez-vous, ma Fille, que je ne perdrai jamais le soin de votre conduite. La peine que j'ai à écrire est la seule cause qui retient mes lettres, qui ne vous manqueront pourtant pas dans le besoin. C'est la peine qui vous fait croire que j'abandonne (b) le soin de votre ame : je n'en ai jamais eu la pensée, et je ne manque, ce me semble, en rien aux choses essentielles.

(a) *Var.:* De dire deux fois les sept psaumes pénitentiaux et de faire les pénitences . — (b) C'est la peine que vous souffrez qui vous fait croire que j'abandonne.

Vous pouvez faire sans scrupule et sans hésiter, ce qui sera nécessaire pour votre santé, par l'avis du médecin et par votre propre expérience; je vous l'ai déjà écrit, et il faut, ma Fille, s'en tenir là: le divin Epoux l'aura agréable (*a*).

Pour vous voir dans ce jubilé, je ne vois pas (*b*) que je le puisse. Je ne suis guère en état de faire d'autres voyages que ceux qui sont indispensables et d'obligation précise. Assurez-vous cependant que la bonne volonté ne manquera jamais, et que votre ame ne cessera de m'être chère devant Dieu comme la mienne. Je donnerai ordre qu'on vous envoie par la première commodité, nos *Méditations et Prières sur le jubilé*.

Je suis bien aise, ma Fille, d'avoir à vous dire que je suis très-content de M. votre fils, qui fait les choses avec soin, avec affection et avec adresse. Je vous assure de très-bonne foi que je le trouve très-honnête homme, très-capable, et que je serai ravi de lui faire plaisir en toutes choses. Notre-Seigneur soit avec vous, ma Fille.

LETTRE CLXI.

A Meaux, ce 21 juin 1702.

Votre lettre, ma chère Fille, me fut rendue hier seulement par M. l'abbé Bossuet; il est parti ce matin avant le jour, de sorte que ce ne sera pas lui qui vous portera la réponse.

C'est une grande grace du cher Epoux, de vous enfoncer dans la retraite où vous êtes: c'en est une autre de vous empêcher de rien faire paroître d'extraordinaire. Ces deux graces me sont un gage de la présence du céleste Epoux, qui ne vous abandonnera pas. Livrez-vous à la solitude et à son esprit détruisant, qui ravage tout aux environs; car il est celui dont les coups sont un soutien, et les ravages une protection.

Gardez donc bien la foi, et demandez, ma Fille, au saint Epoux cet amour qui est plus fort que la mort [1]. Communiquez peu à la créature, et avec la créature; soyez recueillie, prêtez l'oreille au dedans.

---

[1] *Cant.*, VIII, 6.
(*a*) *Var.*: Pour agréable. — (*c*) Je ne crois pas.

Je retourne à Paris, où je verrai le nouveau marié (a), dont je suis toujours très-content. Notre-Seigneur soit toujours avec vous, ma Fille.

LETTRE CLXII.

A Paris, ce 17 décembre 1702.

Faites ainsi, ma Fille, et vous vivrez : songez à ce qui étoit avant la création du monde; Dieu seul, et hors de lui le pur néant; si l'on peut mettre devant ou après, dedans ou dehors, ce qui n'est rien. Dieu a voulu faire le monde, et lui donner le commencement que lui seul connoît. Le monde ne change pas pour cela de nature ; il demeure un pur néant en lui-même, et ne subsiste que par son rapport à Dieu qui lui donne l'être. Il ne le faut donc regarder que de ce côté-là, et ne rien voir de ce qui y est que dans la volonté de Dieu. Car le péché, qui n'est point par la volonté, mais qui est plutôt contre la volonté de Dieu, permis seulement et non voulu, n'est rien en soi. Tout n'est donc rien, excepté Dieu ; et l'ame ne doit voir que Dieu en tout, et demeurer insensible et indifférente pour tout ce qui n'est pas Dieu. *Amen, amen.* Cela est ainsi, et la croix de Jésus-Christ est faite pour anéantir dans nos cœurs tout ce qui n'est point Dieu, ou ordre de Dieu.

Demeurez donc ferme, ma Fille, dans votre résolution, que j'approuve et reçois au nom de Dieu, le priant de la bénir et de la rendre éternelle. Il n'importe guère combien dure une retraite, pourvu que les résolutions qu'on y prend soient persévérantes. Je prie le divin Epoux que cela soit ainsi en vous.

Je ne puis vous rien décider sur le voyage de Paris ; c'est une affaire de médecin : ainsi sur ce sujet-là je n'ai rien à dire. En gros, si vous pouvez éviter de sortir de votre clôture, ce sera le plus agréable à Dieu. Songez que les Carmélites et les Filles de Sainte-Marie ne sortent jamais, pour quelque cause que ce soit. Que le saint Epoux daigne vous garder sous son aile, et soit avec vous, ma Fille.

(a) Le fils de cette Religieuse.

LETTRE CLXIII.

Décembre 1702.

Première demande. Sur la grande règle où cette personne se sentoit attirée de plus en plus, quoiqu'elle aimât beaucoup sa maison et sa supérieure.

Réponse. Ne pensez point à la grande règle, ma Fille; tenez-vous où vous êtes : la tendance à la perfection, quand elle tourne à inquiétude et à scrupule, est à éviter. Ne vous laissez pas tourmenter de vains désirs : désirez ce qui se peut bonnement; Dieu n'en veut pas davantage. C'est votre maison de profession et de stabilité que vous devez aimer et préférer à toute autre. Si Dieu par sa suave disposition ne vous trouve autre chose, vous devez vous conformer à l'état où il vous a mise par une grace si particulière. Votre désir est de Dieu, qui ne veut pas toujours accomplir les désirs qu'il inspire lui-même. Laissez donc aller ce désir à celui qui les donne; et vous soumettant pour l'exécution à ses saintes volontés, demeurez en paix.

Faites ce qui est devant vous et ce que Dieu a mis en votre pouvoir, et contentez-vous de cela, puisque le saint Epoux en est content. Priez, désirez; mais ne vous donnez aucun mouvement : le désir vient de Dieu; l'agitation viendroit de la tentation, je vous la défends. Gardez-vous bien d'aucun mouvement sur ce désir qui ne seroit, je vous le répète, qu'une pure tentation. Si Dieu veut autre chose de vous, je l'écouterai quand il en ouvrira les moyens.

Ne demandez point avec tant d'empressement d'être délivrée de ce désir, puisqu'il est bon, et peut vous tenir lieu de purgatoire en ce monde. Les saintes ames que Dieu purifie sont désirantes, mais soumises. Ne vous laissez donc point aller à l'inquiétude, de crainte que vous n'en fassiez moins bien ce que vous avez à faire. Tant que votre impatience sera entre l'Epoux céleste et vous seule, je prie Dieu qu'il vous la pardonne, mais en attendant, qu'il la modère; de sorte qu'elle n'éclate point au dehors, et n'en empêche pas les fonctions.

Seconde demande. Sur la stabilité et la pauvreté.

Réponse. Je dois vous dire, ma Fille, sur la stabilité, qu'elle consiste dans l'exclusion de toute pensée de changement, et dans l'arrêt au lieu où l'on s'est consacré pour y reposer jusqu'au grand délogement, sans vouloir avoir d'autres vues : c'est le parfait accomplissement de cette parole de Notre-Seigneur : « A chaque jour suffit son mal[1]. » Il faut sacrifier à Dieu vos peines là dessus.

Et sur la pauvreté, il n'est point permis aux pauvres de Jésus-Christ de tant prévoir, ni de se tant chercher des appuis. Laissez votre volonté et votre prévoyance dans votre supérieure ; et du reste vivez d'abandon en Dieu, assurée qu'il aura soin de vous dans la suite, comme il a eu jusqu'ici. Je suis bien aise que vous ayez renoncé à ce que vous me marquez : mais prenez garde de transporter (a) votre inquiétude à une autre chose. Ne pensez point à l'avenir ; mortifiez et anéantissez tout ce qui est en vous : à ce prix l'Epoux céleste est à vous.

Troisième demande. Sur les confesseurs.

Réponse. Votre peine est juste d'un certain côté ; mais ne pouvant y remédier, attachez-vous à voir Jésus-Christ dans les confesseurs. La foi seule peut faire cet ouvrage.

Vous avez pu et dû faire ce que vous avez fait ; mais après vous être acquittée de ce devoir, soyez en repos, sans permettre à la créature de vous troubler. Unie à l'Epoux céleste, jouissez-en indépendamment de tout autre que de lui.

Quatrième demande. Sur les prières vocales, et sur la retraite.

Réponse. Les prières vocales, comme de prix fait pour obtenir l'effet de votre désir, entretiennent l'inquiétude. Ces pressentimens ne sont et ne seront qu'un amusement, si vous y adhérez : il les faut laisser passer et s'écouler comme de l'eau. Il y a ordinairement bien de l'amusement dans ces petites pratiques de dévotion, que l'on fait pour obtenir de Dieu quelque chose : accom-

---

[1] *Matth.*, vi, 34.
(a) *Var.:* A ne pas transporter

plir sa volonté et s'occuper de ce désir, c'est une belle neuvaine.

J'approuve l'esprit de retraite et de solitude, sans affectation, ni chagrin, ni scrupule. Je vous offrirai de bon cœur à Dieu en son Fils, votre cher Epoux. Il faut se soumettre à l'ordre de Dieu, et ne se laisser jamais troubler par la créature (a) : une Epouse de Jésus-Christ a le cœur plus grand que le monde, et n'entre dans aucune bagatelle. Abandon à la Providence, c'est ce que veut le divin Epoux.

Dilatez-vous du côté du ciel; tâchez à sentir et à pratiquer que Dieu suffit seul. Dites dans cet esprit le psaume XXII.

« Où le péché a abondé, la grace a surabondé[1]. » Soyez attentive sur vous-même; résistez à tout : moyennant cela, continuez l'oraison, les saints transports de l'amour envers le chaste et céleste Epoux, et la communion.

Ne vous impatientez pas sur mes réponses : j'écris, non pas quand je veux, mais quand je puis. Continuez à votre ordinaire toutes vos pratiques, quand mes réponses tarderont. Je prie Notre-Seigneur qu'il soit avec vous, ma Fille.

LETTRE CLXIV.

A Paris, ce 26 février 1703.

Vous pouvez, ma Fille, communiquer à M. de Saint-André celles de mes lettres que vous croirez utiles à garder pour votre consolation : il m'en rendra compte s'il le faut, et par lui-même il est très-capable du discernement nécessaire. Profitez-en vous-même, puisque c'est pour vous qu'elles sont écrites, et qu'elles laissent peu de doutes indécis par rapport à vos états.

Je vous mets entre les mains de celui à qui l'Epouse a dit : « Tirez-moi[2], » et qui a dit lui-même : « Nul ne peut venir à moi, que mon Père ne le tire[3]. » Cachez-vous dans les plaies de Jésus-Christ; qu'il vous soit un époux de sang : il a été blessé pour nos péchés, et nous sommes guéris par ses plaies. Je le prie, ma Fille, qu'il soit avec vous, et vous bénis en son nom.

[1] *Rom.*, V, 20. — [2] *Cant.*, I, 3. — [3] *Joan.*, VI, 44.
(a) *Var.* : Les créatures.

EXTRAITS

DE DIFFÉRENTES LETTRES.

Il ne faut point tant faire de choses, ma Fille, pour attirer l'Epoux céleste ; il ne faut qu'aimer. Dieu vous fera trouver la part de Marie dans celle de Marthe, quand vous entrerez dans cette dernière par obéissance.

Allez votre train, sans vous détourner : songez plutôt à contenter Dieu qu'à être contente, et ne cherchez point à savoir si vous lui plaisez ; mais faites tout ce que vous croirez qui doit lui plaire, et soyez soumise à ses volontés. Demeurez en tout à la disposition du cher Epoux, qui vous fera accomplir sa volonté. Ce sont ici les occasions où il faut conserver la paix par rapport à l'ordre de Dieu, moteur des cœurs, et «qui fait ce qui lui plaît dans le ciel et sur la terre[1].»

Les dispositions où il faut être sur les peines dont vous me parlez sont d'adorer Dieu qui les permet, et régler les nôtres suivant les règles de la charité. C'est se rendre trop dépendant de la créature, que de se laisser troubler par les sentimens d'autrui : il faut du moins garder les dehors, si on ne peut se rendre maîtresse du dedans.

Il y a des conjonctures où on n'a rien à dire, et où il faut attendre avec patience les ouvertures que Dieu donnera pour en sortir. Continuez à demeurer soumise à Dieu dans ses voies.

L'Epoux céleste est à la porte : entrez avec la lampe, avec le saint et pur amour, et vivez à lui seul. Ce n'est pas contenter le cher Epoux que de vouloir ne parler que de croix, et de vouloir changer celles qu'il envoie. Consolez-vous cependant, et abandonnez-vous à sa volonté.

Anéantissez-vous, et demeurez ensevelie et cachée avec Jésus-Christ, si vous voulez lui plaire : trop heureuse de participer à la sainte obscurité de sa vie et au silence de sa sépulture. Comptez-vous pour rien ; et que la seule obéissance vous remue dans votre sépulture, et vous en fasse sortir.

[1] *Psal.* CXXXIV, 6.

Il n'y a rien de plus inconnu aux hommes, que les conduites particulières que Dieu tient sur les ames : c'est un secret qu'il s'est réservé; il ne leur appartient pas de les vouloir pénétrer; il suffit qu'on les adore et qu'on s'y soumette.

Exposez souvent à Dieu vos besoins, vos foiblesses et vos impuissances. Dites-lui, en un mot, qu'il soutienne votre espérance, et qu'il vous défende de tout ce qui pourroit ou la détruire ou l'affoiblir.

Je n'oublie point de prier pour obtenir la délivrance (*a*) de votre peine : mais je ne veux pas que votre repos dépende de là, puisque Dieu seul et l'abandon à sa volonté en doit être l'immuable fondement. C'est l'ordre de Dieu, et je ne puis le changer, ni je ne le veux, parce qu'il n'y a rien de plus aimable ni de meilleur que cet ordre, dans lequel consiste la subordination de la créature envers Dieu.

La nature se trouve partout, et se peut trouver dans les actes les plus purs, qui peuvent servir à la repaître. Le moyen le plus efficace pour l'empêcher de s'y trouver, c'est de la laisser comme oubliée, et de songer plutôt à l'outre-passer qu'à la combattre.

Tout n'est rien en effet : tout ce qu'on pense de Dieu est un songe à comparaison de ce qu'on voudroit et faire et penser pour célébrer sa grandeur. Offrez-lui le néant de vos pensées, qui se perdent et s'évanouissent devant la plénitude de sa perfection et de son être. Apprenez à ne point aimer, afin de savoir aimer : videz votre cœur de l'amour du monde, afin de le remplir de l'amour de Dieu.

Etant toujours incertains de la venue de notre Juge, vivons tous les jours comme si nous devions être jugés le lendemain.

Vous souhaitez à l'heure de la mort la confiance que vous ressentez souvent : ignorez-vous que celle qu'on a pendant le cours de la vie a son effet pour la mort? Que sommes-nous, sinon des mourans? Celui qui la donne ne la peut-il pas continuer? Que fera l'ame à la dernière heure, sinon ce qu'elle a toujours fait (*b*)? Dieu n'a-t-il pas en son pouvoir tous les momens, et y en a-t-il un seul qui ne puisse être celui de la mort? Que faut-il donc faire

---

(*a*) *Var.* : Pour la délivrance. — (*b*) Ce qu'elle a fait toujours

à chaque moment, sinon étendre sa confiance à tous les momens suivans et à l'éternité toute entière, si notre vie pouvoit durer autant?

« Nous sommes affligés, mais nous ne sommes pas dans l'angoisse; nous sommes agités, mais nous ne sommes pas délaissés; nous sommes abattus, mais nous ne périssons pas[1]. Je vous le dis, dilatez-vous, mettez-vous au large[2]; réjouissez-vous en Notre-Seigneur; je vous le dis encore une fois, réjouissez-vous[3] » en Jésus-Christ votre espérance. « Mon esprit s'est réjoui en Dieu mon Sauveur[4]. »

« L'amour est fort comme la mort : la jalousie est dure et violente comme l'enfer : elle a des touches brûlantes; les torrens d'eau ne l'éteindront pas[5]. »

Ce que Dieu a déjà fait pour nous est assez grand pour nous faire attendre le reste avec foi et confiance. *Amen, amen.*

[1] II *Cor.*, IV, 8. — [2] *Ibid.*, VI, 13. — [3] *Philip.*, IV, 4. — [4] *Luc.*, I, 47. — [5] *Cant.*, VIII, 6, 7.

FIN DU VINGT-SEPTIÈME VOLUME.

TABLE

DES MATIÈRES CONTENUES DANS LE VINGT-SEPTIÈME VOLUME

LETTRES DIVERSES.

REMARQUES HISTORIQUES. 1
LETTRE I. *Bossuet au P. Caffaro, Théatin.* Il se plaint d'une lettre en forme de Dissertation, sur la comédie, publiée sous le nom de ce Père 1
LETTRE II. *Réponse du P. Caffaro.* Il s'excuse sur la publication de la lettre qui portoit son nom, et promet de se rétracter. 17

MAXIMES ET RÉFLEXIONS SUR LA COMÉDIE.

I. Occasion et dessein de ce traité : nouvelle Dissertation en faveur de la comédie. 20
II. A quoi il faut réduire cette question. 21
III. Si la comédie d'aujourd'hui est aussi honnête que le prétend l'auteur de la Dissertation. 21
IV. S'il est vrai que la représentation des passions agréables ne les excite que par accident. 23
V. Si la comédie d'aujourd'hui purifie l'amour sensuel en le faisant aboutir au mariage. 26
VI. Ce que c'est que les mariages du théâtre. 29
VII. Paroles de l'auteur, et l'avantage qu'il tire des confessions. 30
VIII. Crimes publics et cachés dans la comédie. Dispositions dangereuses et imperceptibles : la concupiscence répandue dans tous les sens. 30
IX. Qu'il faut craindre en assistant aux comédies, non-seulement le mal qu'on y fait, mais encore le scandale qu'on y donne. 35
X. Différence des périls qu'on cherche et de ceux qu'on ne peut éviter. 36
XI. Si on a raison d'alléguer les lois en faveur de la comédie. 37
XII. De l'autorité des Pères. 38
XIII. Si l'on peut excuser les laïques qui assistent à la comédie, sous le prétexte des canons qui la défendent spécialement aux ecclésiastiques. Canon mémorable du concile III de Tours. 39
XIV. Réponse à l'objection, qu'il faut trouver du relâchement à l'esprit humain : que celui qu'on lui veut donner par la représentation des passions est réprouvé même par les philosophes : beaux principes de Platon. 42
XV. La tragédie ancienne, quoique plus grave que la nôtre, condamnée par les principes de ce philosophe. 43
XVI. Les pièces comiques et risibles rejetées par les principes du même Platon. 44
XVII. Que les femmes ne montoient pas sur l'ancien théâtre. *Ibid.*

TABLE.

XVIII. Sentiment d'Aristote.	45
XIX. Autre principe de Platon sur cette matière.	45
XX. Silence de l'Ecriture sur les spectacles : il n'y en avoit point parmi les Juifs : comment ils sont condamnés dans les saintes Ecritures : passages de saint Jean et de saint Paul.	47
XXI. Réflexion sur le *Cantique des Cantiques* et sur le chant de l'Eglise.	49
XXII. On vient à saint Thomas : exposition de la doctrine de ce Saint.	50
XXIII. Première et seconde réflexion sur la doctrine de saint Thomas.	51
XXIV. Troisième réflexion sur la doctrine de saint Thomas : passage de ce saint docteur contre les bouffonneries.	53
XXV. Quatrième, cinquième et sixième réflexion : passage exprès de saint Thomas, et conciliation de ses sentimens.	54
XXVI. Sentiment de saint Antonin.	56
XXVII. Profanation de la sainteté des fêtes et du jeûne introduite par l'auteur : ses paroles sur le jeûne.	58
XXVIII. Doctrine de l'Ecriture et de l'Eglise sur le jeûne.	58
XXIX. Nouvel abus de la doctrine de saint Thomas.	60
XXX. Profanation du dimanche : étrange explication du précepte de la sanctification des fêtes.	63
XXXI. Réflexions sur la vertu qu'Aristote et saint Thomas après lui ont appelée, *Eutrapelia.* Aristote est combattu par saint Chrysostome sur un passage de saint Paul.	66
XXXII. Passages de saint Ambroise et de saint Jérôme sur les discours qui font rire.	69
XXXIII. Passages de saint Basile sur le sérieux de la vie chrétienne.	72
XXXIV. Conséquence de la doctrine précédente.	73
XXXV. Conclusion de tout ce discours.	74
LETTRE III. *A M. de la Broue, évêque de Mirepoix.* Il lui propose ses difficultés sur la conduite qu'on vouloit tenir pour ramener les protestans à l'Eglise.	81
LETTRE IV. *De M. l'évêque de Mirepoix, à M. de Basville.* Il réfute la lettre précédente de Bossuet.	82
LETTRE V. *De M. Morel, vicaire-général du diocèse de Toulouse.* Sur la conduite qu'on tenoit en Languedoc, à l'égard des nouveaux convertis.	84
LETTRE VI. *A M. de Noailles, archevêque de Paris.* Sur une correction à faire dans l'ouvrage imprimé sous le titre de *Justification des Réflexions morales,* et sur les efforts qu'on faisoit pour étouffer la doctrine de saint Augustin.	85
LETTRE VII. *A milord Perth.* Il le prie de faire ses remerciemens à la reine, d'une lettre qu'elle avoit écrite en faveur de son neveu.	86
LETTRE VIII. *Réponse au cas proposé par Sa Majesté, sur l'opposition de M. l'ancien évêque de Fréjus, au sacre de l'abbé de Fleury, nommé à cet évêché.*	86
LETTRE IX. *A dom Martène, religieux bénédictin.* Sur son livre des *Rites ecclésiastiques,* dont il avoit fait présent à Bossuet.	91
LETTRE X. *A M. de la Broue.* Sur le désir qu'il a de le voir, et quelques autres affaires.	91
LETTRE XI. *Réponse de M. de la Broue.* Sur sa contestation avec M. l'évêque d'Alais pour la députation des Etats, et sur les nouveaux convertis.	92
LETTRE XII. *A M. de la Broue.* Il lui demande des éclaircissemens sur les protestans du Languedoc, qu'on obligeoit d'aller à la messe, et lui témoigne combien ceux de son diocèse tiroient peu d'avantage de cette pratique.	94
LETTRE XIII. *Réponse de M. de la Broue à la lettre précédente.*	95
LETTRE XIV. *Du même.* Sur son affaire avec M. d'Alais.	98

MÉMOIRE *de M. de Meaux à M. de Pontchartrain*, pour les réunis de son diocèse. 99
LETTRE XV. *De M. de Pontchartrain, en réponse au Mémoire précédent.* 101
LETTRE XVI. *A M. de Noailles.* Sur différentes thèses des jésuites. 102
LETTRE XVII. *De M. le Gendre, intendant de Montauban.* Sur la conduite qu'il a tenue à l'égard des nouveaux convertis, et les fruits qu'il en a recueillis. 103
LETTRE XVIII. *De M. de Rancé.* Il donne de grands éloges aux travaux du prélat, pour la défense de la vérité. 107
LETTRE XIX. *De dom Mabillon.* Sur une *Instruction pastorale* de Bossuet. 107
LETTRE XX. *A M. de Noailles.* Sur les additions et corrections à exiger dans une thèse des jésuites. 107
LETTRE XXI. *A M. de la Broue.* Sur son affaire touchant la députation, et quelques projets d'ouvrages. 108
LETTRE XXII. *A M. de Noailles.* Sur sa promotion au cardinalat. 109
LETTRE XXIII. *De M. de Basville.* Sur l'*Instruction pastorale* de Bossuet, et les affaires des protestans. 109
LETTRE XXIV. *Réponse de Bossuet.* Difficultés qu'il trouve à obliger les protestans opiniâtres de venir à la messe. 111
LETTRE XXV. *A dom Mabillon.* Sur les résolutions de l'assemblée du clergé et la Préface du dernier volume de saint Augustin. 112
LETTRE XXVI. *Au même.* Sur le même sujet. 112
LETTRE XXVII. *De dom Mabillon.* Sur plusieurs écrits touchant la grace. 113
LETTRE XXVIII. *Au P. de la Cour, abbé de la Trappe.* Sur la mort de M. de Rancé. 113
LETTRE XXIX. *De M. de Torcy.* Conduite que le roi désiroit que les évêques tinssent dans leurs diocèses à l'égard des protestans 114
LETTRE XXX. *A M. de la Broue.* Sur les raisons qui ont empêché l'assemblée de condamner directement la doctrine de Sfondrate, et sur une affaire de M. de Saint-Pons. 115
LETTRE XXXI. DOUTES *proposés à Bossuet, par M. de Basville*, sur les nouveaux convertis. 116
LETTRE XXXII. *De M. le président de Lamoignon.* Il envoie à Bossuet un mémoire de M. de Basville, touchant les protestans, et justifie la conduite qu'il tenoit à leur égard. 121
LETTRE XXXIII. *Réponse à la lettre précédente.* 122
LETTRE XXXIV, MÉMOIRE *de M. de Basville*, sur l'état présent des affaires de la religion, et la conduite qu'on pourroit tenir à l'égard des nouveaux convertis. 123
PROJET DE DÉCLARATION sur l'observation des dimanches et fêtes. 134
LETTRE XXXV. *De M. de Basville.* Sur les dispositions des protestans, et les moyens de les ramener à l'Eglise. 136
LETTRE XXXVI. *De Bossuet à M. de Basville.* Il examine si l'on peut contraindre les protestans d'assister à la messe. 141
LETTRE XXXVII. *Réponse de M. de Basville.* 145
LETTRE XXXVIII. RÉFLEXIONS DU MÊME sur la lettre de Bossuet. 146
LETTRE XXXIX. *De M. l'évêque de Mirepoix à M. de Basville.* Sur la réponse de Bossuet. 158
RÉFLEXIONS du même sur la lettre de M. de Meaux à M. de Basville. 162
LETTRE XL. RÉFLEXIONS de M. l'évêque de Nîmes, sur le même sujet. 167
LETTRE XLI. OBSERVATIONS de M. l'évêque de Rieux, pour combattre celles de Bossuet. 175
LETTRE XLII. AUTRES RÉFLEXIONS du même, sur le même sujet. 177
RÉFLEXIONS sur l'expédient d'obliger les nouveaux réunis d'assister seule-

TABLE. 663

ment à la partie de la messe appelée anciennement des catéchumènes. 180
Mémoire de M. l'évêque de Montauban sur les moyens de ramener les nouveaux convertis. 182
Lettre XLIII. *A M. de Saint-André, curé de Vareddes.* Il s'excuse de travailler à la vie de M. de Rancé. 198
Lettre XLIV. *Au même.* Sur certains papiers relatifs à la vie de M. de Rancé. 199
Lettre XLV. Epistola ad Clementem xi. De ejus exaltatione ad summum pontificatum. 19
Lettre XLV. *Au pape Clément XI.* Sur son exaltation au pontificat. 201
Lettre XLVI. Bref du pape *Clément XI*, en réponse à la lettre précédente en latin. 203
Lettre XLVII. *A M. de Saint-André, curé de Vareddes.* Sur un miracle opéré à la Trappe, par une dévote. 204
Lettre XLVIII. *A M. de Saint-André, curé de Vareddes.* Sur la manière dont on doit écrire la vie de M. de Rancé. 204
Lettre XLIX. *Au même.* Sur la dévote qui avoit été à la Trappe. 204
Lettre L. *A M. l'évêque de Bayeux.* Sur le livre de M. Cailly. 206
Lettre LI. *De M. l'évêque de Luçon.* Sur des erreurs qu'il prétendoit avoir été avancées par M. Du Puy, théologal de son église. 208
Lettre LII *Réponse de Bossuet à la lettre précédente.* Il explique en quel sens les propositions rapportées par M. de Luçon lui paroissent condamnables, et marque avec quelle précaution on doit éviter de donner atteinte aux vérités de la grace. 209
Lettre LIII. *De M. Du Puy, théologal de Luçon.* Il fait à Bossuet un détail de son affaire, et implore sa protection. 210
Lettre LIV. *De Bossuet à M. Du Puy.* Il lui dit son sentiment sur sa Protestation, et lui donne différens avis. 215
Lettre LV. *A M. l'évêque de Luçon.* Il lui parle en faveur de M. Du Puy, et se plaint de l'opposition que l'on disoit qu'il témoignoit pour les coopérateurs de M. de Barillon, et pour sa mémoire. 216
Lettre LVI. *A M. Pastel, docteur de Sorbonne.* Sur une lettre de Descartes, touchant la transsubstantiation. 217
Lettre LVII. *Au même.* Il lui marque son jugement sur les deux lettres de Descartes, qu'il lui avoit envoyées. 218
Lettre LVIII. *A M. le cardinal de Noailles.* Sur un livre contre l'Histoire des congrégations *de Auxiliis*. 218
Lettre LIX. *Bossuet à M. le cardinal de Noailles.* 220
Lettre LX. *A M. Brisacier, supérieur du séminaire des Missions étrangères.* Sur les erreurs de l'écrit intitulé *Judicium unius*, composé par M. Coulau. 221
Lettre LXI. *Au même.* Il continue de prouver que les Perses étoient de vrais idolâtres, et donne des vues pour combattre leur apologiste. 227
Lettre LXII. *Au même.* Il montre, par saint Athanase, quelle a été la cause de l'idolâtrie parmi les peuples, combien elle a été universelle avant la prédication de l'Evangile. 241
Lettre LXIII. *A milord Perth.* Il le console de la mort de Jacques II, roi d'Angleterre. 246
Lettre LXIV. *Au même.* Il lui envoie son *Instruction sur les promesses faites à l'Eglise*, et le prie de le présenter à Leurs Majestés. 247
Lettre LXV. *Du recteur et des membres de l'Université de Louvain à Bossuet*, en latin. Ils implorent la recommandation du prélat auprès du roi, pour rétablir la paix et la liberté dans la Faculté de théologie. 247
Lettre LXVI. *Au recteur et aux membres de l'Université de Louvain*, Sur les troubles dont cette Université étoit agitée, en latin. 248

Lettre LXVII. *A milord Perth.* Sur une affaire pour laquelle la reine d'Angleterre lui avoit fait écrire. 249

Lettre LXVIII. *A dom Mabillon.* Sur différens ouvrages qu'il avoit composés. 250

Lettre LXIX. *De M. Pirot.* Il parle de la manière dont Richard Simon avoit écrit sur un verset de la première épître de saint Jean. 250

Lettre LXX. *A M. le cardinal de Noailles.* Sur les vices de la version du nouveau Testament de Richard Simon, et la nécessité d'y remédier. 251

Lettre LXXI. *A M. de Malezieu, chancelier de Dombes.* Sur le même sujet. 252

Lettre LXXII. *Réponse de M. de Malezieu.* Difficulté qu'il trouvoit pour empêcher le débit de la traduction de Richard Simon; expédiens qu'il propose pour remédier au mal. 256

Lettre LXXIII. *A M. l'abbé Bertin.* Sur le même sujet. 258

Lettre LXXIV. *Réponse de M. Bertin.* Il tâche d'excuser les intentions de Richard Simon, et propose à Bossuet une difficulté sur le serment qu'on fait faire en Sorbonne, de soutenir l'opinion de l'immaculée Conception. 260

Lettre LXXV. *A M. Bertin.* Réponse à la précédente. 263

Lettre LXXVI. *De M. Pirot.* Il renvoie au prélat ses observations sur le livre de Richard Simon, et montre le danger de cette version. 266

Lettre LXXVII. *Réponse à la lettre précédente.* Jugement du prélat sur la version du P. Bouhours. 267

Lettre LXXVIII. *De M. Pirot.* Sur les harangues de M. le cardinal de Noailles à l'assemblée; et sur la version de Richard Simon. 269

Lettre LXXIX. *A M. de Malezieu.* Sur les censeurs de la version de Richard Simon, les erreurs de son livre, et la satisfaction qu'il promettoit. 271

Lettre LXXX. *De M. Bertin.* Sur les dispositions de Richard Simon. 272

Lettre LXXXI. *De M. Bouret à M. Bertin.* Il l'instruit de plusieurs faits relatifs à la traduction de Richard Simon, dont il avoit été le censeur; et le prie de faire agréer ses excuses à Bossuet. 273

Lettre LXXXII. *A M. de la Broue.* Il lui donne des avis sur un de ses ouvrages. 274

Lettre LXXXIII. *Au pape Clément XI.* Sur les vertus de saint Vincent de Paul, en latin. 275

Lettre LXXXIV. *A M. le cardinal de Noailles.* Il lui fait part de ses observations sur son Ordonnance contre Richard Simon. 277

Lettre LXXXV. *Au même.* Sur des lettres mendiées par les Jésuites en faveur des idolâtries chinoises. 279

Lettre LXXXVI. *Du P. de la Chaise à un évêque.* Sur la condamnation des idolâtries chinoises, sollicitée à Rome. 280

Lettre LXXXVII. *A milord Perth.* Il lui envoie son *Instruction contre la version du nouveau Testament de Trévoux*, et le prie de la présenter à Leurs Majestés Britanniques. 281

Lettre LXXXVIII. *Au même.* Sur un livre composé par le roi d'Angleterre, dont il fait les plus grands éloges. 281

Lettre LXXXIX. *A M. de la Broue.* Sur les ouvrages que notre prélat avoit dessein de donner au public, et ses dispositions à l'égard de la santé et de la vie. 283

Lettre XC. *A M. le cardinal de Noailles.* Sur le placet qu'il avoit présenté au roi, afin d'en obtenir son neveu pour coadjuteur. 284

Placet au Roi touchant le même objet. 285

Lettre XCI. *A dom Mabillon.* Sur une vie de saint Fiacre. 288

Lettre XCII. *A M. le comte de Pontchartrain.* Sur un jeune Tartare que l'on disoit fils du roi de la grande Tartarie, dont il lui raconte les aventures, en implorant pour lui les bontés du Roi. 289

TABLE.

Lettre XCIII. *A milord Perth.* Sur sa seconde *Instruction contre la version du Nouveau Testament de Trévoux.* ... 292
Lettre XCIV. *A dom Mabillon.* Sur le présent qu'il lui avoit fait des *Annales de l'ordre de Saint-Benoît.* ... 292
Lettre XCV. *A l'abbé Bossuet, son neveu.* Sur la peine qu'il ressent de ne pouvoir conférer avec les doyens, et tenir son synode. ... 293

LETTRES DE PIÉTÉ ET DE DIRECTION.

LETTRES A UNE DEMOISELLE DE METZ.

Lettre I. Sur le désir de l'amour divin, et ses effets dans un cœur qui en est possédé. ... 294
Lettre II. Effets que produit dans l'ame l'admiration des beautés de Jésus-Christ. ... 297
Lettre III. Sur les caractères que doit avoir l'amour divin dans nos cœurs, et les excès de l'amour profane. ... 301
Lettre IV. Sur le mystère de l'unité de l'Eglise, et les merveilles qu'il renferme. ... 305

LETTRES A MADAME DE MAISONFORT.

Remarques historiques. ... 316
Lettre I. Demandes de Madame de Maisonfort et réponses de Bossuet. ... 348
Lettre II. Sur les mêmes sujets. ... 353
Lettre III. Il lui conseille l'humilité et la lecture de ses lettres. ... 371
Lettre IV. Il lui conseille de parler peu. ... 371
Lettre V. Il lui conseille de ne pas s'éloigner de Madame de Maintenon. ... 376
Lettre VI. Il lui rappelle les bontés de Madame de Maintenon. ... 379
Lettre VII. Il faut se souvenir qu'on s'est dévoué à la volonté de Dieu. ... 380
Lettre VIII. Il la reçoit dans son diocèse. ... 382
Lettre IX. Il lui redemande une lettre oubliée. Songer au fruit de l'oraison. ... 383
Lettre X. Se contenter d'un abandon général à Dieu. ... 383
Lettre XI. On n'est uni à Dieu que par ses dons. ... 384
Lettre XII. Demandes et réponses. ... 385
Lettre XIII. L'humilité est le fondement de la mortification intérieure et extérieure. ... 394
Lettre XIV. La circonspection de soi-même mène à la perfection. ... 394
Lettre XV. Demandes et réponses. ... 395
Lettre XVI. Il l'entretient de son désir d'entrer aux Ursulines. ... 404
Lettre XVII. Sur le même sujet. ... 405
Lettre XVIII. Sur le même sujet. ... 405
Lettre XIX. Il lui promet de la conduire aux Ursulines. ... 406
Lettre XX. Il lui en indique le jour et l heure. ... 406
Lettre XXI. Sur l'usage où l'on est dans les couvents de donner beaucoup. ... 407
Lettre XXII. S'abandonner à la Providence qui fait tout pour le mieux. ... 408
Lettre XXIII. Motifs de reconnoissance. ... 408
Lettre XXIV. Il lui inspire des sentimens de confiance en Dieu. ... 409

LETTRES A MADAME CORNUAU,

Dite en religion de Saint-Bénigne.

Remarques historiques. ... 410
Lettre de la sœur Cornuau au cardinal de Noailles, sur les lettres que Bossuet lui avoit écrites. ... 417
Avertissement de la même Sœur sur les lettres suivantes. ... 422

Second avertissement de la même Sœur. Elle rend compte d'un grand nombre de faits fort intéressans, relatifs à la manière dont Bossuet conduisoit les ames. 425

Lettre I. Sur la crainte qu'elle avoit d'avoir oublié quelque chose dans sa confession générale, et la manière dont elle devoit lire les vies des saints. 440

Lettre II. Sur la meilleure manière de faire l'oraison; les règles qu'on doit suivre à l'égard du prochain, le dégagement des créatures, et la modération dans les pratiques extérieures. 441

Lettre III. Il lui donne des avis sur les pratiques extérieures, modère son empressement pour faire des vœux, et lui trace des règles de perfection. 443

Lettre IV. Sur les austérités, le désir de la vie religieuse, et les avantages de la maladie. 445

Lettre V. Il lui donne pour sujets d'oraison la miséricorde et la toute-puissance de Dieu, et explique comment il faut le louer dans toutes les créatures. 446

Lettre VI. De quelle manière elle devoit se conduire dans la visite prochaine, à l'égard des charges, et dans ses peines. 448

Lettre VII. Sur la charge de maîtresse des novices; les desseins de Dieu à l'égard des ames; et ce qu'elles doivent faire dans les différens états par où elles passent. 449

Lettre VIII. Sur le mystère de la prédestination. 453

Lettre IX. Sur la réserve dont elle devoit user à l'égard d'un confesseur qui ne la connoîtroit pas à fond; les pratiques extérieures, et les desseins de Dieu sur elle. 456

Lettre X. Quelles sont les meilleures pratiques de dévotion pour se préparer à célébrer les mystères et les fêtes. 457

Lettre XI. Sur quelques lectures, et des raisons de s'abstenir de certaines pratiques, quoique très-bonnes. 458

Lettre XII. Sur l'amusement dans les commerces de dévotion; et sur le respect rendu à la paroisse. 459

Lettre XIII. Avis sur la confession; et ce qu'elle doit faire pour le soulagement d'une ame. 459

Lettre XIV. Sur le soin qu'on doit avoir de sa santé; sur l'amour détruisant; sur des prières vocales, et quelques passages de l'Evangile. 460

Lettre XV. Sur ce que quelques personnes désapprouvoient que le prélat s'appliquât à la direction. Avis à la Sœur sur ses prières, ses pratiques de pénitence, ses communions : sentimens que l'ame éprouve dans la réception de l'Eucharistie. 464

Lettre XVI. Il lui défend de lui faire des présens; l'encourage à lui écrire avec liberté et confiance; et modère son désir d'être religieuse. 466

Lettre XVII. Sur la communion spirituelle, le Psautier attribué à saint Bonaventure, le mauvais effet des pratiques trop multipliées, et les liaisons particulières. 468

Lettre XVIII. Il la charge du soin d'une classe, et l'exhorte à se détacher de la créature. 469

Lettre XIX. Sur la manière dont se font les actes d'abandon; explication de plusieurs endroits de l'Evangile de saint Jean. 470

Lettre XX. Sur des affaires particulières. 473

Lettre XXI. Sur l'envie qu'il a de régler la communauté; l'abandon à Dieu; ses désirs de la vie religieuse, ses mouvemens intérieurs. 474

Lettre XXII. Sur certaines illusions de l'amour-propre; sur son obéissance; et réponse à plusieurs demandes. 475

Lettre XXIII. Que Dieu laisse naître dans les ames certains désirs dont il ne veut pas l'accomplissement. 475

Lettre XXIV. Il l'exhorte à ne point perdre courage. 476
Lettre XXV. Sur les maladies spirituelles, la nature de l'ame, le principe et la source de son bonheur, son immortalité, le péché originel, l'obligation de combattre la concupiscence; sur le but et la fin de la direction, et l'utilité que la grace nous fait retirer de nos misères. 477
Lettre XXVI. Sur le vœu de pauvreté, et sur quelques pratiques de dévotion. 483
Lettre XXVII. Il dissipe ses craintes en lui renouvelant la promesse de lui continuer ses soins. 484
Lettre XXVIII. *A la communauté des Filles de la Ferté-sous-Jouarre.* Il les avertit de lire avec précaution certains livres mystiques, leur donne des règles pour en juger, et les exhorte aux vertus de leur état. 484
Lettre XXIX. Sur la manière dont elle devoit se conduire à l'égard de sa supérieure; l'attention à éviter les petits mystères dans les liaisons, et l'amusement dans les lettres. 485
Lettre XXX. Il explique la différence d'un premier mouvement et d'un acte délibéré; et l'instruit sur l'étendue que doivent avoir les actes de contrition. 486
Lettre XXXI. Il lui recommande d'accomplir, à l'égard de sa supérieure, la parole du Sauveur à saint Jean : zèle qu'il a pour la conduire à la perfection. 488
Lettre XXXII. Il lui donne des règles pour sa conduite extérieure et intérieure; l'exhorte à s'abandonner aux transports de l'amour divin; combat les erreurs de certains mystiques, et décrit les effets de l'amour de Dieu. 488
Lettre XXXIII. Sur les épreuves par lesquelles Dieu la faisoit passer; et la conduite du prélat dans la direction des ames. 491
Lettre XXXIV. Usage qu'elle doit faire d'un écrit qu'on lui avoit envoyé par son ordre: désir de la communauté pour posséder Jésus-Christ dans le saint Sacrement; comment elle doit se conduire pour attirer en elle l'Epoux céleste. 492
Lettre XXXV. Il consent qu'elle diffère son jubilé. 493
Lettre XXXVI. Sur l'état de l'Epouse qui soupire après le divin Epoux. 494
Lettre XXXVII. Comment tout est amour; vraie manière de consacrer son sommeil à Dieu; règles sur la prière vocale; instructions sur le pur amour. 495
Lettre XXXVIII. Il la reprend d'avoir trop tardé à l'instruire de certaines choses, et la rassure. 497
Lettre XXXIX. Il approuve un acte de la communauté; et exhorte cette Sœur à se soumettre aux dispositions qu'on fera de sa personne. 498
Lettre XL. Il lui ordonne d'accepter les charges qu'on lui a imposées. 498
Lettre XLI. Sur une peine dont elle lui avoit écrit; et la demande de la communauté pour conserver le saint Sacrement. 499
Lettre XLII. Sur un moyen pour se tenir en la présence de Dieu; et sur la raison qui l'empêche de lui permettre quelques austérités. 499
Lettre XLIII. Il permet de réserver le saint Sacrement dans la communauté, et montre en combien de manières Jésus-Christ est admirable. 500
Lettre XLIV. Sur ses désirs d'être religieuse; exhortation à l'humilité. 501
Lettre XLV. Il accorde à la communauté la présence du saint Sacrement pour plusieurs jours. 502
Lettre XLVI. Sur les manières admirables dont l'Epoux tourmente les ames, et sur l'union qu'il faut avoir avec le Verbe. 502
Lettre XLVII. Sur la conduite que Dieu lui inspiroit dans la direction; et sur les caractères d'une ame ressuscitée. 504
Lettre XLVIII. Il approuve qu'on lui parle d'affaires temporelles; et lui répond sur quelques affaires de la communauté. 504

Lettre XLIX. Sur les sentimens que Dieu lui inspiroit pour elle. 505
Lettre L. Sur un présent qu'elle lui avoit fait; sur une manière très-utile d'invoquer Dieu, et d'adorer le Saint-Esprit. 506
Lettre LI. Sur les dispositions de l'abbesse de Jouarre envers cette Sœur. 507
Lettre LII. Sur la profondeur de deux chapitres de saint Jean; ce que c'est qu'adorer Dieu en esprit et en vérité; pourquoi Dieu nous inspire des désirs dont il ne veut pas l'accomplissement. 507
Lettre LIII. Il l'exhorte à recevoir la communion dans la même disposition que si c'étoit pour mourir; lui fait connoître quelle est la vertu de l'Eucharistie. 510
Lettre LIV. Sur l'oubli du monde, et sur des pratiques de dévotion pour célébrer l'octave de sa délivrance. 511
Lettre LV. Il lui recommande d'éviter l'indiscrétion dans ses exercices; lui explique en quoi consiste la communion spirituelle; et l'encourage à persévérer. 512
Lettre LVI. Il lui donne des avis sur la conduite qu'elle devoit tenir dans les affaires de son ancienne maison. 513
Lettre LVII. Il l'engage à retourner à son ancienne communauté, l'exhorte à la soumission envers la supérieure, et l'anime à la confiance. 513
Lettre LVIII. Il la console sur ses peines, et lui marque ce qu'elle doit taire ou dire à son confesseur. 514
Lettre LIX. Sur la manière dont elle doit se comporter envers sa supérieure. 515
Lettre LX. Il l'exhorte à agir avec beaucoup de droiture et de simplicité. 516
Lettre LXI. Il l'excite à vivre dans la dépendance de la volonté de Dieu; et lui marque l'usage qu'elle doit faire de ses peines. 516
Lettre LXII. Sur les péchés véniels, et la fréquentation de l'Eucharistie. 517
Lettre LXIII. Règles à suivre par rapport au désir d'entrer en religion. 518
Lettre LXIV. Sur sa manière d'agir avec sa supérieure; l'abandon à la volonté de Dieu, et ses désirs de la vie religieuse. 519
Lettre LXV. Sur la pureté de cœur, les croix, les marques de la volonté de Dieu, la facilité que nous avons de le trouver partout. 520
Lettre LXVI. Sur les saints instrumens de la sépulture mystique du Sauveur qu'elle lui avoit envoyés. 521
Lettre LXVII. Sur des projets de méditation pour sa retraite; le moyen d'attirer le saint Epoux; ses désirs de religion. 521
Lettre LXVIII. Sur l'abandon à la volonté de Dieu. 522
Lettre LXIX. Sur la conduite qui convient à son état. 523
Lettre LXX. Différentes pratiques pour la semaine sainte, propres à faire entrer dans la soumission à la volonté de Dieu. 523
Lettre LXXI. Sur ses peines, sur les refus de Dieu, et sur la manière de faire l'oraison. 525
Lettre LXXII. Avis pour une personne que Dieu exerçoit par de grandes sécheresses. 526
Lettre LXXIII. Sur la confiance en Dieu, et la persévérance dans les exercices, malgré les dégoûts. 527
Lettre LXXIV. Sur le mystère de l'Ascension. 528
Lettre LXXV. Sur le parfait repos et la parfaite purification de l'amour; ses confessions passées; les effets de l'amour-propre, et les compagnies. 529
Lettre LXXVI. Sur la soumission dans les délaissemens, la mort de l'amour-propre, l'état de victime, et l'union consommée. 531
Lettre LXXVII. Sur l'union aux délaissemens du Sauveur, les pressentimens de la mort, l'abandon à la miséricorde de Dieu, et les voies intérieures. 532

Lettre LXXVIII. Sur sa retraite de la Ferté; les moyens de profiter de ses peines; et la manière dont elle devoit tout recevoir.	533
Lettre LXXIX. Qu'elle a tort de se tourmenter pour plaire à l'Epoux céleste; ce qu'il faut faire pour lui obéir, et pour mourir à soi-même.	534
Lettre LXXX. Il faut, durant cette vie, marcher dans l'obscurité, et s'abandonner à Dieu.	535
Lettre LXXXI. Sur le détachement, le repos en Dieu, le parfait abandon, les austérités. Pratiques pour invoquer Dieu, comme moteur des cœurs. Sur le maintien de la vertu chrétienne en la personne de Jésus-Christ, et les attraits du divin Epoux.	535
Lettre LXXXII. Ce que doit être une veuve vraiment chrétienne, et comment elle doit agir avec le divin Epoux.	537
Lettre LXXXIII. Sur la sainteté du mariage, les avantages de la virginité et de la viduité, et les caractères d'une veuve chrétienne.	537
Lettre LXXXIV. Manière dont les vierges, les femmes mariées et les veuves honorent l'Eglise.	538
Lettre LXXXV. *De la sœur Cornuau.* Sur une vision qu'elle avoit eue.	540
Ecrit *de la même Sœur* sur l'amour divin.	542
Lettre LXXXVI *Réponse de Bossuet.* Sur la préparation aux volontés divines; la pratique de l'oraison continuelle; le moyen de faire écouler tout son amour en Jésus-Christ, et l'union aux ames du purgatoire pour participer à leurs purifications.	550
Lettre LXXXVII. Sur la manière d'attendre l'Epoux céleste, l'union de l'ame avec lui, et la nécessité de modérer sa trop grande activité.	551
Lettre LXXXVIII. Il lui apprend la manière de voir utilement ses misères; et la rassure contre ses craintes.	553
Lettre LXXXIX. Il y a une tristesse qui peut venir de Dieu; éviter le découragement dans les peines; l'obéissance en est le remède.	553
Lettre XC. Sur ses peines, son désir pour la vie religieuse, et la préparation à la mort.	555
Lettre XCI. *De la sœur Cornuau.* Sur ses peines et les dispositions de son ame.	555
Lettre XCII. *Réponse de Bossuet.* Il ranime sa confiance, et lui donne des avis sur le silence où Dieu l'attiroit, sur l'oraison, la tristesse, les illusions, etc.	559
Lettre XCIII. Il la console dans ses peines, et lui déclare qu'elles sont destinées à éprouver sa foi et son amour.	562
Lettre XCIV. Sur ce qu'elle doit faire pour dissiper ses peines.	563
Lettre XCV. Il n'approuve point qu'elle donne communication de ce qui regarde le particulier de sa conscience; l'exhorte à la reconnoissance, et lui indique les moyens de réprimer les mouvemens impétueux de son imagination.	564
Lettre XCVI. Sur le jeûne, et son ardeur pour les austérités.	565
Lettre XCVII. Il la porte à s'unir à la profonde tristesse du Sauveur, et la presse d'achever d'éteindre en elle cette vivacité qui ne cessoit de l'agiter.	565
Lettre XCVIII. Sur la foi, fondement de l'oraison, et ses effets dans l'ame; manière dont on doit considérer Jésus-Christ dans l'oraison, et l'erreur des faux spirituels à cet égard.	566
Lettre XCIX. Sur l'inutilité de ses vues pour sortir de ses peines; les causes du détachement des créatures, et la manière de pousser l'amour à bout.	569
Lettre C. Sur les distractions involontaires dans la prière; les doutes sur la foi; la principale disposition pour aller à Dieu, et les erreurs des Quiétistes.	572

Lettre CI. Sur l'avidité d'un cœur affamé de Dieu; et sur certaines apparitions : sous quel rapport le Fils de Dieu est spécialement notre époux. 574

Lettre CII. Sur les lettres de M. de Saint Cyran, les Vies des Pères du désert; la correspondance et l'union avec Jésus-Christ; le danger des oraisons extraordinaires; la défiance des graces de Dieu; la doctrine de saint François de Sales; le désir de voir Dieu, et les caractères de l'amour-propre. 575

Lettre CIII. Il lui marque les raisons qui empêchent de connoître ce qu'on fait dans la prière; lui recommande de séparer dans sa confession ses doutes des péchés, et l'exhorte à espérer uniquement en Dieu. 578

Lettre CIV. Il lui ordonne la communion journalière, l'excite à la confiance, et l'exhorte à user d'une sainte liberté avec le céleste Epoux. 580

Lettre CV. Sur ce qu'elle doit faire pour disposer les esprits à l'entière séquestration des créatures où Dieu l'appeloit. 518

Lettre CVI. Il répond à plusieurs questions sur la charité envers le prochain, la pratique de l'humilité, les peines de l'imagination et les distractions, la dévotion envers le saint Sacrement, les dispositions pour la communion, etc. 582

Lettre CVII. Il lui donne différens avis sur la communion et la confession; lui présente une idée des vertus qui caractérisent sainte Thérèse et sainte Catherine de Gênes; et la console de ses sécheresses. 590

Lettre CVIII. Il lui reproche de faire trop dépendre sa conduite des événemens; la rassure au sujet des discours qu'on tenoit sur ses directions, et lui donne des avis pour son fils. 592

Lettre CIX. Combien ses agitations sont contraires aux vœux qu'elle a faits; règles de conduite qu'il lui prescrit. 593

Lettre CX. Sur la manière de se comporter dans l'état d'une tristesse qui est selon Dieu, et sur l'attachement et le goût pour les auteurs profanes. 594

Lettre CXI. Sur quelques circonstances omises dans la confession, et sur la communion. 595

Lettre CXII. Il la porte à s'abandonner entièrement à Dieu; exhorte la personne dont elle lui a parlé, à marcher d'un cœur dilaté, et à ne point s'éloigner de la communion, à cause de ses peines. 596

Lettre CXIII. Il ne veut pas qu'elle fasse dépendre son repos des assurances sur son état. Il faut se confesser de ses fautes avec une grande confiance en la bonté de Dieu. 597

Lettre CXIV. Sur les impressions qu'elle recevoit de l'Epoux céleste; et la conformité de ses dispositions avec celles de sainte Catherine de Gênes. 597

Lettre CXV. Il lui parle admirablement des O, lui fait sentir le bonheur d'être à la crèche de Jésus, la porte à tout attendre de la bonté de Dieu. 598

Lettre CXVI. Comment elle doit considérer le péché; en qui consiste la circoncision du cœur; où il faut puiser la force de ne plus pécher. 599

Lettre CXVII. Sur sainte Catherine de Gênes, et l'oraison d'admiration. 600

Lettre CXVIII. Quels sont les fruits de la charité envers les malades; et vraie disposition d'une malade chrétienne; la bénédiction attachée aux maladies. 601

Lettre CXIX. Règles et avis pour la soutenir dans ses tristesses. 603

Lettre CXX. Il compatit à ses peines; lui recommande d'être fidèle à ses pratiques, l'exhorte à la patience, et à prendre soin de sa santé. 604

Lettre CXXI. Règles pour la confession. 605

Lettre CXXII. Réponse à plusieurs questions, sur la communication avec Dieu, le besoin de connoître son état, la fréquente communion dans les sécheresses, le sentiment de la confiance, etc. 606

TABLE.

LETTRE CXXIII. Sur une prière, sur les sentimens de cette Sœur par rapport au prélat, et sur la doctrine alambiquée d'un prédicateur. 609
LETTRE CXXIV. Il modère ses austérités, et approuve la rénovation de ses vœux. 611
LETTRE CXXV. Sur ses austérités, son union avec Madame d'Albert, et l'amour pour l'Epoux céleste. 612
LETTRE CXXVI. Quelles sont les marques de l'union de l'ame avec l'Epoux céleste; comment il change l'Epouse, et quel doit être son courage et son détachement. 613
LETTRE CXXVII. Sur les dispositions où doit être l'ame à l'égard des créatures; la bonté et la grandeur de Jésus-Christ, et le secret que demandent les graces reçues. 614
LETTRE CXXVIII. Sur la communion, et la préparation qu'on doit y apporter. 615
LETTRE CXXIX. Sur les mesures qu'elle doit prendre contre ses foiblesses; le recours à la sainte Vierge, et la fidélité à suivre ses exemples. 615
LETTRE CXXX. Il lui recommande la simplicité, la paix et la soumission. 615
LETTRE CXXXI. Il lui donne différens avis sur sa conduite. 616
LETTRE CXXXII. Sur son entrée à Torci, et les dispositions d'une novice. 617
LETTRE CXXXIII. Sur les dispositions dans l'état de postulante et de novice; et l'obligation de correspondre à la grace; il l'exhorte à la soumission et à l'humilité. 618
LETTRE CXXXIV. Sur l'abandon au céleste Epoux et la soumission à ses volontés pour trouver la paix. 619
LETTRE CXXXV. Il lui témoigne le désir qu'il a de concourir à son sacrifice, et l'exhorte à attendre en paix les momens de Dieu. 620
LETTRE CXXXVI. Il lui donne des avis sur son état, sur les graces qu'elle peut recevoir, et sur la tentation. 620
LETTRE CXXXVII. Il approuve son attrait pour le recueillement; et lui marque ce qu'elle doit faire pour contenter le céleste Epoux. 621
LETTRE CXXXVIII. Sur l'indifférence et l'affection qu'il faut avoir tout ensemble pour les créatures, et le danger des erreurs des Quiétistes. 622
LETTRE CXXXIX. En quoi consiste la fidélité de son état. 623
LETTRE CXL. Sur la manière dont elle doit recevoir les avis qu'on lui donne sur ses défauts, et sur le tort qu'elle a de laisser paroître au dehors ses peines. Il lui demande de faire pour lui une prière. 623
LETTRE CXLI. Il lui montre qu'il n'est pas possible d'éviter toutes les occasions de chutes; ce qu'elle doit faire lorsqu'elle est tombée en quelque faute; comment elle doit se conduire pour la communion. 624
LETTRE CXLII. Il l'exhorte à souffrir la privation de la communion par esprit d'obéissance, et blâme des maximes nouvelles. 625
LETTRE CXLIII. Il lui marque ce qu'elle a à faire pour se soutenir dans ses peines; et lui conseille la lecture de sainte Thérèse. 626
LETTRE CXLIV. Il la rassure sur quelques frayeurs qu'elle avoit, et recommande à ses prières un ouvrage qu'il alloit publier. 627
LETTRE CXLV. Il répond aux questions qu'elle lui avoit faites, sur les répugnances qu'elle éprouvoit pour le monastère où elle étoit, sur le désir d'embrasser une règle plus austère, sur l'obligation de combattre ses défauts, etc. 628
LETTRE CXLVI. Il lui témoigne qu'il veut prêcher à sa profession et en faire la cérémonie. 631
LETTRE CXLVII. Sur la retraite qu'elle alloit faire pour se préparer à la profession; quels doivent en être les fruits. 631
LETTRE CXLVIII. Il répond à ses demandes sur l'attention à l'office, sur les

fautes contre la règle, sur la pauvreté, sur les graces et les infidélités, etc. 632

Lettre CXLIX. Il lui envoie un précis du sermon qu'il avoit prêché à sa profession. 635

Lettre CL. Il l'exhorte à se tenir cachée dans le sein de l'Epoux céleste, et à porter avec amour les croix qu'il lui impose 643

Lettre CLI. Il la reprend de sa trop grande sensibilité aux mépris des créatures. 644

Lettre CLII. Sur les caractères de la véritable oraison. 645

Lettre CLIII. Il la console de la mort de Madame d'Albert, et l'exhorte à suivre ses exemples. 646

Lettre CLIV. Il lui indique les moyens de se procurer du soulagement. 647

Lettre CLV. Il l'exhorte à ne point suivre son inclination, et lui donne quelques avis. 647

Lettre CLVI. Il la tranquillise sur une affaire qui lui causoit des scrupules et l'exhorte à obéir à sa supérieure. 648

Lettre CLVII. Il lui parle d'une relation de la mort de M. de Rancé et l'assure que la frayeur des jugemens de Dieu, et la confiance en sa miséricorde, peuvent très-bien s'allier ensemble. 649

Lettre CLVIII. Il lui fait craindre l'illusion dans ses désirs d'une règle plus austère; et il lui marque comment au milieu de ses peines elle doit faire son oraison. 650

Lettre CLIX. Comment il veut qu'elle soit unie au divin Epoux; il lui prescrit le silence à l'égard de la créature, pour crier au ciel de tout son cœur; et lui ordonne des pratiques pour se préparer au jubilé. 651

Lettre CLX. Il s'excuse de ne pouvoir lui écrire aussi souvent qu'autrefois; l'assure qu'il n'abandonnera jamais le soin de son ame; et l'exhorte à pourvoir à sa santé. 651

Lettre CLXI. Il l'exhorte à la retraite, à peu communiquer avec la créature, et à se recueillir toute en Dieu. 652

Lettre CLXII. Il lui montre le néant de tout ce qui n'est pas Dieu, et l'engage à ne point sortir de sa clôture. 653

Lettre CLXIII. Il répond à ses demandes sur le désir d'une règle plus austère, sur la stabilité et la pauvreté, sur les confesseurs, sur les prières vocales, et la retraite. 654

Lettre CLXIV. Il approuve qu'elle communique à M. de Saint-André les lettres qu'il lui a écrites, et l'exhorte à en profiter. 656

Extraits *de différentes lettres.* Sur les moyens d'attirer l'Epoux céleste; l'attention à contenter Dieu, l'obligation de conserver la paix dans tous les événemens, la conduite à tenir dans les peines que nous cause le prochain, la vie cachée, etc. 657

FIN DE LA TABLE DU VINGT-SEPTIÈME VOLUME.

BESANÇON. — IMPRIMERIE D'OUTHENIN CHALANDRE FILS

ŒUVRES SPIRITUELLES COMPLÈTES

DE

SAINT BONAVENTURE

TRADUITES

Par M. l'abbé BERTHAUMIER

6 volumes in-8° de 600 pages. — Prix : **32** francs.

S. Bonaventure a été, au XIII° siècle, pour la spiritualité, ce que S. Thomas, son illustre ami, fut pour la théologie. Pendant plus de trois cents ans, ses nombreux ouvrages de piété furent répandus par toute l'Europe et lus avec avidité dans les communautés religieuses, par les savants aussi bien que par les hommes d'une instruction moins élevée.

Gerson dit, en parlant de ses ouvrages : « Il n'y a nulle part une » doctrine plus élevée, plus divine et plus capable de conduire à la » piété. »

Trithème tient le même langage : « Quiconque, dit-il, veut être » savant et dévot doit s'attacher à la lecture des ouvrages de saint » Bonaventure. »

Les titres seuls des traités contenus dans ces six volumes suffisent pour indiquer leur utilité pratique :

Ier VOLUME : *Méditations sur la vie de Jésus-Christ.* — *L'arbre de vie.* — *Les cinq Fêtes de l'Enfant-Jésus.* — *Louanges de la Croix.* — *Philomèle.* — *Les sept Paroles de Jésus en croix.*

IIe VOLUME : *Miroir de la bienheureuse Vierge Marie.* — *Paraphrase sur le Salve.* — *Louanges de Marie.* — *Petit psautier de la Vierge.* — *Les vingt-cinq Mémoriaux.* — *Du gouvernement de l'âme.* — *Degrés des vertus.* — *Du combat spirituel contre les sept péchés capitaux.* — *La préparation à la Messe.* — *Conférence sur le mépris du monde.* — *Exercices spirituels.* — *Le bouquet du chrétien.* — *Les bouquets de la Passion.* — *Des six ailes des séraphins.*

IIIe VOLUME : *Soliloque.* — *Itinéraire de l'âme à Dieu.* — *Les sept chemins de l'Eternité.* — *Des sept degrés de la contemplation.* — *Incendie de l'amour.*

IVe VOLUME : *Des sept dons du Saint-Esprit.* — *L'aiguillon de l'amour.* — *Le livre de l'amour.*

Ve VOLUME : *Légende de S. François.* — *Exposition de la règle des Frères Mineurs.* — *Réponses à diverses questions touchant la règle de S. François.* — *Alphabet des religieux.* — *Conférences :* l'Incarnation du Verbe ; la crainte du Seigneur ; l'obéissance ; la modestie ; le silence ; la dévotion ; la diligence ; la discipline. — *Le miroir de la discipline.*

VIe VOLUME : *De l'avancement spirituel des religieux.* — *De l'institution des novices.* — *Règle des novices.* — *Des conseils évangéliques.* — *De la perfection de la vie.*

Paris. — Imp. Vve P. LAROUSSE ET Cie, rue Montparnasse, 19.

www.ingramcontent.com/pod-product-compliance
Lightning Source LLC
Chambersburg PA
CBHW052335230426
43664CB00041B/1449